UTB 8135

Eine Arbeitsgemeinschaft der Verlage

Beltz Verlag Weinheim und Basel
Böhlau Verlag Köln · Weimar · Wien
Wilhelm Fink Verlag München
A. Francke Verlag Tübingen und Basel
Paul Haupt Verlag Bern · Stuttgart · Wien
Verlag Leske + Budrich Opladen
Lucius & Lucius Verlagsgesellschaft Stuttgart
Mohr Siebeck Tübingen
C. F. Müller Heidelberg
Ernst Reinhardt Verlag München und Basel
Ferdinand Schöningh Verlag Paderborn · München · Wien · Zürich
Eugen Ulmer Verlag Stuttgart
UVK Verlagsgesellschaft Konstanz
Vandenhoeck & Ruprecht Göttingen
WUV   Facultas · Wien

Uwe Dethloff / Horst Wagner

Die französische Grammatik

DfG

Regeln
Anwendung
Training

Mit CD-ROM

A. Francke Verlag Tübingen und Basel

Prof. Dr. Uwe Dethloff lehrt Romanistik an der Universität des Saarlandes mit den Schwerpunkten: Französische Literatur (des 18.–20. Jahrhunderts) und französische Grammatik.

Dr. Horst Wagner ist Akademischer Direktor an der Universität des Saarlandes, Leiter der Abteilung Französische Sprachausbildung. Arbeitsschwerpunkte: Fachsprachen, Lexikographie, Entwicklung von Sprachlernsoftware.

Die Deutsche Bibliothek – CIP-Einheitsaufnahme

Dethloff, Uwe:
Die französische Grammatik : Regeln - Anwendung - Training ; mit CD-ROM /
Uwe Dethloff/Horst Wagner. – Tübingen ; Basel : Francke, 2002
   (UTB für Wissenschaft ; 8135)
   ISBN 3-8252-8135-3 (UTB)
   ISBN 3-7720-2300-2 (Francke)

© 2002 · A. Francke Verlag Tübingen und Basel
Dischingerweg 5 · D-72070 Tübingen
ISBN 3-7720-2300-2

Internet: http://www.francke.de
E-Mail: info@francke.de

Einbandgestaltung: Atelier Reichert, Stuttgart
Druck und Bindung: Freiburger Graphische Betriebe, Freiburg
Printed in Germany

ISBN 3-8252-8135-3 (UTB-Bestellnummer)

Vorwort

Sie gehören zu den Studierenden des Französischen (Studiengänge Lehramt, Magister, Übersetzen und Dolmetschen), den Lehrenden an Universitäten, Fachhochschulen, weiterführenden Schulen, Einrichtungen der allgemeinen und beruflichen Weiterbildung, den Übersetzerinnen und Übersetzern in der Berufspraxis, den Schülerinnen und Schülern im Leistungskurs an Gymnasien und Gesamtschulen. Dann ist **Die französische Grammatik (DfG)** das Richtige für Sie: zum Lernen, Trainieren, Nachschlagen. Als umfassende Grammatik des Gegenwartsfranzösischen repräsentiert sie den aktuellen Stand der Grammatikforschung, berücksichtigt die modernen Tendenzen des Sprachgebrauchs, geht auf die französischen Spracherlasse und deren Anwendung in der Praxis ein. Sie differenziert zwischen mündlichem und schriftlichem Gebrauch, gibt sprachkontrastive Hinweise, wo immer diese für Sie von Nutzen sind, und weist Sie auf Schwierigkeiten und typische Fehlerquellen für germanophone Lernende hin.

DfG ist eine Grammatik auf Satzbasis; textgrammatische Aspekte finden überall dort Berücksichtigung, wo sie für die französische Sprache besonders bedeutsam sind (z.B. Passiv, indirekte Rede). **DfG** ist eine Lerngrammatik und daher einem normativ-präskriptiven Ansatz verpflichtet, verweist jedoch systematisch auch auf Tendenzen zur Nichtbeachtung der Norm im aktuellen Sprachgebrauch. Hierbei handelt es sich um authentische sprachliche Varianten, die Teil der modernen Sprachentwicklung sind und die von Lernenden zur Kenntnis genommen werden müssen. Auf keinen Fall zu verwechseln ist dieses Phänomen mit dem Tolerieren grammatischer Inkorrektheit durch eine Sprachdidaktik, welche die korrekte Beherrschung der Morphologie und Syntax des Französischen dem Globalziel "Kommunikationskompetenz" z.T. kompromisslos unterordnet. Im Anfangsunterricht und für Überlebenssprachtraining kann dies durchaus sinnvoll sein; auf fortgeschrittenem Niveau und besonders im beruflichen Bereich gilt jedoch für das Französische, dass nur (auch grammatisch) korrektes Sprechen und Schreiben in der Zielsprache eine adäquate sprachliche Elaboriertheit und somit eine effiziente Kommunikation gewährleistet. Pointiert formuliert: In der beruflichen Kommunikation trägt neben interkultureller Kompetenz auch die korrekte und nuancierte Verwendung des *subjonctif* dazu bei, gegenseitige Akzeptanz zu fördern, Vertrauen zwischen den Kommunikationspartnern aufzubauen und somit Verhandlungserfolge zu erzielen; eklatante Defizite in Morphologie und Syntax hingegen werden von frankophonen Verhandlungspartnern als kommunikationsstörend empfunden und sind daher potenziell geschäftsbehindernd.

DfG besteht aus einem Lehrbuch und einem Trainingsprogramm auf CD-ROM. Das Lehrbuch erklärt Ihnen alle wesentlichen Erscheinungen der französischen Grammatik, gegliedert in 27 Kapitel nebst Anhang mit insgesamt 406 Themen in durchgehender Zählung. **DfG** differenziert in jedem Kapitel nach Grundstufe, Aufbaustufe und

Repetitorium. Diese Abstufung erlaubt Ihnen, Ihren Lernfortschritt vom Grundlegenden bis zur Komplexität und Vollständigkeit selbst zu bestimmen. Eine zusätzliche Hilfe geben Ihnen dabei die Hinweise auf besondere Schwierigkeiten und typische Fehlerquellen sowie das Repetitorium mit einer auf das Wesentliche kondensierten Zusammenschau am Schluss eines jeden Kapitels. Die didaktische Konzeption wird durch ein übersichtliches Layout mit klarer Trennung von Präsentationstext, Regeln und Beispielen unterstützt. Die französischen Beispielssätze werden dort, wo dies didaktisch geboten erscheint, ins Deutsche übersetzt. Das ausführliche Register am Schluss hilft Ihnen beim gezielten Konsultieren zu grammatischen Einzelproblemen. Einen Überblick über die verwendete Grammatikterminologie finden Sie im Anhang.

Das **DfG**-Trainingsprogramm ist exakt auf das Lehrbuch abgestimmt und ermöglicht Ihnen das Anwenden und Festigen Ihrer Kenntnisse in sprachauthentischen und idiomatischen Kontexten unterschiedlicher Sprachgebrauchsebenen. Die Trainingseinheiten sind als Selbstlernmodule konzipiert und werden aus einer umfangreichen Datenbank jeweils individuell für Sie zusammengestellt. Während des Trainings haben Sie jederzeit Zugriff auf das Regelwerk und auf Beispiele aus dem Lehrbuch; die Beispielssätze können Sie sich auch vorsprechen lassen. Ein Ergebnisprotokoll hält Sie beim Training stets auf dem Laufenden über Ihre Leistungen, bei Bedarf werden Ihnen Wiederholungsübungen (mit neuen Aufgabenstellungen) angeboten, ebenso ein Abschlusstest nach Bearbeitung eines jeden Themas oder Kapitels. Das Trainingsprogramm erstellt Ihr persönliches Fertigkeitsprofil, das mit jeder Trainingssitzung fortgeschrieben wird und Ihnen Auskunft über den Stand Ihrer aktiven französischen Grammatikkompetenz gibt.

DfG wurde von den Autoren in enger Kooperation und gegenseitiger Beratung konzipiert und realisiert: Uwe Dethloff zeichnet für das Lehrbuch verantwortlich, Horst Wagner für das Trainingsprogramm. Die Autoren danken an dieser Stelle ganz herzlich all denjenigen, die sie dabei unterstützt haben und ohne deren Mitarbeit **DfG** in dieser Form nicht hätte verwirklicht werden können: Maren Rieckmann für die pädagogische Beratung, Christiane Geyer für die gesamte Manuskripterstellung einschließlich Layouten und Korrektur, Jeanne Bem und Michèle Dethloff für die sprachliche Beratung, Isabelle Paulus für die sprachliche Beratung und die Registererstellung, Christof Allmann und Toni Allmann für die Entwicklung der Lernsoftware, Véronique Otto für die Erstellung der Trainingsaufgaben, Birgit Wagner für die redaktionelle Bearbeitung der deutschen Übersetzungen und Instruktionen im Trainingsprogramm, Renée Toulemonde für die Sprachaufnahmen im Tonstudio, Christine Wagner für das Schneiden und Nachbearbeiten der Tonaufnahmen, das Erstellen der Konjugationsübungen und das Testen des Trainingsprogramms.

Uwe Dethloff   Horst Wagner

Inhalt

Kapitel 4 Das Verb 159

4.1 Die Formen des Verbs 161

4.6 Das Partizip Perfekt

Aufbaustufe:

Repetitorium:

4.9 Das Konditional und der Bedingungssatz 397

Grundstufe:

Aufbaustufe:

Repetitorium:

Kapitel 1

Gesprochenes und geschriebenes Französisch

Kapitel 1

Gesprochenes und geschriebenes Französisch *(le français parlé et le français écrit)*

Kapitelübersicht:

Sprachliche Kommunikation findet in **mündlicher** und **schriftlicher** Form statt. Das Französische ist durch eine ausgeprägte Differenzierung von gesprochener und geschriebener Sprache gekennzeichnet. Dabei hat das geschriebene Französisch eine stark normierende Rolle und stellt für die französischen Grammatiker seit dem 17. Jahrhundert die Richtschnur für das korrekte Sprechen und Schreiben dar. Dementsprechend gilt, wenn auch mit abnehmender Tendenz, das geschriebene Französisch als das verbindliche Gemeinfranzösisch.

001 Das Französische und die Norm

Das Französische unterliegt der Sprachnormierung, für die charakteristisch ist, dass sie **überindividuell**, **überregional**, **national / international** ist und sich an der **geschriebenen** Sprache orientiert. Es lassen sich verschiedene **Subnormen** unterscheiden, die in einem wechselseitigen Verhältnis zueinander stehen. Sie können punktuell deckungsgleich sein; häufig weichen die Subnormen jedoch voneinander ab.

Subnormen:

- die individuelle Norm

- die soziale Norm

- die statistische Norm oder Gebrauchsnorm

- die präskriptive Norm

1. Die **individuelle** Norm stellt eine eigensprachliche Subnorm dar, die insbesondere für Schriftsteller und Dichter charakteristisch ist. Im ausgeprägtesten Fall können Autoren sogar einen eigenen Sprach- oder Werkstil pflegen.

2. Die **soziale Norm** bestimmt die spezifische Verwendung und Pflege des Französischen durch ein Kollektiv von Sprechern, die einer bestimmten sozialen Gruppe oder Gemeinschaft angehören. Die soziale Norm ist auch für Berufsgruppen von Bedeutung. (→ Fachsprachen)

3. Die **statistische Norm** entspricht dem tatsächlichen Gebrauch der Sprache durch die Sprachgemeinschaft. Sie ist also die **Gebrauchsnorm**, die von der Mehrheit der Sprecher als „normal" / adäquat angesehen und dementsprechend angewendet wird. Die Gebrauchsnorm kennzeichnet zu einem großen Teil das **Standardfranzösisch** (*le français standard*), wie es vor allem in den bevölkerungsreichen Teilen Frankreichs, z.B. im Großraum Paris, mehrheitlich verwendet und als verbindlich anerkannt wird.

4. Die **präskriptive Norm** ist eine Anweisungsnorm für den guten Gebrauch, für das „gute Französisch", welches Grundlage des französischen Bildungssystems ist. Die präskriptive Norm kann sowohl mit der individuellen Norm zusammenfallen als auch weitgehend der Gebrauchsnorm entsprechen. Andererseits können der statistisch darstellbare, tatsächliche Sprachgebrauch und die präskriptive Norm punktuell erheblich voneinander abweichen. Im Fremdsprachenunterricht Französisch wird die präskriptive Norm zur **didaktischen Norm** erhoben, insofern

- das Bewusstsein des Lernenden für die Unterschiede zwischen dem *bon usage* und dem *mauvais usage* im Französischen geschärft werden soll;

- der „gute Gebrauch" als Richtschnur für den Französischerwerb dient.

Qualitative Register des Französischen (*niveaux de langue*)   `002`

Im Französischen wird nach bestimmten qualitativen **Registern** unterschieden. Bei diesen Registern handelt es sich um Varietäten, die von außersprachlichen Kommunikationssituationen und von der Zugehörigkeit der Sprecher zu einer bestimmten sozialen Schicht oder Gruppe abhängig sind. Man unterscheidet im Französischen folgende qualitative Register:

le français cultivé / soigné / soutenu (+ *le français littéraire*)	→ das gehobene Französisch (+ das literarische Französisch)
le français courant / standard	→ **das Standardfranzösisch**
le français familier	→ das familiäre Französisch / das Umgangsfranzösisch
le français populaire	→ das Populärfranzösisch
le français vulgaire (+ *l'argot*)	→ das Vulgärfranzösisch (+ das Argot)

Anmerkung:

Das *français littéraire* ist eine besondere Ausprägung des *français cultivé,* das insbesondere in der (hohen) Literatur gepflegt wird. Das Argot ist eine besondere Varietät, die zum Bereich des *français vulgaire* gehört. Das Standardfranzösisch entspricht der Gebrauchsnorm. Gemessen an dieser stellen das gehobene und das literarische Französisch eine Art **Supernorm** dar, wohingegen das Umgangs-, Populär- und Vulgärfranzösisch Stufen einer **Subnorm** sind.

An Stelle der oben vorgenommenen **qualitativen** Differenzierung von Registern ließen sich diese auch **primär** gemäß dem Kriterium ihrer Angemessenheit in bestimmten **Kommunikationssituationen** unterscheiden. Dementsprechend könnte man, je nach Situation, zum Beispiel förmliche / distanzierte von vertrauten / lockeren Ausdrucksvarietäten differenzieren.

Die qualitativen Register lassen sich gemäß der Gliederung des Französischen in gesprochene und geschriebene Sprache wie folgt zuordnen:

gesprochen	geho-ben	geschrieben
	↑	*le français cultivé / littéraire*
le français courant	│	*le français courant*
le français familier	│	
le français populaire	↓	
le français vulgaire	nicht geho-ben	

Anmerkung:

Das gehobene und das literarische Französisch können, je nach Situation oder Sprecher, auch in der gesprochenen Sprache verwendet werden (*le français écrit oralisé*); dagegen gilt die Verwendung des Umgangs- / Populär- / oder Vulgärfranzösischen in der geschriebenen Sprache in der Regel als Normverstoß. In der Literatur werden diese gesprochenen Formen des Französischen allerdings häufig zur Erzielung stilistischer Effekte eingesetzt.

003 **Grammatische Differenzierung des gesprochenen und des geschriebenen Französischen**

1. **Lautbild und Schriftbild:**

Der Unterschied zwischen Laut- und Schriftbild ist im Französischen sehr groß. Dies führt dazu, dass bestimmte grammatische Merkmale im Schriftbild vorhanden, beim Sprechen aber nicht hörbar sind. Dieses Phänomen bezeichnet man als *orthographe grammaticale*.

Beispiel 1:

Singular	**Le** *train, qui avait du retard, était de plus bondé.* Der Zug, der Verspätung hatte, war dazu noch vollbesetzt.
Plural	**Les** *train**s**, qui av**aient** du retard, ét**aient** de plus bondé**s**.*

Die Singular- / Pluraldifferenzierung wird im Lautbild nur durch **eine** Opposition realisiert: [lətrɛ̃] : [letrɛ̃].

Im Schriftbild wird dagegen die Singular- / Pluraldifferenzierung in **fünf** Positionen markiert. Die Determinierung des geschriebenen Französisch ist also häufig redundant.

Beispiel 2:

*Dernièrement, mes deux sœurs se sont disput**ées**. Vex**ées**, elles ne se sont plus parl**é** pendant plusieurs semaines. L'une s'est imagin**é** que l'autre lui avait ment**i**. Ma mère, ou-tr**ée** de cette situation, s'est fâch**ée**. Suite à ce contretemps, mes sœurs se sont rend**u** compte qu'une vie commune n'était plus possible.*

Das Beispiel 2 ist bezeichnend für die „grammatische Orthographie" der Partizi-pien Perfekt, die im geschriebenen Französisch in Geschlecht und Zahl nach komplexen Regeln angeglichen bzw. nicht angeglichen werden. Im gesprochenen Französisch sind die Veränderungen im obigen Beispiel dagegen nicht hörbar. Die Angleichung / Nichtangleichung der Partizipien ist im Übrigen für das Verste-hen des Textes irrelevant.

Weitere typische Beispiele für die Unterscheidung von Laut- und Schriftbild sind im Französischen der **Genusunterschied** und die **Personenmarkierung**. Der Genusunterschied wird im geschriebenen Französisch grundsätzlich mit mehr grammatischen Merkmalen als im gesprochenen Französisch markiert: *un* *vieil ami très estimé –* *une* *vieille amie très estimée*. Die Personenmarkierung ist im geschriebenen Französisch ebenfalls redundant: *elle lisait – elles lisaient*.

2.   Morphologie und Syntax des gesprochenen und des geschriebenen Französischen:

Für den Bereich der Grammatik ergeben sich im gesprochenen und im geschrie-benen Französisch eine Reihe von Unterschieden in der Verwendung gram-matischer Formen.

Beispiele:

gesprochenes Französisch	geschriebenes Französisch
• affektische Reliefstellung von Satzseg-menten (= Hervorhebung von Satzglie-dern am Anfang oder Schluss eines Sat-zes): *Mais je te l'ai rendu, cet argent!*	• Standardwortstellung (Subjekt, Prädikat, Objekt): *Je t'ai rendu cet argent.*
• Beiordnende Reihung von Sätzen: *Demain, je ne viendrai pas te voir. Je n'aurai pas le temps.*	• Unterordnung mittels Konjunktionen: *Comme je n'aurai que très peu de temps demain, je ne viendrai pas te voir.*

• Intonationsfrage ohne Inversion:	• Inversionsfrage mit Aufnahme des Substantivs durch das Personalpronomen (= absolute Fragestellung):
Ton père vient ce soir?	*Ton père vient-il ce soir?*
• Tempora, die im gesprochenen und geschriebenen Französisch vorkommen: *présent, imparfait, conditionnel, passé composé, plus-que-parfait, futur composé, futur simple, subjonctif présent, subjonctif passé*	• Tempora, die ausschließlich im geschriebenen Französisch vorkommen: *passé simple, passé antérieur, subjonctif imparfait, subjonctif plus-que-parfait*

3. Registerspezifische Grammatik:

Je nach Wahl des durch die Situation oder den Sprecher bedingten Registers können Formulierungsvarianten nicht nur in den Bereichen Vokabular, Idiomatik und Aussprache, sondern auch im **grammatischen Bereich** auftreten:

- **Beispiele für das *français familier* oder *populaire*:**

Faut le faire. *Fallait pas le dire.*	Auslassung des Personalpronomens
Je sais pas. *J'en sais rien.*	Generelle Auslassung der Verneinungspartikel *ne*
*Les fautes qu'il a **fait**...* (an Stelle von **faites**) *Les erreurs qu'elle a **commis**...* (an Stelle von **commises**)	Nichtbeachtung der Veränderlichkeit des Partizips (selbst dann, wenn die Angleichungen im Lautbild erscheinen müssten)
*Je ne crois pas qu'il le **fera**.*	Genereller Indikativ statt *subjonctif* nach verneinten Verben des Sagens und Denkens
*Je ne comprends pas de **qui est-ce qu'**il parle.*	Unkorrektes *est-ce que* im indirekten Fragesatz (*Est-ce que* kann nur im direkten Fragesatz benutzt werden.)

- **Beispiele für das *français cultivé*:**

| *Sa réputation **dût-elle** en souffrir, il tiendrait parole.* Auch wenn sein Ruf Schaden nähme, würde er sein Wort halten. *Il n'agirait jamais autrement, **fût-ce** au prix de sa carrière.* Er würde niemals anders handeln, selbst wenn seine Karriere auf dem Spiel stünde. | Der *subjonctif* Imperfekt mit Inversion in gehobener Sprache zum Ausdruck der Einräumung (an Stelle der Konjunktion *même si* = selbst wenn) |

*Je **n'ose** le faire.* *Je **ne saurais** vous le dire.*	Verwendung des älteren Sprachgebrauchs durch Auslassung der Verneinungspartikel *pas*
*Je ne croyais pas qu'il **pût** agir de la sorte.* *(an Stelle von ... qu'il puisse agir de la sorte.)*	Verwendung des *subjonctif* Imperfekt an Stelle des *subjonctif* Präsens, wegen strenger Beachtung der Zeitenfolge
*Je ne manquerai pas de le faire, **si tant est** que je le puisse.* Ich werde es sicherlich tun, vorausgesetzt ich kann es.	Verwendung einer gewählten Konjunktion anstatt einer geläufigeren wie z.B. *pourvu que, supposé que*

Das gehobene, literarische Französisch wird gebraucht:

- in **geschriebener** Form in literarischen Texten oder geisteswissenschaftlichen Abhandlungen; in Aufsätzen oder Zeitungsartikeln mit anspruchsvoller Thematik, usw.;

- in **gesprochener** Form in Vortrag, Ansprache, feierlicher Rede, usw.

Es weicht häufig von der Gebrauchsnorm ab und kann in alltäglicher Kommunikation oder im Kontext einer normalen Gesprächssituation pedantisch, geziert oder gekünstelt wirken.

In der hier präsentierten Grammatik bildet das **Standardfranzösisch** die Basis für die Darstellung der grammatischen Regularitäten. Standardfranzösisch wird hier definiert einerseits als das von einer Mehrheit der Sprecher verwendete Französisch und andererseits aus präskriptiver Sicht als der „gute Gebrauch", wie er **mündlich** oder **schriftlich** in den vielfältigen Situationen der Sprachverwendung beachtet werden sollte.

Des Weiteren werden auch Merkmale der gehobenen, literarischen Sprache und der Umgangssprache in die Darstellung der grammatischen Regularitäten einbezogen und dementsprechend kenntlich gemacht. Auf diese Weise soll die ausgeprägte Registermarkierung des Französischen im Bereich der Grammatik eine angemessene Berücksichtigung finden.

Kapitel 2

Substantiv, Adjektiv, Adverb

2.1 Das Substantiv

2.2 Das Adjektiv

2.3 Das Adverb

Kapitel 2.1

Das Substantiv *(le substantif / le nom)*

Kapitelübersicht:

Das Substantiv: Grundstufe

004   ## Die grammatischen Eigenschaften des Substantivs

Das französische Substantiv wird nach Geschlecht / Genus (*le genre*) und nach Zahl / Numerus (*le nombre*) gekennzeichnet. Es gibt das **natürliche** Geschlecht (*le garçon; la fille*) und das **grammatische** Geschlecht (*le verre; la table*), die beide männlich / maskulin oder weiblich / feminin sein können. Ein sächliches Geschlecht / ein Neutrum wie im Deutschen („das Kind") gibt es im Französischen nicht. Das französische Substantiv wird auch nicht nach Kasusendungen (Fällen) differenziert. Substantive gliedern sich nach **Eigennamen** und **Gattungsnamen**; formal lassen sie sich in **einfache**, **abgeleitete** und **zusammengesetzte** Substantive untergliedern.

1. Das Genus ist zum Teil an der Endung sowie im Singular durch den dem Substantiv vorangestellten Begleiter (Artikel / Demonstrativadjektiv / Possessivadjektiv) erkennbar. Bei Substantiven, die Personen bezeichnen, entspricht das grammatische Geschlecht dem natürlichen Geschlecht. Dies gilt auch für eine Reihe von Tiernamen.

Genus			
maskulin		**feminin**	
un *garçon*	(ein Junge)	**une** *fille*	(ein Mädchen)
le *chien*	(der Hund)	**la** *chienne*	(die Hündin)
le *fromage*	(der Käse)	**la** *maison*	(das Haus)
ce *problème*	(dieses Problem)	**cette** *nation*	(diese Nation)
mon *frère*	(mein Bruder)	**ma** *cousine*	(meine Kusine)

2. Wie das Deutsche unterscheidet das Französische in Bezug auf den Numerus zwischen Einzahl / Singular (*le singulier*) und Mehrzahl / Plural (*le pluriel*). In den meisten Fällen hat das französische Substantiv keine **hörbaren** Endungen zur Kennzeichnung des Plurals; die Numerusmarkierung wird dann nur von den Begleitern übernommen.

Numerus			
Singular		**Plural**	
un *garçon*	(ein Junge)	**des** *garçons*	(Jungen)
sa *maison*	(sein / ihr Haus)	**ses** *maisons*	(seine / ihre Häuser)
ce *journal*	(diese Zeitung)	**ces** *journaux* [-o]	(diese Zeitungen)
le *feu*	(das Feuer)	**les** *feux*	(die Feuer)

3. Die Substantive lassen sich den nach folgenden beiden Typen gliedern:

- **Eigennamen** (*les noms propres*):
  *les **A**llemands; les **E**uropéens; **J**ean-**Y**ves; **P**aris; l'**A**frique*

- **Gattungsnamen** (*les noms communs*), d.h. alle Substantive, die keine Eigennamen sind:
  le chat; la table; le problème

4. Der Form nach unterscheidet man:

- **einfache Substantive** (*les noms simples*):
  la ville; le pays; le monde

- **abgeleitete Substantive** (*les noms dérivés*):
  la manifestation (von *manifester*); *le lavage* (von *laver*)

- **zusammengesetzte Substantive** (*les noms composés*):

le chef-d'œuvre;	*l'assurance-vie;*	*la femme au foyer*
das Meisterwerk;	die Lebensversicherung;	die Hausfrau

Die Kennzeichnung des grammatischen Geschlechts: <mark>maskulin</mark>   005

Maskulin sind in der Regel die Substantive mit folgenden Endungen:

- ment [-mã]	*le fondement, le sentiment, le jugement* **Aber:** *la jument* (die Stute)
- age [-aʒ]	*le dopage, le garage, le paysage, le pourcentage* **Aber:** *une image, la cage* (der Käfig), *la page, la plage, la nage, la rage* (die Tollwut)
- al [-al]	*le cheval, le journal, le tribunal*
- et [-ɛ]	*le filet, le reflet, le rejet* (die Ablehnung)
- au / - aud / - aut / - eau [-o]	*le noyau* (der Kern), *le badaud* (der Schaulustige), *le saut, le bureau*
- isme [-ism(ə)]	*le réalisme, le tourisme, l'absentéisme* (das Fehlen / der Krankenstand)
- oir [-war]	*le couloir, l'espoir, le pouvoir, le savoir*
- toire [-twar]	*le laboratoire, le réfectoire* (der Speisesaal), *le territoire* **Aber:** *la victoire*

| - teur [-tœr] | le moteur, l'ordinateur (der Computer), le radiateur (der Heizkörper) |
| - eur [-œr] | le bonheur, le labeur (die mühevolle Arbeit), le malheur
Aber: Von einem Adjektiv abgeleitete Substantive, die eine Eigenschaft ausdrücken, sind weiblich: la hauteur, la largeur, la profondeur.
Merke: la peur, la fleur |

006 **Die Kennzeichnung des grammatischen Geschlechts: feminin**

Feminin sind in der Regel die Substantive mit folgenden Endungen:

- ée [-e]	une idée, la matinée, la soirée **Aber:** le lycée, le musée, un apogée (ein Höhepunkt)
- té [-te]	la bonté (die Güte), la santé, la vanité (die Eitelkeit), la vérité **Aber:** le comté (die Grafschaft), le côté, le traité (der Vertrag)
- tié [-tje]	une amitié, la moitié, la pitié
- ade [-ad]	la limonade, la noyade (das Ertrinken), la promenade **Aber:** le stade
- (i)tude [-(i)tyd]	une étude, une habitude, la lassitude (die Müdigkeit, der Überdruss)
- ie [-i]	la librairie, la maladie, la manie **Aber:** un incendie (ein Brand)
- ion [-jõ]	la décision, la direction, la nation, la passion **Aber:** un avion, le camion (der Lastwagen)
- çon / - son [-sõ] + [-zõ]	la boisson, la chanson, la façon, la leçon, la prison **Aber:** le bison, le glaçon (der Eiswürfel), le poison (das Gift), le poisson, le soupçon (der Verdacht)
- ure [-yr]	une aventure, la moisissure (der Schimmel), la voiture **Aber:** le murmure
- ance / - ence [-ãs]	une influence, la nuisance (die Belästigung), la prudence, la tendance, la tolérance **Aber:** le silence
- esse [-ɛs]	la caresse, la faiblesse, la messe, la paresse
- ette [-ɛt]	une allumette (ein Streichholz), la bicyclette, la maisonnette
- ace [-as]	la place, la race, la surface (die Oberfläche) **Aber:** un espace (ein Raum / ein Zwischenraum)

Gleichlautende (homonyme) Substantive mit unterschiedlichem Geschlecht

männlich		weiblich	
un aide	ein Gehilfe	*une aide*	eine Helferin / eine Hilfe
le champagne	der Champagner	*la Champagne*	die Champagne
le critique	der Kritiker	*la critique*	die Kritik
le foudre	das große Fass	*la foudre*	der Blitz
le finale	das Finale (eines Musikstückes)	*la finale*	das Finale (im Sport)
le garde	der Wärter / der Wachposten	*la garde*	die Wache / die Bewachung
le livre	das Buch	*la livre*	das Pfund
le manche	der Stiel	*la manche* *la Manche*	der Ärmel der Ärmelkanal
le manœuvre	der Hilfsarbeiter	*la manœuvre*	das Manöver / die Handhabung
le mémoire	die Denkschrift / die wissenschaftliche Abhandlung	*la mémoire*	das Gedächtnis
le mode	die Art / die Weise / der Modus	*la mode*	die Mode
le mort	der Tote	*la mort*	der Tod
le moule	die Gussform / die Backform	*la moule*	die Miesmuschel
le mousse	der Schiffsjunge	*la mousse*	das Moos / der Schaum
un œuvre	ein Gesamtwerk (eines Malers / eines Komponisten)	*une œuvre*	ein (Einzel-)Werk (z.B. eines Dichters)
le page	der Page	*la page*	die Seite
le pendule	das Pendel	*la pendule*	die Wanduhr
le physique	das Aussehen	*la physique*	die Physik
le poêle [ləpwal]	der Ofen	*la poêle*	die Pfanne
le ponte	der Bonze / das hohe Tier	*la ponte*	das Eierlegen / das Gelege

le poste	der Posten / die Stelle / das Radiogerät / das Fernsehgerät	la poste	die Post / das Postamt
le tour	die Umdrehung / die Runde / die (Rund-) Fahrt / die Drehbank	la tour	der Turm
le solde les soldes (m)	der Saldo der Ausverkauf	la solde	der Sold / die Löhnung
le somme	das Schläfchen / das Nickerchen	la somme	die Summe / der Betrag
le vapeur	der Dampfer	la vapeur	der Dampf
le vase	die Vase	la vase	der Schlamm / der Morast
le voile	der Schleier	la voile	das Segel / das Segeln

008 Die Tierbezeichnungen

Bei einer Reihe von Tierbezeichnungen unterscheidet man männliche und weibliche Formen.

Beispiele (Auswahl):

männlich (auch Gattungsname)		weiblich	
le chat (le matou)	die Katze (der Kater)	la chatte	die Katze
le cheval (un étalon)	das Pferd (ein Hengst)	la jument	die Stute
le chien	der Hund	la chienne	die Hündin
le coq	der Hahn	la poule	die Henne
le lapin	der Hase	la lapine	die Häsin
le lion	der Löwe	la lionne	die Löwin
le loup	der Wolf	la louve	die Wölfin
un ours	ein Bär	une ourse	eine Bärin
le taureau (le bœuf)	der Stier (das Rind / der Ochse)	la vache	die Kuh

Anmerkung:

Für eine Vielzahl von Tierbezeichnungen gibt es nur einen Gattungsnamen für männlich und weiblich, z.B. *la fourmi* (die Ameise), *la girafe, la martre* (der Marder), *la mouche, le rat, le serpent.*

Geographische Namen

1. Länder- oder Gebietsnamen, die auf *-e* enden, sind in der Regel **weiblich:**

l'Allemagne	la Hollande
l'Argentine	la Lorraine
la Bretagne	la Pologne
la Corse	la Russie
la Dordogne	la Silésie (Schlesien)
l'Egypte	
l'Europe	**Aber:**
la Floride	le Mexique
la France	le Cambodge

2. Die übrigen Lander- oder Gebietsnamen sind **männlich:**

le Berry	le Liban
le Brésil	le Limousin
le Canada	le Maroc
le Japon	le Morvan
l'Iran	le Pérou
le Languedoc	le Portugal

3. **Flussnamen,** die auf *-e* enden, sind in den meisten Fällen weiblich; männlich sind die Flussnamen, die auf einen anderen Vokal als *-e* oder auf einen Konsonanten enden:

männlich	weiblich
le Congo	l'Amazone
le Don	la Garonne
le Doubs [du]	la Loire
le Main	la Meuse (die Maas)
le Missouri	la Sarre
le Nil	la Seine
le Rhin	la Tamise (die Themse)
le Tarn	la Vistule (die Weichsel)
Aber:	**Aber:**
la Volga	le Danube, le Rhône, le Tage (der Tajo)

010 **Berufsbezeichnungen, Ämter und Titel**

Für zahlreiche Berufsbezeichnungen, Ämter oder Titel gab es in der französischen Sprache noch bis in die neunziger Jahre des vergangenen Jahrhunderts keine eigene weibliche Form, weil die Feminisierung der traditionell von Männern ausgeübten Berufe nur sehr zögerlich sprachlich / morphologisch umgesetzt wurde. Seit jüngerer Zeit ist sowohl in der Öffentlichkeit als auch in einschlägigen Sprachkommissionen eine Grundsatzdiskussion über die Feminisierung der Berufsbezeichnungen im Gange, die sich inzwischen auch auf den Sprachgebrauch ausgewirkt hat. Folgende männlichen und weiblichen Formen für Berufe, Ämter und Titel gehören – neben den traditionell häufig von Frauen ausgeübten Berufen (z.B. *la bouchère, la boulangère, la caissière*) – zum guten Gebrauch:

1. **Berufsbezeichnungen** (Auswahl):

männliche Form		weibliche Form	
un acteur	ein Schauspieler	*une actrice*	eine Schauspielerin
un chanteur	ein Sänger	*une chanteuse*	eine Sängerin
un coiffeur	ein Friseur	*une coiffeuse*	eine Friseurin
un dentiste	ein Zahnarzt	*une dentiste*	eine Zahnärztin
un étudiant	ein Student	*une étudiante*	eine Studentin
un informaticien	ein Informatiker	*une informaticienne*	eine Informatikerin
un instituteur	ein (Grundschul-)Lehrer	*une institutrice*	eine (Grundschul-)Lehrerin
un journaliste	ein Journalist	*une journaliste*	eine Journalistin
un notaire	ein Notar	*une notaire*	eine Notarin
un pharmacien	ein Apotheker	*une pharmacienne*	eine Apothekerin
un vétérinaire	ein Tierarzt	*une vétérinaire*	eine Tierärztin

Anmerkung:

Bei folgenden gängigen Berufen setzt sich der Gebrauch der weiblichen Form immer mehr durch:

- *Un **écrivain*** (ein Schriftsteller)   *une **écrivaine*** (eine Schriftstellerin)

  Die in Kanada geläufige Form *écrivaine* setzt sich in Frankreich langsam in den Medien durch. Das Synonym *un auteur* hat als weibliche Form *une auteur* (man vermeidet noch weitgehend *une auteure*). Die traditionelle Bezeichnung ist *une femme auteur; une femme de lettres*.

- *Un **médecin*** (ein Arzt)   *une (**femme**) **médecin*** (eine Ärztin)

  Die weibliche Form *médecine wäre doppeldeutig („Ärztin" und „Medizin").
  ***Une** médecin* ist wenig gebräuchlich. Man sagt weiterhin: *Elle est **un** excel-
  lent médecin.* An Stelle von *une médecin* wird (selten) *une femme médecin*
  benutzt.

- *Un **peintre*** (ein Maler)   *une (**femme**) **peintre*** (eine Malerin)

  Die Formulierung: *Elle est peintre* ist wegen der Gleichheit von Maskulinum
  und Femininum der Berufsbezeichnung und wegen des fehlenden Artikels
  problemlos zu benutzen. *Une peintre* setzt sich allmählich im Gebrauch
  durch, ***la** peintre* ungleich weniger.

- *Un **professeur*** (ein Lehrer)   *une (**femme**) **professeur*** (eine Lehrerin)

  Im Gebrauch ist hier wie folgt zu unterscheiden: *Elle est professeur.* (Die
  weibliche Form der Berufsbezeichnung wird ausschließlich durch das Prono-
  men *elle* markiert.) **Une professeur(e)* / *la professeur(e)* werden vielfach
  noch gemieden. Man sagt umgangssprachlich aber: *ma prof d'anglais; la
  prof.* Die traditionell weibliche Form ist die Umschreibung: *C'est une femme
  professeur.* / *C'est un professeur femme.* Sie wird jedoch kaum noch benutzt.

2. **Ämter und Titel** (Auswahl):

männliche Form		weibliche Form	
un ambassadeur	ein Botschafter	*une ambassadrice*	eine Botschafterin
un commissaire	ein Kommissar	*une commissaire*	eine Kommissarin
un député	ein Abgeordneter	*une députée*	eine Abgeordnete
un fonctionnaire	ein Beamter	*une fonctionnaire*	eine Beamtin
un ministre	ein Minister	*une ministre* *Madame **la** ministre*	eine Ministerin Frau Ministerin
un recteur	ein Rektor	*une rectrice*	eine Rektorin

Anmerkung:

- Das Amt des Bürgermeisters / der Bürgermeisterin heißt im Französischen *le
  maire* / *la maire*. Die Form *la mairesse* ist zu meiden, da sie gekünstelt wirkt.
  Es setzt sich auch immer mehr die Anrede *Madame **la** maire* an Stelle von
  Madame le maire durch.

- Die Anrede bzw. der Titel eines Rechtsanwaltes oder eines Notars ist in
  Frankreich „*Maître*" (also: *Maître Sénard*; *bonjour Maître*). Die Anrede für eine
  Notarin ist zweckmäßigerweise *Madame Sénard* (also nicht „*Maîtresse"), a-
  ber auch (noch) *Maître Sénard*.

Die Pluralbildung des Substantivs

In den meisten Fällen ist die Pluralbildung der Substantive im Französischen nur über die Begleiter hörbar. Im Schriftbild wird der Plural jedoch auch beim Substantiv markiert.

011   **Die regelmäßige Pluralbildung**

1.   Die regelmäßige Pluralbildung erfolgt durch Anfügung eines Endungs -s an das Substantiv in der Schrift und durch Begleiter wie Pronomina oder Artikel:

la clé / clef [lakle]   ***les** clés / clefs* [lekle]

cette faute   [sɛtfot]   ***ces** fautes*   [sefot]

une pomme   [ynpɔm]   ***des** pommes*   [depɔm]

2.   Eine weitere Pluralmarkierung erfolgt beim Sprechen durch die Bindung bei vokalisch oder mit stummem *h* anlautenden Substantiven:

un homme   [ɛ̃nɔm]   *des͜ hommes*   [dezɔm]

un homme âgé   [ɛ̃nɔmaʒe]   *des͜ hommes͜ âgés*   [dezɔmzaʒe]

ce bon abricot   [səbɔnabriko]   *ces bons͜ abricots*   [sebɔ̃zabriko]

012   **Die besondere Pluralbildung**

1.   Substantive, die im Singular auf **-s**, **-x**, oder **-z** enden, erhalten im Plural kein Endungs -s, das heißt, die Singular- und Pluralform sind gleich:

Singular		Plural
le héros [lɘero]	der Held	*les héros* [leero]
la souris	die Maus	*les souris*
le prix	der Preis	*les prix*
le gaz	das Gas	*les gaz*
le nez	die Nase	*les nez*

2.   Substantive auf **-al** bilden normalerweise den Plural auf **-aux** [o]:

Singular		Plural
le cheval	das Pferd	*les chev**aux***
le journal	die Zeitung	*les journ**aux***
le mal	das Übel / der Schmerz	*les m**aux***

Anmerkung:

Es gibt jedoch eine Reihe von Ausnahmen: *le bal – les bals; le carnaval – les carnavals; le chacal – les chacals; le festival – les festivals; le récital* (das Konzert) *– les récitals; le régal* (der Genuss / Leckerbissen) *– les régals.*

Bei einigen Substantiven gibt es zwei Pluralbildungen: *un idéal – des idéaux / des idéals; le val – les vaux / les vals. Le val* (das Tal) kommt nur in Verbindung mit Eigennamen vor: *Le Val de Loire – les Vals de l'Etna.* Die Pluralform *vaux* beschränkt sich auf die feste Wendung: *par monts et par vaux* („über Berg und Tal")

3. Substantive auf *-ail* [aj] bilden den Plural entweder auf *-ails* oder auf *-aux*.

-ails:

Singular		Plural
le chandail	der Pullover	*les chandails*
le détail	das Detail	*les détails*
un éventail	ein Fächer	*des éventails*
le gouvernail	das Ruder	*les gouvernails*
le rail	die Schiene	*les rails*

-aux:

Singular		Plural
le bail	der Pachtvertrag / der Mietvertrag	*les baux*
le corail	die Koralle	*les coraux*
un émail	eine Emaille / eine Emailarbeit	*des émaux*
le soupirail	das Kellerfenster	*les soupiraux*
le travail	die Arbeit	*les travaux*
le vitrail	das Kirchenfenster	*les vitraux*

Anmerkung:

Le bétail (das Vieh) wird nur im Singular verwendet. *L'ail* (der Knoblauch) heißt im Plural *des ails = des gousses d'ail* (Knoblauchzehen). Die Pluralform *des aulx* gilt als veraltet.

4. Substantive auf *-au* / *-eau* bilden den Plural auf *-x*:

-au:

Singular		Plural
un étau	ein Schraubstock	*des étaux*
le fléau	die Plage	*les fléaux*
le noyau	der Kern	*les noyaux*
le tuyau	das Rohr / der Schlauch	*les tuyaux*
Aber:		
le landau	der Kinderwagen	*les landaus*

-eau:

Singular		Plural
le bureau	das Büro / der Schreibtisch	*les bureaux*
le château	das Schloss	*les châteaux*
l'eau	das Wasser	*les eaux*
le tableau	das Bild / das Gemälde	*les tableaux*
le taureau	der Stier	*les taureaux*

5. Substantive auf *-eu* erhalten im Plural ebenfalls die Endung *-x*:

Singular		Plural
un aveu	ein Geständnis	*des aveux*
le cheveu	das Haar	*les cheveux*
le feu	das Feuer	*les feux*
le jeu	das Spiel	*les jeux*
le lieu	der Ort / die Stelle	*les lieux*
le vœu	der Gelübde / der Wunsch	*les vœux*

Anmerkung:

Ausnahmen bilden hier: *le bleu* (das Blaue / der blaue Fleck) – *les bleus* (die blauen Flecken); *le lieu* (der Seelachs) – *les lieus*; *le pneu* (der Reifen) – *les pneus*.

6. Substantive auf **-ou** bilden normalerweise den Plural auf *-ous*:

Singular		Plural
le clou	der Nagel	*les clous*
le cou	der Hals	*les cous*
le fou	der Verrückte	*les fous*
le trou	das Loch	*les trous*
le voyou	der Ganove / der jugendliche Rowdy	*les voyous*

Anmerkung:

In folgenden sieben Fällen wird der Plural der auf **-ou** ausgehenden Substantive mit der Endung *-oux* gebildet:

Singular		Plural
le bijou	das Juwel	*les bijoux*
le caillou	der Kieselstein	*les cailloux*
le chou	der Kohl	*les choux*
le genou	das Knie	*les genoux*
le hibou	die Eule	*les hiboux*
le joujou	das Spielzeug (Kindersprache und veraltet)	*les joujoux*
le pou	die Laus	*les poux*

Das Substantiv: Aufbaustufe

013 **Genusschwankungen bei bestimmten Substantiven**

Bei folgenden Substantiven schwankt der Genusgebrauch:

- **un** après-midi   oder   **une** après-midi

- **un** météorite   oder   **une** météorite

  Die männliche Form *un météorite* wird insbesondere in der Wissenschaftssprache benutzt.

- **Les gens** ist normalerweise männlich: → *Les jeunes gens; quels honnêtes gens!* Steht **unmittelbar vor** *gens* ein Adjektiv, so nimmt dieses die weibliche Form an, wenn die männliche und die weibliche Form des Adjektivs divergieren:

  → *Les **vieilles** gens; **toutes** les **petites** gens* (alle einfachen Leute)

  ***Quelles** gens avez-vous vu**s**?* → In diesem Satz steht die weibliche Form *quelles,* da sie unmittelbar vor *gens* steht. Das Partizip (hier: *vus*) steht in Verbindung mit *gens* jedoch **immer in der männlichen Form**. Vgl auch **350**.

- **Amour** ist im Singular und im Plural männlich: → *Un profond amour. De tous ses amours, son dernier l'a profondément marque.*

  Im Sinne von: „Liebesabenteuer / Liebschaft" kann *amour* im Plural in poetischer Sprache weiblich sein:

  *On revient toujours à ses **premières** amours.*   →   Alte Liebe rostet nicht.

  *des amours **tumultueuses***   →   bewegte Liebesaffären

- **Délice** (Genuss / Wonne / Vergnügen) ist im Singular und Plural männlich; im Plural kann es im gehobenen Französisch auch weiblich sein:

  → *C'est un vrai délice. Un de mes plus grands délices.*

  Im gehobenen Französisch auch: ***Quelles** délices nous attendent!*

014 **Die Differenzierung von männlichen und weiblichen Personen: besondere Fälle**

1. Bei einer Reihe von Personenbezeichnungen weichen männliche und weibliche Formen erheblich voneinander ab. Folgende Substantivpaare gilt es sich einzuprägen:

männliche Form		weibliche Form	
un abbé	ein Pfarrer / Abt	*une abbesse*	eine Äbtissin
le citoyen	der Bürger	*la citoyenne*	die Bürgerin
le dieu	der Gott	*la déesse*	die Göttin
le duc	der Herzog	*la duchesse*	die Herzogin
un empereur	ein Kaiser	*une impératrice*	eine Kaiserin
un époux	ein Ehegatte	*une épouse*	eine Ehegattin
le favori	der Favorit	*la favorite*	die Favoritin
le fou	der Verrückte	*la folle*	die Verrückte
le gendre	der Schwiegersohn	*la belle-fille* (*la bru* ist veraltet)	die Schwiegertochter
le Grec	der Grieche	*la Grecque*	die Griechin
le héros [lǝero]	der Held	*l'héroïne* [lerɔin]	die Heldln
le neveu	der Neffe	*la nièce*	die Nichte
le parrain	der Pate / der Patenonkel	*la marraine*	die Patin / die Patentante
le veuf	der Witwer	*la veuve*	die Witwe

2. Für eine Reihe von Personenbezeichnungen gibt es entweder nur eine maskuline oder nur eine feminine Form, welche die männliche und weibliche Person **zugleich** bezeichnen:

Meist nur männlich sind:

- ***un assassin*** (Mörder / Mörderin)
  L'assassin était une femme. Il / Elle est un assassin.

- ***un connaisseur*** (Kenner / Kennerin)
  Il / Elle est connaisseur en vin. (Seltener: *C'est une fine connaisseuse.*)

- ***un expert*** (Experte / Expertin)
  Cette femme est un expert en la matière. (Auch: *Elle est une experte en la matière.*)
  Adjektivisch: *Elle est* **experte** *dans cette science.*

- ***un otage*** (Geisel)
  Cette femme est le seul otage qui reste entre leurs mains.

- ***un successeur*** (Nachfolger / Nachfolgerin)
  Elle sera bientôt son successeur.

- ***un témoin*** (Zeuge / Zeugin)
  Elle est témoin à charge.   → Sie ist Belastungszeugin.

- **un vainqueur** (Sieger / Siegerin)

  Elle a été le vainqueur de la course.

  (Alternativ: *Elle a été **la gagnante** de la course.*)

In den folgenden Fällen wird für beide Geschlechter nur die weibliche Person benutzt:

- **une connaissance** (ein Bekannter / eine Bekannte)

- **une dupe** (ein Betrogener / eine Betrogene)

- **une vedette** (ein Star)

  Il / Elle est la vedette du cinéma français.

  Aber nur: *Elle est **la star** du théâtre moderne.* (*La star* ist in der Regel nur der weibliche Star.)

- **une victime** (ein Opfer)

015 Berufsbezeichnungen, Ämter, Titel: Feminisierung und strittige Fälle

Die erste bedeutende Initiative zu einer amtlich verbindlichen Feminisierung der Berufsbezeichnungen ging von der Ministerin für Frauenrechte, Yvette Roudy, aus. Die von ihr eingesetzte Terminologiekommission erarbeitete im Jahre 1984 einen Vorschlag zur Feminisierung von Berufsbezeichnungen, Dienstgraden und Beamtentiteln, der sich trotz eines einschlägigen Erlasses im Amtsblatt (März 1986) durch den damaligen Premierminister Laurent Fabius im Sprachgebrauch nicht durchsetzen konnte. In einem zweiten Anlauf unterstützten 1997 Staatspräsident Jacques Chirac und Premierminister Lionel Jospin auf Drängen von sechs dem Kabinett angehörigen Ministerinnen die Feminisierung von Anreden wie „*Madame **la** ministre*", und Jospin machte mit seiner Verfügung „*Circulaire du 6 mars 1998 relatif à la féminisation des noms de métier, fonction, grade ou titre*", veröffentlicht im *Journal officiel* (Jahrgang 130, Nr. 57, 8. März 1998), die Feminisierung der Berufsbezeichnungen verbindlich. Die *Académie française*, vor allem ihr Sekretär Maurice Druon, sprach sich gegen die generelle Anwendung des Erlasses aus. Auch die vom *Centre national de la recherche scientifique* (CNRS) unter Leitung des Linguisten Bernard Cerquiglini 1999 herausgegebene und von Lionel Jospin mit einem Vorwort versehene Dokumentation *Femme, j'écris ton nom...*, in der ein umfassender Überblick über die Feminisierung der Berufsbezeichnungen gegeben wird, fand wenig Zustimmung bei der *Académie française*. Im Sprachgebrauch, vor allem in den großen nationalen Zeitungen wie *Libération* und *Le Monde*, sowie in Radio und Fernsehen, haben sich in Frankreich die meisten weiblichen Formen der Berufsbezeichnungen, Ämter und Titel inzwischen durchgesetzt. In Kanada und Belgien setzte diese Entwicklung bereits zehn Jahre früher ein.

1. **Auswahl von Berufsbezeichnungen, Ämtern und Titeln, die in 010 nicht aufgeführt sind:**

männliche Form		weibliche Form	
un apprenti	ein Lehrling	*une apprentie*	ein Lehrmädchen
un caissier	ein Kassierer	*une caissière*	eine Kassiererin
un chercheur	ein Forscher	*une chercheuse*	eine Forscherin
un chiropracteur	ein Chiropraktiker	*une chiropractrice*	eine Chiropraktikerin
un chirurgien	ein Chirurg	*une chirurgienne*	eine Chirurgin
un compositeur	ein Komponist	*une compositrice*	eine Komponistin
un conseiller municipal	ein Stadtrat	*une conseillère municipale*	eine Stadträtin
un éditeur	ein Herausgeber	*une éditrice*	eine Herausgeberin
un facteur	ein Briefträger	*une factrice*	eine Briefträgerin
un généraliste	ein praktischer Arzt	*une généraliste*	eine praktische Ärztin
un ingénieur	ein Ingenieur	*une ingénieur(e)*	eine Ingenieurin
un juré	ein Geschworener	*une jurée*	eine Geschworene
un masseur	ein Masseur	*une masseuse*	eine Masseurin
un policier	ein Polizist	*une policière*	eine Polizistin
un steward	ein Steward	*une hôtesse de l'air*	eine Stewardess

2. **Strittige Fälle:**

- Die offizielle Berufsbezeichnung für die „Opernsängerin" ist nicht *la chanteuse d'opéra*, sondern *la cantatrice.* Der Opernsänger dagegen: → *le chanteur d'opéra.*

- Die weibliche Form von *cheminot* → *cheminote* (Eisenbahner, -in) ist im Standardfranzösisch kaum akzeptiert. Dafür besser: *une employée des chemins de fer.*

- Für den männlichen Titel „*docteur*" (= Universitätstitel) ist die weibliche Form gleich: *Elle est docteur ès lettres.* Im medizinischen Sinne benutzt man die männliche Form: *Le docteur Marie Duplan.* Die weibliche Form *la docteur(e)* wird selten gebraucht. Die Form *doctoresse* gilt als Regionalismus oder als veraltet.

- Eine „Trainerin" sollte wegen der möglichen Doppelbedeutung (*une entraîneuse* = Trainerin oder Bar- / Animierdame) mit *une entraîneur* wiedergegeben werden: *Elle est l'entraîneur de l'équipe de...*

- Die weibliche Form von *un préfet* → *une préfète* (Präfekt, -in) ist gewöhnungsbedürftig. Ein Satz wie: „Sie ist die Präfektin des Département Les Côtes d'Armor" heißt im Standardfranzösisch: *C'est le préfet des Côtes d'Armor.*

- Die weibliche Form von *chef* (= *cheffe*) wird in der französischen Schweiz benutzt, ist im Französischen jedoch nicht anwendbar. Die Form *chef(f)esse* ist umgangssprachlich, häufig auch pejorativ. Also: *Elle est chef de département*; *une infirmière-chef* (Stationsschwester).

- Für *le reporter* [rəpɔrtɛr] (der Reporter) wird selten die weibliche Form *la reporter* gebraucht. Dafür: *Elle est un reporter très apprécié.* (Sie ist eine geschätzte Reporterin.) Die französisierten Formen *le reporteur / la reportrice* haben sich in der gesprochenen und geschriebenen Presse (noch) nicht durchgesetzt.

- „Eine Soldatin" mit *une soldate* zu übersetzen, empfiehlt sich (noch) nicht. Dafür besser: *une femme soldat*. Alternativ: *Elle est militaire*.

- Die Anglizismen *le speaker / la speakerine* [spikœr / spikrin] werden zunehmend durch *le présentateur / la présentatrice* (Fernsehansager / -ansagerin) ersetzt.

016 Unregelmäßige / uneinheitliche Pluralbildung

Folgende Fälle unregelmäßiger oder uneinheitlicher Pluralbildung sind zu unterscheiden:

1. Die Aussprache ändert sich vom Singular zum Plural:

le bœuf [ləbœf] – *les bœufs* [lebø]

un œuf [ɛ̃nœf] – *des œufs* [dezø]

un os [ɛ̃nɔs] – *des os* [dezo]

Aber: *Cet homme n'est plus qu'un paquet d'os* [dɔs]. (Dieser Mann ist nur noch Haut und Knochen.); *en chair et en os* [ɑ̃nɔs] (leibhaftig)

2. Der Plural wird unregelmäßig gebildet:

un œil – *des* **yeux**

un aïeul (ein Großvater) – *des aïeuls* [ajœl] (Großväter) → Dieser Gebrauch ist selten.

des aïeux [ajø] (Vorfahren)

3. Bei Anredeformen wird das Plural -*s* gesetzt und zugleich erscheint das Possessivpronomen ebenfalls in der Pluralform:

madame – **mes**dame**s**

mademoiselle – **mes**demoiselle**s**

monsieur [məsjø] – **mes**sieur**s** [mesjø]

4. Die Pluralbildung von Fremdwörtern erfolgt entweder mit -s oder in Form des Originalplurals der Fremdsprache:

la pizza – les pizzas	*le land – les länder*
le week-end – les week-ends	*le lied – les lieds / lieder*
le match – les matchs / matches	*le gentleman / les gentlemen*

5. Bei der Pluralbildung von Eigennamen wird wie folgt verfahren:

les Duplan	→ **kein** Pluralzeichen bei **Familiennamen;**
les Bourbons *les Pharaons* *les Condés*	→ **Plural -s** bei **Herrscherhäusern** oder berühmten **Adelsgeschlechtern;** **Aber:** Bei ausländischen Herrscherhäusern mit unfranzösischem Namen **kein** Pluralzeichen: *les Habsbourg*
les Concorde *les Ford* *les Opel* *les Renault*	→ **kein** Pluralzeichen bei **Typenbezeichnungen** oder **Markennamen;**
deux Martini *trois Ricard* *deux Larousse* *deux Figaro*	→ **kein** Pluralzeichen bei **Markengetränken** , **Büchern** , **Zeitungen** , usw.
Notre musée dispose de deux Renoir(s) et de trois Courbet(s).	→ (meist) **kein** Pluralzeichen, wenn der Künstlername die Werke des Künstlers bezeichnet
Les grands du sport comme les Platinis, les Beckenbauers et les Prosts n'existent plus aujourd'hui. Die Großen des Sports wie Platini, Beckenbauer und Prost gibt es heute nicht mehr.	→ in der Regel **mit Pluralzeichen -s**, wenn die Namen für eine bestimmte, **typische Gruppe** (hier: Fußballer / Rennfahrer) stehen.

Die Pluralbildung der zusammengesetzten Substantive gemäß der Reform von 1990   `017`

Die Pluralbildung der zusammengesetzten Substantive ist eines der schwierigsten Kapitel der französischen Grammatik. Der Anspruch auf logische Transparenz hat zur Festlegung von Basisregeln für die Pluralbildung geführt, die sehr komplex sind und zudem punktuell ständig durchbrochen werden. Deshalb wurde in den *Rectifications de l'orthographe* von 1990 (vgl. *Journal officiel de la République française* vom 6. Dezember 1990) folgende Regelung empfohlen:

1. Die Pluralbildung der in einem Wort geschriebenen Zusammensetzungen erfolgt durch die Setzung des Pluralzeichens am Ende des zweiten Elements. Die in den *Rectifications* in den Listen A und B aufgeführten, **ohne Bindestrich zu schreibenden** Zusammensetzungen, sind unter anderem folgende:

Singular		Plural
une bassecour	ein Hühnerhof	*des bassecours*
un croquemort	ein Leichenträger	*des croquemorts*
un faitout	ein Kochtopf	*des faitouts*
un hautparleur	ein Lautsprecher	*des hautparleurs*
un millefeuille	ein Blätterteig	*des millefeuilles*
un millepatte	ein Tausendfüßler	*des millepattes*
un passepartout	ein Dietrich / Nachschlüssel	*des passepartouts*
un passeport	ein Pass	*des passeports*
un porteclé	ein Schlüsselring	*des porteclés*
un portefeuille	eine Brieftasche	*des portefeuilles*
un portemonnaie	ein Portemonnaie	*des portemonnaies*
une sagefemme	eine Hebamme	*des sagefemmes*
un tirebouchon	ein Korkenzieher	*des tirebouchons*
un tournedos	eine Rinderfiletscheibe	*des tournedos*
un tournevis	ein Schraubenzieher	*des tournevis*

2. Die zusammengesetzten Substantive **mit Bindestrich** haben nur ein Pluralzeichen beim zweiten Element des Wortes. Dies gilt für Zusammensetzungen vom Typ **Substantiv + Substantiv**; **Verb + Substantiv**; **Präposition + Substantiv**. Dementsprechend schreibt man:

Singular		Plural
un abat-jour	ein Lampenschirm	*des abat-jours*
un / une après-midi	ein Nachmittag	*des après-midis*
un cure-dent	ein Zahnstocher	*des cure-dents*
un perce-neige	ein Schneeglöckchen	*des perce-neiges*
un pèse-lettre	eine Briefwaage	*des pèse-lettres*
un sans-abri	ein Obdachloser	*des sans-abris*

3. Wird das zweite Element der Zusammensetzung mit Großbuchstaben geschrieben oder mit einem Artikel versehen, wird kein Pluralzeichen gesetzt:

Singular		Plural
un prie-Dieu	ein Betstuhl	*des prie-Dieu*
un trompe-l'œil	eine Augenwischerei / ein trügerischer Schein	*des trompe-l'œil*

Die unter 1-3 aufgeführten Regeln bedeuten eine erhebliche Vereinfachung und zugleich Vereinheitlichung der Pluralbildung bei zusammengesetzten Substantiven. Bislang haben sie allerdings nur Empfehlungscharakter. Vor ihrer endgültigen Durchsetzung gelten bisher noch die alten Regeln, die im folgenden dargelegt werden.

Die Pluralbildung der zusammengesetzten Substantive: alte (gültige) Norm

018

R 018

Bei zusammengesetzten Substantiven erhalten nur die Elemente ein Pluralzeichen, die auch alleinstehend mit einem Pluralzeichen versehen werden können. Bei Zusammensetzungen, die in einem Wort ohne Bindestrich geschrieben werden, wird das Pluralzeichen, wie bei den einfachen Substantiven, am Ende des Wortes gesetzt.

Diese Regel ist im Einzelnen wie folgt zu handhaben:

1. **In einem Wort geschriebene Zusammensetzungen:**

Singular		Plural
une autoroute	eine Autobahn	*des autoroutes*
un passeport	ein Pass	*des passeports*
un posemètre	ein Belichtungsmesser	*des posemètres*

Ausnahmen:

Un bonhomme (ein Mann [umgangsspr.])	→ *des bonshommes* [bõzɔm]
	(umgangsspr. auch: *des bonhommes*)
Un gentilhomme (ein Adliger)	→ *des gentilshommes* [ʒãtizɔm]

2. **Bei substantivischen Zusammensetzungen mit Präposition erhält nur das erste Substantiv ein Pluralzeichen** (diese Regelung ist gemäß den *Rectifications* von 1990 weiterhin ohne Einschränkungen gültig):

Singular		Plural
un arc-en-ciel	ein Regenbogen	*des arcs-en-ciel*
une brosse à cheveux	eine Haarbürste	*des brosses à cheveux*
une brosse à dents	eine Zahnbürste	*des brosses à dents*
un chauffeur de taxi	ein Taxifahrer	*des chauffeurs de taxi*
un chef-d'œuvre	ein Meisterwerk	*des chefs-d'œuvre*

Anmerkung:

Bei einigen Zusammensetzungen nimmt das zweite Wort bereits im Singular das Pluralzeichen an. **Kein Pluralzeichen** steht bei *un pied-à-terre* (eine Bleibe / eine kleine Wohnung) → *des pied-à-terre; un tête-à-tête* (eine vertrauliche Unterhaltung) → *des tête-à-tête.*

3. **Bei Zusammensetzungen aus Substantiv + Substantiv, die mit Bindestrich verbunden werden, erhalten beide Substantive ein Pluralzeichen:**

	Singular	Plural
un chef-lieu	eine Kreisstadt	*des chefs-lieux*
un chou-fleur	ein Blumenkohl	*des choux-fleurs*
un sourd-muet	ein Taubstummer	*des sourds-muets*

Ohne Bindestrich werden geschrieben:

	Singular	Plural
un cas limite	ein Grenzfall	*des cas limites*
un mot clé	ein Schlüsselwort	*des mots clé(s)*

Wenn das zweite Substantiv dem ersten untergeordnet ist, das heißt die Zusammensetzung unter Auslassung der Präposition gebildet wird (*un timbre [de la] poste*), erhält nur das erste Substantiv ein Pluralzeichen:

	Singular	Plural
une assurance-vie	eine Lebensversicherung	*des assurances-vie*
un soutien-gorge	ein Büstenhalter	*des soutiens-gorge*
un timbre-poste	eine Briefmarke	*des timbres-poste*

4. **Bei Zusammensetzungen vom Typ Adjektiv + Substantiv oder Substantiv + Adjektiv erhalten beide Elemente das Pluralzeichen:**

	Singular	Plural
une basse-cour	ein Hühnerhof	*des basses-cours*
un coffre-fort	ein Tresor	*des coffres-forts*
un coup franc	ein Freistoß	*des coups francs*
un franc-maçon	ein Freimaurer	*des francs-maçons*
un libre penseur	ein Freidenker	*des libres penseurs*
un nouveau venu	ein Neuankömmling	*des nouveaux venus*

Anmerkung:

- *Un nouveau-né* wird mit Bindestrich geschrieben; *nouveau* ist hier unveränderlich: *une fille nouveau-née, les nouveau-nés.* In den anderen Zusammensetzungen (sie werden ohne Bindestrich geschrieben) verändert sich *nouveau: la nouvelle mariée, les nouveaux élus.* Für *la nouvelle mariée* wird im Übrigen häufiger *la jeune mariée* verwendet.

- *Un haut-parleur* (ein Lautsprecher) / *des **haut**-parleurs* (auch ohne Bindestrich geschrieben gemäß Empfehlung der *Rectifications* von 1990)

- *Grand* ist im Geschlecht unveränderlich, in der Zahl schwankt der Gebrauch: *la grand-mère* (die Großmutter) / *les **grand(s)**-mères; la grand-rue* (die Hauptstraße) / *les **grand(s)**-rues.*

- Ein vorangestelltes *demi* wird nicht verändert (vgl. **R 082**): *un demi-cercle* (ein Halbkreis) / *des **demi**-cercles; une **demi**-heure, des **demi**-heures.*

5. **Bei Zusammensetzungen vom Typ Präposition + Substantiv erhält nur das Substantiv das Pluralzeichen:**

Singular		Plural
une arrière-boutique	ein Hinterraum (eines Ladens)	*des arrière-boutiques*
une avant-scène	eine Vorderbühne	*des avant-scènes*
une contre-attaque	ein Gegenangriff	*des contre-attaques*
un sous-sol	eine Kellerwohnung / ein Souterrain	*des sous-sols*

Anmerkung:
Wenn in einer Zusammensetzung aus Präposition + Substantiv das Substantiv singularisch aufzufassen ist, erhält dieses kein Pluralzeichen:

Singular		Plural
un(e) après-midi	ein Nachmittag	*des après-midi*
un sans-abri	ein Obdachloser	*des sans-abri*
un sans-emploi	ein Stellungsloser	*des sans-emploi*
un sans-patrie	ein Heimatloser	*des sans-patrie*

6. **Bei Zusammensetzungen mit Verb + Verb oder Verb + Adjektiv / Adverb wird kein Pluralzeichen gesetzt:**

Singular		Plural
un laisser-passer	ein Passierschein	*des laisser-passer*
un ouï-dire	ein Gerücht	*des ouï-dire*
un passe-partout	ein Nachschlüssel	*des passe-partout*
un pète-sec (fam.)	ein autoritärer Typ	*des pète-sec*

7. **Zusammensetzungen vom Typ Verb + Substantiv (= direktes Objekt) bilden eine wichtige Gruppe. Ihre Pluralbildung ist nicht einheitlich geregelt (abgesehen von der Empfehlung der *Rectifications* von 1990). Einheitlich geregelt ist lediglich, dass das Verb grundsätzlich kein Pluralzeichen annimmt. Folgende vier Fälle sind zu unterscheiden:**

Fall 1: Das Substantiv erhält das Pluralzeichen:

Singular		Plural
un bouche-trou	ein Lückenbüßer	*des bouche-trous*
un couvre-chef	eine Kopfbedeckung	*des couvre-chefs*
un couvre-feu	eine Sperrstunde	*des couvre-feux*
un croque-mort	ein Leichenträger	*des croque-morts*
un cure-dent	ein Zahnstocher	*des cure-dents*
un garde-fou	ein Geländer	*des garde-fous*
une garde-robe	eine Garderobe / Kleidung	*des garde-robes*
un pèse-lettre	eine Briefwaage	*des pèse-lettres*
un pique-nique	ein Picknick	*des pique-niques*
un tire-bouchon	ein Korkenzieher	*des tire-bouchons*
un tourne-disque	ein Plattenspieler	*des tourne-disques*

Fall 2: Das Substantiv erhält bereits in der Singularform das Pluralzeichen:

Singular		Plural
un brise-lames / un brise-lame	ein Wellenbrecher	*des brise-lames*
un casse-noisettes / un casse-noisette	ein Nussknacker	*des casse-noisettes*
un coupe-ongles	eine Nagelschere	*des coupe-ongles*
un porte-avions	ein Flugzeugträger	*des porte-avions*
un porte-bagages	ein Gepäckträger / -ständer	*des porte-bagages*
un porte-cigares / cigarettes	ein Zigarren- / Zigarettenetui	*des porte-cigares / cigarettes*
un porte-clés	ein Schlüsselring	*des porte-clés*
un sèche-cheveux	ein Haartrockner / ein Fön	*des sèche-cheveux*

Fall 3: Das Substantiv erhält kein Pluralzeichen; die Zusammensetzung ist in Singular und Plural gleich:

Singular		Plural
un amuse-bouche *un amuse-gueule* } ein Appetithäppchen		*des amuse-bouche(s)* *des amuse-gueule(s)*
un brise-glace	ein Eisbrecher	*des brise-glace*
un casse-cou	ein Draufgänger	*des casse-cou*
un casse-croûte	ein Imbiss	*des casse-croûte*
un casse-tête	eine kopfzerbre-chende Aufgabe	*des casse-tête*
un chasse-neige	ein Schneepflug	*des chasse-neige*
un gratte-ciel	ein Wolkenkratzer	*des gratte-ciel*
un perce-neige	ein Schneeglöckchen	*des perce-neige*
un souffre-douleur	ein Sündenbock / ein Prügelknabe	*des souffre-douleur*

Zur Erläuterung:

Das Kompositum erhält im Singular und Plural kein *-s*, weil **nicht-zählbare** Dinge mit der Verbform verbunden sind. *Un / des gratte-ciel = un bâtiment / des bâtiments qui gratte(nt) le ciel.* Dementsprechend auch: *un / des perce-neige = une fleur / des fleurs qui perce(nt) la neige.*

Unveränderlich sind auch folgende Zusammensetzungen: *un couche-tard* (ein Nachtschwärmer) / *des couche-tard; un on-dit* (ein Gerücht) / *des on-dit; un va-et-vient* (ein Hin und Her) / *des va-et-vient; un rendez-vous* (ein Treffen / ein Rendezvous) / *des rendez-vous.*

Fall 4: Bei Zusammensetzungen mit *garde-* erhält dieses das Pluralzeichen *-s*, wenn *garde* im Sinne von *gardien / gardienne* (= der Wärter / die Wärterin) **gebraucht wird,** *garde* **also kein Verb, sondern Substantiv ist:**

Singular		Plural
un garde-barrière	ein Schrankenwärter	*des gardes-barrière(s)*
un garde-chasse	ein Jagdaufseher	*des gardes-chasse*
un garde-malade	ein Krankenwärter	*des gardes-malades*
un garde-port	ein Hafenwächter	*des gardes-port*

019 **Singular- oder Pluralformen der Substantive in Abweichung vom Deutschen**

1. **Nur oder meist im Singular werden im Französischen gebraucht:**

l'actif	die Aktiva (einer Bilanz)
le coût total	die Gesamtkosten
le coût de la vie	die Lebenshaltungskosten
le coût de la main d'œuvre	die Lohnkosten
en jean(s)	in Jeans
la main d'œuvre	die Arbeitskräfte
cueillir / manger du raisin	Weintrauben pflücken / essen
le passif	die Passiva (einer Bilanz)
la rougeole	die Masern
la rubéole	die Röteln
la varicelle	die Windpocken

2. **Nur im Plural werden im Französischen gebraucht:**

les affres (f)	das Grauen
les alentours (m)	die Umgebung
les arrhes (f)	die Anzahlung
les annales (f)	das Jahrbuch
les appointements (m)	das Gehalt
les archives (f)	das Archiv
les Balkans (m)	der Balkan
les balivernes (f)	der Quatsch / die Albernheit(en)
les cisailles (f)	die Blech- / Metallschere
les confins (m) / aux confins de la terre	das äußerste Ende / am Ende der Welt
les décombres (m)	der Schutt
les dépens (m) / aux dépens de	die Kosten / auf Kosten von
les ébats (m)	das Ausgelassensein
les environs (m)	die Umgebung
les épinards (m)	der Spinat
les fiançailles (f)	die Verlobung
les fadaises (f)	das Gefasel
les funérailles (f)	das Begräbnis
les honoraires (m)	das Honorar
les mathématiques (f)	die Mathematik
les obsèques (f)	die (kirchliche) Trauerfeier
les oreillons (m)	der Mumps / der Ziegenpeter
les prémices (f)	der Anfang
les simagrées (f)	das Getue / das Gehabe

les sornettes (f)	das Gefasel / das alberne Gerede
les ténèbres (f)	die Dunkelheit / die Finsternis
les vêpres (f)	die Vesper
les vivres (m)	die Verpflegung / der Proviant

Sinndifferenzierung bei Substantiven in Singular- oder Pluralform   `020`

Bei einer Reihe von Substantiven verändert sich in der Pluralform die Bedeutung, bzw. die Pluralform hat zwei Bedeutungen:

l'amitié (f)	die Freundschaft	les amitiés	die Freundschaften
		mes amitiés à...	grüßen Sie...
l'assise (f)	die (Stein-)schicht	les assises	der Parteitag
		la Cour d'assises	das Schwurgericht
la bouche	der Mund	les bouches / les bouches du Rhône	die Münder / die Mündung der Rhône
le ciseau	der Meißel	les ciseaux	die Schere
le devoir	die Pflicht	les devoirs	die Pflichten / die Hausaufgaben
l'échec (m)	der Misserfolg	les échecs	die Misserfolge / das Schachspiel
l'enfer (m)	die Hölle	les enfers	die Unterwelt
la fondation	der Unterbau / die Gründung / die Stiftung	les fondations	die Stiftungen / das Fundament
la force	die Kraft	les forces	die Kräfte / die Streitkräfte
l'humanité (f)	die Menschheit / die Menschlichkeit	les humanités	die Geisteswissenschaften
la jumelle	die Zwillingsschwester	les jumelles	das Fernglas / die Zwillingsschwestern
le loisir	die Muße / die freie Zeit	les loisirs	die Freizeit(gestaltung)
la lunette	das Fernrohr	les lunettes	die Fernrohre / die Brille
la noce	das Gelage	les noces (d'or)	die (goldene) Hochzeit
la prévision	die Vorschau	les prévisions	die Aussichten
		les prévisions météorologiques	die Wetteraussichten
la science	die Wissenschaft	les sciences	die Wissenschaften / die Naturwissenschaften
la toilette	die (Damen-) Kleidung	les toilettes	die Toilette / das WC

021 **Unterschiedlicher Gebrauch von *an* und *année***

An wird **mit einer Ordnungszahl ohne erläuterndes Attribut** gebraucht, des weiteren **ohne Ordnungszahl mit bestimmtem Artikel** in einigen gängigen Ausdrücken.

Beispiele mit *an*:

*Après **deux ans** de stage, il est rentré à Paris.*

*Il est resté **cinq ans** dans notre entreprise. **Un an après**, il tomba malade.*

*Il a **dix ans**. **L'an deux mille** de notre ère; le **jour de l'an**; **l'an dernier**; **tous les ans**.*

Bon an mal an („im Jahresdurchschnitt"), *la vente de nos produits a été satisfaisante.*

Année wird **mit einer Ordnungszahl in Verbindung mit einem spezifizierenden Attribut** oder **einem Possessivadjektiv** gebraucht; dazu nach **Mengenadverbien**.
Weiterhin benutzt man *année*, um den Aspekt der **Dauer**, des **Verlaufs** zu betonen.

Beispiele mit *année*:

*Il est resté sans emploi pendant **deux années entières**.*

*Il y a **bien des années** que je l'ai vu pour la dernière fois.*

*Il est dans **sa cinquantième année**.*

***L'année universitaire** dure de la mi-octobre à la fin du mois de juin.*

***L'année** a été difficile. **L'année dernière** a été difficile.*

*Nous lui avons souhaité **la bonne année**.*

Das Substantiv: Repetitorium

Die Genusdifferenzierung und die Pluralbildung der Substantive: schwierige Fälle und Fehlerquellen   `022`

1. **Übersicht** über Substantive mit gleicher Endung bei unterschiedlichem grammatischen Geschlecht:

männlich	weiblich
le mant*eau*, un ois*eau*	l'*eau*, la p*eau*
le mét*ro*	la phot*o*
le corri*gé*, le con*gé*	la bon*té*, une activi*té*, la céci*té* (Blindheit)
le cou*de*, le cri*me*, le cannibal*e*, le costum*e*, le dou*te*, un indi*ce*	la rou*te*, la ci*me* (Gipfel), la cabal*e*, la coutum*e*, la disput*e* (Streit)
un incen*die*	la v*ie*, la malad*ie*
le f*oie* (Leber)	la s*oie* (Seide), la v*oie*
le ly*cée*, le mu*sée*, un apo*gée* (Höhepunkt, Gipfel)	une an*née*, une i*dée*, la du*rée*
le pois*on* (Gift), le pois*son*, le soup*çon*, le tron*çon* (Abschnitt)	la bois*son*, la fa*çon*, la le*çon*, la pris*on*
le dess*in*, le rais*in* (Weintraube), le dest*in* (Schicksal)	la f*in*
le p*ain*, le b*ain*, le g*ain*	la m*ain*
le v*ent*, un enterrem*ent*	la d*ent*, la jum*ent* (Stute)
le mépr*is*, le tap*is*	la sour*is* (Maus), la breb*is* ([Mutter]schaf)
un am*our*, le f*our* (Backofen), le sé*jour*	la c*our*, la t*our*
le bonh*eur*, un honn*eur*, le malh*eur*	la fl*eur*, la p*eur*, la rum*eur* (Lärm / Gerücht)
le cour*age*, le from*age*, le pays*age*, le vis*age*	une im*age*, la p*age*, la pl*age*, la r*age* (Wut / Tollwut)
le destinat*aire* (Adressat, Empfänger), le diction*naire*, le vesti*aire* (Garderobe)	une aff*aire*, la p*aire* (Paar)
un esp*ace* (Raum, Zwischenraum)	la f*ace*, la grâce (Gnade / Anmut), la r*ace*
le sil*ence*	une intellig*ence*, la néglig*ence*, la prud*ence*
le mal*aise* (Unwohlsein / Unzufriedenheit)	la ch*aise*, la fr*aise*
le dom*aine* (Domäne / Gebiet / Bereich)	la h*aine*, la sem*aine*
le spect*acle* (Schauspiel)	la débâcle (Zusammenbruch)

2. **Vielbenutzte Homonyme mit unterschiedlichem Geschlecht:**

männlich		weiblich	
le critique	der Kritiker	*la critique*	die Kritik
le livre	das Buch	*la livre*	das Pfund
le manche	der Stiel	*la manche*	der Ärmel
le mode	die Art / Weise / der Modus	*la mode*	die Mode
le moule	die Gussform / die Backform	*la moule*	die Miesmuschel
le physique	das Aussehen	*la physique*	die Physik
le poêle	der Ofen	*la poêle*	die Pfanne
le tour	die Umdrehung / Rundfahrt / die Drehbank	*la tour*	der Turm
le vase	die Vase	*la vase*	der Schlamm
le voile	der Schleier	*la voile*	das Segel / das Segeln

3. **Berufsbezeichnungen und Titel** (Auswahl)**:**

männlich	weiblich
un chanteur	*une chanteuse* (Sängerin) *une cantatrice* (Opernsängerin)
un dentiste	*une dentiste*
un écrivain	*une écrivaine*
un facteur	*une factrice*
un fonctionnaire	*une fonctionnaire*
un généraliste (ein praktischer Arzt)	*une généraliste*
un informaticien	*une informaticienne*
un ingénieur	*une ingénieur(e)* (z.T. noch umstrittene Form)
un maire	*une maire*
un médecin	*une (femme) médecin*
un ministre	*une ministre*
un notaire	*une notaire*
un peintre	*une peintre*
un professeur	*une (femme) professeur / la prof* (umgangsspr.)

4. Die Pluralbildung der Substantive: Schwierigkeiten

Singular	Plural
un aveu	des aveux
le bail	les baux
le bal	les bals
le bijou	les bijoux
le chacal	les chacals
le cheveu	les cheveux
le corail	les coraux
le détail	les détails
le festival	les festivals
le genou	les genoux
le journal	les journaux
le mal	les maux
le pneu	les pneus
le rail	les rails
le trou	les trous
le vitrail	les vitraux

5. Pluralbildung der zusammengesetzten Substantive: alte (noch gültige) Norm (Auswahl)

Singular	Plural
une assurance-vie	des assurances-vie
un bonhomme	des bonshommes
une brosse à dents	des brosses à dents
un chef-d'œuvre	des chefs-d'œuvre
un chou-fleur	des choux-fleurs
un demi-cercle	des demi-cercles
un gratte-ciel	des gratte-ciel
un garde-malade	des gardes-malades
un nouveau venu	des nouveaux venus
un passe-partout	des passe-partout

un passeport	des passeports
un perce-neige	des perce-neige
un porte-avions	des porte-avions
un sans-emploi	des sans-emploi
un sèche-cheveux	des sèche-cheveux
un tire-bouchon	des tire-bouchons

6.   Man sollte sich einprägen, dass folgende Substantive `männlich` sind:

un axe	eine Achse
le cigare	die Zigarre
le contrôle	die Kontrolle
le domaine	die Domäne / der Bereich
un échange	ein (Aus)Tausch / eine Auswechslung
un éloge	eine Lobrede
un épisode	eine Episode
un espace	ein Raum / ein Zwischenraum
le disque	die Scheibe / der Diskus
le divorce	die Scheidung
le dividende	die Dividende
le doute	der Zweifel
le geste	die Geste
le groupe	die Gruppe
un incendie	ein Brand
un indice	ein Merkmal / ein Zeichen
le lierre	der Efeu
le masque	die Maske
le musée	das Museum
un office	ein Büro / eine Dienststelle / ein Amt
un opéra	eine Oper
le prodige	das Wunder
le risque	das Risiko
le rôle	die Rolle
le suspense [ləsyspɛns]	die Spannung
le trophée	die Trophäe
un uniforme	eine Uniform

Kapitel 2.2

Das Adjektiv *(l'adjectif qualificatif)*

Kapitelübersicht:

Das Adjektiv: Grundstufe

023 Die Veränderlichkeit des Adjektivs

R 023

Das Adjektiv richtet sich in **Geschlecht** und **Zahl** nach seinem Bezugswort, das in der Regel ein Substantiv oder ein Pronomen ist.

Beispiele:

Le **beau** chapeau. Une **belle** vie. Les joli**s** gants. Cette chanson est joli**e**. Elle est très joli**e**.

Bezieht sich ein Adjektiv auf mehrere durch *et* verbundene Substantive verschiedenen Geschlechts, so richtet sich das Adjektiv grundsätzlich nach dem männlichen Substantiv: *Ces garçons et ces filles sont gentil**s**.*

Anmerkung:

Es gibt eine Reihe von Adjektiven, insbesondere abgekürzte Adjektive, die unveränderlich sind:

*L'art **pop**. La prof est **sympa**.* (Im Plural: *Les profs sont sympa / sympa**s**.*)

Das Adjektiv *chic* richtet sich **in der Regel** nur in der Zahl nach dem zugehörigen Substantiv, im Geschlecht bleibt es immer unveränderlich:

*Nous avons assisté à une réception **chic**.*
Wir haben an einem vornehmen Empfang teilgenommen.

*Elle est très **chic** avec ce manteau.*

*Elle a été très **chic** avec moi.*
Sie war sehr nett zu mir. / Sie hat sich mir gegenüber sehr zuvorkommend verhalten.

*Deux messieurs **chics** se trouvaient au bar de l'hôtel.*

*Ces femmes sont **chics**.*

024 Grammatische Funktionen des Adjektivs

Das Adjektiv (= das Eigenschaftswort) bezieht sich im Satz auf ein oder mehrere Substantive (= Nominalgruppe). Es bestimmt diese näher, indem es eine **attributive** Funktion (→ *adjectif épithète*) oder eine **prädikative** Funktion (→ *adjectif attribut*) annimmt. In prädikativer Funktion kann sich das Adjektiv auch auf ein Pronomen beziehen.

- Das **attributive** Adjektiv erweitert das Substantiv (bzw. mehrere Substantive) und steht bei diesem / bei diesen:

  *Nous avons passé **une journée agréable** et, de plus, nous avons bu **un très bon vin**.*
  *Nos amis ont **un chien et un chat adorables**.*

- Das **prädikative** Adjektiv bezieht sich auf ein Substantiv (bzw. auf mehrere Substantive) oder auf ein Pronomen, steht jedoch in Verbindung mit einer Verbalgruppe. Im Normalfall bezieht sich das prädikative Adjektiv auf das **Subjekt** des Satzes:

Mon père et ma mère **sont** *tous les deux* **malades**.

Ils **sont malades**.

Nach Verben wie *croire, estimer, rendre, trouver* kann sich das prädikative Adjektiv auch auf das **direkte Objekt** beziehen:

On **a trouvé** *sa démarche très* **osée**.
Man fand sein Vorgehen sehr gewagt.

*J'***ai cru** *ma mère très* **fatiguée** *mais, finalement, elle se porte assez bien*.
Ich dachte, meine Mutter sei erschöpft, aber letztlich geht es ihr ganz gut.

Zu den Begriffen **attributives Adjektiv** / **prädikatives Adjektiv** Folgendes zur Klärung, da im Französischen und Deutschen eine unterschiedliche Terminologie verwendet wird:

une journée agréable ein angenehmer Tag	Das Adjektiv erscheint hier in der Funktion eines ***adjectif épithète*** (= „Beiwort"); der grammatische Terminus im Deutschen ist **Attribut**.
La journée est agréable. Der Tag ist angenehm.	Das Adjektiv erscheint hier in der Funktion eines ***adjectif attribut***; der grammatische Terminus im Deutschen ist **Prädikatsnomen** oder **prädikatives Adjektiv / prädikativer Gebrauch des Adjektivs**.

Zur Erläuterung:

Der **prädikative Gebrauch** des Adjektivs im Französischen erfolgt bei Verben wie *être, devenir, paraître, rester, sembler, tomber*, um die Satzaussage (= das Prädikat) zu vervollständigen, weiterhin bei *faire* im Sinne von „aussehen" / „wirken". Bei diesen Verben bezieht sich das prädikative Adjektiv auf das **Subjekt**.

Elle est fatiguée. Il est devenu fou. Nous sommes restés fidèles. Elle semble contente. Est-ce qu'ils sont tombés malades? Elle est tombée amoureuse.

Elle fait jeune / Elle fait vieille pour son âge.
Für ihr Alter sieht sie jung aus / wirkt sie alt.

Bei Verben wie *s'avérer, déclarer, se dire, s'estimer, juger, se montrer, rendre, se sentir, se trouver*, usw. bezieht sich das prädikative Adjektiv auf das **direkte Objekt**. Bei den reflexiven Verben ist in den folgenden Beispielen das Reflexivpronomen das vorausgehende direkte Objekt.

Ces mesures **se** *sont avérées* **utiles**.
Die Maßnahmen haben sich als nützlich erwiesen.

*Le chef du parti a déclaré **la séance ouverte**.*
Der Parteichef hat die Sitzung für eröffnet erklärt.

*Ils **se** disent pauvre**s**.*
Sie sagen von sich, sie seien arm.

*Mes sœurs **s'**estimaient heureus**es** parce qu'elles avaient trouvé du travail rapidement.*
Meine Schwestern schätzten sich glücklich, weil sie sofort eine Arbeit gefunden hatten.

*Nous ne jugeons pas **cette démarche opportune**.*
Wir beurteilen dieses Vorgehen als nicht angebracht / als inopportun.

*Nos voisins **se** sont montrés particulièrement compréhensif**s**.*
Unsere Nachbarn haben sich besonders verständnisvoll gezeigt.

*Mon attitude **l'**a rendue jalou**se**.*
Mein Verhalten hat sie eifersüchtig gemacht.

*Elle **s'**est sentie abandonné**e** de tout le monde.*
Sie fühlte sich von allen verlassen.

*Elles **se** trouvent **belles**.*
Sie finden sich schön.

Im Passiv bezieht sich das prädikative Adjektiv bei Verben wie *déclarer*, *dire*, *estimer*, *juger* **auf das Subjekt**:

*Les mesures ont été estimées trop sévère**s**.*
Die Maßnahmen wurden als zu streng angesehen.

*La demande a été jugée inopportun**e**.*
Die Forderung wurde als unpassend beurteilt.

Anmerkung: Nach *avoir l'air* kann sich das prädikative Adjektiv nach dem Subjekt oder nach dem direkten Objekt richten:

*Elle a l'air fatigu**ée** / fatigu**é**.*

---

025 **Die Singularformen des Adjektivs**

In Bezug auf die Bildung der maskulinen und femininen Singularformen lassen sich im Französischen folgende Typen von Adjektiven unterscheiden:

1. **Adjektive, die auf** -*e* **enden und sich in der gesprochenen und geschriebenen Form im Maskulinum und Femininum Singular nicht unterscheiden. Es handelt sich hier vor allem um Adjektive mit den Endungen (Suffixen)** -*able*, -*aire*, -*esque*, -*ible*, -*ique*, -*iste*.

agréable angenehm	*aimable* liebenswürdig	*portable* tragbar
ordinaire üblich / gewöhnlich	*précaire* ungewiss / heikel	*secondaire* zweitrangig

chevaleresque ritterlich	*pittoresque* malerisch	*romanesque* romanhaft
lisible leserlich	*possible* möglich	*tangible* fühlbar / greifbar
catastrophique katastrophal	*économique* wirtschaftlich / preiswert	*véridique* wahrhaft / echt
anarchiste anarchistisch	*pacifiste* pazifistisch	*réaliste* realistisch

Häufig gebrauchte Adjektive mit *e*-Endung sowohl in der männlichen als auch in der weiblichen Form Singular:

calme ruhig	*célèbre* berühmt	*difficile* schwer	*facile* leicht	*habile* geschickt	*tranquille* ruhig	*utile* nützlich

Beispiele:

un roman / une attitude réaliste   *un voyage / une personne agréable*

un problème / une vie difficile   *un homme / une femme célèbre*

2. **Adjektive, die sich im Maskulinum und Femininum** nur in der Schreibung, **nicht in der Aussprache unterscheiden. Die geschriebene weibliche Form erhält dabei am Schluss ein** -*e*.

	Besonderheiten in der Aussprache:
un homme âgé *une femme âgée*	Bei den **maskulinen** Formen von *suspect* (verdächtig) und *exact* wird das -*ct* **meistens** nicht gesprochen. Bei den **maskulinen** Formen von *succinct* (kurz / knapp / bündig) und *distinct* (deutlich / klar / verschieden) **entfällt grundsätzlich** die Aussprache von -*ct* am Schluss:
un joli costume *une jolie voiture*	
un personnage têtu *une personne têtue* (dickköpfig / verbohrt)	*un homme suspect* [syspɛ(kt)] *une femme suspecte* [syspɛkt]
un homme spécial *une mesure spéciale*	*un compte exact* [ɛgza(kt)] *une description exacte* [ɛgzakt]
un comportement strict [strikt] *une mesure stricte* [strikt]	*un discours succinct* [syksɛ̃] *une argumentation succincte* [syksɛ̃t]
	un problème distinct [distɛ̃] *une voix distincte* [distɛ̃kt]

Anmerkung:

Das Adjektiv *ovale* hat für das Maskulinum und Femininum nur eine Singularform: *un ballon ovale – une table ovale*.

Orthographische Besonderheiten	
un acte criminel *une action criminelle*	Die auf *-el* endenden Adjektive wie **criminel, cruel, mortel, naturel, réel, traditionnel**, usw. verdoppeln in der weiblichen Form den Endkonsonanten.
un rôle ambigu *une réaction ambiguë* eine zweideutige Reaktion	Das **Trema** auf dem Endungs *-e* in der weiblichen Form ist zur Erhaltung der Aussprache erforderlich. Vgl. auch: **aigu / aiguë** = spitz / stark; **exigu / exiguë** = winzig.
un homme fier [fjɛr] *une attitude fière* [fjɛr]	Die weibliche Form erhält bei den Adjektiven **fier, amer, cher** einen *accent grave*: *fière, amère, chère*.
un rôle public *une déclaration publique* *un bain turc* *une chanson turque* *le vin grec* *la langue grecque*	Bei den Adjektiven **public**, **turc**, **caduc** (= brüchig / ungültig) und **grec** wird die weibliche Form auf *-que* gebildet; dabei behält die weibliche Form **grecque** das *-c-* der männlichen Form bei.

Anmerkung:

- Das Adjektiv *net* [nɛt] (= klar, scharf, genau) verdoppelt in der weiblichen Form das *-t*: *le bénéfice net* (der Reingewinn) – *des idées **nettes**.

- Das Adjektiv *exprès / expresse* unterscheidet **nur in der Schreibung** die männliche und weibliche Form: *un ordre exprès* (ein ausdrücklicher Befehl - *une défense expresse de...* (ein ausdrückliches Verbot zu...). In beiden Fällen ist das Lautbild [ɛksprɛs].

    Aber: *un colis exprès*   *une lettre **exprès*** (maskuline Form!)
         (ein Eilpaket)   (ein Eilbrief)

3. **Adjektive, die sich im Maskulinum und Femininum in der Aussprache und in der Schreibung unterscheiden. Hier gibt es zahlreiche Varianten:**

	männliche Form	weibliche Form
Der Endkonsonant wird in der weiblichen Form gesprochen; dies ist insbesondere bei adjektivischen Partizipien Perfekt und bei Verbaladjektiven der Fall.	*allemand* [aləmã] *français* [frãsɛ] *petit* [pəti] *assis* [asi] *fatigant* [fatigã]	*allemande* [aləmãd] *française* [frãsɛz] *petite* [pətit] *assise* [asiz] *fatigante* [fatigãt]

Das Suffix -et [ɛ] in der männlichen Form wird zu -ète [ɛt] in der weiblichen. Gelegentlich wird auch das Suffix -ette gebildet.	discret [diskrɛ]
	inquiet [ɛ̃kjɛ]
	Aber: muet [myɛ] (stumm)
	     cadet [kadɛ]
	     coquet [kɔkɛ]
	     (schmuck / kokett)
	     violet [vjɔlɛ]
		discrète [diskrɛt]
		inquiète [ɛ̃kjɛt]
		muette [myɛt]
		cadette [kadɛt]
		coquette [kɔkɛt]
		
		violette [vjɔlɛt]

Verdoppelung des Schluss -s in der weiblichen Form	bas [ba] épais [epɛ] gras [gra] gros [gro]	basse [bas] épaisse [epɛs] grasse [gras] grosse [gros]

Die auf -x endenden Adjektive bilden die weibliche Singularform auf -se; gelegentlich auch auf -sse / -ce	dangereux [dɑ̃ʒərø]
	heureux [ørø]
	jaloux [ʒalu]
	précieux [presjø]
	Aber: faux [fo]
	     doux [du]
	     roux [ru]
	     (rot / rothaarig)
		dangereuse [dɑ̃ʒərøz]
		heureuse [ørøz]
		jalouse [ʒaluz]
		précieuse [presjøz]
		fausse [fos]
		douce [dus]
		rousse [rus]

Adjektive, die im Maskulinum mit nicht hörbarem Konsonanten auslauten, verändern in der weiblichen Form den geschlossenen Auslautvokal zu einem offenen und machen gleichzeitig den Auslautkonsonant hörbar.	entier [ɑ̃tje]
	étranger [etrɑ̃ʒe]
	léger [leʒe]
	premier [prəmje]
	dernier [dɛrnje]
	dévot [devo]
	idiot [idjo]
	Aber: sot [so] (dumm)
	     vieillot [vjɛjo]
	     (ältlich / altmodisch)
		entière [ɑ̃tjɛr]
		étrangère [etrɑ̃ʒɛr]
		légère [leʒɛr]
		première [prəmjɛr]
		dernière [dɛrnjɛr]
		dévote [devɔt]
		idiote [idjɔt]
		sotte [sɔt]
		vieillotte [vjɛjɔt]

In der weiblichen Form des Adjektivs wechselt der Auslautkonsonant.	actif [aktif] bref [brɛf] décisif [desizif] naïf [naif] neuf [nœf] vif [vif]	active [aktiv] brève [brɛv] décisive [desiziv] naïve [naiv] neuve [nœv] vive [viv]

Der Wechsel des Aus-lautkonsonanten in der weiblichen Form betrifft insbesondere auch die auf -eur auslautenden Adjektive.	*boudeur* [budœr] schmollend *menteur* [mãtœr] *prometteur* [prɔmɛtœr] vielversprechend *trompeur* [trõpœr]	*boudeuse* [budøz] *menteuse* [mãtøz] *prometteuse* [prɔmɛtøz] *trompeuse* [trõpøz]

Sonderformen:

blanc [blã]	*blanche* [blãʃ]
frais [frɛ]	*fraîche* [frɛʃ]
franc [frã]	*franche* [frãʃ]
gentil [ʒãti]	*gentille* [ʒãtij]
(mon sport) favori [favɔri]	*(mon occupation) favorite* [favɔrit]
sec [sɛk]	*sèche* [sɛʃ]
conservateur [kõsɛrvatœr]	*conservatrice* [kõsɛrvatris]
consolateur [kõsɔlatœr] tröstend	*consolatrice* [kõsɔlatris]
destructeur [dɛstryktœr] zerstörerisch	*destructrice* [dɛstryktris]
vainqueur [vɛ̃kœr] siegreich	*victorieuse* [viktɔrjøz]
hébreu [ebrø] hebräisch	*hébraïque* [ebraik]
jumeau [ʒymo] *(un frère jumeau)*	*jumelle* [ʒymɛl] *(une sœur jumelle)*

Der auslautende Nasalvokal des männlichen Adjektivs wird zu einem Vokal + [n]:

	männliche Form		**weibliche Form**
• [ɛ̃] → [ɛn]	*certain* *plein* *prochain* *sain*		*certaine* *pleine* *prochaine* *saine*
• [jɛ̃] → [jɛn] (mit Dopplung des - n -)	*ancien* *italien* *moyen*		*ancienne* *italienne* *moyenne*
• [ɛ̃] → [in]	*câlin* *chauvin* *divin* *enclin*	anschmiegsam / zärtlich chauvinistisch (= na-tionalchauvinistisch) göttlich geneigt	*câline* *chauvine* *divine* *encline*

	fin	fein, zierlich	fine
	radin	knauserig	radine
	voisin		voisine
• [ɛ̃] → [iɲ]	bénin	gutartig / harmlos	bénigne
	malin	bösartig / listig / schlau	maligne Die weibliche Form *maline* (im Sinne von listig / schlau) ist umgangssprachlich.
• [ɛ̃] → [yn]	brun		brune
	commun		commune
	opportun	opportun / ange- bracht / geeignet	opportune
• [õ] →[ɔn] (mit Dopplung des - n -)	bon		bonne
	piéton		piétonne (*la zone piétonne* = die Fußgängerzone)
	(anglo)saxon (angel)sächsisch		(anglo)saxonne
	Vgl. dazu auch: *paysan* [-ɑ̃]		paysanne [-an]

4. **Die Adjektive** *beau, fou, mou, nouveau, vieux* **haben im Schriftbild drei ver- schiedene Formen:**

beau, bel, belle	= schön	nouveau, nouvel, nouvelle	= neu
fou, fol, folle	= verrückt	vieux, vieil, vieille	= alt
mou, mol, molle	= weich		

Dabei ist zu beachten, dass die Formen *bel, fol, mol, nouvel* und *vieil* nur **vor** ei- nem Substantiv in attributiver Funktion gebraucht werden, wenn das Substantiv **männlich** ist und **vokalisch** bzw. mit **stummem** *h* anlautet. Die Adjektive *fou, fol, folle / mou, mol, molle* werden allerdings nur selten dem Substantiv vorangestellt:

un nouveau livre	un nouvel immeuble	une nouvelle collection
un vieux problème	un vieil homme [vjɛjɔm]	une vieille histoire
un fou rire		une folle envie

Die Form *fol* vor vokalisch anlautendem Substantiv ist in den Verbindungen *un fol espoir* (eine unbändige / törichte Hoffnung), *un fol amour, un fol après-midi* ge- bräuchlich.

Anmerkung:

- Trotz konsonantisch anlautendem -*h* wird nicht **un fou hasard*, sondern *un fol hasard* (ein verrückter Zufall) verwendet.

- Das Adjektiv *mou, molle* wird in der Regel nachgestellt. Die Form *mol* in Voranstellung ist äußerst selten und wirkt zudem veraltet (z.B. *un mol abandon* = ein träges Sich-Gehen-Lassen).

- Die Form *bel* wird in der Wendung ***bel et bien*** auch unabhängig von einem Substantiv im Sinne von „schlichtweg", „wirklich" gebraucht:

  *Cette chaîne était **bel et bien** en or massif.*
  Diese Kette war wirklich aus reinem Gold.

5. **Vor vokalisch anlautendem Substantiv ergeben sich für die Aussprache folgende Besonderheiten in Bezug auf die Bindung** (*la liaison*)**:**

   - Ein geschriebener, jedoch stummer Auslautkonsonant wird vor vokalisch anlautendem Substantiv gesprochen:

     un petit voyage [ptivwaja3]　　　*un petit‿effort* [ptitefɔr]
     un long voyage [lõvwaja3]　　　　*un long‿effort* [lõgefɔr]

   - Bei den Adjektiven *premier* und *dernier* wird der Auslautvokal von [e] zu [ɛ] geöffnet:

     le premier‿acte [prəmjɛrakt]
     le dernier‿essai [dɛrnjɛresɛ]

   - Die regulär stummen Endkonsonanten -*s* und -*x* werden in der Bindung als [z] gesprochen:

     des enfants en bas‿âge [baza3] = Kleinkinder
     un gros‿avantage [grozavãta3]
     un heureux‿événement [ørøzevɛnmã]
     un sérieux‿avantage [serjøzavãta3]

   - Ein auslautender Nasalvokal wird entnasaliert:

     le prochain‿événement [prɔʃenevɛnmã]
     en plein‿hiver [plɛnivɛr]

- Bei dem Adjektiv *grand* wird der Endkonsonant in der Bindung als [t] gesprochen:

un grand‿avantage [grãtavãtaȝ]

un grand‿événement [grãtevɛnmã]

Die Pluralbildung des Adjektivs

026

1. **R 026.1**

> Die Pluralform der meisten Adjektive ist **nicht hörbar**; sie unterscheidet sich lautlich also nicht von der Singularform. Im Schriftbild wird die Pluralform mehrheitlich durch ein *-s* gekennzeichnet.

Beispiele:

le bon vin	*les bons vins*
la jolie robe	*les jolies robes*
la voiture rouge	*les voitures rouges*

2. Adjektive, die in ihrer männlichen Form im Singular auf ein *-x* oder ein *-s* auslauten, bleiben im Plural unverändert:

un voyage dangereux	*des voyages dangereux*
un sérieux problème	*des sérieux problèmes*
le volume épais	*les volumes épais*
un gros chat	*des gros chats*

3. Adjektive, die in ihrer männlichen Form im Singular auf *-eau* enden, erhalten als Pluralzeichen ein *-x*:

le beau livre	*les beaux livres*	(Aber: *les **belles** vacances*)
le nouveau projet	*les nouveaux projets*	(Aber: *les **nouvelles** chaussures*)

Anmerkung:

Vor vokalisch oder mit stummem *h* anlautenden Substantiven im Plural werden die auf *-s* oder *-x* auslautenden Adjektive sowohl in der männlichen als auch in der weiblichen Form gebunden:

les grands‿efforts [grãzɛfɔr]	*les nouveaux‿immeubles*
les grandes‿amies	*les nouvelles‿habitations*

les petites‿et moyennes‿entreprises [ləptitȝemwajɛnȝãtrəpriz]
die mittelständischen Betriebe

4. **R 026.2**

> Die Adjektive, die im Maskulinum Singular auf *-al* enden, bilden die Pluralform auf *-aux*. Die Adjektive **banal**, **bancal** (wackelig), **fatal** und **naval** bilden dagegen den Plural auf *-als*. Die weiblichen Formen der Adjektive auf *-al* bilden die Singularform auf *-ale* und die Pluralform auf *-ales*.

Beispiele:

un geste amical		*des gestes amic**aux***
une rencontre amicale		*des rencontres amic**ales***
le problème banal		*les problèmes ban**als***
la réaction banale		*les réactions ban**ales***
un fauteuil bancal	(ein wackeliger Sessel)	*des fauteuils banc**als***
une chaise bancale	(ein wackeliger Stuhl)	*des chaises banc**ales***
un coup fatal	(ein tödlicher Schlag)	*des coups fat**als***
une erreur fatale	(ein verhängnisvoller Irrtum)	*des erreurs fat**ales***
l'intérêt national		*les intérêts nation**aux***
l'équipe nationale		*les équipes nation**ales***
le chantier naval	(die Schiffswerft)	*les chantiers nav**als***
la base navale	(der Flottenstützpunkt)	*les bases nav**ales***

Anmerkung:

Die Adjektive *final*, *glacial*, *jovial* bilden den Plural Maskulinum auf *-als* oder *-aux*: *des vents glacials / glaciaux* (= eisige Winde). Das Adjektiv *idéal* bildet im Plural nur noch selten die Form auf *-als*. Die Form auf *-aux* ist klar vorzuziehen: → *des amis idé**aux***.

---

027 **Die Steigerungsformen des Adjektivs**

Es gibt im Französischen, wie im Deutschen, **drei** Stufen des Adjektivs: die Grundstufe / der **Positiv** (*le positif*), der **Komparativ** (*le comparatif*) und der **Superlativ** (*le superlatif*).

Die Grundstufe / der Positiv entspricht der ungesteigerten Form des Adjektivs:

Mon collègue est malade. Il paraît qu'il est très fatigué.

1. Der **Komparativ** wird im Französischen von **Vergleichsadverbien** begleitet; durch diese wird eine Steigerung des Adjektivs im positiven oder negativen Sinne ermöglicht:

Positive Steigerung:

*Il est **plus** malade **qu**'on (ne) pense.*

Negative Steigerung:

*Elle est **moins** malade **qu**'on avait pensé.*

Zum Ausdruck **der Überlegenheit** (*le comparatif de supériorité*) wird das Vergleichsadverb ***plus***, zum Ausdruck **der Unterlegenheit** (*le comparatif d'infériorité*) wird das Vergleichsadverb ***moins*** beim Adjektiv verwendet.

Im Regelfall wird der Komparativ **in einem Vergleichssatz** benutzt; das Vergleichswort wird dabei mit ***que*** eingeleitet: *Il est plus / moins âgé **que** son frère.* Ist das Vergleichselement ein Infinitiv, so wird dieses normalerweise mit ***que de*** (seltener mit ***que***) eingeleitet:

*Voyager de nos jours en train, c'est certainement moins risqué **que** (**de**) se déplacer en voiture.*

Neben dem Komparativ der Überlegenheit und dem der Unterlegenheit gibt es weiterhin den Komparativ **der Gleichheit** bzw. **der Ungleichheit** (*le comparatif d'égalité / d'inégalité*), der ausdrückt, dass eine Eigenschaft bei einer Person / einer Sache / einem Faktum in gleichem Maße bzw. nicht in gleichem Maße vorhanden ist wie bei einer anderen Person / Sache oder einem anderen Faktum:

*Cette mesure est **aussi** efficace **que** celle envisagée d'abord.*
Diese Maßnahme ist **genauso** wirksam **wie** die, welche zunächst vorgesehen war.

*Cette mesure ne me paraît **pas aussi** / **pas si** efficace **que** celle envisagée d'abord.*

Anmerkung:

Im verneinten Vergleichssatz kann an die Stelle von *ne... pas aussi* / *ne... plus aussi* auch *ne... pas si* / *ne... plus si* treten.

Bei Vergleichen vor Zahlen- oder Mengenangaben ist folgende Regel zu beachten:

R 027

Im Gegensatz zum Deutschen wird die Vergleichspartikel „**als**" vor einer **Zahlen-** bzw. **Mengenangabe** im Französischen nicht durch *que*, sondern durch *de* ausgedrückt.

Beispiele:

*Mon ami a fait plus **de** trente fautes à la dictée.*	→ **Mengenangabe**
*Il a gagné plus **de** dix mille francs.*	→ **Mengenangabe**

Aber:

*Il est plus / moins doué en orthographe **que** moi.*

→ **keine Mengenangabe**
(hier: Vergleichssatz mit
komparativischem Adjektiv)

2. Der **Superlativ** kann in Form eines superlativischen Ausdrucks (= „**absoluter**
    Superlativ") oder in der Verbindung von bestimmtem Artikel + Komparativform
    gebildet werden (= „**relativer** Superlativ").

*C'est **très** cher, mais **bien** agréable.* *Nous avons passé des vacances **fort** coûteuses à Dubai.* *Il a **rudement** changé.* Er hat sich unheimlich verändert. *C'est **vachement** difficile.* (umgangsspr.) Das ist ‚sauschwer'.	• Der **absolute Superlativ** wird mittels Gradadverbien wie *bien, fort, très, extrêmement, infiniment,* weiterhin durch Adverbien wie *terriblement, rudement,* im familiären Französisch auch durch *vachement, drôlement* gebildet.
*C'est **le** plus beau jour de ma vie.* *Nous avons visité **le** bâtiment **le** plus haut du monde.* *C'est **sa** plus belle victoire.* *C'est **son** exploit **le** plus spectaculaire.*	• Der **relative Superlativ** wird durch den bestimmten Artikel / das Possessivadjektiv + Komparativform des Adjektivs gebildet. Bei Nachstellung des Superlativs wird vor diesem der bestimmte Artikel wiederholt bzw. im Falle der Verwendung eines Possessivadjektivs zusätzlich gesetzt.

Das Adjektiv: Aufbaustufe

Die Ergänzung des Adjektivs   `028`

1. Die Adjektive können eine nominale Ergänzung mittels der Präpositionen
    de, à, avec, pour oder *envers* haben. Die verschiedenen Formen der präposi-
    tionalen Ergänzung sind ein Problem des Lexikons. Hier einige Beispiele:

Ergänzung mit *à*:

*Notre climat est particulièrement **nuisible à** la santé.*
Unser Klima ist für die Gesundheit besonders schädlich.

comparable à	vergleichbar mit
contraire à	im Widerspruch zu
fidèle à	treu gegenüber
indifférent à	gleichgültig gegenüber
nuisible à	schädlich für
ouvert à	aufgeschlossen gegenüber
propice à	günstig für
sensible à	empfindlich gegen / empfänglich für

Ergänzung mit *avec / envers / pour / à l'égard de*:

Die Adjektivergänzung mit den Präpositionen *avec*, *envers*, *pour*, *à l'égard de*
bezeichnet häufig ein Verhalten gegenüber einer Person:

*Mon chef est vraiment **gentil avec** moi.*
Mein Chef ist wirklich nett zu mir.

*être agréable / charmant **avec** qn*	angenehm / liebenswürdig gegenüber je- mandem sein
*être bon **avec** / **envers** / **pour** qn*	gut zu jemandem sein
*être cruel **avec** / **envers** qn*	grausam / boshaft zu jemandem sein
*être / se sentir gêné **envers** qn*	gehemmt / geniert gegenüber jemandem sein
*être gentil **avec** / **envers** qn*	nett zu jemandem sein
*être (in)juste **à l'égard de** / **envers** qn*	(un)gerecht zu jemandem sein
*être sévère **avec** / **envers** qn*	streng zu jemandem sein

Ergänzung mit *pour*:

*Il est **connu pour** son intransigeance.* → Er ist für seine Unnachgiebigkeit bekannt.

*célèbre **pour***	berühmt für
*connu **pour***	bekannt für
*estimé **pour***	geschätzt / angesehen wegen
*fameux **pour***	berühmt für
*redoutable **pour***	gefürchtet / gefährlich wegen
*réputé **pour***	geschätzt / angesehen wegen

Ergänzung mit *de*:

*C'est une pièce de théâtre **susceptible de** plaire au public.*
Dies ist ein Theaterstück, das dem Publikum gefallen kann.

*amoureux **de***	verliebt in
*désireux **de***	vom Wunsch beseelt zu
*friand **de***	erpicht auf
*inquiet **de*** (auch: *pour*)	beunruhigt über
*jaloux **de***	eifersüchtig auf
*occupé **de***	beschäftigt mit
*plein **de***	voll / gefüllt mit
*préoccupé **de***	beunruhigt über / besorgt um

2. **Eine Reihe von Adjektiven mit präpositionaler Ergänzung lassen sowohl eine nominale Ergänzung als auch eine Infinitivergänzung zu:**

*Les gens étaient affolés **par** la perspective d'une guerre civile.*
Die Leute waren über die Aussicht auf einen Bürgerkrieg bestürzt.

*Affolés **d'être condamnés** au chômage, mes grands-parents ont émigré aux Etats-Unis.*
Da meine Großeltern eine panische Angst davor hatten, zur Arbeitslosigkeit verdammt zu sein, wanderten sie nach Amerika aus.

affolé par qc	/	*affolé de faire qc*	bestürzt über
apte à qc	/	*apte à faire qc*	geeignet zu
inapte à qc	/	*inapte à faire qc*	nicht geeignet zu
inepte à qc	/	*inepte à faire qc*	
content de	/	*content de faire qc*	froh über
désolé de	/	*désolé de faire qc*	betrübt über
heureux de	/	*heureux de faire qc*	glücklich über
occupé de	/	*occupé de faire qc*	beschäftigt mit
préparé à	/	*préparé à faire qc*	vorbereitet auf / gerüstet zu
prêt à qc	/	*prêt à faire qc*	bereit zu
ravi de	/	*ravi de faire qc*	entzückt über

3. **Bei einer Reihe von Adjektiven mit Infinitivergänzung ist eine persönliche oder unpersönliche Konstruktion möglich. Einige der Adjektive, die eine persönliche oder unpersönliche Konstruktion zulassen, wechseln zusätzlich die Präposition vor der Infinitivergänzung (bei persönlicher Konstruktion → *à*; bei unpersönlicher Konstruktion → *de*):**

*Il a été gentil **de** m'aider tout de suite.*	→ persönliche Konstruktion
Er war so nett, mir gleich zu helfen.	
*Merci, Monsieur, **c**'est gentil **de** m'aider tout de suite.*	→ unpersönliche Konstruktion
Vielen Dank, **es** ist nett, dass Sie mir gleich helfen.	
***Elle** est malheureuse **de** ne pas pouvoir m'accompagner.*	→ persönliche Konstruktion
Sie ist unglücklich darüber, mich nicht begleiten zu können.	
***C**'est malheureux **de** ne pas pouvoir assister à cette fête.*	→ unpersönliche Konstruktion
Wie schade, dass... / **Es** ist bedauerlich, an dem Fest nicht teilnehmen zu können.	
*Il est facile / **C**'est facile **de** faire un pronostic sûr.*	
*Il est difficile / **C**'est difficile **de** faire un pronostic sûr.*	
Es ist leicht / schwer, eine verlässliche Vorhersage zu machen.	
(Subjekt = ein neutrales, grammatisches „es")	→ unpersönliche Konstruktion
*Il / **Mon père** est facile / difficile **à** convaincre.*	
Er / **Mein Vater** ist leicht / schwer zu überzeugen.	
(Subjekt = persönliches Subjekt in Form eines persönlichen Pronomens oder eines Substantivs)	→ persönliche Konstruktion
***Ces romans** d'Eugène Sue sont agréables **à** lire.*	→ persönliche Konstruktion
Diese Romane Eugène Sues sind angenehm zu lesen.	
*Il est / **C**'est agréable **de** lire des romans policiers pour se détendre.*	→ unpersönliche
Es ist angenehm, zur Entspannung Kriminalromane zu lesen.	Konstruktion

Die Übereinstimmung des Adjektivs mit seinem Bezugswort: Spezialfälle

`029`

Die Regel, dass sich das Adjektiv in attributiver oder prädikativer Funktion in Geschlecht und Zahl nach seinem Bezugswort (Substantiv oder Pronomen) richtet, muss wie folgt ergänzt werden:

1. Das Adjektiv ***nu*** (= nackt) wird je nach Stellung unterschiedlich behandelt. Geht es dem Substantiv voraus, bleibt es immer unverändert: *nu-tête*, *nu-pieds*.

    *Par ce mauvais temps, ils se sont promenés **nu-tête** et **nu-pieds**.*
    Bei diesem schlechten Wetter gingen sie ohne Kopfbedeckung und barfuß spazieren.

Bei Nachstellung des Adjektivs *nu* wird dieses dagegen verändert:

*Dehors, sous la pluie, pieds nu**s**, et (la) tête nu**e**, les enfants se sont amusés comme tout.*
Draußen im Regen, barfuß und ohne Kopfbedeckung, haben sich die Kinder herrlich vergnügt.

2. Bezieht sich ein Adjektiv auf mehrere durch *et* verbundene Substantive verschiedenen Geschlechts, so richtet sich das Adjektiv nach dem maskulinen Substantiv:

*Il s'agit de questions et de problèmes urgent**s**.*

Anmerkung:

Bei Bezug eines Adjektivs mit **hörbarer** weiblicher Endung auf zwei Substantive unterschiedlichen Geschlechts wird das maskuline Substantiv vor das Adjektiv gestellt, um eine Nebeneinanderstellung von femininem Substantiv und maskulinem Adjektiv zu vermeiden:

*Les relations et les contacts **amicaux** entre nos deux entreprises...*

Die Wortstellung **les contacts et les relations amicaux entre nos deux entreprises...* wäre nur bei einer näheren Bestimmung des Adjektivs möglich:

Les contacts et les relations traditionnellement amicaux entre nos pays...

3. Beziehen sich **zwei** Adjektive auf ein Substantiv im Plural, so stehen sie

- **im Plural**, wenn jedes Adjektiv einzeln mit dem Substantiv im Plural stehen kann:

  *les pay**s** africain**s** et sud-américain**s***

  *les petit**es** et moyenn**es** entreprises (= les P.M.E.)*

- **im Singular**, wenn die Adjektive einzeln mit dem Substantiv keinen „sinnvollen" Plural bilden können:

  *les capitales allemand**e** et françai**se***

Anmerkung:

Gegebenenfalls, vor allem bei vom Sinn her gegensätzlichen oder unterschiedlichen Adjektiven, empfiehlt es sich, das Substantiv bei jedem Adjektiv zu wiederholen:

Les anciens collègues et les nouveaux (collègues)...

La capitale allemande et la capitale française...

Zusammengesetzte Adjektive   `030`

1. Bei zusammengesetzten Adjektiven werden die Elemente verändert, die auch
   allein stehend verändert werden:

   une fille sourde-muette → ein taubstummes Mädchen

   les députés chrétiens-démocrates → die christlich-demokratischen Abgeordneten

2. Nicht verändert wird demgemäß in zusammengesetzten Adjektiven das erste
   Element, wenn dieses auf -*o* endet oder eine Präposition ist:

   les relations franco-allemandes

   les députés ultra-royalistes

   les pays sous-développés

Veränderlichkeit und Pluralbildung der Farbadjektive   `031`

1. **Farbadjektive** verhalten sich wie Adjektive. Sie richten sich in Geschlecht und
   Zahl nach dem Bezugswort:

   une robe noire; des robes vertes

   Die Farbbezeichnungen *écarlate* (= scharlachrot), *mauve* (= malvenfarbig),
   pourpre (= purpurrot) und *rose* (= rosafarben), die von Substantiven abgeleitet
   sind, werden ebenfalls als Farbadjektive behandelt und sind veränderlich; *châtain*
   (= kastanienfarben; dunkelblond) ist ebenfalls veränderlich, wird aber auch un-
   verändert belassen:

   des roses pourpres; des rubans écarlates;
   des cheveux châtains; une femme châtain / châtaine.

2. **Substantivische Farbbezeichnungen** sind dagegen unveränderlich:

   des étoffes orange (= orangefarben)

   des cheveux poivre et sel (= graumeliertes Haar)

   des yeux marron (= kastanienbraune Augen)

   des uniformes kaki (= khakifarbene Uniformen)

3. **Zusammengesetzte** Adjektive, die eine Farbnuancierung ausdrücken, bleiben
   unverändert:

   *des yeux bleu clair; une couleur bleu foncé; une robe gris bleu; une robe jaune doré; une
   jupe bleu marine*

4. Werden zwei Farbadjektive, die unterschiedliche Farben bezeichnen und dasselbe / dieselben Objekt(e) charakterisieren, nebeneinander gestellt und durch **et** verbunden, ist der Gebrauch schwankend, d.h. man gleicht die Adjektive an das Bezugswort an oder auch nicht. (Joseph Hanse, *Nouveau dictionnaire des difficultés du français moderne*, S. 45, empfiehlt die Unveränderlichkeit.)

des pommes rouge(s) et vert(es)   (= rotgrüne Äpfel)

des tapisseries aux tons vert et or   (= Wandteppiche in goldgrünen Tönen)

des drapeaux blanc(s) et bleu(s)   (= weißblaue Fahnen)

Anmerkung:

„Weiße und blaue Fahnen" muss mit *des drapeaux blancs et des (drapeaux) bleus* wiedergegeben werden.

032 Komparativ und Superlativ: Spezialfälle

1. **Der absolute Komparativ** (*le comparatif absolu*):

Ist mit der Komparativform deutscher Adjektive kein expliziter Vergleich, sondern eine nuancierte Qualität im Sinne einer Verstärkung ausgedrückt („ein reiferer Mann", „ein älterer Herr"), so kann man im Französischen nicht den Komparativ verwenden:

ein älterer Herr	→ *un monsieur **d'un certain âge***
eine jüngere Frau	→ *une femme **(assez) jeune***
ein größeres Unternehmen	→ *une entreprise **assez importante** / **plutôt importante***
sein größerer Bruder und seine jüngere Schwester	→ *son frère **aîné** et sa sœur **cadette***
der Mittlere Osten	→ *le **Moyen**-Orient*
Er verkehrt in den besseren Kreisen.	→ *Il côtoie **les milieux huppés**.*

Anmerkung:

- Die attributive Verwendung von Adjektiven im Komparativ (ohne dass der Vergleich explizit ausgedrückt wird) ist im Französischen jedoch möglich, vor allem in Verbindung mit dem **unbestimmten Artikel**:

  *Nous avons déjà passé / vu **des jours meilleurs**.*

  *La police fait tout pour rendre les hooligans **moins agressifs**.*

  *Ce qu'il nous faudrait, c'est **des politiciens plus compétents**.*

- Die Wendung „je... desto / umso..." wird im Französischen mit *plus ... plus*, *moins ... plus, plus ... mieux, plus ... moins*, usw. wiedergegeben, je nach Kontext:

Plus il travaille, *plus* il est stressé.
Je mehr er arbeitet, umso gestresster ist er.

Moins il gagne, *plus* il est démotivé.
Je weniger er verdient, desto unmotivierter ist er.

Plus il travaille, *mieux* il se sent.
Je mehr er arbeitet, umso besser fühlt er sich.

Plus il travaille, *moins* il s'occupe de sa famille.
Je mehr er arbeitet, umso weniger kümmert er sich um seine Familie.

2. Unregelmäßige Steigerungsformen:

* **bon(s) / bonne(s) – meilleur,e(s) – le / la / les meilleur,e(s):**

Beispiele:

Ce chocolat est **bon**.
Il est **meilleur** *que celui d'hier.*
Il est **le meilleur** *de tous ceux que j'ai mangés.*

Zu beachten sind folgende Wendungen:

Ce chocolat est **bien** *meilleur.* (**beaucoup meilleur* ist veraltet)	Diese Schokolade schmeckt viel besser.
Il fait meilleur *aujourd'hui.*	Heute ist das Wetter besser / angenehmer.
avec nos meilleurs vœux	mit unseren besten Wünschen
Nous vous renverrons votre dossier **dans les meilleurs délais**.	Wir schicken Ihnen Ihre Unterlagen so bald wie möglich zurück.
Cette voiture est **meilleur marché** (unveränderlich) (= *moins chère*).	Dieses Auto ist billiger.

An Stelle der adjektivischen Formen *bon – meilleur – le meilleur* verwendet man in spezifischen Wendungen die adverbiale Form **bien – mieux – le mieux**:

Il se sent **bien** *dans sa peau.*
Er fühlt sich ausgesprochen wohl.

Il se sent moins fatigué, il est **mieux** *maintenant.*
Er fühlt sich weniger krank / schwach, es geht ihm jetzt besser.

Il est enfin arrivé et, **qui mieux‿est** [kimjøzɛ], *il est en bonne forme.*
Endlich ist er angekommen und **dazu** ist er **noch** in Topform.

C'est **le mieux** *que l'on puisse faire.*
Das ist das Beste, was man tun kann.

- **petit,e(s) – moindre(s) – le / la / les moindre(s):**

Es ist zu beachten, dass das Adjektiv **petit** zwei Steigerungsformen kennt. In der Bedeutung von *petit* = „**klein**" wird es regelmäßig gesteigert: *un petit cadeau* – *un **plus petit** cadeau* – *le **plus petit** cadeau*

In der Bedeutung von „**gering**" sind die Steigerungsformen: *petit – moindre – le / la / les moindre(s):*

*Ceci est de **moindre** importance.*	→	Dies ist von geringerer Bedeutung.
*Ce tapis est d'une bien **moindre** qualité.*	→	Dieser Teppich ist von viel geringerer Qualität.
*C'est le **moindre** de nos soucis.*	→	Dies ist unsere geringste Sorge.
*Le **moindre** bruit le dérangeait.*	→	Der geringste Lärm störte ihn.

Aber:

*Cette élève est **la plus petite** de toutes.*	→	Diese Schülerin ist die Kleinste von allen.

An Stelle der adjektivischen Form *petit – moindre – le moindre* wird **in bestimmten Wendungen** die adverbiale Form *moins, le moins* gebraucht:

*C'est bien **le moins** que l'on puisse faire.*
Das ist aber das Geringste, was man tun kann.

*Ce travail, on peut le terminer **en moins** de rien.*
Diese Arbeit kann man im Nu schaffen.

- **mauvais,e(s) – pire(s) – le / la / les pire(s):**

Wie *petit* hat auch das Adjektiv *mauvais* zwei Steigerungsformen. In der Bedeutung von *mauvais* = „**schlecht**" wird es regelmäßig gesteigert:

*un / le mauvais moment, un **plus mauvais** moment, le **plus mauvais** moment*

In der Bedeutung von „**schlimm**" heißen der Komparativ und der Superlativ *pire, le / la / les pire(s)* (insbesondere in Wendungen mit Substantiven, die eine negative Eigenschaft implizieren):

*Nous avons eu les **pires** ennuis.*	Wir hatten die schlimmsten Unannehmlichkeiten.
*C'est la **pire** erreur que tu puisses faire.*	Das ist der schlimmste Fehler, den du machen kannst.

Cette faute est encore **pire** que ta première.	Dieser Fehler ist noch schlimmer als dein erster.
Ces erreurs sont encore **pires**.	Diese Fehler sind noch schlimmer.
Il n'y a rien de **pire**.	Es gibt nichts Schlimmeres.
être unis pour le meilleur et pour **le pire**	auf Gedeih und Verderb verbunden sein

Aber: *Aujourd'hui il a fait **plus mauvais** qu'hier.*
Heute war das Wetter schlechter als gestern.

Neben *pire, le pire* gibt es noch die adverbialen Formen **pis**, **le pis**, die in bestimmten Wendungen gebräuchlich sind:

*un / des **pis-aller***	= ein Notbehelf
*Ça va de mal **en pis**.*	= Es wird immer schlimmer.
au pis aller	= schlimmstenfalls
qui pis⌣est [kipizɛ]	= was noch schlimmer ist
***Tant pis**.*	= Da kann man nichts machen. / Egal! / Was soll's!

3. **Sonderformen zum Ausdruck eines Superlativs:**

*un phénomène rar**issime*** ein sehr seltenes Phänomen *un financier rich**issime*** ein steinreicher Financier *une erreur grav**issime**.* ein sehr schwerer Irrtum	• Einige Adjektive bilden einen absoluten Superlativ („Elativ")mittels der Endung **-issime**.
*Ce magasin est **hyper**- / **ultra**-moderne et entre temps **archi**connu.* Dieses Kaufhaus ist hypermodern / supermodern und inzwischen sehr bekannt. *C'est un type **hyper**cool.* Das ist ein supercooler Typ.	• Superlativische Ausdrücke mit Hilfe von **Präfixen** + Adjektiv (→ Neologismen, Umgangssprache, Soziolekt)
*C'était une promenade **des plus** longues.* Das war ein sehr langer Spaziergang. *Nous avons passé une après-midi **des plus** agréables.* Wir haben einen sehr angenehmen Nachmittag verbracht. *Il est **on ne peut plus** timide.* Er ist äußerst schüchtern.	• Ausdrücke wie **des plus** + Adjektiv oder **on ne peut plus**

033   Die Stellung des attributiven Adjektivs: Allgemeines

1. Im Französischen stehen attributiv verwendete Adjektive **meist nach dem Substantiv**.

2. Es gibt allerdings eine Reihe von Adjektiven, die **in aller Regel vor das Substantiv** gestellt werden.

3. Eine wichtige Gruppe bilden im Französischen die Adjektive, die **sowohl vor** als auch **nach dem Substantiv** stehen, wobei sich ihre Bedeutung zum Teil erheblich verändert.

4. Allgemein ist für das Französische festzustellen, dass die Normalstellung von Adjektiven beim Substantiv häufig nicht beachtet wird. Dies hängt von vielen stilistischen, individuellen, affektischen, rhythmischen Faktoren ab.

Anmerkung:

Auch epochale / literarästhetische Moden spielen eine Rolle; so wurde in den Texten der literarischen Dekadenz des 19. Jahrhunderts (z.B. bei Huysmans oder Laforgue) die **grundsätzliche Voranstellung** des Adjektivs zu einem herausragenden Stilmerkmal.

034   Die Nachstellung des Adjektivs

Die normale Stellung der meisten Adjektive ist die **Nachstellung**.

Nach dem Substantiv stehen in der Regel:

1. **Farbadjektive** und solche, die **Formen** oder **besondere Kennzeichen** beinhalten:

    *une voiture **noire** / **blanche** / **rouge** – un réfrigérateur **neuf** – la main **droite** – une table **ronde** – un thé **chaud** – un vin **doux** – le beurre **salé***

2. Adjektive, die **allgemeine Eigenschaften** / **Zustände** oder die **wirtschaftliche** / **soziale Zugehörigkeit** einer Person zu einer Gruppe von Menschen bezeichnen:

    *un enfant très **sage** – une femme **malade** – des parents **contents** – la nation **allemande** – une famille **aisée** (eine wohlhabende Familie) – les pays **démocratiques** – la classe **ouvrière***

    Anmerkung:

    In diese Gruppe gehören auch die von **Substantiven abgeleiteten** Adjektive:

    *les résultats **scientifiques** – les élections **présidentielles** – des opérations **boursières** – la bombe **atomique** – le conseil **régional***

3. **Verbaladjektive** und **Adjektive**, die von einem **Partizip Perfekt abgeleitet sind**:

    *un chef **coulant** – un président **puissant** – un poste **vacant** – la maison **détruite** – un homme **ému** – les temps **passés** – des couleurs **variées***

4. **mehrsilbige Adjektive**, wenn sie nicht affektisch gebraucht werden, sondern eine nähere Bestimmung im Sinne einer Eigenschaft, Identität, usw. geben:

    *une tempête **épouvantable** – un argument **inacceptable** – une mesure **indispensable** – la communauté **internationale** – un charme **irrésistible***

Die Voranstellung von normalerweise nachgestellten Adjektiven   035

Unter bestimmten Voraussetzungen stehen regulär nachgestellte Adjektive **vor dem Substantiv**. Dies ist der Fall:

1. wenn sie im übertragenen Sinne gebraucht werden zur Wiedergabe eines **Klischees**, eines **Grades**, einer **Menge**:

la **douce** France	=	das „**schöne**" Frankreich
la **verte** Normandie	=	die **grüne** Normandie
pleurer à **chaudes** larmes	=	**heiße** Tränen vergießen
une **faible** participation	=	eine **geringe** Beteiligung
une **forte** croissance	=	ein **starkes** Wachstum
de **lourdes** pertes	=	**schwere** Verluste
un **maigre** résultat	=	ein **dürftiges** Resultat
une **légère** amélioration	=	eine **leichte** / **geringe** Besserung
dans un **piètre** état	=	in einem **jämmerlichen** Zustand
un **sérieux** coup du destin	=	ein **schwerer** Schicksalsschlag
à **vive** allure	=	**sehr schnell**
une **vive** réaction	=	eine **deutliche** / **heftige** Reaktion
une **modeste** habitation	=	eine **schlichte** / **einfache** Wohnung
une **profonde** tristesse	=	eine **tiefe** / **unsägliche** Traurigkeit
un **bas** salaire	=	ein **niedriger** Lohn
(**aber:** un plafond **bas**)	=	eine **niedrige** Decke

Anmerkung:
Vorangestellt werden ebenfalls die Adjektive *prétendu, soi-disant* = angeblich / so genannt (*soi-disant* ist unveränderlich):

de **soi-disant** amis	=	so genannte Freunde
une **prétendue** réussite	=	ein angeblicher Erfolg

2. wenn mehrsilbige Adjektive affektisch gebraucht werden. Dies führt beim Sprechen (besonders in den Medien) zu einer besonderen Betonung und zu einer starken Silbenakzentuierung:

Quelle épouvantable catastrophe! Welch fürchterliche Katastrophe!	é͜ ͟pou ͜(van) ͟table
Un détestable personnage! Eine unausstehliche Person!	dé ͟ ͜(tes) ͟table
Quelle désagréable surprise! Welch unangenehme Überraschung!	désa ͜(gré) ͟able

Weitere Adjektive, die affektisch gebraucht werden:

affreux, agréable, charmant, excellent, extraordinaire, formidable, magnifique, merveilleux, terrible, usw.

Anmerkung:

- In Radio, Fernsehen und in der Alltagskommunikation ist die Voranstellung von **mehrsilbigen**, **affektisch verwendbaren** Adjektiven hochfrequent, zuweilen sogar inflationär.

- Bei der Stellung der affektisch verwendeten mehrsilbigen Adjektive spielen die Länge von Adjektiv **und** Substantiv (= die Nominalgruppe) eine nicht unwichtige Rolle. Aus Gründen des Satzrhythmus vermeidet man (wegen des Prinzips der „wachsenden Glieder" = *organisation par masses croissantes*), mehrsilbige affektische Adjektive vor ein einsilbiges Substantiv zu stellen:

  An Stelle von: **C'est un épouvantable temps! *Quel merveilleux bain!* wird man trotz der affektischen Markierung der Adjektive **eher** hören: *C'est un temps épouvantable! Quel bain merveilleux!*

---

036 | **Die Voranstellung des Adjektivs**

Häufig gebrauchte, kurze Adjektive wie *beau, bon, bref, grand, gros, haut, jeune, joli, long, mauvais, petit, vaste, vieux* stehen normalerweise **vor dem Substantiv:**

un **beau** jardin – un **bon** professeur – un **bref** séjour – un **grand** appétit – un **gros** bonhomme – une **haute** montagne – une **jeune** femme – un **joli** cadeau – un **mauvais** tour – une **petite** ville – la **vaste** campagne – une **vieille** coutume

Eine Reihe dieser Adjektive wie *petit, grand, jeune, vieux* bilden mit dem Substantiv einen festen Begriff:

le petit coin	die Toilette
mon petit chéri	mein Schätzchen
une petite santé	eine schwache Gesundheit
les grandes personnes	die Erwachsenen
le grand magasin	das Kaufhaus
la grande marée	die Springflut
une jeune fille	ein (junges) Mädchen
les jeunes gens	die Jugendlichen
un vieux beau	ein alter Geck
un vieux garçon	ein Junggeselle
une vieille fille	eine alte Jungfer

Die Nachstellung von normalerweise vorangestellten Adjektiven 037

Unter bestimmten Voraussetzungen stehen üblicherweise vorangestellte Adjektive **nach dem Substantiv.** Dies ist der Fall:

1. wenn sie in Verbindung mit bestimmten Substantiven bei Nachstellung ihren Sinn variieren:

un grand politicien	ein großer / bedeutender Politiker
un homme grand	ein hochgewachsener / großer Mann

une jeune femme	eine junge Frau
une femme jeune	eine noch jung gebliebene / noch jugendlich aussehende Frau

un jeune patron	ein junger Chef
une industrie jeune	eine noch junge Industrie / ein neuer Industriezweig

Anmerkung:

In folgenden Fällen wird das Adjektiv immer nachgestellt:

marée haute = Flut; *marée basse* = Ebbe; *une robe à manches longues / à manches courtes* = ein Kleid mit langen / kurzen Ärmeln

2. wenn die regulär vorangestellten Adjektive durch ein Adverb ergänzt werden: *une fille **très belle**.* Die Voranstellung ist aber auch möglich, solange das Adverb nicht mehrsilbig ist: *une **très belle** fille.*

   Aber: *un travail **incroyablement long***

3. wenn auf das Adjektiv eine präpositionale Ergänzung folgt:

   une trop petite voiture   **Aber:** *une voiture trop petite pour moi*
   un long mur   **Aber:** *un mur long de 50 mètres*

R 037

Zu beachten ist, dass *meilleur, moindre, pire* als **Superlative** immer vorangestellt, als **Komparative** vorangestellt oder nachgestellt werden.

Superlativ	Komparativ
C'est en effet la meilleure solution. Das ist in der Tat die beste Lösung.	*J'ai une meilleure solution / une solution meilleure que (celle de) mon collègue.* Ich habe eine bessere Lösung als mein Kollege.
C'est le moindre problème. Das ist das geringste Problem.	*Je pense que ce serait un moindre problème / un problème moindre.* Ich meine, dies wäre ein geringeres Problem.
C'est en effet la pire solution. Das ist in der Tat die schlimmste Lösung.	*J'ai connu de pires moments / des moments pires.* Ich habe schlimmere Augenblicke erlebt.

038 Wechselnde Bedeutung der Adjektive bei Voranstellung und Nachstellung

1. **Folgende Adjektive nehmen verschiedene Bedeutungen an, je nach Voran- oder Nachstellung:**

	Voranstellung	Nachstellung
ancien	*mon **ancien** chef* mein ehemaliger / voriger Chef	*un bâtiment **ancien*** ein altes / historisches Gebäude
brave	*un **brave** homme* ein lieber / guter Mensch	*un soldat **brave*** ein tapferer Soldat
certain	*un **certain** courage* ein wenig Mut *un **certain** temps* eine gewisse Zeit	*des promesses **certaines*** sichere Versprechungen
cher	*sa **chère** épouse* seine liebe Gattin	*une voiture **chère*** ein teures Auto

	Voranstellung	Nachstellung
curieux	une **curieuse** histoire eine bizarre / merkwürdige Geschichte	une voisine **curieuse** eine neugierige Nachbarin
dernier	la **dernière** fois das letzte Mal	l'année **dernière** voriges / letztes Jahr le Jugement **dernier** das Jüngste Gericht
différent **divers**	**différentes** solutions **diverses** solutions mehrere / verschiedene Lösungen	des solutions **différentes** des solutions **diverses** unterschiedliche Lösungen
éternel	les **éternelles** lamentations das ewige Gejammere	la vie **éternelle** das ewige Leben
faux	un **faux** gendarme ein falscher Gendarm (= er ist keiner)	une nouvelle **fausse** eine Falschmeldung
nouveau	une **nouvelle** voiture ein neues Auto (= ein anderes Auto, das das alte ersetzt) ma **nouvelle** adresse meine neue Anschrift	un problème **nouveau** ein neuartiges Problem des pommes de terre **nouvelles** Frühkartoffeln le vin **nouveau** der Federweiße (der neue Wein)
premier	la **première** page die erste Seite	la matière **première** der Rohstoff
propre	dans mes **propres** draps in meiner eigenen Bettwäsche	dans des draps **propres** in sauberer Bettwäsche
seul	le **seul** remède das einzige Heilmittel la **seule** pensée bloß der Gedanke / der Gedanke allein	C'est une femme **seule**. Sie ist eine einsame Frau.
simple	Une **simple** lettre suffit. Ein einfacher / normaler Brief reicht.	une solution **simple** eine einfache Lösung des gens **simples** einfache Leute
unique	l'**unique** raison der einzige Grund	un exploit **unique** eine einmalige Leistung

2. **Folgende Adjektive werden** vorangestellt, **wenn sie ein** affektiv **gefärbtes Urteil oder eine Wertung wiedergeben; sie werden** nachgestellt, **wenn sie eine** objektiv **gegebene Eigenschaft bezeichnen:**

	Voranstellung	Nachstellung
drôle	*une* **drôle** *d'histoire* eine seltsame Geschichte	*une histoire* **drôle** eine lustige Geschichte
joyeux	*une* **joyeuse** *nouvelle* eine erfreuliche Nachricht	*un homme* **joyeux** ein fröhlicher Mann / Mensch
méchant	*une* **méchante** *affaire* eine üble Affäre *une* **méchante** *grippe* eine gefährliche / starke Grippe	*un chien* **méchant** ein bissiger Hund *un homme* **méchant** ein bösartiger Mensch
noble	*de* **nobles** *sentiments* edle Gefühle	*être de naissance* **noble** von adeliger Herkunft sein
parfait	*un* **parfait** *crétin* ein richtiger / perfekter Dummkopf	*un mari* **parfait** ein vollkommener Ehemann
pauvre	*un* **pauvre** *enfant* ein bedauernswertes Kind	*un ouvrier* **pauvre** ein armer / mittelloser Arbeiter
pur	*un* **pur** *hasard* ein reiner Zufall *la* **pure** *folie* der reine Irrsinn	*un cœur* **pur** ein reines Herz *de l'eau* **pure** reines Wasser
triste	*une* **triste** *époque* eine traurige / unerfreuliche Epoche *un* **triste** *sire* (umgangsspr.) ein armseliger Typ	*une amie* **triste** eine traurige Freundin
sacré	*une* **sacrée** *invention* eine verdammt gute Erfindung	*le feu* **sacré** das heilige Feuer
sale	*un* **sale** *temps* ein Sauwetter *un* **sale** *type* ein gemeiner / widerlicher Mensch	*les mains* **sales** schmutzige Hände
vrai	*un* **vrai** *fléau* eine echte Plage	*une histoire* **vraie** eine wahre Geschichte

039 ## Die Stellung zweier Adjektive beim Substantiv

1. Beide Adjektive stehen vor dem Substantiv, sofern sie einzeln ebenfalls vor dem Substantiv stehen können. Dabei werden sie durch *et* verbunden:

un grand et bel homme → ein großer, schöner Mann

de longues et belles vacances → lange, schöne Ferien

Die beiden durch *et* verbundenen Adjektive können jedoch auch geschlossen nachgestellt werden:

un homme grand et beau   —   *des vacances longues et belles*

Bildet eines der beiden Adjektive eine stärkere Einheit mit dem Substantiv, fällt das Bindewort *et* weg:

C'était encore le bon vieux temps.
Das war noch die gute alte Zeit. (im Deutschen dann kein Komma!)

une jolie petite-fille
eine hübsche Enkelin

2. Kann eines der beiden Adjektive vor, das andere nach dem Substantiv stehen, so können sie, wenn sie kombiniert vorkommen, diese Reihenfolge beibehalten oder durch *et* oder *mais* verbunden hinter das Substantiv gestellt werden:

de petites maisons confortables
de longues discussions peu fructueuses

oder:

des maisons petites mais confortables
des discussions longues et peu fructueuses

Im Falle der generellen Nachstellung sowohl des einen wie des anderen Adjektivs bei Einzelgebrauch werden sie zusammen auch nachgestellt:

des gens riches et importants

Anmerkung:
Ist eines der Adjektive von einem Substantiv abgeleitet, so ist die Nachstellung beider Adjektive nicht möglich:

une petite bombe atomique
de grandes ressources économiques

(Im Deutschen würde man auch nicht sagen: „große und ökonomische Reserven", sondern „große ökonomische Reserven".)

Werden zwei Adjektive, die normalerweise hinter dem Substantiv stehen und von denen eines mit dem Substantiv eine Einheit bildet, kombiniert, steht letzteres unmittelbar hinter dem Substantiv:

les sciences sociales contemporaines (nicht: **les sciences contemporaines sociales*)

la littérature romantique allemande

040 „Falsche Freunde" (*faux amis*): Bedeutungsverschiebung bei Lehnadjektiven

Auswahl von adjektivischen *faux amis*:

Französisch	Deutsch
abrupt = **steil / abschüssig / schroff**	**abrupt** = **plötzlich**
une pente abrupte = ein steiler Abhang	eine abrupte Bewegung
une question abrupte	= *un mouvement* **brusque**
= eine unvermittelte Frage	ein abruptes Ende = *une fin* **subite**
attractif = **anziehend (im physikal. Sinn)**	**attraktiv** = **reizvoll, hübsch, günstig**
la force attractive (*de la lune*)	attraktive Preise = *des prix* **intéressants**
= die Anziehungskraft (des Mondes)	eine attraktive Frau = *une femme* **séduisante**
	Sie ist eine attraktive Erscheinung.
	= *C'est une personne* **attirante**.
brave = **nett, tapfer**	**brav** = **artig**
un brave type = ein netter Kerl	ein braves Kind = *un enfant* **sage**
un combattant brave = ein tapferer Kämpfer	treu und brav seine Pflicht tun
	= *faire* **sagement** *son devoir*
délicat = **fein, zart, schwach, anfällig**	**delikat** = **wohlschmeckend, lecker, auserlesen**
Il a une santé délicate.	
= Er hat eine anfällige / schwache Gesundheit.	delikat speisen = *avoir un repas* **délicieux**
un esprit délicat = ein zartfühlender Geist	**Aber:** ein delikater Auftrag
des traits délicats = feine Gesichtszüge	= *une mission* **difficile** / **délicate**
décent = **schicklich, annehmbar, korrekt**	**dezent** = **taktvoll, unaufdringlich**
une tenue décente	Sie war von dezenter Eleganz.
= eine schickliche Kleidung	= *Elle était d'une élégance* **discrète** / **distinguée**.
une rémunération décente	
= eine annehmbare Entlohnung	ein dezentes Parfüm = *un parfum* **discret**
effectif = **tatsächlich**	**effektiv** = **wirksam, wirkungsvoll**
la valeur effective = der tatsächliche Wert	eine effektive Hilfe = *une aide* **efficace**
les dépenses effectives = die Ist-Ausgaben	ein effektiver Schutz = *une protection* **efficace**
frivole = **flatterhaft, leicht, oberflächlich**	**frivol** = **das sittliche Empfinden verletzend**
une femme frivole = eine flatterhafte Frau	ein frivoler Ton
un plaisir frivole	= *un ton* **inconvenant** / **choquant**
= ein oberflächliches Vergnügen	frivole Äußerungen
	= *des propos* **inconvenants** / **licencieux**

Französisch	Deutsch
confus = undeutlich, schwach, peinlich, betreten ein undeutliches, unbestimmtes Geräusch = *un bruit confus* *Je suis confus.* = Es ist mir peinlich. / Ich bin beschämt. *un souvenir confus* = eine schwache / vage Erinnerung	**konfus = verworren, verwirrt** Er redete sichtlich konfus. = *Il parlait assez **confusément**.* Er ist ganz konfus. = *Il est tout **déconcerté** / **troublé**.*
luxurieux = wollüstig, geil *des pensées luxurieuses* = wollüstige Gedanken	**luxuriös = mit Luxus ausgestattet** ein luxuriöses Hotel = *un hôtel **luxueux*** Er führt ein luxuriöses Leben. = *Il mène une vie **fastueuse**. / Il vit **dans le luxe**.*
ordinaire = normal, gewöhnlich *un vin ordinaire* = ein (einfacher) Tischwein *une histoire pas ordinaire* = eine nicht alltägliche Geschichte	**ordinär = unfein / vulgär** eine ordinäre Person = *une personne **vulgaire*** ein ordinäres Benehmen = *un comportement **vulgaire***
originel = ursprünglich *le sens originel (d'un mot)* = die ursprüngliche Bedeutung (eines Wortes) *le péché originel* = die Erbsünde	**originell = einmalig, einzigartig** originelle Einfälle = *des idées **originales*** eine originelle Lösung = *une solution **originale***
patent = offenkundig, evident *une erreur patente* = ein offenkundiger Fehler	**patent = tüchtig / angenehm, geschickt, praktisch** ein patenter Kollege = *un collègue **épatant*** eine patente Methode = *une méthode **excellente et très pratique***
pédant = schulmeisterlich, gewollt gelehrt *un discours pédant* = eine schulmeisterliche Rede *d'un ton pédant* = im Oberlehrerton	**pedantisch = kleinlich, peinlich, genau** ein pedantischer Lehrer = *un professeur (trop) **méticuleux** / **pointilleux*** ein pedantischer Bürokrat = *un bureaucrate **tatillon** (= trop minutieux)*
rasant = langweilig, lahm *une histoire rasante* = eine langweilige Geschichte *une personne rasante* = ein Langweiler	**rasant = sehr schnell, schwungvoll** ein rasantes Tempo = *une allure **très rapide** / **vertigineuse*** ein rasantes Wirtschaftswachstum = *une croissance économique **très rapide***

Anmerkung:

Zu beachten sind in diesem Zusammenhang auch die deutschen Adjektive wie z.B. „**exquisit**", „**katastrophal**", „**paradox**", die im Französischen keine Entsprechung haben oder sinnverschieden sind:

Deutsch	Französisch
exquisit = ausgesucht, erlesen, vorzüglich	*exquis* **= ausgesucht, reizend**
ein exquisites Essen = *un excellent repas / un repas de première qualité / un repas exquis*	*une politesse exquise* = eine ausgesuchte Höflichkeit *un homme exquis* = ein reizender Mann
katastrophal	*catastrophique*
katastrophale Wirkungen = *des effets catastrophiques*	*une situation catastrophique* = eine katastrophale Situation
paradox	*paradoxal* (Plural: *paradoxaux,-ales*)
so paradox es auch scheint... = *si paradoxal que cela paraisse...* eine paradoxe Geschichte = *une histoire très bizarre*	*une situation paradoxale* = eine paradoxe Situation *un esprit paradoxal* = ein Geist, der eine Vorliebe für das Paradoxe hat

Zu unterscheiden ist des Weiteren:

„ein alkoholisches Getränk"   =   *une boisson **alcoolisée***

„ein alkoholisierter Fahrer"   =   *un conducteur **ivre** / en état d'ivresse / en état d'ébriété*

Das Adjektiv: Repetitorium

Grundregeln für den Gebrauch

041

1. Das Adjektiv richtet sich in Geschlecht und Zahl nach seinem **Bezugswort** (= ein Substantiv oder Pronomen).

   La *belle* nuit d'été.

   Mes sœurs sont mariées. / Elles sont mariées.

   Bezieht sich ein Adjektiv auf mehrere durch *et* verbundene Substantive verschiedenen Geschlechts, so richtet sich das Adjektiv nach dem **männlichen** Substantiv.

   Mes frères et sœurs aînés. → Meine älteren Geschwister

2. Bei den **Singularformen** des Adjektivs lassen sich folgende Fälle unterscheiden:

   - Adjektive auf *-e* für Maskulinum und Femininum: *facile, célèbre, possible*

   - Adjektive, die nur in der Schreibung, nicht in der Aussprache nach Maskulinum und Femininum unterscheiden:

un joli cabriolet	→	*une jolie voiture*
Il est fatigué.	→	*Elle est fatiguée.*
le bien public	→	*l'opinion publique*

   - Adjektive, die sich im Maskulinum und Femininum in der Aussprache **und** in der Schreibung unterscheiden:

     allemand – allemande; discret – discrète; jaloux – jalouse; doux – douce; léger – légère, bref – brève; frais – fraîche; vainqueur – victorieuse; sain – saine; bon – bonne; beau – bel – belle; vieux – vieil – vieille; nouveau – nouvel – nouvelle

3. Die **Pluralbildung** der Adjektive erfolgt in den meisten Fällen im Schriftbild durch ein *-s*, das nicht hörbar ist. Adjektive, die bereits im Singular auf *-s* oder *-x* enden, bleiben im Plural unverändert:

   les jeunes gens, les grandes personnes, un gros mot – des gros mots, un homme courageux – des hommes courageux

Ausnahmen:

- Maskuline Adjektive mit Endung auf -*eau* erhalten als Pluralzeichen ein -*x*:

  le beau paysage → *les beaux paysages*

- Adjektive, die im Maskulinum Singular auf -*al* enden, bilden ihre Pluralform auf -*aux* (außer *banal, bancal, fatal, naval*):

  un phénomène général → *des phénomènes généraux*

  un propos banal → *des propos banals*

  un oubli fatal → *des oublis fatals*

4. Die **Steigerungsformen** des Adjektivs sind der **Komparativ** und der **Superlativ**.

   Der **Komparativ** (der **Überlegenheit** und der **Unterlegenheit**) wird im Französischen von Vergleichsadverbien (*plus / moins*) begleitet und steht in der Regel in einem Vergleichssatz mit einem durch *que* eingeleiteten Vergleichswort.

   > *Le gérant actuel du magasin est **plus / moins** efficace **que** son prédécesseur.*

   Der **Komparativ** der **Gleichheit** / der **Ungleichheit** wird durch *aussi... que* bzw. *pas aussi / pas si... que* ausgedrückt:

   > *Il est **aussi** aimable **que** son prédécesseur.*
   > *Il n'est pas **aussi** / **si** aimable **que** son prédécesseur.*

   Vor **Zahlen-** oder **Mengenangaben** heißt im Französischen die Vergleichspartikel nicht *que*, sondern *de*:

   > *Il a couru plus **de** vingt kilomètres.*

   Der **absolute Komparativ** im Deutschen (→ „ein größeres Projekt"; „ein jüngerer Mann") wird im Französischen durch **Umschreibungen** wiedergegeben:

   > *un projet assez important -- un homme assez jeune*

   Der **Superlativ** wird durch **Gradadverbien** (absoluter Superlativ) oder durch den **bestimmten Artikel** / das **Possessivadjektiv** + Komparativformen des Adjektivs gebildet:

   > *un voyage **très** / **fort** coûteux*
   > *C'est le jour **le plus** chaud de l'année.*
   > *C'est **sa plus** belle victoire.*

5. Die **unregelmäßigen Steigerungsformen:**

Unregelmäßige Steigerungsformen sind:

- *bon – meilleur – le / la / les meilleur, e(s)*:

  Elle est **meilleure** *en maths. C'est son* **meilleur** *ami.*

  Aber: *C'est* **le mieux** *que nous puissions faire.*

- *petit – moindre – le / la / les moindre(s)* → „gering":

  de **moindre** *qualité; c'est le* **moindre** *de nos soucis.*

  Aber: *C'est* **le moins** *que l'on puisse faire.*

- *mauvais – pire – le / la / les pire(s)* → „schlimm":

  C'est la **pire** *chose qui puisse lui arriver.*

  Aber: *au pis aller* (schlimmstenfalls); *tant pis*

6. Die **Stellung** des attributiven Adjektivs:

Nachgestellt werden:

Farbadjektive; Adjektive, die eine **Form** oder **besondere Kennzeichen** be-
inhalten: *un manteau* **rouge**; *la main* **gauche**; *une voiture* **neuve**

Verbaladjektive und **Partizipien**: *un travail* **fatigant**; *une mère* **fatiguée**

Adjektive, die **Eigenschaften**, **Zustände** oder die **soziale Zugehörigkeit** von
Personen bezeichnen: *des parents* **satisfaits**; *un homme* **malade**; *la classe*
ouvrière

Vorangestellt werden:

Häufig gebrauchte, **kurze** Adjektive wie: *beau, bon, bref, grand, gros, haut, joli,
long, mauvais, petit.* Wenn diese nicht ergänzt sind, stehen sie in aller Regel vor
dem Substantiv: *un* **beau** *voyage; les* **grandes** *personnes; un* **petit** *village*

Aber: *un homme* **grand** (= ein großer, hochgewachsener Mann); *une femme*
jeune (= eine noch junggebliebene Frau)

une maison **trop petite pour nous** (Nachstellung wegen Ergänzung des Adjek-
tivs)

Mehrsilbige Adjektive stehen normalerweise hinter dem Substantiv. Bei affekti-
schem Gebrauch können sie auch vor das Substantiv treten:

un accident **épouvantable**	⇔	*Quel* **épouvantable** *accident!*
une aventure **formidable**	⇔	*Quelle* **formidable** *aventure!*

042 Schwierigkeiten und Fehlerquellen

1. Das Adjektiv kann von seiner Funktion her attributiv oder prädikativ verwendet werden.

   Als **Attribut** (französisch: *adjectif épithète*) steht es bei dem Substantiv: *C'est une femme charmante.* Als **Prädikatsnomen** (französisch: *adjectif attribut*) steht es in Verbindung mit einer Verbgruppe: *Cette femme est charmante.*

   Zu beachten ist, dass das prädikative Adjektiv – wie das attributive Adjektiv – veränderlich ist:

   *Nous avons trouvé **sa façon** d'agir assez **cavalière*** („rücksichtslos").

   ***Elle** est tombée **amoureuse**.*

   *Mes **démarches** se sont avérées **inutiles**.*

2. Folgende Besonderheiten bei der Singular- und Pluralbildung der Adjektive bereiten Schwierigkeiten:

   - Die weiblichen Formen von *ambigu* (zweideutig), *aigu* (spitz / stark) und *exigu* (winzig) sind: *ambiguë / aiguë* und *exiguë*. (Das Trema wird zum Erhalt der Aussprache [y] in der Endung gesetzt.)

   - Die weibliche Form Singular folgender Adjektive muss man sich einprägen:

     *roux – rou**sse**; prometteur – promett**euse**; favori – favor**ite**; vainqueur – **victorieuse**; destructeur – destruc**trice**; vieillot – vieill**otte***

   - Bei der Pluralbildung sind folgende Spezialfälle zu beachten:

     *des phénomènes ban**als**; les coups fat**als**; les chantiers nav**als***

     Das Adjektiv *idéal* bildet im modernen Französisch den Plural meist auf *-aux*: *des maris idéaux*

3. Im Französischen muss vor einer Mengenangabe („...mehr als..."; „...weniger als...") ***de*** stehen (nicht *que*!!):

   *Mon collègue gagne moins **que** moi.*   →   Vergleich

   *Mon collègue gagne moins **de** mille euros.*   →   Mengenangabe

4. Adjektive mit Infinitivergänzung lassen in einigen Fällen eine **persönliche** oder eine **unpersönliche** Konstruktion mit wechselnden Präpositionen (*de* oder *à*) zu:

   ***Ce travail** est **facile** / **difficile à** effectuer.*   (= persönliche Konstruktion)

   Il** est **facile** / **difficile d'effectuer ce travail dans ces conditions.*   (= unpers. Konstruktion)

5. Die Farbadjektive *orange* (= orangenfarben) und *marron* (= kastanienbraun) sind **unveränderlich**.

6. Bei den Steigerungsformen sind folgende Fälle zu beachten:

- Der deutsche **absolute Komparativ** („ein **größeres** Unternehmen") existiert im Französischen nicht. Man benutzt Umschreibungen wie *une entreprise **assez importante*** / *une entreprise **d'une certaine importance***. Vgl. auch **041.4**.

- In folgenden Wendungen ist der Gebrauch von *meilleur* oder *mieux* idiomatisiert:

    *Il fait **meilleur** aujourd'hui.* →   Heute ist das Wetter besser.
    (Adverbialer Gebrauch von *meilleur*)

    *Il est **mieux** ajourd'hui.*   →   Es geht ihm heute besser.
    (Adjektivischer Gebrauch von *mieux*)

    Merke auch:

    Aujourd'hui il fait plus mauvais.   →   Heute ist das Wetter schlechter.
    Cette voiture n'est pas mal.   →   Dieses Auto ist nicht übel.
    C'est bien.   →   Schön. / Das ist gut. / Gut so.

7. Zu beachten sind wechselnde Bedeutungen von Adjektiven bei Voran- oder Nachstellung, dies insbesondere in folgenden Fällen:

Voranstellung	Nachstellung
un grand homme ein bedeutender Mann / Mensch	*un homme grand* ein großer Mann (im eigentlichen Sinne)
une ancienne ferme ein ehemaliger Bauernhof	*une ferme ancienne* ein alter Bauernhof
une nouvelle adresse eine neue Anschrift	*un style nouveau* ein neuer (= neuartiger) Stil **Aber:** *une maison neuve* ein neues (= neuerbautes) Haus
Je l'ai fait de mes propres mains. Ich habe es mit meinen eigenen Händen gemacht.	*au sens propre* im eigentlichen Sinn *un verre propre* ein sauberes Glas
un pauvre chat eine arme / bedauernswerte Katze	*une famille pauvre* eine arme (= mittellose) Familie

Voranstellung	Nachstellung
La seule idée de prendre l'avion me rend malade. Allein der Gedanke, fliegen zu müssen, macht mich krank.	C'est un homme seul. Er ist ein einsamer Mann.
de maigres résultats schwache / schlechte Resultate	de la viande maigre mageres Fleisch

8. Vorsicht bei folgenden Adjektiven, die im Deutschen eine andere Form annehmen als im Französischen:

ein alkoholisierter Fahrer → *un conducteur ivre / en état d'ivresse / en état d'ébriété*

exquisit → *exquis,e*

katastrophal → *catastrophique*

paradox → *paradoxal,e*

Kapitel 2.3

Das Adverb *(l'adverbe)*

Kapitelübersicht:

Das Adverb: Grundstufe

043 | Die Funktion des Adverbs und die Adverbklassen

1. Adverbien (= „Umstandswörter") dienen zur näheren Bestimmung von **Verben**, **Adjektiven** und anderen **Adverbien** sowie von **ganzen Sätzen**, um nähere Umstände einer Handlung oder eines Faktums wiederzugeben (lat. *ad verbum*: „beim Wort stehend"). Adverbien sind **unveränderlich**.

    Beispiele:

*Il roule **vite**.*	→ Verbergänzung
*Il a une voiture **très** économique.*	→ Adjektivergänzung
*Il roule **très** vite.*	→ Adverbergänzung
***Malheureusement**, il n'a pas de voiture.*	→ Ergänzung des ganzen Satzes

2. Adverbien lassen sich nach ihrer **Bedeutung** wie folgt **klassifizieren**:

    *   **Adverbien des Ortes** (*adverbes de lieu*) → *ici, là, là-bas, partout*

    *   **Adverbien der Zeit** (*adverbes de temps*) → *hier, aujourd'hui, demain, maintenant, longtemps, bientôt*

    *   **Adverbien der Art und Weise** (*adverbes de manière*) → *bien, mal, correctement, exprès*

    *   **Mengen- / Gradadverbien** (*adverbes de quantité / de degré*) → *beaucoup, trop, peu, très, énormément*

    *   **Adverbien der Verneinung** (*adverbes de négation*) → *non, ne...jamais, ne...guère*

    *   **Frageadverbien** (*adverbes d'interrogation*) → *combien, comment, où, pourquoi*

044 | Die Formen des Adverbs

Es gibt im Französischen **einfache**, **abgeleitete** und **zusammengesetzte** Adverbien.

Einfache Adverbien sind ursprüngliche Adverbien, die sich von keinem anderen Wort ableiten lassen: *bien, demain, hier, peu, très,* usw.

Abgeleitete Adverbien sind von einem Adjektiv abgeleitet, indem sie an die weibliche Form des Adjektivs die Endung (das Suffix) -*ment* anhängen: *heureusement, rarement, vivement*

Zusammengesetzte Adverbien werden aus zwei oder mehr Wörtern gebildet: *quand même* (trotzdem), *sur-le-champ* (sofort), *tout de suite* (sofort)

Die Bildung der abgeleiteten Adverbien

Die Bildung der abgeleiteten Adverbien erfolgt **regelmäßig** oder **unregelmäßig**.

1. Bei **regelmäßiger** Bildung wird an die **weibliche Form des Adjektivs** die En-
   dung -*ment* [mɑ̃] angehängt. Bei Adjektiven, deren männliche und weibliche Form
   gleich sind, wird das Adverb ebenfalls durch die Hinzufügung der Endung
   -*ment* gebildet.

heureux / *heureu**se***	*heureusement* [ørøzmɑ̃]
vain / *vain**e***	*vainement* [vɛnmɑ̃]
fou / ***folle***	*follement* [fɔlmɑ̃]
sage (m + f)	*sagement* [saʒmɑ̃]
difficile (m + f)	*difficilement* [difisilmɑ̃]

2. Die **unregelmäßige** Bildung von abgeleiteten Adverbien äußert sich in
   orthographischen Besonderheiten oder in der Bildung von **Sonderformen**:

Orthographische Besonderheiten der abgeleiteten Adverbien	
absolu,e [absɔly] → *absolument* *joli,e* [ʒɔli] → *joliment* *résolu,e* [rezɔly] → *résolument* *vrai,e* [vrɛ] → *vraiment*	Endet die weibliche Form eines Adjek-tivs **beim Sprechen** auf einen betonten Vokal, wird das Adverb **im Schriftbild** von der **männlichen** Adjektivform ab-geleitet.

assidu,e → *assidûment*
        emsig / fleißig
 	
continu,e → *continûment*
        kontinuierlich /
        ununterbrochen
	Eine Reihe von Adverbien, die von der männlichen Form der auf betontem -*u* [y] auslautenden Adjektive abgeleitet sind, haben im Schriftbild einen ***accent circonflexe*** auf dem -*û*-.

cru,e → *crûment*
        schonungslos / unver-
        blümt / geradeheraus
 	
incongru,e → *incongrûment*
        unpassend /
        ungebührlich
	Gemäß den Empfehlungen der *Rectifi-cations de l'orthographe* von 1990 wird auch die Schreibung ohne *accent cir-conflexe* vorgeschlagen; die Schrei-bung ohne Akzent entspricht jedoch (noch) nicht der gültigen Norm.

indu,e → *indûment*
        unberechtigt /
        unbegründet
	Das Adverb *dûment* erhält den *accent circonflexe* **regelmäßig**: Es ist von der männlichen Adjektivform *dû* abgeleitet:
	
	dû, due → *dûment* („gebührend")

Anmerkung:

Die Schreibung des von *gai,e* abgeleiteten Adverbs ist variabel: *gaiement* / *gaîment*
/ *gaiment* (froh / fröhlich). Die Orthographie *gaiement* ist die geläufigste.

Sonderformen der abgeleiteten Adverbien		
constant	→ *constamment* [kõstamã]	Die auf *-ant* / *-ent* endenden Adjektive bilden das Adverb auf *-ammant* / *-emment*.
évident	→ *évidemment* [evidamã]	
		Ausnahmen:
		lent → *lentement*
		véhément (heftig) → *véhémentement* (lit.)
aveugle	→ *aveuglément* blind	Eine Reihe von Adverbien enden auf *-ément*, obwohl der [e]-Laut im Adjektiv nicht vorhanden ist.
commode	→ *commodément* bequem	
commun,e	→ *communément* gemeinhin / gewöhnlich	
conforme	→ *conformément* gemäß / entsprechend	
confus,e	→ *confusément* undeutlich / konfus	
énorme	→ *énormément* sehr viel / ungeheuer	
exprès,se	→ *expressément* ausdrücklich	
intense	→ *intensément* intensiv	
obscur,e	→ *obscurément* dunkel / obskur	
précis,e	→ *précisément* genau / gerade	
profond,e	→ *profondément* tief / zutiefst	
uniforme	→ *uniformément* gleichförmig	
bref, brève	→ **brièvement** kurz	Einige Adverbien sind <mark>ganz unregelmäßig</mark>:
gentil, gentille	→ **gentiment** nett	Die Form des Adverbs *gravement* ist generell anwendbar; die zweite Form **grièvement** nur in Verbindung mit *blessé, atteint, brûlé*:
grave	→ *gravement* / **grièvement** schwer	*Il est* **grièvement** *blessé* (schwer verletzt).
impuni,e	→ *impunément* ungestraft / straflos	*Il est* **grièvement** *brûlé.* (Er hat schwere Verbrennungen.)
rapide	→ *rapidement* / **vite**	
		Anmerkung:
bon, bonne	→ **bien**	Es gibt auch das Adverb *bonnement* (= einfach) → *Les informations étaient*
mauvais,e	→ **mal**	*tout* **bonnement** *fausses.*
meilleur,e	→ **mieux**	Die Informationen waren einfach falsch.

Fehlende adverbiale Ableitung bei bestimmten Adjektiven   046

1. Nicht alle Adjektive lassen im Französischen eine adverbiale Ableitung mittels der
    Endung -*ment* zu. Zu den Adjektiven, die kein Adverb bilden, gehören:

    *   die meisten adjektivisch gebrauchten Partizipien (z.B. *compliqué, fâché, fati-
        gué*, usw.). Eine Ausnahme bilden hier:

        assuré → ***assurément*** (gewiss / sicherlich); *décidé* → ***décidément*** (wahrlich / ent-
        schieden); *désespéré* → ***désespérément*** (verzweifelt); *forcé* → ***forcément*** (zwangs-
        läufig / notwendigerweise); *séparé* → ***séparément*** (getrennt)

    *   die Farbadjektive (*rouge, noir*, usw.) sowie Adjektive, die eine Eigenschaft
        oder einen seelischen Zustand ausdrücken wie *capable, charmant, content,
        convaincant, critique, inquiet*, usw. Dazu einige geläufige Adjektive wie *court,
        moderne, neuf, urgent*.

2. Das fehlende Adverb kann durch einen **adverbialen Ausdruck** mittels Präpositi-
    on + Substantiv oder der Wendung *de façon* / *de manière* + Adjektiv ersetzt wer-
    den:

*Elle était habillée **en rouge** / **de rouge**.*	Sie war rot gekleidet.
*Nous devons lui parler **d'urgence**.*	Wir müssen dringend mit ihm sprechen.
*Il m'a annoncé la nouvelle **d'un air agacé**.*	Er hat mir die Neuigkeit verärgert mitgeteilt.
*On doit lire ce livre **d'un œil critique**.*	Man muss dieses Buch kritisch lesen.
*L'avocat a argumenté **de façon** / **de ma-nière convaincante**.*	Der Rechtsanwalt hat überzeugend argu-mentiert.
*Cette entreprise est gérée **de façon mo-derne**.*	Dieses Unternehmen wird modern geführt.

Die Steigerung der Adverbien   047

1. Wie beim Adjektiv wird der <mark>Komparativ</mark> der Adverbien mit Hilfe von *plus* / *moins*
    gebildet. Der Komparativ (= *plus* / *moins* + Adverb) wird insbesondere im Ver-
    gleichssatz verwendet, wobei das Vergleichswort mit *que* eingeleitet wird:

    *Il court **plus vite** / **plus rapidement que** son copain.*   → Komparativ der
                                                                          Überlegenheit

    *Il court **moins vite** / **moins rapidement que** son copain.*   → Komparativ der
                                                                          Unterlegenheit

Im Komparativ der **Gleichheit** / der **Ungleichheit** wird *autant que* / *ne... pas au-tant que* / *ne... pas tant que* verwendet:

*Mon oncle voyage **autant que** mes parents.*
Mein Onkel reist ebensoviel wie meine Eltern.

*Mon oncle **ne** voyage **pas autant** / **pas tant que** mes parents.*
Mein Onkel reist nicht so viel wie meine Eltern.

2. Der **Superlativ** des Adverbs wird durch die Voranstellung von *le plus* / *le moins* gebildet:

*Il court **le plus vite** / **le plus rapidement** de tous.*
Er läuft von allen am schnellsten.

*Je vais consulter mon médecin **le moins souvent** possible.*
Ich suche meinen Arzt so selten wie möglich auf.

3. Die **unregelmäßigen Steigerungsformen** des Adverbs sind:

		Komparativ		Superlativ	
beaucoup	viel	*plus*	mehr	*le plus*	am meisten
peu	wenig	*moins*	weniger	*le moins*	am wenigsten
bien	gut	*mieux*	besser	*le mieux*	am besten

Beispiele:

*Nous voyageons **beaucoup**. Nous voyageons **plus** / **moins** depuis notre déménagement. De tous nos amis, nous voyageons **le plus** / **le moins**.*

*Elle parle **bien** le français. Depuis son séjour en France, elle parle **mieux** le français. De toutes ses copines, c'est elle qui parle **le mieux** le français.*

Anmerkung:

*   Die Aussprache von *plus* (= mehr) ist alternativ: [ply / plys]. Am Ende eines Teilsatzes oder eines Satzes wird der auslautende *s*-Laut in der Regel gesprochen:

    *Il travaille **plus** [plys / ply] **que** son collègue. Celui qui gagne **le plus** [plys], c'est son frère. De nous tous, c'est lui qui gagne **le plus** [plys].*

*   Die Steigerung des Adverbs *mal* (= schlecht) ist regelmäßig: *mal – plus mal – le plus mal*. Zu den Steigerungsformen *pis*, *le pis* vgl. auch **032.2**.

*   An Stelle von *plus* (*que*) kann auch *davantage* (*que*) stehen:

    *Il devrait travailler **davantage** (**que** moi).* → Er müsste mehr arbeiten (als ich).

Das Adverb: Aufbaustufe

Adverbial gebrauchte Adjektive – adjektivisch gebrauchte Adverbien

048

1. Adjektiv an Stelle eines Adverbs:

Nach bestimmten Verben verwendet man ein Adjektiv in **adverbialer Funktion**. Dementsprechend bleibt das adverbiale Adjektiv – wie das Adverb – **unverändert**:

*Ces habits, je les ai payés **cher**.*   →   (unverändert)

Verben mit adverbial gebrauchten Adjektiven:	
acheter cher / vendre cher	teuer kaufen / teuer verkaufen
acheter français	französische Waren kaufen
chanter faux / juste	falsch / richtig singen
coûter cher / payer cher	teuer sein; viel kosten / viel bezahlen
crier fort	laut schreien
dire vrai	die Wahrheit sagen
gagner gros	sehr viel verdienen
manger froid (*La vengeance est un plat qui se mange froid.*)	kalt essen (Etwa: Rache ist süß.)
marcher droit	gerade gehen / sich korrekt verhalten
parler haut / tout bas	laut / leise sprechen
penser tout haut	laut denken
penser juste	richtig denken
ne pas peser lourd	nicht schwer wiegen (im übertragenen Sinne)
refuser net	glatt / rundweg ablehnen
rire jaune	gezwungen lachen
s'arrêter court / net	plötzlich halten / abrupt aufhören
sentir bon / fort / mauvais	gut / stark / schlecht riechen
sonner faux / juste; chanter faux / juste	falsch / richtig klingen; ≈ singen
travailler dur	hart arbeiten
tenir bon	durchhalten
voir clair; voir double	gut / klar sehen; doppelt sehen
voir grand	große Pläne haben / zu groß planen
voler bas / haut	tief / hoch fliegen

Anmerkung:

- Adverbial gebrauchte Adjektive werden auch in Verbindung mit Partizipien verwendet:

  - *les yeux grands / larges ouverts* → mit Angleichung des adverbialen Adjektivs. Die Nichtangleichung ist selten: *les yeux grand ouverts*

  - *des roses **fraîches** / **frais** écloses* (= frisch aufgeblühte Rosen) → In dieser Verbindung wird die weibliche oder männliche Form des Adjektivs adverbial verwendet. In bestimmten Wendungen wird auch das Adverb benutzt: *du café **fraîchement** moulu* (= frisch gemahlener Kaffee)

  - *une personnalité **haut** placée* (= eine hochgestellte Persönlichkeit) → In Verbindung mit *placé* wird *haut* adverbial gebraucht; ansonsten benutzt man das Adverb *hautement*: *du personnel **hautement** qualifié* (= hoch qualifiziertes Personal)

- Der indefinite Begleiter *tout* wird auch adverbial gebraucht (→ „ganz"). Trotz der allgemeinen Unveränderlichkeit der Adverbien ist das adverbiale *tout* **veränderlich** vor **weiblichen** Adjektiven, die mit einem **Konsonanten** oder mit einem konsonantischen *h* beginnen:

  *Elle est **toute** triste et **toute** honteuse.* → Sie ist ganz traurig und schämt sich sehr.

  *Elles sont **toutes** tristes et **toutes** honteuses.* → Sie sind ganz traurig und schämen sich sehr. (Auch: Sie sind alle traurig, und alle schämen sie sich.)

  Vor Adjektiven, die mit einem Vokal oder einem stummen *h* beginnen, wird *tout* als Adverb im Schriftbild nicht verändert; im Lautbild ergibt sich durch die Bindung die gleiche Form wie bei *tout* + weiblichen, konsonantisch anlautenden Adjektiven:

  Ils / Elles sont tout‿ému(e)s [tutemy] *et tout‿heureux / tout‿heureuses* [tutørø] / [tutørøz]. → Sie sind tief bewegt und ganz glücklich.

  Diese Regel entspricht dem guten Gebrauch, wenngleich der Toleranzerlass vom 28. Dezember 1976 die Angleichung des Adverbs *tout* vor folgendem Adjektiv, das mit Vokal oder stummem *h* anlautet, **duldet**.

2. **Adverb an Stelle eines Adjektivs:**

Die Adverbien *bien* und *mal*, sowie der Komparativ *mieux*, werden auch adjektivisch gebraucht. Vgl. auch **32.2**.

Beispiele:

bien	*Tout est **bien** qui finit bien.* → Ende gut, alles gut.
	*Je me sens très **bien** ici.* → Ich fühle mich hier sehr wohl.
	*Mes collègues le trouvent **bien**.* → Meine Kollegen finden ihn sehr angenehm.
	*Cette lampe fait très **bien** dans le salon.* → Diese Lampe passt gut in das Wohnzimmer.
	*C'est une fille **bien**.* → Sie ist ein gewissenhaftes, wohlerzogenes Mädchen.

mieux	Vous serez **mieux** dans cette voiture.	→ Sie werden sich in diesem Auto wohler fühlen.
	Ils ne se parlent plus: c'est **mieux** ainsi.	→ Sie sprechen nicht mehr miteinander: das ist besser so.
	Il est **mieux** sans barbe.	→ Ohne Bart sieht er besser aus.
mal	Il est fort **mal**.	→ Es steht sehr schlecht um ihn.
	Elle est **mal** en point.	→ Es geht ihr schlecht. / Sie fühlt sich nicht wohl.
	Il n'est pas **mal**.	→ Er sieht nicht übel aus.
	Il y avait pas **mal** de monde.	→ Es waren ziemlich viele Leute da.
	bon an **mal** an	→ im Jahresdurchschnitt / durchschnittlich

Die adverbialen Präpositionen

049

Eine Reihe von Präpositionen können (z.T. in leicht abgewandelter Form) als Adverb (meist als Ortsadverb) benutzt werden:

Beispiele:

Präposition	Adverb
La gare se trouve derrière la mairie.	La gare se trouve **derrière**. Der Bahnhof befindet sich **dahinter**.
Notre professeur marche toujours devant ses élèves.	Il marche toujours **devant**. Er geht immer **voraus**.
La clé est sur le bureau.	La clé est **dessus**. Der Schlüssel liegt **darauf**.
Nous avons accroché votre tableau au-dessus du lit.	Nous avons accroché votre tableau **au-dessus**. Wir haben Ihr Bild **darüber** gehängt.
Ma sœur habite au-dessous de mon appartement.	Elle habite **au-dessous**. Sie wohnt **darunter**.
Mes papiers sont dans ma valise.	Ils sont **dedans**. Sie sind **d(a)rin**.
Je suis pour cette mesure.	Je suis **pour**. Ich bin **dafür**.
Etes-vous contre cette mesure?	Etes-vous **contre**? Sind Sie **dagegen**?
Il est parti avec ses skis.	Il est parti **avec**. Er ist **damit** weggefahren.
Que ferions-nous sans notre voiture?	Que ferions-nous **sans**? Was würden wir **ohne** machen?

Anmerkung:

Man beachte auch folgende Wendung:

*Il faut **faire avec**.* → Man muss damit klarkommen.

050 ## Die Stellung der Adverbien

Die Stellung des Adverbs im Französischen wird in den meisten Fällen von stilistischen Kriterien wie Ausgewogenheit des Satzes, Satzrhythmus, Hervorhebung / Betonung, usw. beeinflusst. Aus diesem Grund werden im Folgenden lediglich die Hauptkriterien für die Stellung des Adverbs dargelegt.

1. Adverbien stehen **vor** dem Adjektiv / dem Adverb / dem Partizip, das sie näher bestimmen:

    *Il est **très** content. Il est **entièrement** satisfait.*

    *Il parle **très** bien le français.*

    Anmerkung:

    Encore und *seulement* in Verbindung mit einem Adverb werden voran- oder nachgestellt:

    *Je l'ai rencontré **encore aujourd'hui** / **aujourd'hui encore**.*

    *C'est **seulement hier** / **hier seulement** qu'ils ont répondu à notre lettre.*

    Bei einem Adjektiv im Komparativ kann *encore* ebenfalls vor oder nach dem Bezugswort stehen:

    *C'est **encore plus agréable**. / C'est **plus agréable encore**.*

2. Bei den Verben ist in Bezug auf die Stellung des Adverbs nach einfachen oder zusammengesetzten Verbformen zu unterscheiden:

    • Bei **einfachen Verbformen,** sowie beim **Partizip Präsens** und *gérondif*, ist die Normalstellung des Adverbs **nach der Verbform**:

       *Nous la rencontrons **souvent**.*

       *(En) travaillant **vite** / **régulièrement**, ils atteindront l'objectif fixé.*

    • Beim (einfachen) **Infinitiv** werden die Adverbien *bien, encore, fort, mieux, moins, peu, plus, toujours, très, trop* meist vorangestellt. Die anderen Adverbien folgen normalerweise auf den Infinitiv; in gepflegter Sprache können sie jedoch auch vorangestellt werden:

       *J'ai passé un week-end sans **trop** m'ennuyer.*

       *J'ai pris deux semaines de congé pour **bien** me préparer à mon stage en France.*

       *Vous devriez **exactement** suivre les règles. / Vous devriez suivre **exactement** les règles.*

- In den **zusammengesetzten Verbformen** stehen *bien, déjà, guère* und *toujours* **in der Regel vor dem Partizip**:

  *Je ne l'ai **guère** vu.*

  *Il a **bien** / **déjà** / **toujours** fait son travail.*

  Häufiger vor dem Partizip stehen die Adverbien: *assez, beaucoup, mal, mieux, moins, peu, plus, trop.* Die Nachstellung ist jedoch auch möglich:

  *Lors de notre séjour en Angleterre, nous avons **assez** / **beaucoup** / **mal** / **mieux** / **moins** / **peu** / **plus** / **trop** mangé.*

  *Il a **beaucoup** / **trop** souffert.* Auch: *Il a souffert **beaucoup** / **trop**.*

  Immer nach dem Partizip stehen:

  ⇒ *ensemble, exprès*:

*Je ne l'ai pas fait **exprès**.*	→ Ich habe es nicht absichtlich getan.
*Nous l'avons fait **ensemble**.*	→ Wir haben es gemeinsam getan.

  ⇒ alle adverbial gebrauchten Adjektive und Wendungen:

Il a ri jaune.	→ Er hat gezwungen gelacht.
Ils ont réagi de façon impolie.	→ Sie haben unhöflich reagiert.

  Anmerkung:

  Meist nach dem Partizip stehen einige Adverbien, die eine Präzisierung oder die Art und Weise ausdrücken.

  *Le ministère a répondu **négativement**. Il a réagi **brusquement**. Elle s'est comportée **normalement**.*

Beachte jedoch:

R 050

Die meisten Adverbien der Art und Weise und des Grades können **vor** oder **nach** **dem Partizip stehen**. Sie stehen jedoch **nicht am Satzanfang**.

Beispiele:

*Il nous a **gentiment** / **poliment** répondu..* ⇔ *Il nous a répondu **gentiment** / **poliment** .*
(= Art und Weise)

*Ils se sont **suffisamment** préparés.* ⇔ *Ils se sont préparés **suffisamment**.*
(= Grad)

*Cette nuit, il a **énormément** bu.* ⇔ *Cette nuit, il a bu **énormément**. (= Grad)*

3. Adverbien mit **wechselnder Bedeutung** je nach Stellung:

Voranstellung	Nachstellung
Heureusement, la prise d'otages est termi-née. / Heureusement que la prise d'otages est terminée. Glücklicherweise ist die Geiselnahme been-det.	*La prise d'otages s'est terminée heureuse-ment.* Die Geiselnahme endete glücklich.
Nous avons légèrement dîné. / Nous avons dîné légèrement. Wir haben etwas Leichtes zu Abend geges-sen. *Les prix ont légèrement baissé / ont baissé légèrement.* Die Preise sind leicht zurückgegangen.	*Ils ont pris la décision un peu légèrement.* Sie haben die Entscheidung ein wenig leichtsinnig getroffen.
Normalement / Logiquement, il devrait déjà être arrivé. Normalerweise müsste er schon da sein.	*Cet homme ne sait pas penser logique-ment.* Dieser Mensch kann nicht logisch denken. *Tout se passe normalement.* Alles geht normal vonstatten.
Naturellement, il n'a rien dit. Selbstverständlich / Natürlich hat er nichts gesagt.	*Il s'est exprimé naturellement.* Er hat sich in natürlicher Weise ausge-drückt.
Il n'a pas fait un grand discours. Il a sim-plement dit qu'il n'approuvait pas notre démarche. Er hat keine große Rede gehalten. Er hat nur / bloß gesagt, dass er unser Vorgehen missbilligt.	*Mon père s'est toujours exprimé simple-ment.* Mein Vater hat sich immer einfach ausge-drückt.
Il a vite quitté la salle. Er hat den Saal schnell (= sofort / unver-züglich) verlassen.	*Il a mangé (trop) vite.* Er hat (zu) schnell (= hastig) gegessen.

051 ## Unterschiedliche Bedeutung von Adjektiv und abgeleitetem Adverb

Bei einer Reihe von Adjektiven verändert das abgeleitete Adverb seine Bedeutung. Die Bedeutungsunterschiede zwischen den im Folgenden aufgeführten Adjektiven und den von diesen abgeleiteten Adverbien können **grundsätzlich** oder nur **partiell** sein.

Adjektiv	Adverb
un succès assuré ein **garantierter** Erfolg	*Viendrez-vous? – Assurément.* Kommen Sie? – Ja, **sicherlich**.

Adjektiv	Adverb
Il avait l'air décidé. Er sah **entschlossen** aus.	*Décidément, je n'ai pas de chance.* Ich habe **wahrlich** kein Glück.
C'est une affaire décidée. Das ist eine **beschlossene** Sache.	*Cette voiture est décidément trop chère.* Dieses Auto ist **entschieden** zu teuer.
les travaux forcés die Zwangsarbeit	*Elle n'a pas forcément raison.* Sie hat nicht **unbedingt / zwangsläufig** Recht.
Notre voisine est très curieuse. Unsere Nachbarin ist sehr **neugierig**.	*Curieusement, il n'a pas porté plainte.* **Merkwürdigerweise** hat er nicht geklagt.
C'est un cas curieux. Das ist ein **merkwürdiger** Fall.	*Elle était curieusement habillée.* Sie war **merkwürdig** gekleidet.
Cela m'est égal. Das ist mir **gleich(gültig)**. *Les hommes sont tous égaux.* Die Menschen sind alle **gleich**.	*Vous pouvez également venir me voir demain.* Sie können mich **auch / ebenfalls** morgen besuchen.
C'est une mesure juste. Das ist eine **gerechte / richtige** Maßnahme.	*C'est justement ce que j'allais faire.* Das ist **genau das**, was ich tun wollte.
une argumentation logique eine **logische** Argumentation	*Mon frère pense logiquement.* Mein Bruder denkt **logisch**. *Logiquement, il devrait arriver bientôt.* **Eigentlich** müsste er bald kommen.
une journée de travail normale ein **normaler** Arbeitstag	*Tout se passe normalement.* Alles geht **normal** vonstatten. *Normalement, je devrais déjà être parti.* **Normalerweise** müsste ich schon weg sein.
une mort naturelle ein **natürlicher** Tod	*Il s'exprime naturellement* (= de façon naturelle). Er drückt sich **natürlich** aus. *Naturellement, il devait mourir un jour.* **Natürlich / Selbstverständlich** musste er eines Tages sterben.
Elle a vécu heureuse dans ce pays. Sie hat in diesem Land **glücklich** gelebt. *un heureux événement* ein **glückliches** Ereignis	*Heureusement, j'ai terminé mon travail à temps.* **Zum Glück / Glücklicherweise** habe ich meine Arbeit rechtzeitig fertiggestellt.
C'est une erreur évidente. Dies ist ein **offensichtlicher / klarer** Fehler.	*Evidemment, c'est une erreur.* **Klar / Selbstverständlich**, das ist ein Irrtum.

052 | ## Wiedergabe deutscher Adverbien im Französischen: Besonderheiten

Deutsche Adverbien werden im Französischen häufig durch adverbiale Wendungen oder durch verbale Umschreibungen wiedergegeben; dies insbesondere dann, wenn im Französischen kein Adverb zur Verfügung steht (vgl. **046.2**).

Typen der Umschreibung deutscher Adverbien im Französischen:

*agir **avec circonspection*** umsichtig handeln *soutenir une opinion **avec ardeur*** eine Meinung vehement vertreten	anstatt Adverb: → **Präposition + Substantiv**
*regarder qn **d'un air méchant*** jemanden böse anschauen *répondre **sur un ton sec*** trocken antworten *argumenter **d'une manière convaincante*** überzeugend argumentieren *travailler **de façon continue*** kontinuierlich arbeiten	anstatt Adverb: → **Umschreibungen** mittels *d'un air; de façon / de manière; d'une façon / d'une manière; d'un ton / sur un ton*
*apprendre qc **par cœur*** etwas auswendig lernen *se marier **à la mairie*** standesamtlich heiraten *mener **une vie malsaine*** ungesund leben *répondre **de vive voix*** mündlich antworten *voter une proposition de loi **à l'unanimité*** eine Gesetzesvorlage einstimmig verabschieden *faire **match nul*** unentschieden spielen	anstatt Adverb: → **idiomatische Wendungen**

- **allmählich**...
   commencer à faire qc
 	
 - **immer, ohne Unterlass**...
   ne... pas arrêter de faire qc
   ne... (pas) cesser de faire qc (gehoben)
 	
 - **bald**...
   ne... pas tarder à faire qc
	anstatt Adverb:
	
	 → **verbale Wendungen + Infinitiv**

- **beinahe**... *faillir faire qc* *Il a failli gagner dix mille euros.* *Il a failli tomber.* *manquer (de) faire qc* (im Allgemeinen nur in Verbindung mit einem negativen Faktum) *Il a manqué (de) se fouler le pied.* Beinahe hätte er sich den Fuß verstaucht. - **gerne**... *aimer faire qc* - **schließlich**... / (zum Schluss etwas tun) *finir par faire qc*	anstatt Adverb: → **verbale Wendungen + Infinitiv** (vgl. **111**)

Die Entsprechungen des deutschen Adverbs „so" im Französischen

053

1. **„So"** und **„so viel"** als **Grad-** und **Mengenadverbien**:

„So" im Vergleichs-satz, bezogen auf ein Adjektiv oder Adverb	*Elle est **aussi** riche **que** lui.* Sie ist **so** / **genauso** reich wie er. *Elle n'est pas **aussi** / **si** riche que lui.* Sie ist nicht **so** reich wie er. *Elle s'y prend **aussi** habilement que nous.* Sie stellt sich **so** geschickt an wie wir.
„So" im Vergleichs-satz, bezogen auf ein Verb	*Il gagne **autant** que son collègue.* Er verdient **so viel** / **genauso** viel wie sein Kollege. *Il ne gagne pas **autant** / pas **tant** que son collègue.* Er verdient nicht **so viel** wie sein Kollege.

2. **„So"** als Adverb der **Art** und **Weise**:

so = „auf diese Weise" / „in dieser Form"	*Il n'a jamais agi **ainsi** / **de cette façon** / **de cette manière**.* Er hat (noch) nie **so** gehandelt. *Il n'a jamais parlé **comme cela** (umgangsspr.: **comme ça**)* Er hat **so** noch nie gesprochen. *Comment peut-on se comporter **de la sorte**?* Wie kann man sich nur **so** benehmen?

so = „auf diese Weise" zur Satzverknüpfung	*Nous avons vite réagi.* **Ainsi** *nous sommes à l'abri des surprises.* Wir haben schnell reagiert. **So / Auf diese Weise** sind wir vor Überraschungen sicher.
	Voilà comment il faut agir: *Il faut lui révéler toute la vérité.* **So** muss man handeln: Man muss ihm die ganze Wahrheit offenbaren.
	Telles furent ses paroles:... **So** lauteten seine Worte:...
	Ce politicien a changé de parti à plusieurs reprises. **Voilà comment** *on réussit.* **C'est ainsi** *que /* **C'est de cette façon** *que /* **C'est de cette manière** *qu'il a réussi.* Dieser Politiker hat mehrfach die Partei gewechselt. **So** macht man Karriere. **So** hat er Karriere gemacht.
	Voici comment la chose s'est passée:... Das kam **so**:...
so..., wie...	*Il a arrangé son appartement* **comme** *il voulait.* Er hat seine Wohnung **so** eingerichtet, **wie** er wollte.
	Tu dois m'accepter **comme** */* **tel que** *je suis.* Du musst mich (**so**) akzeptieren, **wie** ich bin.
sowie (= und)	*Le parti du gouvernement,* **ainsi que** *l'opposition, veulent baisser les impôts.* Die Regierungspartei **sowie** die Opposition wollen die Steuern senken.
so ein...	*Par* **un** *temps* **pareil**, *on n'a pas envie de sortir.* Bei **so einem** Wetter haben wir keine Lust rauszugehen / vor die Tür zu gehen.
so etwas...	*Je n'ai jamais vu* **pareille chose** */* **une chose pareille.** *Je n'ai jamais* **rien** *vu* **de tel** */* **de pareil** */* **de semblable**. **So etwas** habe ich noch nie gesehen.

Das Adverb: Repetitorium

Grundregeln für den Gebrauch   `054`

1. Neben den **einfachen** Adverbien (*bien, demain, hier, peu*, usw.) gibt es im
   Französischen die **abgeleiteten** (*heureux,se* → *heureusement*) und die
   zusammengesetzten Adverbien (*tout de même; sur-le-champ*).

   Die Ableitung der Adverbien erfolgt **regelmäßig** durch das Suffix *-ment*, das an
   die weibliche Form des Adjektivs angehängt wird: *égal,e* → *également; fou / folle*
   → *follement; facile* → *facilement*

   Die **unregelmäßige** Ableitung der Adverbien äußert sich in orthographischen Be-
   sonderheiten:

   - *vraiment / absolument* → Ableitung von der männlichen Adjektivform (*vrai /
     absolu*), wenn die weibliche Form des Adjektivs (*vraie / absolue*) beim Spre-
     chen auf einem betonten Vokal endet [vrɛ / absɔly].

   - *assidûment; crûment* → *accent circonflexe* auf dem *-u* bei einer Reihe von
     Adverbien, die von auf *-u* auslautenden Adjektiven abgeleitet sind.

   - *constant* → *constamment; récent* → *récemment* (auf *-ant / -ent* endende Ad-
     jektive bilden das Adverb auf *-ammant* bzw. *-emment*).

   - Eine Reihe von Adverbien enden auf *-ément*: *énormément; précisément; pro-
     fondément*

   - Ganz unregelmäßig ist die Bildung der Adverbien bei: *bon* → *bien; bref* → *bri-
     èvement; gentil* → *gentiment; mauvais* → *mal; meilleur* → *mieux*

2. Die meisten adjektivisch gebrauchten Partizipien (*fâché, fatigué*, usw.) bilden kein
   Adverb. Ausnahmen: *assurément; décidément; forcément* u.a.

   Farbadjektive und bestimmte, eine Eigenschaft ausdrückende Adjektive haben
   keine adverbiale Ableitung. An Stelle des Adverbs benutzt man eine adverbiale
   Wendung: *de façon moderne; d'un air fâché* (anstatt **modernement; *fâchément*).

3. Die **Steigerung** der Adverbien erfolgt mit Hilfe von *plus / moins* (Komparativ)
   und *le plus / le moins* (Superlativ): *Il a couru plus / moins vite. Il a couru le plus vi-
   te de tous. C'est le moins cher.*

   Der Komparativ der Gleichheit / der Ungleichheit wird mit Hilfe von *autant que /
   ne... pas (au)tant que* gebildet: *Il travaille autant que moi. Il ne travaille pas autant
   / tant que moi.*

4. Die **Stellung** der Adverbien ist unterschiedlich. Grundsätzlich stehen sie vor dem Adjektiv / Adverb / Partizip, das sie bestimmen:

*Il est **souvent malade*** (Adjektiv). *Il travaille **très bien*** (Adverb). *La ville est **entièrement détruite*** (Partizip).

Bei den **einfachen Verbformen** ist die Normalstellung des Adverbs nach dem Verb: *Nous sortons **souvent** / **régulièrement**.*

Beim **Infinitiv** folgen die Adverbien meist auf den Infinitiv: *Il a réussi sans travailler **régulièrement**.* Die Adverbien *bien, encore, peu, plus, très, trop* u.a. werden allerdings in der Regel vorangestellt: *Il est parti sans **trop** se soucier des conséquences de son acte.*

In den **zusammengesetzten Verbformen** variiert die Stellung des Adverbs je nach Adverbtyp:

*   **Vor dem Partizip** stehen in der Regel *bien, déjà, guère, toujours* → *Il est **toujours** venu en retard.*

*   **Häufiger vor dem Partizip** stehen *assez, beaucoup, mal, mieux, moins, peu, plus, trop* → *Il s'est **beaucoup** entraîné.*

*   Adverbien der Art und Weise (*agréablement, gentiment, poliment*, usw.) können in den zusammengesetzten Verbformen **vor** oder **nach dem Partizip** stehen: *Il nous a **agréablement** surpris. / Il nous a surpris **agréablement**.*

055 Schwierigkeiten und Fehlerquellen

1. Die Steigerung von *bien* ist unregelmäßig: *bien – mieux – le mieux*
    Die Steigerung von *mal* ist dagegen regelmäßig: *mal – plus mal – le plus mal*

2. Adverbial gebrauchte Adjektive bleiben unverändert: *La victoire a coûté **cher**.*

3. Beim adjektivischen Gebrauch der Adverbien *bien, mieux, mal* ist Vorsicht geboten. Man sagt im Französischen:

    *Nous sommes **bien** ici, chez nous. Des gens **bien*** (Etwa: anständige, wohl situierte und angesehene Leute); *un garçon **bien*** (Etwa: ein feiner, charakterfester, strebsamer Junge)

    *Vous serez **mieux** dans ces chaussures.*

    *Elle n'est pas **mal**.*

Zu unterscheiden ist in diesem Zusammenhang besonders:

*Il est **mieux** comme cela.* → Er sieht so besser aus.   (= Adverb statt Adjektiv)

*Il fait **meilleur** aujourd'hui.* → Das Wetter ist heute besser. (= Adjektiv statt Adverb)

4. Das deutsche Adverb „so" wird im Französischen je nach seiner Funktion unterschiedlich übersetzt:

*   **Im Vergleichssatz:** *Il est **aussi** intelligent **que** lui. Il n'est pas **aussi** / **si** intelligent **que** lui. Nous n'habitons pas **aussi** / pas **si** loin de Paris **que** nos parents. Nous nous amusons **autant que** possible.*

*   **„so" = „auf diese Weise":** *Il a parlé **ainsi** / **de cette façon** / **de cette manière**. / **Voilà comment** il faut faire.*

*   **„so etwas":** *On n'a jamais vu **pareille chose** / **une chose pareille**.*
    *On n'a jamais **rien** vu **de semblable**.*

Kapitel 3

Artikel und Zahlwörter

Kapitel 3.1

Der bestimmte Artikel, der unbestimmte Artikel und der partitive Artikel *(l'article défini, l'article indéfini et l'article partitif)*

Kapitelübersicht:

Der bestimmte, der unbestimmte und der partitive Artikel: Grundstufe

056 ## Bestimmter, unbestimmter und partitiver Artikel: Definition

1. Der bestimmte Artikel (*le, la, l'; les*)**:**

Der bestimmte Artikel steht im Französischen wie im Deutschen bei Substantiven, welche auf Lebewesen, Dinge oder Fakten verweisen, die in einem Text oder einem situativen / kommunikativen Kontext als **bestimmt** / **bekannt** vorausgesetzt werden. Die Bestimmtheit / die Bekanntheit des Lebewesens, Objekts oder Faktums ergibt sich daraus,

- dass diese in einer vorausgehenden Äußerung bereits genannt wurden **oder**

- dass diese in einer Gesprächssituation bestimmt sind / konkret wahrnehmbar sind **oder**

- dass diese allgemein bekannt oder erschließbar sind.

Beispiele:

Pour notre repas avec les Duplan, j'ai prévu des asperges pour l'entrée et des côtes d'agneau pour le plat principal. Les asperges ne sont d'ailleurs pas chères en ce moment.	→ Bestimmter Artikel vor dem Substantiv, weil dieser auf eine im Vorigen erwähnte Nominalgruppe verweist bzw. auf eine allgemein bekannte Gemüsesorte abhebt. (*les asperges* = **der** Spargel)
*Comment est-ce que tu as trouvé le film de mardi soir? – J'ai trouvé **les** acteurs très bons, mais **le** scénario* (das Drehbuch) *est plutôt médiocre.*	→ Bestimmter Artikel *les / le* vor *acteurs* und *scénario*, weil diese Substantive in der Gesprächssituation bestimmt sind und sich auf den erwähnten *film de mardi soir* beziehen.
*Regarde là-bas. Tu vois **les** chevreuils au bord du lac?*	→ Bestimmter Artikel *les* vor *chevreuils*, weil das Bezeichnete (= „die Rehe") in der Kommunikationssituation **konkret** wahrnehmbar ist.
*Mon ami vient de passer **le** bac* (das Abitur).	→ Bestimmter Artikel vor einem Substantiv, das ein allgemein bekanntes Faktum (hier des Bildungssystems: *le baccalauréat*) bezeichnet.

2. Der unbestimmte Artikel (*un, une; des*)**:**

Der unbestimmte Artikel steht im Französischen wie im Deutschen bei Substantiven, welche auf Lebewesen, Dinge oder Fakten verweisen, die in einem Text oder situativen / kommunikativen Kontext

- **zum ersten Mal** erwähnt werden oder

- **unbestimmt** sind oder als **unbekannt** vorausgesetzt werden.

Im **Singular** bezeichnet der unbestimmte Artikel ein **nicht näher bestimmtes** Einzelobjekt, Lebewesen oder Faktum; im **Plural** eine **unbestimmte Anzahl** von Objekten, Lebewesen oder Fakten.

Beispiele:

Quels sont vos projets? – Nous aimerions acheter **une** *maison,* **une** *grande maison avec* **un** *grand terrain.*	→ Es handelt sich um **zum ersten Mal** erwähnte Gegenstände / Objekte.
Lors de ma promenade, j'ai vu **un** *renard.*	→ **Unbestimmt**: Es handelt sich um ein nicht näher bestimmtes Lebewesen = **irgendein** Fuchs.
Des *individus ont volé sa voiture.*	→ **Unbekannt**: Es handelt sich um eine unbestimmte Anzahl nicht identifizierter Personen.
Mes parents ont **des** *problèmes de santé.*	→ **Unbestimmt**: Es handelt sich um nicht näher bestimmte Fakten (= Gesundheitsprobleme).

3. **Der partitive Artikel** (*du, de la, de l'*):

Der partitive Artikel, den das Deutsche nicht kennt, steht in Verbindung mit Substantiven **im Singular**. Er bezeichnet eine unbestimmte Menge eines nicht näher bestimmten, vorher nicht erwähnten **Stoffes** (z.B. Sand, Wasser, Wein, Brot), oder er steht bei einem unbestimmt belassenen **Abstraktum** (z.B. Mut, Glück).

Beispiele:

Est-ce que vous ajoutez **du** *poivre et* **du** *paprika à votre sauce?* Schmecken Sie Ihre Soße mit Pfeffer und Paprika ab?	→ Nicht näher bestimmte, vormals unerwähnte **Stoff**bezeichnung.
Il faut **du** *courage pour voyager dans ce pays.* Man braucht Mut, um durch dieses Land zu reisen.	→ Allgemeines, unbestimmt belassenes **Abstraktum.**

Zur Erklärung:

Der in den französischen Grammatikdarstellungen für deutschsprachige Lernende eingeführte Terminus des „Teilungsartikels", der sich sowohl auf die Formen **im Singular** *du, de la, de l'* als auch auf die **pluralische Form** *des* bezieht, wird hier nicht übernommen. Im Grunde sind die Formen *manger de la viande, manger des pommes* nicht primär mit der Vorstellung einer Teilung in Verbindung zu bringen. Es ist zu unterscheiden zwischen einem **partitiven Artikel,** der sich auf eine nicht näher bestimmte Stoffbezeichnung **im Singular** bezieht, und einem **unbestimmten Artikel,** der in Verbindung mit nicht näher bestimmten Lebewesen, Objekten oder Fakten **im Plural** verwendet wird.

057 | **Die Formen des Artikels**

1. Der bestimmte Artikel

Singular		Plural
männlich	**weiblich**	**männlich / weiblich**
le	la	les
du (Kontraktionsform von *de le*)	de la	des (Kontraktionsform von *de les*)
au (Kontraktionsform von *à le*)	à la	aux (Kontraktionsform von *à les*)

Beispiele:

Singular:

Le voisin est malade. La fille du voisin / de la voisine aussi. J'ai parlé au voisin / à la voisine. Ce matin, j'ai aperçu le voisin / la voisine.

Plural:

Tous les voisins et toutes les voisines sont malades; les enfants des voisins / des voisines aussi. J'ai parlé aux voisins / aux voisines. Ce matin, j'ai aperçu les voisins / les voisines.

Anmerkung:

- Vor einem **vokalisch** oder mit **stummem h** anlautenden Substantiv oder Adjektiv werden im Singular folgende Formen des bestimmten Artikels elidiert:

le	→	l'	:	*l'avare*	*l'homme*
la	→	l'	:	*l'action*	*l'héroïne*
du	→	de l'	:	*de l'acteur*	*de l'habit*
de la	→	de l'	:	*de l'utopie*	*de l'herbe*
au	→	à l'	:	*à l'observateur*	*à l'honneur*
à la	→	à l'	:	*à l'image*	*à l'heure*

- In Verbindung mit einem **Werktitel,** der mit *le, la* oder *les* beginnt, kann man nach den Präpositionen *de* oder *à* den Titel entweder **mit** oder **ohne** Kontraktionsform des Artikels bilden:

Beispiele:

Dans ce contexte, il faut penser **à** *«***Les** *mains sales» de Sartre.* (oder)

Dans ce contexte, il faut penser **aux** *«Mains sales» de Sartre.*

Dafür auch: *Il faut penser à la pièce «Les mains sales» de Sartre.*

2. Der unbestimmte Artikel:

Die Formen des unbestimmten Artikels sind im Singular **un** (= männliche Form: *un jeu*) und **une** (= weibliche Form: *une orange*). Im Plural lautet der unbestimmte Artikel für die männliche und die weibliche Form **des** (*des jeux*; *des oranges*).

Die Form des unbestimmten Artikels im Singular ist vor Vokal, Konsonant, stummem *h* oder konsonantischem *h* gleich:

un *enfant*	**une** *illusion*
un *homme*	**une** *hausse*
un *train*	**une** *voiture*

3. Der partitive Artikel:

Die Formen des partitiven Artikels sind **du** (männliche Form) und **de la** (weibliche Form). Die männliche und die weibliche Form vor Substantiven, die mit stummem *h* oder mit Vokal beginnen, ist **de l'**:

du *pain,* **de la** *bière,* **de l'***ananas* (*m*), **de l'***eau* (*f*)

Der Gebrauch des bestimmten Artikels   058

1. R 058

> Der bestimmte Artikel steht bei **Gattungsnamen**, **Stoffbezeichnungen** und **Abstrakta**, wenn diese in einem **verallgemeinernden Sinn** gebraucht werden.

Beispiele für bestimmten Artikel bei **Gattungsnamen** / **Sammelbezeichnungen** / **Dingen:**

Le chat est un animal agréable. / *Les chats sont des animaux agréables.* Die Katze ist ein angenehmes Tier. / Katzen sind angenehme Tiere.	→ **Gattungsnamen** im Singular oder Plural
Je n'aime pas **les** *crocodiles.* Ich mag Krokodile nicht.	→ Eher im Plural steht der Artikel bei einem **Gattungsnamen** in **Objektfunktion.** (*Je n'aime pas* **le** *crocodile* würde bedeuten: „Ich mag kein Krokodilleder.")

La boxe ne m'intéresse pas. Boxen interessiert mich nicht.	→ Im Singular steht der Artikel bei einer **Typen-** oder **Branchenbezeichnung**.
Le textile est en crise. Die Textilindustrie steckt in einer Krise.	→ (*Les textiles* sind: „die Textilien".)
L'euro est faible et le dollar ne cesse de monter. Der Euro ist schwach, und der Dollar steigt unaufhörlich.	

Beispiele für den bestimmten Artikel bei **Stoffbezeichnungen** / **Abstrakta**:

Le vin rouge se boit chambré. Rotwein soll Zimmertemperatur haben. *Je n'aime pas la viande.* Ich mag kein Fleisch. *Le travail, c'est la santé.* Arbeit hält gesund.	→ **Stoffbezeichnungen** / **Abstrakta** im Singular
Je n'aime pas les légumes. Gemüse mag ich nicht.	→ Der bestimmte Artikel steht im Plural bei **Stoffbezeichnungen**, die **nur im Plural** gebraucht werden.

Anmerkung: Der bestimmte Artikel bei Gattungsnamen, Stoffbezeichnungen und Abstrakta wird häufig durch Verben wie *apprécier*, *adorer*, *aimer*, *détester*, *haïr*, usw. ausgelöst.

2. Der bestimmte Artikel kann eine **distributive** (= aufteilende) **Funktion** haben:

Les asperges valent cinq euros le kilo.
Der Spargel kostet fünf Euro **das** Kilo.

Ces concombres coûtent deux euros la pièce.
Diese Gurken kosten zwei Euro **das** Stück.

Anmerkung:

In Verbindung mit *la semaine* oder *l'heure* sagt man:

une fois la / *par semaine; 10 euros l'heure* / *par heure* / *de l'heure*

Aber nur: *100 euros par jour* / *par mois* / *par an*

3. Der bestimmte Artikel kann mit einer Nominalgruppe auftreten, und zwar zur Präzisierung der **Art und Weise** bzw. der **Begleitumstände** einer Handlung / eines Zustandes:

Il me salua, les mains dans les poches et la cigarette à la bouche.
Er grüßte mich mit den / seinen Händen in der Hosentasche und der Zigarette im Mund.

4. Der bestimmte Artikel steht weiterhin in folgenden Fällen (meist im Unterschied zum Deutschen):

Les Duplan sont rentrés de vacances. Duplans sind aus den Ferien zurück.	→ vor **Familiennamen** im Plural zur Bezeichnung der gesamten Familie
Ce matin, j'ai vu le fils Duval. Heute morgen habe ich den Sohn der Duvals gesehen.	→ vor näher bestimmten **Eigennamen**
le professeur Duplan; le docteur Duplan; la princesse Diana; le président Chirac Professor Duplan; Doktor Duplan; Prinzessin Diana; Präsident Chirac	→ vor einem **Titel** + **Personennamen**
(la) tante Joséphine; (l')oncle Jean (die) Tante Josephine; (der) Onkel Hans	→ bei **Verwandtschaftsbezeichnungen** (Der bestimmte Artikel kann hier auch wegfallen.) **Beachte**: Vor einem Vornamen steht kein bestimmter Artikel, im Gegensatz zum Deutschen: *Tiens, voilà Jean.* = Schau mal! Da kommt **der** Hans.
Madame la Ministre Frau Ministerin *Monsieur le Président* Herr Präsident	→ zwischen *Monsieur / Madame* und nachfolgendem Titel **Aber**: *Merci, docteur.* Danke, **Herr** / **Frau** Doktor!
Le sida et le cancer sont les grandes maladies de notre temps. Aids und Krebs sind die großen Krankheiten unserer Zeit. *J'ai le rhume.* Ich bin erkältet.	→ bei **Krankheitsbezeichnungen**
Nous avons le chauffage central et le gaz dans notre chalet mais il manque encore le téléphone et le télécopieur. Wir haben in unserer Hütte Zentralheizung und Gas, aber Telefon und Fax fehlen noch.	→ bei **technischen Einrichtungen** des modernen Lebens **Aber**: *Nous avons une cheminée au salon.*
Elle sait danser le tango et jouer au bridge et au tennis. En plus, elle joue du piano et apprend le français. Sie kann Tango tanzen, Bridge und Tennis spielen. Weiterhin spielt sie Klavier und lernt Französisch.	→ bei **Musikinstrumenten**, **Tänzen**, **Gesellschaftsspielen**, **Sportarten** sowie **Fertigkeiten** aller Art
Bonjour, les gars! Guten Tag, Jungs! *Oh! le menteur!* Oh, du Lügner! / Oh, was für ein Lügner!	→ bei **Ausrufen**

5. In **bestimmten Wendungen** steht im Französischen der <mark>bestimmte</mark> Artikel (im Deutschen kein bestimmter Artikel bzw. eine verbale Wendung):

Beispiele:

appeler **à l'**aide / **au** secours	um Hilfe rufen
apprendre **l'**allemand	Deutsch lernen
arriver **le** premier / **le** dernier	als Erster / als Letzter ankommen
avoir **le** temps de faire qc	Zeit haben, etwas zu tun
comprendre **la** plaisanterie	Spaß verstehen
donner **le** feu vert à qn / qc	jemandem / für etwas grünes Licht geben
faire **les** yeux doux à qn	jemandem schöne Augen machen
faire **la** cuisine	kochen
faire **la** queue	Schlange stehen
faire **le** ménage	putzen
faire **la** navette	(hin und her) pendeln
faire **le** plein	volltanken
faire **la** tête	beleidigt sein / schmollen
garder **le** silence	Stillschweigen bewahren
porter **le** deuil	Trauer tragen
prendre **le** café	Kaffee trinken
se tourner **les** pouces	Däumchen drehen
trouver **le** sommeil	Schlaf finden

Anmerkung:

Wendungen mit <mark>bestimmtem</mark> Artikel **im Französischen** entsprechen **im Deutschen** häufig auch Wendungen mit <mark>unbestimmtem</mark> Artikel:

avoir **la** mémoire courte	**ein** kurzes Gedächtnis haben / (etwas) schnell vergessen
avoir **les** dents longues	**einen** großen Ehrgeiz haben
faire **la** grimace	**ein** saures Gesicht ziehen
faire **la** moue	**einen** Flunsch ziehen / schmollen
faire **la** sieste	(**einen**) Mittagsschlaf halten

Der Gebrauch des unbestimmten Artikels   059

1. **R 059**

> Im **Singular** bezeichnet der unbestimmte Artikel ein unbekanntes / unbestimmtes **Einzelobjekt**, **Lebewesen** oder ein **Abstraktum**; im **Plural** eine unbestimmte Anzahl von Objekten, Lebewesen oder Abstrakta.

Beispiele:

une maison; *une* femme; *un* problème

des maisons; *des* femmes; *des* problèmes

Der Plural **des** (z.B. *des problèmes*) entspricht im Deutschen einem **artikellosen** Substantiv:

*Il a eu **des problèmes** énormes.*   →   direktes Objekt
Er hat große **Probleme** gehabt.

***Des problèmes** sont survenus.*   →   Subjekt
Probleme sind aufgetaucht.

*Il faut s'attendre **à des problèmes**.*   →   indirektes Objekt
Man muss auf **Probleme** gefasst sein.

*Il est **chez des amis**.*   →   präpositionale Ergänzung
Er ist bei **Freunden**.

2. Der unbestimmte Artikel im Singular (*un / une*) dient zur Wiedergabe einer **verallgemeinernden Aussage**:

   ***Un** malheur ne vient jamais seul.*
   Ein Unglück kommt selten allein.

   *Il faut appeler **un** chat **un** chat.*
   Man muss das Kind beim Namen nennen.

   ***Un** homme politique* (auch: *Les hommes politiques*) *ne pense / pensent qu'à être réélu(s).*
   Ein Politiker denkt nur an seine Wiederwahl.

3. Der unbestimmte Artikel steht bei einem **Abstraktum**, – das nicht Subjekt des Satzes ist – , nur in Verbindung mit **einer Ergänzung**:

   *Il s'est montré d'**une grande** amabilité.*   (→ Ergänzung = Adjektiv)
   Er zeigte sich von einer großen Liebenswürdigkeit.

   *Ils ont eu **un** comportement **qui** laissait à désirer.*   (→ Ergänzung = Relativsatz)
   Sie legten ein Verhalten an den Tag, das zu wünschen übrig ließ.

4. Der unbestimmte Artikel steht weiterhin bei **Eigennamen** von **historischen** oder **zeitgenössischen Persönlichkeiten**, die für eine besondere Qualität oder für ein besonderes Charakteristikum stehen:

*Peu de peintres de notre temps ont le talent et l'originalité d'**un** Picasso.*
Nur wenige Maler unserer Zeit besitzen das Talent und die Originalität eines Picasso.

***Des** Flaubert ne naissent pas tous les jours.*
Künstler vom Schlage Flauberts werden nicht alle Tage geboren.

060 Der Gebrauch des partitiven Artikels

1. **R 060.1**

> Der partitive Artikel *du, de la, de l'* steht bei **Stoffbezeichnungen / Abstrakta** im **Singular**. Dabei wird der Stoff / das Abstraktum in **unbestimmter Menge** als unbekannt vorausgesetzt. Im Deutschen steht das Substantiv in diesem Fall ohne Artikel.

Beispiele:

*Maintenant, j'aimerais manger **de la** salade et **du** fromage.*	Jetzt würde ich gerne Salat und Käse essen.
*Est-ce que tu as **de l'**argent?*	Hast du Geld?
*Son destin m'a fait **de la** peine.*	Sein Schicksal hat mir Kummer bereitet.
*J'aime jouer **du** Chopin.*	Ich spiele gern Chopin.

Anmerkung:

Punktuell können Stoffbezeichnungen im **Plural** gebraucht werden. Sie bezeichnen dann **Sorten**:

>   ***des** vins*   (= Weinsorten)
>   ***des** viandes* (= Fleischsorten)

Umgekehrt können Lebewesen, die normalerweise mit dem unbestimmten Artikel im Plural verbunden werden, punktuell im **Singular** gebraucht werden:

>   *manger **du** lapin, **du** poulet (= manger de la viande de lapin / de la viande de poulet)*

2. In Verbindung mit einer **Präposition** steht der partitive Artikel in der Regel mit Substantiven, die **konkrete Objekte / Stoffbezeichnungen** beinhalten:

*Nous avons pris notre café **avec du sucre**.*
Wir haben unseren Kaffee mit Zucker getrunken.

*Il avait gravé son nom **dans du bois**.*
Er hatte seinen Namen in Holz geritzt.

Beachte jedoch:

R 060.2

> Nach einer Präposition **entfällt** der partitive Artikel (bzw. der unbestimmte Artikel im Plural), wenn die Präposition mit **einem Abstraktum** verbunden wird.

R 060.3

Nach den Präpositionen *sans*, *de* und *en* **entfällt** der partitive Artikel (bzw. der unbestimmte Artikel im Plural) **grundsätzlich**.

Beispiele:

*Il faut agir **avec prudence**.* Man muss vorsichtig handeln. *Vous pouvez obtenir ce produit **sur commande**.* Sie können dieses Produkt auf Bestellung erhalten. *Il est parti **sans valise** et **sans argent**.* Er ist ohne Koffer und ohne Geld abgereist. *Il est **en bonne santé**.* Er ist gesund / bei guter Gesundheit.	**Aber:** Steht die Präposition *avec* + Abstraktum **an Stelle eines Nebensatzes**, wird der partitive Artikel gesetzt: ***Avec du courage*** (= *Si nous avons du courage*), *on pourra en venir à bout de nos problèmes.* Mit Mut können wir unsere Probleme bewältigen.
*J'ai besoin **d'aide**.* Ich brauche Hilfe. *Il se nourrit exclusivement **de pommes**.* Er ernährt sich ausschließlich von Äpfeln. *Pendant toute une soirée, ils ont discuté **de littérature**.* Einen ganzen Abend lang haben sie über Literatur diskutiert.	Nach Ausdrücken und Verben, die einen präpositionalen Anschluss mit *de* haben, entfällt der partitive Artikel bzw. der unbestimmte Artikel Plural zur Vermeidung der Nebeneinanderstellung von lautlich ähnlichen *de*-Formen. Das heißt: *Avoir besoin de, se nourrir de, discuter de,* usw. werden mit der Präposition *de* verbunden und sind in dieser Form lexikalisiert. Die Anwendung des partitiven Artikels oder des unbestimmten Artikels Plural würde zu solchen Formen führen wie: **J'ai besoin de de l'aide. / *Il se nourrit de des pommes de terre. / *Ils ont discuté de de la littérature.* Aus sprachökonomischen Gründen wird der partitive / unbestimmte Artikel Plural im Französischen weggelassen; die französische Konstruktion entspricht somit hier punktuell der deutschen Konstruktion: „Sie sprachen über (= Präposition) Literatur" (= artikelloser Gebrauch des Substantivs).

3. Der partitive Artikel steht mit dem Verb *faire* in einer Reihe von Wendungen:

faire du bien / du mal à qn	jemandem etwas Gutes tun / jemandem etwas Schlechtes antun / jmd. schaden
faire du français	Französisch lernen / studieren
faire de la peine	Kummer bereiten
faire de la prison	im Gefängnis sitzen / einsitzen
faire du sport	Sport treiben

faire du stop	per Anhalter fahren
faire du tennis	Tennis spielen
faire de la voile	segeln
faire de la voiture	Auto fahren

061 | **Fehlender Artikel bei der Präposition** *de* **in Verbindung mit unbestimmten Mengenangaben**

R 061.1

Mengenadverbien oder Substantive, die eine **Mengenangabe** beinhalten, werden mit der Präposition *de* verbunden. Dabei wird das folgende Substantiv **ohne Artikel** angeschlossen.

Beispiele:

	Mengenadverbien (Auswahl)	
*Par cette chaleur, il faut manger **beaucoup de** fruits et boire **moins** d'alcool.* Bei dieser Hitze muss man viel Obst essen und weniger Alkohol trinken.	*assez de*	= genug
	autant de	= ebenso viel
	beaucoup de	= viele
	combien de	= wie viel
***Que de** fois nous lui avons dit de ne pas arriver en retard!* Wie oft haben wir ihm gesagt, er solle nicht zu spät kommen!	*énormément de*	= sehr viel
	pas mal de	= viel
	peu de	= wenig
	plus / moins de	= mehr / weniger
Mon ami gagne **autant** d'argent que moi. Mein Freund verdient ebenso viel Geld wie ich.	*que de*	= wie viel
	tant de	= so viel
	trop de	= zu viel

	Substantivische Mengenangaben mit unbestimmtem Artikel (Auswahl)	
*J'ai rencontré **une foule de** gens.* Ich habe eine Menge Leute getroffen.	*une foule de*	= eine große Anzahl / eine Menge
***Un tas de** problèmes reste / restent à résoudre.* Eine große Zahl von Problemen muss noch gelöst werden.	*un groupe de*	= eine Gruppe
	un kilo de	= ein Kilo
	une quantité de	= eine Menge
	un tas de	= eine Menge / eine große Zahl
***Un groupe de** jeunes s'est égaré / se sont égarés dans le massif du Mont Blanc.* Eine Gruppe junger Leute hat sich im Mont-Blanc-Massiv verirrt.	*un verre de*	= ein Glas

Beachte also:

Bei unbestimmten Mengensubstantiven, die mit dem **unbestimmten** Artikel *un / une* eingeleitet sind, steht das Verb im Singular oder Plural.

Aber: *La foule des gens se boscul**ait** dans la rue.*
          Die Menschenmenge drängte sich in der Straße.

(Im letzten Beispiel steht im Übrigen bei *gens* der **bestimmte Artikel** *des*, weil es sich um eine bestimmte / bereits erwähnte Menschenmenge handelt.)

R 061.2

Nach Mengenbegriffen stehen die Formen *du, de la, de l', des,* wenn das nachfolgende Substantiv **näher bestimmt ist**.

Nach den Mengenbegriffen *la plupart* (die meisten), *la majorité* (die Mehrheit), *la moitié* (die Hälfte), *le reste* (der Rest) steht **grundsätzlich** *du, de la, de l', des* (= **bestimmter** Artikel).

Beispiele für Mengenbegriffe + näher bestimmtes Substantiv:

*Beaucoup **des** étudiants **inscrits en lettres modernes** ont changé de spécialité.*
Viele der in französischer Literaturwissenschaft eingeschriebenen Studenten haben das Fach gewechselt.

*Je voudrais un kilo **des** pommes **en promotion**.*
Ich hätte gerne ein Kilo von den Äpfeln, die Sie im Sonderangebot haben.

*As-tu apporté une bouteille **du** vin **rouge que nous avons bu la semaine dernière**?*
Hast du eine Flasche von dem Rotwein, den wir letzte Woche getrunken haben, mitgebracht?

Beispiele für Mengenbegriffe mit bestimmtem Artikel:

*Au mois d'août, la plupart **des** gens **sont** en vacances* (Verb im Plural!).

*La plupart **du** temps il est parti.*

*La majorité **des** électeurs **a** voté pour le parti au pouvoir.*

*Nous n'avions même pas fait la moitié **du** chemin.*

*Le reste **du** temps, elles étaient absentes.*

Sonderfälle:

- Bei **Behältern** oder **Gefäßen** benutzt man allgemein nur *de* (ohne Artikel):

  *As-tu monté la **bouteille de vin** que j'ai achetée hier?* (→ *„bouteille de vin"* bildet hier eine feste Einheit.)

- Nach dem Mengenadverb ***bien*** steht im Plural immer ***des*** vor dem Substantiv:

  ***Bien des** gens; **bien des** problèmes; **bien des** jolies choses*, usw.
  Sehr viele Leute; sehr viele Probleme; sehr viele schöne Dinge, usw.

Im Singular steht *bien du / de la / de l'*. Allerdings kann **nur ein Abstraktum** folgen. Also:

*Il m'a fait **bien de la peine**. J'ai eu **bien de la chance**. Il a **bien du travail** / **bien du courage**.*
Er hat mir sehr viel Kummer bereitet. Ich habe sehr viel Glück gehabt. Er hat sehr viel Arbeit / sehr viel Mut.

Ein Satz wie „Dieses Wochenende haben sie sehr viel Bier getrunken" kann also nicht mit **Ce week-end, ils ont bu bien de la bière* wiedergegeben werden. Dafür:
Ils ont bu beaucoup de bière. / Ils ont bu pas mal de bière.

- In Verbindung mit *autres* heißt es immer *bien **d'autres**:*

*Lors de leur voyage en Egypte, ils ont encore vu **bien d'autres** choses.*
Auf ihrer Ägyptenreise haben sie noch sehr viele andere Dinge gesehen.

062   Der Artikel in verneinenden Sätzen

R 062.1

Steht im bejahenden Satz beim **direkten Objekt** der bestimmte Artikel, bleibt dieser in der **verneinenden Form** des Satzes erhalten.

Beispiele:

bejahend	verneinend
*Aujourd'hui, j'ai **le** temps de jouer au tennis.*	*Aujourd'hui, je n'ai pas **le** temps de jouer au tennis.*
*Est-ce que vous aimez **le** sport?*	*Non, je n'aime pas **le** sport.*
*Nous avons **le** téléphone / **la** télévision.*	*Nous n'avons pas **le** téléphone / **la** télévision.*
*Ils comprennent **le** français et **l'**allemand.*	*Ils ne comprennent pas **le** français ni **l'**allemand.*

R 062.2

Steht im bejahenden Satz beim direkten Objekt der partitive Artikel (*du, de la, de l'*) oder der unbestimmte Artikel (*un, une, des*), steht in der **verneinenden Form** des Satzes die **Reduktionsform de** (= *de* ohne Artikel) vor dem direkten Objekt.

Beispiele:

bejahend	verneinend
*J'ai **une** maison de campagne.*	*Je n'ai pas **de** maison de campagne.*
*Ils ont eu **de la** chance.*	*Ils n'ont pas eu **de** chance.*
*Ils ont eu **des** ennuis.*	*Ils n'ont plus eu **d'**ennuis.*
*Ils ont eu **du** mal à le convaincre.*	*Ils n'ont jamais eu **de** mal à le convaincre.*
*J'ai eu assez **de** temps.*	*Je n'ai pas eu assez **de** temps.*

R 062.3

Nach verneintem *être* und *devenir* mit folgender prädikativer Ergänzung steht der **gleiche Artikel** wie in der bejahenden Form des Satzes.

Beispiele:

bejahend	verneinend
*C'est **un** problème.*	*Ce n'est pas **un** problème.*
*Ce sont **des** vacances.*	*Ce ne sont pas **des** vacances.*
*C'est **du** bon vin.*	*Ce n'est pas **du** bon vin.*
*Ces bêtes sont devenues **des** animaux domestiques.*	*Ces bêtes ne sont pas devenues **des** animaux domestiques.*

Der bestimmte, der unbestimmte und der partitive Artikel: Aufbaustufe

063   **Die Wiederholung des Artikels**

1. Der Artikel wird in einer Aufzählung grundsätzlich **wiederholt**:

   *Hier soir, nous avons bu **de la** bière, **du** vin et **de la** vodka.*

   *A Paris, nous avons visité **le** musée d'Orsay et **le** Louvre.*

2. Ist das zweite Substantiv begrifflich mit dem ersten verbunden oder bezeichnet das zweite Substantiv die gleiche Person wie das erste, wird der Artikel **nicht wiederholt**:

les arts et métiers	das Kunsthandwerk
les us et coutumes	die Sitten und Gebräuche
les frères et sœurs	die Geschwister
les parents et amis	die Verwandten und Freunde
un collègue et ami	ein Kollege und Freund

3. Die Angabe von Daten, Wochentagen und Jahrhunderten erfolgt **mit** oder **ohne** Wiederholung des Artikels:

***le** 20 et **le** 21 septembre*	oder	***le** 20 et 21 septembre*
***le** mardi et **le** vendredi de chaque semaine*	oder	***les** mardis et vendredis de chaque semaine*
***au** XVIIIe et **au** XIXe siècle(s)*	oder	***aux** XVIIIe et XIXe siècles*
***le** premier et **le** deuxième acte*	oder	***les** premier et deuxième actes*

4. Gehen einem Substantiv zwei mit *et* verbundene Adjektive voraus, so wird der Artikel **wiederholt**, wenn die Adjektive einen **Gegensatz** bilden; der Artikel wird **nicht wiederholt**, wenn die beiden vorausgehenden Adjektive sich **inhaltlich ergänzen**:

   *le grand et **le** petit commerce*   → Gegensatz

   *Il y a **des** bonnes et **des** mauvaises périodes dans la vie.* → Gegensatz

   *Nous avons apprécié **la** bonne et agréable journée.*   → Sinneinheit

5. Stehen die Adjektive **nach dem Substantiv** und stehen sie in **Opposition** zuein-
ander, werden die Substantive einschließlich Artikel häufig wiederholt:

la littérature ancienne et *la littérature* moderne

Dafür auch: *la littérature ancienne et moderne*

Der Artikel in der Beifügung (Apposition)   `064`

1. Gibt die Beifügung (Apposition) eine **zusätzliche** / **beiläufige** Information wie z.B.
Berufsangaben, Titel, biographische Angaben oder sonstige Sachangaben, steht
sie **ohne Artikel**:

Beispiele:

M. Duplan, **professeur d'allemand** au lycée Montaigne à Bor-deaux, a été élu conseiller municipal.	→ Beruf
M. Duplan, **président du conseil régional** et **vice-président de la chambre de commerce de Nancy**, s'est rendu en visite offi-cielle à Londres.	→ Titel
Henri Duplan, **fils de Jean Duplan** et **de son épouse Berthe**, vient de décéder.	→ biographische Angabe
M. Duplan, **premier écrivain d'après-guerre** à avoir évoqué l'Holocauste, vient de recevoir le prix Goncourt.	→ Sachangabe
Dijon, **capitale de la Bourgogne** et **ville universitaire**, vaut un détour.	→ Sachangaben

2. Dient die Beifügung zur **genauen Bestimmung** oder zur **präzisen Identifizie-
rung** des Bezugswortes, steht der **bestimmte** oder der **unbestimmte** Artikel:

Beispiele:

G. Flaubert, *l'*auteur le plus célèbre du réalisme français, ne voulait jamais faire partie du mouvement réaliste.

En période d'été, Barbizon, *le* village des artistes et des peintres au XIXe siècle, situé dans la forêt de Fontainebleau, attire de nombreux touristes.

Goncourt, *un* petit village dans l'est de la France, est le village natal des frères Goncourt.

Anmerkung:

Im Deutschen richtet sich die Apposition nach dem Kasus ihres Bezugswortes;
das Französische kennt die Kasusangleichung in der Apposition nicht:

Nous nous sommes plaints à M. Duplan, le maire de la commune en question.
Wir haben uns bei Herrn Duplan, **dem** Bürgermeister der besagten Gemeinde, beklagt.

065 **Der Gebrauch des Artikels in Verbindung mit einem Prädikatsnomen**

1. Wie im Deutschen steht im Französischen kein Artikel, wenn das Prädikatsnomen aus einem Substantiv **ohne Ergänzung** besteht.

   Beispiele:

   Elle est juge. / Ils sont juges. → Sie ist Richterin. / Sie sind Richter.

   Je voudrais devenir médecin. → Ich würde gerne Arzt werden.

   Ils sont tous deux boulangers. → Sie sind beide Bäcker.

2. Wird das substantivische Prädikatsnomen durch ein Adjektiv, eine nominale Ergänzung oder einen Relativsatz näher bestimmt, gebraucht man den Artikel. In diesem Fall steht an Stelle des Personalpronomens (*il / elle*, usw.) *c'est* oder *ce sont*.

   C'est un bon professeur. *C'est l'*avocat de notre famille. *C'est le* médecin qui soigne notre grand-père malade.

   Es ist also zu unterscheiden zwischen:

   Est-il médecin? (Ist er Arzt?)   und   *Est-ce un bon médecin?* (Ist er ein guter Arzt?)

   Anmerkung:

   In festen Wendungen kann bei vorausgehenden Adjektiven wie *bon / mauvais* der Artikel entfallen, und man gebraucht das Personalpronomen:

Elle est bonne cuisinière.	Sie ist eine gute Köchin.
Il est bon garçon.	Er ist ein guter Junge.
Il s'est montré beau joueur.	Er hat mit Anstand verloren.
Il est mauvais joueur.	Er ist ein schlechter Verlierer.
Beachte auch:	
C'est autre chose.	Das ist etwas anderes.
C'est bon / mauvais signe.	Das ist ein gutes / schlechtes Zeichen.

066 **Der Gebrauch des Artikels bei Körperteilen**

Les élèves ont levé le doigt. Die Schüler haben sich gemeldet. *Je me suis foulé le pied.* Ich habe mir meinen / den Fuß verstaucht.	• Bei Körperteilen, deren Zugehörigkeit evident ist, steht im Französischen der bestimmte Artikel (nicht das Possessivpronomen!).

*Elle a **les** yeux bleus.* Sie hat blaue Augen. *Mon oncle a **le** nez rouge.* Mein Onkel hat **eine** rote Nase. *Il a **les** mains sales.* Er hat schmutzige Hände. *Hier j'avais mal **à la** tête, aujourd'hui j'ai mal **aux** dents.* Gestern hatte ich Kopfschmerzen, heute habe ich Zahnschmerzen.	• Folgt dem Hilfsverb *avoir* ein Substantiv + ein **bedeutungsunterscheidendes** Adjektiv, steht ebenfalls der bestimmte Artikel. Dies trifft auch auf die Wendung *avoir mal à* + Substantiv zu.
***Sa** tête tournait et **son** cœur battait fort.* Es drehte sich in seinem Kopf und sein Herz schlug wild.	• Ist der Körperteil Subjekt des Satzes, wird das Possessivadjektiv gebraucht. Vgl. dazu auch **291**.

Anmerkung:

Bei **wertenden** Adjektiven, die auf eine besondere Qualität verweisen, wird in Verbindung mit *avoir* + Substantiv *une*, *de*, oder *des* verwendet:

*Notre voisin a **une** voix **désagréable**.* → Unser Nachbar hat eine **unangenehme** Stimme.

*Elle a **de beaux** yeux bleus.* → Sie hat **schöne** blaue Augen.

*Il a **des** mains **très soignées**.* → Er hat **sehr gepflegte** Hände.

Bei den Adjektiven *petit*, *grand*, *gros* benutzt man *un* oder *de*:

*Il a **de** petits yeux. Il a **un** gros nez. Il a **de** grandes oreilles et **de** grosses mains.*

Aber: *Il a **le** cœur gros.* → Er ist traurig. / Er hat Kummer.

Werden die Adjektive *petit*, *grand*, *gros* durch *assez*, *très*, *trop* ergänzt, ist die Setzung des **bestimmten Artikels** jedoch üblich:

*Il a **les** yeux **assez** petits, **les** oreilles **trop** grandes et **les** mains **très** grosses.*

Der Artikel bei geographischen Namen   067

Der Artikelgebrauch bzw. die Auslassung des Artikels bei geographischen Namen sind im Französischen wegen der zahlreichen Varianten ausgesprochen schwierig zu handhaben.

1. **Geographische Namen in Subjekt- oder Objektfunktion stehen mit dem bestimmten Artikel:**

l'Amérique, l'Australie, l'Europe *le Brésil, la France, le Portugal* Aber: *Israël*	• Kontinente / Länder
la Lorraine, le Loiret, le Poitou, le Palatinat (die Pfalz), *les Côtes d'Armor*	• Regionen / Provinzen / Départements
l'Angleterre, l'Indonésie, l'Islande, la Sicile Aber: *Chypre*	• größere Inseln

Beispiele:

Les Etats-Unis sont devenus un véritable pays touristique.

L'année dernière, j'ai visité la Sarre et la Lorraine.

Les paysages sauvages de l'Islande sont impressionnants.

2. **Der Artikel bei geographischen Namen in Verbindung mit der Frage „wo?" / „wohin?":**

wo? / wohin?	
Mon grand-père connaît presque tous les pays du monde. Il a travaillé ou voyagé en Afrique du Nord, en Asie, en Allemagne, en Afghanistan, en France et en Grande-Bretagne. *Il s'est rendu plusieurs fois en Nouvelle-Zélande, en Russie, en Extrême-Orient.* *En France, il a notamment travaillé en Alsace, en Bretagne et en Lorraine.*	• Vor weiblichen Namen von **Kontinenten**, **Ländern**, **Regionen**, **Provinzen** und vor vokalisch anlautenden männlichen **Länder-** oder **Regionennamen** steht *en* ohne Artikel. **Ausnahme:** Bei geographischen Namen von Ländern, Regionen, usw. **mit Ergänzung** steht *dans* + bestimmter Artikel: *dans l'Allemagne des Nazis...* → im Nazideutschland... *dans la France du XIXe siècle...* → im Frankreich des 19. Jahrhunderts...
Il a séjourné au Portugal, aux Pays-Bas, aux Etats-Unis, au Brésil et au Chili, au Québec et aux Baléares.	• Vor männlichen **Länder-** oder **Regionennamen**, die mit **Konsonant** anlauten, steht *au*; vor den pluralischen **Länder-** oder **Inselnamen** steht *aux*.
Ils se sont rendus - *dans le Berry et dans le Languedoc,* - *dans l'Ain, dans les Côtes d'Armor, dans la Nièvre et dans le Loiret,* - *en Saône-et-Loire, en Meurthe-et-Moselle et dans le Loir-et-Cher*	• Vor männlichen **Provinznamen** mit **konsonantischem** Anlaut und vor den (männlichen und weiblichen) Namen der französischen **Départements** steht in der Regel *dans* mit bestimmtem Artikel. **Aber**: Bei Départements mit zusammengesetzten Namen mittels *et* steht *en* bei weiblichen, *dans* bei männlichen Départements.

3. **Der Artikel bei geographischen Namen in Verbindung mit der Frage „woher?"**

woher?	
Ils sont rentrés *de Bretagne, de France, de Russie.*	• Vor **konsonantisch** anlautenden weib-lichen Namen von **Ländern, Regionen, Provinzen** steht *de*.
Ils sont rentrés *d'Afghanistan, d'Afrique, d'Alsace,* *d'Australie, d'Espagne et d'Italie.*	• Vor **vokalisch** anlautenden Namen von **Ländern, Regionen, Provinzen** und vor dem Namen der Kontinente steht *d'*.
Ils sont rentrés du Brésil, du Japon, du Portugal, du Languedoc. *Il est originaire du Nord, du Palatinat, du Roussillon.*	• Vor **konsonantisch** anlautenden, männlichen Namen von **Ländern, Regionen, Provinzen** steht *du*.
Ce produit provient des Etats-Unis, des Landes, des Pyrénées, des Alpes-Maritimes.	• Vor **Ländernamen, Regionen, Provinzen** im Plural steht *des*.

4. **Der Artikel bei *de* + Ländernamen, die als Erweiterung einer Nominalgruppe stehen** (*la capitale* = Nominalgruppe; *de la France* = Erweiterung):

- Der Artikel steht bei der Erweiterung vom Typ *de* + Ländernamen, wenn diese mit der Nominalgruppe **keinen** festen Begriff bildet, d.h. also auch mit anderen Erweiterungen stehen kann:

  la capitale / les habitants de l'Allemagne / des Pays-Bas / du Brésil / de la Russie

- Ist die Nominalgruppe durch einen **Superlativ** erweitert, steht:

  ⇒ kein Artikel bei **weiblichen Ländernamen** und bei den Namen der **Kontinente** (die alle weiblich sind):

  Les villes les plus importantes d'Allemagne / d'Europe / de Pologne. Les plus hautes montagnes d'Asie / de France.

  ⇒ kein Artikel vor **vokalisch anlautenden männlichen Ländernamen**:

  Les régions agricoles les plus performantes d'Iran et d'Afghanistan.

  ⇒ der bestimmte Artikel vor **konsonantisch anlautenden männlichen Ländernamen** oder vor **Ländernamen im Plural**:

  Les plus belles églises du Portugal. Les plus grands lacs des Etats-Unis.

5. **Bildet die Nominalgruppe mit folgender** *de*-**Erweiterung eine begriffliche Einheit (z.B. bei Titeln, bei öffentlichen Einrichtungen, bei typischen Erzeugnissen des Landes / der Region und bei geschichtlichen oder kulturellen Bezeichnungen), so steht die** *de*-**Erweiterung**

⇒ `mit Artikel` bei allen Länder- oder Provinznamen im **Plural** oder bei Länder- oder Provinznamen im **Singular**, wenn sie **konsonantisch anlauten** und **männlich** sind:

le Premier ministre du Canada; les vins du Bordelais; l'histoire des Etats-Unis.

⇒ `ohne Artikel` in allen übrigen Fällen (**Ländernamen weiblich** oder **Ländernamen männlich** im **Singular** mit **vokalischem Anlaut**):

les poulets de Bresse; les vins d'Alsace; les vins de Loire; l'ambassadeur de France; la reine d'Angleterre; le Tour de Suisse; le Tour de France; le rosé d'Anjou.

6. **Bei Städtenamen steht normalerweise** `kein Artikel:`

Paris est la capitale de la France. Prague passe pour la plus belle ville d'Europe.

Anmerkung:

- Bei **näherer Bestimmung** der Städtenamen wird der `bestimmte Artikel` verwendet.
  Le Berlin de l'après-guerre a subi de nombreux avatars.
  Das Berlin der Nachkriegszeit hat so manches durchgemacht.

- Der bestimmte Artikel kann **Bestandteil des Städtenamens** sein und bildet mit den Präpositionen *à* oder *de* die zusammengesetzten Formen *du / au – de la / à la – des / aux*:

  Visiter Le Mans; rentrer du Caire; se rendre au Havre

  Visiter La Haye (Den Haag)*; rentrer de La Tremblade; se rendre à La Rochelle; séjourner aux Sables-d'Olonne* (Da der bestimmte Artikel Bestandteil des Städtenamens ist, wird er groß geschrieben, außer bei den Kontraktionsformen *du, au, des, aux*, die klein geschrieben werden.)

7. **Bei Inselnamen, die weiblich sind, steht in den meisten Fällen der** `bestimmte Artikel:`

l'Angleterre, **la** *Corse,* **la** *Martinique,* **la** *Réunion,* **la** *Sicile;* **les** *Baléares,* **les** *Canaries, l'île d'Elbe*

Ausnahmen sind: *Chypre, Malte* (auch: *l'île de Malte*)

Bei Inselnamen, die einen bestimmten Artikel haben, ist wie folgt zu konstruieren:

*Nous avons fait des escalades **en** Corse. Nous avons passé un bon moment **en** Angleterre / **en** Sicile.*

*Nous sommes rentrés **d'**Angleterre / **de** Corse / **de** Sicile.*	(→ „woher?")
Nous sommes rentrés `de la` *Martinique /* `de la` *Réunion.*	(→ „woher?")
Nous sommes allés `à la` *Martinique /* `à la` *Réunion.*	(→ „wohin?")
Nous avons passé une semaine `à la` *Martinique /* `à la` *Réunion.*	(→ „wo?")

Bei männlichen Inselnamen steht *au* **oder** *du*:

*passer **au** Grœnland / rentrer **du** Grœnland*

7. **Inselnamen, die ohne Artikel stehen, werden mit den Präpositionen** *à* **oder** *de* **ohne Artikel angeschlossen:**

Beispiele:

*vivre **à** Madagascar; aller **à** Chypre; rentrer **de** Madagascar; vivre **à** Cuba; rentrer **de** Cuba*

Pluralische Inselnamen werden mit ***des*** oder ***aux*** verbunden:

*Nombre d'Allemands ont l'habitude de passer quelques semaines de l'année **aux** Baléares ou **aux** Canaries.*

*Nous revenons **des** Baléares / **des** Canaries.*

8. **Gewässer- und Gebirgsnamen werden mit dem bestimmten Artikel versehen:**

- ***le*** *lac de Constance* (Bodensee), ***le*** *lac d'Annecy,* ***le*** *Rhône,* ***la*** *Saône,* ***le*** *Rhin,* ***la*** *Volga,* ***la*** *Méditerranée,* ***l'***Atlantique, ***la*** *Manche*

- ***les*** *Alpes,* ***la*** *Forêt-Noire,* ***l'***Himalaya, ***le*** *Jura,* ***le*** *Mont-Blanc*

Der Artikel bei Zeitangaben   `068`

1. `Die Tageszeiten:`

Die Tageszeiten *matin, après-midi, soir,* stehen mit dem **bestimmten Artikel**:

- in Verbindung mit der Uhrzeit: → *Hier, je ne suis rentré que vers une heure **du** matin / dix heures **du** soir.*

- wenn regelmäßige Wiederholungen ausgedrückt werden: → *Le matin, je me lève tôt, l'après-midi, je fais la sieste et le soir, je sors en général.*

  Anmerkung:

  Midi und *minuit* werden ohne Artikel gebraucht: → *A midi, je m'arrête pendant une heure pour déjeuner. Elle est rentrée vers minuit.*

- die Tageszeiten *matin*, *après-midi*, *soir* stehen ohne den bestimmten Artikel, wenn sie bei einem Zeitadverb (*hier / demain*) oder bei einem Wochentag stehen: → *Hier après-midi, il a plu. D'après les prévisions météorologiques, il pleuvra jusqu'à lundi soir.*

  Anmerkung:

heute morgen	→ *ce matin*
heute nachmittag	→ *cet(te) après-midi*
heute mittag	→ *aujourd'hui à midi*
heute abend	→ *ce soir*
Samstag mittag	→ *samedi (à) midi*
Samstag um Mitternacht	→ *samedi à minuit*
am Vorabend	→ *la veille au soir*

2. Die Wochentage:

- Die Namen der Wochentage stehen im allgemeinen **ohne Artikel**:

  Aujourd'hui, nous sommes mercredi. / Aujourd'hui, c'est mercredi. Mercredi prochain, c'est mon dernier jour de travail et je partirai en vacances. Je ne reviendrai que mercredi en huit. (= Ich komme erst Mittwoch in einer Woche wieder.)

- Die Namen der Wochentage stehen mit dem **bestimmten Artikel**, wenn der Wochentag kalendarisch näher bestimmt ist oder regelmäßige Wiederholungen ausgedrückt werden:

  Aujourd'hui, nous sommes / c'est le vendredi 21 juillet. Comme je ne travaille pas le vendredi (freitags), *je peux faire mes courses à Paris.*

3. Die Monatsnamen:

- Die Monatsnamen stehen **ohne Artikel**, insbesondere auch dann, wenn die Wendung *le mois de* vorausgeht:

  En août / Au mois d'août / Tout le mois d'août, les Duplan se reposent au bord de la mer. Au début de septembre / Début septembre, ils reprendront le collier. (Anfang September geht's für sie wieder mit der Arbeit los.)

- Bei Datumsangaben steht der **bestimmte Artikel**:

*Ils se sont mariés **le** 21 juillet 2000.*

Anmerkung: „Mitte September", „Mitte Oktober" heißt: *à **la** mi-septembre, à **la** mi-octobre.*

4.   Die Jahreszeiten:

- Die Namen der Jahreszeiten stehen mit dem **bestimmten Artikel**:

*L'hiver dernier a été froid. Maintenant nous sommes au milieu **du** printemps et il ne fait toujours pas chaud.*

Anmerkung:

„im Winter / im Frühling / im Sommer / im Herbst" heißt: ***en** hiver, **au** prin-temps, **en** été, **en** automne* (auch: *à l'automne*).

5.   Die kirchlichen Feste:

mit Artikel		ohne Artikel	
l'Ascension (f)	Himmelfahrt	*Noël (m)*	Weihnachten
la Pentecôte	Pfingsten	*Pâques (plur. fem)*	Ostern (= das Fest)
la Fête-Dieu	Fronleichnam	*Pâques (sg. m)*	Ostern (= als Datum)
l'Assomption	Mariä Himmelfahrt	**Aber:**	
la Toussaint	Allerheiligen	*le Noël de cette année-là...*	
la Saint-Nicolas	Nikolaustag		

Beispiele:

Joyeux Noël! A Noël, elle est partie faire du ski. Le sapin de Noël.

A Pâques; le lundi de Pâques; la semaine de Pâques (= das Datum). *Souhaiter **de joyeuses Pâques** à qn* (= das Kirchenfest). *Noël au balcon, Pâques au(x) tison(s).* (Etwa: → „Zu Weihnachten im Hemd, zu Ostern der Kamin brennt.")

Le lundi de Pentecôte. A la Pentecôte, les Parisiens partent à la campagne.

A la Toussaint, les tombes se couvrent de fleurs.

Zu beachten sind auch die nichtkirchlichen Feiertage:

le 1er Mai, le Quatorze Juillet, le 11 Novembre (= *l'anniversaire de l'armistice de 1918*)

069 **Fehlender Artikel im Französischen im Gegensatz zum Deutschen**

Im Gegensatz zum Deutschen, wo der bestimmte Artikel oder der unbestimmte Artikel steht, **fehlt der Artikel** im Französischen in folgenden Fällen:

1. bei Namen von **Königen**, **Kaisern, Päpsten** und **Herrschern**:

   Louis XIV („Louis quatorze") porte le nom de „Roi Soleil".
   Ludwig XIV. („Ludwig **der** Vierzehnte") trägt den Namen „der Sonnenkönig".

   Napoléon III („Napoléon trois") régna pendant le Second Empire.
   Napoleon III. („**der** Dritte") herrschte während des Zweiten Kaiserreichs.

   (Le pape) Jean-Paul II („Jean-Paul deux") est d'origine polonaise.
   Papst Johannes Paul **der** Zweite stammt aus Polen.

2. bei **Transportmitteln** in Verbindung mit der Präposition *en*:

   aller en voiture / en bateau / en taxi → mit **dem** Auto / **dem** Schiff / **dem** Taxi fahren
   voyager en train (auch: *voyager par le train / prendre le train*) → mit **dem** Zug reisen / fahren
   se rendre à Nice en avion → nach Nizza fliegen
   aller à bicyclette / aller en vélo / aller à vélo → mit **dem** Fahrrad fahren

   Anmerkung: Auch bei anderen Wendungen mit *en* steht kein Artikel: *en cas de* (= **im** Falle von); *en souvenir de* (= **zum** Andenken / **zur** Erinnerung an); *en signe de* (= **zum** Zeichen für); *en guise de* (= als).

3. bei **Genitivergänzungen von Substantiven**, die im Französischen mit *de*, im Deutschen mit bestimmtem Artikel stehen:

*les années **de** bonheur*	die Jahre **des** Glücks
*un homme **d'**action*	ein Mann **der** Tat
*une question **de** confiance*	eine Vertrauensfrage / eine Frage **des** Vertrauens
*un sentiment **d'**impuissance*	ein Gefühl **der** Ohnmacht
*un signe **d'**infection*	ein Zeichen für **einen** Infekt
*les verbes **de** perception*	die Verben **der** (sinnlichen) Wahrnehmung

4. in einer Reihe von **Wendungen** wie:

avoir bon appétit	**einen** gesunden Appetit haben
être en crise	in **einer** Krise sein
être en minorité	in **der** Minderheit sein

être en réunion	in **einer** Sitzung sein
être en terminale	in **der** 12. / 13. Klasse sein
faire exception	**eine** Ausnahme bilden
perdre patience	**die** Geduld verlieren
prendre exemple sur qn	sich an jemandem **ein** Beispiel nehmen
rendre visite à qn	jemandem **einen** Besuch abstatten
se rendre compte de qc	sich über etwas **im** Klaren sein / sich über etwas klar werden
rentrer de vacances	aus **den** Ferien zurückkommen
se tirer d'affaire	sich aus **der** Affäre ziehen
travailler en équipe	**im** Team arbeiten

Der partitive Artikel und der unbestimmte Artikel Plural vor Adjektiv + Substantiv

`070`

1. Im affirmativen Satz wird vor Adjektiv + Substantiv <mark>im Singular</mark> der partitive Artikel *du, de la* und *de l'* verwendet:

   *Nous ne mangeons que **de la** bonne viande.* →   Wir essen nur gutes Fleisch.
   *Je n'ai que **du** bon vin.*   →   Ich habe nur guten Wein.

   Anmerkung:
   Die von der *Académie française* zugelassene Verwendung von *de* vor Adjektiv + Substantiv im Singular (**Nous mangeons de bonne viande*) entspricht nicht mehr dem modernen Sprachgebrauch.

2. Im affirmativen Satz wird vor Adjektiv + Substantiv <mark>im Plural</mark> im Allgemeinen die reduzierte Form *de* verwendet. Dies gilt insbesondere auch für Adjektive, die eine Quantität ausdrücken, oder für das **indefinite** Adjektiv *tel*:

   *Ce week-end, nous avons fait **de** longues promenades.*
   Dieses Wochenende haben wir lange Spaziergänge gemacht.

   *J'ai mangé **de** bonnes cerises.*
   Ich habe feine Kirschen gegessen.

   ***De** nombreuses entreprises ont subi **de** lourdes pertes* (= Quantitätsadjektive).
   Zahlreiche Unternehmen haben schwere Verluste erlitten.

   *Peut-on s'imaginer qu'ils feront **de** telles choses?* (= Indefinitadjektiv).
   Kann man sich vorstellen, dass sie solche Dinge tun werden?

3. Vor vokalisch oder mit stummem *h* anlautendem Adjektiv + Substantiv heißt der unbestimmte Artikel im Plural *d'*:

*Cette année, notre entreprise a obtenu **d'**excellents résultats sur le marché allemand.*
In diesem Jahr hat unser Unternehmen auf dem deutschen Markt hervorragende Ergebnisse erzielt.

***D'**honnêtes gens ne font pas une chose pareille.*
Ehrenwerte Leute tun so etwas nicht.

*Il a connu encore **d'**autres problèmes.*
Er hat noch andere Probleme bekommen.

4. Geht dem vorangestellten Adjektiv + Substantiv im Plural ein Adverb voraus, so ist die Form ebenfalls *de*:

*Elle porte toujours **de** très belles robes.*	→ Sie trägt immer sehr schöne Kleider.
*Ils ont parlé **de** tout autres choses.*	→ Sie haben von ganz anderen Dingen gesprochen.
*Je ne savais pas que vous aviez **de** si beaux chats.*	→ Ich wusste nicht, dass Sie so schöne Katzen haben.

5. Vor einem Adjektiv ohne folgendes Substantiv steht der unbestimmte Artikel Plural *des*:

*Il avait commis plusieurs erreurs, **des** graves et **des** moins graves.*
Er hatte mehrere Fehler begangen, schlimme und weniger schlimme.

In Verbindung mit *en* benutzt man in der Regel *de*, nach der Wendung *il y en a* sowohl *de* als auch *des*:

*Des livres, j'en ai **de** précieux.* → Bücher: da habe ich einige, die wertvoll sind.

Il y en a de toutes sortes: **des** / **de** *gros*, **des** / **de** *vieux*, **des** / **de** *récents*.
Es gibt Bücher jeder Art: dicke, alte und neue.

Aber (bei vorausgehendem Adverb):

*Il y en a **de** très précieux.*
Es gibt einige, die sehr wertvoll sind.

6. Bei bestimmten Adjektiven wie *petit*, *grand*, *bon*, *vrai* wird im geschriebenen wie im gesprochenen Französisch neben der Form *de* **alternativ** auch die Form *des* vor Adjektiv + Substantiv im Plural gebraucht: *des petits cadeaux; des grands succès, des bons gâteaux.* **Nicht möglich** ist jedoch die Form *des* vor vokalisch oder mit stummem *h* anlautenden Adjektiven (*étonnant / honnête*), vor Quantitätsadjektiven (*lourd / nombreux*), vor *tel(le)s* und vor einem Adjektiv, das durch ein Adverb erweitert ist (*de très belles choses*).

Also nur: ***D'**étonnants succès; **de** nombreuses fois*

7. Bilden das Adjektiv und das Substantiv im Plural eine begriffliche Einheit, wird **regelmäßig** die Form *des* gebraucht:

des bons mots	Witze
des grandes personnes	Erwachsene
des gros bonnets	hohe Tiere
des grands-parents	Großeltern
des jeunes gens / des jeunes filles	junge Leute / junge Mädchen
des petits commerçants	Einzelhändler / Kleinhändler
des petits-enfants	Enkelkinder
des petits pains	Brötchen
des petits pois	Erbsen

Grundsätzlicher Hinweis zur Tendenz des Gebrauchs von partitivem Artikel / unbestimmtem Artikel Plural vor Adjektiv + Substantiv im modernen Französisch:

Aus lernökonomischen Gründen ist es wenig hilfreich, die Form **des** vor Adjektiv + pluralischem Substantiv zur Normalform zu erklären, um auf diese Weise für den Singular und den Plural entsprechende Formen (*de la, du, de l'*, *des*) zu erhalten. In der Praxis würde dies ja bedeuten, dass die Pluralform *des* in einer Reihe von Fällen nicht akzeptiert werden kann und zu viele Ausnahmeregelungen zu beachten wären. Die geäußerte Vermutung, dass die *de*-Variante bei Adjektiv + Substantiv im Plural eher im geschriebenen und die *des*-Variante bei Adjektiv + Substantiv im Plural eher im gesprochenen Französisch verwendet wird, hat sich als zu pauschalisierend erwiesen. (Vgl. z.B. Gudrun Krassin, *Neuere Entwicklungen* in der französischen Grammatik und Grammatikforschung, Tübingen 1994, S. 99-106.) Unabhängig von der Differenzierung „gesprochene / geschriebene Sprache" ist vielmehr festzustellen, dass hochfrequente, semantisch wenig ausdrucksstarke Adjektive wie *bon, grand, petit* vor pluralischem Substantiv eher mit *des* verbunden werden (**des** *bons conseils*), während stärker qualifizierende / charakterisierende Adjektive, wie z.B. *beau, long, savant* eher zur Verbindung mit *de* tendieren (**de** *longs discours*). Die vielfach vertretene These, nach der das moderne Französisch *generell* eine Entwicklung zur *des*-Variante vor Adjektiv + Substantiv gemacht habe oder mache, ist nicht haltbar.

Der Artikel in verneinenden Sätzen: Spezialfälle　　　071

1. Nach Negationen wie *ne ... pas, ne ... plus, ne ... jamais*, usw. und in Verbindung mit *personne, rien, sans, ni ... ni ...*, die einen negativen Sinn implizieren, steht vor dem direkten Objekt die Form *de*:

Beispiele:

*Cela ne pose pas **de** problème.*	Das stellt kein Problem dar.
*Nous n'avons pas **d**'excuse(s).*	Wir haben keine Entschuldigung.
*Est-ce que tu n'as plus **de** voiture?*	Hast du kein Auto mehr?
*Est-ce que personne n'a **d**'argent?*	Hat keiner Geld dabei?
*Rien **de** ce que vous avez dit n'a **d**'importance.*	Nichts von dem, was Sie gesagt haben, ist wichtig.
*Il parle (le) français sans faire **de** fautes.*	Er spricht französisch, ohne Fehler zu machen.
*Ni lui ni elle n'ont montré **de** courage.*	Weder er noch sie haben Mut bewiesen.

Anmerkung:

Bei einem vor dem Substantiv stehenden Adjektiv benutzt man nach Negationen an Stelle von *de* den unbestimmten Artikel. Also: *Je n'ai pas **de** maison de campagne.* **Aber:** *Vous savez, je n'ai pas **une** grande maison de campagne.*

2. Bei Betonung der Verneinung beim direkten Objekt im Sinne von *ne... pas un seul* („nicht einer" / „nicht ein einziger") verwendet man den unbestimmten Artikel an Stelle von *de*:

*Elle ne m'a pas écrit **une** (**seule**) carte postale pendant les vacances.*
Sie hat mir nicht **eine** (**einzige**) Postkarte während der Ferien geschrieben.

Je n'ai jamais vu un château aussi beau.
Ich habe (noch) nie ein so schönes Schloss gesehen.

3. Enthält der formal verneinende Satz einen **affirmativen Sinn** („affirmativer Rest") oder bezieht sich die Verneinung nicht auf das direkte Objekt, sondern auf einen anderen Teilaspekt des Satzes, so verwendet man im gehobenen Französisch die Form des Artikels, die im bejahenden Satz stünde:

*Mon oncle boit **du** vin tous les jours.* → *Mon oncle ne boit pas **du** vin tous les jours.*	• Das heißt: „Mein Onkel trinkt Wein, nur nicht jeden Tag." (= Er **ist also** Weintrinker.) Aber: *Mon oncle ne boit pas **de** vin.* (= Er ist **kein** Weintrinker.)
*Monsieur, je n'ai pas commandé **du** thé mais **du** café.*	• Es handelt sich hier um eine **Richtigstellung**, in der aus Gründen der Parallelkonstruktion (*...du thé mais du café...*) die gleiche Form *du* steht.
Dafür auch: *Ce n'est pas **du** thé que j'ai commandé mais **du** café.*	• Nach verneintem *être* steht *du, de la, des* (vgl. **062**).

*Il a écrit plusieurs lettres sans faire **de** fautes.*	• Das heißt: Er hat keine Fehler gemacht. (= negativer Sinn → **keine** Fehler)
Aber: *Il ne sait pas écrire une seule lettre sans faire **des** fautes.*	• Das heißt: Wenn er einen Brief schreibt, dann macht er Fehler. (= positiver Befund → **Er macht Fehler.**)
*Il m'a écouté deux heures sans soulever **d'**objections.*	• Er hat mir zwei Stunden zugehört, ohne dass er Einwände gemacht hätte. (= negativer Sinn → Er hat **keine** Einwände gemacht.)
*Il ne peut pas m'écouter deux minutes sans soulever **des** objections.*	• Er kann mir nicht zwei Minuten zuhören, ohne Einwände zu machen. (= positiver Befund → **Er macht immer wieder Einwände.**)
*Il n'a pas pu me donner **de** / **des** renseignements.* *Je ne pense pas avoir **d'**ennuis / **des** ennuis.*	• Enthält der Satz eine verneinte finite Verbform mit folgendem Infinitiv, so ist der Gebrauch schwankend: entweder partitiver Artikel bzw. unbestimmter Artikel Plural oder Reduktionsform *de*.
Aber: *Il m'a assuré ne plus avoir **d'**ennuis.*	• Die Verneinung bezieht sich hier **ausschließlich** auf den Infinitiv: *ne plus avoir de* = gleiche Regel wie in *je n'ai plus d'ennuis.*

Anmerkung:

Im gesprochenen Französisch ist in einigen der oben aufgeführten Beispiele an Stelle von *du, de l', de la, des* auch die *de*-Form zu hören:

Mon oncle ne boit pas de vin tous les jours.

Il ne sait pas écrire une seule lettre sans faire de fautes.

Il ne peut pas m'écouter deux minutes sans soulever d'objections.

4. Steht die Verneinung *ne... ni... ni...* **vor dem direkten Objekt**, steht eine artikellose Konstruktion. Ist das direkte Objekt durch ein **Adjektiv ergänzt**, steht *de*:

Malheureusement, je ne peux vous servir ni beurre ni confiture.

*Le ministre n'a ni **de bonnes** intentions ni **de bons** conseillers.*

5. Artikellose Ausdrücke und Wendungen bleiben auch in verneinter Form **ohne Artikel**:

Beispiele:

J'ai faim. / J'ai soif.	→	*Je n'ai pas faim. / Je n'ai pas soif.*
Il a peur.	→	*Il n'a pas peur.*
Nous avons raison.	→	*Nous n'avons pas raison.*

Liste gängiger Redewendungen ohne Artikel vor dem Substantiv, die auch in verneinter Form ohne Artikel stehen:

avoir bon cœur	ein gutes Herz haben
avoir honte	sich schämen
avoir pied	Grund haben (z.B. im Meer / Schwimmbad)
avoir raison	Recht haben
avoir tort	Unrecht haben
demander pardon	um Verzeihung bitten
faire défaut	fehlen
faire mal	wehtun
faire peur	Angst machen
faire plaisir	einen Gefallen tun
faire rage	wüten
perdre connaissance	in Ohnmacht fallen
perdre courage	den Mut verlieren
porter bonheur	Glück bringen
porter plainte	klagen (jur.)
prendre fin	enden
prendre position	Stellung beziehen
rendre service	behilflich sein / einen Dienst erweisen
reprendre connaissance	das Bewusstsein wiedererlangen
reprendre courage	wieder Mut fassen

Der bestimmte, der unbestimmte und der partitive Artikel: Repetitorium

Bestimmter, unbestimmter und partitiver Artikel im Überblick   `072`

1. Die Formen des **bestimmten Artikels** lauten im Französischen: *le, la, les* (→ *le chien*, *la chienne*, *les chiens* / *les chiennes*)

    Mit den Präpositionen *de* und *à* bildet der bestimmte Artikel folgende Formen: *du, de la, des* (→ *les conseillers du président* / *de la présidente* / *des présidents*) und *au, à la, aux* (→ *J'ai parlé au voisin* / *à la voisine* / *aux voisins* / *aux voisines.*)

    Vor vokalisch oder mit stummem *h* anlautenden Substantiven im Singular lauten die Formen des bestimmten Artikels *l', de l', à l'*: → *l'homme* / *l'action* / *de l'homme* / *de l'action* / *à l'homme* / *à l'action*

2. Die Formen des **unbestimmten Artikels** sind im Singular *un* / *une* und im Plural *des*: → *un enfant*, *une pomme*, *des problèmes*

3. Die Formen **des partitiven Artikels** zur Bezeichnung einer unbestimmten Stoffmenge (= Stoffbezeichnungen) sind *du, de la, de l'*: → *du fromage*, *de la bière*, *de l'eau*

4. Der **Gebrauch des Artikels**:

    *   Der **bestimmte** Artikel steht
        -   bei **Gattungsnamen** → *Je n'aime pas les araignées. Le football ne m'intéresse pas.*
        -   bei **Stoffbezeichnungen** / **Abstrakta** → *Je n'aime pas le riz. Le travail, c'est la santé.*
        -   vor **Titeln** + Personennamen → *le commissaire Duplan; le président Chirac*
        -   bei **Krankheiten** → *le cancer; le sida*
        -   bei **technischen Einrichtungen** → *avoir l'électricité et le téléphone*
        -   in bestimmten Wendungen → *avoir le temps; prendre le café*

    *   Der **unbestimmte** Artikel steht im Singular oder Plural zur Bezeichnung von **unbekannten** / **unbestimmten Objekten**, **Lebewesen** oder **Abstrakta** (→ *un homme; des problèmes; il s'est montré d'une politesse parfaite.*)

- Der **partitive** Artikel steht bei Stoffbezeichnungen / Abstrakta im Singular zur Bezeichung einer unbestimmten Menge (auch mit Präposition): *manger de la viande; avoir de l'argent, faire de la peine; boire le café avec du sucre.*

  Der partitive Artikel **entfällt grundsätzlich** nach den Präpositionen *sans*, *de*, *en*, nach anderen Präpositionen, wenn sie mit einem Abstraktum verbunden sind: *Je prends mon café sans sucre. J'ai besoin d'argent. Il a travaillé avec courage.*

  Bei der Nominalgruppe Adjektiv + Substantiv ist wie folgt zu verfahren:

  Partitiver Artikel: *du bon tabac; de la bonne viande* (Substantiv im Singular)

  Reduzierte Form *de*: *de bonnes choses; d'agréables vacances; d'énormes problèmes* (Substantiv im Plural)

  Aber: *des petits pains; des jeunes gens* (wegen der begrifflichen Einheit von Adjektiv und Substantiv)

5. **Mengenangaben** oder **Mengenadverbien** werden mit der Präposition *de* verbunden, und das folgende Substantiv wird **ohne Artikel** angeschlossen: *un kilo de tomates; beaucoup / peu d'espoir.*

   Aber: *la plupart du temps / la plupart des gens; la moitié de la distance; la majorité des citoyens; bien de la peine* (*bien de la / du / de l'* im Singular nur mit Abstrakta)*; bien des visiteurs; bien d'autres* (*choses*).

6. In verneinenden Sätzen steht die Reduktionsform *de*: *Nous n'avons pas d'argent. Ils n'ont pas eu de chance.*

   Aber: Nach verneintem *être*: *Ce n'est pas un problème. Ce ne sont pas des problèmes.*

   Bezieht sich die Verneinung lediglich auf einen Teilaspekt des Satzes oder ergibt sich ein „affirmativer Rest", stehen die Formen *du, de la, de l', des*:

   Il ne mange pas du poisson tous les jours. (Er isst Fisch [affirmativ], nur nicht jeden Tag.)
   Il ne sait pas écrire une phrase sans faire des fautes. (D. h. er macht dauernd Fehler [affirmativ].)

7. Der Gebrauch des Artikels bei **Körperteilen**, bei **geographischen Namen** und bei **Zeitangaben** ist schwierig und äußerst variantenreich. Hier nur einige gängige Beispiele:

   Elle a les yeux bleus. Lui a de petits yeux. Elle a de beaux yeux bleus. J'ai mal à la tête.

   résider en France, en Russie, en Lorraine, au Portugal, aux Etats-Unis

   se rendre dans le Nord, dans le Roussillon

   rentrer du Brésil, de France, des Etats-Unis, d'Angleterre, de Corse, de la Réunion

   vivre à Cuba, à Madagascar, aux Canaries

   le Tour de France, les vins d'Alsace, le rosé d'Anjou

   en hiver, au printemps, en été, en automne, à la Toussaint, à Pâques

Schwierigkeiten und Fehlerquellen   `073`

1. Wegen der Formengleichheit / -ähnlichkeit von:

   ⇒ bestimmter Artikel im Genitiv
   ⇒ Präposition *de* + bestimmter Artikel
   ⇒ partitiver Artikel und unbestimmter Artikel Plural
   ⇒ Reduktionsform *de*

sind im Französischen folgende Fälle zu unterscheiden:

- **Bestimmter Artikel im Genitiv:**

  *Les portes **du** couloir / **de** l'appartement / **de la** voiture / **des** voitures sont fermées.*
  Die Türen **des** Flurs / **der** Wohnung / **des** Wagens / **der** Wagen sind geschlossen.

- **Präposition *de* + bestimmter Artikel:**

  *J'ai besoin **du** téléphone / **de** l'argent / **de la** voiture / **des** outils.*
  Ich brauche **das** Telefon / **das** Geld / **das** Auto / **das** Werkzeug.

- **Partitiver Artikel und unbestimmter Artikel Plural:**

  *Il a commandé **du** café, **de** l'eau minérale et **de la** limonade.* → partitiver Artikel bezo-
  Er hat Kaffee, Mineralwasser und Limonade bestellt.   gen auf direktes Ob-
                                                               jekt

  *On n'aime pas avoir affaire à **des** ignorants.*   →   unbestimmter Artikel Plural be-
  Man möchte mit Ignoranten nichts zu tun haben.   zogen auf ein indirektes Objekt

- **Reduktionsform *de*:**

  *J'ai besoin **d'**argent / **de** conseils.* → Ich brauche Geld / Ratschläge.

  (= Reduktionsform *de* zur Vermeidung des Zusammenfalls der Präposition *de*
  [→ *avoir besoin de...*] mit dem partitiven Artikel [→ **de de l'argent*]) bzw. mit
  dem unbestimmten Artikel im Plural [→ **de des conseils*])

  *Je n'ai pas **d'**argent. / Je n'ai pas **de** problèmes.* → Ich habe kein Geld / keine Proble-
  me.

  (= Reduktionsform *de* nach Verneinung)

2. Es ist darauf zu achten, dass die Reduktionsform *de* nach Verneinungen auch in
   zusammengesetzten Zeiten oder im Imperativ notwendig wird: *Je n'**ai** pas **eu de**
   chance. Ne **faites** pas **de** manières.*

3. Es ist zu unterscheiden zwischen: *J'ai besoin **d'**argent* (Ich brauche Geld) und
   *J'ai besoin **de** l'argent* (Ich brauche das Geld) einerseits und *Il me faut **de** l'argent*
   (Ich brauche Geld) und *Il me faut **l'**argent* (Ich brauche das Geld) zum anderen.

4. Bei *certains* / *différents* / *divers* (gewisse; verschiedene) steht kein *de* oder *des*. Also: *certains jours* (gewisse Tage), *diverses fautes* (mehrere / verschiedene Fehler)

5. Man unterscheide:

    *J'ai **le** temps.* / *Je n'ai pas **le** temps.* (Ich habe Zeit / keine Zeit.)

    *Je n'ai pas **de** temps à perdre.* (Ich habe keine Zeit zu verlieren.)

6. Man unterscheide:

    *Je ne bois jamais **de** thé. Que **du** café.* / *Seulement **du** café.* → (absolute Verneinung, deshalb *de thé*.)

    *Je n'ai pas commandé **du** thé mais **du** café.* → parallele Konstruktion in einer Richtigstellung, deshalb hier *du thé* nach der Verneinung.

Kapitel 3.2

Die Zahlwörter *(les numéraux)*

Kapitelübersicht:

Die Zahlwörter: Grundstufe

074 **Die Grundzahlen** *(les numéraux cardinaux)*

0	zéro	21	vingt *et* un / une	90	quatre-vingt-dix
1	un / une	22	vingt-deux	91	quatre-vingt-onze
2	deux	30	trente	92	quatre-vingt-douze
3	trois	31	trente *et* un / une	99	quatre-vingt-dix-neuf
4	quatre	32	trente-deux	100	cent
5	cinq	40	quarante	101	**cent un / une**
6	six	41	quarante *et* un / une	102	cent deux
7	sept	42	quarante-deux	110	cent dix
8	huit	50	cinquante	200	deux cent**s**
9	neuf	51	cinquante *et* un / une	201	deux cent un
10	dix	52	cinquante-deux	1000	mille
11	onze	60	soixante	1001	**mille un / une**
12	douze	61	soixante *et* un / une	2000	deux mill**e**
13	treize	62	soixante-deux	2030	deux mille trente
14	quatorze	70	soixante-dix	1.000.000	un million (de)
15	quinze	71	soixante *et* onze	2.000.000	deux millions (de)
16	seize	72	soixante-douze	2.000.540	deux millions cinq
17	dix-sept	79	soixante-dix-neuf		cent quarante
18	dix-huit	80	quatre-vingt**s**	1.000.000.000	un milliard (de)
19	dix-neuf	81	**quatre-vingt-un /-une**	2.000.000.000	deux milliards (de)
20	vingt	82	quatre-vingt-deux		

Anmerkungen:

1. *Un / Une* ist sowohl Zahlangabe als auch unbestimmter Artikel. (→ *une* pomme)

2. Die Grundzahlen sind im Französischen männlich, im Gegensatz zum Deutschen:
   *Est-ce que c'est **un** six ou **un** neuf? – C'est **un** six.*
   Ist dies eine Sechs oder eine Neun? – Es ist eine Sechs.

3. Die Zahl *zéro* bildet einen Plural:

   *Il a eu **un zéro** en anglais et **deux zéros** en sciences naturelles.*
   Er hat einmal null Punkte in Englisch und zweimal null Punkte in Biologie bekommen.

   Begleitet *zéro* ein Substantiv, so steht dieses abweichend vom Deutschen im Singular:

   *Il a fait zéro **faute** à la dictée.*
   Er hat null Fehler (Plural) im Diktat gemacht.

4. Für die Zahlen 70 und 90 verwendet man in der französischen Schweiz und in Belgien *septante* und *nonante*. In der Schweiz, besonders im Wallis, wird für 80 *huitante* benutzt.

5. Die orthographischen Besonderheiten der Grundzahlen sind in der Praxis nur schwer zu handhaben. Man schreibt Bindestrich zwischen Zehnern und Einern (*trente-deux*), aber nicht zwischen Hundertern und Zehnern bzw. Einern (*cent dix; cent trois*).

   Man schreibt *quatre-vingts* und *deux cents* mit *-s*, welches jedoch wegfällt, wenn eine weitere Zahl folgt: *quatre-vingt-cinq; deux cent trois*. Dagegen bleibt *mille* immer unveränderlich: *deux mille personnes,* aber *deux cents personnes*

   In Bezug auf die Jahreszahlen ergeben sich weitere Unterscheidungen: Die Zahl 1999 (= *mille neuf cent quatre-vingt-dix-neuf*) wird als Jahreszahl in gehobener Sprache *mil neuf cent quatre-vingt-dix-neuf* **geschrieben**. Im Standardfranzösisch wird auch *dix-neuf cent quatre-vingt-dix-neuf* verwendet.

   Gemäß den *Rectifications de l'orthographe* von 1990 soll auch über die Einer und Zehner hinaus bei den Grundzahlen ein Bindestrich stehen (*cent-deux; deux-cents; cent-trente-deux*, usw.) Also:

   *Il possède exactement **sept-cent-mille-trois-cent-vingt-et-un** euros.*

   Dieser (unverbindliche) Regelvorschlag ist vernünftig, muss sich in der Schreibpraxis jedoch noch durchsetzen.

6. Folgende Besonderheiten in der Aussprache sind zu beachten:

   - Bei *cinq* wird der Endkonsonant vor Substantiven mit anlautendem Konsonant **fakultativ** gesprochen:
     cinq fautes [sɛ̃kfot] oder [sɛ̃fot]
     Vor Vokal wird der Endkonsonant immer gesprochen: *cinq⌣ans* [sɛ̃kɑ̃].

     Vor *cent* und *mille* entfällt in der Regel die Aussprache des Endkonsonanten:
     cinq cents [sɛ̃sɑ̃]
     cinq mille [sɛ̃(k)mil]

     Vor Monatsnamen mit anlautendem Konsonant wird er meist gesprochen:
     le cinq mai [ləsɛ̃kmɛ̃]

- Vor *huit* und *onze* entfallen die Bindung des *s* und die Elision des Vokals beim vorausgehenden Wort:

  Les onze [leõz] *journées que nous avons passées ensemble jusqu'à* **ce** *huit* [səɥi] *janvier furent merveilleuses; le onze* [ləõz] *février, nous nous sommes mariés.*
  Die elf Tage, die wir bis zu diesem achten Januar zusammen verbracht haben, waren wunderbar; am elften Februar haben wir geheiratet.

- *Neuf* vor *heures* und *ans* wird gebunden. Dabei wird *neuf* [nœf] wie folgt ausgesprochen: *neuf heures* [nœvœr]; *neuf ans* [nœvã]. In allen anderen Fällen, in denen auf *neuf* ein Substantiv mit Vokal oder stummem *h* folgt, überwiegt die Aussprache [nœf] *neuf habitants* [nœfabitã].

- *Vingt* [vẽ] wird [vẽt] ausgesprochen ab der Zahl 22 [vẽtdø] bis 29 [vẽtnœf] und in Bindungen: *vingt ans* [vẽtã], *vingt et un* [vẽteœ̃].

075 Die Ordnungszahlen *(les numéraux ordinaux)*

1er	*le premier* [prəmje]	16^e	*le / la seizième*
1ère	*la première* [prəmjɛr]	17^e	*le / la dix-septième*
2^e	*le / la deuxième*	18^e	*le / la dix-huitième*
$2^{nd(e)}$	*le second / la seconde* [g]	19^e	*le / la dix-neuvième*
3^e	*le / la troisième*	20^e	*le / la vingtième*
4^e	*le / la quatrième*	21^e	*le / la vingt et unième* [ynjɛm]
5^e	*le / la cinquième*	22^e	*le / la vingt-deuxième*
6^e	*le / la sixième* [sizjɛm]	30^e	*le / la trentième*
7^e	*le / la septième* [sɛtjɛm]	40^e	*le / la quarantième*
8^e	*le / la huitième*	50^e	*le / la cinquantième*
9^e	*le / la neuvième*	60^e	*le / la soixantième*
10^e	*le / la dixième*	70^e	*le / la soixante-dixième*
11^e	*le / la onzième*	80^e	*le / la quatre-vingtième*
12^e	*le / la douzième*	90^e	*le / la quatre-vingt-dixième*
13^e	*le / la treizième*	100^e	*le / la centième*
14^e	*le / la quatorzième*	200^e	*le / la deux centième*
15^e	*le / la quinzième*	1000^e	*le / la millième* [miljɛm]

Anmerkung: Die Ordnungszahlen werden vor allem verwendet zur Angabe des Jahrhunderts (*le vingtième siècle; le vingt et unième siècle*) und des ersten Monatstages (*le premier mars*): Bei Angaben zu Seiten-, Zeilen- und Kapitelzahlen wird wie folgt verfahren:

chapitre premier / chapitre 1 (un)	→ erstes Kapitel / Kapitel 1 (eins)
à la septième page / page sept	→ auf Seite sieben
*à la ligne vingt et **un**(e)*	→ in Zeile einundzwanzig

Merke:

Die weibliche Form des Zahlwortes *un* ist in folgendem Beispiel nicht möglich:

*page / ligne **un***   → Seite / Zeile eins

1. Die von den Ordnungszahlen abgeleiteten Adverbien 1° = *premièrement,* 2° = *deuxièmement,* 3° = *troisièmement* (erstens, zweitens, drittens) geben die Reihenfolge an. Die Reihenfolge kann auch durch *d'abord – ensuite – enfin* ausgedrückt werden. In der Alltagskommunikation wird auch : *primo – secundo* [səgõdo] *– tertio* [tɛrsjo] gebraucht. Eher im geschriebenen Französisch benutzt man:

   en premier lieu
   en second lieu
   en dernier lieu

2. Besonderheiten beim Gebrauch der Ordnungszahlen:

   - Zur Abkürzung kann man neben der normalen Schreibweise 3e, 4e, 5e usw. mit hochgestelltem *-e* auch folgende Schreibweise benutzen: *3e, 4e, 5e*, oder 3ème, 4ème, 5ème.

   - Vor vokalisch anlautendem Substantiv wird *premier* wie die weibliche Form *(première)* ausgesprochen: *au premier⁀abord* [oprəmjɛrabɔr] = auf den ersten Blick / zuerst

   - *Premier* und *second* können nicht mit anderen Zahlen verbunden werden:
     le premier livre - le second livre
     Aber: *le vingt et **unième** livre - le vingt-**deuxième** livre.*

Die Bruchzahlen *(les nombres fractionnaires)*   `076`

1/2 *un demi*	= ein Halb	3/4 *trois quart**s***	= drei Viertel
1/3 *un tiers*	= ein Drittel	1½ *un **et** demi*	= anderthalb
1/4 *un quart*	= ein Viertel	3½ *trois **et** demi*	= dreieinhalb
1/5 *un cinquième*	= ein Fünftel	4¾ *quatre trois quarts*	= vier drei Viertel
2/3 *deux tiers*	= zwei Drittel		

Ab *un cinquième* (1/5) wird der Nenner mit Hilfe der Ordnungszahlen gebildet. Zu beachten ist die vom Deutschen abweichende Bruchzählung innerhalb des Jahres: ein Vierteljahr = **trois mois**; ein halbes Jahr = **six mois**; ein Dreivierteljahr = **neuf mois**

Beispiele für den Gebrauch der Bruchzahlen:

*Ce résumé est trop long. Il faut le réduire au moins **d'un tiers**.*
Diese Zusammenfassung ist zu lang. Sie muss um mindestens ein Drittel gekürzt werden.

Les *deux tiers **du** livre m'ont déplu.*
Zwei Drittel des Buches haben mir missfallen.

→ Bei einer Genitivergänzung mit *de* steht die Bruchzahl mit Artikel.

*La bouteille est pleine **aux trois quarts**.*
Die Flasche ist drei viertel voll.

Les deux premiers tiers *de notre siècle furent marqués par des guerres et leurs conséquences.*
Die ersten zwei Drittel unseres Jahrhunderts waren von Kriegen und deren Folgen bestimmt.

Die Zahlwörter: Aufbaustufe

Zum Gebrauch der Grundzahlen   077

1. Bei Maßen, Gewichten und Entfernungen:

Wie lang ist dieser Lkw? – Er ist acht Meter lang.	*Quelle est la longueur de ce camion? / Combien (de mètres) mesure ce camion? – Il fait huit mètres de long.*
Wie groß bist du? – Ich bin 1,90 m groß.	*Quelle est ta taille? / Combien mesures-tu? – Je mesure un mètre quatre-vingt-dix.*
Welche Schuhgröße haben Sie? – 43.	*Quelle est votre pointure? – 43. / **Du** combien chaussez-vous? – **Du** 43.*
Wie breit (Wie hoch) ist dieser Schrank? – Dieser Schrank ist drei Meter breit / hoch.	*Quelle est la largeur (la hauteur) de cette armoire? / Combien l'armoire fait-elle de large (de haut)?– Cette armoire fait / mesure trois mètres de large (de haut). / C'est une armoire large (haute) de trois mètres.*
Was wiegt dieser Sack? Wie schwer ist dieser Sack? – Er wiegt zwanzig Kilo.	*Combien pèse ce sac? Quel est le poids de ce sac? – Il pèse vingt kilos.*
Was kostet diese Reise? Wie teuer ist diese Reise? – Sie kostet hundert Euro.	*Combien coûte ce voyage? Quel est le prix de ce voyage? – Il coûte cent euros.*
Wie weit ist es noch bis zum nächsten Bahnhof? – Bis zum Bahnhof sind es (noch) zwei Kilometer.	*A quelle distance se trouve la gare? – Il y a (encore) deux kilomètres jusqu'à la gare. / Il y a deux kilomètres d'ici à la gare. / La gare est à deux kilomètres.*

2. Bei Altersangaben:

Wie alt ist er? – Über zwanzig.	*Quel âge a-t-il? – Il a plus de vingt ans.*
Mit fünfzehn Jahren ist sie ausgezogen.	*Elle a déménagé **à** quinze ans.*
In fünf Jahren werde ich sechzig (Jahre).	*Dans cinq ans, j'aurai soixante ans.*
Sie ist zehn Jahre älter / jünger als ihre Schwester. Sie sind also zehn Jahre auseinander.	*Elle a dix ans de plus / de moins que sa sœur. (Elle est son aînée / sa cadette de dix ans.) Elles ont donc dix ans d'écart.*
Die Arbeitslosigkeit der unter 25jährigen ist eines der größten Probleme unserer Gesellschaft.	*Le chômage des moins de 25 ans est l'un des plus grands problèmes de notre société.*

3. Bei Datums- und Jahresangaben:

Ich habe am Sonntag, dem ersten Mai, gearbeitet.	*J'ai travaillé (le) dimanche 1er mai.*
Die Ergebnisse der Analyse vom Freitag, dem 29. April, waren unbefriedigend.	*Les résultats de l'analyse du vendredi 29 avril n'étaient pas satisfaisants.*
(Briefdatum): Paris, den 9.9.1999	*Paris, (le) 9 septembre 1999* *(Paris, 09 / 9 / 1999)*
Den wievielten haben wir heute? – Wir haben heute den 2. August.	*Quel jour (du mois) sommes-nous aujourd'hui? / Le combien sommes-nous aujourd'hui? / On est le combien aujourd'hui? / Quelle date sommes-nous? / Quelle est la date d'aujourd'hui?* *– On est / Nous sommes le 2 août.*
Freitag in acht Tagen in acht Tagen in vierzehn Tagen in den sechziger Jahren (in den Sechzigern)	*vendredi en huit* *dans huit jours* *dans **quinze** jours* *dans les années soixante*

4. Bei Angaben zur Uhrzeit:

Um Punkt acht Uhr war ich da.	*Je suis arrivé à huit heures précises.* (umgangsspr.: *... à huit heures pile.*)
Ich komme um 9 Uhr (morgens), um 12 Uhr, um 3 Uhr (nachmittags), um 10 Uhr (abends), um 0 Uhr nachts.	*Je viendrai à neuf heures (du matin), à midi, à trois heures (de l'après-midi), à dix heures (du soir), à trois heures **du matin**.*
Wieviel Uhr / Wie spät ist es? – Es ist	*Quelle heure est-il? – Il est*
halb neun,	*huit heures et demie,*
viertel nach zehn,	*dix heures et / un quart,*
viertel vor zwölf,	*midi moins le / un quart,*
zehn nach drei,	*trois heures dix,*
fünf vor zehn,	*dix heures moins cinq,*
fünf nach halb sieben,	*sept heures moins vingt-cinq,*
kurz nach drei.	*trois heures passées.*
Es war kurz vor knapp. / Das war haarscharf.	*Il / C'était moins une.*
Wir haben uns **nach zwei Uhr** bei mir getroffen.	*Nous nous sommes retrouvés chez moi **après deux heures**.*
Aber: Und **nach fünf Stunden** Arbeit waren wir total erschöpft.	*Et **au bout de cinq heures** de travail, nous étions complètement exténués.*
Die Abflugzeit ist 10^{23}, die Ankunft 19^{01}.	*L'heure de départ du vol est 10h23 (dix heures vingt-trois), l'arrivée 19h01 (dix-neuf heures zéro **une** / dix-neuf heures **une**).*

5. Bei Zahlenangaben zu Königen, Kaisern, Herrschern gleichen Namens:

Napoléon Ier (Premier); Henri IV (Quatre); Louis XVIII (Dix-huit); Jean-Paul II (Deux)
Aber: *Charles Quint* (Karl V.)

Im Deutschen wird ein Punkt hinter die römische Zahl gesetzt (Heinrich IV.) und beim Sprechen zusätzlich der Artikel gesetzt: „Heinrich der Vierte".

Der Gebrauch der Grundzahlen in bestimmten Ausdrücken und idiomatischen Wendungen   `078`

avoir le moral à zéro	→	sehr niedergeschlagen sein
repartir à zéro	→	(wieder) bei Null beginnen
*page **un** / ligne **un***	→	Seite eins / Zeile eins
C'est à la une.	→	Das ist sehr aktuell.
sur la une	→	im ersten Fernsehprogramm
Pas un / pas une n'est venu(e).	→	Kein einziger / Keine einzige ist gekommen.
un deux-roues	→	ein Zweirad
Une fois n'est pas coutume.	→	Einmal ist keinmal.
Jamais deux sans trois.	→	Aller guten Dinge sind drei.
J'arrive dans deux minutes.	→	Ich bin gleich da.
L'amour et l'amitié, cela fait deux.	→	Die Liebe und die Freundschaft, das sind zwei gänzlich verschiedene Dinge.
aux quatre coins du monde	→	überall auf der Welt
un de ces quatre (matins)	→	demnächst
dire ses quatre vérités à qn	→	jemandem seine Meinung sagen
*(Il leur a dit **leurs** quatre vérités.)*	→	(Er hat ihnen **seine** Meinung gesagt.)
faire les quatre cents coups	→	ein bewegtes Leben führen
une émission sur la 5 (cinq)	→	eine Sendung auf Kanal 5
neuf fois sur dix	→	fast immer / sehr häufig
se mettre sur son trente et un	→	sich in Schale werfen / sich herausputzen
tous les trente-six du mois	→	fast nie / höchst selten
augmenter de neuf pour cent	→	um neun Prozent erhöhen / steigen

Der Gebrauch der Grundzahlen in Verbindung mit bestimmten Adjektiven   `079`

R 079

Adjektive wie *autre, dernier, premier* und *prochain* stehen im Gegensatz zum Deutschen **nach** der Grundzahl.

Beispiele:

mes trois autres chats	= meine anderen drei Katzen
pendant les deux dernières années	= während der letzten beiden Jahre
ses quatre premiers voyages	= seine ersten vier Reisen
les six prochaines semaines	= die nächsten sechs Wochen

Ausnahme:

Bilden Zahlwort und Substantiv eine feste Einheit, werden sie nicht durch ein Adjektiv voneinander getrennt:

le Quatorze Juillet prochain
le quinze août prochain (= l'Assomption)
le dernier quinze août
les prochains quinze jours

---

080   **Die Wiedergabe von „beide(s)" im Französischen**

Normalerweise wird „beide(s)" durch **les deux**... ausgedrückt:

*Aucun **des deux** n'a rien entendu.*
Keiner von beiden / Keiner der beiden hat etwas gehört.

***Les deux** conducteurs roulaient trop vite.*
Beide Fahrer fuhren zu schnell.

*J'ai pris **les deux choses** en considération.*
Ich habe beides in Erwägung gezogen.

Anmerkung:

Tous les deux / toutes les deux („alle beide") kann auch mit *tous deux / toutes deux* wiedergegeben werden.
Nous sommes tous (les) deux heureux de pouvoir vous accueillir.
Wir sind beide glücklich, Sie empfangen zu können.

Zur Betonung kann man „beide" auch aufgliedern:

Ni l'un ni l'autre ne se sont aperçus de rien.
Weder der eine noch der andere haben etwas bemerkt.

L'un et l'autre sont malades.
Beide sind krank.

Besonderheiten im Gebrauch der Ordnungszahlen   081

1. In der Regel sind *deuxième* und *second* austauschbar. In festen Wendungen benutzt man jedoch **second(e)**:

> - *la Seconde Guerre mondiale* (häufiger: *la Deuxième Guerre mondiale*)
> - *le Second Empire* (das 2. Kaiserreich)
> - *l'enseignement du second degré* (*le secondaire; l'enseignement secondaire*) (die Sekundarstufe)
> - *en second lieu* (an zweiter Stelle / zweitens)
> - *habiter au second* (im 2. Stockwerk wohnen)
>   → Aber: *habiter au* **deuxième étage**

2. ***Troisième*** wird durch ***tiers*** [tjɛr] in folgenden Wendungen ersetzt:

• *le Tiers Etat* [lətjɛrzeta]	= der dritte Stand
• *le Tiers-Monde / le tiers monde*	= die dritte Welt
• *un testament fait à un tiers*	= ein Testament, das zugunsten eines Dritten abgefasst ist
• *un tiers arbitre*	= ein Oberschiedsrichter

Merke: *une **tierce** personne / un tiers*   =   ein Dritter
          *un étranger **sur trois***   =   jeder dritte Ausländer

3. Wendungen mit Ordnungszahlen:

• *au premier plan*	= im Vordergrund
• *au premier chef*	= in erster Linie
• *la première enfance*	= die früheste Kindheit
• *arriver premier, deuxième...*	= als erster, zweiter... ankommen
• *être le premier informé*	= als erster informiert / benachrichtigt sein
• *On revient toujours à ses **premières** amours.*	= Alte Liebe rostet nicht. (In dieser Wendung ist *amour* weiblich.)
• *une vérité première*	= eine Grundwahrheit
• *le jeune premier / la jeune première*	= der Held / die Heldin (eines Theaterstücks / Romans)
• *pour la énième fois*	= zum x-ten Mal

082 Die Veränderlichkeit der Bruchzahl *demi*

Die Veränderlichkeit von *demi* ist zwar normativ festgelegt; in der Anwendungspraxis ist der Gebrauch jedoch schwankend. Gegen den Toleranzerlass vom 28. Dezember 1976, der die generelle Veränderlichkeit von *demi* duldet (→ *une demie heure* / *une heure et demie*), empfiehlt es sich, folgende Regel zu beachten:

R 082

Demi ist immer unveränderlich, wenn es vor einem Substantiv (mit Bindestrich angeschlossen) steht. Folgt *demi* auf das Substantiv (mit *et* angeschlossen), so richtet es sich im Geschlecht nach diesem.

Beispiele:

*Il m'a appelé toutes les **demi-heures**.*
Er hat mich alle halbe Stunde angerufen.

*Maintenant il est trois heures **et demie**.*
Es ist jetzt halb vier.

*Garçon, apportez-moi une **demi-bouteille** de vin rouge, s'il vous plaît.*
Herr Ober, bringen Sie mir bitte eine kleine Flasche Rotwein.

*Il a bu une bouteille **et demie**.*
Er hat anderthalb Flaschen getrunken.

Zu beachten ist dementsprechend die unterschiedliche Schreibweise in folgenden weiteren Beispielen:

une demi-heure	= eine halbe Stunde	*midi / minuit et demi(e)*	= halb eins
une demi-douzaine	= sechs / ein halbes Dutzend	(Die Schreibung *demie* ist möglich als Angleichung an z.B. *onze **heures et demie**.*)	
la demi-finale	= das Halbfinale	*deux livres et demie*	= zweieinhalb Pfund
la demi-lune	= der Halbmond	*une douzaine et demie*	
la demi-sœur	= die Halbschwester	*d'huîtres*	= achtzehn Austern
la demi-saison	= die Übergangszeit		
la demi-pension	= die Halbpension		
une lumière demi-éteinte	= ein halb erloschenes Licht		

Anmerkung:

A demi vor einem Adjektiv oder Partizip wird ohne Bindestrich angeschlossen: *une bouteille à demi vide* (eine halbleere Flasche). *Nous sommes à demi mortes de faim.* (Wir sind halbtot vor Hunger.)

Die Kollektivzahlen *(les nombres collectifs)*

`083`

une dizaine de kilomètres	= etwa zehn Kilometer
une douzaine d'huîtres	= ein Dutzend Austern
au bout d'une **quinzaine**	= nach vierzehn Tagen
une vingtaine de personnes	= etwa zwanzig Personen
une trentaine de fautes	= an die dreißig Fehler
une centaine de voitures	= etwa hundert Autos
un millier de dollars	= etwa tausend Dollar
des milliers de spectateurs	= Tausende von Zuschauern
par centaines / par milliers	= zu Hunderten / zu Tausenden
des centaines de milliers	= Hunderttausende

1. Beachte auch folgende Kollektivbegriffe:

    (un,e) quadragénaire [kwadraʒenɛr] = vierzigjährig; ein Mann / eine Frau in den Vierzigern
    (un,e) quinquagénaire [kɛ̃kaʒenɛr] = fünfzigjährig; ein Mann / eine Frau in den Fünfzigern

    Die weitere Zählung ist: *sexagénaire, septuagénaire, octogénaire, nonagénaire, centenaire*

    Vgl. auch: *le centenaire de la mort de Fontane*
                  der hundertjährige Todestag Fontanes

2. Kollektivbegriffe aus dem Bereich der Musik:

    le duo / le trio = das Duo / das Trio; *le quatuor* [kwatyɔr] = das Quartett; *le quintette* [kɥɛ̃tɛt] = das Quintett; *le sextuor* = das Sextett

Ausdrücke aus der Arithmetik / Maße und Gewichte

`084`

Ausdrücke aus der Arithmetik:

*Un **et** un (font) deux. / Un **plus** un (égalent) deux.* → 1+1 = 2
*Vingt **moins** cinq (font / égalent) quinze* → 20-5 = 15
*Deux **fois** trois (égalent) six. / Deux **multiplié par** trois (font) six.* → 2×3 = 6
*Trente **divisé** par six font / égalent cinq.* → 30:6 = 5
trois au carré → 3^2
trois au cube → 3^3 („drei hoch drei")
cinq puissance six → 5^6 („fünf hoch sechs")
vingt-cinq pour cent → 25%

Merke: *pour cent*   (→ wird getrennt geschrieben)   = „Prozent"
          le pourcentage (→ wird nicht getrennt geschrieben) = „der Prozentsatz"

Maße und Gewichte:

un millimètre	= 1 mm	un mètre carré	= 1 m^2
un centimètre	= 1 cm	un mètre cube	= 1 m^3
un mètre	= 1 m	une livre	= 1 livre
un kilomètre	= 1 km	un kilo(gramme)	= 1 kilo
un are	= 1 a	un quintal	= 100 kilos
un hectare	= 1 ha	deux quint**aux**	= 200 kilos
		une tonne	= 1 t

Die Zahlwörter: Repetitorium

Die Zahlen im Überblick

`085`

1. Ab der Zahl 17 werden im Französischen die **Grundzahlen** aus Zehnern und
   Einern durch Addition gebildet (*dix-sept; dix-huit,* usw.).

   Bei der Schreibung der Grundzahlen setzt man zwischen Zehnern und Einern ei-
   nen Bindestrich: *vingt-sept.* Zwischen Hundertern und Zehnern oder Hunderten
   und Einern wird kein Bindestrich geschrieben: (*deux cent dix; deux cent un*).

   Die Zahl 80 und die Hunderter werden mit Plural *-s* geschrieben (*quatre-vingts;
   deux cents*). Folgt eine weitere Zahl, entfällt das Plural *-s* (*quatre-vingt-trois; trois
   cent neuf*).

2. Die **Ordnungszahlen** werden regelmäßig mithilfe des Suffixes *-ième* gebildet:
   → *le / la douzième.* Die Ordnungszahl für „der / die erste" heißt *le premier / la
   première.* Für „der / die zweite" gibt es zwei Formen: *le / la deuxième; le second,
   la seconde.* Die normale Abkürzung der Ordnungszahlen ist: *1er, 1ère; 2e, 2^{nd(e)},
   3e, 4e,* usw.

3. Die **Bruchzahlen** werden ab *un cinquième* (1/5) mithilfe der Ordnungszahlen im
   Nenner gebildet. Ein Halb (1/2) ist *un demi,* ein Drittel (1/3) ist *un tiers,* ein Viertel
   (1/4) ist *un quart.*

4. Die **Kollektivzahlen** (*une dizaine; une vingtaine,* usw.) entsprechen im Deut-
   schen der Übersetzung „etwa zehn", „etwa zwanzig". *Une douzaine* bedeutet „ein
   Dutzend"; *un millier* (= etwa Tausend) weicht von der Normalbildung der Kollek-
   tivzahlen (durch das Suffix *-aine*) ab.

Schwierigkeiten und Fehlerquellen

`086`

1. Zu beachten sind folgende Besonderheiten in der Schreibung der **Grundzahlen**
   (gemäß gültiger Norm, ohne Berücksichtigung der Empfehlungen zur Orthogra-
   phie von 1990):

21	*vingt **et** un / une*	99	*quatre-vingt-dix-neuf*
31	*trente **et** un / une,* usw.	100	*cent*
71	***soixante et onze***	101	***cent un / une***
72	***soixante-douze***	110	***cent dix***
80	***quatre-vingts***	200	*deux cent**s***
81	***quatre-vingt-un / -une***	201	*deux cent un*

2. „In vierzehn Tagen" entspricht im Französischen: *dans **quinze** jours;* „drei Uhr **nachts**" heißt: *à trois heures **du matin**.*

3. In Bezug auf die Stellung der Grundzahlen bei Adjektiven (*autre, dernier, premier, prochain*) ist auf die vom Deutschen abweichende Stellung zu achten: „die nächsten zwei Wochen" → *les deux prochaines semaines;* „meine ersten beiden Autos" → *mes deux premières voitures.*

4. Bei den **Ordnungszahlen** ist in einer Verbindung wie „jeder vierte Deutsche", „jeder zweite Tag" die abweichende Formulierung im Französischen zu beachten: *un Allemand sur quatre, un jour sur deux.*

5. Die **Bruchzahlen** im Deutschen zur Bezeichnung von Zeiträumen innerhalb eines Jahres werden im Französischen **nicht** verwendet:

„ein Vierteljahr"	→	*trois mois / un trimestre*
„ein halbes Jahr"	→	*six mois / un semestre*
„ein Dreivierteljahr"	→	*neuf mois*
„halbjährlich"	→	*semestriel / semestrielle*
„vierteljährlich"	→	*trimestriel / trimestrielle*

6. Zu unterscheiden ist die unterschiedliche Orthographie der Bruchzahl *demi* = halb. Bei Voranstellung bleibt *demi* unverändert und wird mit Bindestrich an das folgende Wort angeschlossen: *une demi-heure.* Ist *demi* nachgestellt, wird es an das Bezugswort angeglichen: *une heure et demie.*

Kapitel 4
Das Verb

Kapitel 4.1

Die Formen des Verbs *(les formes du verbe)*

Kapitelübersicht:

Die Formen des Verbs: Grundstufe

087 Typen von Verbformen

Die Formen der französischen Verben werden gemäß ihrer Zugehörigkeit in bestimmte Konjugationsklassen eingeteilt. Allgemein lassen sich folgende Formen des Verbs unterscheiden:

- **finite Verbformen** (*formes conjuguées*): *nous mangeons; il arriva; tu as perdu*

- **infinite Verbformen** (*formes non conjuguées*): *manger;* (*en*) *arrivant; avoir perdu*

Weiterhin unterscheidet man:

- **einfache Verbformen** (*formes simples*): *nous partons; il partirait; partir; parti*

- **zusammengesetzte Verbformen** (*formes composées*): *il avait oublié; il serait venu; avoir perdu; ayant travaillé*

Die **finiten** Formen des Verbs sind durch Person (*personne*), Numerus / Zahl (*nombre*), Tempus / Zeit (*temps*), Modus (*mode*), Aktiv / Passiv (voix *active* / *voix passive*) bestimmt.

Die **infiniten** Formen des Verbs sind: der Infinitiv (*l'infinitif*), das Partizip Präsens (*le participe présent*), das Partizip Perfekt (*le participe passé*) und das *gérondif.*

Die **einfachen** Verbformen bestehen aus einem Personalpronomen und dem Verb im Präsens, Imperfekt, Futur I, Konditional I, *passé simple*, *subjonctif* Präsens, *subjonctif* Imperfekt. Das Partizip Präsens, das Partizip Perfekt und der Infinitiv der Gegenwart (*l'infinitif présent*) gehören ebenfalls zu den einfachen Verbformen.

Die **zusammengesetzten** Verbformen bestehen aus einem Personalpronomen und dem Verb im *passé composé*, Plusquamperfekt, Futur II, Konditional II, *passé antérieur*. Der Infinitiv der Vergangenheit (*l'infinitif passé*, z.B. *être venu; avoir pensé*) und das *gérondif* (z.B. *en me promenant*) sind ebenfalls zusammengesetzte Verbformen.

088 Die Konjugationsklassen

Im Französischen gibt es folgende vier Verbgruppen, die sich von ihrer Infinitivendung her unterscheiden:

- **die Verben auf -er:** *aimer, baigner, espérer, se rappeler*

  (In dieser größten Gruppe befinden sich fast alle regelmäßig konjugierten Verben.)

- **die Verben auf -ir:**   *fuir, sentir, sortir, venir*

  (Der größte Teil dieser Verben ist regelmäßig.)

- **die Verben auf -re:**   *craindre, mettre, peindre, prendre*

  (Eine Reihe von Verben dieser Gruppe sind unregelmä-
  ßig.)

- **die Verben auf -oir:**   *asseoir, avoir, pouvoir, savoir*

  (Die Verben dieser Gruppe sind unregelmäßig. **Die un-
  regelmäßigen Verben sind im Anhang aufgeführt.**)

Die Hilfsverben *avoir* und *être*   089

Die zusammengesetzten, finiten Verbformen werden, je nach ihrer Zugehörigkeit zu
einem Konstruktionstyp (vgl. dazu **99**), entweder mit ***avoir*** oder mit ***être*** gebildet.
Avoir und *être* haben folgende Formen:

avoir:

indicatif		*subjonctif*
présent	**passé composé**	**présent**
j'ai	*j'ai eu*	*que j'aie*
tu as	*tu as eu*	*que tu aies*
il a	*il a eu*	*qu'il ait*
nous avons	*nous avons eu*	*que nous ayons*
vous avez	*vous avez eu*	*que vous ayez*
ils ont	*ils ont eu*	*qu'ils aient*
imparfait	**plus-que-parfait**	**imparfait**
j'avais	*j'avais eu*	*(que j'eusse)*
tu avais	*tu avais eu*	*(que tu eusses)*
il avait	*il avait eu*	*qu'il eût*
nous avions	*nous avions eu*	*(que nous eussions)*
vous aviez	*vous aviez eu*	*(que vous eussiez)*
ils avaient	*ils avaient eu*	*(qu'ils eussent)*
passé simple	**passé antérieur**	**passé**
j'eus	*j'eus eu*	*que j'aie eu*
tu eus	*tu eus eu*	*que tu aies eu*
il eut	*il eut eu*	*qu'il ait eu*
nous eûmes	*nous eûmes eu*	*que nous ayons eu*
vous eûtes	*vous eûtes eu*	*que vous ayez eu*
ils eurent	*ils eurent eu*	*qu'ils aient eu*

Grundstufe

indicatif   *subjonctif*

futur simple	*futur antérieur*	*plus-que-parfait*
j'aurai	j'aurai eu	(que j'eusse eu)
tu auras	tu auras eu	(que tu eusses eu)
il aura	il aura eu	qu'il eût eu
nous aurons	nous aurons eu	(que nous eussions eu)
vous aurez	vous aurez eu	(que vous eussiez eu)
ils auront	ils auront eu	(qu'ils eussent eu)

conditionnel présent	*conditionnel passé*	*impératif*
j'aurais	j'aurais eu	aie, ayons, ayez
tu aurais	tu aurais eu	
il aurait	il aurait eu	*participe présent* / *passé*
nous aurions	nous aurions eu	ayant — eu
vous auriez	vous auriez eu	*infinitif présent* / *passé*
ils auraient	ils auraient eu	avoir — avoir eu

Anmerkung: Die in Klammern gesetzten Formen werden im modernen Französisch praktisch nicht mehr verwendet.

In der vorstehenden wie auch in den folgenden Konjugationstabellen sind die weiblichen Formen *elle / elles* nicht eigens aufgeführt. Zur Veränderlichkeit der Partizipien nach weiblichen Subjektspronomen vgl. das Kapitel **4.6**.

être:

indicatif   *subjonctif*

présent	*passé composé*	*présent*
je suis	j'ai été	que je sois
tu es	tu as été	que tu sois
il est	il a été	qu'il soit
nous sommes	nous avons été	que nous soyons
vous êtes	vous avez été	que vous soyez
ils sont	ils ont été	qu'ils soient

imparfait	*plus-que-parfait*	*imparfait*
j'étais	j'avais été	(que je fusse)
tu étais	tu avais été	(que tu fusses)
il était	il avait été	qu'il fût
nous étions	nous avions été	(que nous fussions)
vous étiez	vous aviez été	(que vous fussiez)
ils étaient	ils avaient été	(qu'ils fussent)

passé simple	*passé antérieur*	*passé*
je fus	j'eus été	que j'aie été
tu fus	tu eus été	que tu aies été
il fut	il eut été	qu'il ait été
nous fûmes	nous eûmes été	que nous ayons été
vous fûtes	vous eûtes été	que vous ayez été
ils furent	ils eurent été	qu'ils aient été

indicatif   *subjonctif*

futur simple   **futur antérieur**   **plus-que-parfait**
je serai   j'aurai été   (que j'eusse été)
tu seras   tu auras été   (que tu eusses été)
il sera   il aura été   qu'il eût été
nous serons   nous aurons été   (que nous eussions été)
vous serez   vous aurez été   (que vous eussiez été)
ils seront   ils auront été   (qu'ils eussent été)

conditionnel présent **conditionnel passé**   **impératif**
je serais   j'aurais été   sois, soyons, soyez
tu serais   tu aurais été
il serait   il aurait été   **participe présent** / **passé**
nous serions   nous aurions été   étant   été
vous seriez   vous auriez été   **infinitif présent** / **passé**
ils seraient   ils auraient été   être   avoir été

Einfache und zusammengesetzte Verbformen der regelmäßigen Verben auf *-er*

090

Beispiel **arriver**:

indicatif   *subjonctif*

présent   **passé composé**   **présent**
j'arrive   je suis arrivé   que j'arrive
tu arrives   tu es arrivé   que tu arrives
il arrive   il est arrivé   qu'il arrive
nous arrivons   nous sommes arrivés   que nous arrivions
vous arrivez   vous êtes arrivés   que vous arriviez
ils arrivent   ils sont arrivés   qu'ils arrivent

imparfait   **plus-que-parfait**   **imparfait**
j'arrivais   j'étais arrivé   (que j'arrivasse)
tu arrivais   tu étais arrivé   (que tu arrivasses)
il arrivait   il était arrivé   qu'il arrivât
nous arrivions   nous étions arrivés   (que nous arrivassions)
vous arriviez   vous étiez arrivés   (que vous arrivassiez)
ils arrivaient   ils étaient arrivés   (qu'ils arrivassent)

passé simple   **passé antérieur**   **passé**
j'arrivai   je fus arrivé   que je sois arrivé
tu arrivas   tu fus arrivé   que tu sois arrivé
il arriva   il fut arrivé   qu'il soit arrivé
nous arrivâmes   nous fûmes arrivés   que nous soyons arrivés
vous arrivâtes   vous fûtes arrivés   que vous soyez arrivés
ils arrivèrent   ils furent arrivés   qu'ils soient arrivés

indicatif		subjonctif
futur simple	**futur antérieur**	**plus-que-parfait**
j'arriv**erai**	je serai arrivé	(que je fusse arrivé)
tu arriv**eras**	tu seras arrivé	(que tu fusses arrivé)
il arriv**era**	il sera arrivé	qu'il fût arrivé
nous arriv**erons**	nous serons arrivés	(que nous fussions arrivés)
vous arriv**erez**	vous serez arrivés	(que vous fussiez arrivés)
ils arriv**eront**	ils seront arrivés	(qu'ils fussent arrivés)
conditionnel présent	**conditionnel passé**	
j'arriv**erais**	je serais arrivé	**impératif**
tu arriv**erais**	tu serais arrivé	arrive, arriv**ons**, arriv**ez**
il arriv**erait**	il serait arrivé	**participe présent / passé**
nous arriv**erions**	nous serions arrivés	arriv**ant** arriv**é**
vous arriv**eriez**	vous seriez arrivés	**infinitif présent / passé**
ils arriv**eraient**	ils seraient arrivés	arriv**er** être arriv**é**

Anmerkung: Von den Formen des *imparfait subjonctif* und *plus-que-parfait subjonctif* wird im modernen geschriebenen Französisch fast nur noch die 3. Person Singular verwendet. Der Imperativ Singular wird bei nachfolgendem **en** oder **y** mit einem *-s* versehen: *mange, mange**s**-en* [mɑ̃ʒɑ̃]; *pense, pense**s**-y* [pɑ̃zzi]; *va, va**s**-y*.

091	## Die Formen der unregelmäßigen Verben auf *-er*

1. Das Verb `aller`:

indicatif		subjonctif
présent	**passé composé**	**présent**
je vais	je suis allé	que j'aille
tu vas	tu es allé	que tu ailles
il va	il est allé	qu'il aille
nous allons	nous sommes allés	que nous allions
vous allez	vous êtes allés	que vous alliez
ils vont	ils sont allés	qu'ils aillent
imparfait	**plus-que-parfait**	**imparfait**
j'allais	j'étais allé	(que j'allasse)
tu allais	tu étais allé	(que tu allasses)
il allait	il était allé	qu'il allât
nous allions	nous étions allés	(que nous allassions)
vous alliez	vous étiez allés	(que vous allassiez)
ils allaient	ils étaient allés	(qu'ils allassent)
passé simple	**passé antérieur**	**passé**
j'allai	je fus allé	que je sois allé
tu allas	tu fus allé	que tu sois allé
il alla	il fut allé	qu'il soit allé
nous allâmes	nous fûmes allés	que nous soyons allés
vous allâtes	vous fûtes allés	que vous soyez allés
ils allèrent	ils furent allés	qu'ils soient allés

indicatif		subjonctif

futur simple	**futur antérieur**	**plus-que-parfait**
j'irai	je serai allé	(que je fusse allé)
tu iras	tu seras allé	(que tu fusses allé)
il ira	il sera allé	qu'il fût allé
nous irons	nous serons allés	(que nous fussions allés)
vous irez	vous serez allés	(que vous fussiez allés)
ils iront	ils seront allés	(qu'ils fussent allés)

conditionnel présent	**conditionnel passé**	**impératif**
j'irais	je serais allé	va, allons, allez
tu irais	tu serais allé	
il irait	il serait allé	**participe présent / passé**
nous irions	nous serions allés	allant allé
vous iriez	vous seriez allés	**infinitif présent / passé**
ils iraient	ils seraient allés	aller être allé

2. Orthographische Besonderheiten der Verben auf -ger und -cer (z.B. nager, forcer):

Der [ʒ]-Laut und der [s]-Laut bleiben in allen Formen dieser Verben erhalten; daher ist es erforderlich, im Schriftbild vor *a* und *o* ein -*e*- einzufügen bzw. das *c* mit einer *cédille* zu versehen.

présent	**imparfait**	**passé simple**	**impératif / participe**
je nage	je nageais	je nageai	nage
nous nageons	nous nagions	nous nageâmes	nageons
		ils nagèrent	nageant
je force	je forçais	je forçai	force
nous forçons	nous forcions	nous forçâmes	forçons
		ils forcèrent	forçant

Wie nager verhalten sich:

allonger	verlängern	diriger	lenken / leiten
aménager	ein- / herrichten	émerger	auftauchen
arranger	ordnen / einrichten	encourager	ermutigen
avantager	bevorzugen	s'engager	sich verpflichten
bouger	sich bewegen	envisager	ins Auge fassen
changer	ändern / sich ändern	ériger	errichten
charger	laden / beauftragen	exiger	fordern
corriger	verbessern / korrigieren	forger	schmieden
décourager	entmutigen	interroger	fragen / befragen
dégager	freimachen / lösen	juger	richten / urteilen
déménager	umziehen	loger	unterbringen
déranger	stören	manger	essen
désavantager	benachteiligen	mélanger	mischen

Grundstufe

ménager	schonen	*ranger*	aufräumen
négliger	vernachlässigen	*rédiger*	abfassen
partager	teilen	*songer*	denken
prolonger	verlängern	*se venger*	sich rächen
propager	verbreiten / fortpflanzen	*voyager*	reisen
protéger	schützen		

Wie *forcer* **verhalten sich:**

annoncer	ankündigen	*influencer*	beeinflussen
avancer	vorangehen	*menacer*	drohen
commencer	beginnen	*placer*	stellen / unterbringen
déplacer	verschieben / verlagern	*prononcer*	aussprechen
s'efforcer	sich anstrengen	*renoncer*	verzichten
exercer	(aus)üben		

3. Orthographische Besonderheiten der Verben auf *-ayer, -oyer* und *-uyer* (z.B. **essayer**, **nettoyer**, **s'ennuyer**):

Bei den Verben auf *-ayer* schreibt man *i* oder *y* in der 1. bis 3. Person Sing. und in der 3. Person Plural Indikativ und *subjonctif* Präsens; desgleichen in allen Formen des *futur simple* und des *conditionnel présent* sowie in der Singularform des Imperativs.
Bei den Verben auf *-oyer* und *-uyer* wird in diesen Formen nur *i* geschrieben.

-ayer:

présent (ind.)   **présent (subj.)**

j'essaie	*j'essaye*	*que j'essaie*	*que j'essaye*
tu essaies	*tu essayes*	*que tu essaies*	*que tu essayes*
il essaie	*il essaye*	*qu'il essaie*	*qu'il essaye*
nous essayons		*que nous essayions*	
vous essayez		*que vous essayiez*	
ils essaient	*ils essayent*	*qu'ils essaient*	*qu'ils essayent*

futur simple   **conditionnel présent**

j'essaierai	*j'essayerai*	*j'essaierais*	*j'essayerais*
tu essaieras	*tu essayeras*	*tu essaierais*	*tu essayerais*
il essaiera	*il essayera*	*il essaierait*	*il essayerait*
nous essaierons	*nous essayerons*	*nous essaierions*	*nous essayerions*
vous essaierez	*vous essayerez*	*vous essaieriez*	*vous essayeriez*
ils essaieront	*ils essayeront*	*ils essaieraient*	*ils essayeraient*

impératif : *essaie / essaye / essayons / essayez*

Ebenso:

balayer	*effrayer*	*égayer*	*payer*
(hinweg-)fegen	erschrecken	aufheitern	zahlen / bezahlen

-oyer / -uyer:

présent (ind.)	présent (subj.)
je nettoie	que je nettoie
tu nettoies	que tu nettoies
il nettoie	qu'il nettoie
nous nettoyons	que nous nettoyions
vous nettoyez	que vous nettoyiez
ils nettoient	qu'ils nettoient

futur simple	conditionnel présent
je nettoierai	je nettoierais
tu nettoieras	tu nettoierais
il nettoiera	il nettoierait
nous nettoierons	nous nettoierions
vous nettoierez	vous nettoieriez
ils nettoieront	ils nettoieraient

impératif : nettoie / nettoyons / nettoyez

Ebenso:

aboyer	bellen	se noyer	ertrinken
employer	verwenden / einstellen	tutoyer	duzen
		vouvoyer	siezen
déployer	entfalten	appuyer	stützen
envoyer	schicken	s'ennuyer	sich langweilen
noyer	ertränken		

Anmerkung: Die Formen des Futur I und des Konditional I von *envoyer / renvoyer* lauten:

j'enverrai / je renverrai
j'enverrais / je renverrais

4. Verben mit unterschiedlichen Stämmen:

* **die stammbetonten Formen, das Futur und das Konditional I haben ein [ɛ], das im Schriftbild durch** -è- **wiedergegeben wird** (z.B. *promener* = spazierenführen / ausführen):

présent (ind.)	présent (subj.)
je promène [ʒəprɔmɛn]	que je promène
tu promènes	que tu promènes
il promène	qu'il promène
nous promenons [nuprɔmnõ]	que nous promenions
vous promenez	que vous promeniez
ils promènent	qu'ils promènent

futur simple

je promènerai
tu promèneras
il promènera
nous promènerons
vous promènerez
ils promèneront

conditionnel présent

je promènerais
tu promènerais
il promènerait
nous promènerions
vous promèneriez
ils promèneraient

impératif : *promène / promenons / promenez*

Ebenso:

acheter	kaufen	geler	frieren / gefrieren
achever	vollenden	lever	heben
amener	mitbringen	mener	führen
crever	platzen (lassen)	peser	wiegen
dégeler	auftauen	ramener	zurückbringen
élever	erhöhen / erziehen	relever	aufheben / hervorheben
enlever	wegnehmen	semer	säen
emmener	mitnehmen	soulever	(hoch)heben

- **der Auslautkonsonant des Stammes wird in den stammbetonten Formen, sowie im Futur I und im Konditional I gedoppelt** (z.B. *jeter, renouveler*):

présent (ind.)

je jette [ʒəʒɛt]	je renouvelle
tu jettes	tu renouvelles
il jette	il renouvelle
nous jetons	nous renouvelons
[nuʒətõ]	vous renouvelez
vous jetez	ils renouvellent
ils jettent	

présent (subj.)

que je jette	que je renouvelle
que tu jettes	que tu renouvelles
qu'il jette	qu'il renouvelle
que nous jetions	que nous renouvelions
que vous jetiez	que vous renouveliez
qu'ils jettent	qu'ils renouvellent

futur simple

je jetterai	je renouvellerai
tu jetteras	tu renouvelleras
il jettera	il renouvellera
nous jetterons	nous renouvellerons
vous jetterez	vous renouvellerez
ils jetteront	ils renouvelleront

conditionnel présent

je jetterais	je renouvellerais
tu jetterais	tu renouvellerais
il jetterait	il renouvellerait
nous jetterions	nous renouvellerions
vous jetteriez	vous renouvelleriez
ils jetteraient	ils renouvelleraient

impératif : *jette / renouvelle / jetons / renouvelons / jetez / renouvelez*

Ebenso:

cacheter	versiegeln	appeler	rufen
feuilleter	blättern / durchblättern	épeler	buchstabieren
projeter	planen / werfen	étinceler	funkeln
rejeter	zurückweisen / verwer-fen / zurückwerfen	ficeler	schnüren
		morceler	stückeln
		niveler	gleichmachen / nivellieren
		se rappeler	sich erinnern

- **die Verben vom Typus** *céder, espérer* **(mit dem Schriftbild -é- auf der Silbe vor der Infinitivendung) weisen für die stammbetonten Formen ein [ɛ], für die endungsbetonten Formen ein [e] auf. Im Futur I und Konditional I ist das Lautbild immer [ɛ], das Schriftbild dagegen [e].**

présent (ind.)	*présent (subj.)*
je cède	*que je cède*
tu cèdes	*que tu cèdes*
il cède	*qu'il cède*
nous cédons	*que nous cédions*
vous cédez	*que vous cédiez*
ils cèdent	*qu'ils cèdent*

futur simple		*conditionnel présent*
je céderai	[ʒsɛdʀɛ]	*je céderais*
tu céderas		*tu céderais*
il cédera		*il céderait*
nous céderons		*nous céderions*
vous céderez		*vous céderiez*
ils céderont		*ils céderaient*

impératif : *cède* / *cédons* / *cédez*

Ebenso:

accéder	gelangen / Zugang haben	*libérer*	befreien
accélérer	beschleunigen	*modérer*	mäßigen
célébrer	feiern	*désespérer*	verzweifeln
compléter	vervollständigen	*pénétrer*	eindringen
concéder	zugestehen	*posséder*	besitzen
considérer	betrachten / bedenken	*précéder*	vorausgehen
décéder	sterben	*préférer*	bevorzugen / vorziehen
dégénérer	ausarten	*protéger*	schützen
déléguer	delegieren	*se référer à*	sich beziehen auf
délibérer	beraten / überlegen	*régler*	regeln
différer	aufschieben / sich unterscheiden	*répéter*	wiederholen
		sécher	trocknen
digérer	verdauen	*succéder*	folgen auf
espérer	hoffen	*suggérer*	nahelegen
exagérer	übertreiben	*tolérer*	dulden
inquiéter	beunruhigen	*transférer*	versetzen / übertragen / überführen
intégrer	integrieren		
interpréter	interpretieren		

Anmerkung:

Gemäß den Empfehlungen der *Rectifications de l'orthographe* von 1990 sollten die Formen *je cèderai, je cèderais* mit *accent grave* die Schreibweise mit *accent aigu* (*je céderai*) ersetzen. Diese Empfehlung ersetzt jedoch (noch) nicht definitiv die bestehende Norm; die Formen *je céderai, je céderais* sind also weiterhin anzuwenden.

092 | **Einfache und zusammengesetzte Verbformen der regelmäßigen Verben auf** *-ir*

Die regelmäßigen Verben auf *-ir* haben verschiedene Stämme im Singular und im Plural. Sie gliedern sich in zwei Gruppen:

1. **mit Stammerweiterung:** Im Plural dieser Verben wird das sog. **Infix** *-iss-* in den Wortkörper vor der Endung eingeschoben, das heißt **der Stamm wird erweitert** (im Plural des Indikativ Präsens, in allen Personen des *subjonctif* Präsens und des Indikativ Imperfekt, im Imperativ Plural sowie im Partizip Präsens).

2. **ohne Stammerweiterung:** Im Plural wird der Stamm **nicht** durch ein Infix erweitert.

- **Zur ersten Gruppe** mit Stammerweiterung **gehören die meisten Verben auf** *-ir*, z.B. *choisir*:

indicatif

présent	**passé composé**
je choisis	j'ai choisi
tu choisis	tu as choisi
il choisit	il a choisi
nous choisissons	nous avons choisi
vous choisissez	vous avez choisi
ils choisissent	ils ont choisi

imparfait	**plus-que-parfait**
je choisissais	j'avais choisi
tu choisissais	tu avais choisi
il choisissait	il avait choisi
nous choisissions	nous avions choisi
vous choisissiez	vous aviez choisi
ils choisissaient	ils avaient choisi

passé simple	**passé antérieur**
je choisis	j'eus choisi
tu choisis	tu eus choisi
il choisit	il eut choisi
nous choisîmes	nous eûmes choisi
vous choisîtes	vous eûtes choisi
ils choisirent	ils eurent choisi

futur simple	**futur antérieur**
je choisirai	j'aurai choisi
tu choisiras	tu auras choisi
il choisira	il aura choisi
nous choisirons	nous aurons choisi
vous choisirez	vous aurez choisi
ils choisiront	ils auront choisi

subjonctif

présent
que je choisisse
que tu choisisses
qu'il choisisse
que nous choisissions
que vous choisissiez
qu'ils choisissent

imparfait
que je choisisse
que tu choisisses
qu'il choisît
que nous choisissions
que vous choisissiez
qu'ils choisissent

passé
que j'aie choisi
que tu aies choisi
qu'il ait choisi
que nous ayons choisi
que vous ayez choisi
qu'ils aient choisi

plus-que-parfait
(que j'eusse choisi)
(que tu eusses choisi)
qu'il eût choisi
(que nous eussions choisi)
(que vous eussiez choisi)
(qu'ils eussent choisi)

indicatif

conditionnel présent	**conditionnel passé**	**impératif**
je choisi**rais**	j'aurais choisi	choisi**s**; choisi**ssons**;
tu choisi**rais**	tu aurais choisi	choisi**ssez**
il choisi**rait**	il aurait choisi	
nous choisi**rions**	nous aurions choisi	**participe présent / passé**
vous choisi**riez**	vous auriez choisi	choisi**ssant** choisi
ils choisi**raient**	ils auraient choisi	**infinitif présent / passé**
		choisi**r** avoir choisi

Anmerkung:
Die Formen des *subjonctif présent* und *subjonctif imparfait* sind weitgehend (außer 3. Pers. Sing.) identisch.

Auswahl von Verben, die sich wie *choisir* verhalten:

abolir	abschaffen	*investir*	investieren
aboutir à	führen zu / auf etwas hinauslaufen	*jouir de*	genießen
		maigrir	abnehmen
accomplir	ausführen / vollenden	*nourrir*	ernähren
affaiblir	schwächen	*obéir*	gehorchen
agrandir	vergrößern	*périr*	umkommen
appauvrir	arm machen	*punir*	bestrafen
applaudir	Beifall klatschen	*rafraîchir*	erfrischen
avertir	warnen	*ralentir*	langsamer werden
bâtir	bauen	*réagir*	reagieren
définir	bestimmen / definieren	*réfléchir*	überlegen / nachdenken
démolir	abreißen / zerstören	*se réjouir*	sich freuen
élargir	erweitern	*remplir*	füllen / ausfüllen
embellir	verschönern	*rétablir*	wiederherstellen
envahir	einfallen / eindringen	*réunir*	verbinden
s'épanouir	aufblühen / sich entfalten	*réussir*	gelingen
s'évanouir	ohnmächtig werden	*rougir*	erröten
finir	beenden	*salir*	beschmutzen
fournir	liefern	*subir*	erleiden
garantir	garantieren	*trahir*	verraten
grandir	größer werden	*unir*	vereinigen
grossir	zunehmen / dick werden	*vieillir*	altern
guérir	heilen / gesund werden		

- **Zur zweiten Gruppe ohne Stammerweiterung gehören eine Reihe von Verben wie z.B.** *partir*:

indicatif   *subjonctif*

présent	**passé composé**	**présent**
je par**s**	je suis parti	que je par**te**
tu par**s**	tu es parti	que tu par**tes**
il par**t**	il est parti	qu'il par**te**
nous part**ons**	nous sommes partis	que nous part**ions**
vous part**ez**	vous êtes partis	que vous part**iez**
ils part**ent**	ils sont partis	qu'ils part**ent**

Grundstufe

indicatif		*subjonctif*

imparfait	**plus-que-parfait**	**imparfait**
je part**ais**	j'étais parti	*(que je part**isse**)*
tu part**ais**	tu étais parti	*(que tu part**isses**)*
il part**ait**	il était parti	*qu'il part**ît***
nous part**ions**	nous étions partis	*(que nous part**issions**)*
vous part**iez**	vous étiez partis	*(que vous part**issiez**)*
ils part**aient**	ils étaient partis	*(qu'ils part**issent**)*

passé simple	**passé antérieur**	**passé**
je part**is**	je fus parti	que je sois parti
tu part**is**	tu fus parti	que tu sois parti
il part**it**	il fut parti	qu'il soit parti
nous part**îmes**	nous fûmes partis	que nous soyons partis
vous part**îtes**	vous fûtes partis	que vous soyez partis
ils part**irent**	ils furent partis	qu'ils soient partis

futur simple	**futur antérieur**	**plus-que-parfait**
je part**irai**	je serai parti	*(que je fusse parti)*
tu part**iras**	tu seras parti	*(que tu fusses parti)*
il part**ira**	il sera parti	*qu'il fût parti*
nous part**irons**	nous serons partis	*(que nous fussions partis)*
vous part**irez**	vous serez partis	*(que vous fussiez partis)*
ils part**iront**	ils seront partis	*(qu'ils fussent partis)*

conditionnel présent	**conditionnel passé**	
je part**irais**	je serais parti	**impératif**
tu part**irais**	tu serais parti	pars, part**ons**, part**ez**
il part**irait**	il serait parti	
nous part**irions**	nous serions partis	**participe présent** / **passé**
vous part**iriez**	vous seriez partis	part**ant** parti
ils part**iraient**	ils seraient partis	**infinitif présent** / **passé**
		part**ir** être parti

Auswahl von Verben, die sich wie *partir* verhalten:

consentir	einwilligen	*pressentir*	ahnen
desservir	(einen Tisch) abräumen / (regelmäßig) anfahren / anfliegen / schaden	*repartir*	wieder abreisen
		se repentir	bereuen
		ressentir	empfinden / verspüren
dormir	schlafen	*sentir*	fühlen / riechen
s'endormir	einschlafen	*servir*	dienen
mentir	lügen	*sortir*	hinausgehen

Anmerkung:

Die Verben **couvrir, découvrir, offrir, ouvrir** und **souffrir** bilden den Ind. und *subj.* Präsens wie die regelmäßigen Verben auf -**er**: *je souffre, tu souffres, il souffre,* usw.; *que je souffre, que tu souffres, qu'il souffre,* usw.

Besonders zu beachten sind die **unregelmäßigen** Verben auf *-ir* **im Anhang**:

accueillir	empfangen	*cueillir*	pflücken
acquérir	erwerben	*haïr*	hassen
assaillir	angreifen	*tenir*	halten
bouillir	kochen	(und Komposita)	
conquérir	erobern	*tressaillir*	zittern / erschaudern
courir	laufen	*venir*	kommen
(und Komposita)		(und Komposita)	
couvrir	decken / bedecken		
(und Komposita)			

Einfache und zusammengesetzte Verbformen der regelmäßigen Verben auf *-re*

093

Beispiel: *entendre*

indicatif

présent	**passé composé**
j'entends	*j'ai entendu*
tu entends	*tu as entendu*
il entend	*il a entendu*
nous entendons	*nous avons entendu*
vous entendez	*vous avez entendu*
ils entendent	*ils ont entendu*

imparfait	**plus-que-parfait**
j'entendais	*j'avais entendu*
tu entendais	*tu avais entendu*
il entendait	*il avait entendu*
nous entendions	*nous avions entendu*
vous entendiez	*vous aviez entendu*
ils entendaient	*ils avaient entendu*

passé simple	**passé antérieur**
j'entendis	*j'eus entendu*
tu entendis	*tu eus entendu*
il entendit	*il eut entendu*
nous entendîmes	*nous eûmes entendu*
vous entendîtes	*vous eûtes entendu*
ils entendirent	*ils eurent entendu*

futur simple	**futur antérieur**
j'entendrai	*j'aurai entendu*
tu entendras	*tu auras entendu*
il entendra	*il aura entendu*
nous entendrons	*nous aurons entendu*
vous entendrez	*vous aurez entendu*
ils entendront	*ils auront entendu*

subjonctif

présent
que j'entende
que tu entendes
qu'il entende
que nous entendions
que vous entendiez
qu'ils entendent

imparfait
(que j'entendisse)
(que tu entendisses)
qu'il entendît
(que nous entendissions)
(que vous entendissiez)
(qu'ils entendissent)

passé
que j'aie entendu
que tu aies entendu
qu'il ait entendu
que nous ayons entendu
que vous ayez entendu
qu'ils aient entendu

plus-que-parfait
(que j'eusse entendu)
(que tu eusses entendu)
qu'il eût entendu
(que nous eussions entendu)
(que vous eussiez entendu)
(qu'ils eussent entendu)

indicatif

conditionnel présent	conditionnel passé	impératif
j'entend**rais**	j'aurais entendu	entend**s**, entend**ons**, enten-**dez**
tu entend**rais**	tu aurais entendu	
il entend**rait**	il aurait entendu	**participe présent / passé**
nous entend**rions**	nous aurions entendu	entend**ant** entend**u**
vous entend**riez**	vous auriez entendu	**infinitif présent / passé**
ils entend**raient**	ils auraient entendu	entend**re** avoir entendu

Auswahl von Verben, die sich wie *entendre* verhalten:

attendre	(er)warten	*fendre*	spalten
condescendre	sich herablassen	*fondre*	schmelzen
confondre	verwechseln	*se morfondre*	Trübsal blasen
correspondre	entsprechen / korrespondie-ren	*pendre*	hängen
		perdre	verlieren
défendre	verteidigen	*pondre*	(Eier) legen
démordre		*redescendre*	wieder herabsteigen
(*ne pas en*		*rendre*	zurückgeben
démordre)	nicht lockerlassen	*se rendre*	sich begeben / sich ergeben
dépendre	abhängen	*répandre*	ausbreiten / verbreiten
descendre	herabsteigen / herunterkom-men	*répondre*	antworten
		suspendre	aufhängen / aufschieben
se détendre	sich entspannen	*tendre*	spannen / hinhalten
distordre	verdrehen / verzerren	*tondre*	scheren / (Gras) mähen
épandre	ausbreiten / verstreuen	*tordre*	drehen / verrenken
étendre	ausstrecken	*vendre*	verkaufen

Anmerkung:

Das Verb *rompre* (zerbrechen) und seine Komposita *corrompre* (bestechen / verder-ben) und *interrompre* (unterbrechen) bilden die 3. Pers. Sing. Ind. Präsens mit dem Suffix **-t** : *il rompt*. Alle anderen Formen werden wie *entendre* konjugiert. Die Verben *coudre, moudre, prendre* und deren Komposita sowie die Verben mit der Endung *-aindre, -eindre, -oindre* sind unregelmäßig. (Siehe dazu **404** im Anhang: „Unregel-mäßige Verben".)

Die Gruppe der Verben auf *-oir*, **die unregelmäßig sind, werden hier nicht eigens behandelt. Sie sind im Anhang bei den unregelmäßigen Verben aufgeführt.**

---

094   ### Die Bildung des Passivs *(la formation du passif)*

R 094

> Das Passiv wird mit dem Hilfsverb ***être*** **+ Partizip Perfekt** gebildet.
> Das Partizip richtet sich in Geschlecht und Zahl nach dem Bezugswort (= ein Sub-stantiv oder ein Pronomen).

Beispiel: *être aimé, e* – geliebt werden

indicatif   *subjonctif*

présent
je suis aimé
tu es aimé
il est aimé
nous sommes aimés
vous êtes aimés
ils sont aimés

passé composé
j'ai été aimé
tu as été aimé
il a été aimé
nous avons été aimés
vous avez été aimés
ils ont été aimés

présent
que je sois aimé
que tu sois aimé
qu'il soit aimé
que nous soyons aimés
que vous soyez aimés
qu'ils soient aimés

imparfait
j'étais aimé
tu étais aimé
il était aimé
nous étions aimés
vous étiez aimés
ils étaient aimés

plus-que-parfait
j'avais été aimé
tu avais été aimé
il avait été aimé
nous avions été aimés
vous aviez été aimés
ils avaient été aimés

imparfait
(que je fusse aimé)
(que tu fusses aimé)
qu'il fût aimé
(que nous fussions aimés)
(que vous fussiez aimés)
(qu'ils fussent aimés)

passé simple
je fus aimé
tu fus aimé
il fut aimé
nous fûmes aimés
vous fûtes aimés
ils furent aimés

passé antérieur
j'eus été aimé
tu eus été aimé
il eut été aimé
nous eûmes été aimés
vous eûtes été aimés
ils eurent été aimés

passé
que j'aie été aimé
que tu aies été aimé
qu'il ait été aimé
que nous ayons été aimés
que vous ayez été aimés
qu'ils aient été aimés

futur simple
je serai aimé
tu seras aimé
il sera aimé
nous serons aimés
vous serez aimés
ils seront aimés

futur antérieur
j'aurai été aimé
tu auras été aimé
il aura été aimé
nous aurons été aimés
vous aurez été aimés
ils auront été aimés

plus-que-parfait
(que j'eusse été aimé)
(que tu eusses été aimé)
qu'il eût été aimé
(que nous eussions été aimés)
(que vous eussiez été aimés)
(qu'ils eussent été aimés)

conditionnel présent
je serais aimé
tu serais aimé
il serait aimé
nous serions aimés
vous seriez aimés
ils seraient aimés

conditionnel passé
j'aurais été aimé
tu aurais été aimé
il aurait été aimé
nous aurions été aimés
vous auriez été aimés
ils auraient été aimés

impératif
sois aimé, soyons aimés,
soyez aimés

infinitif présent / passé
être aimé   avoir été aimé

participe présent
étant aimé

Die reflexiven Verben *(les verbes pronominaux)*   095

Die reflexiven Verben werden von den Pronomen *me, te, se, nous, vous* begleitet.
Diese Reflexivpronomen beziehen sich auf das Subjekt zurück und können **direktes**
oder **indirektes** Objekt sein.

- **direktes Objekt:**   *elle **se** lave*   →   *laver qn*

                                  *nous **nous** aimons*   →   *aimer qn*

- **indirektes Objekt:**   *tu **te** nuis*   →   *nuire à qn*

                                    *il **vous** parle*   →   *parler à qn*

R 095

> Die reflexiven Verben bilden die **zusammengesetzten** Zeiten mit dem Hilfsverb *être*.

présent		*futur proche*	
*je **me** lave*	*je **m**'amuse*	*il va **se** laver*	
*tu **te** laves*	*tu **t**'amuses*		
*il **se** lave*	*il **s**'amuse*	*impératif*	
*nous **nous** lavons*	*nous **nous** amusons*	*lave-**toi***	*ne **t**'amuse pas*
*vous **vous** lavez*	*vous **vous** amusez*	*lavons-**nous***	*ne **nous** amusons pas*
*ils **se** lavent*	*ils **s**'amusent*	*lavez-**vous***	*ne **vous** amusez pas*
passé composé			
*je **me suis** lavé(e)*			
*nous **nous sommes** amusé(e)s*			

	Ausnahmen:
Das Reflexivpronomen steht **vor** der finiten Verbform. In zusammengesetzten Zeiten steht es folglich vor dem Hilfsverb.	- Beim *futur proche* steht das Reflexivpronomen vor dem **Infinitiv.**
	- Beim **bejahenden Imperativ** steht das Reflexivpronomen mit Bindestrich **nach** dem Verb (*te* wird zu *toi*).

Zur Angleichung des Partizips Perfekt der reflexiven Verben siehe **178**.

096   Typen reflexiver Verben

Es gibt im Französischen Verben, die sowohl reflexiv als auch nichtreflexiv gebraucht werden können (*les verbes accidentellement pronominaux*). Daneben gibt es solche, die nur in reflexiver Form auftreten (*les verbes essentiellement pronominaux*) oder die – sie werden nur im Plural gebraucht – eine wechselseitige, ‚reziproke' Handlung ausdrücken (*les verbes réciproques*). Im Folgenden einige Beispiele für die unterschiedlichen Typen reflexiver Verben:

1. Les verbes accidentellement pronominaux:

appeler	rufen	*s'appeler*	heißen
changer de	wechseln	*se changer*	sich umziehen
emporter	mitnehmen	*s'emporter*	in Wut geraten
produire	herstellen	*se produire*	sich ereignen
tuer	töten / umbringen	*se tuer*	sich umbringen / umkommen

2. *Les verbes essentiellement pronominaux:*

s'absenter	weggehen / wegfahren / verreisen	*se méfier de*	misstrauen / sich in acht nehmen (vor)
s'écrier	ausrufen	*se repentir de qc*	etwas bereuen
s'enfuir	fliehen / entfliehen	*se souvenir de**	erinnern / sich erinnern
se fier à	(ver)trauen	*se suicider*	Selbstmord verüben

* Der nichtreflexive, unpersönliche Gebrauch des Verbs *souvenir* ist selten und hochliterarisch. (*Il ne me souvient pas de les avoir rencontrés.*)

3. *Les verbes réciproques:*

s'aimer	sich lieben	*Ils se sont aimés pendant toute leur vie.*
s'écrire	sich schreiben	Sie haben sich ihr ganzen Leben lang geliebt.
s'entretenir	sich unterhalten	
se jurer	sich schwören	
se parler	miteinander sprechen	*Elles ne se sont plus parlé pendant un mois.*
se séparer	sich trennen	Sie haben einen Monat lang nicht mehr miteinander gesprochen.

Die wechselseitige Handlung kann zusätzlich durch *l'un(e) l'autre / les un(e)s les autres / l'un(e) à l'autre / les un(e)s aux autres* oder durch das Adverb *mutuellement* hervorgehoben werden:

*Ils se sont juré **l'un à l'autre** / **mutuellement** de ne plus agir de la sorte.*
Sie haben einander geschworen, nie mehr so zu handeln.

Anmerkung:

Es gibt eine Reihe von reflexiven Verben, deren Pronomen indirektes Objekt (Dativobjekt) ist. Dementsprechend wird das Partizip Perfekt in folgenden Fällen nicht verändert (vergleiche dazu auch **185**):

Elles ne se sont plus parlé pendant un mois.	(*parler à qn*)
Elle s'est demandé si...	(*demander à qn*)
Ils se sont rendu compte que...	(*rendre compte à qn*)
Nous nous sommes écrit trois fois.	(*écrire à qn*)
Ils se sont nui.	(*nuire à qn*)

Die Formen des Verbs: Aufbaustufe

097 **Die Ableitungsregeln der regelmäßigen Verben**

1. **Die Ableitung von Imperfekt Indikativ, Partizip Präsens / *gérondif* und von der 1. und 2. Person Plural *subjonctif* Präsens:**

R 097.1

Das Imperfekt Indikativ, das Partizip Präsens / *gérondif* und die 1. und 2. Person Plural *subjonctif* Präsens werden vom **Stamm der 1. Person Plural Indikativ Präsens** abgeleitet.

Beispiele:

Ableitungsbasis		Abgeleitete Verbformen
nous **arriv**ons	→	*j'***arriv**ais (en) **arriv**ant *que nous* **arriv**ions; *que vous* **arriv**iez
nous **nettoy**ons	→	*je* **nettoy**ais (on) **nettoy**ant *que nous* **nettoy**ions; *que vous* **nettoy**iez
nous **choisiss**ons	→	*je* **choisiss**ais (en) **choisiss**ant *que nous* **choisiss**ions; *que vous* **choisiss**iez
nous **part**ons	→	*je* **part**ais (en) **part**ant *que nous* **part**ions; *que vous* **part**iez
nous **entend**ons	→	*j'***entend**ais (en) **entend**ant *que nous* **entend**ions; *que vous* **entend**iez

2. **Die Ableitung des Singulars und der 3. Person Plural des *subjonctif* Präsens:**

R 097.2

Der Singular und die 3. Person Plural des *subjonctif* Präsens werden vom **Stamm der 3. Person Plural Indikativ Präsens** abgeleitet.

Beispiele:

Ableitungsbasis		Abgeleitete Verbform
*ils **arriv**ent*	→	*que j'**arriv**e; que tu **arriv**es; qu'il **arriv**e;* *qu'ils **arriv**ent*
*ils **nettoi**ent*	→	*que je **nettoi**e; que tu **nettoi**es; qu'il **nettoi**e;* *qu'ils **nettoi**ent*
*ils **choisiss**ent*	→	*que je **choisiss**e; que tu **choisiss**es;* *qu'il **choisiss**e; qu'ils **choisiss**ent*
*ils **part**ent*	→	*que je **part**e; que tu **part**es; qu'il **part**e;* *qu'ils **part**ent*
*ils **entend**ent*	→	*que j'**entend**e; que tu **entend**es;* *qu'il **entend**e; qu'ils **entend**ent*
*ils **vienn**ent*	→	*que je **vienn**e; que tu **vienn**es; qu'il **vienn**e;* *qu'ils **vienn**ent*

3. Die Ableitung des Futurs und des Konditionals:

R 097.3

Die Ableitung des Futurs und des Konditionals ist uneinheitlich und hängt von der jeweiligen Konjugationsklasse ab.

Beispiele:

Ableitungsbasis		Abgeleitete Verbform
Verben auf -*er*:		
1. Person Singular Präsens Indikativ		
*j'**arrive***	→	*j'**arrive**rai; j'**arrive**rais*
*je **nettoie***	→	*je **nettoie**rai; je **nettoie**rais*
*je **jette***	→	*je **jette**rai; je **jette**rais*
*je **renouvelle***	→	*je **renouvelle**rai; je **renouvelle**rais*
Verben auf -*ir*:		
Infinitiv		
choisir	→	*je **choisir**ai; je **choisir**ais*
partir	→	*je **partir**ai; je **partir**ais*

Verben auf -*re*:

Stamm der 1. Person Plural Präsens Indikativ

nous **entend**ons	→	j'**entend**rai; j'**entend**rais
nous **rend**ons	→	je **rend**rai; je **rend**rais
nous **vend**ons	→	je **vend**rai; je **vend**rais

4. Die Ableitung des *subjonctif* Imperfekt:

R 097.4

Der *subjonctif* Imperfekt wird von der **2. Person Singular des *passé simple*** abgeleitet.

Beispiele:

Ableitungsbasis	Abgeleitete Verbform
tu **arrivas**	que j'**arrivas**se
tu **choisis**	que je **choisis**se
tu **vendis**	que je **vendis**se

Die unter **097** aufgeführten Regelmäßigkeiten bei der Ableitung der Verbformen gelten im Übrigen auch für (fast alle) unregelmäßigen Verben. Vgl. dazu den Anhang.

---

098 ## Die Bildung des *futur composé*

Das *futur composé* kann als *futur proche* oder als *futur proche du passé* erscheinen.

- Das *futur proche* aller Verben wird gebildet aus dem Präsens des Verbs ***aller***, gefolgt von dem Infinitiv des Verbs:

  je **vais** te parler; tu **vas** me gronder; il **va** s'endormir, usw.

- Das *futur proche du passé* wird gebildet aus dem Imperfekt des Verbs ***aller***, gefolgt von dem Infinitiv des Verbs:

  Lorsque je suis arrivé à la maison, mon père **allait** partir.
  Als ich zu Hause ankam, wollte mein Vater gerade weggehen.

Zum Gebrauch des *futur composé* siehe **149**.

Der Gebrauch der Hilfsverben *avoir* und *être* in den zusammengesetzten Verbformen

R 099.1

Mit dem Hilfszeitwort *avoir* werden im Aktiv alle **transitiv direkten** Verben konjugiert, das heißt solche, die mit einem direkten Objekt verbunden werden.

J'ai lavé ma voiture.	*Nous **avons** passé d'agréables vacances.*
*Nous **avons** rencontré nos amis.*	*Mon père m'**a** décidé à partir.*
*Il **avait** oublié sa montre.*	Mein Vater hat mich dazu bewegt / gebracht / veranlasst abzureisen.

R 099.2

Ebenfalls mit dem Hilfszeitwort *avoir* werden im Aktiv die meisten **transitiv indirekten** und die **intransitiven** Verben konjugiert. Im Französischen sind transitiv indirekte Verben solche, die mit einem indirekten oder präpositionalen Objekt verbunden werden; intransitive Verben sind solche, die kein Objekt zu sich nehmen (insbesondere auch die unpersönlich gebrauchten nichtreflexiven Verben und die Verben der Bewegungsart).

*Il **a** menti à son chef.*	→	indirektes Objekt
*Les parents **ont** consenti au mariage.*	→	indirektes Objekt
*Nous **avons** causé avec nos amis.*	→	präpositionales Objekt
*Tout **a** fini par des chansons.*	→	präpositionales Objekt
*L'année passée, nous **avons** beaucoup voyagé.*	→	ohne Objekt (Bewegungsart)
*Nous **avons** couru très vite.*	→	ohne Objekt (Bewegungsart)
*Il **a** fallu que je dise la vérité.*	→	unpersönliches Verb
*Hier, il **a** plu sans interruption.*	→	unpersönliches Verb

Anmerkung:

Auch das Hilfszeitwort *être* wird mit *avoir* verbunden: *Pendant ma jeunesse, j'**ai** été heureux.*

Zu beachten sind besonders **die Verben der Bewegungsart**, die, anders als im Deutschen, mit *avoir* verbunden werden: *j'**ai** couru, j'**ai** sauté, j'**ai** marché,* usw. (Ich **bin** gelaufen / gesprungen / gegangen.) Vgl. auch die Liste von Verben der Bewegungsart **105.2**.

R 099.3

Die **reflexiven** und reflexiv gebrauchten Verben werden in den zusammengesetzten Zeiten mit *être* konjugiert (vgl. auch **095**).

*Je me **suis** décidé à quitter Paris.*	Ich habe mich entschlossen, Paris zu verlassen.
*Nos invités se **sont** trompés d'adresse.*	Unsere Gäste haben sich in der Adresse geirrt.

R 099.4

Das **Passiv** wird ausnahmslos mit dem Hilfszeitverb *être* gebildet (vgl. auch **094**).

*Nous **avons été** accueillis très chaleureusement.*
Wir wurden sehr herzlich empfangen.

*Il **avait été** obligé par ses parents à s'excuser.*
Er wurde von seinen Eltern gezwungen, sich zu entschuldigen.

R 099.5

Die **intransitiven Verben** *décéder, devenir, mourir, naître, rester, survenir* sowie die Verben, die bei intransitivem Gebrauch eine **Bewegungsrichtung** ausdrücken, werden mit *être* verbunden.

*François-René de Chateaubriand **est** né à Saint-Malo le 4 septembre 1768. Il **est** mort à Paris en 1848.*

*C'est la troisième fois que nous **sommes** allés à Paris. Comme d'habitude, nous **sommes** descendus dans le même hôtel. Nous **sommes** repartis pour l'Allemagne la semaine dernière en passant par la Belgique.*

Verben der Bewegungsrichtung, die mit *être* verbunden werden:

aller	gehen / fahren
arriver	ankommen (auch: sich ereignen)
descendre	hinuntergehen / -kommen (auch: aussteigen [aus einem Fahrzeug])
redescendre	wieder hinuntergehen / -kommen (auch: wieder aussteigen)
entrer	eintreten, hineingehen
rentrer	zurückkehren / zurückkommen / nach Hause gehen, -fahren, -kommen
monter	hinaufgehen / -kommen (auch; einsteigen [in ein Fahrzeug])
remonter	wieder hinaufgehen / -kommen (auch: wieder einsteigen)
partir	abreisen / weggehen / aufbrechen
repartir	wieder abreisen / wieder weggehen
parvenir	gelangen / gelingen
rester	bleiben
retourner	zurückkehren
sortir	hinausgehen / ausgehen
ressortir	wieder hinausgehen / hervortreten

tomber	fallen / hinfallen
retomber	wieder fallen / wieder hinfallen
venir	kommen
revenir	zurück- / wiederkommen
intervenir	einschreiten / eingreifen

Besonderheiten:

1. **Accourir** wird mit *être* oder (seltener) mit *avoir* verwendet:

   *Elle **est** vite accourue pour s'informer de l'accident.*
   Sie ist schnell herbeigeeilt, um sich über den Unfall zu informieren.

   *Nous **avons** accouru pour l'aider.*
   Wir sind herbeigeeilt, um ihm zu helfen.

2. Das Kompositum **convenir** wird im Sinne von „passen / gefallen / zusagen" mit *avoir*, im Sinne von „vereinbaren / übereinkommen" mit *avoir* oder (seltener) mit *être* benutzt:

   convenir → *avoir*

*Je lui ai demandé si cette maison lui **avait** convenu.*
Ich fragte ihn, ob ihm dieses Haus **gefallen / zugesagt** habe.
*La date m'**a** convenu parfaitement.*
Der Termin **passte** mir bestens.

   convenir → *avoir / (être)*

*Nous **avons** convenu que nous viendrions te voir mercredi prochain.*
Wir sind **übereingekommen**, dich nächsten Mittwoch zu besuchen.
*Ils **sont** convenus de s'en tenir aux questions essentielles.*
Sie haben **vereinbart**, sich nur mit den wesentlichen Fragen zu beschäftigen.

3. **Monter** wird als Verb der Bewegungsrichtung immer mit *être* verbunden, wenn das Subjekt eine Person ist:

   *Il **est** monté à cheval dimanche.*

   Ist das Subjekt eine Sache, die eine Niveauveränderung erfährt, werden sowohl *avoir* als auch *être* verwendet:

   *Le thermomètre **est** monté. Les actions **ont** monté.*

   *Depuis la semaine dernière, le cours de l'euro **a** / **est** encore monté.*

Wechselnder Gebrauch von *avoir* und *être* bei bestimmten Verben   `100`

Eine Reihe von Verben (*descendre, monter, remonter, rentrer, retourner, sortir*), die bei intransitivem Gebrauch eine Bewegungsrichtung bezeichnen und mit *être* verbunden werden, können auch transitiv **mit Ergänzung** in Form eines **direkten Objektes** verwendet werden. In letzterem Fall bilden sie die zusammengesetzten Verbformen mit *avoir* und nehmen meist eine andere Bedeutung an:

Intransitiver Gebrauch (mit *être*)	Transitiver Gebrauch (mit *avoir*)
*Nous **sommes** descendus dans le port.* Wir sind zum Hafen **hinuntergegangen**.	*Nous **avons** descendu l'avenue principale.* Wir sind die Hauptstraße **hinuntergegangen**.
	*Nous **avons** descendu la vieille armoire.* Wir haben den alten Schrank **hinuntergebracht**.
*Nous **sommes** montés dans la vieille ville.* Wir sind zur Altstadt **raufgegangen /** **hinaufgegangen**.	*Nous avons **monté** les escaliers.* Wir sind die Treppe **hoch- / hinaufgegangen**.
*Nous **sommes** rentrés à minuit.* Wir sind um Mitternacht **heimgekommen**.	***Avez**-vous rentré vos bicyclettes?* Habt ihr eure Fahrräder **hereingeholt / reingestellt**?
*Cet été, nous **sommes** retournés à Paris.* Diesen Sommer sind wir **wieder** nach Paris **gefahren**.	*La femme de ménage **a** retourné le matelas.* Die Reinemachefrau hat die Matratze **umgedreht**.
	*Il **a** tourné et retourné ce projet dans sa tête.* Er hat sich dieses Projekt immer wieder **durch den Kopf gehen lassen**.
*Mes parents **sont** sortis ce soir.* Meine Eltern sind heute abend **ausgegangen**.	*Ils **ont** sorti la voiture du garage.* Sie haben das Auto aus der Garage **geholt / gefahren**.

101 **Uneinheitlicher Gebrauch von *avoir* und *être* bei bestimmten Verben**

Bei einigen Verben ergibt sich eine uneinheitliche Konstruktion mit *avoir* oder *être* in den zusammengesetzten Verbformen. Es handelt sich um häufig benutzte Verben, deren unterschiedliche Bedeutungen und Funktionen vom Kontext bestimmt werden und die man sich deshalb besonders einprägen muss.

apparaître:

Das Verb *apparaître* wird im modernen Französisch fast ausschließlich mit ***être*** benutzt.

*Cette difficulté **est** apparue malheureusement trop tard.*
Diese Schwierigkeit hat sich leider zu spät herausgestellt / – ist leider zu spät aufgetreten.

*Après le crépuscule, les premières étoiles **sont** apparues.*
Nach der Dämmerung erschienen die ersten Sterne.

changer:

Für die zusammengesetzten Zeiten ist in allen Bedeutungen von *changer* das Hilfsverb *avoir* häufiger als *être*. In der Verbindung mit *être* erhält das Partizip *changé* die Funktion eines Adjektivs.

*Après la mort de ses parents, sa vie **a** changé.*
Nach dem Tod seiner Eltern hat sich sein Leben verändert.

*Maintenant sa vie **est** bien changée.*
Jetzt ist sein Leben ganz anders.

*Les choses **ont** bien changé depuis notre départ.*
Die Dinge haben sich seit unserem Weggang sehr verändert.

*Les temps **sont** bien changés!*
Die Zeiten haben sich geändert!

demeurer:

In der Bedeutung von „**wohnen**" wird *demeurer* mit *avoir*, in der Bedeutung von „**bleiben**" mit *être* verbunden:

*Son fils **a** demeuré rue St Paul pendant cinq ans.*
Sein Sohn **wohnte** fünf Jahre lang in der Sankt-Paulus-Straße. (Für *demeurer* = „wohnen" wird häufiger *habiter* benutzt.)

*Sa lettre **est** demeurée sans réponse.*
Sein Brief **blieb** unbeantwortet. (Für *demeurer* = „bleiben" wird häufiger *rester* benutzt.)

échapper:

1. mit *avoir*:

In der Bedeutung von „**entkommen / entrinnen / (einer Gefahr) entgehen**" wird *échapper* normalerweise mit *avoir* verbunden:
*Il **a** échappé à la mort.* → Er ist dem Tod entronnen.

Im Sinne von „**entgehen**" („übersehen") wird *échapper* ebenfalls mit *avoir* verbunden:
*Plusieurs fautes **ont** échappé au correcteur.* → Mehrere Fehler sind dem Korrektor entgangen.

In dieser Bedeutung wird *échapper* auch **unpersönlich** gebraucht:
*Il ne m'**a** pas échappé qu'elle est vexée.* → Es ist mir nicht entgangen, dass sie verärgert ist.

2. mit *avoir* oder *être*, je nach Bedeutung:

In der Bedeutung von „**entgleiten**" wird *échapper* meist mit *avoir* verbunden, selten mit *être* (bei Betonung des Zustandes):
*Le verre m'**a** échappé des mains.*   → Das Glas ist meinen Händen entglitten.
*Le bonheur lui **a** / lui **est** échappé.*   → Das Glück ist ihm entgangen.

Im Sinne von „**etwas aus Unachtsamkeit / unbedacht tun**" wird *échapper* mit *avoir* verwendet, zuweilen auch mit *être*:

*Plusieurs injures lui **ont** échappé. / Plusieurs injures lui **sont** échappées.*
Mehrere Schimpfwörter sind ihm herausgerutscht.

Schließlich wird die reflexive Form *s'échapper* in der Bedeutung von „**entweichen / ausbrechen**" gebraucht:

*Ils **se sont** échappés de leur cellule.*   → Sie sind aus ihrer Zelle ausgebrochen.

Anmerkung: Die nichtreflexive Form *échapper* mit der Präposition *de* wird ebenfalls in der Bedeutung von „**entweichen / ausbrechen / entfliehen**" benutzt und zwar mit *avoir* oder *être,* je nachdem ob Handlung oder Zustand im Vordergrund stehen. Dieser Gebrauch ist allerdings selten und wird zunehmend als veraltet betrachtet.

*Ils **ont** échappé de prison.*   → Sie sind aus dem Gefängnis ausgebrochen.
*Ils **sont** échappés de prison.*   → Sie sind aus dem Gefängnis entwichen.

paraître:

In der Bedeutung „**scheinen**" werden die zusammengesetzten Verbformen mit *avoir* gebildet:

*Cela m'**a** paru inacceptable.*   → Dies schien mir unannehmbar.

In Verbindung mit Veröffentlichungen wird *paraître* = „**erscheinen**" / „**veröffentlicht werden**" bei Betonung der Handlung mit *avoir*, bei Betonung des Zustandes mit *être* verbunden.

*Ce livre **a** paru dès 1980.*   → Dieses Buch erschien bereits 1980.
*Ce livre **est** paru depuis le mois dernier.* → Dieses Buch ist seit letztem Monat erschienen.

passer:

*Nous **avons** passé l'examen oral.* (= transitiver Gebrauch, deswegen *avoir*)

*Autrefois, elle **avait** passé **pour** très courageuse.*   → Früher hatte sie als sehr tapfer gegolten.

*La mauvaise période **est** enfin passée.*   → Endlich ist die schlechte Zeit vorbei.
*Le train **est** déjà passé.*   → Der Zug ist schon durch.
(Betonung des Resultats, des Ergebnisses, des Endzustandes, deswegen *être*)

*Trois ans **sont** / **ont** passé(s) depuis son départ.* (Je nach Betonung von Endpunkt oder Verlauf der Handlung bei Zeitangaben. Im Deutschen lässt sich wie folgt differenzieren: Drei Jahre sind **vorüber / vorbei** seit seiner Abreise [...*sont passés*]. Oder: Drei Jahre sind **vergangen** seit seiner Abreise [...*ont passé*].)

*En traversant la ville, nous **sommes** passés devant la gare.*
Bei der Stadtrundfahrt sind wir am Bahnhof **vorbeigekommen / vorbeigefahren**.

Verben, die im Gegensatz zum Deutschen mit *avoir* verbunden werden

102

engraisser	fett- / dick werden
grandir	größer werden / wachsen
grossir	dick(er) werden
maigrir	abmagern / schlank werden
pâlir	bleich werden / erblassen
rajeunir	(wieder) jung werden
rougir	erröten / rot werden
vieillir	altern / alt werden / veralten

Also: *J'**ai** maigri / grandi / grossi.*

Etre erscheint gelegentlich im übertragenen Sinne:

Cette expression est vieillie. → Dieser Ausdruck ist veraltet.

Verben, die bei Betonung der Zustandsveränderung mit *avoir*, bei Betonung des Ergebnisses der Veränderung mit *être* verbunden werden

103

augmenter	anwachsen / sich erhöhen / sich vermehren
avancer	vorrücken / näherkommen / vorangehen
baisser	sinken / fallen / sich vermindern
commencer	anfangen / beginnen
dégénérer	entarten / ausarten (in)
disparaître	verschwinden
divorcer	sich scheiden lassen / geschieden sein
échouer	scheitern / stranden
fondre	schmelzen
guérir	genesen / gesund werden / heilen
pourrir	verfaulen / verderben

Beispiele:

*Elle **a** divorcé.*	→	Sie hat sich scheiden lassen.
*Elle **est** divorcée.*	→	Sie ist geschieden.
*Sa plaie n'**a** pas guéri vite.*	→	Ihre Wunde ist nicht schnell verheilt.
*Maintenant ma mère **est** complètement guérie.*	→	Jetzt ist meine Mutter völlig geheilt / genesen.

Die Formen des Verbs: Repetitorium

104   ## Die Formen des Verbs im Überblick

1. Im Französischen werden die Verben auf **-er** fast alle regelmäßig konjugiert. Der größte Teil der Verben auf **-ir** ist ebenfalls regelmäßig. Die Verben auf **-re** sind häufig, die Verben auf **-oir** durchweg unregelmäßig. Die einfachen und zusammengesetzten Formen der unregelmäßigen Verben und der Verben mit orthographischen Besonderheiten sind im Anhang aufgeführt.

2. **Die Bildung des Passivs** erfolgt im Französischen mit dem Hilfsverb *être* + Partizip Perfekt. Das Partizip Perfekt richtet sich in Geschlecht und Zahl nach dem Subjekt (*nous sommes aimés*).

3. **Die reflexiven Verben**, die von den Pronomen *me, te, se, nous, vous* (im Dativ oder Akkusativ) begleitet werden, bilden die zusammengesetzten Zeiten mit dem Hilfsverb *être* (*nous nous sommes décidés*). Ist das vorausgehende Pronomen ein direktes Objekt (also Akkusativ), wird das Partizip Perfekt angeglichen. Näheres dazu in Kapitel **178**.

4. Bestimmte Formen der regelmäßigen Verben lassen sich auf der Basis von **bestimmten Ableitungsregeln** bilden:

    *   Stamm 1.Pers. Plur. Ind. Präs.: ***choisiss*ons**

→ Imperf. Ind.:	***choisiss*ais**
→ Part. Präs. und *gérondif.*	(en) ***choisiss*ant**
→ 1. u. 2. Pers. Plur. *subj.* Präs.:	*que nous* ***choisiss*ions**, *que vous* ***choisiss*iez**

    *   Stamm 3. Pers. Plur. Ind. Präs.: ***nettoi*ent**

→ Sing. + 3. Pers. Plur. *subj.* Präs.	*que je* ***nettoi*e**, *que tu* ***nettoi*es**, *qu'il* ***nettoi*e*; qu'ils* ***nettoi*ent**

    *   Die Ableitung des Futurs und des Konditionals hängt von der jeweiligen Konjugationsklasse ab:

je ***jette*rai**	→ von 1. Pers. Sing. Präs. Ind. *je* ***jette***
je ***choisi*rai**	→ vom Infinitiv ***choisir***
je ***vend*rai**	→ vom Stamm der 1. Pers. Plur. Präs. Ind. *nous* ***vend*ons**

- Von der 2. Pers. Sing. *passé simple* wird der *subj.* Imperf. abgeleitet:

tu aimas   → *que j'aimasse*, usw.
tu vendis   → *que je vendisse*, usw.

5. Die transitiven, die meisten intransitiven und die unpersönlichen Verben werden mit *avoir* konjugiert. Mit *être* konjugiert werden die reflexiven Verben, das Passiv, und die Verben der Bewegungsrichtung. Bei bestimmten Verben ist, meist gekoppelt an Bedeutungsunterscheidung, ein wechselnder Gebrauch von *avoir* und *être* möglich.

Beispiele:

Nous avons visité les châteaux de la Loire.	→	transitiv direkt
Ils nous ont parlé.	→	transitiv indirekt
Ils ont marché longtemps.	→	intransitiv
Il a plu toute la journée.	→	unpersönlich

Il s'est beaucoup amusé.	→	reflexives Verb
Nous avons été trompés.	→	Passiv
Il est entré sans frapper (à la porte).	→	Verb der Bewegungsrichtung

Il a divorcé l'année passée. Er hat sich letztes Jahr scheiden lassen.	}	wechselnder Gebrauch
Elle est divorcée. Sie ist geschieden.		

Schwierigkeiten und Fehlerquellen

105

1. Folgende Verbformen, die man sich besonders einprägen sollte, bereiten den Lernenden Schwierigkeiten (siehe auch die Liste der unregelmäßigen und unvollständigen Verben im Anhang):

Infinitiv	Ind. Präs.	*subj.* Präs.	*passé simple*	Futur I	Part. Perfekt
acquérir erwerben	*j'acquiers; nous acqué- rons*	*que j'acquière que nous acquérions*	*j'acquis*	*j'acquerrai*	*acquis, e*
céder überlassen	*je cède; nous cédons*	*que je cède; que nous cédions*	*je cédai*	*je céderai* [sɛdʀɛ]	*cédé,e*

Infinitiv	Ind. Präs.	subj. Präs.	passé simple	Futur I	Part. Perfekt
conclure folgern / schließen	je conclus; nous concluons	que je conclue; que nous concluions	je conclus	je conclurai	conclu,e
contredire (wie dire) widersprechen	aber: vous contredisez				
coudre nähen	je couds; nous cousons	que je couse; que nous cousions	je cousis	je coudrai	cousu,e
courir laufen	je cours; nous courons	que je coure; que nous courions	je courus	je courrai	couru, e
croître wachsen	je croîs; nous croissons	que je croisse; que nous croissions	je crûs	je croîtrai	crû, e
cueillir pflücken	je cueille; nous cueillons	que je cueille; que nous cueillions	je cueillis	je cueillerai	cueilli, e
dissoudre auflösen	je dissous; nous dissolvons	que je dissolve; que nous dissolvions	je dissolus	je dissoudrai	dissous, dissoute
haïr hassen	je hais; nous haïssons	que je haïsse; que nous haïssions	je haïs; nous haïmes	je haïrai	haï,e
interdire (wie dire) untersagen	aber: vous interdisez				
maudire verfluchen / verwünschen	je maudis; nous maudissons	que je maudisse; que nous maudissions	je maudis	je maudirai	maudit, e
médire (wie dire) verleumden	aber: vous médisez				
modeler formen / gestalten	je modèle; nous modelons	que je modèle; que nous modelions	je modelai	je modèlerai	modelé, e

Infinitiv	Ind. Präs.	*subj.* Präs.	*passé simple*	Futur I	Part. Perfekt
morceler stückeln / zerstückeln	*je morcelle; nous morcelons*	*que je morcelle; que nous morcelions*	*je morcelai*	*je morcellerai*	*morcelé, e*
mourir sterben	*je meurs; nous mourons*	*que je meure; que nous mourions*	*je mourus*	*je mourrai*	*mort, e*
mouvoir bewegen	*je meus* [mø] *nous mou-vons*	*que je meuve* [mœv] *que nous mouvions*	*je mus*	*je mouvrai*	*mû, mue*
naître geboren wer-den	*je nais; nous naissons*	*que je naisse; que nous naissions*	*je naquis*	*je naîtrai*	*né, e*
prévoir vorhersehen	*je prévois; nous prévoyons*	*que je prévoie; que nous prévoyions*	*je prévis*	*je prévoirai* (aber: *je verrai*)	*prévu, e*
résoudre (wie *dissoudre*) (ein Problem) lösen / etwas beschließen					aber: *résolu, e*
traire melken	*je trais; nous trayons*	*que je traie; que nous trayions*	---	*je trairai*	*trait, e*
vaincre (be)siegen	*je vaincs; il* **vainc**; *nous vainquons*	*que je vain-que; que nous vainquions*	*je vainquis*	*je vaincrai*	*vaincu, e*
vouloir wollen	*je veux; nous voulons*	*que je veuille; que nous voulions; que vous vouliez* (*veuillez* = eine Höflich-keitsform)	*je voulus*	*je voudrai*	*voulu, e*

2. Im **Gegensatz zum Deutschen** werden die zusammengesetzten Formen der intransitiven Verben, die eine Bewegungsart (also nicht eine Bewegungsrichtung) oder einen Wechsel bezeichnen, mit dem Hilfsverb *avoir* verbunden.

Bewegungsart:

*Nous **avons** nagé pendant deux heures.*
Wir **sind** zwei Stunden lang geschwommen.

*Ce jour-là, ils **ont** marché toute la journée.*
An jenem Tag **sind** sie den ganzen Tag lang gewandert.

Wechsel:

*Nos enfants **ont** déménagé au début du mois.*
Unsere Kinder **sind** Anfang des Monats umgezogen.

Auswahl von Verben der **Bewegungsart** (im Französischen nur mit *avoir*, im Deutschen mit dem Hilfsverb „sein"):

circuler	kreisen / (Geld) umlaufen / (Gerücht) umgehen
conduire	fahren / lenken
couler	fließen / strömen / (Schiff) sinken
courir	laufen
errer	umherirren
flotter	schwimmen / treiben
fuir	fliehen
glisser	(ab- / aus-)rutschen / (ab- / aus-)gleiten
grimper	klettern
marcher	(zu Fuß) gehen / marschieren
nager	schwimmen
rouler	rollen / (Auto)fahren
sauter	springen
suivre	folgen
voler	fliegen
voyager	(herum-)reisen

Auswahl von Verben des **Wechsels** (im Französischen nur mit *avoir*, im Deutschen mit dem Hilfsverb „sein"):

décoller	(Flugzeug) starten
démarrer	(Zug) ab- anfahren / (Motor) anspringen
déménager	aus-/ umziehen
emménager	(Wohnung) einziehen
pousser	wachsen
progresser	fortschreiten / vorwärtskommen
reculer	zurückgehen / zurückfahren
succéder	(nach)folgen
surgir	auftauchen (z.B. *un homme; des problèmes*)

Kapitel 4.2

Der Infinitiv und die Ergänzungen des Verbs
(l'infinitif et la valence des verbes)

Kapitelübersicht:

Der Infinitiv und die Ergänzungen des Verbs: Grundstufe

106 ## Die Formen des Infinitivs

Man unterscheidet im Französischen den **Infinitiv Präsens** (*l'infinitif présent*) vom **Infinitiv Perfekt** (*l'infinitif passé*). Weiterhin gibt es eine **aktivische** und eine **passivische** Form des Infinitivs.

	aktivischer Infinitiv	passivischer Infinitiv
Präsens	*aimer* / *venir* lieben / kommen	*être aimé,e(s)* geliebt werden
Perfekt	*avoir aimé* / *être venu,e(s)* geliebt haben / gekommen sein	*avoir été aimé,e(s)* geliebt worden sein

Beispiele:

*Tu vas certainement **aimer** ta nouvelle occupation.*   → Infinitiv Präsens (Aktiv)
Du wirst deine neue Beschäftigung sicher mögen.

*Tout le monde voudrait **être aimé**.*   → Infinitiv Präsens (Passiv)
Jedermann möchte geliebt werden.

***Avoir vécu** sans **avoir été aimé** est un triste destin.*   → Infinitiv Perfekt (Aktiv) +
Gelebt zu haben, ohne geliebt worden zu sein,   Infinitiv Perfekt (Passiv)
ist ein trauriges Schicksal.

*Le fait de ne pas **être venu** / de n'être pas **venu** n'est pas un problème.*   →   Infinitiv Perfekt
Nicht da gewesen zu sein ist kein Problem.   (Aktiv)

Anmerkung:
Beim Infinitiv Perfekt kann die Verneinung die Hilfsverben *avoir* und *être* einrahmen (*le fait de **n'**être **pas** venu... / le fait de **ne** l'avoir **jamais** mentionné...*) oder in Blockstellung vor dem Hilfsverb stehen (*le fait de **ne pas** être venu... / le fait de **ne jamais** l'avoir mentionné...*).

107 ## Die grammatischen Eigenschaften des Infinitivs

Der Infinitiv kann sowohl **verbal** als auch **substantivisch / nominal** verwendet werden.

* In verbaler Funktion kann er **aktivisch** oder **passivisch** sein (*J'aimerais **partir**; il aimerait **être payé***) und **Ergänzungen** haben (*J'aimerais **le** voir; j'aimerais partir **bientôt**; j'aimerais parler **à mon directeur***).

* In substantivischer Funktion kann er **Subjekt**, **prädikative Ergänzung** oder auch **Objekt** eines Satzes sein:

  ***Arriver** à l'heure est indispensable.*   (Infinitiv = Subjekt)
  *Vivre, c'est **souffrir**.*   (Infinitiv = prädikative Ergänzung)
  *Je n'aimerais pas **partir** pour toujours.*   (Infinitiv = Objekt)

Der Infinitiv kann **ohne** oder **mit** Präposition stehen → *J'aime voyager. Je n'arrive pas à le faire. Il est facile **de** le convaincre.*

Die Grundschwierigkeit für den Französischlernenden besteht in der Wahl der passenden Präposition vor dem Infinitiv. Dieser kann mit den Präpositionen *à*, *de*, zum Teil auch mit *pour* oder *par* stehen. Vor allem der Infinitiv **ohne** Präposition ist im Französischen sehr verbreitet.

Der Infinitiv ohne Präposition

108

Die korrekte Verwendung des präpositionslosen Infinitivs im Französischen erfordert die besondere Aufmerksamkeit des Französischlernenden. Hier gilt es, sich folgende Verben bzw. Fälle gut einzuprägen:

Der präpositionslose Infinitiv steht:

1. **nach den Modalverben**

devoir	müssen / sollen	*oser*	wagen
pouvoir	können	*paraître / sembler*	scheinen
savoir	können (= wissen)	*daigner*	geruhen / die Güte haben
vouloir	wollen		

Beispiele:

Jean (me) ***paraît avoir*** *des problèmes.*

«Je ***devrais*** *m'***arrêter*** *de travailler mais je* ***voudrais*** *absolument* ***terminer*** *mon rapport. – Je te connais, tu ne* ***sais*** *jamais t'***arrêter***. *Ne* ***pourrais****-tu pas exceptionnellement t'***arrêter*** *plus tôt aujourd'hui?»*

Le porte-parole du groupe Duplan n'a pas ***daigné répondre*** *aux questions des journalistes. Il* ***semblait*** */* ***paraissait*** *(être) trop préoccupé de la réputation de l'entreprise pour* ***oser admettre*** *la gravité de la situation.*
Der Sprecher der Firmengruppe Duplan geruhte nicht, auf die Fragen der Reporter zu antworten. Er schien um den Ruf des Unternehmens zu besorgt, als dass er es gewagt hätte, den Ernst der Lage zuzugeben.

Anmerkung: Nach *paraître* und *sembler* kann der Infinitiv *être* bei folgendem Adjektiv fehlen.

2. **nach den Verben der sinnlichen Wahrnehmung**

apercevoir	erblicken / sehen, (wie)...	*regarder*	zusehen, (wie)...
découvrir	entdecken, dass...	*remarquer*	bemerken, dass...
écouter	zuhören	*sentir*	fühlen / spüren, (wie)
entendre	hören, (wie)...	*voir*	sehen, (wie)...

Beispiele:

*Ce soir-là, vers minuit, j'ai **entendu** quelqu'un **courir** autour de la maison. J'ai **senti** mes mains **trembler** et j'ai **écouté** attentivement les pas **s'approcher** de la porte d'entrée. Soudain, j'ai **vu** un homme **pénétrer** dans ma maison. J'ai été comme paralysé.*

An jenem Abend, gegen Mitternacht, hörte ich, **wie** jemand um das Haus lief. Ich fühlte, **wie** meine Hände zitterten und ich hörte angespannt, **wie** sich die Schritte der Eingangstür näherten. Plötzlich sah ich, **wie** ein Mann in mein Haus eindrang. Ich war wie gelähmt.

*Mon collègue s'**écoute parler**.*	→ Mein Kollege hört sich gerne reden.
*Il a **découvert avoir été trompé**.*	→ Er entdeckte, dass er getäuscht wurde.
*J'ai **remarqué** trop tard m'**être trompé** de route.*	→ Ich habe zu spät gemerkt, dass ich die falsche Straße gewählt hatte.
*On a **regardé** le bateau **s'éloigner** de la côte.*	→ Wir haben zugeschaut, **wie** das Schiff sich (langsam) von der Küste entfernte.
*Elle le **regarde manger**.*	→ Sie sieht ihm **beim Essen** zu.

Zu den Angleichungsregeln in Bezug auf das Partizip Perfekt mit folgendem Infinitiv (*Je les ai **vus** arriver. Les arbres que j'ai **vu** planter.*) vgl. **184**.

3. **nach den Verben des Sagens, Denkens, Glaubens und Beabsichtigens, wenn das Subjekt des finiten Verbs und des Infinitivs gleich ist. Der Infinitiv übernimmt hier die Funktion eines direkten Objekts:**

*Il a avoué **ses mensonges**.*	→	*Il a avoué **avoir menti**.*
*Nous nous rappelons **nos paroles**.*	→	*Nous nous rappelons **l'avoir dit**.*

Beispiele:

*Ma sœur **pense arriver** chez moi vers deux heures.*
Meine Schwester hat vor / beabsichtigt, um zwei Uhr bei mir anzukommen.

*J'**admets** m'**être trompé**.*
Ich gebe zu, dass ich mich getäuscht habe.

*Il **croyait** lui **avoir rendu** l'argent.*
Er glaubte, er habe ihm das Geld zurückgegeben.

*Je ne me **rappelle** pas l'**avoir** déjà **vu** quelque part.*
Ich erinnere mich nicht, ihn schon irgendwo gesehen zu haben.

*Il **prétend** m'**avoir vu** hier.*
Er behauptet, mich gestern gesehen zu haben. / Er will mich gestern gesehen haben.

*Je **considère être venu** à l'heure.*
Ich meine, ich bin pünktlich gekommen.

Verben des Sagens, Denkens, Glaubens usw., die bei Subjektsgleichheit ohne Präposition beim Infinitiv stehen:

admettre	zugeben / einräumen	*estimer*	meinen / der Ansicht sein
affirmer	behaupten	*nier*	leugnen / abstreiten
assurer	versichern	*penser*	meinen / gedenken / beabsichtigen / vorhaben
avouer	zugeben / gestehen	*présumer*	annehmen / vermuten
confesser	eingestehen	*prétendre*	behaupten / vorgeben
confirmer	bestätigen	*prouver*	beweisen
considérer	meinen / der Auffassung sein	*reconnaître*	zugeben
constater	feststellen	*soutenir*	behaupten / der Meinung sein
contester	bestreiten	*supposer*	vermuten
croire	glauben / meinen	*se figurer*	sich vorstellen / sich einbilden
déclarer	erklären / kundtun	*raconter*	erzählen
dire	sagen	*se rappeler*	sich erinnern

Anmerkung: An Stelle einer Infinitivkonstruktion wird bei den Verben des Sagens und Denkens bei Subjektsgleichheit sehr häufig auch ein mit *que* eingeleiteter Nebensatz gebraucht, zumal im gesprochenen Französisch:

Il a dit avoir fait le nécessaire. = Il a dit qu'il avait fait le nécessaire.

Dies ist insbesondere der Fall, wenn die Handlung des Infinitivsatzes **gleichzeitig** oder **nachzeitig** ist. An Stelle von: *Je considère avoir raison* oder: *Nous croyons pouvoir le faire* ist eine Nebensatzkonstruktion mit *que* geläufiger: *Je considère* **que** *j'ai raison. Nous croyons* **que** *nous pouvons le faire.*

4. **nach den Verben der Willensäußerung und des Wünschens, wenn das Subjekt des finiten Verbs und des Infinitivs gleich ist. Auch hier übernimmt der Infinitiv die Funktion eines direkten Objekts.**

Beispiele:

*Mon chef **désire** / **souhaite** me **parler**.*	→ Mein Chef wünscht mich zu sprechen.
*Les chats **aiment** se **chauffer** au soleil.*	→ Katzen wärmen sich gerne in der Sonne.
*Nous **préférons** ne pas lui **cacher** la vérité.*	→ Wir ziehen es vor, ihm die Wahrheit nicht zu verheimlichen.
*J'**entends faire** tout ce qui me plaît.*	→ Ich beabsichtige / Ich habe vor, all das zu tun, was mir gefällt.
*Je **compte partir** demain.*	→ Ich rechne damit, dass ich morgen abreise.
*J'**adore voyager** à l'improviste.*	→ Ich reise leidenschaftlich gerne auf Geratewohl.

Verben der Willensäußerung, die bei Subjektsgleichheit **ohne Präposition** beim Infinitiv stehen:	
adorer	etwas schrecklich / leidenschaftlich gerne tun
aimer	etwas gerne tun
aimer mieux	lieber wollen
compter	rechnen mit / vorhaben
désirer	wünschen / begehren
détester Auch: *détester de* (literarisch)	es hassen (zu tun) es hassen / es verabscheuen (...) zu tun
entendre	vorhaben / beabsichtigen
escompter	rechnen mit / erhoffen
espérer	hoffen
préférer	es vorziehen (zu tun) / lieber wollen
souhaiter	wünschen

Anmerkung:

Nach den Verben der Willensäußerung wie *désirer, préférer, souhaiter,* usw. ist bei Subjektsgleichheit nur eine Infinitivkonstruktion möglich, also kein *que*-Satz. Folgender Satz ist also **nicht akzeptabel**: **Je préfère que je fasse mon travail tout de suite.*

109 **Der Infinitiv mit *à***

Der Infinitiv mit *à*-Anschluss steht nach einer Reihe von nicht-reflexiven und reflexiven Verben, die in den meisten Fällen ein substantivisches Objekt ebenfalls mit der Präposition *à* anschließen. Die Form des Infinitivanschlusses mit *à* ist also in der Regel durch die Bezugsstruktur des Verbs bedingt, das heißt durch die **Verbvalenz** (= „Wertigkeit"):

Cela correspond à mon intention.
Cela correspond à dire le contraire.

Mes parents ont aidé à ma réussite professionnelle.
Mes parents ont aidé à améliorer ma situation financière.

J'ai réussi à mon examen.
J'ai réussi à convaincre mon père.

In der folgenden Tabelle sind die Verben, die auch ein substantivisches Objekt mit *à* anschließen, durch (+S) gekennzeichnet.

Häufig benutzte Verben mit *à*-Anschluss beim Infinitiv

1. Nichtreflexive Verben mit *à*-Infinitiv:

aider (qn) à (+S)	jemandem dabei helfen zu.../ beitragen zu
apprendre à	lernen
arriver à (+S)	gelingen
aspirer à (+S)	danach streben / sich sehnen nach
autoriser qn à (+S)	jemandem erlauben / jemanden ermächtigen
chercher à	versuchen
concourir à (+S)	beitragen
consentir à (+S)	einwilligen / zustimmen
consister à	darin bestehen
contribuer à (+S)	dazu beitragen
correspondre à (+S)	gleichkommen / entsprechen
encourager qn à (+S)	jemanden ermutigen
habituer qn à (+S)	jemanden gewöhnen
être habitué à (+S)	gewohnt sein zu...
hésiter à	zögern
inviter qn à (+S)	jemanden einladen / auffordern
parvenir à (+S)	gelingen
persister à	(etwas) hartnäckig / fortgesetzt tun
renoncer à (+S)	darauf verzichten
rester à	(zu tun) bleiben
réussir à (+S)	gelingen
servir à (+S)	dienen

Beispiele:

*Ce travail reste encore **à** faire.*	Diese Arbeit bleibt noch zu tun.
*Mon ami est arrivé / parvenu **à** courir le marathon en moins de trois heures.*	Meinem Freund ist es gelungen, die Marathonstrecke in weniger als drei Stunden zu laufen.
*Nous aspirons **à** vivre à la campagne, au calme.*	Wir sehnen uns danach, in Ruhe auf dem Land zu leben.
*Ils n'ont pas été autorisés **à** utiliser leur portable à l'école.*	Es wurde ihnen nicht gestattet, ihr Handy in der Schule zu benutzen.
*Il persiste **à** croire que c'est moi le coupable.*	Er glaubt immer noch, dass ich der Schuldige bin.

2. Reflexive Verben mit *à*-Infinitiv:

s'amuser à (+S)	sich die Zeit vertreiben mit / gerne tun
s'appliquer à (+S)	etwas fleißig tun / sich bemühen / bemüht sein
s'attacher à (+S)	bestrebt sein / sich bemühen
s'attendre à (+S)	rechnen mit / gefasst sein auf
se borner à (+S)	sich darauf beschränken
s'engager à (+S)	sich verpflichten / sein Wort geben
s'entraîner à (+S)	üben / trainieren
s'exercer à (+S)	üben / trainieren
s'habituer à (+S)	sich daran gewöhnen
se limiter à (+S)	sich darauf beschränken
se mettre à (+S)	anfangen / beginnen / sich daran machen
se préparer à (+S)	sich darauf vorbereiten
se résigner à (+S)	sich damit abfinden

Beispiele:

Les enfants s'amusent à jouer au football dans la cour.	Die Kinder vertreiben sich ihre Zeit damit, im Hof Fußball zu spielen.
Attendez-vous à ne pas être reçu tout de suite.	Rechnen Sie damit, nicht sofort empfangen zu werden.
Il s'est résigné à perdre son bonus.	Er hat sich damit abgefunden, seinen Bonus zu verlieren.

3. Der Infinitiv mit *à*-Anschluss steht nach einer Reihe von **Adjektiven**, um eine **Eigenschaft** oder einen **Zweck** auszudrücken. Voraussetzung für den *à*-Anschluss ist hier, dass eine persönliche Konstruktion (= persönliches Subjekt + auf dieses bezogenes Adjektiv) verwendet wird. Das persönliche Subjekt kann eine Person, eine Sache, ein Abstraktum, usw. sein.

agréable à	angenehm zu
appelé à	bestimmt / berufen (sein) zu
apte à	geeignet zu
bon à	geeignet / reif zu
décidé à	entschlossen zu
destiné à	bestimmt zu
difficile à	schwer / schwierig zu
disposé à	bereit zu

enclin à	geneigt zu
facile à	leicht zu
habile à	geschickt / fähig zu
habitué à	gewohnt zu
impossible à	unmöglich zu
intéressant à	interessant zu
lent à	langsam (etwas tun) / sich schwer tun mit
(être) long à	lange brauchen
occupé à	beschäftigt damit zu
prêt à	bereit zu
prompt à	schnell (sein) / unverzüglich bereit (sein) zu
propre à	geeignet zu
réduit à	gezwungen zu
résolu à	entschlossen zu
unanime à	einstimmig / einmütig (etwas tun)

Anmerkung:

Zur Verkürzung eines **Relativsatzes** werden des Weiteren folgende Wendungen benutzt: *le premier à / le dernier à / le seul à* (der erste, der... / der letzte, der... / der einzige, der...)

Beispiele:

Ce texte me paraît facile / difficile à traduire.	Dieser Text scheint mir leicht / schwer zu übersetzen.
L'union européenne est lente à se réaliser.	Die Einigung Europas verwirklicht sich nur langsam.
Il est toujours prompt à répondre.	Er hat immer eine schnelle Antwort parat.
Les députés étaient unanimes à approuver cette mesure.	Die Abgeordneten haben diese Maßnahme einstimmig gutgeheißen.
Ma sœur est encline à poursuivre ses études en France.	Meine Schwester ist geneigt, ihr Studium in Frankreich fortzusetzen.
Ils sont réduits à mendier.	Sie sind gezwungen, betteln zu gehen.
Mon ami est le seul à pouvoir m'aider.	Mein Freund ist der einzige, der mir helfen kann. / Nur mein Freund kann mir helfen.
Elle est la première / la dernière à avoir quitté la salle.	Sie ist die erste / die letzte, die den Saal verlassen hat.

4. Der Infinitiv mit *à*-Anschluss steht nach folgenden Ausdrücken zur Angabe der **Art** und **Weise** oder des **Mittels**:

Beispiele:	
*Il gagne sa vie **à** spéculer à la bourse.*	Er verdient sich seinen Lebensunterhalt damit, dass er an der Börse spekuliert.
*Pendant les vacances, nous avons consacré beaucoup de temps **à** aller au cinéma.*	Während der Ferien haben wir viel Zeit damit verbracht, ins Kino zu gehen.
*J'ai passé une journée entière **à** répondre à mon courrier électronique.*	Ich habe einen ganzen Tag damit verbracht, meine E-Mails zu beantworten.
*Il occupe ses loisirs **à** jouer aux cartes.*	Er verbringt seine Freizeit damit, Karten zu spielen.

5. Der Infinitiv mit *à*-Anschluss kann im Französischen einen (temporalen, kausalen, modalen) **Nebensatz** oder einen **Relativsatz** ersetzen:

Beispiele:	
***A** le voir fort amaigri, je me suis inquiété de sa santé.* (temporal, kausal)	Als / Da ich sah, dass er stark abgenommen hatte, habe ich mir Sorgen um seine Gesundheit gemacht.
*Il m'énerve **à** toujours m'interrompre.* (modal)	Er geht mir damit auf die Nerven, dass er mich dauernd unterbricht.
*Mon collègue se ruinera la santé **à** travailler soixante-dix heures par semaine.* (modal)	Mein Kollege ruiniert seine Gesundheit dadurch, dass er siebzig Stunden in der Woche arbeitet.
*Les Français sont de plus en plus nombreux **à** partir en vacances plusieurs fois par an.* (statt Relativsatz)	Die Zahl der Franzosen, die mehrmals im Jahr in Ferien fahren, steigt immer weiter.

Anmerkung:

Wegen der Subjektsgleichheit kann man an Stelle des Infinitivs mit *à*-Anschluss zum Ersatz eines modalen Nebensatzes auch das *gérondif* verwenden:

*Mon collègue se ruinera la santé **en travaillant** soixante-dix heures par semaine.*

Folgende feste Wendungen mit *à*-Infinitiv ersetzen ebenfalls einen Nebensatz:

à vrai dire / à dire vrai	offen gestanden / eigentlich
à n'en pas douter	zweifellos
à parler franchement	offen gesagt
à en juger par qc	nach ... zu urteilen
à tout prendre	alles in allem / insgesamt gesehen
à y regarder de (plus) près	bei genauerem Hinsehen

à en croire qn / qc	wenn man jemandem / etwas glauben soll; wenn man jemandem / etwas Glauben schenken kann
à proprement parler	genau genommen / eigentlich
à supposer que...	vorausgesetzt, dass...
à signaler que...	es ist darauf hinzuweisen, dass...
à bien y réfléchir	wenn man einmal richtig darüber nachdenkt
à entendre qn	wenn man jemanden so reden hört
à suivre	Fortsetzung folgt

Der Infinitiv mit *de*   110

Der Infinitiv mit *de* steht nach den meisten direkt und indirekt transitiven Verben. Einige dieser Verben schließen auch ein substantivisches Objekt mit *de* an:

*Il rêve **d**'une maison en Provence.*

*Il rêve **de** faire construire une petite maison en Provence.*

In der folgenden Tabelle sind die Verben, die auch ein substantivisches Objekt mit *de* anschließen, durch (+S) gekennzeichnet.

1. Nichtreflexive Verben mit *de*-Infinitiv:

accepter de	annehmen / akzeptieren
accuser qn de (+S)	beschuldigen / anklagen / bezichtigen
admirer qn de	bewundern
apprécier de	(es) zu schätzen wissen
approuver qn de	beistimmen
arrêter de	aufhören zu tun / mit
attendre de	(ab-)warten
cesser de	aufhören
charger qn de (+S)	beauftragen
choisir de	wählen / die Wahl treffen
conseiller (à qn) de	raten zu
craindre de	fürchten / befürchten / Angst haben vor
décider de	beschließen / entscheiden
dédaigner de	es nicht für nötig halten
ne pas dédaigner de	es nicht verschmähen zu
défendre (à qn) de	verbieten / untersagen
désespérer de (+S)	verzweifeln an
douter de (+S)	zweifeln / bezweifeln

empêcher (qn) de	hindern an
envisager de	ins Auge fassen / in Betracht ziehen
essayer de	versuchen
éviter de	vermeiden
excuser qn de	entschuldigen
exiger de	fordern / verlangen
féliciter qn de (+S)	beglückwünschen
finir de	aufhören
interdire (à qn) de	untersagen / verbieten
menacer (qn) de (+S)	drohen
négliger de	unterlassen
oublier de	vergessen
pardonner à qn de	vergeben / verzeihen
parler de (+S)	davon sprechen / sich mit dem Gedanken tragen
prier (qn) de	bitten
permettre (à qn) de	erlauben
promettre (à qn) de	versprechen
proposer (à qn) de	vorschlagen
refuser (à qn) de	ablehnen / sich weigern
regretter de	bedauern / Leid tun / bereuen
remercier qn de (+S)	danken / sich bedanken für
reprocher à qn de	vorwerfen
risquer de	Gefahr laufen / drohen
souffrir de (+S)	leiden
supporter de	ertragen
tâcher de	sich bemühen
tenter de	versuchen

Anmerkung: Bei *remercier* erfolgt der infinitivische Anschluss stets mit *de*, der sub-stantivische Anschluss mit *de* oder *pour*: *Je vous remercie **de** m'avoir aidé. Je vous remercie **de** / **pour** votre offre.*

Beispiele:	
*Accepteriez-vous **de** faire ce travail à ma place?*	Wären sie bereit, diese Arbeit an meiner Stelle zu tun?
*Elle n'arrête pas **de** causer.*	Sie hört nicht auf zu reden.
*La pluie a cessé **de** tomber.*	Es hat aufgehört zu regnen.

*Il ne dédaigne pas **de** prendre un verre le soir.*	Er verschmäht es nicht / Er ist nicht abgeneigt, abends ein Gläschen zu trinken.
*Excusez-moi **de** n'avoir pas encore répondu à votre lettre.*	Entschuldigen Sie bitte, dass ich auf Ihren Brief noch nicht geantwortet habe.
*L'ambassade lui a interdit **de** quitter le pays.*	Die Botschaft hat ihm untersagt, das Land zu verlassen.
*Ce pont menace **de** s'effondrer.*	Diese Brücke droht einzustürzen.
*Il nous a menacé **de** ne pas payer.*	Er hat uns gedroht, nicht zu zahlen.
*Notre tante a parlé **de** vendre sa maison.*	Unsere Tante hat davon gesprochen, ihr Haus zu verkaufen.
*Il (m')a promis **de** venir à l'heure.*	Er hat (mir) versprochen, pünktlich zu kommen.
*Il faut se dépêcher, autrement nous risquons **de** rater l'avion.*	Wir müssen uns beeilen, sonst verpassen wir womöglich noch das Flugzeug. (Eigentlich: ...wir laufen Gefahr...)

2. Reflexive Verben mit *de*-Infinitiv:

s'abstenir de (+S)	sich enthalten
il s'agit de (+S)	es handelt sich um / es geht darum... / es gilt zu
s'arrêter de	aufhören
se charger de (+S)	es übernehmen
se contenter de (+S)	sich begnügen mit / sich zufrieden geben mit
se dépêcher de	sich beeilen
s'efforcer de	sich bemühen / sich Mühe geben
s'émerveiller de (+S)	entzückt sein über / freudig überrascht sein über
s'énerver de (+S)	sich aufregen / sich ärgern
s'étonner de (+S)	erstaunt sein / sich wundern
se hâter de	sich beeilen / etwas eilig tun
s'inquiéter de (+S)	beunruhigt sein / sich Sorgen machen über
se moquer de (+S)	nichts darauf geben / sich nichts daraus machen / pfeifen auf
s'occuper de (+S)	sich darum kümmern
se passer de (+S)	verzichten können auf / auskommen können ohne
se permettre de	sich erlauben / sich anmaßen
se plaindre de (+S)	sich beklagen

se réjouir de (+S)	sich freuen
se souvenir de (+S)	sich erinnern
se vanter de (+S)	sich rühmen
se venger de (+S)	sich rächen

Beispiele:

Les parents d'élèves se sont chargés de préparer un pique-nique pour l'excursion.	Die Elternschaft hat es übernommen, ein Picknick für den Ausflug vorzubereiten.
Même à l'hôpital, certains patients n'arrêtent pas de fumer.	Einige Patienten rauchen selbst (noch) im Krankenhaus unaufhörlich / ohne Unterlass.
La jeune maman s'est émerveillée de voir sa fille marcher à dix mois.	Die junge Mutter war darüber entzückt, dass ihre Tochter bereits mit zehn Monaten laufen konnte.
Bien des gens s'énervent de devoir attendre le bus.	Viele Leute ärgern sich darüber, auf den Bus warten zu müssen.
Je m'étonne de vous voir ici.	Ich bin darüber erstaunt, Sie hier zu sehen.
Il se moque de devoir redoubler sa classe.	Er macht sich nichts draus, sitzen geblieben zu sein.
Nous ne nous souvenons pas d'avoir déjà vu pareille chose.	Wir erinnern uns nicht daran, so etwas schon gesehen zu haben.

3. **Der Infinitivanschluss mit** *de* **erfolgt bei einer Vielzahl von Substantiven wie z.B:**

avoir besoin de, avoir envie de, avoir raison de, avoir tort de, avoir peur de, avoir hâte de (= es kaum erwarten können), *avoir le courage de, avoir le culot de* (gespr.: = die Frechheit besitzen), *avoir l'intention de, avoir le sentiment de, avoir le droit de,* usw.

être sur le point de, être en passe de (= im Begriff sein), *être en train de*

être une honte de (= eine Schande sein), *être une erreur de*

Beispiele:

J'ai hâte de connaître les résultats du match de tennis.	Ich kann es kaum erwarten, die Ergebnisse des Tennismatches zu erfahren.
Ce chanteur est en passe de devenir une vedette.	Dieser Sänger ist im Begriff, ein Star zu werden.
C'est une honte (que) de ne pas vouloir admettre cette faute.	Es ist eine Schande, diesen Fehler nicht eingestehen zu wollen.
C'est une erreur (que) de croire tout perdu.	Es ist ein Fehler zu meinen, alles sei verloren.

4. Der Infinitivanschluss mit *de* bei Adjektiven und Adverbien:

être capable de / *être à même de* (= fähig sein), *être sûr de, être ravi de, être désolé de* / *être navré de* (= Leid tun / bedauern), *être tenté de* (= Lust haben / versucht sein), *être susceptible de* (= geeignet sein / empfänglich sein), *être reconnaissant de,* usw.

c'est beaucoup de, c'est peu de, c'est trop de, ce n'est rien de, c'est assez de

être interdit de, être utile de, être normal de, être honteux de, être facile de, être difficile de, être indiqué de (= es empfiehlt sich)

Beispiele:	
*Je vous suis très reconnaissant **de** m'avoir informé de cette affaire.*	Ich bin Ihnen sehr dankbar, dass sie mich über diese Angelegenheit informiert haben.
*Nous sommes désolés **de** devoir déjà partir.*	Wir bedauern, dass wir schon gehen müssen.
*C'est déjà beaucoup **de** lire cinquante pages par jour.*	Das ist schon viel / Das ist ganz schön viel, fünfzig Seiten pro Tag zu lesen.
*Dans ton cas, il n'est pas indiqué **de** fumer.*	In deiner Situation empfiehlt es sich nicht zu rauchen.
*Il est facile **de** / difficile **de** prévoir les conséquences de sa façon d'agir.*	Es ist leicht / schwer, die Konsequenzen seiner Handlungsweise vorauszusehen.

Merke:

*Il n'y a pas lieu **de** se décourager.* → Es besteht kein Anlass, den Mut zu verlieren.

*Il n'est pas sans intérêt **de** savoir que les affaires de notre partenaire vont bien.*
→ Es ist gut zu wissen, dass die Geschäfte unseres Partners gut laufen.

Infinitivkonstruktion im Französischen an Stelle von Adverbien im Deutschen   `111`

Im Französischen werden Infinitivkonstruktionen häufig dort verwendet, wo im Deutschen Adverbien stehen (vgl. **052**). Im Folgenden eine Aufstellung der wichtigsten Fälle:

deutsch: Adverb	französisch: Infinitivumschreibung
beinahe / fast Wir hätten beinahe ein Auto gewonnen. Wir hätten fast einen Unfall gehabt.	***faillir faire qc* / *manquer (de) faire qc*** *Nous avons failli gagner une voiture.* *Nous avons failli avoir un accident. / Nous avons manqué avoir / **d**'avoir un accident.* *Manquer (de)* kann nur im Sinne von „etwas Gefährlichem / Negativem entgehen" benutzt werden.

gern / nicht gern	aimer faire / ne pas aimer faire qc
Wir würden gerne wiederkommen.	Nous aimerions revenir.
Wir essen nicht gerne nach acht Uhr zu Abend.	Nous n'aimons pas dîner après huit heures.

lieber / besser	aimer mieux faire qc / préférer faire qc / faire mieux de faire qc
Ich möchte lieber nicht daran denken.	J'aime mieux / Je préfère ne pas y penser.
Du solltest lieber etwas mehr an deine Gesundheit denken. / Es wäre besser, wenn du...	Tu ferais mieux de faire plus attention à ta santé. **Auch**: Tu aurais **intérêt à** faire plus attention à ta santé.

gerade (= jetzt, in diesem Augenblick)	être en train de faire qc
Er isst gerade.	Il est en train de manger.
gerade (= soeben) / kurz davor	venir de faire qc
Er ist gerade aus dem Haus gegangen.	Il vient de sortir de chez lui.
gerade (= in einer Absichtserklärung)	aller faire qc / être sur le point de faire qc
Ich wollte es gerade tun.	J'allais le faire. J'étais sur le point de le faire.

zufällig	venir à
Wenn er sie zufällig treffen sollte...	S'il venait à la rencontrer...

immer noch / weiter	continuer à faire qc / persister à faire qc
Es schneit immer noch.	Il continue à neiger.
Sollen wir noch weiter warten?	Devons-nous continuer à attendre?
Sie glaubt immer noch, ich habe sie belogen.	Elle persiste à croire que je lui ai menti.
Aber: Er ist immer noch verheiratet. (= Zustand)	Il est **toujours** marié.
	(„Immer noch" in Bezug auf Zustände sollte nicht verbal ausgedrückt werden: *Il continue à être marié ist also nicht geläufig.)

allmählich	commencer à faire qc
Allmählich verliere ich die Geduld.	Je commence à perdre patience.

bald	ne pas tarder à faire qc
Er wird bald hier sein.	Il ne tardera pas à arriver.

spät	tarder à faire qc
Er kommt spät.	Il tarde à venir.

ständig / immer wieder	ne pas arrêter / ne (pas) cesser de faire qc
Seine Frau beklagt sich ständig.	Sa femme n'arrête pas de se plaindre.
In Mallorca hat es letzten Monat ständig / immer wieder geregnet.	Le mois passé, il n'a pas arrêté / cessé de pleuvoir à Majorque.

zuerst / zunächst / am Anfang	commencer par faire qc
Lesen Sie zunächst diesen Textausschnitt.	Commencez par lire cet extrait du texte.

schließlich	finir par faire qc
Wir haben schließlich jegliche Hoffnung aufgegeben.	Nous avons fini par perdre tout espoir.
vollends	achever de faire qc
Sein Verhalten hat mich vollends entmutigt.	Son comportement a achevé de me décourager.

Die Ergänzungen des Verbs: hochfrequente Verben mit variabler Valenz

112

Im Folgenden werden häufig verwendete Verben mit unterschiedlicher Ergänzungsstruktur aufgeführt. Bei einer Reihe der hier genannten Verben ist die Präposition vor einem **nominalen Anschluss** mit der vor einem **Infinitivanschluss identisch**. Die zum Teil sehr unterschiedliche Ergänzungsstruktur bei manchen Verben führt häufig auch zu einer ausgeprägten **Bedeutungsdifferenzierung**, die man sich merken sollte.

aider (qn)

Il aide son fils dans son travail.	Er hilft seinem Sohn bei der Arbeit.
Il m'aide à réparer mon téléviseur.	Er hilft mir bei der Reparatur meines Fernsehers.
Il m'a aidé à la préparation de mon voyage. / Il m'a aidé à préparer mon voyage.	Er hat mir bei der Vorbereitung meiner Reise geholfen.

aller

Je vais en France / à Londres / aux Etats-Unis.	Ich fahre nach Frankreich / London / in die Staaten.
Je vais bien / mal.	Es geht mir gut / schlecht.
Ce chapeau vous va bien.	Dieser Hut steht Ihnen gut.
Les jours vont en s'allongeant.	Die Tage werden immer länger.
Allez-y doucement, l'appareil n'est pas en bon état.	Gehen Sie behutsam vor, das Gerät ist nicht in gutem Zustand.
Il va chercher son ami à la gare.	Er holt seinen Freund am Bahnhof ab.
Il y va de votre avenir.	Es geht um Ihre Zukunft.

apprendre

Il a appris le français avec moi.	Er hat mit mir Französisch gelernt.
J'apprends de mon ami que le président a démissionné. (Auch: J'apprends par mon ami que...)	Ich erfahre (gerade) von meinem Freund, dass der Präsident zurückgetreten ist.
Nous avons appris son décès.	Wir haben von seinem Tod gehört.
Il a appris à parler le russe convenablement.	Er hat gelernt, annehmbar Russisch zu sprechen.
Je lui ai appris à être discret.	Ich habe ihm beigebracht, sich diskret zu verhalten.

approcher

Le jour J approche.	Der Tag X rückt näher.
Il y avait tellement de monde au bal que je n'ai pas pu l'approcher.	Es waren so viele Leute auf dem Ball, dass ich an sie nicht herankommen konnte.
*Nous approchons **de** la cinquantaine / **de** notre but.*	Wir gehen auf die fünfzig zu. / Wir nähern uns unserm Ziel.
*Il faudrait approcher le bureau **de** la porte.*	Man müsste den Schreibtisch näher an die Tür rücken.
*Je me suis approché **de** la scène pour mieux voir.*	Ich bin nahe an die Bühne gerückt, um besser zu sehen.
*Je me suis approché **de** lui.*	Ich habe mich ihm genähert.

arrêter

Il a arrêté un taxi dans la rue.	Er hat auf der Straße ein Taxi angehalten.
Il a été arrêté en Espagne.	Er wurde in Spanien festgenommen.
On n'arrête pas le progrès.	Der Fortschritt ist nicht aufzuhalten.
*Elle a arrêté **de** fumer.*	Sie hat mit dem Rauchen aufgehört.
*Nous devrions nous arrêter bientôt **pour** faire une pause.*	Wir sollten bald anhalten, um eine Pause zu machen.

céder

Il a cédé sous la pression.	Er hat dem Druck nachgegeben.
L'enfant s'est levé pour céder sa place à une personne âgée.	Das Kind ist aufgestanden, um seinen Platz einer älteren Person zu überlassen.
Notre oncle nous a enfin cédé son terrain à bâtir.	Unser Onkel hat uns endlich sein Bauland abgetreten.
*Jean **ne le cède en rien à** son frère.*	Hans steht seinem Bruder in nichts nach.
*Jean **ne le cède à personne en** paresse.*	Hans steht in Faulheit keinem nach.

changer

Le temps a changé.	Das Wetter hat sich geändert.
Depuis son départ, il a beaucoup changé.	Seit seinem Weggang hat er sich sehr verändert.
Le tenancier du bistro d'à côté a changé.	Der Pächter der Kneipe von nebenan hat gewechselt.
*Nous avons changé nos dollars **en** euros.*	Wir haben unsere Dollar in Euro getauscht.
Je dois changer les pneus avant de ma voiture.	Ich muss die Vorderreifen meines Autos wechseln.
*Il faut changer **de** train à Mannheim.*	Wir müssen in Mannheim umsteigen.
*Elles ont changé **de** stratégie.*	Sie haben ihre Strategie geändert.

croire (qn)

*Je **la** crois sur parole.*	Ich glaube ihr aufs Wort.
Je ne vous crois pas.	Ich glaube (es) Ihnen nicht.
Je te croyais mon ami.** / **Je te croyais intelligent.	Ich glaubte, du seist mein Freund. / Ich glaubte, du seist intelligent.
*Je crois **à** l'existence de Dieu.*	Ich glaube an die Existenz Gottes.
*Il croit **en** lui-même.*	Er glaubt an sich selbst.
*Je n'**en** croyais pas **mes oreilles**.*	Ich traute meinen Ohren nicht.
Il se croit plus intelligent qu'il n'est.	Er hält sich für klüger als er ist.
Elle croyait l'avoir déjà vu quelque part.	Sie glaubte, sie habe ihn schon irgendwo gesehen.

décider

Le gouvernement a décidé une augmentation des allocations familiales.	Die Regierung hat eine Erhöhung der Familienzulage beschlossen.
Ce sont toujours nos enfants qui décident.	Es sind immer unsere Kinder, die die Entscheidungen treffen.
Personne ne peut *le* décider *à* se marier.	Keiner kann ihn zur Heirat überreden.
Je me suis décidé pour la voiture la moins chère.	Ich habe mich für das billigste Auto entschieden.
J'*ai* décidé *d'*accepter cette offre.	Ich habe beschlossen, dieses Angebot anzunehmen.
Je *me suis* décidé *à* accepter cette offre.	Ich habe mich entschlossen, dieses Angebot anzunehmen.

demander (à qn)

On demande M. Duplan au téléphone.	Herr Duplan wird am Telefon verlangt.
Il *lui* a demandé le nom de son partenaire.	Er hat ihn um den Namen seines Partners gebeten.
Ce type de voiture demande un entretien régulier.	Dieser Autotyp braucht eine regelmäßige Pflege.
Je lui ai demandé une subvention / une faveur.	Ich habe ihn um eine Subvention / einen Gefallen gebeten.
Je *lui* ai demandé *de* m'aider.	Ich habe ihn gebeten, mir zu helfen.

donner

Mon père nous a donné une somme d'argent importante.	Mein Vater hat uns eine große Geldsumme gegeben.
Notre chambre donne *sur* la rue.	Unser Schlafzimmer liegt auf der Straßenseite.
Il *se* donne entièrement *à* son travail.	Er engagiert sich voll für seine Arbeit.
Cela donne *à* penser.	Dies gibt zu denken.
Il donne *dans* la dévotion.	Er huldigt der Frömmelei.
donner le ton	den Ton angeben
Elle s'est donn*é* de la peine.	Sie hat sich Mühe gegeben.

jouer

Mon fils joue dans la cour.	Mein Sohn spielt im Hof.
Il joue le rôle du méchant.	Er spielt die Rolle des Bösewichts.
Les enfants jouent *au* football dans la rue.	Die Kinder spielen auf der Straße Fußball.
Il a joué sa réputation.	Er hat seinen Ruf aufs Spiel gesetzt.
Le gouvernement joue *sur* l'ignorance des électeurs.	Die Regierung setzt auf die Unwissenheit der Wähler.
Il joue *du* piano / *de la* guitare.	Er spielt Klavier / Gitarre.
Il *s'*est joué *de* moi.	Er hat mich zum Besten gehalten.

parler

L'enfant ne parle pas encore.	Das Kind spricht nocht nicht.
Ne *m'en* parle plus.	Sprich mit mir nicht mehr darüber!
Il parle *le* français et *l'*anglais.	Er spricht Französisch und Englisch.
Je *lui* ai parlé *de* notre problème.	Ich habe mit ihm über unser Problem gesprochen.
Voilà M. Duplan: il est juste en train de parler *avec* son collègue.	Da ist Herr Duplan, er **unterhält** sich gerade mit seinem Kollegen.

penser

Il ne sait pas penser logiquement.	Er kann nicht logisch denken.
*Nous pensons déjà **à** nos vacances.*	Wir denken schon an unsere Ferien.
*Nous avons pensé **à** toi.*	Wir haben an dich gedacht.
Il a mal pensé son projet.	Er hat sein Projekt schlecht **durchdacht**.
Je pense arriver un peu plus tôt.	Ich **habe vor** / Ich **habe die Absicht**, etwas früher anzukommen.
*Pense **à** acheter du vin.*	**Denk daran** / Vergiss nicht, Wein zu kaufen.

refuser

Elle a refusé mon cadeau.	Sie hat mein Geschenk abgelehnt.
Je ne pouvais pas refuser son offre.	Ich konnte sein Angebot nicht ablehnen / ausschlagen.
Son préposé lui refuse toute compétence en la matière.	Sein Vorgesetzter **spricht ihm** in diesem Bereich jegliche Kompetenz **ab**.
*Je **me** refuse **à** cette solution au problème.*	Ich lehne diese Lösung des Problems ab.
*Je **me** refuse **à** accepter cette solution.*	Ich weigere mich, diese Lösung zu akzeptieren.
*Je refuse **d'**accepter cette clause.*	Ich lehne es ab, diese Klausel zu akzeptieren.

Der Infinitiv: Aufbaustufe

Voraussetzungen zur Verwendung einer Infinitivkonstruktion im Französischen

`113`

1. Im Französischen wird die Infinitivkonstruktion wesentlich häufiger angewendet als im Deutschen. Sie gilt im Allgemeinen als kompakter und eleganter als ein Nebensatz:

   J'espère pouvoir assister au mariage de ma sœur.
   Ich hoffe, an der Hochzeit meiner Schwester teilnehmen zu können.

   Die Beliebtheit der Infinitivkonstruktion äußert sich auch darin, dass nicht selten mehrere Infinitive nebeneinander gestellt werden:

   Il n'a pas voulu lui imposer de s'arrêter immédiatement de boire.
   Er wollte ihm nicht auferlegen, sofort mit dem Trinken aufzuhören.

2. Normalerweise wird eine Infinitivkonstruktion im Französischen dann angewendet, wenn Subjektsgleichheit vorliegt. Im Deutschen wird hier meistens (aber nicht ausschließlich) ein Nebensatz verwendet.

   Er freute sich (darüber), dass er sechs Wochen Urlaub hatte.
   → *Il était content de disposer de six semaines de congé.*

   Nachdem sie im Hotel abgestiegen waren, haben sie sofort mit der Stadtbesichtigung begonnen.
   → *Après être descendus à l'hôtel, ils se sont tout de suite mis à visiter la ville.*

3. **R 113.1**

   > Im Französischen **muss** eine Infinitivkonstruktion verwendet werden, wenn der einleitende Satz mit einem Verb oder Ausdruck der **Willensäußerung** oder des **subjektiven Empfindens** gebildet wird und **die Subjekte von Haupt- und Nebensatz gleich sind**. Vgl. auch **203**.

   Beispiele:

   Je préférerais pouvoir partir tout de suite.
   Ich würde es vorziehen, wenn ich sofort abreisen könnte.
   Je me réjouis de pouvoir partir tout de suite.
   Ich freue mich darüber, dass ich sofort abreisen kann.
   Il a regretté de ne pas être parti tout de suite.
   Er bedauerte, dass er nicht sofort abgereist ist.
   Il ne supporte pas d'être dérangé par le bruit.
   Er erträgt es nicht, wenn er durch Lärm gestört wird.
   Permettez-moi de me présenter.
   Erlauben Sie mir, dass ich mich vorstelle.
   Je suis désolé de ne pas avoir assisté à ce concert.
   Ich bedaure, dass ich dieses Konzert nicht besucht habe.

Anmerkung:

Nach den Wendungen *trouver bon*, *trouver dommage*, *trouver normal* steht bei Gleichheit des Subjekts gelegentlich auch ein *que*-Satz. Die Infinitivkonstruktion ist allerdings die Norm:

Il trouve normal de lui en parler. ⇔ *Il trouve normal qu'il lui en parle.*

4. Die Verben des **Sagens**, **Meinens**, **Hoffens** und **Glaubens** schließen auch dann einen *que*-Satz an, wenn Haupt- und *que*-Satz dasselbe Subjekt haben. Ein Infinitivsatz ist ebenfalls möglich; letzterer wirkt allerdings generell gewählt und gilt darüber hinaus vielfach nur dann als unmarkiert, wenn die Handlung / der Sachverhalt des Infinitivsatzes **vorzeitig** ist. Der *que*-Satz nach den Verben des Sagens, Meinens und Glaubens ist im gesprochenen Französisch in jedem Falle die Standardkonstruktion. Ausnahmen sind hier Verben wie *espérer* und *penser*, bei denen auch bei Gleich- oder Nachzeitigkeit ein Infinitivsatz (im Falle von Subjektsgleichheit) völlig geläufig ist (dies gilt auch für das gesprochene Französisch). Bei Verben wie *croire*, *dire*, usw. wird der Infinitivsatz bei Nachzeitigkeit durch die Einfügung von modalen Hilfsverben wie *pouvoir*, *devoir* oder *vouloir* ermöglicht (→ *Ils ont annoncé **vouloir se marier** cet été.)*

Beispiele:

Nebensatz mit *que*:	Infinitivsatz:
Il affirme qu'il a fait tout ce qu'il fallait.	*Il affirme **avoir fait** tout ce qu'il fallait.*
Il a avoué qu'il avait volé la voiture.	*Il a avoué **avoir volé** la voiture.*
	Die Infinitivkonstruktion ist in den beiden Fällen wegen der Vorzeitigkeit durchaus geläufig.
Il affirme qu'il n'a pas d'argent.	Weniger geläufig, aber durchaus korrekt: *Il affirme **ne pas avoir** d'argent.*
J'espère que je pourrai me reposer ce week-end.	*J'espère **pouvoir me reposer** ce week-end.*
Je crois que je ne viendrai pas te voir demain.	Nicht möglich: **Je crois ne pas venir te voir demain.*
	Dafür aber: *Je pense ne pas **venir te voir** demain.* / Oder: *Je crois ne pas **pouvoir venir te voir** demain.*

5. Die Beliebtheit der Infinitivkonstruktion im Französischen äußert sich auch darin, dass man in spezifischen Fällen auch bei unterschiedlichen Subjekten in Haupt- und Nebensatz in der Schriftsprache durch Einfügung von bestimmten Verben (*entendre*, *savoir*, *trouver*, *voir*) eine Infinitivkonstruktion ermöglicht:

Je regrette que tu sois si fatigué.   → *Je regrette de te voir si fatigué.*
Il est ravi que vous soyez en bonne forme. → *Il est ravi de vous savoir en bonne forme.*

6. **R 113.2**

> Im Deutschen **kann** vor einem Infinitivsatz eine pronominale Ankündigung ste-
> hen. Im Französischen ist diese pronominale Ankündigung vor einem Infinitivsatz
> **nicht möglich**.

Beispiele:

Er wagte (**es**) nicht, sie anzuschauen. → *Il n'osa pas la regarder.*

Ich habe ihn **daran** erinnert, dass er Brot kaufen soll. → *Je lui ai rappelé d'acheter du pain.*

Ich freue mich (**darauf**), endlich in Rente gehen zu können. → *Je me réjouis de pouvoir enfin prendre ma retraite.*

Er findet **es** normal, dass er fünf Mal im Jahr Urlaub macht. → *Il trouve normal de partir en vacances cinq fois par an.*

Er leidet **darunter**, dass er keinen beruflichen Erfolg hat. → *Il souffre de ne pas réussir dans sa profession.*

Vgl. auch **270.2**.

Der substantivierte Infinitiv   `114`

Eine Reihe von Substantiven haben die Form eines Infinitivs, werden jedoch nicht mehr als solcher empfunden:

le lever du jour	→	der Tagesanbruch
le coucher du soleil	→	der Sonnenuntergang
le déjeuner / le dîner	→	das Mittags- / Abendessen
le devoir	→	die Pflicht
le pouvoir	→	die Macht
l'avoir	→	das Guthaben
le savoir	→	das Wissen
le savoir-faire	→	das Können / das Know-how
le savoir-vivre	→	die Lebensart / die korrekten Umgangsformen
le sourire	→	das Lächeln

Anmerkung:

Im Deutschen ist die Substantivierung der Verben sehr geläufig (das Warten, das Benutzen, das Rauchen, das Betreten, usw.). Im Französischen kann man diese substantivierten Verben durch ein Substantiv (wenn vorhanden), durch die Wendung *le fait de*, durch einen Infinitivsatz oder durch ein *gérondif* wiedergeben:

l'attente / le fait d'attendre	→	das Warten
l'utilisation	→	das Benutzen
Défense de fumer.	→	Rauchen verboten.
Il s'est cassé la jambe en skiant.	→	Er hat sich **beim Skilaufen** das Bein gebrochen.

115 **Der Infinitivsatz als Subjekt**

Der Infinitiv oder der Infinitivsatz (d.h. Infinitiv + Ergänzungen) als Subjekt kann **vor** oder **nach** dem Hauptverb stehen.

1. **Vor dem Hauptverb** steht der Infinitiv oder der Infinitivsatz **ohne Präposition**:

> *Se détendre est parfois une nécessité.*
> Sich zu entspannen ist zuweilen eine Notwendigkeit.
>
> *Faire des études coûte cher.*
> Studieren ist kostspielig.
>
> *Rester trop longtemps sans travail nuit à la santé.*
> Zu lange ohne Arbeit zu sein schadet der Gesundheit.

2. **Nach dem Hauptverb** steht der Infinitiv **mit der Präposition** *de*. Er ist dann das eigentliche bzw. das **Sinnsubjekt** und wird durch ein **grammatisches Subjekt** („das Scheinsubjekt") angekündigt.

C'est agréable de se détendre de cette façon. Es ist angenehm, sich in dieser Form zu entspannen.	→ *ce* = grammatisches Subjekt; *se détendre* = Sinnsubjekt
Il est interdit de se servir de son portable au volant. Es ist untersagt, sein Handy am Steuer zu benutzen.	→ *il* = grammatisches Subjekt; *se servir* = Sinnsubjekt
Cela me fait plaisir de pouvoir t'aider. Er freut mich, dir helfen zu können.	usw.
C'est une honte de ne pas assister à cette manifestation. Es ist eine Schande, an dieser Veranstaltung nicht teilzunehmen.	
C'est ne pas respecter la vérité que d'affirmer cela. Dies zu behaupten heißt die Wahrheit missachten.	

Anmerkung:

Nach der Wendung *ce* + *être* + Infinitiv wird der folgende Infinitiv mit *que de* angeschlossen: *Ce serait ne pas être réaliste que d'agir de cette façon.* (Es hieße unrealistisch zu sein, wenn man so handelte.)

Werden zwei Infinitive in Subjektsfunktion verglichen, steht der erste ohne Präposition, der zweite ohne oder mit der Präposition *de*.

Concevoir un projet est toujours plus facile que (de) le réaliser.
Ein Projekt entwerfen ist immer leichter, als es durchzuführen.

Zur Wiedergabe des neutralen Subjekts „es" = *ce*, *cela*, *il* vgl. 305.

Der Infinitiv als prädikative Ergänzung   116

Der Infinitiv als prädikative Ergänzung steht:

1. **mit der Präposition *de,*** wenn das Subjekt ein Substantiv oder ein substantiviertes Adjektiv ist:

   *Mon objectif le plus important (, c') est **de finir** ce travail avant l'année prochaine.*
   Mein vorrangiges Ziel ist es, diese Arbeit bis zum nächsten Jahr fertig zu stellen.

   *Le plus important (, c') est **de savoir** se servir d'Internet.*
   Das Wichtigste ist, mit dem Internet umgehen zu können.

   *Le mieux (, ce) serait **de** ne pas y **penser**.*
   Es wäre das Beste, nicht daran zu denken.

2. **ohne die Präposition *de,*** wenn das Subjekt ein Infinitiv ist. In diesem Fall muss das Subjekt durch ein *ce* wieder aufgenommen werden.

*Vouloir, **c'**est pouvoir.*	→ Wer will, der kann.
*Gouverner, **c'**est prévoir.*	→ Regieren heißt, im Voraus zu planen.

   Anmerkung:
   Wenn sowohl das Subjekt als auch die prädikative Ergänzung ein Infinitiv ist, kann die Wiederaufnahme des Infinitivs durch *ce* bei *être* wegfallen, wenn *être* verneint ist: *Vouloir (, ce) n'est pas forcément pouvoir.*

Der absolute Gebrauch des Infinitivs   117

Der Infinitiv wird absolut, d.h. ohne Subjekt und ohne Präposition in Ausrufen, in emphatischen Fragesätzen und in Maximen verwendet. Des Weiteren in geschriebener Form in Sätzen, in denen eine Aufforderung, eine Vorschrift, eine Anweisung, ein Verbot ausgedrückt wird (z.B. in Bedienungsanleitungen).

Beispiele:

*Me **mentir** sans rougir!*	→ Ausruf
*Pourquoi ne pas lui en **faire part**?* Warum es ihm nicht mitteilen?	→ emphatische Frage
*Plutôt **souffrir** que **mourir**, c'est la devise des hommes.*	→ Maxime aus: La Fontaine, *La mort et le bûcheron*
***Ajouter** un demi-verre de vin blanc et **laisser mijoter**.*	→ Anweisung: Rezept
*Ne pas **fumer**.*	→ Verbot
***Attendre** l'arrêt du train avant d'activer l'ouverture des portes.*	→ Aufforderung / Vorschrift

118   Der historische Infinitiv (*l'infinitif de narration*)

Der **historische Infinitiv** wird an Stelle einer finiten Verbform im *passé simple* oder im historischen Präsens zur Wiedergabe einer Handlung gebraucht, die sich als Konsequenz aus einer im Vorhergehenden aufgeführten Handlung darstellt. Er hängt sich an einen vorausgehenden Satz durch das Bindewort *et* an und kann **nur in einem affirmativen Satz mit explizitem Subjekt** stehen. Der historische Infinitiv wird insbesondere im **narrativen Texttyp** verwendet und bewirkt eine Verlebendigung der Handlungsabfolge.

Der historische Infinitiv erscheint recht häufig in den Fabeln von La Fontaine:

Il s'en alla passer sur le bord d'un étang:
Grenouilles aussitôt de sauter dans les ondes;
Grenouilles de rentrer en leurs grottes profondes.   (Fables, II, 14)

Er ging fort und wandelte am Ufer eines Weihers:
Sofort sprangen die Frösche in das Wasser;
Und sie kehrten in ihre tiefen Höhlen zurück.

Et Grenouilles de se plaindre;
Et Jupin de leur dire: ...   (Fables, III, 4)

Und sogleich beklagten sich die Frösche;
Worauf Jupin ihnen sagte: ...

Im modernen Französisch gehört der Gebrauch des historischen Infinitivs der **gehobenen** gesprochenen und geschriebenen Sprache an. Er wird insbesondere auch in der *presse écrite* und der *presse parlée* häufig benutzt:

Dans son allocution télévisée, M. Jospin insista sur la nécessité de réformer l'éducation. **Et le Premier ministre d'ajouter** *que les réformes devraient être mises en place sans délai.*
In seiner Fernsehansprache betonte Jospin die Notwendigkeit von Reformen im Bildungswesen. **Und der Ministerpräsident fügte** (**sogleich**) **hinzu**, dass die Reformen unverzüglich durchgeführt werden müssten.

Insbesondere Formulierungen wie: *Et* + Personensubjekt + *d'ajouter / de déclarer / de répondre...* sind automatisiert (*Et le chancelier d'ajouter...*). In der modernen Presse lässt sich eine Tendenz zur Auslassung des Personensubjekts beobachten (*Et d'ajouter que...*).

119   Die Stellung der Nominalgruppe beim Infinitiv

1.   Nach Wahrnehmungsverben + präpositionslosem Infinitiv:

Nach den Verben der Wahrnehmung *écouter, entendre, regarder, voir* steht bei transitiven Verben die Nominalgruppe vor dem Infinitiv: *J'ai vu **un drôle de type ouvrir** la portière de ma voiture.*

Folgt auf die genannten Wahrnehmungsverben ein intransitives Verb (d.h. ein Verb, das von keinem Objekt begleitet wird), ist die Stellung der Nominalgruppe schwankend. Eine **längere** Nominalgruppe tritt **hinter** den Infinitiv, eine **kürzere** steht entweder **vor** oder **hinter** dem Infinitiv:

*Nous avons **entendu crier la foule des supporters de notre club**.*
(→ längere Nominalgruppe)

*Nous avons entendu **crier notre voisin** oder Nous avons entendu **notre voisin crier**.*
(→ kurze Nominalgruppe)

2. **Nach Verben der Willensäußerung + *de*-Infinitiv:**

Nach Verben der Willensäußerung ist die Normalstellung der Nominalgruppe **vor** dem Infinitiv:

*Le juge a demandé **aux** témoins **de** parler.*

*Le propriétaire du studio a ordonné **à** son locataire **de** cesser son tapage nocturne* (= nächtliche Ruhestörung).

An Stelle des *de*-Infinitivs kann in den beiden oben genannten Beispielen auch ein mit *que* eingeleiteter Nebensatz stehen: *Le juge a demandé au témoin qu'il parle. Le propriétaire du studio a ordonné à son locataire qu'il cesse son tapage nocturne.*

3. **Bei *laisser / faire* + Infinitv:**

Folgende Wortstellung nach *laisser* und *faire* + Infinitiv ist in Verbindung mit einer Nominalgruppe zu beachten:

Il laisse crier les enfants.	**nicht geläufig:**	**Il laisse les enfants crier.*
Il laisse les enfants jouer dans la rue.	**oder:**	*Il laisse jouer les enfants dans la rue.*
Il laisse les enfants cueillir des fleurs.	**oder:**	*Il laisse cueillir des fleurs aux enfants / par les enfants.*
Nous avons fait venir nos petits-enfants.	**nicht:**	**Nous avons fait nos petits-enfants venir.*
Je laisse mon fils conduire ma voiture.	**oder:**	*Je laisse conduire ma voiture par mon fils.*
Nous avons fait réparer la voiture par / à un garagiste.		

Der Infinitiv zur Verkürzung einer Haupt- / Nebensatzkonstruktion   `120`

Im Französischen wird eine hypotaktische Konstruktion durch eine Infinitivkonstruktion ersetzt, wenn Haupt- und Nebensatz das gleiche Subjekt haben. Der Infinitiv wird in diesem Fall durch Präpositionen oder präpositionale Ausdrücke eingeleitet.

temporal:

avant de, après (*+ infinitif passé*)*, **au moment de, en attendant de*** (= so lange, bis)*, **jusqu'à***

***Après avoir exposé** son projet, il a demandé ce qu'en pensaient ses interlocuteurs.*

***En attendant de** monter dans l'avion, j'ai lu un journal anglais pour faire passer le temps.*

final:

afin de, pour, de manière à / de façon à, de peur de / de crainte de, en vue de (= um...zu), **dans le but de**

Elle s'est placée **de manière à / de façon à** être remarquée par tout le monde.

Nous resterons encore une semaine à Saint-Malo **pour / afin de** profiter de la mer et du beau temps.

Je ne vous ai pas téléphoné dimanche **de peur de / de crainte de** vous déranger.
Ich habe Sie am Sonntag nicht angerufen, aus Angst, ich könnte Sie stören (= damit ich Sie nicht störe).

konsekutiv:

assez ... pour, au point de (= derart, dass), **trop ... pour**

Nous étions épuisés par la balade **au point de** ne plus pouvoir marcher.

Il n'est pas **assez** riche **pour** jouer son argent à la bourse.

konditional / konzessiv / adversativ:

à condition de, à moins de (= es sei denn... / sofern...nicht), **quitte à** (= selbst wenn), **au lieu de** (= anstatt)

A moins d'être malade, je participerai au tournoi.
Ich werde an dem Turnier teilnehmen, es sei denn, ich bin krank.

J'accepterai le poste qu'on m'a offert, **quitte à** gagner moins d'argent.
Ich werde die mir angebotene Stelle annehmen, selbst auf die Gefahr hin, weniger Geld zu verdienen.

Au lieu de se lamenter tout le temps, il devrait enfin agir.

kausal:

faute de (= da...nicht), **pour, sous prétexte de** (= unter dem Vorwand...)

Faute de parler le français correctement, sa candidature à un emploi d'agent commercial n'a pas été retenue.
Da er nicht gut französisch spricht, wurde seine Bewerbung auf eine Stelle als Import-Exportvertreter nicht berücksichtigt.

Sous prétexte d'être fatigué, il s'est mis en congé de maladie.

Anmerkung:
Weitere geläufige Präpositionen mit Infinitivanschluss sind:

sans   (= ohne zu...)
à force de   (= dadurch, dass man zuviel / zu lange etwas tut... / durch vieles...)
loin de   (= weit davon entfernt...)
(être) près de   (= nahe daran sein, zu...)

A force de tant voyager à l'étranger, il a perdu tout contact avec sa famille.
Dadurch, dass er so viel im Ausland unterwegs ist, hat er jeden Kontakt zu seiner Familie verloren.

Loin de la décourager, les problèmes la stimulent.
Weit davon entfernt, sie zu entmutigen, spornen sie die Probleme (sogar) an.

*Les pourparlers étaient **près d'**échouer.*
Die Verhandlungen standen kurz vor dem Scheitern.

Der präpositionslose Infinitiv: besonderer Gebrauch und Spezialfälle

121

1. R 121

> Der Infinitiv ohne Präposition steht nach Verben der Fortbewegung / der Bewegungsrichtung zum Ausdruck eines Zieles, eines Zweckes, einer Absicht (**finale Infinitivkonstruktion**).

Beispiele:

*Le directeur de l'hôtel est **descendu accueillir** la délégation africaine.*
Der Hoteldirektor ist heruntergekommen, um die afrikanische Delegation zu empfangen.

*Ma femme est **partie faire** le ménage chez son père.*
Meine Frau ist zu ihrem Vater gefahren, um (ihm) den Haushalt zu machen.

*Mon chauffeur **passera** vous **prendre** demain matin à six heures.*
Mein Chauffeur wird sie morgen früh um sechs Uhr abholen.

Verben der Fortbewegung / der Bewegungsrichtung:	
accourir	herbeieilen
courir	laufen
descendre	hinuntergehen
monter	hinaufgehen / hinauffahren
partir	weggehen / wegfahren / aufbrechen / abreisen
passer	vorbeikommen / vorbeifahren / vorbeigehen
rentrer	zurückkehren / nach Hause kommen
retourner	zurückkehren / zurückkommen
sortir	hinausgehen / herauskommen

Anmerkung:

- Insbesondere die Verben der Bewegungsrichtung *aller* und *venir* werden mit einem präpositionslosen Infinitiv verwendet: *aller voir; aller faire, s'en aller faire, aller consulter*, usw. – *venir voir, venir chercher, venir travailler*, usw.:

Elle va chercher qn / qc.	
Elle vient chercher qn / qc.	= Sie holt jemanden / etwas ab.
Nous allons voir qn. / Nous venons voir qn.	= Wir besuchen jemanden.
Il va venir tout de suite.	= Er wird gleich kommen. *(futur proche)*
Il s'en va jouer dans la rue.	= Er geht auf die Straße spielen.

- Ist der Infinitiv verneint, wird er von der Präposition ***pour*** begleitet:

*Je suis parti **pour ne pas devoir assister** à ce triste événement.*
Ich bin fortgefahren, um diesem traurigen Ereignis nicht beiwohnen zu müssen.

Die Präposition *pour* kann auch im Falle eines nicht verneinten Infinitivs bei den Verben der Fortbewegung zur besonderen Hervorhebung der Absicht oder des Zieles gesetzt werden:

*Je suis rentré tôt **pour suivre** la demi-finale de la coupe U.E.F.A. à la télé.*
Ich bin zeitig nach Hause gegangen, um das Halbfinale des UEFA-Cups im Fernsehen zu verfolgen.

2. Der präpositionslose Infinitiv nach den Verben des Sagens und Denkens (bei Subjektsgleichheit) gehört zum gehobenen Sprachgebrauch. Im *français courant* wird hier an Stelle eines Infinitivsatzes gewöhnlich ein mit *que* eingeleiteter Nebensatz gebraucht:

Il croyait / Il a dit être admis à l'oral.	**Häufiger:**	*Il croyait / Il a dit qu'il était admis à l'oral.* (→ Gleichzeitigkeit)
Elle a déclaré avoir fait le nécessaire.	**Dafür auch:**	*Elle a déclaré qu'elle avait fait le nécessaire.* (→ Vorzeitigkeit)

Vergleiche dazu die Ausführungen in **113.4**.

Liegt keine Subjektsgleichheit vor, **ist nur die Konstruktion mit** *que*+**Nebensatz möglich**: *Nous espérons qu'il fera beau demain.*

Im Folgenden werden solche Verben des Sagens und Denkens aufgeführt, die in **108.3** nicht aufgeführt sind und die im gehobenen Sprachgebrauch, insbesondere bei vorzeitiger Handlung, mit dem Infinitiv verbunden werden können:

alléguer (Argumente) anführen	*Il allégua avoir été mal renseigné.*

annoncer ankündigen / bekanntgeben	*Je vous annonce avoir été reçu à l'écrit.*
approuver billigen	*Il approuve avoir été muté.* Er ist mit seiner Versetzung einverstanden.
assurer versichern	*Notre partenaire nous assure avoir fait ce qu'il fallait.*
attester bezeugen / bescheinigen	*Le témoin atteste avoir vu le malfaiteur sur les lieux.*
avancer vorbringen / etwas äußern	*Le témoin avança avoir vu un individu pénétrer dans la cave.*
confesser beichten / eingestehen	*Il m'a confessé avoir eu des problèmes.*
contester bestreiten / antechten / in Frage stellen	*Nous contestons formellement avoir dit cela.*
démentir dementieren	*Le président dément entretenir des relations avec ce pays.*
démontrer beweisen	*Il nous a démontré par A plus B avoir agi correctement.*
dénier leugnen	*Il dénie avoir eu affaire à cet individu.*
expliquer erklären	*Il nous a expliqué être venu en train.*
ignorer nicht wissen	*J'ignorais avoir été élu au conseil d'administration.*
mentionner erwähnen	*Elle mentionne dans sa lettre avoir obtenu le permis de conduire.*
objecter einwenden / entgegenhalten	*J'ai objecté ne pas avoir été informé.*
présupposer voraussetzen	*Le député présuppose être élu au premier tour.*
propager verbreiten / propagieren	*Il propage autour de lui avoir été maltraité par la police.*
reconnaître anerkennen / eingestehen	*Le prévenu a reconnu avoir fait circuler des faux billets.*
souligner hervorheben / betonen / unterstreichen	*Nous avons souligné avoir déjà conduit ce type de voiture.*

3. Der Gebrauch des präpositionslosen Infinitivs bei bestimmten Verben und unpersönlichen Ausdrücken:

Folgende Verben und Wendungen, die **nicht in der Grundstufe aufgeführt** sind (vgl. **108.1**), stehen grundsätzlich mit einem „freien" Infinitiv:

Verben und unpersönliche Ausdrücke mit folgendem präpositionslosen Infinitiv:	
Il faut le dire. Es muss gesagt werden.	Im Französischen steht nach folgenden unpersönlichen Ausdrücken und Wendungen ein Infinitiv **immer ohne Präposition:**
Il fait bon vivre à la campagne. Es ist angenehm, auf dem Land zu leben.	
Il vaut mieux / Mieux vaut se taire. Es ist besser zu schweigen.	*falloir* = müssen
Il vaut mieux se taire que (de) le provoquer. Es ist besser zu schweigen, als ihn zu provozieren.	*il fait bon faire qc* = es ist angenehm, zu... *il vaut mieux /* *mieux vaut* = es ist besser, zu...
Il me semble bien la connaître. Es scheint mir, dass ich sie gut kenne.	*il me semble* = es scheint mir, dass...
Il a eu beau s'investir, son engagement n'a pas été récompensé. Obwohl er sich so angestrengt hat, wurde sein Einsatz nicht belohnt.	*avoir beau faire qc* = obwohl...
Nul n'est censé ignorer la loi. Unkenntnis des Gesetzes schützt vor Strafe nicht. / Unwissenheit schützt vor Strafe nicht.	*être censé faire qc* = es wird erwartet, dass jemand etwas tut / man setzt voraus, dass jemand etwas tut
Vous n'êtes pas censé le savoir. Es wird von Ihnen nicht erwartet, dass sie es wissen.	*être censé avoir fait qc* = jemand soll etwas getan haben

4. In folgenden Fällen ist, je nach Bedeutung oder syntaktischer Variante, zwischen einer Konstruktion mit präpositionslosem oder präpositionalem Infinitivanschluss zu unterscheiden:

Infinitiv ohne Präposition	Infinitiv mit Präposition
aimer faire qc etwas gerne tun / etwas mögen → *J'aime me détendre au bord de la mer.*	*aimer à faire qc* etwas gerne tun (Der mit *à* eingeleitete Infinitiv nach *aimer* ist ausgesprochen literarisch, außer in der Wendung *J'aime à croire / J'aime à penser que...* = Ich möchte meinen / annehmen, dass...)

aimer mieux faire qc que faire autre chose lieber etwas tun, als etwas anderes tun → *J'aime mieux travailler que passer mon temps à m'ennuyer.*	Die Konstruktion ***aimer mieux faire qc que de faire autre chose*** ist noch geläufiger, seltener auch ...*plutôt que de faire autre chose*. → *J'aime mieux travailler que **de** passer mon temps à m'ennuyer.*
dire avoir fait qc sagen, etwas getan zu haben → *Il dit avoir travaillé dur.* Er sagt, er habe hart gearbeitet.	***dire à qn de faire qc*** sagen, jemand solle etwas tun → *Mon patron m'a dit de travailler davantage.* Mein Chef hat mir gesagt, ich solle mehr arbeiten.
écrire avoir fait qc schreiben, dass man etwas getan hat → *Je lui ai écrit avoir reçu son colis.*	***écrire à qn de faire qc*** jemandem schreiben, er möge etwas tun → *Il lui a écrit de venir le voir tout de suite.*
avoir failli faire qc beinahe etwas getan haben → *Il a failli gagner le gros lot.* Fast hätte er das große Los gezogen.	***avoir manqué (de) faire qc*** beinahe etwas getan haben (im Sinne von: knapp einer Gefahr entgangen sein) → *Nous avons manqué de rester coincés dans l'ascenseur.* Beinahe wären wir im Aufzug stecken geblieben.
s'imaginer sich vorstellen / sich einbilden → *Il s'imagine être le roi de la création.* Er bildet sich ein, er sei der Größte. Aber Imperativ: *Imaginez d'être riche.* Stellen Sie sich vor, Sie seien reich.	***imaginer de*** sich ausdenken / auf die Idee kommen → *Notre hôte avait imaginé de nous recevoir dans sa cave.* Unser Gastgeber war auf die Idee gekommen, uns in seinem Weinkeller zu empfangen.
jurer avoir fait qc schwören, etwas getan zu haben → *Je jure ne pas l'avoir fait.*	***jurer de faire qc*** schwören, etwas zu tun (= in der Zukunft) → *Je jure **de** ne plus jamais le faire.*
laisser faire tun lassen → *Il nous a laissé partir pour deux semaines.* Er hat uns zwei Wochen wegfahren lassen.	***laisser à faire*** (= nur in bestimmten Wendungen) → *Je vous laisse à juger si la représentation a été bonne.* Ich überlasse es ihrem Urteil, ob die Aufführung gut war. → *Cela laisse à croire que le Président peut être mis en examen.* Das legt den Schluss nahe, dass gegen den Präsidenten ein Verfahren eingeleitet werden könnte. → *Cela laisse à désirer.* Das lässt zu wünschen übrig.

	ne pas laisser de (lit.) = *ne pas cesser de / ne pas manquer de...* → *Sa façon d'agir ne laisse pas d'étonner.* Seine Handlungsweise versetzt immer wieder in Erstaunen. / Seine Handlungsweise erstaunt natürlich.
penser faire qc denken / gedenken / beabsichtigen, etwas zu tun → *Je pense m'arrêter maintenant.* Ich gedenke jetzt aufzuhören. → *Je pense avoir assez bossé.* Ich denke, ich habe genug geschuftet.	***penser à faire qc*** daran denken / nicht vergessen, etwas zu tun → *Pense à acheter du pain et de la confiture.* Vergiss nicht, Brot und Marmelade zu kaufen.
préférer faire qc plutôt que faire autre chose vorziehen etwas zu tun, als etwas anderes zu tun → *Nous préférons travailler plutôt que passer notre temps à traîner.*	Auch: ***préférer faire qc plutôt que de faire autre chose.*** Die Wendung mit à-Anschluss beim Infinitiv ist ausgesprochen literarisch: *Il préférait souffrir à ne pas aimer.*
prétendre faire qc behaupten / vorgeben, etwas zu tun → *Il prétend ne pas être coupable.*	***prétendre à faire qc*** den Anspruch erheben auf → *Il prétend à être promu chef de section.* Er erhebt den Anspruch darauf, zum Abteilungsleiter befördert zu werden.
se rappeler avoir fait qc sich daran erinnern, etwas getan zu haben → *Je me suis rappelé lui avoir envoyé une lettre.*	***rappeler à qn de faire qc*** jemanden daran erinnern, dass er etwas tun soll → *Rappelle-moi **de** lui écrire.*
répondre avoir fait qc antworten, etwas getan zu haben → *Je lui ai répondu avoir été heureux dans cette ville.*	***répondre à qn de faire qc*** jemandem antworten, er solle etwas tun → *Je lui ai répondu de prendre immédiatement les mesures nécessaires.*
rêver avoir fait qc träumen → *J'ai rêvé cette nuit avoir gagné au loto.* Ich habe heute nacht geträumt, dass ich im Lotto gewonnen habe.	***rêver de faire qc*** (davon) träumen (zukünftig) → *J'ai rêvé de faire un long voyage.* → Ich habe davon geträumt, eine lange Reise zu machen.
souhaiter faire qc etwas zu tun wünschen → *Je souhaite acheter une nouvelle voiture.* (*Souhaiter de faire qc* ist veraltet.)	***souhaiter à qn de faire qc*** jemandem wünschen, dass er etwas tut → *Je **lui** souhaite **de** surmonter ses problèmes.* Wird *souhaiter* von einem **indirekten Objekt** begleitet, wird der Infinitiv mit *de* angeschlossen.

venir faire qc kommen, um etwas zu tun	**venir de faire qc** soeben etwas getan haben
→ *La police est venue le chercher.* Die Polizei hat ihn abgeholt.	→ *Je viens de le rencontrer* Ich habe ihn gerade getroffen.
	si qc / qn vient à faire qc sollte er / sie / es (zufällig) etwas tun;
	→ *Si cette idée venait à se réaliser...* Wenn sich diese Idee verwirklichen sollte...
	→ *Si notre père venait à mourir...* Sollte unser Vater sterben...

5. Spezifische Fälle der präpositionslosen Infinitivverwendung:

- auf (*se*) *faire* → veranlassen, (*se*) *laisser* → (zu)lassen, *envoyer* → schicken folgt der Infinitiv ohne Präposition:

  *Nous avons **fait changer** la serrure de notre porte d'entrée.*
  Wir haben das Schloss unserer Eingangstür austauschen lassen.

  *Il **s'est fait soigner** par un spécialiste.*
  Er hat sich von einem Spezialisten behandeln lassen.

  *Mon père m'a **laissé prendre** sa voiture.*
  Mein Vater hat mich seinen Wagen fahren lassen.

  *Nous avons **envoyé chercher** le plombier.*
  Wir haben den Klempner holen lassen.

  *Elle l'a **envoyé promener**.*
  Sie hat ihn in die Wüste geschickt.

- Zu beachten sind im Französischen hier auch Wendungen wie:

Ich habe gehört, dass...	→ *J'ai entendu **dire** que...* Auch: *J'ai **appris** que...*
Ich habe davon gehört.	→ *J'en ai entendu **parler**.*
Ich habe von ihm gehört.	→ *J'ai entendu **parler de lui**.*
Wenn man (so) bedenkt, dass ich drei Monate umsonst gearbeitet habe!	→ ***Dire que** j'ai travaillé trois mois pour rien!*
Er hat mir offenbart, dass er Probleme hatte.	→ *Il m'a révélé **avoir eu** des problèmes.*
Er hat sich als ausgezeichneter Lehrer erwiesen.	→ *Il s'est révélé **être** un excellent professeur.*

- In Relativsätzen und indirekten Fragesätzen wird der Infinitiv wie folgt verwendet:

Im Relativsatz zum Ausdruck einer Möglichkeit:	
De nos jours, il n'y a presque plus personne	Heutzutage gibt es kaum noch jemand,
- *à qui parler,*	- mit dem man sprechen kann,
- *sur qui compter,*	- auf den Verlass ist,
- *en qui avoir confiance.*	- dem man vertrauen kann.
Im indirekten Fragesatz zum Ausdruck einer Unsicherheit oder eines Zweifels:	
Personne ne sait plus	Keiner weiß mehr,
- *pourquoi s'efforcer,*	- warum man sich anstrengen sollte,
- *pour qui s'engager,*	- für wen es sich lohnt, sich zu engagieren,
- *comment résoudre les problèmes de l'existence.*	- auf welche Weise man die Existenzprobleme lösen könnte.

122 ## Der Infinitiv mit *à*-Anschluss: Vertiefungskapitel

(Im Folgenden werden nur die Verben mit *à*-Infinitiv aufgeführt, die in der Grundstufe nicht genannt werden.)

1. Nichtreflexive Verben:

aboutir à	gelangen / führen zu
amener qn à	jemanden dazu bringen / bewegen / veranlassen
appeler qn à	jemanden berufen / aufrufen zu

On a appelé le Premier ministre à constituer un nouveau gouvernement.

astreindre qn à	zwingen / verpflichten / nötigen

La pénurie d'essence astreint les automobilistes à prendre le train.

attacher de l'intérêt à	Wert legen auf

Il attache le plus grand intérêt à travailler en équipe.

n'avoir qu'à	nur brauchen

Tu n'as qu'à travailler un peu plus.
Il n'y a plus qu'à attendre.

avoir qc à faire	zu tun haben / tun müssen

J'ai encore trois lettres à écrire.

Die Bedeutung von „etwas tun müssen" ist in bestimmten Wendungen kaum noch wahrnehmbar:
Je n'ai pas de temps à perdre. Je n'ai rien à dire. Je n'ai rien à faire.

en arriver à	schließlich dazu kommen / schließlich so weit sein, dass...

J'en arrive à avoir de sérieux doutes sur son état de santé.

concourir à	beitragen zu
Tout concourt à nous séparer.	
condamner qn à	jemanden dazu verurteilen / verdammen
conduire qn à	bringen / führen zu
La maladie l'a conduit à changer de profession.	
consacrer qc à	widmen
Il consacre tout son temps libre à entraîner les jeunes.	
conspirer à	beitragen zu / sich verschwören
Tout avait conspiré à le rendre mélancolique.	
convier qn à	jemanden auffordern / einladen
destiner qn à	jemanden bestimmen für
disposer qn à	jemanden dazu bewegen
donner qc à	etwas geben zu
Il m'a donné deux paragraphes à commenter.	
engager qn à	auffordern / verpflichten zu
entraîner qn à	trainieren / verleiten zu
équivaloir à	entsprechen / gleich kommen / soviel heißen wie
Cela équivaut à tout refaire.	
être à	müssen + Passiv
Ce formulaire est à remplir en bonne et due forme. (= muss ausgefüllt werden...) J'en suis à me demander si... (= Ich bin soweit gekommen, mich zu fragen, ob...)	
exceller à	es verstehen / es sehr gut können

habiliter qn à	jemanden ermächtigen / die Befugnis erteilen
inciter qn à	jemanden dazu bewegen / bringen
induire qn à	jemanden verleiten
initier qn à	jemanden vertraut machen mit
inviter qn à	jemanden einladen / auffordern
mettre qc à	(Zeit) brauchen / benötigen / stellen / legen
Il a mis deux heures à faire cela. Elle a mis mon survêtement à sécher au soleil.	
occuper qn à	jemanden beschäftigen mit
passer qc à	(Zeit) verbringen
Il a passé son dimanche à dormir.	
peiner à	sich abmühen / Mühe haben
Mon grand-père peinait à monter les six étages de l'immeuble.	
persévérer à	nicht ablassen / beharrlich etwas tun
Il persévère à croire le contraire.	
porter à (croire)	dafür sprechen
Tout porte à croire qu'il refusera notre offre.	
pousser (qn) à	drängen zu
Le gouvernement pousse à parvenir à un accord. Sa femme le pousse à vendre la maison.	
préparer qn à	vorbereiten auf / für
réduire qn à	jemanden nötigen / bringen / zwingen zu
La misère l'a réduit à émigrer.	
songer à	denken an

suffire à / pour	ausreichen / genügen		*travailler à*	arbeiten an / darauf hinarbeiten, dass
surprendre qn à	jemanden (dabei) überraschen / ertappen		*veiller à*	sorgen für / aufpassen auf
tenir à	Wert legen auf		*Veillez à bien fermer la porte.*	
tendre à	neigen / tendieren zu		*viser à*	darauf abzielen

Beachte auch folgende Wendungen mit *à*-Infinitiv:

Ce vin gagnerait à vieillir.	= Dieser Wein würde an Qualität gewinnen, wenn er reift.
Il ne me reste plus qu'à céder.	= Es bleibt mir nichts anderes übrig als nachzugeben.
Il en est resté à croire le contraire.	= Er blieb dabei, das Gegenteil zu glauben.
(Il) reste à savoir si cela est possible.	= Bleibt noch die Frage, ob das möglich ist.
Ce travail reste à faire.	= Diese Arbeit bleibt noch zu tun.
Il reste beaucoup de travail à faire.	= Es bleibt noch viel Arbeit zu tun.
On leur a appris / enseigné à laisser d'abord parler les autres.	= Man hat sie gelehrt / ihnen beigebracht, erst die anderen ausreden zu lassen.

2. Reflexive Verben:

s'abaisser à	sich herablassen / soweit gehen		*se délecter à*	sich ergötzen
s'acharner à	alles daran setzen, zu tun		*s'endurcir à*	sich abhärten gegen
s'affairer à	sich eifrig bemühen / sich zu schaffen machen an etwas		*s'entendre à*	sich verstehen auf / sich auskennen
s'apprêter à	sich anschicken / sich bereit machen		*Cet homme s'entend à merveille à éblouir les autres.*	
s'attarder à	sich aufhalten mit / bei		*s'entêter à*	beharren auf / sich versteifen auf
Il s'est attardé à développer en détail son introduction.			*s'esquinter à (travailler)*	sich abrackern
s'aventurer à	(es) wagen / riskieren		*s'essouffler à*	außer Atem kommen
Nous nous sommes aventurés à investir tout notre argent dans des actions.			*M. Duplan s'est essoufflé à monter treize étages à pied.*	
se complaire à	sich (darin) gefallen		*s'évertuer à*	sich alle Mühe geben / sich anstrengen
Il se complaît à ne parler que de lui-même.			*s'ingénier à*	darüber nachdenken, wie man etwas machen kann
			Nous nous sommes ingéniés à solutionner tous nos problèmes	

s'initier à	sich vertraut machen mit		*se préparer à*	sich vorbereiten / sich gefasst machen
s'obstiner à	sich versteifen auf / bestehen auf		*se prêter à*	sich eignen / sich anbieten für
Il s'obstine à vouloir dîner chez sa mère.			*Ce récit se prête bien à être lu à haute voix.*	
s'occuper à	sich (damit) beschäftigen		*se ruiner à*	sich ruinieren
Les samedis, il s'occupe à laver sa voiture.			*Il s'est ruiné à déjeuner dans les restaurants trois étoiles.*	
se plaire à	gerne tun / Gefallen finden an etwas			

3. Der Infinitiv mit *à*-Anschluss steht des Weiteren **nach Substantiven zum Ausdruck eines Zweckes, einer Verwendung** (wobei der Infinitiv eine aktivische oder eine passivische Bedeutung annehmen kann):

aktivische Bedeutung: *une machine à coudre / à laver; un fer à repasser; la salle à manger; une bonne à tout faire* („ein Mädchen für alles"); *il n'a pas inventé le fil à couper le beurre.* („Er ist nicht gerade der Hellste".)

passivische Bedeutung: *une mesure à prendre; une excursion à faire; un terrain / une maison à louer / à vendre*

Anmerkung:

- Man unterscheidet:

  Dieses Gebäude ist nicht zu verkaufen (= steht nicht zum Verkauf) → *Ce bâtiment **n'est pas** à vendre.*

  Die Schwierigkeiten sind nicht zu bewältigen (= man **kann** sie nicht bewältigen) → *Ces difficultés ne **peuvent** pas être surmontées.*

- Der Infinitiv mit *à* steht nach den Substantiven *l'incapacité* und *l'invitation*:

  Son incapacité à s'exprimer correctement est notoire.

  Aber: *Il est dans l'incapacité **de** faire qc.*

  Vous devriez considérer ces remarques comme une invitation à améliorer votre maîtrise de la grammaire.

  Il a négligé l'invitation à assister à la première de la pièce.

4. Der Infinitiv mit *à*-Anschluss steht in **modaler** Verwendung zum Ausdruck einer **Aufgabe** (= müssen / sollen):

Nous avons pas mal de réparations à faire dans notre maison.
Wir haben in unserem Haus eine Reihe von Reparaturen auszuführen.

Ces exercices sont à faire pour la prochaine fois.
Diese Übungen sind für das nächste Mal zu machen.

Anmerkung: Zum Ausdruck einer **Möglichkeit / Unmöglichkeit** („diese Geschichte ist nicht zu glauben / kann man nicht glauben") verwendet man im Französischen dagegen entsprechende Adjektive:

Diese Geschichte ist nicht zu glauben. / kann man nicht glauben. → *Cette histoire est incroyable.*
Die Busverspätungen sind zu ertragen / erträglich. → *Les retards des bus sont supportables.*

5. Der Infinitiv mit *à* steht in folgenden Wendungen, in denen der Infinitiv eine **konsekutive** Bedeutung annimmt.

Beispiele:

Il est fou à lier.	Er ist völlig verrückt.
Il gèle à pierre fendre.	Es friert Stein und Bein.
C'est à mourir de rire.	Das ist zum totlachen.
C'est à désespérer.	Es ist zum Verzweifeln.
C'est triste à (en) pleurer.	Das ist zum Heulen.
C'est à mourir d'ennui.	Es ist sterbenslangweilig.
Il est laid à faire peur.	Er ist grundhässlich.
un événement à ne pas manquer	ein Ereigniss, das man nicht verpassen sollte
des discussions à n'en plus finir	endlose Diskussionen
Elle est belle / jolie à croquer.	Sie ist bildhübsch.
être ivre à ne plus pouvoir marcher	sturzbetrunken sein

6. Der Infinitiv mit *à* in Wendungen (Auswahl):

avoir du mal à *avoir peine à*	schwerfallen / kaum können
J'ai peine à croire qu'il a détourné de l'argent.	Ich kann es kaum glauben, dass er Geld unterschlagen hat.
il a intérêt à *il y a intérêt à*	es liegt in seinem Interesse / er sollte lieber es ist ratsam
avoir maille à partir avec qn	mit jemandem aneinander geraten / mit jemandem ein Hühnchen zu rupfen haben
avoir tendance à	dazu neigen
Il n'y a rien à faire.	Da ist nichts zu machen. / Da kann man nichts machen.
n'avoir rien à voir avec / dans qc	nichts mit etwas zu tun haben
C'est à prendre ou à laisser.	Ja oder nein? / Sie müssen sich entscheiden.
Il y a à prendre et à laisser.	Es ist Gutes und Schlechtes dabei.
C'est à voir.	Das bleibt abzuwarten. / So weit ist es noch nicht.

Il reste à savoir si...	Es fragt sich (nur) noch, ob...
trouver à redire à qc	etwas auszusetzen haben an etwas
Mon chef trouve à redire à tout.	Mein Chef hat an allem etwas auszusetzen.
prendre plaisir à	Spaß / Freude daran haben

Der Infinitiv mit *de*-Anschluss: Vertiefungskapitel   `123`

Im Folgenden wird eine Zusammenstellung von nichtreflexiven und reflexiven Verben mit *de*-Anschluss beim Infinitiv gegeben. Hier sind die in der Grundstufe genannten Verben nicht nochmals aufgeführt. Die Beispielsätze dienen der Verdeutlichung spezifischer Fälle.

Nichtreflexive Verben und reflexive Verben:

(mal / bien) accueillir de	etwas gut / schlecht aufnehmen	*il arrive à qn de*	es kommt vor, dass jemand...
Le P.D.G. a mal accueilli de devoir quitter sa fonction.		*Il lui arrive d'être en retard.*	
achever de	beenden / fertig machen / vollends tun	*avertir de*	verständigen / hinweisen auf
admettre de	zulassen / akzeptieren	*s'aviser de*	sich anmaßen / sich unterstehen / sich herausnehmen
Je n'admets pas d'être tutoyé.		*Hier matin, le ramoneur s'est avisé de sonner à notre porte à sept heures.*	
		bénir de	segnen / preisen
s'affliger de	betrübt sein	*commander de*	erfordern
s'angoisser de	sich ängstigen	*La situation commande de réagir tout de suite.*	
il m'appartient de	es ist meine Aufgabe / es liegt bei mir	*complimenter qn de*	beglückwünschen
il ne m'appartient pas de	es steht mir nicht zu	*conjurer qn de*	beschwören
Il m'appartient de trouver une solution acceptable.		*convaincre qn de*	überzeugen / überreden
Il ne m'appartient pas de juger son attitude.		*convenir de*	übereinkommen / vereinbaren
appréhender de	(be)fürchten	*Les chefs d'Etat sont / ont convenu(s) de se consulter régulièrement.*	
approuver de	billigen / gutheißen	*Il convient de*	es schickt sich zu / es ist ratsam zu...

coûter de	kosten / teuer sein / schwerfallen

Il m'en a coûté beaucoup de ne pas lui dire son fait. → Es ist mir schwer gefallen, ihm nicht gehörig die Meinung zu sagen.

critiquer de	kritisieren
croire bon (mauvais, utile, usw.) de	es für gut (schlecht, nützlich, usw.) halten
déconseiller à qn de	abraten
décourager qn de	entmutigen / den Mut nehmen
se défendre de	sich verwahren gegen / etwas abstreiten
défier qn de	wetten, dass nicht...

Je vous défie de lui dire toute la vérité. → Wetten, dass Sie ihm nicht die ganze Wahrheit sagen.

dégoûter qn de	jmd etwas verleiden
délibérer de	beraten / beratschlagen
Il (ne) dépend (que) de qn de	Es hängt (nur) von jemandem ab, dass...

Il ne dépend que de vous de réussir dans votre projet.

déshabituer qn de	abgewöhnen
désapprendre de	verlernen
se déshabituer de	(eine Gewohnheit) aufgeben

Il s'est déshabitué de boire de l'eau-de-vie.

se désoler de	betrübt sein
devoir à qn de	jmd. verdanken, dass
dissuader qn de	abbringen von / ausreden
s'ébahir de	verdutzt / verblüfft sein
s'empresser de	sich beeilen
enjoindre à qn de	gebieten / etwas auferlegen

L'honneur vous enjoint d'agir immédiatement.

enrager de	wütend werden / sich schwarz ärgern
entreprendre de	darangehen zu / sich daranmachen zu
exclure de	ausschließen
exécrer de	verabscheuen
s'extasier de	in Verzückung geraten

Le maire s'extasie de se voir décoré de la Légion d'honneur.

feindre de	vortäuschen / vorgeben / so tun als ob
se féliciter de	sich glücklich schätzen

Je me félicite d'avoir eu l'occasion de vous rencontrer.

fixer de	festlegen / festsetzen
se flatter de	sich etwas zugute halten auf
se formaliser de	Anstoß nehmen an / ungehalten sein über

Il se formalise de devoir retravailler son discours.

frémir de	zittern
frissonner de	schaudern
se froisser de	gekränkt sein / sich verletzt fühlen
garantir (à qn) de	gewährleisten / bürgen für / garantieren

Nous ne vous garantissons pas d'effectuer les travaux avant la semaine prochaine.

se garder de	sich hüten vor
Cela me gêne de...	Es stört mich, dass...
se glorifier de	sich rühmen
s'honorer de	sich (etwas) als Ehre anrechnen

Notre ville s'honore de pouvoir accueillir le président de la République.

s'impatienter de	ungeduldig werden
implorer qn de	anflehen / bitten um
Il lui importe beau-coup de	Es ist ihm viel daran gelegen...
imposer à qn de	auferlegen / aufzwingen
s'imposer de	sich auferlegen

Il s'est imposé de travailler dix heures par jour.

imputer à qn de	jemanden anlasten / zuschreiben / zuschieben

On lui a imputé d'avoir détourné de l'argent.

incomber à qn de	obliegen
inculper qn de / pour	anklagen
s'indigner de	sich entrüsten
infliger à qn de	auferlegen
inventer de	auf die Idee kommen
s'irriter de	sich ärgern / sich aufregen
jouir de	genießen / sich einer Sache erfreuen
juger bon (nécessaire, utile, usw.) de	es für gut (notwendig, nützlich, usw.) halten
se lamenter de	klagen / jammern
se lasser de	es leid werden / einer Sache überdrüssig werden

Nous nous sommes lassés de faire toujours la même chose.

ne pas manquer de	auf jeden Fall / mit Sicherheit (etwas tun)

Je ne manquerai pas de vous envoyer un petit mot.

maudire qn de	verwünschen

méditer de	sich überlegen / vorhaben
se mêler de	sich kümmern / sich einmischen

Il se mêle de donner son avis sur tout ce qui ne le regarde pas.

mépriser qn de	verachten
mériter de	verdienen
nécessiter de	erfordern
obtenir de	erreichen
s'offenser de	beleidigt sein
offrir (à qn) de	anbieten
omettre de	unterlassen / vergessen
pâtir de	leiden
persuader qn de	überreden / dazu bringen
peser de	lasten

Cela me pèse de ne pas avoir terminé mon mémoire à temps.

se piquer de	angeben mit / sich hervortun mit

Un écrivain qui se pique d'écrire dans un style néoclassique...

plaindre qn de	bedauern / bemitleiden
Cela / Il me plaît de	Es gefällt mir / Es macht mir Spaß...
préconiser de	empfehlen / anpreisen
préméditer de	planen / aushecken
Cela me préoccupe de...	Es beunruhigt mich, dass...

Cela me préoccupe de le savoir si malade.

prescrire (à qn) de	vorschreiben / ver-schreiben		*se réserver de*	sich vorbehalten / sich aufsparen
préserver qn de	bewahren / schützen vor		*Nous nous réservons de lui dire ce que nous pensons de son discours.*	
presser qn de	drängen		*retenir qn de*	abhalten / zurückhal-ten
être pressé de	es eilig haben		*se scandaliser de*	sich entrüsten über / Anstoß nehmen an
prévenir qn de	benachrichtigen / unterrichten / ver-ständigen		*sommer qn de*	auffordern
ne pas se priver de	es sich nicht entge-hen lassen		*soupçonner qn de*	verdächtigen
Je ne me priverai pas de lui dire ses quatre vérités.			*suffire (à qn) de*	genügen / ausreichen
projeter de	planen / beabsichti-gen / vorhaben		*suggérer à qn de*	anregen / nahelegen / vorschlagen
railler qn de	sich lustig machen		*supplier qn de*	bitten / anflehen
On le raillait de ne pas porter des vêtements de marque.			*suspecter qn de*	verdächtigen
réclamer de	beanspruchen / for-dern / verlangen		*tenter (qn) de*	versuchen / verlocken
recommander (à qn) de	empfehlen		*tolérer de*	dulden / zulassen
redouter de	fürchten / befürchten		*se vexer de*	beleidigt / gekränkt sein
se repentir de	bereuen		*Il se vexe de se voir critiqué tout le temps.*	
Je me repens d'avoir commis cette erreur.			*en vouloir à qn de*	jemandem böse sein
repousser de	verschieben		*Il m'en veut de ne pas avoir pensé au ren-dez-vous.*	

124 ## Der Infinitivanschluss mittels anderer Präpositionen als *de* oder *à*

Im Französischen schließen eine Reihe von Verben den Infinitiv mit *pour* oder mit anderen Präpositionen an:

s'accorder pour (auch: *à*)	sich einigen / übereinkommen
tomber d'accord pour	übereinkommen
aller jusqu'à	soweit gehen, zu...
s'arranger pour	es so einrichten / sich einigen / übereinkommen
Je me suis arrangé avec lui pour partir dans sa voiture.	

s'arrêter pour	anhalten
s'avancer jusqu'à	soweit gehen, zu...

*Je ne m'avancerais pas **jusqu'à** affirmer le contraire.*

se bagarrer pour	streiten / hartnäckig kämpfen für
batailler pour	kämpfen (im übertragenen Sinn)

*La délégation française a dû batailler dur **pour** obtenir un résultat acceptable.*

se concerter pour	sich absprechen / sich verabreden
se débrouiller pour	sich zu helfen wissen / es hinkriegen
débuter par	anfangen / beginnen mit
se décarcasser pour	sich abrackern
désigner qn pour	ernennen / bestimmen

*Ils ont été désignés **pour** préparer le congrès.*

se dévouer pour	sich einsetzen / sich aufopfern
lutter pour	kämpfen
parler pour ne rien dire	viel reden und (es ist) nichts dahinter
passer pour	es heißt / man sagt, dass / er (sie, es)... soll

*Il passe **pour** avoir fondé notre club.*

se proposer pour	sich anbieten

*Je me suis proposé **pour** faire les commissions.*

utiliser qc pour	benutzen / anwenden / verwenden

Wendungen: *pour ainsi dire* (sozusagen), *pour terminer / conclure* (abschließend), *pour commencer* (zunächst / zuerst)

Überblick über die Verben mit unterschiedlichem präpositionalen Infinitivanschluss   `125`

s'amuser à sich die Zeit mit etwas vertreiben / etwas gerne tun *Le soir, nous nous sommes amusés à tirer des cartes.*	Cela m'amuse de Ich finde es lustig, dass... / Es macht mir Spaß, dass... *Cela nous amuse de jouer aux cartes pendant des heures.*
arriver à faire qc gelingen, etwas zu tun *Il est arrivé à monter la côte sans descendre de son vélo.*	Il arrive à qn de faire qc Es kommt vor, dass jemand etwas tut. *Il nous arrive d'oublier de dîner.*

s'attendre à darauf gefasst sein / damit rechnen *On ne s'attendait pas à être accueilli de façon aussi cordiale.*	**attendre de** warten *Attends d'avoir fini tous les examens.*
commencer à anfangen / beginnen / allmählich tun *A sept heures, il a commencé à neiger.*	**commencer par** zuerst etwas tun / damit beginnen, etwas zu tun *Ils ont commencé par se dire des bêtises, puis ils se sont sérieusement fâchés.*
contraindre qn à jemanden zwingen *Le mauvais temps nous a contraints à plier bagages plus tôt.* *Nous avons été contraints par le mauvais temps à plier bagages plus tôt.* **Beachte: Wie mit *contraindre* ist auch mit *forcer* und *obliger* zu verfahren:** **forcer / obliger qn à** jemanden zwingen	**être contraint de** gezwungen sein *Nous sommes contraints de travailler le dimanche.* **être forcé / obligé de** gezwungen sein
décider qn à jemanden dazu bringen / bewegen *Je l'ai décidée à acheter un cabriolet.* **se décider à** sich entschließen *Je me suis décidé à acheter une nouvelle voiture.* **être décidé à** entschlossen sein *Je suis décidé à prendre le train.*	**décider de** beschließen *J'ai décidé de prendre l'avion.*
demander à faire qc bitten / verlangen, (selbst) etwas tun zu dürfen *Je demande à parler au directeur.*	**demander à qn de faire qc** jemanden bitten, etwas zu tun (= er möge etwas tun) *Je lui ai demandé de mettre la table.*
s'efforcer à (lit.) sich anstrengen / sich bemühen *Tout le monde s'est efforcé à limiter les dégâts.*	**s'efforcer de** sich anstrengen / sich bemühen (*s'efforcer de* + Infinitiv ist die Standardkonstruktion) *Il s'est efforcé d'écrire correctement.*
s'empresser à sich bemühen *Directeur, artistes, animaux, tous s'empressèrent à plaire au public.*	**s'empresser de** sich beeilen *Je m'empresse d'aller poster ma lettre.*
se fatiguer à sich die größte Mühe geben / sich müde machen *Je me fatigue à lui expliquer cela depuis des heures.*	**être fatigué / las de** es leid sein *Nous sommes fatigués / las de répéter toujours la même chose.*

finir par schließlich / zuletzt etwas tun *Au début, ils ne pouvaient pas se voir; pourtant,* *ils ont fini par se lier d'amitié.*	***finir de*** mit etwas fertig sein / aufhören *As-tu fini de te moquer de moi?*
s'occuper à sich damit beschäftigen *Elle s'occupe à faire les mots croisés.* ***être occupé à*** damit beschäftigt sein *Actuellement nous sommes occupés à préparer* *la rentrée.*	***s'occuper de*** sich darum kümmern *Ils s'occuperont d'organiser la réunion.*
être payé à auch: → bezahlt werden für *Il est payé à ne rien faire.*	***payer pour*** bezahlen für *On ne vous paie pas pour ne rien faire.*
punir qn pour auch: → bestrafen *Il a été puni pour avoir enfreint le code de la* *route.*	***punir qn de*** bestrafen *Il a été puni d'avoir enfreint le code de la route.*
se refuser à sich weigern *Nous nous refusons à accepter vos* *propositions.*	***refuser de*** ablehnen / sich weigern *Le maire de S. a refusé de démissionner.*
répugner à widerstreben *Il répugnait à nous demander un service.*	***répugner à qn de*** zuwider sein / widerstreben *Il lui répugne de nous demander un service.*
se résoudre à sich entschließen *Je me suis résolu à partir en Egypte.* ***être résolu à*** entschlossen sein *Je suis résolu à y aller en / à bicyclette.*	***résoudre de*** beschließen *J'ai résolu d'aller faire un tour.*
en revenir à faire qc wieder zurückkommen auf *Nous en sommes revenus à discuter de nos* *problèmes.*	***ne pas en revenir de*** es nicht fassen können *Je n'en reviens pas de constater les progrès* *qu'il a faits.*
Cela revient à dire... Das läuft darauf hinaus...	***revenir à qn de*** zukommen *Il ne lui revient pas de réagir de la sorte.*
se risquer à wagen *A ta place, je ne me risquerais pas à m'absenter* *pendant une semaine.*	***risquer de*** Gefahr laufen / drohen *Par ce temps-là, nous risquons d'arriver en* *retard.*
se surprendre à sich ertappen bei *Je me suis surpris à dire des bêtises.*	***être surpris de*** überrascht sein *J'étais surpris de l'entendre dire cela.*

tarder à lange brauchen um / etwas spät tun *Il tarde à venir.* **ne pas tarder à** etwas bald tun *Il ne tardera pas à arriver.*	**il tarde à qn de faire qc** sich danach sehnen / es kaum erwarten können *Au bout de dix ans passés à l'étranger, il lui tarde de rentrer chez lui.*
tenir à Wert darauf legen / darauf bestehen *Je tiens à vous féliciter de votre succès remarquable.*	**être tenu de** verpflichtet sein / gehalten sein *Les campeurs sont tenus de respecter le règlement du camping.*

Der Infinitiv: Repetitorium

Der Infinitiv im Überblick   126

Der Infinitiv kann mit den Präpositionen *à*, *de*, *pour* oder *par* angeschlossen werden. In vielen Fällen, die es sich besonders einzuprägen gilt, steht er auch **ohne Präposition** nach dem Hauptverb.

1.   Der Infinitiv ohne Präposition steht:

- nach den **Modalverben** *devoir, pouvoir, savoir, vouloir, oser, paraître / sembler und daigner* (= die Güte haben / geruhen).

  *Enfin, il a **daigné s'occuper** de nous.*

- nach den **Verben der sinnlichen Wahrnehmung** *apercevoir, écouter, entendre, regarder, remarquer, sentir, voir.*

  *Elle l'avait **entendu monter** l'escalier.* (Sie hatte gehört, **wie** er die Treppe heraufkam.)

- nach den Verben der Willensäußerung und des Wünschens im Falle von Subjektsgleichheit (= das Subjekt des finiten Verbs und des Infinitivs sind identisch): *adorer, aimer, désirer, espérer, préférer, souhaiter.*

  *Je **souhaiterais être payé** tout de suite.*

- nach den Verben der **Fortbewegung** / der **Bewegungsrichtung** wie z.B. *(ac)courir, descendre, monter, partir, passer, rentrer, sortir.* Die Präposition *pour* kann zusätzlich vor den Infinitiv treten.

  *Ils étaient tous **accourus (pour) voir** ce qui se passait.*

- nach den Verben des **Sagens**, **Meinens** und **Denkens** im Falle von Subjektsgleichheit, mit der Einschränkung, dass der Infinitivsatz besonders in der gesprochenen Standardsprache sehr häufig durch einen *que*-Satz ersetzt wird (vgl. dazu auch **127.2**)

  *Les sapeurs-pompiers ont **dit avoir été** surpris par l'ampleur de l'incendie.*

  *Les sapeurs-pompiers ont dit **qu'ils avaient été** surpris par l'ampleur de l'incendie.*

2.   Der Infinitiv mit *à* steht nach einer Reihe von nichtreflexiven und reflexiven Verben, die häufig auch ein substantivisches Objekt mit *à* anschließen:

Je me suis habitué à ma nouvelle voiture.
Je me suis habitué à conduire ma nouvelle voiture.

Gängige Verben mit *à*-Anschluss beim Infinitiv sind:

nichtreflexiv: *apprendre à, aspirer à, hésiter à, parvenir à, renoncer à, réussir à,* usw.
reflexiv: *s'attacher à, s'attendre à, se borner à, s'entraîner à, se préparer à,* usw.

Der Infinitiv mit *à* steht des Weiteren:

- nach den **Adjektiven** *agréable à, décidé à, difficile à, facile à, habitué à, prêt à, propre à,* usw. (Voraussetzung: es liegt eine persönliche Konstruktion vor.)

  Un travail facile / difficile à réaliser.

- nach **Substantiven** zum Ausdruck eines Zweckes, einer Verwendung:

  une machine à coudre, un fer à repasser, une maison à vendre, une mesure à prendre

- **in Wendungen wie:** *avoir du mal à, prendre plaisir à, avoir tendance à, il a intérêt à* (= es liegt in seinem Interesse / er sollte lieber...)

---

3.   **Der Infinitiv mit *de* steht nach den meisten Verben.**

   - Einige schließen auch ein substantivisches Objekt mit *de* an:

     *Il a été **chargé de ce dossier**.*
     *Il a été **chargé de s'occuper** exclusivement de ce dossier.*

     *Nos amis **se réjouissent du** succès de leur fille.*
     *Nos amis **se réjouissent de** voir leur fille réussir.*

   - Der *de*-Infinitiv steht nach einer Vielzahl von **Substantiven** wie: *avoir envie de, avoir l'intention de, avoir peur de, être sur le point de,* usw.

   - Der *de*-Infinitiv steht nach **Adjektiven** oder **Adverbien** wie:

     être capable de, être difficile de, être facile de, être normal de, être ravi de; c'est beaucoup de, c'est peu de, ce n'est rien de, usw.

     *Il est **capable de** le faire. Elle est **ravie de** visiter Paris.* (→ persönliche Konstruktion)
     ***Il est facile / difficile de** nous convaincre. **Il est normal d'**être fâché dans un cas pareil.* (→ unpersönliche Konstruktion)

     ***Ce n'est rien de** faire ce trajet en un jour.*

---

4.   **Der Infinitivanschluss mittels anderer Präpositionen (als *de* oder *à*) betrifft im Wesentlichen folgende Verben:**

   s'arranger pour, batailler pour, se concerter pour, se débrouiller pour, passer pour, se proposer pour

   débuter par, commencer par, finir par

   *Elles **se sont débrouillées pour** avoir un vol direct pour Montréal.*

---

5. **Auf Besonderheiten und Schwierigkeiten der Infinitivverwendung wird im Kapitel 127 eingegangen.**

Schwierigkeiten und Fehlerquellen

Für germanophone Französischlernende stellt die korrekte Handhabung des Infinitivs eine Hauptfehlerquelle dar. Insbesondere beim Sprechen ist die Fehlerhäufigkeit in Bezug auf den richtigen Infinitivanschluss sehr hoch. Eine Reihe von Infinitivanschlüssen wird von Lernenden durchweg falsch gehandhabt; es handelt sich hier um einen der hartnäckigsten Normverstöße überhaupt. Im Folgenden werden die Hauptschwierigkeiten und häufigsten Fehlertypen aufgelistet:

1. Nach den **Verben der Willensäußerung und des subjektiven Empfindens** ist bei Subjektsgleichheit grundsätzlich ein Infinitivsatz zu verwenden. Die Verwendung eines mit *que* eingeleiteten Nebensatzes ist grundsätzlich zu meiden. An Stelle von: **Je regrette que je ne puisse pas venir* muss es heißen: *Je regrette de ne pas pouvoir venir.* Bei Subjektsverschiedenheit folgt ein *que*-Satz: *Permettez que je me présente.*

2. Nach den meisten **Verben des Sagens und Denkens** sollte vor allem bei einem **Nachzeitigkeitsverhältnis** in Haupt- und Infinitivsatz eine Infinitivkonstruktion möglichst gemieden und durch eine *que*-Konstruktion ersetzt werden. Also:

   - Anstatt **Il a précisé arriver à l'heure* sollte man sagen: *Il a précisé qu'il arriverait à l'heure.* Allerdings wird durch den Einschub von modalen Hilfsverben wie *pouvoir* oder *vouloir* auch bei Nachzeitigkeit eine Infinitivkonstruktion ermöglicht: *Il a annoncé **vouloir repasser** chez nous dans l'après-midi. Je sais **pouvoir compter** sur votre engagement.*

   - Bei einem Vorzeitigkeitsverhältnis sind demgegenüber sowohl die Infinitiv- als auch die Nebensatzkonstruktion möglich: *Il a prétendu ne pas avoir été informé de l'affaire. / Il a prétendu qu'il n'avait pas été informé de l'affaire.* Das Gleiche gilt **bedingt** auch bei Gleichzeitigkeit: *Il a déclaré se trouver dans l'impossibilité de travailler. / Il a déclaré qu'il se trouvait dans l'impossibilité de travailler.* Andererseits ist die Wendung: *On croit rêver* (= „Man glaubt zu träumen." / „Das darf doch wohl nicht wahr sein!") auf die Infinitivkonstruktion beschränkt.

3. Es ist deutlich zu unterscheiden zwischen folgenden Infinitivkonstruktionen: *prétendre, rappeler, jurer, dire, souhaiter faire qc* und *prétendre à, rappeler de, jurer de, dire de* und *souhaiter de faire qc*.:

Il prétend avoir dit la vérité. Er **gibt vor**, die Wahrheit gesagt zu haben.	*Il prétend **à** être nommé à ce poste.* Er **strebt danach**, auf diese Stelle berufen zu werden.
Je ne me rappelle pas lui avoir dit cela. Ich erinnere mich nicht daran, dass ich ihm das gesagt hätte.	*Je leur ai rappelé **de** poster la lettre sans faute avant midi.* (imperativisch) Ich habe sie daran erinnert, dass sie den Brief unbedingt vor zwölf Uhr in die Post geben **sollten**.

Il a juré / Il a dit avoir fait tout ce qu'il fallait. Er schwor / Er sagte, alles Nötige getan zu haben.	*Elle a juré **de** se comporter autrement la prochaine fois.* (futurischer Sinn) Sie schwor, sich das nächste Mal anders zu verhalten.
	*Elle **nous** a dit **de** nous comporter autrement la prochaine fois.* (imperativisch) Sie sagte uns, wir **möchten** uns das nächste Mal doch bitte anders verhalten.
Je souhaite avoir (du) beau temps. Ich hätte gerne schönes Wetter.	*Je **te** souhaite d'avoir (du) beau temps.* **Ich wünsche dir**, dass du schönes Wetter hast.

4. Ein typischer, von deutschen Französischlernenden immer wieder gemachter Interferenzfehler besteht darin, dass das deutsche „Ankündigungs-es" in Verbindung mit einer Infinitivkonstruktion ins Französische übernommen wird:

Also: „Ich bedaure **es**, dass ich nicht kommen kann." → Im Französischen bleibt dieses „es", welches das direkte Objekt in Form eines Infinitivsatzes ankündigt, unübersetzt: *Je regrette de ne pas pouvoir venir.*

5. Im Folgenden soll auf eine Reihe von verbreiteten, quasi „unausrottbaren" Fehlern in Bezug auf den Gebrauch des Infinitivs im Französischen aufmerksam gemacht werden:

- Nach den Verben und Wendungen:

  adorer, avouer, désirer, espérer, oser, préférer, il me semble, il vaut mieux

  steht der präpositionslose Infinitiv: → *Il me semble l'avoir déjà vu quelque part.* (Also kein *de* vor dem Infinitiv!!):

  Aber: *Il est préférable **de** faire qc; il est bon **de** faire qc; désespérer **de** faire qc*

- *Avoir beau faire qc* erfordert immer eine in einem Folgesatz dargelegte Konsequenz:

  Il a beau se plaindre, il ne parviendra pas à me faire changer d'opinion.
  Mag er sich auch noch so beklagen, es wird ihm nicht gelingen, mich umzustimmen.

- Für den Gebrauch der unterschiedlichen Infinitivwendungen ***aller chercher qn* / *aller voir qn*** und ***venir chercher qn* / *venir voir qn*** ist die unterschiedliche Blickrichtung maßgebend:

  aller chercher und *aller voir* bedeuten: von einem Standort zu einem andern sich bewegen (*Je vais le chercher à la gare*) = „von hier nach dort"

  venir chercher und *venir voir* bedeuten: von einem anderen, ferneren Standort sich zu einem vorgegebenen Standort begeben (*Je viens te voir pour discuter de notre problème*); = „von dort nach hier".

- Man unterscheide:

  *s'occuper **de** faire qc* (sich um etwas kümmern) und *être occupé **à** faire qc* (mit etwas beschäftigt sein),

  *aider **qn** à faire qc* (jemande**m** dabei behilflich sein, etwas zu tun) und *aider à faire qc* (zu einer Sache beitragen / bei einer Sache behilflich sein)

- Einer der hartnäckigsten Fehler ist, *tarder à faire qc* mit *hésiter à faire qc* zu verwechseln:

  Il tarde à venir bedeutet nicht: *Er zögert zu kommen, sondern: **Er kommt spät**. „Zögern" ist *hésiter à faire qc*.

- Die Wendung „Ich habe gehört, dass..." heißt: *J'ai entendu **dire** que...* auch: *J'ai appris que...*

  „Ich habe davon / von ihm gehört" heißt: *J'**en** ai entendu **parler**. / J'ai **entendu** parler **de lui**.*

6. Bei manchen Ausdrücken gibt es eine persönliche und eine unpersönliche Konstruktion mit Infinitiv. Bei persönlicher Konstruktion wird der Infinitiv mit *à* angeschlossen, bei unpersönlicher Konstruktion mit *de*:

Persönlich: *J'arrive **à** m'habituer à cette idée.*
                     *Cette question est difficile / facile **à** traiter.*

Unpersönlich: *Il m'arrive **de** me tromper.*
                     *Il est difficile / facile **de** traiter cette question.*

Man verwechsele des Weiteren nicht *près de* mit *prêt à*:

*Nous sommes **près de** voir clair dans cette affaire.*	⇔	*Maintenant que tout est clair, nous sommes **prêts à** conclure le marché.*

7. Die deutsche Wendung „die Frage, ob..." ist mit Hilfe des eingeschobenen Infinitivs *„de savoir"* zu übersetzen. Also: *„La question **de savoir** s'il remplit toutes les conditions demande encore à être éclaircie".*

Kapitel 4.3

Die Tempora *(les temps du verbe)*

Kapitelübersicht:

Die Tempora: Grundstufe

Im französischen Zeitensystem stehen folgende Zeiten zur Verfügung: das Präsens (*le présent*), das Imperfekt (*l'imparfait*), das Perfekt (*le passé composé*), das *passé simple*, das Plusquamperfekt (*le plus-que-parfait*), das *passé antérieur*, das Futur I (*le futur simple*), das Futur II (*le futur antérieur*), das Konditional I (*le conditionnel présent*) und das Konditional II (*le conditionnel passé*). Ein wesentlicher Unterschied zwischen dem französischen und dem deutschen Zeitensystem besteht darin, dass im Deutschen nicht nach *passé simple* und *imparfait* bzw. nach *plus-que-parfait* und *passé antérieur* differenziert wird. Die deutsche Sprache kennt nur das Imperfekt bzw. das Plusquamperfekt.

Die Verwendung der Tempora im Französischen ist stärker als im Deutschen abhängig vom Aspekt, von der Aktionsart und von der Kommunikationssituation.

128   Aspekt (*aspect*)

Bestimmte Tempora geben neben der Information über die Zeitstufe zusätzlich die subjektive Auffassung oder Vorstellung von der Art und Weise wieder, in welcher der Ablauf eines Geschehens oder einer Handlung gesehen wird. Diese besondere Einstellung des Sprechers zum Geschehen / zur Handlung findet im Französischen hauptsächlich beim Gebrauch der Vergangenheitstempora Berücksichtigung. Die Zeiten der Vergangenheit bringen den Gegensatz von **imperfektivem** (nicht abgeschlossenem) und **perfektivem** (abgeschlossenem) Aspekt zusätzlich zum Ausdruck. Im Französischen verwendet man dementsprechend:

- das *imparfait*, wenn ein Geschehen in seinem Verlauf, ohne dass dessen Anfang und Ende markiert wären, als unvollendet dargestellt werden soll. Dabei ist nicht die Dauer des Geschehens maßgebend, sondern seine **Nichtbegrenzung**;

- das *passé simple* oder das *passé composé*, wenn Anfang und Ende eines Geschehens markiert sind, somit dieses in seiner **Begrenztheit** als abgeschlossen, als „perfekt" gesehen wird.

Der Sprecher drückt mit dem **imperfektiven Aspekt** den allgemeinen Handlungshintergrund aus; mit dem **perfektiven Aspekt** kennzeichnet er das Geschehen / die Handlung als abgeschlossen oder als neu eintretend.

Imperfektiver Aspekt	Perfektiver Aspekt
*Elle **était** encore malade.* (= Die Krankheit dauerte noch an.)	*Elle **tomba** malade hier après-midi.* (= Neu eintretende Handlung)
*Les pourparlers **duraient** toujours.* (= Die Verhandlungen waren nicht abge- schlossen.)	*Les pourparlers ne **durèrent** que trois jours.* (= Die Verhandlungen sind nach drei Tagen abgeschlossen.)
*Pendant que mon père **travaillait** au bureau, ma mère **s'occupait** des enfants.* (= Beide Handlungen verlaufen parallel und dauern noch an.)	*Mon père **travaillait** au bureau lorsque le facteur **sonna** à la porte.* (= In eine noch andauerndeTätigkeit tritt ein Ereignis neu ein.)

Aktionsart (*mode d'action*)   `129`

Während mit Aspekt die subjektive Auffassung des Sprechers vom Handlungsverlauf
gemeint ist, drückt die Aktionsart bestimmte Typen des Handlungsverlaufs aus, wie
sie durch den Verbtyp, d.h. seine Semantik, vorgegeben sind. Es lassen sich zum
Beispiel **durative** (= noch andauernde) Vorgänge / Handlungen (→ *il voyage*) von
iterativen (= sich wiederholenden) Vorgängen / Handlungen (→ *il boit*) unterschei-
den. Die Aktionsart kann auch beim Gebrauch der Vergangenheitstempora eine
wichtige Rolle spielen. (Vgl. auch das weiterführende Kapitel **143**.)

Kommunikationssituation   `130`

Die Verwendung der Tempora ist im Französischen des Weiteren von der Kommuni-
kationssituation abhängig, in der Äußerungen produziert werden. Eine Äußerung ist
situationsgebunden, wenn sie auf den Sprecher, den Sprechzeitpunkt und die
Sprechsituation bezogen ist. Eine Äußerung ist **situationsungebunden**, wenn sie
nicht auf Sprecher, Sprechzeitpunkt und Sprechsituation bezogen ist. Situationsun-
gebundenheit kennzeichnet vor allem folgende Textsorten: historische Abhandlung,
Romane, Erzählungen, Novellen.

situationsungebunden:	situationsgebunden:
Historische Darstellung der Ereignisse des 14. Juli 1789 (*la prise de la Bastille*):	Mündlicher, aktualisierter Bericht oder briefliche Darstellung der Revolutionser-eignisse vom 14. Juli 1789:
*Le gouverneur, le comte de Launay, chargé de la défense de la Bastille, **accepta** de rece-voir une délégation du peuple prêt à prendre d'assaut la prison. Il leur **fit savoir** qu'il ne voulait pas tirer sur eux. **A ce moment-là**, les premiers coups de feu **éclatèrent**. La foule **essuya** les coups de feu en criant à la trahi-son et **défonça** les portes. Le gouverneur **se décida** à capituler. Accusé d'avoir fait tirer sur le peuple, il **fut massacré** au cours de son transfert à l'Hôtel de Ville.*	*La semaine **dernière**, **notre** prof d'histoire **nous a fait** un cours sur la prise de la Bas-tille. **J'ai aimé** sa façon de nous raconter en détail les événements qui se **sont déroulés** au cours de cette fameuse journée. **Tu sais**, ce que **j'ai retenu** du cours, c'est que le gouverneur qui devait défendre le bâtiment contre le peuple **a capitulé** tout de suite et qu'on lui **a coupé** la tête pour l'en remercier. J'attends la suite des événements la semaine **prochaine**. Est-ce que tu **seras** des nôtres?*

- Der Text ist **nicht** auf eine **konkrete** Sprech- oder Schreibsituation bezogen.

- Die Ereignisse werden **ohne Bezug zur Perspektive des Sprechers / Autors** faktisch dargelegt.

- Ein Kommunikationspartner (der Leser) wird **nicht einbezogen**.

- Zeitangaben (z.B. *à ce moment-là*) sind unabhängig vom Zeitpunkt oder von der Situation der Niederschrift. Ihr zeitlicher Bezugspunkt ergibt sich aus dem im Text vorgegebenen globalen zeitlichen Zusammenhang.

- Die hier verwendete Zeitform ist vorherrschend das *passé simple* in der dritten Person Einzahl oder Mehrzahl.

Textsorten: Geschichtsdarstellungen, Erzählung, Roman, usw.

- Das historische Ereignis ist auf eine **konkrete** Sprech- oder Schreibsituation bezogen.

- Es wird **aus der Perspektive des Sprechers / Autors** gesehen und gewertet.

- Ein Kommunikationspartner wird **einbezogen**.

- Die Zeitangabe (*la semaine dernière / prochaine*) bezieht sich auf den Zeitpunkt der Sprechhandlung.

- Die verwendeten Zeiten (Präsens, *passé composé*, Futur) bilden eine Brücke zwischen dem historischen Ereignis und dessen Aktualisierung im Bewusstsein des Sprechers / Autors.

Textsorten: Unterhaltung, Korrespondenz, Unterrichtsgespräch, Vortrag, Verhandlung, Theaterstück, Brief.

131 Das Präsens *(le présent)*

1. **Das Präsens steht mit Bezug auf:**

- Allgemeingültiges, d.h. Feststellungen, die als zeitlos gültig anzusehen sind:
  *L'hiver en Sibérie **est** plus froid que chez nous.*

- Gegenwärtiges, d.h. Vorgänge oder Zustände der unmittelbaren Gegenwart:
  *Actuellement, mon père **est** malade.*

- Gewohnheiten:
  *Il **boit** une bouteille de vin tous les soirs.*

- Geschehen oder Fakten, die bis in die Gegenwart andauern oder in der Gegenwart ihre Gültigkeit haben (bzw. nicht mehr haben):
  *Nous **collaborons** avec cette entreprise depuis plus de dix ans.*
  *Son passeport **est** toujours valable. – Son passeport n'**est** plus valable.*

2. Das Präsens ist das Tempus, in dem der Inhalt von Dokumenten, von Romanen, Theaterstücken, usw. wiedergegeben wird oder Kommentare verfasst werden:

> *Dans son roman ‚Madame Bovary‘, G. Flaubert **raconte** la vie d'une femme mécontente de son existence provinciale.*

> *Toujours plus haut dans les sondages, le Front National **continue** de battre des records dans la belle province alsacienne.* (*Libération*, 11 mars 1998)

3. Das Präsens beschreibt in der Zukunft liegende Geschehen, Vorgänge, Ereignisse, wenn diese als sicher eintretend angesehen werden oder wenn die Zukunft in Form einer adverbialen Bestimmung eindeutig markiert wird (das **futurische Präsens**):

- *Qu'est-ce qu'on **mange** ce soir?*
- *Demain matin, il **part** pour les Etats-Unis.*
- *Vous **venez** avec nous? - Non, je **reste** chez moi pour finir mon travail.*
- *Si tu n'as pas besoin de moi, je **pars** faire mes courses.*

Das Präsens an Stelle des Futurs wird im Französischen nicht so häufig wie im Deutschen verwendet. Es ist vor allem im gesprochenen Französisch geläufig.

Die Tempora der Vergangenheit:

Das *passé simple*   132

Das *passé simple* ist das Tempus, in dem **vergangene**, abgeschlossene Ereignisse, Handlungen und Vorgänge im **geschriebenen** Französisch (selten im formellen gesprochenen Französisch) wiedergegeben werden. Es werden fast nur die dritte Person Singular und Plural verwendet; insbesondere die erste und zweite Person Plural des *passé simple* sind auch im geschriebenen Französisch höchst selten (*nous allâmes; vous mîtes; nous finîmes*). Die tendenzielle Einschränkung des Gebrauchs auf die dritte Person hängt mit den Textsorten zusammen, in denen das *passé simple* verwendet wird: Erzählung, Roman, historische Darstellung. In diesen Texttypen, in denen die Handlung zudem häufig fiktiv ist, sind Gegenwart und Vergangenheit voneinander getrennt. Der fehlende Gegenwartsbezug wird durch die Verwendung der dritten Person unterstrichen, die den historischen Abstand betont.

R 132.1

Das *passé simple* kommt im Gegenwartsfranzösisch fast ausschließlich in der **geschriebenen Sprache** vor.

R 132.2

> Das *passé simple* als das Erzähltempus im geschriebenen Französisch gibt **abgeschlossene** Vorgänge, Ereignisse, usw. in der Vergangenheit wieder, die als **zur Gegenwart bezugslos** dargestellt werden.

*La tour Eiffel **fut construite** entre 1885 et 1889.* (= Die Arbeiten waren also 1889 beendet.)

Es dient zur Wiedergabe von Vorgängen, die nicht weiter andauern, sondern die neu eintreten und in ihrem Anfang und Ende erfasst sind. Das *passé simple* ist somit ein die Handlung in ihrem Verlauf **begrenzendes Tempus**.

*Après son accident, il **changea** d'attitude.* (D.h.:„nach seinem Unfall" → Beginn der Handlung; „änderte er sein Verhalten" → die Veränderung ist vollzogen, „perfekt".)

*Cette année-là, le Président français **rendit** visite trois fois au chancelier allemand.* (= Der Besuch erfolgt zwar mehrfach, die Anzahl der Wiederholungen ist jedoch begrenzt und der Besuchsvorgang insgesamt abgeschlossen.)

R 132.3

> Das *passé simple* bezeichnet Vorgänge und Handlungen, die sich in zeitlicher Abfolge ereignet haben (sog. **Ereignisketten**).

Textbeispiel:

Eine Situation aus Maupassant, *Une Vie* (Jeanne Le Perthuis, die Hauptfigur des Romans, erwartet auf dem Bahnsteig den Zug aus Paris):

Encore dix minutes – Encore cinq minutes – voici l'heure (...). **Tout à coup** *elle* **aperçut** *une tache blanche, une fumée,* **puis** *un point noir qui* **grandit**, **grandit**, *accourant à toute vitesse. La grosse machine* **enfin** *(...)* **passa**, *en ronflant, devant Jeanne qui guettait avidement les portières. Plusieurs* **s'ouvrirent**..	Die Ereigniskette wird in dieser Romanpassage zusätzlich durch Adverbien markiert, welche die zeitliche Aufeinanderfolge unterstreichen: „**Tout à coup**" (plötzlich)... „**puis**" (dann)... „**enfin**" (und schließlich)...

133 Das *passé composé*

Das *passé composé* entspricht im Prinzip dem deutschen Perfekt („gestern habe ich intensiv gearbeitet"), wird im Französischen aber häufiger gebraucht, zumal es im gesprochenen Französisch an Stelle des *passé simple* steht. Es ist das Tempus in Äußerungen, die mit Bezug auf Vorgänge in der Vergangenheit in der Alltagskommunikation (z.B. Zeitungsreportagen) und allgemein in der **gesprochenen Kommunikation** produziert werden.

R 133

> Das *passé composé* drückt, wie das *passé simple*, den perfektiven Aspekt des Ge-
> schehens aus; es wird dementsprechend zur Wiedergabe von Ereignisketten in der
> Vergangenheit benutzt. Das *passé composé* ist jedoch auf die konkrete Situation
> des Sprechers und auf den Sprechzeitpunkt bezogen. Grundsätzlich ist es also im
> Gegensatz zum *passé simple* immer **gegenwartsbezogen**.

Beispiel:
*La Révolution éclata en 1789 avec la prise de la Bastille. Comment la Révolution **a-t-elle
évolué** par la suite?* → Es handelt sich um die Frage des Lehrers an seine Schüler; d.h. der
Gegenwartsbezug wird durch die Unterrichtssituation hergestellt.

Die Gegenwartsbezogenheit des *passé composé* äußert sich in vielfältiger Form:

- bei der Wiedergabe von vergangenen Ereignissen oder historischen Geschehen
  bezieht der Sprecher seine gegenwärtige Situation, aus der heraus er spricht, ein:

  *Comment la révolution de 1830 **a-t-elle débuté?*** → (Aktualisierung des historischen Ereig-
  nisses im Unterrichtsdiskurs)

- in der Textsorte (z.B. Brief, Tagebuch, Lebenslauf):

  *Dans ma dernière lettre, je **t'ai raconté** l'accident de mon frère. Aujourd'hui je vais te parler
  de moi.* → (Der Gegenwartsbezug wird hergestellt durch das Hereinnehmen der Ich-
  Perspektive im Augenblick des Schreibens.)

- bei der Darstellung eines kürzlich eingetretenen Ereignisses (*un fait récent*), das
  noch auf den Sprechzeitpunkt bezogen ist oder bis zu diesem nachwirkt (meist
  durch Hinzufügung eines Adverbs):

  ***Ce matin**, il **a passé** un coup de fil à son collègue.*
  ***Hier soir**, mon père **s'est blessé** à la main en bricolant.*

- bei der Darstellung von Vorgängen, die für die Gegenwart noch relevant sind und
  deren Folgen sich noch (positiv oder negativ) auswirken:

  *J'**ai vu** mon ancien chef pour la dernière fois il y a quinze ans. Depuis je l'**ai perdu** de
  vue.*
  *Depuis plus de cent ans, la tour Eiffel **a résisté** à la corrosion.* (Oder auch „...résiste à la
  corrosion"; siehe **131.1**)

Das *imparfait*   **134**

Das *imparfait* ist ein **nichtbegrenzendes** Tempus. Es zielt nicht auf die Abgeschlos-
senheit eines Vorgangs oder Sachverhaltes, sondern auf die Kontinuität eines **schon
und immer noch weiter andauernden** Geschehens. Es wird sowohl im gesproche-
nen als auch im geschriebenen Französisch verwendet. Zwei Funktionen des *impar-
fait* werden wirksam: **Funktion 1** bezieht sich auf die **Handlungsdauer**, **Funktion 2**
betrifft die **Handlungswiederholung**.

Funktion 1:

R 134.1

Das *imparfait* erfasst den Vorgang / das Geschehen in seinem unbegrenzten, d.h. weder durch Anfang noch Ende begrenzten Verlauf.

Das *imparfait* setzt deshalb auch keinen neuen Zeitpunkt, sondern bezieht sich immer auf einen durch ein Verb oder eine Zeitangabe vorgegebenen Zeitpunkt.

*Depuis des heures, il **cherchait** son chemin sans le trouver.*	→ Die Handlung („er suchte") wird in ihrem unbegrenzten Verlauf gesehen.
*Lorsqu'il sortit de chez lui, il **faisait** nuit.*	→ Als er aus dem Hause trat, war es bereits („und immer noch weiter') nachtdunkel.

Das *imparfait* ist nicht das Tempus der Dauer an sich, sondern markiert den unbegrenzten Fortgang eines Geschehens oder einer Handlung. Kriterien für seine Verwendung sind also nicht die Länge oder Kürze der Handlungsdauer, sondern der Bezug des Vorganges zu einem vorgegebenen Zeitpunkt oder die Unbestimmtheit von Anfang und Ende des Vorganges:

    1. *Il **travaillait** lorsqu'il entendit le bruit de la voiture du voisin.*

    2. *Il entendit le bruit de la voiture qui **passait** à toute allure.*

Deswegen hat das *imparfait* in Erzählungen auch häufig die Funktion, den **Hintergrund des Geschehens** darzulegen. Vgl. dazu **142**.

Funktion 2:

R 134.2

Das *imparfait* wird zum Ausdruck einer **unbegrenzten Wiederholung** oder einer **Gewohnheit** verwendet (*imparfait d'habitude ou de répétition*).

Diese sog. **iterative** (lat. *iterare* = wiederholen) Funktion des *imparfait* kann im Hauptsatz oder im temporalen Nebensatz vorliegen.

- im Hauptsatz: *A cette époque, elle **voyageait** beaucoup.* (= Sie **pflegte** häufig zu reisen.)

- im temporalen Nebensatz: *Quand mon père **rentrait** le soir de son travail, j'**allais** à sa rencontre.* (= **Immer wenn** er von seiner Arbeit nach Hause kam, ging ich ihm entgegen.)

Anmerkung:

Der Gebrauch des *imparfait* zur Markierung der Wiederholung betrifft nur den imperfektiven Aspekt einer **unbegrenzten**, zeitlich nicht bestimmten Wiederholung. Zu beachten ist also folgender Gegensatz:

unbegrenzte Wiederholung:	**begrenzte Wiederholung:**
*Chaque année, ils **passaient** leurs vacances à la montagne.* *Depuis toujours, elle **s'habillait** à la dernière mode.*	***Pendant cinq ans**, ils **passèrent** leurs vacances à la montagne. Mais, en 1980, ils s'installèrent définitivement sur la côte bretonne.*

Das *plus-que-parfait*   135

R 135

> Das ***plus-que-parfait*** bezeichnet einen vor einem anderen vergangenen Geschehen liegenden Vorgang. Dabei bezieht es sich auf den letztgenannten Zeitpunkt in der Vergangenheit, zu dem es in einem vorzeitigen Verhältnis steht. Das *plus-que-parfait* ist also eine **Vorvergangenheit**.

Das *plus-que-parfait* kommt deswegen häufig in einem Satzgefüge im Nebensatz vor, und zwar in Abhängigkeit von einem Verb im *imparfait, passé simple, passé composé* oder seltener im *passé antérieur* und *plus-que-parfait*. Wie das *imparfait* dient es dazu, den Hintergrund des Geschehens darzulegen und hat häufig eine erläuternde Funktion. Es wird im gesprochenen und geschriebenen Französisch verwendet.

*Il se mit à recopier la lettre qu'il **avait écrite** la veille.* (***passé simple** – **plus-que-parfait***)

*Il ne savait plus ce qu'il **avait dit** à son chef.* (***imparfait** – **plus-que-parfait***)

*Il s'est mis à recopier la lettre qu'il **avait écrite** hier soir.* (***passé composé** – **plus-que-parfait***)

*Lorsqu'il eut trouvé la lettre qu'il **avait écrite** la veille, il se mit à la recopier.* (***passé antérieur** – **plus-que-parfait***)

*Mon père m'a expliqué qu'il n'avait plus retrouvé la lettre que je lui **avais écrite** de Paris cet été.* (***plus-que-parfait** – **plus-que-parfait***)

| 136 | **Das *passé antérieur***

Das *passé antérieur* bezeichnet ein vorvergangenes Geschehen, das abgeschlossen ist, und entspricht dem begrenzenden *passé simple*. Es kommt im Haupt- und im temporalen Nebensatz zur Anwendung und steht an Stelle des *plus-que-parfait* unter folgenden Voraussetzungen:

R 136.1

> Das *passé antérieur* im **alleinstehenden Hauptsatz** wird nur in Verbindung mit einer Zeitangabe benutzt, die den raschen Vollzug der Handlung ausdrückt (*bientôt, en un clin d'œil, en un seul jour, en quelques instants, très vite,* usw.).

*Il **eut terminé** son mémoire **en un seul jour**.* → Er hatte seine Hausarbeit in einem Tag fertig.

*En moins de rien, la police **eut maîtrisé** la situation.* → Im Nu hatte die Polizei die Lage im Griff.

R 136.2

> Das *passé antérieur* im **temporalen Nebensatz** wird nach den Zeitkonjunktionen *après que* (nachdem), *aussitôt que* (sobald), *dès que* (sobald), *lorsque* (als), *quand* (als), *sitôt que* (sobald) verwendet, **wenn der Hauptsatz im *passé simple* steht**.

*Quand il **eut terminé** ses cours, il **partit** en vacances.* *Dès que les enfants **eurent appris** la bonne nouvelle, ils **coururent** la raconter à leurs parents.*	Durch die Kombination des *passé antérieur* im temporalen Nebensatz mit dem *passé simple* im Hauptsatz wird die unmittelbare zeitliche Aufeinanderfolge der Handlungen betont.

Anmerkung:
Der Gebrauch des *passé antérieur* im Haupt- und Nebensatz ist in aller Regel auf das geschriebene Französisch beschränkt.

Die Zeitstufe der Zukunft (*le futur*):

Das Französische kennt zwei Tempora, die Vorgänge und Ereignisse der Zukunft ausdrücken:

- *le futur simple*   (das Futur I)
- *le futur antérieur* (das Futur II)

Als Variante des *futur simple* gibt es noch das ***futur composé***.

Beispiele:

futur simple:	→	*Je **reviendrai** demain matin.*
		Ich komme morgen früh zurück.
futur composé:	→	*Je **vais revenir** tout de suite.*
		Ich komme gleich zurück.
futur antérieur:	→	*A midi, j'**aurai terminé** mes préparatifs.*
		Um zwölf Uhr mittags werde ich mit meinen Vorbereitungen fertig sein.

Das *futur simple* (Futur I)   `137`

R 137

> Das *futur simple* drückt aus, dass ein Geschehen in einer Zukunft eintreten kann oder wird, die von der Gegenwart des Sprechers und des Sprechzeitpunkts eindeutig abgehoben ist.

Insofern sind im Französischen das futurische Präsens und das *futur simple* funktional verwandt.

Zu beachten ist aber Folgendes:

1. Das **futurische Präsens** im Französischen wird häufig von einer die nahe Zukunft bezeichnenden **adverbialen Bestimmung** begleitet. Mit seiner Verwendung betont der Sprecher, dass das Ereignis **mit Sicherheit eintreten** wird (vgl. auch **131.3**).
   *Je **reviens tout de suite**.*

2. Das *futur simple* drückt allgemein zukünftige Ereignisse aus, die nicht unbedingt als sicher eintretend, sondern als in der Zukunft wahrscheinlich dargestellt werden.

3. Im Französischen wird das *futur simple* wesentlich häufiger benutzt als das Futur im Deutschen. Dies äußert sich darin, dass ein deutsches Präsens mit futurischem Bezug insbesondere im geschriebenen Französisch eher mit dem *futur simple* wiedergegeben wird, wenn die Voraussetzungen für die Verwendung des futurischen Präsens im Französischen gemäß Punkt 1 (= **Adverb der nahen Zukunft** oder Betonung des **sicheren Eintretens** des Ereignisses) **nicht** gegeben sind.

   *Nous espérons que vous **participerez** à notre réunion.*
   Wir hoffen, sie **nehmen** an unserer Versammlung teil.

   *Dans cinq ans au plus tard, nous **émigrerons** en Australie.*
   Spätestens in fünf Jahren **wandern** wir nach Australien aus.

   In der Umgangssprache wäre ein Satz wie: *Si tout se passe bien, on **émigre** en Australie dans cinq ans au plus tard* jedoch auch durchaus gebräuchlich.

138 Das *futur composé*

Das *futur composé* erscheint im Französischen in den meisten Fällen als *futur proche* („nahe Zukunft'). Es wird gebildet von der im Präsens konjugierten Form des Verbs **aller** + **Infinitiv**. Es steht zum Ausdruck einer unmittelbaren Zukunft. Im gesprochenen Französisch werden *futur simple* und *futur proche* häufig in gleicher Weise benutzt:

*Il **va venir** dans un instant.* → Er kommt sofort.

*Nous **allons** le **faire** sans tarder.* → Wir werden es gleich tun. (= *Nous le ferons sans tarder.*)

Zum Gebrauch des *futur composé* vgl. auch **149**.

139 Das *futur antérieur* (Futur II)

Das *futur antérieur* bezieht sich auf Geschehen oder Ereignisse, die zu einem bestimmten Zeitpunkt in der Zukunft oder vor einem anderen Geschehen in der Zukunft **abgeschlossen**, **vollendet sind** (deutlicher: **sein werden**).

- *Vendredi, à cinq heures, j'**aurai terminé** mes examens.*

  Freitag, 5 Uhr, **habe** ich meine Prüfungen **abgeschlossen** (=...werde ich meine Prüfungen abgeschlossen haben).

- *Dès que j'**aurai terminé** mes examens, je **partirai** en vacances.*

  Sobald ich meine Prüfungen **abgeschlossen habe**, fahre ich in Ferien. (= Sobald ich meine Prüfungen abgeschlossen haben werde, werde ich in Ferien fahren.)

Im Deutschen wird der Zeitbezug der Zukunft bzw. der vollendeten Zukunft meist durch das Präsens bzw. Perfekt ausgedrückt.

Das *futur antérieur* kann auch eine **Vermutung** über eine vergangene Handlung ausdrücken:

*Il a l'air déprimé: il **aura échoué** à son examen.*
Er sieht deprimiert aus: Er **wird wohl** sein Examen nicht bestanden **haben**.

140 Das futurische *conditionnel*

Man unterscheidet im Französischen zwei Formen des *conditionnel*:

1. Das ***conditionnel présent*** = Konditional I → *il souhaiterait*: er würde wünschen / er wünschte.

2. Das ***conditionnel passé*** = Konditional II → *il aurait souhaité*: er hätte gewünscht.

Das *conditionnel présent* und das *conditionnel passé* können **temporal** oder **modal** verwendet werden. (Zum modalen Gebrauch vgl. auch **224** und **225**.) Das *conditionnel* als **Tempus** bezeichnet einen von der Vergangenheit aus gesehenen Vorgang oder Sachverhalt in der Zukunft; dabei drückt das *conditionnel présent* eine unvollendete Zukunft, das *conditionnel passé* eine vollendete Zukunft aus. Die Formen des *conditionnel présent* bzw. *passé* erhalten somit die Funktion eines *futur du passé* bzw. *futur antérieur du passé*.

R 140

Das *conditionnel* als **Tempus** (= *futur du passé* bzw. *futur antérieur du passé*) steht in futurischen Nebensätzen, die von einem Hauptverb in der Vergangenheit abhängen. Dies ist insbesondere der Fall in der indirekten Rede (vgl. **389**).

*Ils ne savaient pas que leur collègue **reviendrait**. (futur du passé)*
Sie wussten nicht, dass ihr Kollege wiederkommen würde.

*Elle affirma qu'elle **aurait** terminé la correction des copies avant midi. (futur antérieur du passé)*
Sie versicherte, dass sie mit der Korrektur der Arbeiten bis Mittag fertig sein würde.

*Il a affirmé que sa femme ne **rentrerait** pas tout de suite, mais qu'elle **serait** de toute façon rentrée avant six heures du soir.* (Kombination von *futur du passé* und *futur antérieur du passé*)
Er versicherte, seine Frau werde nicht gleich zurückkommen, sie werde aber auf jeden Fall bis sechs Uhr abends zurück sein.

Die Tempora: Aufbaustufe

141 Das historische Präsens

Das Präsens wird als **historisches Präsens** (*le présent historique* oder *le présent de narration*) zur Verlebendigung und Dynamisierung von vergangenen Ereignissen oder Sachverhalten an Stelle des *passé simple* oder des *passé composé* benutzt. Es wird insbesondere in Reportagen und Zeitungstexten verwendet.

Beispiele:

Historischer Text:	Mündliche Erzählung:
*Le 1er mai 1787, l'archevêque de Toulouse, Brienne, **fut** nommé chef du conseil royal des finances. Il ne **put** que reprendre le programme fiscal de son prédécesseur et **chargea** les notables d'un impôt territorial. Il y **ajouta** une forte augmentation sur le droit de timbre. Le 23 mai de la même année, les notables **terminent** leurs délibérations sans avoir rien accordé. Ils **demeurent** murés dans leur égoïsme. En fait, les priviligiés ne **veulent** pas de réformes. Les réactions **sont** inévitables. En 1788, la province **bougea**. Un flot de libelles (Schmähschriften) **submergea** la France et l'on **dénonça** ouvertement le despotisme royal.* (nach Tulard u.a., *Histoire et dictionnaire de la Révolution française*, 1987)	*Hier matin, j'**ai été** témoin d'un grave accident. Une voiture **a quitté** la route nationale et **est tombée** dans le fossé. Elle **a** immédiatement **pris** feu. Alors, moi, j'**arrive** juste quelques instants après sur les lieux. Je **descends** de ma voiture et je **vois** que la conductrice **est coincée** sur le siège avant. J'**essaie** d'ouvrir la portière, mais elle n'**ouvre** pas. Je **suis obligé** de me sauver car la chaleur **est** déjà trop forte. Malheureusement, la femme n'**a** pas **pu** être sauvée. Le vrai coup dur, quoi!*

Das *présent historique* / *présent de narration* wird in aller Regel mit Verbformen im *passé simple* bzw. *passé composé* **kombiniert**. Damit ist der Vergangenheitsbezug hergestellt.

Das Zusammenwirken von *passé simple* und *imparfait* in geschriebenen Texten:

Die Aspektdifferenzierung bei den Vergangenheitstempora im Französischen betrifft sowohl kurze Satzgefüge als auch zusammenhängende Erzählpassagen.

Aspektdifferenzierung im Satzgefüge

142

Hauptsatz + Relativsatz:

*Après une longue promenade, ils **arrêtèrent** un taxi, qui les **ramena** chez eux.* Nach einem langen Spaziergang hielten sie ein Taxi an, das sie nach Hause brachte.	Die Aufeinanderfolge von zwei abgeschlossenen Vorgängen wird durch das *passé simple* betont. (Beachte auch das Komma vor dem Relativsatz; vgl. **330**.)
*Après une longue promenade, ils attrapèrent de justesse le train qui **démarrait** déjà.* Nach einem langen Spaziergang erreichten sie gerade noch den Zug, der bereits anfuhr (...den bereits anfahrenden Zug).	Im Relativsatz wird auf die Begleitumstände verwiesen, unter denen sich die Haupthandlung vollzieht.

Hauptsatz + Temporalsatz:

*Ils **regardaient** la télé, quand / lorsque leur chien **se mit** à aboyer.* Sie sahen gerade fern, als ihr Hund (plötzlich) losbellte.	→ *Imparfait* im Hauptsatz („was war schon"), *passé simple* im temporalen Nebensatz wegen neu eintretender Handlung
*Quand notre professeur **arrivait** dans la classe, il nous **demandait** de nous lever.* Wenn (= **immer wenn**) unser Lehrer in die Klasse kam, forderte er uns auf aufzustehen.	→ *Imparfait* im Haupt- und im temporalen Nebensatz wegen unbegrenzter Handlungswiederholung

In einem mit *pendant que* eingeleiteten Temporalsatz steht immer das *imparfait* als Zeit der Vergangenheit. Im Hauptsatz ergeben sich je nach Fall unterschiedliche Aspekte:

- **Pendant que** les parents **regardaient** tranquillement la télé, les malfaiteurs **parvinrent** à pénétrer dans la maison. (= neueintretende Handlung)
- **Pendant que** les parents **regardaient** la télé, les enfants **jouaient** tranquillement au sous-sol. (= Die beiden Handlungen verlaufen parallel und zeitlich unbegrenzt.)

Anmerkung:

In den unter **142** aufgeführten Beispielsätzen wird das *passé simple* durch das *passé composé* ersetzt, wenn sie Äußerungen in der Alltagskommunikation oder in der alltäglichen Schriftsprache (z.B. Zeitungssprache) darstellen, z.B.: *Après une longue promenade, ils **ont arrêté** un taxi, qui les **a ramenés** chez eux.*

---

143 **Aspektdifferenzierung bei bestimmten Verben mit Bedeutungsunterscheidung im Deutschen**

il avait	*il eut (il a eu)* [*envie, faim, peur*]	er hatte	er bekam [Lust, Hunger, Angst]
il connaissait	*il connut (il a connu)*	er kannte	er lernte kennen
il s'enfuyait	*il s'enfuit (il s'est enfui)*	er floh	er ergriff die Flucht
il était	*il fut (il a été)* [*nommé*]	er war	er wurde [ernannt]
il (se) mourait	*il mourut (il est mort)*	er lag im Sterben	er starb
il occupait	*il occupa (il a occupé)* [*un poste, une ville*]	er hielt besetzt	er besetzte / nahm ein [eine Stelle, eine Stadt]
il pleurait	*il pleura (il a pleuré)*	er weinte	er brach in Tränen aus
il savait	*il sut (il a su)*	er wusste	er erfuhr
il se taisait	*il se tut (il s'est tu)*	er schwieg	er verstummte
il voyait	*il vit (il a vu)*	er sah	er erblickte

Für die Zeiten der Vergangenheit ist in der Regel der **Aspekt,** d.h. die Art und Betrachtungsweise eines Prozesses ausschlaggebend. Die **grammatische** Kategorie des Aspekts kann jedoch von der **semantischen** Kategorie der **Aktionsart** überlagert werden. Die Aktionsart unterscheidet sich vom Aspekt wie folgt: Die Aktionsart als eine lexikalische Kategorie meint den in der Bedeutung des Verbs vorgegebenen Charakter des Ablaufs, der Dauer, der Dynamik von Handlungen bzw. der Vorgangsveränderung, usw. Nicht die subjektive Auffassung des Sprechers vom Ablauf des Geschehens, sondern die im Verb lexikalisierten Geschehenstypen stehen im Vordergrund. Man unterscheidet zum Beispiel **inchoative** (den Beginn einer Handlung markierende) Verben (*il se met au travail*) von **durativen** (die Dauer ausdrückenden) Verben (*il aime sa femme*), von **iterativen** (die Handlungswiederholung implizierenden) Verben (*il se drogue*) und von **resultativen** (das Ergebnis betonenden) Verben (*il trouve la solution*). Vgl. auch **128**.

Ein Verb wie *aimer* wird aufgrund seiner Aktionsart mit ‚durativ' konnotiert: Es markiert die unbegrenzte Dauer. Das Imperfekt ist also eine diesem Verb ‚anverwandte' Zeit der Vergangenheit: *Il aimait sa femme.* Im Kontext (meist verstärkt durch eine zusätzliche adverbiale Bestimmung) kann jedoch der Aspekt des Neueintritts der Handlung in den Vordergrund treten: *Il n'aima vraiment son amie qu'au lendemain de leur voyage à Paris* ("liebgewinnen").

Aspektdifferenzierung in Erzählpassagen

In Erzählpassagen (z.B. im Roman) wird mittels des *imparfait* der Hintergrund darge-stellt, vor dem sich die Ereignisse und Handlungen abspielen. Es werden **Begleit-umstände, Handlungsrahmen, Zustände, Gewohnheiten** und **kausale Gegeben-heiten** beschrieben, in welche die Ereigniskette eingebettet ist. Das *imparfait* dient insbesondere der Darstellung von **Situationen, Betrachtungen, Reflexionen**, die das Hauptgeschehen erläuternd begleiten. Diese Angaben zum Hintergrund der Er-zählung können bei der Darlegung von Gegebenheiten aus der Vorvergangenheit auch im Plusquamperfekt stehen.

R 144.1

Das *imparfait* in Erzählpassagen wird immer dann benutzt, wenn Hintergrund-informationen gegeben werden. Es entspricht dem imperfektiven Aspekt: **Was war schon (und immer noch weiter)?**

Geschehnisse und Vorkommnisse, die den Handlungsfaden bilden und die zu erzäh-lende Geschichte zeitlich vorantreiben, werden im *passé simple* wiedergegeben:

R 144.2

In Erzählpassagen (z.B. im Roman) benutzt man das ***passé simple*** zur Wiedergabe der Ereignisabfolge des Vordergrundes. Es entspricht dem perfektiven Aspekt: **Was geschah dann? Und was dann weiter noch?**
In der Alltagskommunikation wird das ***passé simple*** durch das ***passé composé*** ersetzt.

Hintergrund: Erläuterungen, Begleitumstände, Beschreibung	Vordergrund: Fortgang der Ereignisse
*Nous **étions** à l'étude* [Was war schon?]	
	*quand le Proviseur **entra**, suivi d'un nouveau habillé en bourgeois (...)* [Was geschah?].
*Ceux qui **dormaient*** [Erläuterung]	
	***se réveillèrent**, et chacun **se leva** comme surpris dans son travail. Le proviseur nous **fit** signe de nous rasseoir; **puis**, se tournant vers le maître d'études: «Monsieur Roger, lui **dit-il** à demi-voix, voici un élève que je vous re-commande (...)»* [Aufeinanderfolgende Ereig-nisse: dann...dann...dann].
*Resté dans l'angle, derrière la porte (...) le nouveau **était** un gars de la campagne (...). Il **avait** les cheveux coupés droit sur le front (...). Ses jambes, en bas bleus, **sortaient** d'un*	

*pantalon jaunâtre très tiré par les bretelles. Il **était chaussé** de souliers forts, mal cirés (...)* [Beschreibung: Porträt des Schülers Charles Bovary].

*On **commença** la récitation des leçons. Il les **écouta** de toutes ses oreilles, attentif comme au sermon (...), et, à deux heures, quand la cloche **sonna**, le maître d'études **fut obligé** de l'avertir, pour qu'il se mît avec nous dans les rangs* [Fortgang der Handlungskette: Und was geschah dann weiter?].

Romanbeginn von Flaubert, *Madame Bovary*

Anmerkung:

Es handelt sich hier um einen literarischen Text mit besonderem stilistischen Anspruch. Dies wird darin deutlich, dass trotz der persönlich gehaltenen Wir-Perspektive („*nous étions à l'étude...*") danach durchgängig das *passé simple* und nicht das *passé composé* benutzt wird.

Besonderer Gebrauch des *imparfait*:

145 | **Das *imparfait narratif***

Das *imparfait* kann in bestimmten Fällen an Stelle des *passé simple* oder *passé composé* benutzt werden, um abgeschlossene Handlungen in der Vergangenheit auszudrücken (abgesehen davon, dass sich im gesprochenen Gegenwartsfranzösisch allgemein eine steigende Tendenz zur Verwendung des Imperfekts an Stelle des *passé composé* beobachten lässt, z.B.: *Le bar est moins bruyant que vous le **prétendiez**. / Comme vous **disiez** tout à l'heure...*).

Besonders die **perfektiven** Verben, die eine zum Abschluss geführte Handlung ausdrücken (z.B. *aboutir, arriver, envahir, parvenir*, usw.), stehen häufig im Imperfekt :

*Le 14 juillet 1789, le peuple de Paris **envahissait** les rues et les bâtiments publics.*

Dieses sogenannte *imparfait narratif* bewirkt eine Verschiebung der Perspektive, da ein Geschehen nicht mehr in seiner Abgeschlossenheit, sondern ‚von innen her' in seinem Verlauf gesehen wird.

R 145

Das *imparfait narratif* wird vornehmlich im geschriebenen Französisch zur Dynamisierung historischer Ereignisse oder zur Verlebendigung einmaliger Vorgänge in der Vergangenheit eingesetzt (**meist in Verbindung mit Zeitangaben**).

Es gibt verschiedene Typen des *imparfait narratif*:

*Il entra dans l'entreprise le 15 avril. Six mois plus tard, il **occupait** une place importante dans la production.*

*En janvier 1797, Bonaparte **provoquait** un soulèvement des démocrates à Venise.*

*Lorsqu'on le sortit enfin de la mine, Etienne apparut décharné, les cheveux tout blancs; et on **s'écartait**, on **frémissait** devant ce vieillard. La Maheude s'arrêta de crier, pour le regarder stupidement.* (E. Zola, *Germinal*)

*A la 50e minute, Ronaldo **marquait** son premier but. C'est alors que le match **basculait** (kippen) en faveur du club milanais.*

- Es handelt sich hier um das *imparfait historique*, das meist in Verbindung mit **genauen Zeitangaben** steht.

- Als *imparfait pittoresque* rückt das imparfait ein Geschehen in seinen besonderen Ablaufphasen gleichsam zum intensiven ‚Nacherleben' in das Bewusstsein des Lesers.

- Das *imparfait journalistique* ist in modernen Presseberichten und Reportagen ein gängiges Tempus zur Verlebendigung der Ereignisse, die in ihrem Verlauf reliefartig hervortreten.

Modaler Gebrauch des *imparfait*   146

R 146.1

Das *imparfait* wird an Stelle des *conditionnel passé* („*il aurait fait*") gebraucht, wenn der Sprecher hervorheben will, dass ein Sachverhalt unter bestimmten gegebenen Voraussetzungen mit an Sicherheit grenzender Wahrscheinlichkeit eingetreten wäre.

*Il serait venu plus tard, je le **rencontrais**. (= je l'aurais rencontré)*
Wäre er später gekommen, dann hätte ich ihn getroffen.

*Sans son aide, je ne **partais** pas à l'heure. (= je ne serais pas parti à l'heure)*
Ohne seine Hilfe wäre ich nicht pünktlich weggekommen.

*Une seconde après, le camion le **renversait**. (= le camion l'aurait renversé)*
Eine Sekunde später hätte der Lastwagen ihn (unweigerlich) überrollt.

Das *imparfait* an Stelle des *conditionnel passé* bewirkt eine Dramatisierung der Erzählung. Vgl. auch **226.2**.

R 146.2

Das *imparfait de politesse* wird verwendet zum Ausdruck einer höflichen Anfrage oder eines Wunsches, die an einen Kommunikationspartner gerichtet werden.

*Je **voulais** vous demander de m'excuser.*
Ich wollte Sie bitten, mich zu entschuldigen.

*Je **souhaitais** vous convaincre de la nécessité de cette démarche.*
Ich wollte Sie gerne von der Notwendigkeit dieses Vorgehens überzeugen.

Das sog. *imparfait prospectif* kann bei Verben wie *aller, partir, sortir* zum Ausdruck einer unmittelbar bevorstehenden Handlung verwendet werden:

J'allais chez lui. → Ich **wollte gerade** zu ihm gehen.

*Tu arrives à point, je **sortais** pour aller te voir.*
Du kommst zur rechten Zeit, ich **wollte gerade** aus dem Haus gehen, um dich zu besuchen.

Die Zeitstufe der Vorvergangenheit:

147 *Passé antérieur – plus-que-parfait*

Im Satzgefüge kommt das *passé antérieur* praktisch nur im **temporalen** Nebensatz vor, und zwar bei zeitlich aufeinanderfolgenden, abgeschlossenen Handlungen in der Vergangenheit:

*Quand ils **furent rentrés**, il **se mit** à pleuvoir.*

Im temporalen Nebensatz in der Vorvergangenheit steht das *passé antérieur*, im Hauptsatz mit abgeschlossener Handlung in der Vergangenheit steht das *passé simple*. Diese Zeitenfolge ist im geschriebenen Französisch weitgehend automatisiert.

Bei **unbegrenzter** Handlungswiederholung wird das *plus que parfait* in Verbindung mit dem *imparfait* verwendet:

*Lorsque (= immer, wenn) mon collègue **avait vu** un film, il nous en **racontait** tous les détails.*

Anmerkung:
Die temporale Konjunktion *à peine... que* („kaum...") wird im geschriebenen Französisch sowohl mit dem *passé antérieur* als auch mit dem *plus-que-parfait* verbunden.

*A peine **furent-ils** arrivés à Tours qu'il **se mit**
à pleuvoir.*

           oder
*A peine **étaient-ils** arrivés à Tours qu'il **se
mit** à pleuvoir.* (Auch: *Ils **étaient** à peine arri-
vés à Tours qu'il **se mit** à pleuvoir.*)

         oder gesprochen
*Ils **étaient** à peine arrivés à Tours qu'il **s'est
mis** à pleuvoir.*

} Kaum waren sie in Tours ange-
kommen, da begann es zu regnen.

In der gesprochenen Sprache und in der Alltagskommunikation wird das *passé antérieur* bei folgendem Hauptsatz im *passé composé* nicht selten durch das *passé sur-composé* ersetzt:

*Lorsque j'**ai eu fini** mon travail, j'**ai regardé** la rencontre Allemagne-Brésil à la télé.*
Als ich mit meiner Arbeit fertig war, habe ich mir das Spiel Deutschland-Brasilien im Fernsehen angesehen.

Der Gebrauch des *passé surcomposé* im geschriebenen Französisch ist belegt, aber selten.

Besonderer Gebrauch des *futur simple* und des *futur composé*:

Das *futur simple*   148

Das *futur simple* kann in **temporaler** oder **modaler** Verwendung besondere Funktionen erhalten:

1. Temporaler Gebrauch:

In temporaler Verwendung steht es bezogen auf historische Fakten und Ereignisse, die vom Sprechzeitpunkt her **vergangen** sind, die vom historischen Geschehen der Vergangenheit aus gesehen jedoch **zukünftig** sind.

*Gustave Flaubert naquit à Rouen en 1821. Dès sa prime jeunesse, il s'occupa de littérature. Ce fils d'un chirurgien célèbre à l'époque, **deviendra** l'un des chefs de file du réalisme littéraire en Europe.*	Gustave Flaubert wurde im Jahre 1821 in Rouen geboren. Seit seiner frühesten Jugend beschäftigte er sich mit Literatur. Der Sohn eines zu der Zeit berühmten Chirurgen **sollte** einer der führenden Köpfe des literarischen Realismus in Europa **werden**.

- An Stelle von *deviendra* kann man auch *fut* verwenden.

Das *futur simple* ist hier eine stilistische Variante zum *passé simple*. Die französischen Bezeichnungen für dieses historische Futur sind unterschiedlich: *le futur prospectif, le futur historique, le futur de perspective* oder *le futur d'anticipation*. Es ist eine geläufige stilistische Variante, die insbesondere auch französische Schüler und Studierende im literarischen Aufsatz verwenden.

2. Modaler Gebrauch:

Das *futur simple* wird zum Ausdruck einer Aufforderung, eines Befehls, einer Weisung oder Anordnung benutzt. Dieses sogenannte *futur injonctif* (*une injonction* = eine Weisung, eine Aufforderung) kann auch das ‚sittliche Sollen' in Form von Geboten ausdrücken. Es ist meist an die zweite Person (*tu / vous*) gerichtet.

*Pour la prochaine séance, vous **préparerez** la leçon n°20 et vous n'**oublierez** pas de réviser le vocabulaire de la leçon 19.*	Für die nächste Sitzung bereiten Sie bitte die Lektion 20 vor. Und vergessen Sie nicht, das Vokabular aus Lektion 19 zu wiederholen.
*Tu **honoreras** ton père et ta mère; tu ne **tueras** pas; tu ne **voleras** pas.*	(Gebote 4, 5 und 7 der zehn Gebote) Im Deutschen: „Du sollst (nicht)…".

Das *futur simple* wird weiterhin zur höflichen Abschwächung einer Aussage, Bitte oder Anfrage benutzt:

*Je vous **ferai remarquer** que vous n'avez pas entièrement raison.*	Ich möchte Sie darauf aufmerksam machen, dass Sie nicht ganz Recht haben.
*Vous me **permettrez** une dernière remarque?*	Erlauben Sie mir eine letzte Bemerkung?
*Nous **avouerons** facilement ne pas avoir agi correctement.*	Wir gestehen ja ein, dass wir nicht richtig gehandelt haben.
*Je te **demanderai** de m'aider plus souvent.*	Ich möchte dich bitten, mir häufiger zu helfen.

149 | Das *futur composé*

Das *futur composé* (auch *futur périphrastique* genannt) erscheint im Französischen als *futur proche* („nahe Zukunft'), als *futur proche du passé* („nahe Zukunft, von der Vergangenheit aus gesehen') oder als *futur dans le passé*.

R 149

> Das *futur proche* wird gebildet von der im Präsens konjugierten Form des Verbs *aller* + Infinitiv. Das *futur proche du passé* wird gebildet von den Imperfektformen des Verbs *aller* + Infinitiv, das *futur dans le passé* wird gebildet von den Imperfektformen der Verben *aller* oder *devoir* mit folgendem Infinitiv.

Beispiele:

*Je **vais** le lui **dire** à l'instant.*	→ *futur proche*
*Il m'a dit qu'il **allait venir**.*	→ *futur proche du passé*
*Lors des élections régionales, le Front National a remporté une victoire décisive. Le lendemain du scrutin, le chef du F.N., Le Pen, **allait** / **devait** avoir une rencontre importante avec les responsables des autres partis de droite.*	→ *futur dans le passé*

Für die Anwendung von *futur proche, futur proche du passé* und *futur dans le passé* ist Folgendes zu beachten:

1. Das **futur proche** steht zum Ausdruck einer unmittelbaren Zukunft, die durch Adverbien wie *maintenant, dans un instant, tout de suite*, usw. hervorgehoben werden kann oder die sich aus dem Kontext ergibt. Im gesprochenen Französisch besteht die Tendenz, das *futur simple* und das *futur proche* in gleicher Weise zu verwenden. Andererseits gibt es Fälle, in denen der Sprecher selektiv entweder die eine oder die andere Form des Futur I verwendet.

Nur *futur proche*

*Mais tu ne **vas** tout de même pas **penser** que c'est moi le coupable!*	• Affektivische Verwendung: („Aber du wirst doch nicht etwa glauben, ich sei der Schuldige!")
*On en a fini avec les travaux préparatoires. Qu'est-ce qu'on **va faire** maintenant?*	• Die nahe Zukunft in Bezug auf Sprechzeitpunkt wird durch ein entsprechendes Adverb betont: („Was machen wir jetzt?")

Vorwiegend *futur simple* (*futur proche* nicht unmöglich)

*Un jour, je **quitterai** mon pays et **j'émigrerai** en Australie.*	• Es handelt sich um eine vom Sprechzeitpunkt klar abgehobene Zukunft.
*Il n'**aura** guère de problèmes en agissant ainsi et il ne **pensera** plus à ceux rencontrés dans le passé.*	• Die Abkopplung von Sprechzeitpunkt und Zukunft wird durch bestimmte adverbiale Bestimmungen oder durch Verneinungen unterstrichen: *un jour, toujours, ne... guère, ne... jamais, ne... plus.*

Anmerkung:

Das *futur proche* kann, wie das *futur simple*, auch zum Ausdruck einer Aufforderung / Weisung verwendet werden: «*Tu **vas** te **taire** enfin!*» („Wirst du wohl endlich ruhig sein!")

2. Das **futur proche du passé** ist eine von der Vergangenheit aus gesehene Zukunft. Es wird häufig als **Variante** des **futur du passé** verwendet:

*Il a dit qu'il **allait venir** / **viendrait** bientôt.*

3. Das ***futur dans le passé*** mit *aller* oder *devoir* + Infinitiv erhält eine besondere modale Funktion aus der Tatsache, dass in ihm die futurische Perspektive von einer Vergangenheit her geöffnet und dadurch ein **stilistischer Effekt** erzielt wird. Der Satz:

*Le lendemain du scrutin, le chef du F.N. **allait (devait) avoir** une rencontre importante avec les responsables des autres partis de droite*

ist von einem vorausgehenden *passé composé* abhängig (= *Lors des élections régionales, le Front National **a remporté** une victoire décisive*). Es handelt sich um eine abgeschlossene Handlung (= Der Sieg wurde errungen). Der Leser wird jetzt in die Vergangenheit versetzt, von der aus das zukünftige Geschehen durch die Imperfektform von *aller* oder *devoir* + Infinitiv gleichsam nacherlebt werden kann. Dementsprechend lautet die deutsche Übersetzung:

→ Am Tag nach der Abstimmung **sollte** der Führer der Nationalen Front ein wichtiges Treffen mit den Verantwortlichen der anderen Rechtsparteien **haben**.

150 Das futurische *conditionnel*: morphologische Voraussetzungen

Da das Französische keine besondere Verbform zum Ausdruck einer von der Vergangenheit aus gesehenen Zukunft kennt, werden die Formen des Konditionals (= Bedingungsform) auch in **temporaler** Funktion benutzt. Insofern ist in einem Satz wie:

*Emma se demanda si la misère **durerait** toujours...*

die Form *durerait* eine Zeit des Indikativs. Dass das *conditionnel* als *futur du passé / futur antérieur du passé* benutzt wird, ergibt sich aus dem Umstand, dass die Formen des *conditionnel présent* aus der Kombination der Imperfekt-Endungen (*-**ais**; -**ait**; -**ions**; -**iez**, -**aient***) und des Futurmorphems / r / *(il aime-**r**-ait, il fini-**r**-ait)* gebildet werden. Diese Kombination entspricht den Funktionen des Konditionals **als Tempus**: Es bezeichnet zukünftiges Geschehen in Abhängigkeit von einer Vergangenheit.

Die Tempora: Repetitorium

Der Gebrauch der Tempora in Beispielsätzen   151

Présent	*Demain matin, nous **partons** en vacances.* (Präsens an Stelle von Futur in Alltagskommunikation)
	*Il **est** malade. Cela ne m'**étonne** pas, car il **boit** une bouteille de whisky par jour.* (Präsens zur Bezeichnung von gegenwärtigen Zuständen, Gefühlslagen und Gewohnheiten)
Passé simple	*Il se **leva** tôt ce jour-là. Après le petit déjeuner, il se **mit** à écrire un chapitre de son livre. L'après-midi, il **fit** une promenade dans le parc pour se détendre.* (Aufeinanderfolge von abgeschlossenen Handlungen → ,und dann und dann und dann')
	*Ils **avaient** toujours faim à Paris. A la fin de leur séjour, ils **eurent** même envie de dîner dans un des meilleurs restaurants du Quartier Latin.* (Aspektdifferenzierung bei bestimmten Verben: *ils avaient – ils eurent*)
Passé composé	*Cette région de la France **a produit** de tout temps des vins de grande renommée.* (*Passé composé* wegen Gegenwartsbezug: Die Region produzierte und produziert auch jetzt noch Spitzenweine.)
Imparfait	*Autrefois il **venait** me voir.* (unbegrenzte Wiederholung = Gewohnheit)
	*Il arriva à l'église, qui **se trouvait** au centre de la ville.* (Erläuterung zur Vordergrundshandlung)
	*Je **voulais** vous demander de m'accompagner. (imparfait de politesse)*
Plus-que-parfait	*Le président ne savait plus ce qu'il **avait dit** la veille.* (Vorvergangenheit)
Passé antérieur	*Lorsqu'ils **eurent terminé** leur réunion, les délégués **rentrèrent** à l'hôtel.* (*passé antérieur* im temporalen Nebensatz, *passé simple* im Hauptsatz)
Futur simple / futur antérieur	*Les chefs des gouvernements européens **se rencontreront** au mois de mai à Dublin.* (einfache Zukunft)
	*Les chefs des gouvernements européens **se rencontreront** aussitôt que la préparation du traité **sera terminée**.* (einfache Zukunft in Verbindung mit vollendeter Zukunft)
Conditionnel présent / conditionnel passé	*Il a dit qu'il **viendrait** me voir aussitôt que possible. (futur du passé)*
	*Il a dit qu'il **viendrait** me voir aussitôt qu'il **aurait obtenu** son nouveau poste. (futur du passé* in Verbindung mit vollendeter Zukunft, von der Vergangenheit aus gesehen)

152 **Schwierigkeiten und Fehlerquellen**

1. Die Bildung des ***passé simple*** und des **Partizips** setzt die Kenntnis der unregelmäßigen Verben voraus. Man beachte hier vor allem folgende Verbformen:

Verb	*passé simple*	*passé antérieur*	*passé composé*
acquérir	*il acquit*	*il eut acquis*	*il a acquis*
s'asseoir	*il s'assit*	*il se fut assis*	*il s'est assis*
atteindre	*il atteignit*	*il eut atteint*	*il a atteint*
conduire	*il conduisit*	*il eut conduit*	*il a conduit*
convaincre	*il convainquit*	*il eut convaincu*	*il a convaincu*
courir	*il courut*	*il eut couru*	*il a couru*
craindre	*il craignit*	*il eut craint*	*il a craint*
cueillir	*il cueillit*	*il eut cueilli*	*il a cueilli*
dissoudre	*il dissolut*	*il eut dissous*	*il a dissous (fem:dissoute)*
haïr	*il haït*	*il eut haï*	*il a haï*
mourir	*il mourut*	*il fut mort*	*il est mort*
naître	*il naquit*	*il fut né*	*il est né*
tenir	*il tint*	*il eut tenu*	*il a tenu*
venir	*il vint*	*il fut venu*	*il est venu*
vivre	*il vécut*	*il eut vécu*	*il a vécu*
vouloir	*il voulut*	*il eut voulu*	*il a voulu*

2. Ein deutsches Präsens mit Bezug zur Zukunft wird im geschriebenen Französisch in der Regel mit dem ***futur simple*** wiedergegeben:

   *Nous espérons que vous **viendrez** nous voir cet été.*
   Wir hoffen, dass Sie uns diesen Sommer **besuchen**.

3. Im Deutschen wird das ***futur antérieur*** (die vollendete Zukunft) in der Verbform in der Regel nicht ausgedrückt. Im Französischen müssen die Zeitbezüge in der Zukunft präzise beachtet werden:

   Deutsch: Sobald ich **fertig bin, komme ich**.
   Französisch: *Dès que j'**aurai terminé**, je **viendrai**.*

4. In Einzelsätzen ist zu unterscheiden, ob die verwendeten Verben eine oder meh-
   rere (parallel gesetzte bzw. aufeinanderfolgende) **abgeschlossene** Handlungen
   einschließlich begrenzter Wiederholungen ausdrücken oder ob es sich um **nicht
   abgeschlossene** Handlungen einschließlich unbegrenzter Wiederholungen han-
   delt:

   Ich war schon in Paris.   →   *J'ai déjà **été** à Paris.* (**Nicht** **J'étais déjà à Paris.*)
   Ich war schon dreimal in Paris. →   *J'ai déjà **été** trois fois à Paris.*

   Aber: *Quand il était jeune, ses parents **passaient** tous leurs week-ends à Paris.* (Gewohn-
   heit, unbegrenzte Wiederholung)

5. In einem Brief sollte man das *passé simple* weitgehend vermeiden, weil in der Ich-
   oder Wir-Form immer ein enger Bezug zum Zeitpunkt und zur Situation des
   Schreibaktes und des Schreibers (Gegenwartsbezug) hergestellt wird. Also: ***pas-
   sé composé* verwenden**!

6. Das *futur du passé* und das *futur proche du passé* werden häufig unterschiedslos
   verwendet.

   *Il ne savait pas quand il **reviendrait***   = *futur du passé.*
   *Il ne savait pas quand il **allait revenir*** = *futur proche du passé.*
   Er wusste nicht, wann er zurückkommen würde.

Kapitel 4.4

Das *gérondif*

Kapitelübersicht:

Das *gérondif*: Grundstufe

153 **Form und Gebrauch des *gérondif***

Das *gérondif* hat die gleiche Form wie das Partizip Präsens (vgl. Kapitel 4.5), wird aber zusätzlich von der Präposition **en** begleitet. Es ist **unveränderlich**. Wie das Partizip Präsens dient das *gérondif* zur Verkürzung von Nebensätzen. Es drückt eine Handlung aus, die zur Handlung des Hauptsatzes in **temporaler**, **konditionaler**, **konzessiver** oder **modaler** Beziehung steht.

R 153.1

Das *gérondif* und der Hauptsatz haben in der Regel **das gleiche Subjekt**. Das *gérondif* kann als Verbform **verneint** und von **Adverbien** oder **Objektergänzungen** begleitet werden.

Beispiele:

*En cherchant **bien**, vous trouverez.*
Wenn ihr nur richtig sucht, werdet ihr schon fündig.

*Tu t'es certainement nui en **n'écoutant pas les conseils** de ton père.*
Du hast dir sicherlich dadurch geschadet, dass du nicht auf die Ratschläge deines Vaters gehört hast.

R 153.2

Wegen des eindeutigen Subjektbezuges ist die Stellung der *Gérondif*-Konstruktion weitgehend beliebig.

Beispiele:

En sortant de chez moi, je l'ai aperçu.	(→ Anfangsstellung)
Je l'ai aperçu en sortant de chez moi.	(→ Endstellung)
Mon père, en sortant de chez lui, l'a tout de suite aperçu.	(→ Mittelstellung)

Das *gérondif* drückt aus:

En sortant de chez moi, j'ai aperçu mon voisin qui courait pour attraper l'autobus. Als ich aus meiner Wohnung kam, bemerkte ich, wie mein Nachbar rannte, um noch den Bus zu erreichen.	1. die **Gleichzeitigkeit** zweier Handlungen („während"; „als") → **temporale** Beziehung
*Le professeur lui posa plusieurs questions **tout en continuant** à écrire au tableau.* Der Lehrer stellte ihm mehrere Fragen und schrieb dabei an der Tafel weiter.	Die Gleichzeitigkeit der Handlungen kann durch ein unveränderliches **tout** besonders hervorgehoben werden.

En passant par Francfort, vous pourriez me rendre visite.
Wenn Sie über Frankfurt fahren, könnten Sie mich besuchen.

Tout en souriant, il lui fit comprendre qu'il le détestait.
Er lächelte und gab ihm zugleich doch zu verstehen, dass er ihn nicht ausstehen konnte.

*Il lui promit une somme d'argent considérable, **tout en sachant** qu'il ne l'avait pas.*
Er versprach ihm eine beträchtliche Geldsumme, obwohl er wusste, dass er sie nicht hatte.

*C'est **en forgeant** qu'on devient forgeron.*
Indem man schmiedet, wird man Schmied. / Übung macht den Meister.

*Elle gagne sa vie **en donnant** régulièrement des cours particuliers.*
Sie verdient ihren Unterhalt durch regelmäßige Nachhilfestunden.

2. die **Bedingung** oder **Annahme** („wenn"; „falls")

→ **konditionale** Beziehung

3. die **Gegensätzlichkeit** zweier Handlungen oder eine **Einräumung**. Das *gérondif* wird in dieser Verwendung in der Regel durch ein *tout* verstärkt.

→ **konzessive** Beziehung

4. die **Modalität**, d.h. die **Art** und **Weise** wie, oder das **Mittel**, mithilfe dessen sich eine Handlung vollzieht („dadurch, dass"; „indem"; „durch").

→ **modale** Beziehung

Das *gérondif*: Aufbaustufe

154 Besonderer Gebrauch des *gérondif*

1. In bestimmten Fällen wird gegen die Regel, gemäß der das *gérondif* und das Verb des Hauptsatzes das gleiche Subjekt haben, verstoßen. Dies insbesondere bei temporalem Bezug, wenn Missverständnisse ausgeschlossen sind:

   En entrant dans l'église, le regard se porte tout de suite sur les superbes vitraux.
   (= Lorsqu'on entre dans l'église...)

   La caisse se trouve à gauche en sortant.
   (= Lorsque vous sortez...)

   Dieser Gebrauch ist jedoch selten und bei bestimmten Verben wie *entrer / rentrer* und *sortir* zu beobachten.

2. Es gibt eine Reihe von festen Wendungen, die ebenfalls gegen die Regel der Gleichheit des Subjekts verstoßen:

L'appétit vient en mangeant.	Der Appetit kommt beim Essen.
Soit dit en passant, elle a divorcé.	Nebenbei gesagt, sie hat sich scheiden lassen.
La fortune vient en dormant.	Der Reichtum kommt im Schlaf.

155 Wiederholung der Präposition *en*

Bei der Reihung mehrerer *Gérondif*-Formen muss in der Regel die Präposition *en* wiederholt werden:

- *En entrant et en sortant, vous fermerez la porte, s'il vous plaît.*

Besteht eine enge inhaltliche Beziehung zwischen zwei aufeinanderfolgenden *Gérondif*-Formen, kann die Wiederholung der Präposition *en* entfallen. Joseph Hanse (*Nouveau dictionnaire des difficultés du français moderne*, 3. Aufl. 1994, S. 431) betrachtet die Nicht-Wiederholung der Präposition *en* bei zwei inhaltsähnlichen *Gérondif*-Formen als ein Gebot des guten Stiles:

- *En expliquant et développant son idée, il finit par convaincre son auditoire.*

Aller + *gérondif*   156

In Verbindung mit *aller* gibt es eine besondere Verwendung des *gérondif* bei den Verben, die eine **Progression** ausdrücken (z.B. *augmenter, croître, diminuer, s'intensifier*):

Le nombre des étudiants inscrits en lettres **va (en) croissant**.	Die Zahl der in der Philosophischen Fakultät eingeschriebenen Studenten wächst stetig.
Le prix des carburants **va (en) augmentant**.	Der Benzinpreis steigt immer weiter.

Anmerkung:

Im gehobenen, literarischen Französisch kann die Präposition *en* wegfallen.

Überschneidungen (Interferenzen) zwischen *gérondif* und Partizip Präsens   157

R 157

Das *gérondif* wird zur Verkürzung von temporalen, konditionalen und konzessiven Nebensätzen in ähnlicher Weise verwendet wie das **verbundene** Partizip Präsens (vgl. **162**).

Man kann in folgenden Beispielsätzen also entweder das *gérondif* oder das Partizip Präsens benutzen:

temporal:

Un jour, (en) passant devant l'hôtel de ville, j'ai rencontré mon ancien professeur de français.	Eines Tages, als ich am Rathaus vorbeiging, traf ich meinen ehemaligen Französischlehrer.

konditional:

(En) s'appliquant un peu plus, il aurait sans doute de meilleures notes.	Wenn er sich ein wenig mehr anstrengen würde, hätte er ohne Zweifel bessere Noten.

konzessiv:

(Tout en) ne respectant pas le code de la route, il n'a (pourtant) jamais de P.V. (procès-verbal).	Obwohl er die Verkehrsregeln nicht einhält, bekommt er nie ein Protokoll.

Zur Verkürzung von **modalen** Nebensätzen, in denen **das Mittel**, welches zum Handlungserfolg führt, dargelegt wird, benutzt man in der Regel **eher das *gérondif***. Dies gilt insbesondere bei fehlender Ergänzung im Modalsatz:

En courant *à toute vitesse, il est arrivé à temps.*
Dadurch, dass er ganz schnell rannte, kam er noch rechtzeitig an.

*Il est parti **en courant**.*
Er rannte weg.

*Nous apprenons le français **en écoutant** France Inter.*
Wir lernen Französisch, **indem** wir France Inter hören.

In Bezug auf die **kausale** Beziehung muss wie folgt unterschieden werden:

N'ayant pas *la qualification nécessaire, je dois renoncer à solliciter cet emploi.* Da ich nicht die notwendige Qualifikation habe, muss ich darauf verzichten, mich auf diese Stelle zu bewerben.	Ursache / Grund im Kausalsatz + Wirkung / Folge im Hauptsatz → **nur Partizip Präsens möglich**
(En) ne travaillant pas *plus de vingt heures par semaine, il s'adonne régulièrement à ses loisirs.* Da / Dadurch, dass er nicht mehr als zwanzig Stunden pro Woche arbeitet, widmet er sich regelmäßig seinen Hobbys.	Ursache / Grund im Kausalsatz + reale Tatsache im Hauptsatz → ***gérondif* oder Partizip Präsens möglich**

Sonderfälle:

1. Nach einer **Hervorhebung** steht nur das *gérondif*:

   *C'est **en s'appliquant** un peu plus qu'il aurait de meilleures notes.*

2. Das Partizip Präsens ist als **Antwort auf eine Frage** nicht möglich, nur das *gérondif*:

   *Quand as-tu rencontré ton professeur de français? – **En passant** devant l'hôtel de ville.*
   *Par quel moyen aurait-il de meilleures notes? – **En s'appliquant** un peu plus.*

3. Bei **Vorzeitigkeit** ist das *gérondif* nicht möglich, nur das Partizip Präsens:

   ***Ayant convaincu** mon père de la nécessité de mon voyage, je suis parti tout de suite.*
   Nachdem ich meinen Vater von der Notwendigkeit meiner Reise überzeugt hatte, bin ich sofort abgereist.

   ***N'ayant** pas **respecté** la limitation de vitesse, il a eu un P.V.*
   Da er die Geschwindigkeitsbegrenzung nicht eingehalten hatte, bekam er ein Protokoll.

4. Das *gérondif* kann **nicht**, wie das Partizip Präsens, einen Relativsatz ersetzen. Also nur: *Les passagers **arrivant** de Moscou sont priés de se présenter à la douane (= **qui arrivent** de Moscou...).*

Sprachhistorische Voraussetzungen   158

Die französische Bezeichnung *gérondif*, die von dem lateinischen **Gerundivum** abgeleitet ist und mit dessen Funktion im Lateinischen eigentlich nichts zu tun hat, ist irreführend. Das Gerundivum ist im Lateinischen ein Verbaladjektiv (*liber legendus* = „das zu lesende Buch"). Demgegenüber entspricht die Funktion des *gérondif* im Französischen der Funktion des **Gerundiums** im Lateinischen. Ein lateinisches *fabricando fit faber* benutzt den Ablativ des Gerundiums zum Ausdruck der Modalität der Handlung; die französische Entsprechung wäre etwa: *C'est en forgeant qu'on devient forgeron*. Vom Ablativ des lateinischen Gerundiums ist also das französische *gérondif* abgeleitet. Die

Endung *-ando (fabricando)* wird in sprachhistorischer Entwicklung zu *-ant (forgeant)*. Da das Partizip Präsens (lat. *amantem > aimant*) im Laufe der Sprachentwicklung die gleiche Form wie das *gérondif* angenommen hat, wurde letzteres im älteren Französisch durch zusätzliche Präpositionen wie *par, sans* und *en* vom Partizip Präsens unterschieden. Die Präposition *en* zur Kennzeichnung des *gérondif* hat im modernen Französisch als einzige Präposition überlebt. Es gibt allerdings im Gegenwartsfranzösischen noch *Gérondif*-Formen, die den nicht-präpositionalen Sprachstand, der bis zum 17. Jahrhundert reichte, beibehalten haben:

chemin faisant	=	unterwegs
généralement / concrètement parlant	=	allgemein / konkret gesagt
ce faisant	=	dadurch
partant du principe que...	=	ausgehend von dem Prinzip, dass...

Das *gérondif*: Repetitorium

159 Grundregeln für den Gebrauch

1. Das *gérondif* als adverbiale Ergänzung zum Verb ist **unveränderlich** und hat in der Regel das **gleiche Subjekt** wie das konjugierte Verb des Hauptsatzes.

2. Das *gérondif* wird verwendet zur Verkürzung von Nebensätzen zum Ausdruck der Gleichzeitigkeit („während", „als"), der Annahme / Bedingung („wenn", „falls"), der Einräumung („obwohl", „obgleich"; meist mit verstärkendem *tout*) und der Art und Weise einer Handlung („indem"; „dadurch, dass...").

3. Das *gérondif* wird zur Verkürzung von temporalen, konditionalen und konzessiven Nebensätzen in gleicher Weise verwendet wie das **verbundene** Partizip Präsens. Das *gérondif* kann jedoch nicht, wie das Partizip Präsens, einen Relativsatz ersetzen. Darüber hinaus kann es keine Vorzeitigkeit ausdrücken; bei Vorzeitigkeit kann nur das Partizip Präsens stehen: *Ayant travaillé tout le week-end, j'ai pris une semaine de congé*. Das *gérondif* und das verbundene Partizip Präsens haben beide in der Regel den obligatorischen Subjektbezug. In Bezug auf den Modalsatz gilt Folgendes: Zur Verkürzung eines modalen Nebensatzes benutzt man nur das *gérondif*. Bei fehlender Satzergänzung kann ebenfalls nur das *gérondif*, nicht das Partizip Präsens stehen. Also:

   *Nous apprenons le français **en regardant** la télévision française.*
   → Verkürzung eines modalen Nebensatzes: nur *gérondif* möglich

   *Il est parti **en courant**.* → ohne Ergänzung nur *gérondif* möglich

160 Schwierigkeiten und Fehlerquellen

1. Zu beachten ist die Wortstellung bei der Verneinung des *gérondif*:
   ***En n'allant pas** le voir, tu lui montres que tu es vraiment fâché.*
   Die Verneinung rahmt das *gérondif* ein. (**En ne pas allant le voir...* ist nicht korrekt.)

2. Zu beachten sind in folgenden Sätzen die unterschiedlichen Bezüge:

Subjektbezug = *gérondif*	***En courant** à toutes jambes, **j'ai pu** échapper au malfaiteur.* Dadurch, dass **ich** ganz schnell gelaufen bin, konnte **ich** dem Verbrecher entkommen.
Bezug auf direktes Objekt = **Partizip Präsens**	*J'ai vu **le malfaiteur courant** en direction de la gare.* **Ich** habe gesehen, wie **der Verbrecher** in Richtung Bahnhof lief.

Kapitel 4.5

Das Partizip Präsens *(le participe présent)*

Kapitelübersicht:

Das Partizip Präsens: Grundstufe

161 **Die Form und Funktion des Partizips Präsens**

1. Das Partizip Präsens wird gebildet durch Ableitung von der ersten Person Plural Präsens Indikativ des Verbs:

nous aim**ons**	→ *aimant*	nous mang**eons**	→ *mangeant*
nous finis**sons**	→ *finissant*	nous vain**quons**	→ *vainquant*

Beachte die **unregelmäßige** Bildung des Partizips Präsens bei folgenden Verben:

avoir	→ **ayant**	*être*	→ **étant**	*savoir*	→ **sachant**

2. Das Partizip Präsens ist eine infinite Verbform, die eine Handlung / Tätigkeit oder eine spezifische Befindlichkeit / Absicht ausdrückt:

*Toute personne **fréquentant régulièrement** notre établissement peut s'inscrire à l'examen final.*	Jeder, der unsere Einrichtung regelmäßig besucht, kann sich zum Abschlussexamen anmelden.
*Les enfants **aimant les bonbons** ont souvent des problèmes dentaires.*	Kinder, die gerne Bonbons essen, haben oft Zahnprobleme.
*Ils attendaient, **s'interrogeant** s'ils devaient le faire.*	Sie warteten und fragten sich, ob sie es tun sollten.
*Le voleur, **ne voulant pas** se rendre, tira sur les agents de police.*	Der Dieb wollte sich nicht ergeben und schoss auf die Polizeibeamten.

R 161

Das Partizip Präsens:

- ist **unveränderlich**,
- hat eine Verbergänzung, häufig in Form eines Objekts (meist eines **direkten Objekts** oder des Reflexivpronomens *se*) oder in Form eines **Adverbs**,
- kann von den **Verneinungspartikeln** *ne... pas, ne... rien, ne... personne,* usw. eingerahmt werden, also durch eine Satznegation verneint werden.

Anmerkung:

Im Gegensatz zum Deutschen steht das Partizip Präsens im Französischen **fast nie ohne Verbergänzung**. Der Satz „Wir bemerkten einen schlafenden Mann" (= vorübergehende Tätigkeit) kann also nur wie folgt wiedergegeben werden:

*Nous avons aperçu un homme **endormi**. / Nous avons aperçu un homme **qui dormait**.*

(Also **nicht**: **Nous avons aperçu un homme dormant.*)

Aber: *C'est un homme **dormant régulièrement** pendant la journée.*
    → Ergänzung durch ein Adverb

Der Gebrauch des Partizips Präsens   162

Das Partizip Präsens dient im Französischen zur Verkürzung und als Variante von Nebensätzen (Relativ- und Adverbialsätze). Das Partizip Präsens an Stelle von Relativ- und Adverbialsätzen wird vorwiegend im geschriebenen Französisch gebraucht, ist jedoch in der gesprochenen Sprache nicht ungewöhnlich. Partizipialkonstruktionen mit Partizip Präsens an Stelle von Nebensätzen sollten allerdings maßvoll verwendet werden.

1. **Das Partizip Präsens an Stelle eines einschränkenden oder erläuternden Relativsatzes mit** *qui* **(also nicht mit** *dont, à qui,* **usw.):**

Les personnes **désirant** *participer à ce voyage sont priées de nous prévenir immédiatement.*	= *les personnes qui désirent participer...* (einschränkender Relativsatz)
Je vis un monsieur **se dirigeant** *vers la porte d'entrée.*	= *un monsieur qui se dirigeait vers la porte...* (einschränkender Relativsatz)
Un bon chasseur **sachant** *bien chasser doit savoir chasser sans son chien.*	= *un chasseur qui sait bien chasser...* (einschränkender Relativsatz)
Etudiant, **parlant** *couramment l'allemand et l'espagnol, cherche un emploi comme interprète.*	= *un étudiant, qui parle couramment l'allemand...,* (erläuternder Relativsatz, deswegen Kommata)

Hinweis:

Zur Unterscheidung von einschränkendem und erläuterndem Relativsatz und der damit verbundenen Kommaregeln vgl. **330**.

R 162

Das Partizip Präsens an Stelle eines **Relativsatzes** steht unmittelbar nach dem Substantiv, auf das es sich bezieht.

Das Partizip Präsens an Stelle eines Relativsatzes ist in der Pressesprache oder in fachsprachlichen Texten sehr geläufig (insbesondere auch bei Definitionen).

2. **Das Partizip Präsens an Stelle eines temporalen Nebensatzes:**

Arrivant *à la gare de l'Est, il s'aperçut que le train avait une heure de retard.* (= *Lorsqu'il arriva à la gare de l'Est...*)	Als er am Ostbahnhof ankam, bemerkte er, dass der Zug eine Stunde Verspätung hatte.
Passant *devant ma fenêtre, Madame Duplan me salua gentiment.* (= *Quand Madame Duplan passa devant ma fenêtre...*)	Als Frau Duplan an meinem Fenster vorbeiging, grüßte sie mich freundlich.

3. Das Partizip Präsens an Stelle eines kausalen Nebensatzes:

Pensant qu'il était trop tard pour rentrer chez lui, il prit une chambre à l'hôtel. (= *Comme il pensait que...*)	Da er dachte, dass es zu spät sei, um nach Hause zu fahren, nahm er sich ein Hotelzimmer.

4. Das Partizip Präsens an Stelle eines Konditionalsatzes oder eines Konzessivsatzes (wenn die konzessive Relation aufgrund der Sinnkonstellation deutlich ausgeprägt ist):

S'appliquant un peu plus, il pourrait terminer son travail avant la fin de cette année. (= *S'il s'appliquait un peu plus...*)	Wenn er sich ein wenig mehr anstrengen würde, könnte er seine Arbeit bis Ende des Jahres abschließen.
*Il y a des gens qui, **ignorant** tout, veulent (pourtant) parler de tout.* (= *Il y a des gens qui, bien qu'ils ignorent tout,...*)	Es gibt Leute, die, obwohl sie nichts wissen, über alles sprechen wollen.

5. Das Partizip Präsens zur Verdeutlichung der Art und Weise einer Handlung oder der Begleitumstände, die zu einer Handlung führen:

Tenant un bouquet à la main, elle s'avança vers le chanteur. (= *Un bouquet à la main, elle s'avança vers le chanteur.*)	Mit einem Blumenstrauß in der Hand ging sie auf den Sänger zu.

6. Das Partizip Präsens zum Ausdruck einer Folge:

*En 2001 la récession a été particulièrement sensible, **contribuant ainsi** à l'aggravation du chômage.* (= *... au point de contribuer à l'aggravation du chômage.*)	Im Jahre 2001 war die Wirtschaftsflaute besonders spürbar und trug somit auch zur Verschärfung der Arbeitslosigkeit bei.

Beachte:

In den Fällen 2 bis 6 bezieht sich das Partizip Präsens immer **auf das Subjekt** des Hauptsatzes. Es handelt sich hier um den **verbundenen** Gebrauch des Partizips Präsens.

In einem Satz wie:

*M. Duplan a donné un chèque de 5000 euros à son fils, **ne voulant pas** que celui-ci prenne un crédit*

bezieht sich das Partizip Präsens auf das Subjekt „*M. Duplan*": **Herr Duplan** gab seinem Sohn einen Scheck über 5000 Euro, denn **er** wollte nicht, dass dieser einen Kredit aufnimmt.

Aufgrund des eindeutigen Subjektbezuges ergeben sich für das Partizip Präsens drei Stellungsvarianten:

1. ***Ne voulant pas** que son fils prenne un crédit, M. Duplan lui a donné un chèque de 5000 euros.*

2. *M. Duplan a donné un chèque de 5000 euros à son fils, **ne voulant pas** que celui-ci prenne un crédit.*

3. *M. Duplan, **ne voulant pas** que son fils prenne un crédit, lui a donné un chèque de 5000 euros.*

Das Verbaladjektiv *(l'adjectif verbal)*   163

Das Verbaladjektiv, das häufig formal mit dem Partizip Präsens identisch ist (siehe Abweichungen **164.2**), drückt im Unterschied zum Partizip Präsens einen (dauernden) Zustand, eine Gewohnheit oder eine Eigenschaft aus:

• *une histoire **étonnante** / une **étonnante** histoire*	Das **Verbaladjektiv** kann als Attribut oder als Prädikatsnomen verwendet werden. Es ist wie das Adjektiv veränderlich. Es kann von Adverbien begleitet werden, es ist steigerbar und wird, weil es kein Verb ist, durch die Partikel ***pas*** (also nicht durch *ne ... pas*) verneint.
• *Cette histoire **est étonnante**.*	
• *une réaction **très étonnante***	
• *Sa réaction est **plus étonnante** que celle de son père.*	
• *une réaction **pas étonnante***	

R 163

Das Verbaladjektiv kann **keine** Ergänzung in Form eines **direkten** oder **indirekten** **Objekts** zu sich nehmen.

Beachte:

Im Französischen ist die Anzahl der Verbaladjektive im Gegensatz zum Deutschen relativ begrenzt. Außerdem ergeben sich häufig Bedeutungsverschiebungen vom Partizip Präsens zum Verbaladjektiv (siehe dazu **164**).

Das Partizip Präsens: Aufbaustufe

164 ## Partizip Präsens versus Verbaladjektiv

Das Partizip Präsens und das Verbaladjektiv haben häufig eine unterschiedliche Bedeutung, und zwar:

1. Bei gleicher Schreibung:

Partizip Präsens	Verbaladjektiv
concluant (folgernd, schließend)	***concluant, e*** (schlüssig, beweiskräftig)
• ***Concluant*** *le contrat avec cette entreprise sérieuse, nous n'avons pas besoin de garanties.* ⇒ Da wir den Vertrag mit diesem seriösen Unternehmen abschließen, brauchen wir keine Sicherheiten.	• *des arguments* ***concluants*** ⇒ schlüssige Argumente • *une expérience* ***concluante*** ⇒ ein beweiskräftiger Versuch
courant (laufend, rennend)	***courant, e*** (gängig, geläufig, fließend)
• *un homme* ***courant*** *à toute allure...* ⇒ ein Mann, der sehr schnell rennt...	• *un mot très* ***courant*** ⇒ ein sehr geläufiges Wort • *de l'eau* ***courante*** ⇒ fließendes Wasser
encombrant (versperrend, verstopfend)	***encombrant, e*** (sperrig, lästig, aufdringlich)
• *des camions* ***encombrant*** *la rue...* ⇒ Lastwagen, die die Straße versperren	• *un colis très* ***encombrant*** ⇒ ein sehr sperriges Paket • *une personne* ***encombrante*** ⇒ eine aufdringliche / lästige Person
engageant (verpflichtend, einstellend)	***engageant, e*** (gewinnend, einnehmend)
• ***Engageant*** *ma parole, j'engageais mon honneur.* ⇒ Indem ich mein Wort gab, setzte ich meine Ehre aufs Spiel.	• *un sourire* ***engageant*** ⇒ ein gewinnendes Lächeln • *des manières* ***engageantes*** ⇒ ein einnehmendes Wesen / ein angenehmes Auftreten
exigeant (fordernd, erfordernd)	***exigeant, e*** (anspruchsvoll)
• *un travail* ***exigeant*** *beaucoup d'attention...* ⇒ eine Arbeit, die viel Aufmerksamkeit erfordert...	• *un chef* ***exigeant*** ⇒ ein anspruchsvoller Chef / ein Chef, der viel verlangt • *une profession* ***exigeante*** ⇒ ein Beruf, der hohe Anforderungen stellt
(dés)obéissant ([nicht] gehorchend)	***(dés)obéissant, e*** ([un-]gehorsam)
• *La fillette,* ***obéissant*** *à ses parents, alla se coucher.* ⇒ Die Tochter gehorchte ihren Eltern und ging ins Bett.	• *un enfant* ***obéissant*** ⇒ ein gehorsames Kind • *une fille* ***désobéissante*** ⇒ eine ungehorsame Tochter

Partizip Präsens	Verbaladjektiv

obligeant (verpflichtend)

- *La politesse nous **obligeant** à accepter cette invitation, nous ne partirons pas avant dimanche.*
- ⇒ Da die Höflichkeit gebietet, dass wir diese Einladung annehmen, reisen wir nicht vor Sonntag ab.

passant (durchfahrend, vorbeifahrend)

- ***Passant** à toute vitesse, la voiture n'a pas pu être identifiée.*
- ⇒ Da der Wagen mit hoher Geschwindigkeit vorbeifuhr, konnte er nicht identifiziert werden.

regardant (schauend, betrachtend)

- *Le conducteur, **regardant** en arrière, n'aperçut pas le piéton à temps.*
- ⇒ Der Fahrer, der gerade nach hinten schaute, bemerkte den Fußgänger nicht rechtzeitig.

riant (lachend)

- ***Riant** aux éclats, il ne put prononcer un seul mot.*
- ⇒ Lauthals lachend konnte er kein einziges Wort hervorbringen.

sortant (hinausgehend)

- *M. Duplan, ne **sortant** que rarement de chez lui, se sentait un peu seul.*
- ⇒ Da Herr Duplan nur selten aus dem Haus ging, fühlte er sich ein wenig einsam.

volant (fliegend)

- *L'avion **volant** à basse altitude percuta un pylône.*
- ⇒ Das in geringer Höhe fliegende Flugzeug stieß gegen einen (Sende-, Strom-)Mast.

voyant (sehend)

- ***Voyant** qu'il était trop tard pour rentrer, nous avons pris une chambre à l'hôtel.*
- ⇒ Als / Da wir sahen, dass es zur Heimkehr zu spät war, nahmen wir ein Hotelzimmer.

obligeant, e (verbindlich, gefällig, zuvorkommend)

- *Il s'est montré très **obligeant**.*
- ⇒ Er hat sich sehr zuvorkommend verhalten.
- *Cette employée est particulièrement **obligeante**.*
- ⇒ Diese Angestellte ist besonders zuvorkommend.

passant, e (belebt, vielbefahren)

- *une rue **passante***
- ⇒ eine belebte / vielbefahrene Straße

regardant, e (kleinlich, knauserig)

- *Maman est riche, mais **regardante**.*
- ⇒ Mutter ist reich, aber knauserig.

riant, e (strahlend, heiter, lieblich)

- *un visage **riant***
- ⇒ ein strahlendes Gesicht
- *des paysages **riants***
- ⇒ heitere / liebliche Landschaften

sortant, e (scheidend, bisherig)

- *les ministres **sortants***
- ⇒ die scheidenden Minister
- *le député **sortant***
- ⇒ der bisherige Abgeordnete

volant, e (fliegend)

- *la soucoupe **volante***
- ⇒ die fliegende Untertasse
- *la douane **volante***
- ⇒ die Zollstreife

voyant, e (schreiend, grell, auffällig)

- *des couleurs **voyantes***
- ⇒ grelle Farben
- *une robe **voyante***
- ⇒ ein auffälliges Kleid

2. Bei verschiedener Schreibung:

Partizip Präsens	Verbaladjektiv
-quant : / *-guant :*	*-cant :* / *-gant :*

Partizip Präsens — Spalte

convainquant (überzeugend)

- ***Convainquant*** *mon père des faiblesses de son raisonnement, j'ai pu imposer mon point de vue.*
- ⇒ Ich überzeugte meinen Vater von den Schwächen seiner Argumentation und konnte so meine Meinung durchsetzen.

  Als Partizip Präsens wenig gebräuchlich, meist in der Form: ***ayant convaincu*** verwendet.

- ***Ayant convaincu*** *mon père de la nécessité de ce voyage, je suis parti dès aujourd'hui.*
- ⇒ Ich habe meinen Vater von der Notwendigkeit dieser Reise überzeugt und bin gleich heute losgefahren.

fatiguant (ermüdend)

- *des écrans* ***fatiguant*** *les yeux...*
- ⇒ Bildschirme, die die Augen ermüden...

intriguant (intrigierend, Ränke schmiedend)

- *un collègue* ***intriguant*** *pour obtenir une place convoitée...*
- ⇒ ein Kollege, der intrigiert, um einen begehrten Posten zu erhalten...

provoquant (provozierend, hervorrufend)

- ***Provoquant*** *continuellement son chef, il a été muté en province.*
- ⇒ Da er seinen Chef ständig provozierte, wurde er in die Provinz versetzt.

- *La démission du ministre,* ***provoquant*** *un bouleversement politique, fut généralement déplorée.*
- ⇒ Der Rücktritt des Ministers, der einen politischen Umsturz hervorrief / nach sich zog, wurde allgemein sehr bedauert.

suffoquant (erstickend)

- ***Suffoquant*** *de larmes, elle raconta sa mésaventure.*
- ⇒ Tränenerstickt erzählte sie von ihrem Missgeschick.

Verbaladjektiv — Spalte

convaincant, e (überzeugend, schlagend)

- *une argumentation* ***convaincante***
- ⇒ eine überzeugende Argumentation

- *Mon père a apporté des preuves* ***convaincantes***.
- ⇒ Mein Vater hat schlagende Beweise vorgebracht.

fatigant, e (beschwerlich, anstrengend)

- *une journée* ***fatigante***
- ⇒ ein anstrengender Tag

intrigant, e (intrigant, ränkesüchtig)

- *une collègue* ***intrigante***
- ⇒ eine intrigante Kollegin

provocant, e (aufreizend, provozierend)

- *une attitude* ***provocante***
- ⇒ eine provozierende Haltung

- *un décolleté* ***provocant***
- ⇒ ein aufreizendes Dekolleté

suffocant, e (stickig, drückend)

- *une chaleur* ***suffocante***
- ⇒ eine drückende Hitze

Partizip Präsens	**Verbaladjektiv**
-ant :	*-ent* :

adhérant (beitretend, anschließend, sich zu eigen machend)	***adhérent, e*** (haftend, anhaftend)
• *la jeunesse **adhérant** au nouveau mouvement politique...* ⇒ die Jugend, die sich der neuen politischen Bewegung anschließt... • *la jeunesse **adhérant** à l'opinion générale sur l'environnement...* ⇒ die Jugend, die sich die allgemeine Meinung über die Umwelt zu eigen macht...	• *des pneus **adhérents*** ⇒ griffige Reifen • *une matière **adhérente*** ⇒ ein haftender Stoff
différant (sich unterscheidend)	***différent, e*** (verschieden, unterschiedlich)
• *deux styles **différant** profondément...* ⇒ zwei Stile, die sich grundsätzlich unterscheiden...	• *deux styles **différents*** ⇒ zwei unterschiedliche Stile
divergeant (sich unterscheidend, voneinander abweichend)	***divergent, e*** (gegensätzlich, abweichend)
• *la pensée des deux philosophes **divergeant** profondément sur ce point...* ⇒ Da sich das Denken der beiden Philosophen in diesem Punkt zutiefst voneinander unterscheidet...	• *des interprétations **divergentes*** ⇒ gegensätzliche Interpretationen
excellant (sich auszeichnend)	***excellent, e*** (ausgezeichnet, hervorragend)
• *un élève **excellant** régulièrement dans toutes les matières...* ⇒ ein Schüler, der sich regelmäßig in allen Fächern auszeichnet...	• *un **excellent** pianiste /* *un pianiste **excellent*** ⇒ ein hervorragender Pianist
influant (beeinflussend)	***influent, e*** (einflussreich)
• *la crise économique **influant** considérablement sur la situation politique...* ⇒ die wirtschaftliche Krise, die einen beträchtlichen Einfluss auf die politische Situation ausübt...	• *des personnalités très **influentes*** ⇒ sehr einflussreiche Persönlichkeiten
négligeant (vernachlässigend)	***négligent, e*** (nachlässig)
• *une mère **négligeant** son enfant...* ⇒ eine Mutter, die ihr Kind vernachlässigt...	• *une élève **négligente*** ⇒ eine nachlässige Schülerin
précédant (vorher- / vorangehend)	***précédent, e*** (vorig)
• *son frère le **précédant** dans la voie des honneurs...* ⇒ sein Bruder, der ihm auf dem Weg der Ehren voranschreitet...	• *la semaine **précédente*** ⇒ vorige Woche

Partizip Präsens	**Verbaladjektiv**
-ant :	*-ent :*

violant (übertretend, verletzend, vergewaltigend)	***violent, e*** (gewalttätig, heftig, stark)
• ***Violant*** *continuellement les lois, cet homme présente un danger pour la société.* ⇒ Da dieser Mann ständig die Gesetze übertritt, stellt er eine Gefahr für die Gesellschaft dar.	• *un homme* ***violent*** ⇒ ein gewalttätiger Mann • *un vent* ***violent*** ⇒ ein heftiger / starker Wind

In folgenden Fällen weicht das Verbaladjektiv vom Partizip Präsens stark ab:

pouvant (könnend)	***puissant, e*** (mächtig)
• *Ne* ***pouvant*** *pas assister personnellement à la manifestation, le ministre a envoyé son secrétaire d'Etat.* ⇒ Da der Minister nicht persönlich an der Veranstaltung teilnehmen konnte, sandte er seinen Staatssekretär.	• *Le ministre des Affaires étrangères est un politicien* ***puissant.*** ⇒ Der Außenminister ist ein mächtiger Politiker.
sachant (wissend, könnend)	***savant, e*** (gelehrt, sachkundig)
• ***Sachant*** *qu'elle ne pouvait pas gagner le match, l'équipe adverse se borna à défendre son but.* ⇒ Da die gegnerische Mannschaft wusste, dass sie das Spiel nicht gewinnen konnte, beschränkte sie sich auf die Verteidigung ihres Tores.	• *un homme* ***savant*** ⇒ ein gelehrter Mann • *être* ***savant*** *en langues anciennes* ⇒ der älteren Sprachen kundig sein

165 Unterschiedliche Wiedergabe des deutschen Partizips Präsens im Französischen

Im Deutschen ist der adjektivische Gebrauch des Partizips Präsens hochfrequent, wohingegen im Französischen ein deutsches Partizip Präsens häufig in anderer Form wiedergegeben werden muss. Da im Französischen passende Verbaladjektive nur in **begrenzter** Zahl zur Verfügung stehen, muss man häufig auf alternative Konstruktionen und Formulierungen ausweichen. Das Partizip Präsens und das Verbaladjektiv werden im Französischen also letztlich zu einem Problem des Lexikons und der Idiomatik.

1. Wiedergabe des deutschen Partizips Präsens durch einen Relativsatz:

- ein lachendes Kind ⇒ *un enfant **qui rit***

  aber: *des paysages **riants***
  → liebliche Landschaften

- ein tanzendes Mädchen ⇒ *une fille **qui danse***

  aber: *une soirée **dansante***
  → ein Tanzabend

- ein vorbeifahrender Wagen ⇒ *une voiture **qui passe***

  aber: *une rue **passante***
  → eine belebte Straße /
  eine Durchfahrtsstraße

- ein brennendes Haus ⇒ *une maison **qui brûle** / **en flammes***

  aber: *un plat **brûlant***
  → ein heißes Gericht

  *une question **brûlante***
  → eine heikle Frage

- ein sinkendes Schiff ⇒ *un bateau **qui coule** / **qui sombre***

  aber: *un chef **coulant***
  → ein kulanter Chef

- ein abbiegendes Auto ⇒ *une voiture **qui tourne***

  aber: *un escalier **tournant***
  → eine Wendeltreppe

Beachte:
In den angeführten Beispielen wird bei eigentlichem Sinn ein Relativsatz, bei übertragenem Sinn das Verbaladjektiv gebraucht.

2. Wiedergabe des deutschen Partizips Präsens durch ein Verbaladjektiv:

- eine anstrengende Arbeit ⇒ *un travail **fatigant***
- eine beißende Ironie ⇒ *une ironie **mordante***
- postlagernd ⇒ *poste **restante***
- eine drückende Hitze ⇒ *une chaleur **accablante** / **suffocante***

3. Wiedergabe des deutschen Partizips Präsens durch einen präpositionalen Ausdruck (meist durch *en* + Substantiv):

- die geltenden Regeln ⇒ *les règles **en vigueur***
- parkende Autos ⇒ *des voitures **en stationnement***
- ein fahrender Zug ⇒ *un train **en marche***

• sinkende Temperaturen	⇒	*des températures **en baisse***
• steigende Preise	⇒	*des prix **en hausse*** *(la hausse des prix)*
• ein wütender Mann	⇒	*un homme **en colère***
• ein blühender Kirschbaum	⇒	*un cerisier **en fleur(s)***
• im blühenden Alter sterben	⇒	*mourir à / **dans la fleur de l'âge***

4. Wiedergabe des deutschen Partizips Präsens durch ein Partizip Perfekt:

• eine brennende Kerze	⇒	*une bougie **allumée***
• ein schlafendes Kind	⇒	*un enfant **endormi***
• die Vergleichende Literaturwissenschaft	⇒	*la littérature **comparée***
• die sitzenden Fahrgäste	⇒	*les voyageurs **assis***

5. Wiedergabe des deutschen Partizips Präsens durch ein Adjektiv oder ein Substantiv:

• das träumende / verträumte Mädchen	⇒	*la fille **rêveuse***
• die warnenden Worte	⇒	*les **avertissements***

166 Wiedergabe zusammengesetzter Wörter im Deutschen durch ein Verbaladjektiv im Französischen

• der Rollstuhl	⇒	*la chaise **roulante***
• die Kletterpflanze	⇒	*la plante **grimpante***
• das Girokonto	⇒	*le compte **courant***
• der Hausarzt / der behandelnde Arzt	⇒	*le médecin **traitant***
• die Rolltreppe	⇒	*l'escalier **roulant***
• das Glühwürmchen	⇒	*le ver **luisant***
• das Schiebedach	⇒	*le toit **ouvrant***
• die Schiebetür	⇒	*la porte **coulissante***
• der Tanzabend	⇒	*la soirée **dansante***

Die unverbundene / absolute Partizipialkonstruktion
(la proposition participiale absolue)

167

Das **unverbundene** / **absolute** Partizip Präsens wird, wie das verbundene Partizip Präsens, als verkürzende Variante zu einem Nebensatz gebraucht. Der unverbundene Gebrauch wird darin deutlich, dass das Partizip Präsens ein eigenes, dem Partizip vorausgehendes Subjekt hat, das im Übrigen **kein Personalpronomen** und kein *ce* sein kann. Dieser absolute Gebrauch ist vornehmlich der geschriebenen Sprache vorbehalten.

*Son état de santé **empirant,** on fit venir le médecin.*	**Da** sich sein Gesundheitszustand **verschlimmerte**, ließ man den Arzt kommen.
*Son état de santé **s'étant aggravé**, on fit venir le médecin.*	**Da** sich sein Gesundheitszustand **verschlechtert hatte**, ließ man den Arzt kommen.
*Le vent **aidant**, nous arriverons au port avant la tombée de la nuit.*	**Mit Hilfe des Windes** kommen wir vor Einbruch der Nacht im Hafen an.
*Le patronat n'**ayant manifesté** aucune volonté de négocier, le conflit s'est encore durci.*	**Da** die Arbeitgeber keinerlei Verhandlungsbereitschaft **gezeigt hatten**, verschärfte sich der Konflikt noch weiter.

Sonderfälle

168

1. **Das Partizip Präsens als prädikative Ergänzung eines direkten Objekts:**

Normalerweise wird das Partizip Präsens als Ergänzung auf das Subjekt bezogen:

*M. Duplan, **regardant** par la fenêtre, aperçut son voisin.*

Der Gebrauch des Partizips Präsens als Ergänzung zu einem direkten Objekt wird zuweilen als grammatisch unkorrekt angesehen. Joseph Hanse weist dies zurück (*Nouveau dictionnaire des difficultés du français moderne*, 3. Aufl. 1994, S. 655) und spricht hier lediglich von einem Stilproblem.

Der auf ein direktes Objekt bezogene Gebrauch des Partizips Präsens ist in der Regel auf **Wahrnehmungsverben** (*écouter, entendre, voir*) oder auf Verben, die eine **Entdeckung** oder ein **Aufeinandertreffen** ausdrücken (*découvrir, rencontrer, surprendre, trouver*) beschränkt.

*Nous avons **vu** le voleur **se dirigeant** en toute hâte vers le port.*   Wir haben den Einbrecher gesehen, wie er in aller Eile zum Hafen lief.
*Notre voisin a **entendu** un individu **forçant** la porte d'entrée.*   Unser Nachbar hörte, wie jemand die Eingangstür aufbrach.
*J'ai **surpris** mon chef **lisant** France-Dimanche.*   Ich habe meinen Chef bei der Lektüre von *France-Dimanche* überrascht.

Das Partizip Präsens als prädikative Ergänzung zu einem direkten Objekt wird in den aufgeführten Satzbeispielen häufig durch die präpositionale Wendung *en train de* + **Infinitiv** ersetzt:

*Nous avons vu le voleur **en train de se diriger** en toute hâte vers le port.*

*J'ai surpris mon chef **en train de lire** France-Dimanche.*

Bei den Verben der Wahrnehmung bietet sich zusätzlich der Gebrauch des **Infinitivs** oder eines **Relativsatzes** an:

*Notre voisin a entendu un individu **forcer** / **qui forçait** la porte d'entrée.*

2.   **Unterscheidung von Handlung und Zustand:**

Der Unterschied zwischen Handlung (ausgedrückt durch Partizip Präsens + Ergänzung) und Zustand (ausgedrückt durch ein Verbaladjektiv) ist nicht immer eindeutig zu bestimmen. In den folgenden Sätzen

1. *La fillette, **obéissant** à sa mère, alla se coucher;*
2. *La fillette **obéissante** alla se coucher*

ist in Satz 1 die punktuelle Handlung (= sie **gehorchte** ihrer Mutter), in Satz 2 die Eigenschaft (= sie ist ein **gehorsames** Mädchen) ausgedrückt.

Der Toleranzerlass vom 28. Dezember 1976, § 8, regelt Fälle mit Anschluss einer adverbialen Bestimmung oder eines indirekten Objekts, in denen die Unterscheidung Handlung / Zustand problematisch wird:

3. *J'ai recueilli cette chienne **errant** dans le quartier.*	Ich habe die Hündin, die im Viertel herumirrte, aufgegriffen.
4. *J'ai recueilli cette chienne **errante** (,) dans le quartier.*	Ich habe die streunende Hündin im Stadtviertel (die im Stadtviertel streunende Hündin) aufgegriffen.
5. *La fillette, **obéissant** à sa mère, alla se coucher.*	Das Mädchen gehorchte seiner Mutter und ging zu Bett.
6. **La fillette, **obéissante** à sa mère, alla se coucher.*	Das Mädchen, seiner Mutter gehorsam, ging zu Bett.

Sätze 3 und 4 entsprechen noch der grammatischen Norm (Satz 3 handlungsbetont; Satz 4 eigenschaftsbetont). In Satz 5 steht das Partizip Präsens regelmäßig zum Ausdruck einer Handlung. Satz 6 stellt insofern einen Verstoß gegen die grammatische Norm dar, als trotz des nachfolgenden indirekten Objekts nicht das Partizip Präsens, sondern das Verbaladjektiv steht. Der Toleranzerlass lässt Satz 6 allerdings in Bezug auf die Korrekturnorm zu: Es sollte kein Fehler angerechnet werden. Diese Formulierung (= Satz 6) ist jedoch auf jeden Fall zu meiden.

3.   **Die Auslassung von *étant* in Partizipialkonstruktionen:**

Das Partizip Präsens *étant* in Verbindung mit einem Partizip Perfekt wird häufig weggelassen (vgl. **173**).

*Son travail **terminé**, il prit le métro pour rentrer chez lui.*
Nach Beendigung seiner Arbeit fuhr er mit der U-Bahn nach Hause.

Vor einem Adjektiv, einem Substantiv **ohne** Artikel oder vor einer präpositionalen Wendung **kann** *étant* ebenfalls wegfallen, wenn das Subjekt der Partizipialkonstruktion mit dem des Hauptsatzes identisch ist:

[Etant] trop faible pour rester seul à la maison, il fut hospitalisé.
Da er zu schwach war, um alleine zu Hause zu bleiben, wurde er in ein Krankenhaus eingewiesen.

[Etant] spécialiste des maladies du cœur, il avait une importante clientèle.
Da er Spezialist für Herzkrankheiten war, hatte er einen großen Patientenkreis.

[Etant] au chômage depuis un an, il avait perdu tout espoir de trouver du travail.
Da er bereits seit einem Jahr arbeitslos war, hatte er jegliche Hoffnung, Arbeit zu finden, aufgegeben.

Das Partizip Präsens: Repetitorium

169 ## Grundregeln für den Gebrauch

Folgende Aspekte sind bei dem Gebrauch von Partizip Präsens und Verbaladjektiv im Französischen zu beachten:

1. Das **Partizip Präsens** ist eine Verbform. Es drückt eine Handlung / Tätigkeit aus. Es ist **unveränderlich**: → *C'est une femme voyageant régulièrement.*

2. Das **Verbaladjektiv** ist eine adjektivische Form des Partizips Präsens. Es drückt einen Zustand, eine Eigenschaft aus. Es ist **veränderlich**:→ *des narrations captivantes* (spannende Erzählungen); *des gestes provocants* (provozierende Gesten)

3. Ein deutsches Partizip Präsens, das eine Tätigkeit ausdrückt und nicht weiter ergänzt ist (z.B. durch ein direktes Objekt oder durch eine adverbiale Bestimmung = ein schlafendes Kind) wird im Französischen unterschiedlich wiedergegeben: z.B. durch einen **Relativsatz** (*«La Vache qui rit»*), durch eine **präpositionale Wendung** (vorwiegend mit *en* = *une maison en flammes*), durch ein **Partizip Perfekt** (*une bougie allumée*)

4. Das Partizip Präsens wird im Französischen zur Verkürzung von **Temporal-, Kausal-, Konzessiv-, Relativ-** oder **Modalsätzen** verwendet.

5. Es gibt im Französischen eine Reihe von **orthographischen** bzw. **semantischen** Abweichungen zwischen Partizip Präsens und Verbaladjektiv. Diese Abweichungen / Unterschiede gilt es besonders zu beachten und sich einzuprägen.

   *Ce voyage, les **fatiguant** beaucoup, fut abrégé.*   *– un voyage **fatigant***
   Da diese Reise sie sehr **ermüdete**, wurde sie abgekürzt.   *– eine **anstrengende** Reise

6. Das Partizip Präsens kann **verbunden** oder **unverbunden** gebraucht werden. Der verbundene Gebrauch ist durch Subjektsgleichheit gekennzeichnet; bei unverbundenem Gebrauch des Partizips Präsens geht diesem ein eigenes Subjekt voraus.

   Verbundener Gebrauch:
   ***Aggravant** sa situation par son comportement inacceptable, **M. Duplan** ne trouva plus de travail.*

   Unverbundener Gebrauch:
   ***La situation s'aggravant** à vue d'œil, nous avons quitté les lieux immédiatement.*

Schwierigkeiten und Fehlerquellen   170

1. Deutsches Partizip Präsens → uneinheitliche Wiedergabe im Französischen:

• eine **amüsante** Geschichte	⇒ *une histoire **amusante***
• „Die **lachende** Kuh"	⇒ *«La Vache **qui rit»***
• **lachende** / **strahlende** Augen	⇒ *des yeux **rieurs** / **riants***
• ein **schwebendes** Verfahren	⇒ *une affaire **pendante***
• ein **gutgehendes** Geschäft	⇒ *un commerce **florissant***
• eine **blühende** Wiese	⇒ *une prairie **fleurie** / **en fleur(s)***
• im **blühenden** Alter	⇒ ***à** / **dans la fleur** de l'âge*
• die **hungernde** Bevölkerung	⇒ *la population **affamée***
• die **konformistisch denkenden** / **spießigen** Leute	⇒ *les personnes **bien-pensantes***
• eine **flammende** Rede	⇒ *un discours **enflammé***
• ein **brennendes** Haus	⇒ *une maison **en flammes***
• ein **sehr heißes** Getränk	⇒ *une boisson **brûlante***
• eine **brennende** Frage	⇒ *une question **brûlante***
• die **warnenden** Worte	⇒ *les **avertissements***
• eine **pikante** Soße	⇒ *une sauce **piquante***
• **Sticheleien**	⇒ *des paroles **piquantes***
• ein **gut klebender** Kleber	⇒ *une colle **qui colle bien***
• ein **aufdringlicher** Typ	⇒ *un type **collant***
• ein **schreiendes** Unrecht	⇒ *une injustice **criante***
• **schreiende** Kinder	⇒ *des enfants **criards** / **qui crient***

Merke:
Einer **unbegrenzten** Anzahl von nicht ergänzten Partizipien Präsens und von Verbaladjektiven im Deutschen steht im Französischen nur eine **begrenzte** Zahl von Verbaladjektiven gegenüber, die zudem häufig nur eingeschränkt anwendbar sind. Es handelt sich hier also letztlich um ein Problem der Idiomatik.

2. Unterschiedliche Schreibung von Partizip Präsens und Verbaladjektiv:

Partizip Präsens	Verbaladjektiv
• *adhérant*	• *adhérent, e*
• *coïncidant*	• *coïncident, e*
• *convain**qu**ant*	• *convain**c**ant, e*
• *converg**e**ant*	• *converg**ent**, e*
• *différant*	• *différent, e*
• *excellant*	• *excellent, e*

- *fatiguant*
- *intriguant*
- *provoquant*
- *suffoquant*

- *fatigant, e*
- *intrigant, e*
- *provocant, e*
- *suffocant, e*

3. *Faux amis* („Falsche Freunde" = Scheinentsprechungen):

Beachte in diesem Zusammenhang deutsche Substantive mit der Endung *-ant* / *-ent* (Fremdwörter), die im Französischen eine andere Entsprechung haben oder sich in der Schreibung unterscheiden:

• der Abonnent	⇒ *l'abonné*
• der Assistent	⇒ *l'assistant*
• der Demonstrant	⇒ *le manifestant*
• der Denunziant	⇒ *le dénonciateur*
• der Dirigent	⇒ *le chef d'orchestre*
• das Experiment	⇒ *l'expérience*
• der Informant	⇒ *l'informateur*
• der Interessent	⇒ *la personne intéressée* / *l'intéressé*
• die Komponente	⇒ *la composante*
• der Konsument	⇒ *le consommateur*
• der Korrespondent	⇒ *le correspondant*
• der Pedant	⇒ *le tatillon* / *le maniaque*
• der Produzent	⇒ *le producteur*
• die Resistenz	⇒ *la résistance*
• das Transparent	⇒ *la banderole* (*le transparent* ist im Deutschen ‚die Klarsichtfolie')

Kapitel 4.6

Das Partizip Perfekt *(le participe passé)*

Kapitelübersicht:

Das Partizip Perfekt: Grundstufe

Das Partizip Perfekt kann in **verbundener** Form (Haupt- und Partizipialsatz haben das gleiche Subjekt) oder in **unverbundener** Form (Haupt- und Partizipialsatz haben verschiedene Subjekte) verwendet werden. Beide Typen der Partizipialkonstruktion werden vor allem in der geschriebenen Sprache benutzt.

Der Gebrauch des verbundenen Partizips Perfekt   171

Das Partizip Perfekt dient zur **Verkürzung von Nebensätzen** in **verbundenen** Partizipialkonstruktionen wie folgt:

1. Verkürzung eines **temporalen** Nebensatzes:

   Arrivés chez nos amis, nous nous sommes mis au travail.
   Als / Nachdem wir bei unseren Freunden angekommen waren, machten wir uns an die Arbeit.

   *Une fois / Aussitôt / Sitôt **arrivés** chez nos amis, nous nous sommes mis au travail.*
   Sobald wir bei unseren Freunden angekommen waren, machten wir uns an die Arbeit. /
   Gleich nach unserer Ankunft bei unseren Freunden machten wir uns an die Arbeit.
   (⇒ *une fois / aussitôt / sitôt* unterstreichen die temporale Bedeutung)

2. Verkürzung eines **kausalen** Nebensatzes:

   ***Partis** très tôt le matin, ils ont pu éviter les bouchons sur l'autoroute.*
   Da sie morgens sehr früh losgefahren sind, konnten sie die Staus auf der Autobahn vermeiden.

   ***Ayant oublié** le numéro de téléphone de mon ami, je n'ai pas pu lui parler de mon problème.*
   Da ich die Telefonnummer meines Freundes vergessen hatte, konnte ich mit ihm nicht über mein Problem sprechen.

3. Verkürzung eines **konditionalen** Nebensatzes:

   *Mieux **préparée**, elle obtiendrait sans doute son permis de conduire.*
   Wäre sie besser vorbereitet, würde sie ihre Führerscheinprüfung sicherlich bestehen.

   *Mieux **préparée**, elle aurait obtenu son permis de conduire.*
   Wenn sie besser vorbereitet gewesen wäre, hätte sie ihre Führerscheinprüfung bestanden.

   ***Partis** plus tôt, ils n'auraient pas manqué le train.*
   Wären sie früher aufgebrochen, hätten sie den Zug nicht verpasst.

4. Verkürzung eines **Relativsatzes** mit *qui* :

   *Les voitures **équipées** d'un pot catalytique polluent très peu.*
   Die Autos, die mit einem Katalysator ausgerüstet sind, sind umweltfreundlich.

   *Les étudiants **ayant participé** à l'oral sont dispensés de l'examen final.*
   Die Studenten, die an der mündlichen Prüfung teilgenommen haben, sind vom Abschlussexamen befreit.

R 171

Das Partizip Perfekt und der Hauptsatz haben in **verbundener** Partizipialkonstruktion das gleiche Subjekt. Das verbundene Partizip Perfekt der mit *être* konjugierten Verben richtet sich in Geschlecht und Zahl nach dem Subjekt des Hauptsatzes. **Das verbundene Partizip Perfekt der mit *avoir* konjugierten Verben bleibt unverändert und wird immer von *ayant* begleitet.** Dagegen fällt beim Partizip Perfekt der mit *être* konjugierten Verben die Form *étant* meist weg.
Vgl. dazu auch **173**.

Anmerkung: Das Partizip Perfekt mit *ayant* an Stelle eines konditionalen Nebensatzes wird grundsätzlich gemieden.

172 Die unverbundene / absolute Partizipialkonstruktion mit Partizip Perfekt

Die **unverbundene Partizipialkonstruktion** mit Partizip Perfekt ist ebenfalls eine Variante zu einem **Nebensatz**:

*Sa maladie **ayant empiré**, on fit venir le médecin.* (**kausal**)
Da sich seine Krankheit verschlimmert hatte, ließ man den Arzt kommen.

*La nuit **tombée**, nous nous sommes mis en route.* (**temporal**)
Nach Einbruch der Dunkelheit haben wir uns auf den Weg gemacht.

*La bande de voleurs (étant) **écrouée**, le calme est revenu dans notre quartier.* (**temporal / kausal**)
Seitdem / Da die Diebesbande hinter Schloss und Riegel ist, ist wieder Ruhe in unserem Viertel eingekehrt.

*Toutes les conditions favorables **réunies**, nous n'aurions pas de problèmes.* (**konditional**
→ **selten**)
Wenn alle günstigen Bedingungen zusammenkämen, hätten wir keine Probleme.

R 172

In der **unverbundenen** Partizipialkonstruktion mit Partizip Perfekt haben Partizipialsatz und Hauptsatz **verschiedene** Subjekte. Das Partizip steht in der Regel hinter seinem Bezugswort, das im Übrigen **kein Personalpronomen** und auch **kein *ce*** sein kann.

Anmerkung:

In Sätzen mit vorangestelltem Partizip Perfekt hat dieses eine **präpositionale** Funktion und bleibt unverändert (siehe auch **180**):

***Passé** ce délai* / ***Passé** cette période, aucun remboursement ne sera effectué.*
Nach Ablauf dieser Frist erfolgt keine Rückzahlung mehr *(passé = après)*.

Das Partizip Perfekt: Aufbaustufe

Die Auslassung von *étant* beim Partizip Perfekt   173

1. Das Partizip Präsens des Hilfsverbs *être* (= *étant*) **kann wegfallen:**

- in **verbundener** Konstruktion vor einem Partizip Perfekt zur Verkürzung eines **temporalen** oder **kausalen** Nebensatzes:

  [Etant] rentré chez lui, il s'aperçut qu'il avait oublié de fermer la porte de son bureau. (temporal)
  Nachdem er zu Hause angekommen war, bemerkte er, dass er vergessen hatte, seine Bürotür abzuschließen.

  [Etant] criblés de dettes, nos amis ont dû vendre leur maison. (kausal)
  Da unsere Freunde hoch verschuldet waren, mussten sie ihr Haus verkaufen.

- in **unverbundener** Konstruktion vor einem Partizip Perfekt zur Verkürzung eines **temporalen** Nebensatzes:

  *Les vacances [**étant**] terminées, nous nous sommes remis au travail.*
  Nach Ende der Ferien machten wir uns wieder an die Arbeit.

2. Das Partizip Präsens des Hilfsverbs *être* (= *étant*) **muss wegfallen:**

- in **verbundener** Konstruktion mit Partizip Perfekt, wenn eine **temporale** Funktion durch *une fois, aussitôt, sitôt* zusätzlich verdeutlicht wird:

  Une fois / Aussitôt / Sitôt arrivé chez lui (auch: *Une fois chez lui*...), *il consulta son courrier électronique.*
  Sobald er zu Hause angekommen war, schaute er in seine E-Mails.

- in **verbundener** Konstruktion mit Partizip Perfekt, wenn dieses einen **Relativsatz** oder einen **konditionalen Nebensatz** ersetzt:

  *Les conducteurs **surpris** en état d'ébriété ont dû passer devant le tribunal.*
  Die Fahrer, die in alkoholisiertem Zustand erwischt wurden, mussten vor Gericht erscheinen.

  ***Partis** plus tôt, ils auraient évité les bouchons à Paris.*
  Wären sie früher losgefahren, hätten sie die Staus in Paris vermieden.

3. **Bei verneintem Partizip Perfekt wird** *étant* **in verbundener oder un-
   verbundener Konstruktion** in der Regel gesetzt:

   N'étant pas arrivé à l'heure convenue, il n'a pas pu joindre ses interlocuteurs.
   Da er zur vereinbarten Zeit nicht da war, konnte er seine Gesprächspartner nicht errei-
   chen.

   *Votre C.V. **n'étant pas joint** à votre dossier, nous ne sommes pas en mesure de retenir
   votre candidature.*
   Da ihr Lebenslauf ihren Unterlagen nicht beigefügt ist, sehen wir uns außerstande, Ihre
   Bewerbung zu berücksichtigen.

4. **Ein unverbundenes, unverneintes Partizip Perfekt mit kausaler Be-
   deutung wird ebenfalls** in der Regel von *étant* begleitet:

   *Votre dossier **étant arrivé** incomplet, nous ne sommes pas en mesure de retenir votre
   candidature.*
   Da ihre Unterlagen unvollständig angekommen sind, sehen wir uns außerstande, ihre Be-
   werbung zu berücksichtigen.

   Anmerkung:

   Das Partizip Perfekt von *aller* und von den reflexiven Verben **wird immer von**
   étant **begleitet**:

   ***Etant allé** le voir hier, il ne voulut pas lui rendre visite aujourd'hui.*
   Da er ihn bereits gestern besucht hatte, wollte er ihm heute keinen Besuch abstatten.

   ***S'étant absenté** à plusieurs reprises, il ne termina pas son travail.*
   Da er mehrfach nicht da war, wurde er mit seiner Arbeit nicht fertig.

   Zusammenfassend lässt sich feststellen, dass in einer Partizipialkonstruktion
   das Partizip Perfekt der mit *avoir* konjugierten Verben normalerweise von *ayant*
   begleitet wird.

   Bei den mit *être* konjugierten Verben entfällt meist die Form *étant*, außer bei ver-
   neintem Partizip Perfekt, bei *aller* und bei dem Partizip Perfekt der reflexiven Ver-
   ben.

   Des Weiteren gebraucht man *étant* beim unverbundenen Partizip Perfekt mit
   kausaler Bedeutung.

   Das unverbundene Partizip Perfekt ohne *étant* mit konditionaler Bedeutung
   kommt kaum zur Anwendung.

Die Veränderlichkeit des Partizips Perfekt
(l'accord du participe passé)

Die Veränderlichkeit des Partizips Perfekt: Grundstufe

Auf der Grundstufe werden die **Basisregeln** der Angleichung des Partizips Perfekt der **nichtreflexiven** und der **reflexiven** Verben in Verbindung mit den Hilfsverben *avoir* und *être* aufgeführt. Es ist ratsam, sich diese Regeln einzuprägen, da ihre Anwendung einen Großteil der Angleichungsfälle abdeckt.

Nichtreflexive Verben:

Die Angleichung des Partizips Perfekt ohne Hilfsverb   174

attributiver Gebrauch:

*les illusions perdu**es***
die verlorenen Illusionen

*une maison détruit**e***
ein zerstörtes Haus

prädikativer Gebrauch:

*Elle me semblait fatigué**e**.*
Sie schien mir müde zu sein.

*Il a déclaré la séance ouvert**e**.*
Er hat die Sitzung für eröffnet erklärt.

*Sa tâche paraît terminé**e**.*
Seine Aufgabe scheint beendet.

R 174

Das Partizip Perfekt als **attributives** oder **prädikatives** Adjektiv richtet sich in Geschlecht und Zahl nach dem Substantiv oder Pronomen, auf das es sich bezieht.

Die Veränderlichkeit des Partizips Perfekt in Verbindung mit dem   175
Hilfsverb *être*

Nous *sommes parti**s**.*
Mes sœurs *ont été bien accueilli**es**.*

R 175

Das Partizip Perfekt der nichtreflexiven Verben, die mit *être* konjugiert werden, richtet sich in Geschlecht und Zahl nach dem **Subjekt**. Die gleiche Regel gilt für das mit *être* gebildete Passiv.

176 Die Veränderlichkeit des Partizips Perfekt in Verbindung mit dem Hilfsverb *avoir*

*Les décisions que le gouvernement a pris**es** sont importantes.*

*J'aime ces photos. Je **les** ai toutes regard**ées**.*

R 176

Das Partizip Perfekt der mit *avoir* konjugierten **nichtreflexiven** Verben richtet sich in Geschlecht und Zahl nach dem **vorausgehenden direkten Objekt** (*le complément d'objet direct = c.o.d.*).

Für die Anwendung dieser Regel heißt dies:

- Folgt das direkte Objekt **nach**, so bleibt das Partizip **unverändert**.

  *Elle a vu **les photos**.*
  *Ma collègue a acheté **une voiture**.*

- Ebenfalls **unverändert** bleiben die Partizipien Perfekt der **indirekt transitiven** und der **intransitiven** Verben. Im Französischen werden indirekt transitive Verben von einem indirekten Objekt begleitet, intransitive Verben stehen **ohne** direktes oder indirektes Objekt.

  *Ils **nous** ont écrit. (écrire **à** qn)*   = indirekt transitiv
  Elle a disparu.   = intransitiv

177 Die Veränderlichkeit des Partizips Perfekt bei unpersönlichen oder unpersönlich gebrauchten Verben

*Quand je pense aux efforts qu'**il a fallu** pour atteindre ce but!* (**unpersönliches Verb**)
Wenn ich an die Anstrengungen denke, die nötig waren, um dieses Ziel zu erreichen!

*Les chaleurs qu'**il a fait** cet été étaient insupportables.* (**unpersönlicher Gebrauch**)
Die Hitzeperioden, die in diesem Sommer herrschten, waren unerträglich.

*Les inondations qu'**il y a eu** cette année n'étaient pas trop graves.* (**unpersönlicher Gebrauch**)
Die Überschwemmungen, die es dieses Jahr gab, waren nicht so schlimm.

R 177

Das Partizip Perfekt der **unpersönlichen** oder **unpersönlich gebrauchten** Verben bleibt immer **unverändert**.

Reflexive Verben:

Die Veränderlichkeit des Partizips Perfekt der reflexiven Verben   178

R 178

Das Partizip Perfekt der reflexiven Verben richtet sich in Geschlecht und Zahl nach dem **vorausgehenden direkten Objekt** (= Akkusativobjekt). Dieses kann ein vorausgehendes Substantiv, meist durch ein Relativpronomen wieder aufgenommen, oder das vorausgehende Reflexivpronomen im Akkusativ sein.

Les livres qu'il s'est achetés sont chers. Die Bücher, die er sich gekauft hat, sind teuer. *La voiture qu'il s'est payée est confortable.* Das Auto, das er sich geleistet hat, ist bequem.	Vorausgehendes Substantiv mit Relativpronomen *que* ist direktes Objekt (= Akkusativ). Das Reflexivpronomen *se* ist Dativ.
Elle s'est blessée en tombant. Sie hat sich beim Fallen verletzt. *Elle s'est décidée à partir.* Sie hat sich entschieden abzureisen.	Das Reflexivpronomen *se* ist einziges vorausgehendes direktes Objekt, d.h. es ist Akkusativ.

Zur Erläuterung:

Es ist also wichtig zu klären, ob das vorausgehende Reflexivpronomen Dativ oder Akkusativ ist. Ist es Akkusativ (also vorausgehendes direktes Objekt), richtet sich das Partizip Perfekt nach diesem, wobei sich das Reflexivpronomen in Bezug auf Geschlecht und Zahl auf das Subjekt des Satzes ‚rückbezieht'.

Man hat also folgende Fälle zu unterscheiden:

Elle s'est lavé les cheveux.	⇒	Das Reflexivpronomen *se* ist Dativ (*laver les cheveux à qn*). Das direkte Objekt *les cheveux* **folgt nach**, deswegen **keine** Angleichung.
Elle s'est lavée.	⇒	Das Reflexivpronomen *se* ist Akkusativ (*laver qn*) und zugleich das **vorausgehende** direkte Objekt: deswegen Angleichung. (*Se* ist in Geschlecht und Zahl vom Subjekt *elle* her definiert.)
Ses cheveux, qu'elle s'est lavés elle-même, brillent.	⇒	Das Reflexivpronomen *se* ist Dativ. Das direkte Objekt *les cheveux que...* ist **vorangestellt**, also erfolgt die Angleichung an dieses.

Die Veränderlichkeit des Partizips Perfekt: Aufbaustufe

179 ## Allgemeines

Die Veränderlichkeit des Partizips Perfekt wird im Französischen nicht von der Tradition einer kontinuierlichen sprachlichen Entwicklung, sondern von einem spezifischen, bis in die Gegenwart hinein wirksamen Gelehrteneinfluss bestimmt. Dies hat dazu geführt, dass man vielfach, wie z. B. André Thérive (*Clinique du langage*, 1956, S. 260), die Veränderlichkeit des Partizips als „unnütz" betrachtet, zumal sie „niemandem behagt" und „jedermann in Verlegenheit bringt." Jede Modifizierung der Regeln der Veränderlichkeit des Partizips Perfekt müsste eine **grundsätzliche** und ab einem festgelegten Zeitpunkt für die gesamte Frankophonie **verbindliche** sein. Gewisse Abweichungen von der Norm nur zu ,dulden' (vgl. Toleranz-Erlässe von 1901 und 1976) oder auf ein spezifisches Phänomen zu reduzieren (das Partizip *laissé* vor folgendem Infinitiv soll laut Orthographieempfehlung von 1990 immer unveränderlich sein) bedeutet nur, das Grundsatzproblem ungeklärt zu lassen. Dies war auch die Einschätzung des französischen Erziehungsministers Georges Leygues, der im Jahre 1900 einen Spracherlass mit folgender Formulierung in Bezug auf die Veränderlichkeit des Partizips präsentierte: «*Pour le participe passé avec l'auxiliaire ,avoir', on tolérera qu'il reste invariable dans tous les cas où on prescrit aujourd'hui de le faire accorder avec le complément. Exemple: les livres que j'ai lu ou lus.*» Dieser konsequente Vorschlag wird von der *Académie française* im Toleranzerlass von 1901 jedoch fallen gelassen.

Im Text der *Rectifications de l'orthographe*, die vom *Conseil Supérieur de la Langue Française* im *Journal Officiel*, Nr. 100, am 6. Dezember 1990 veröffentlicht wurden, wird ausdrücklich festgestellt, dass „das gesamte Regelwerk [des *accord*] überarbeitet werden müsste." (Vgl. Joseph Hanse, *Nouveau dictionnaire des difficultés du français moderne*, 3. Auflage, 1994, S. 968.) Da sich auch zu Beginn des 21. Jahrhunderts keine radikale Vereinfachung der Regeln des *accord du participe passé* abzeichnet und zugleich die

Durchsetzung der ,toleranten' Regeln gemäß den Spracherlassen von 1901 und 1976 in Sprachlehre und Korrekturpraxis **uneinheitlich** und somit grundsätzlich in Frage gestellt ist, haben die Regeln der Veränderlichkeit weiterhin Gültigkeit. Eine wünschenswerte Einheitsregel wie: „Die Partizipien der mit *avoir* konjugierten Verben bleiben unverändert" (wie z.B. im Spanischen) steht weiterhin aus, obwohl der *accord* in den meisten Fällen nichts anderes als eine redundante Markierung im *code graphique* darstellt.

Das Problem der Veränderlichkeit des Partizips Perfekt hat sich im modernen Französisch noch zusätzlich dadurch verschärft, dass sich eine immer deutlichere Differenzierung des Gebrauchs im gesprochenen und geschriebenen Französisch abzeichnet. Das hat dazu geführt, dass normative Regelvorgaben in Bezug auf die Veränderlichkeit des Partizips Perfekt in der Praxis des Sprachgebrauchs sowohl in alltäglicher als auch in gepflegter Sprachkommunikation immer weniger beachtet werden. (Vgl. dazu Gudrun Krassin, *Neuere Entwicklungen in der französischen Grammatik und Grammatikforschung*, 1994, S. 94 ff.) Andererseits sind der Muttersprachler und der Lerner des Französischen auch zu Beginn des 21. Jahrhunderts immer noch gehalten, die komplexen und zum Teil arbiträr erscheinenden Regeln der Veränderlichkeit des Partizips, vor allem in der Schriftsprache, anzuwenden. Eine Nichtbeachtung wird generell in der schriftsprachlichen Kommunikation in Beruf und Ausbildung immer noch als eindeutiger Verstoß gegen den *bon usage* betrachtet. Deswegen werden im Folgenden die spezifischen Probleme der Anwendung von Angleichungsregeln vornehmlich aus **normativer**, **präskriptiver** Perspektive dargelegt. Zugleich wird dort, wo der Gebrauch von der Norm abweicht, auf die Liberalisierungstendenzen aufmerksam gemacht.

Nichtreflexive Verben:

Die Angleichung des Partizips Perfekt ohne Hilfsverb   180

Eine Reihe von Partizipien, die ohne Hilfsverb vor einem Substantiv stehen, haben **präpositionalen** Charakter und bleiben demzufolge **unverändert**. So vor allem:

attendu	→ in Anbetracht
y compris	→ einbegriffen
excepté	→ ausgenommen
mis à part	→ abgesehen von / außer
vu	→ angesichts / im Hinblick auf / wegen

Die Partizipien *y compris*, *excepté* und *mis à part* können auch nachgestellt werden und sind dann veränderlich.

Beispiele:

> **Mis à part** *les quelques fautes qu'il a faites, son travail était bon.*
> *Les quelques fautes qu'il a faites* **mises à part**, *son travail était bon.*
> Abgesehen von den wenigen Fehlern, die er gemacht hat, war seine Arbeit gut.
>
> **Vu** *sa charge énorme, la voiture n'avançait pas.*
> Wegen seiner besonders schweren Ladung kam der Wagen nicht voran.
>
> *Tous étaient venus,* **excepté** *mes parents. /...mes parents* **exceptés**.
> Alle waren gekommen, außer meinen Eltern.
>
> *Tous étaient venus,* **y compris** *mes sœurs. /...mes sœurs* **y comprises**.
> Alle waren gekommen, meine Schwestern einbegriffen.

Folgende Sätze sind zu unterscheiden:

1. **Vu** *ses dettes considérables, il a dû déposer son bilan.*
   In Anbetracht seiner beträchtlichen Schulden musste er Konkurs anmelden.

2. **Vue** *sous cette angle, l'affaire nous paraît tout à fait différente.*
   Unter diesem Blickwinkel betrachtet erscheint uns die Angelegenheit ganz anders.

In Satz 1 bezieht sich *vu* als Präposition auf das nachfolgende Substantiv; in Satz 2 bezieht sich *vue* als Partizip Perfekt auf das Substantiv *l'affaire* im Hauptsatz und hat **keinen** präpositionalen Charakter, d.h. es muss verändert werden.

181 Die Veränderlichkeit des Partizips Perfekt in Verbindung mit dem Hilfsverb *être*

R 181

Bezieht sich das Partizip Perfekt auf mehrere Subjekte **verschiedenen Geschlechts**, richtet es sich nach dem Maskulinum.

Beispiel: *Mon père* et *ma mère* *étaient déjà arrivés.*

Folgende Sonderfälle sind zu beachten:

1. *Une espèce de* clochard est ven**u**.

2. *Une partie de l'argent* a été dépensé(e) pour la construction d'une piscine.

In Satz 1 kann das Partizip nur auf die Person bezogen werden, da **une espèce est venue* unsinnig ist. In Satz 2 kann man entweder *une partie* oder *argent* betonen und das Partizip dementsprechend angleichen.

Anmerkung:

In diesem Zusammenhang ist auch auf ein Problem der **Pluralangleichung** zu verweisen. In dem Satz *On est resté(s) bons amis,* den der Toleranzerlass von 1976 anführt, sind beide Formen zugelassen: *on* ist grammatisch Singular bzw. *on* steht für *nous*. Die Pluralangleichung ist in diesem Fall jedoch sehr gebräuchlich.

182 Die Veränderlichkeit des Partizips Perfekt in Verbindung mit dem Hilfsverb *avoir*

Die Anwendung der allgemein verbindlichen Regel, nach der sich das Partizip Perfekt der mit *avoir* konjugierten Verben nach dem **vorausgehenden direkten Objekt** (Akkusativobjekt) richtet, setzt voraus, dass dieses als solches erkannt wird. Ein vorausgehendes direktes Objekt kann sein:

- **ein Personalpronomen**

  *Connaissez-vous les romans de G. Grass? – Oui, je **les** ai tous lu**s**.*

- **ein Relativpronomen**

  *Les réformes **que** les politiciens ont promis**es** sont nécessaires.*

- **ein Fragepronomen** (mit oder ohne folgendes Substantiv)

  *Quelles fautes as-tu fait**es**?*

  *Combien de fautes as-tu fait**es**?*

  *On a pris toute une série de **photos**. – **Lesquelles** as-tu pris**es**?*

- **ein auf *quel*, *combien de* oder *que de* folgendes Substantiv in Ausrufesätzen**

  *Quelles fautes / Combien de fautes / Que de fautes il a fait**es**!*

  Welche / Wie viele Fehler er gemacht hat!

Bei bestimmten Verben muss, je nach Sinn, zwischen vorausgehendem direkten Objekt und vorausgehender adverbialer Bestimmung unterschieden werden:

R 182

Geht ein **direktes Objekt** voraus, wird das Partizip Perfekt der Verben *courir, coûter, mesurer, peser, valoir, vivre* an dieses **angeglichen**. Geht eine **adverbiale Bestimmung** voraus, wird das Partizip Perfekt der genannten Verben **nicht angeglichen**.

Vorausgehendes direktes Objekt:	Vorausgehende adverbiale Bestimmung:
Les dangers qu'il a courus... Die Gefahren, die er auf sich nahm...	*Les cinq heures qu'il a couru / marché...* (nicht wen? oder was?; sondern wieviel?, wie lange?)
Les efforts que cet examen m'a coûtés... Die Anstrengungen, die mich dieses Examen gekostet hat...	*Les trente mille euros que cette voiture m'a coûté...* (wieviel?)
Les terrains que le géomètre a mesurés... Die Grundstücke, die der Landvermesser vermessen hat...	*Les deux hectares que cette propriété avait mesuré avant son parcellement...* Die zwei Hektar, die dieses Landgut vor seiner Parzellierung groß war... (wieviel?)
Ses mots, il les a bien pesés. Er wägte seine Worte gut ab.	*Les trois tonnes que cette marchandise avait pesé...* Die drei Tonnen, die diese Ware gewogen hatte... (wieviel?)
Les prix que ses travaux de recherche lui ont valus... Die Preise, die seine Forschungsarbeiten ihm einbrachten...	*La somme qu'a valu cette propriété est considérable.* Der Betrag, den dieser Besitz **wert war**, ist beträchtlich.
Les mauvaises périodes qu'il a vécues... Die schlechten Zeiten, die er durchlebte...	*Les trois ans qu'il a vécu dans ce pays...* Die drei Jahre, die er in diesem Land lebte... (wie lange?)

In aller Regel ist der Unterschied zwischen adverbialer Bestimmung und direktem Objekt identisch mit der Opposition **eigentlicher Sinn – übertragener Sinn**. Der Toleranzerlass vom 28.12. 1976 lässt im Hinblick auf die Korrekturnorm die Veränderlichkeit bzw. Unveränderlichkeit in allen der oben genannten Beispielsätze zu. Gemessen an der Norm des *bon usage* ist die dargelegte unterschiedliche Behandlung der Veränderlichkeit des Partizips bei den aufgeführten Verben jedoch **verbindlich**: eigentlicher Sinn = **keine Angleichung**; übertragener Sinn = **Angleichung**.

183 **Die Veränderlichkeit des Partizips Perfekt in Verbindung mit** *en*

R 183

> Nach partitivem *en* bleibt das Partizip Perfekt **unverändert**.

J'ai laissé sur l'arbre plus de cerises ***que*** *j'***en*** ai cueilli.*

Je ne sais pas ***combien*** *j'***en*** ai mangé [de cerises].*

Die Unveränderlichkeit ist immer korrekt und entspricht in jedem Fall dem guten Gebrauch. (Vgl. dagegen den Spracherlass von 1976, der die Tolerierung beider Möglichkeiten, Veränderlichkeit oder Unveränderlichkeit, vorschlägt.) Es empfiehlt sich jedoch, die Unveränderlichkeit als die gültige Norm anzuwenden.

184 **Die Veränderlichkeit des Partizips Perfekt der mit** *avoir* **konjugierten Verben mit folgendem Infinitiv**

Die im Folgenden dargestellte Regel stellt die weiterhin noch verbindliche Norm dar, obwohl diese in der Praxis der Gebrauchs- und Literatursprache häufig missachtet und deren Nichteinhaltung im Spracherlass von 1976 geduldet wird.

R 184

> Das mit *avoir* verbundene Partizip Perfekt bleibt **unverändert**, wenn das vorangehende direkte Objekt sich nicht auf das Partizip, sondern auf den folgenden Infinitiv bezieht.

Beispiele:
Les romans ***que*** *j'ai aimé lire...*
(Nicht: „...die ich **geliebt** habe", sondern: „...die ich **gerne gelesen** habe.")

Les examens médicaux ***qu'***il avait eu à subir...*
(Nicht: „Die ärztliche Untersuchung, die er **bekommen** hatte", sondern: „...der er sich **unterziehen** musste.")

Weitere Beispiele:

La leçon ***que*** *je vous ai donné à étudier...*	⇒ Die Lektion wurde nicht konkret „gegeben", sondern: „Die Lektion, die ich euch zur Bearbeitung **aufgegeben** hatte..."
Les lettres ***qu'***on vous a donné(es) à traduire...*	⇒ Beide Bezüge sind möglich: Die Briefe wurden zur Übersetzung **übergeben** (*données*), oder die Briefe wurden ausgehändigt, damit sie von Ihnen **übersetzt werden** (*donné*).
Aber: *Les amis* ***que*** *j'ai invités à manger...*	⇒ Die Freunde, die ich zum Essen eingeladen habe. (*Que* kann sich natürlich nicht auf *manger* beziehen!)

Diese ausgesprochen komplexe und schwer zu handhabende Regel lässt sich wie folgt grammatisch strukturieren:

Fall 1:

La voiture qu'il lui a interdit de vendre... *La robe qu'elle a préféré acheter...* ***Combien de dollars** lui avez-vous permis de dépenser?*	Das Partizip Perfekt, dem ein Infinitiv folgt, wird **nicht verändert** bei folgenden Verben: *conseiller, défendre, demander, interdire, permettre, préférer, promettre, recommander.*

Fall 2:

Les arbres que j'ai vu planter... (Sinngemäß: „Die Bäume **wurden** gepflanzt.") *La chanson que j'ai entendu chanter...* (Sinngemäß: „Das Lied **wurde** gesungen.") *Les arbres que j'ai vus fleurir...* (Sinngemäß: „Die Bäume **blühten**.") *La chanteuse que j'ai entendue chanter...* (Sinngemäß: „Die Sängerin **sang**.")	Das Partizip Perfekt der Verben der sinnlichen Wahrnehmung mit folgendem Infinitiv bleibt **unverändert,** wenn der Infinitiv **passivischen** Sinn hat. Es ist **veränderlich,** wenn der Infinitiv **aktivischen** Sinn hat. Weitere Verben der sinnlichen Wahrnehmung, bei denen nach aktivischem oder passivischem Sinn im Hinblick auf die Angleichung des Partizips Perfekt zu unterscheiden ist, sind: *écouter, regarder, sentir.*

Gemäß dem Toleranzerlass von 1976 sollten Verstöße gegen diese Regel geduldet werden. Allerdings ist **Les arbres que j'ai vus planter* **kein** guter Sprachgebrauch. (Die Bäume pflanzten nicht, sondern wurden gepflanzt!) Bei den Partizipien der Verben der sinnlichen Wahrnehmung mit folgendem Infinitiv ist eher die **generelle Nichtangleichung** zu dulden.

Fall 3:

Les conseils qu'il a dû (pu, osé, voulu, su) écouter... *La décision qu'il a cru être la bonne...* Aber: ***Les mensonges** qu'il n'a pas crus...* *La police **les** a fait arrêter.* Aber: ***Les fautes** qu'il a faites...*	Folgt dem Partizip Perfekt der **modalen Hilfsverben** ein Infinitiv, bleibt dieses **unverändert** (z.B. *cru, dû, espéré, osé, pu, su, voulu*). Bei folgendem prädikativen Adjektiv kann das Partizip *cru* auch angeglichen werden: *On les a **cru** / **crus** morts.* Das Partizip Perfekt des modalen Hilfsverbs *faire* („lassen" = veranlassen) **vor Infinitiv** ist **immer unveränderlich**.

Fall 4:

Je les ai laissés partir. Ich habe sie abreisen lassen. (aktivischer Sinn) *Je les ai laissé punir.* Ich habe sie bestrafen lassen. (passivischer Sinn)	Die Veränderlichkeit des Partizips Perfekt des modalen Hilfsverbs *laisser* („lassen" = zulassen) vor Infinitiv folgt der gleichen Regel wie bei den Verben der sinnlichen Wahrnehmung vor Infinitiv: Das Partizip bleibt **unveränderlich** , wenn der Infinitiv **passivischen** Sinn hat, es ist **veränderlich** , wenn der Infinitiv **aktivischen** Sinn hat.

Joseph Hanse besteht im Übrigen auf dieser Unterscheidung und entspricht nicht der Forderung, das Partizip *laissé* vor Infinitiv wie das Partizip *fait* vor Infinitiv immer unverändert zu lassen. (Vgl. *Nouveau dictionnaire des difficultés du français moderne*, 3. Aufl.1994, S. 649.) Andererseits hat der *Conseil supérieur de la langue française sur les rectifications de l'orthographe* (vgl. *Journal officiel de la République française*, 6. Dezember 1990) empfohlen, dass das Partizip Perfekt *laissé* mit folgendem Infinitiv immer unveränderlich sein sollte. Diese Anregung ist hilfreich, jedoch nicht verbindlich. **Die generelle Unveränderlichkeit des Partizips Perfekt von *laisser* vor Infinitiv sollte als Korrekturnorm in jedem Fall gelten**.

Reflexive Verben:

Die Veränderlichkeit des Partizips Perfekt der reflexiven Verben ist zwar klar geregelt, in der Praxis des geschriebenen Französisch aber schwierig in der Anwendung. Die Regel, dass sich das mit *être* verbundene Partizip Perfekt der reflexiven Verben in Geschlecht und Zahl nach dem vorausgehenden direkten Objekt richtet und dieses häufig das vorausgehende Reflexivpronomen sein kann, ist insofern komplex, als das Pronomen als das direkte Objekt **(= Akkusativ)** identifiziert werden muss. Hierbei wird also die Rektion der Verben in nichtreflexiver Form relevant, da sie darüber Aufschluss gibt, ob das Reflexivpronomen Akkusativ oder Dativ ist:

*Ils **se** sont lavés.*	*Ils **se** sont menti.*
⇒ **se** ist Akkusativ (*laver qn*).	⇒ **se** ist Dativ (*mentir à qn*).

185 **Die Veränderlichkeit des Partizips Perfekt bei wechselnder Funktion des Reflexivpronomens**

Das Reflexivpronomen ist Akkusativ **und das Partizip Perfekt wird somit** verändert **:**

1. bei allen **gelegentlich reflexiv** gebrauchten Verben (*verbes accidentellement pronominaux*) wie *s'apercevoir de, se douter de, s'étonner de, se taire*, usw.

   *Elles **se** sont aperçues de leur erreur.* → Sie haben ihren Irrtum bemerkt.

2. bei den **nur reflexiv** gebrauchten Verben (*verbes essentiellement pronominaux*) wie z. B. *s'absenter, se désister de, s'évanouir, se fier à, se méfier de, se réfugier, se repentir de*, usw.

*Nous **nous** sommes méfié**s** de lui.*   → Wir haben ihm misstraut.

3. bei den reflexiven Verben mit **passivischem** Sinn (*verbes pronominaux à sens passif*) wie z. B. *se conjuguer, s'employer, s'ouvrir, se vendre*, usw.

*Les livres **se** sont vendu**s** cher.*   → Die Bücher wurden teuer verkauft.

Das Reflexivpronomen ist <mark>Dativ</mark> und das Partizip Perfekt bleibt somit <mark>unverändert</mark> :

1. wenn ein **direktes Objekt nach** dem Partizip folgt.

→ *Elle s'est lavé les mains. Elles se sont acheté de belles robes.*

2. bei einer Reihe von reflexiven Verben, deren Reflexivpronomen **immer Dativ** ist: *se demander, se dire, s'écrire, se mentir, se nuire, se parler, se plaire, se ressembler, se sourire, se succéder, se suffire, se survivre, s'en vouloir*.

Mes sœurs se sont écrit trois fois pendant les vacances.
Meine Schwestern haben sich während der Ferien dreimal geschrieben.

Les rois se sont succédé rapidement en France au XVIe siècle.
Die Könige sind im 16. Jahrhundert in Frankreich schnell aufeinander gefolgt.

Das Partizip Perfekt folgender Verben ist <mark>immer unveränderlich</mark> :

*Elle **s**'est imaginé que...*	⇒ Sie hat sich vorgestellt, dass...
*Elle **s**'est rendu compte de / que...*	⇒ Ihr ist etwas bewusst geworden. / Sie ist sich darüber klar geworden, dass...
*Elle **s**'est plu à Paris.*	⇒ Sie hielt sich gerne in Paris auf. / Sie fühlte sich in Paris wohl.
*Elle **s**'est plu à faire qc.*	⇒ Sie tat etwas mit Vorliebe.

Anmerkung:

Bei dem Verb *s'imaginer* müssen zwei Konstruktionen unterschieden werden:

*Elle **s**'est imaginé que la vie était toujours belle.* → *se* = Dativ, da der folgende *que*-Satz das direkte Objekt ist.

*Elle **s**'est imaginée en robe du soir.* → *se* = Akkusativ: Sie hat sich vorgestellt, wie sie (= sie selbst) im Abendkleid aussieht.

186 ## Die Veränderlichkeit des Partizips Perfekt der reflexiven Verben mit folgendem Infinitiv

R 186.1

Wenn ein vorausgehendes direktes Objekt sich auf den **Infinitiv**, also nicht auf das Partizip Perfekt bezieht, bleibt dieses **unverändert**.

La maison qu' il s'est décid**é** à acheter n'est pas bon marché.

La maison que bezieht sich auf den Infinitiv *acheter* → Das Haus, für dessen **Kauf** er sich entschieden hat, ist nicht billig.

R 186.2

Bei den Partizipien Perfekt von *s'entendre, se sentir, se voir* und auch von *se laisser* ist, wie bei den nichtreflexiven Partizipien von *entendre, sentir, voir, laisser* mit folgendem Infinitiv, zwischen aktivischem und passivischem Sinn zu unterscheiden. Bei **aktivischem** Sinn wird das Partizip Perfekt **angeglichen**.

Aktivischer Sinn

Ils se sont vus mourir.
Sie sahen sich dem Tode nahe.

Elle s'est sentie revivre.
Sie fühlte, wie sie wieder auflebte.

Elle s'est laissée aller.
Sie ließ sich gehen.

Passivischer Sinn

Elle s'est vu infliger une amende de cent euros. (**Passiversatz:** Sie wurde mit einem Bußgeld von 100 Euro belegt.)

Elle s'est senti prendre par le bras.
Sie fühlte, wie sie am Arm gepackt wurde.

Elle s'est laissé séduire.
Sie ließ sich verführen.

Erläuterung:

Das Partizip von *se laisser* mit folgendem Infinitiv soll nach den *Rectifications de l'orthographe de 1990* unveränderlich sein. Diese Empfehlung ist allerdings nicht verbindlich (vgl. auch **184.4**). Die generelle Unveränderlichkeit empfiehlt sich jedoch deswegen, weil eine normenverletzende Angleichung des Partizips Perfekt von *se laisser* bei folgendem Infinitiv mit passivischem Sinn als weniger akzeptabel anzusehen ist als eine Nichtangleichung bei aktivischem Sinn. In einem Satz wie: *Les résidents, les familles et les amis se sont laissés emporter dans le tourbillon des valses musettes (Ouest-France, 30. 12. 1998)* ist die angeglichene Form **laissés* wegen des passivischen Sinnes (‚sie wurden mitgerissen') nicht nachvollziehbar, ebensowenig wie der Satz **Ma collègue s'est vue charger de l'enseignement de la musique*, da dieser passivischen Sinn hat und deshalb nur mit unverändertem Partizip Perfekt (*vu*) akzeptabel ist.

Folgt dem Partizip der Verben der sinnlichen Wahrnehmung ein prädikativ gebrauchtes Adjektiv, kann das Partizip verändert werden. Die unveränderte Form ist jedoch durchaus akzeptabel: *Elle s'est senti(**e**) attaquée par derrière.*

Bei Verben, die nicht zur Gruppe der Verben der sinnlichen Wahrnehmung gehören und die durch ein prädikativ gebrauchtes Adjektiv ergänzt werden, wird in der Regel das Partizip Perfekt angeglichen:

*Elle s'est rendu**e** coupable.*
Sie hat sich schuldig gemacht.

*Elle s'est cru**e** trahie.*
Sie glaubte sich verraten.

Folgt auf das Adjektiv ein Infinitiv, erfolgt Angleichung oder auch Nichtangleichung:

*Ils se sont **cru** / **crus** obligés de venir.*
Sie fühlten sich verpflichtet zu kommen.

R 186.3

> Das Partizip Perfekt von *se faire* + **prädikatives Adjektiv** oder **Infinitiv** wird **nie** verändert.

***Elle** s'est **fait** belle.*

***Elle** s'est **fait** fort de pouvoir le convaincre.* → Sie hat sich zugetraut, ihn überzeugen zu können. (Die Wendung *se faire fort* bleibt in der Partizipialform einschließlich des Adjektivs „*fort*" immer unverändert.)

***Elle** s'est **fait** couper les cheveux.*   → *se faire* ist hier modales Hilfsverb.

Aber:

***L'idée qu**'elle s'était fait**e** de lui était fausse.* → *se faire* ist hier Vollverb und das Partizip Perfekt bezieht sich auf das vorausgehende direkte Objekt.

Schwankender Gebrauch in festen Wendungen   187

*Fini(**es**) les vacances!*	→ Die Ferien sind vorbei!
*Etant donné(**es**) les conditions défavorables...*	→ In Anbetracht der ungünstigen Bedingungen...
Vous trouverez ci-inclus(e) / ci-joint(e) la copie que vous m'aviez demandée.	→ Anbei finden Sie die Durchschrift, um die Sie mich gebeten hatten.

Anmerkung:

Im modernen Französisch werden *ci-joint* und *ci-inclus* bei Voranstellung häufiger unverändert gebraucht, da sie adverbialen Charakter haben. Die Unveränderlichkeit ist im Übrigen die verbindliche Norm, wenn *ci-joint* und *ci-inclus* am Satzanfang stehen oder wenn das folgende Substantiv keinen Begleiter hat. Also: *Ci-joint les pièces demandées. Vous trouverez ci-joint copie du contrat. Vous trouverez ci-inclus(e) une copie du contrat.* Aber: *La convention de stage ci-inclus**e**...*

Das Partizip Perfekt und seine Veränderlichkeit: Repetitorium

188 Der Gebrauch des Partizips Perfekt

1. Das verbundene Partizip Perfekt dient zur Verkürzung von **temporalen, kausalen, konditionalen Nebensätzen** und von **Relativsätzen**. Die Partizipien der mit *avoir* konjugierten Verben werden von einem *ayant* begleitet, die Partizipien der mit *être* verbundenen Verben lassen sich häufig ohne *étant* verwenden. *Etant* muss wegfallen, wenn das Partizip Perfekt bei temporalem Gebrauch von *une fois, sitôt, aussitôt* begleitet wird. Die Partizipialkonstruktion der reflexiven Verben oder eine verneinte Partizipialkonstruktion benötigen dagegen *étant*.

   Ayant terminé mon travail plus tôt que prévu, je suis allé au cinéma.

   [Etant] arrivés dans la vieille ville, nous avons admiré les maisons anciennes.

   Une fois arrivés chez nous, nous nous sommes mis au travail.

   Ne s'étant pas rendu compte de l'envergure du problème, il ne prévint pas les autorités.

2. In der **unverbundenen Partizipialkonstruktion** mit Partizip Perfekt haben Partizipial- und Hauptsatz **verschiedene Subjekte**.

   Ses ressources étant épuisées, il fallut qu'il trouve un emploi.
   Da seine Geldmittel erschöpft waren, musste er eine Beschäftigung finden.

189 Die Angleichungsregeln des Partizips Perfekt

1. Das Partizip Perfekt wird **nicht verändert** bei mit *avoir* konjugierten Verben ohne Ergänzung:
   Elles ont travaillé.

2. Das Partizip Perfekt wird **verändert** bei mit *être* konjugierten Verben. Es richtet sich nach dem **Subjekt**.
   Elle est arrivée.

3. Geht bei mit *avoir* konjugierten Verben ein **direktes Objekt** (Akkusativobjekt) **voraus** (Substantiv, Relativpronomen, Personalpronomen, Fragepronomen, z.B. *combien de*) und bezieht sich das direkte Objekt auf das Partizip Perfekt, wird dieses verändert.

   Les fautes qu'il a faites...

   Combien de fautes a-t-il faites?

   Aber: *La voiture que* je lui ai conseillé d'acheter...

4. Das Partizip Perfekt der **reflexiven Verben** wird verändert, wenn ein direktes Objekt (Substantiv + Relativpronomen / Akkusativ des Reflexivpronomens) vorausgeht, das sich auf das Partizip bezieht:
   Les livres qu'elle s'est achetés...

*Elles **se** sont décidé**es**.*

Aber: *La voiture qu'il s'est decidé à **acheter**...*

Die Angleichungsregeln in Beispielen   190

Mit dem Hilfsverb *avoir*:

| Direktes Objekt | *Il m'a **donné** des outils.* | → | ***Les outils** qu'il m'a **donnés**...*
*Vos outils, je vous **les** ai **rendus**.*
*Cette photo, c'est lui qui **l'**a **prise**.*
*On **vous** a bien **reçue**, Madame.*
***Les erreurs** qu'il a **commises** sont graves.* |
| | *Combien as-tu **écrit** de lettres?* | → | ***Combien de lettres** as-tu **écrites**?*
***Quels problèmes** nous avons **eus**!* |

| Indirektes Objekt | *Ces chansons nous ont **plu**. [à nous]*
*Il vous a **parlé**, Mesdames! [à elles]* |

| Verben des Maßes | *Les soixante kilos qu'elle a **pesé**... (wieviel?)*
*Les cinq kilomètres qu'il a **couru**... (wie weit?)*
***Les camions qu'**on a **pesés**...*
***Les horreurs qu'**elle a **vécues**...*
***Les efforts que** ce travail m'a **coûtés**...* |

| Prädikativer Gebrauch | *Ce médicament **les** a **rendus malades**.*
*Il **l'**a **traitée** de paresseuse.* |

Mit Infinitiv	*On les a **laissés** partir.*	⇔	*On les a **laissé** emmener (par qn).*
	*La cantatrice que j'ai **entendue** chanter*	⇔	*La chanson que j'ai **entendu** chanter...*
	*La voiture qu'elle a **fait** laver...* *La lettre qu'il a **dit (cru)** avoir écrite...* *Il a fait tous les efforts qu'il a **pu** [faire].*

| Präposition *de* + Infinitiv | *La voiture qu'il lui a **conseillé** d'acheter...*
*Les voyages qu'il lui a **interdit** d'effectuer...* |

Präposition *à* + Infinitiv	*La difficulté que nous avons **eu à** surmonter...* *Les textes qu'on nous a **donné** (**donnés**) à traduire.*

Mit dem Hilfsverb *être*:

Bezug auf das Subjekt	*Nous sommes **arrivés**.* *La porte est **fermée**.* *Elles ont été **trompées**.* *La mère et son fils aîné sont **arrivés**.*

Reflexive Verben:

voraus-gehendes direktes Objekt	*Elle s'est **endormie**.* *Elle s'est **crue** malade.* *Elle s'est **mise** au travail.* *Ils **se** sont **rencontrés** à Paris.*

voraus-gehendes indirektes Objekt	*Elle s'est **plu** à les contredire [plaire à qn].* *Elle s'est **lavé** les mains.* ⇔ *Les mains qu'elle s'est **lavées**...* *Elle s'est **imaginé** qu'on l'aimait.* *Les chefs d'Etat se sont **succédé** rapidement [succéder à qn].* *Des lettres, ils s'en sont **écrit** [à qui].*⇔ *Les lettres qu'ils se sont **écrites**...* *Les idées qu'elle s'est **faites**...*

mit folgendem Infinitiv	*Ils se sont **entendus** dire que...* ⇨ (aktiver Sinn) *Ils se sont **vu** infliger une amende.* ⇨ (passiver Sinn) *Elle s'est **fait** accompagner par son mari.*

191 ## Schwierigkeiten und Fehlerquellen

Folgende Fälle der Angleichung / Nichtangleichung des Partizips Perfekt bereiten den Französischlernenden besondere Schwierigkeiten:

- *Elle s'est acheté des livres.* → keine Angleichung, da *se* Dativ ist und das direkte Objekt **nicht** vorausgeht.

- *Elles se sont rendu compte.* (*rendre compte à qn*) → *se* ist Dativ, also keine Angleichung.

- *Elles se sont demandé / écrit / nui / parlé...* (*demander / écrire / nuire / parler à qn*)
  → *se* ist Dativ, also keine Angleichung.

- *Une association internationale de typographes* (= Buchdrucker) *s'est donné pour but de promouvoir la bonne typographie.* (*se donner = donner à qn,* → *se* ist Dativ, also keine Angleichung.*)

- *Elle s'en est voulu de ne pas lui écrire.* (*en vouloir à qn* = jemandem böse sein)
  → *se* ist Dativ, also keine Angleichung.

- *Elles se sont contredites.* (*contredire qn*) → *se* ist Akkusativ, also Angleichung; im Deutschen „jemandem widersprechen."

- *Ils se sont menti.* (*mentir à qn*) → *se* ist Dativ, also keine Angleichung; im Deutschen „jemanden belügen."

- *Elle s'est vu retirer le permis de conduire.* → keine Angleichung.

  Es handelt sich hier um ein Verb der sinnlichen Wahrnehmung mit folgendem Infinitiv und passivischem Sinn (ihr **wurde** der Führerschein entzogen). Die im Toleranzerlass von 1976 geduldete Angleichung hat sich in der Praxis des heutigen Französisch nicht durchgesetzt. Die **generelle** Nichtangleichung des Partizips Perfekt der Verben der sinnlichen Wahrnehmung mit folgendem Infinitiv ist empfehlenswert, unabhängig davon, ob aktivischer oder passivischer Sinn vorliegt.

Kapitel 4.7

Das Passiv *(le passif)*

Kapitelübersicht:

Das Passiv: Grundstufe

Das Passiv wird mit dem Hilfsverb *être* + **Partizip Perfekt** gebildet. In Verbindung mit *être* richtet sich das Partizip Perfekt in Geschlecht und Zahl nach seinem Bezugswort, das heißt nach dem Subjekt (vgl. **094**).

Das Passiv wird im gesprochenen Französisch seltener als im Deutschen verwendet und häufig durch Alternativkonstruktionen ersetzt (siehe dazu **196**). In der französischen Schriftsprache ist die Passivkonstruktion jedoch durchaus gebräuchlich.

192 ## Persönliches Passiv / unpersönliches Passiv

Wie im Deutschen ist im Französischen zwischen einem **persönlichen** und einem **unpersönlichen** Passiv zu unterscheiden.

Beim **persönlichen** Passiv steht das Subjekt (= das Sinnsubjekt) **vor der Verbform**:

La voiture a été réparée.	→	Das Auto wurde repariert.
Les blessés ont été immédiatement transportés à l'hôpital.	→	Die Verletzten wurden sofort ins Krankenhaus gebracht.

Beim **unpersönlichen** Passiv ist das (Sinn-)Subjekt, das ein Substantiv, ein Infinitivsatz oder ein mit *que* eingeleiteter Nebensatz sein kann, **nachgestellt** und wird durch das **vorangestellte grammatische Pronominalsubjekt** *il* vertreten. Das unpersönliche Passiv kommt fast nur in der Schriftsprache zur Anwendung.

Il a été volé une moto et deux bicyclettes. (Keine Angleichung des Partizips Perfekt: Das Bezugswort ist das neutrale *il*.)	→	Es wurden zwei Motorräder und ein Fahrrad gestohlen.
Il nous a été dit de ne pas venir en retard.	→	Es wurde uns gesagt, wir möchten nicht zu spät kommen.
Il a été constaté que presque personne n'avait assisté à la réunion.	→	Es wurde festgestellt, dass fast niemand an der Versammlung teilgenommen hat.

193 ## Der Gebrauch des Passivsatzes im Französischen

R 193.1

Im Französischen wird ein persönliches Passiv nur mit Verben gebildet, die ein **direktes Objekt** (Akkusativobjekt) zu sich nehmen können (= *les verbes transitifs directs*).

Dabei wird aus dem **direkten Objekt** des Aktivsatzes das **Subjekt** des Passivsatzes:

Aktivsatz	Passivsatz
Un tremblement de terre a détruit le sud du Mexique (= direktes Objekt). Ein Erdbeben hat den Süden Mexikos zerstört.	*Le sud du Mexique* (= Subjekt) *a été détruit par un tremblement de terre.* Der Süden Mexikos wurde von einem Erdbeben zerstört.
Une branche cassée l'avait blessée à la tête. Ein abgebrochener Ast hatte sie am Kopf verletzt.	*Elle avait été blessée à la tête par une branche cassée.* Sie wurde von einem abgebrochenen Ast am Kopf verletzt.
La police rétablira l'ordre sous peu. Die Polizei wird die Ordnung in Kürze wiederherstellen.	*L'ordre sera rétabli sous peu par la police.* Die Ordnung wird von der Polizei in Kürze wiederhergestellt (werden).

R 193.2

Verben, die im Französischen im Gegensatz zum Deutschen von einem indirekten Objekt (Dativobjekt) ergänzt werden (= *les verbes transitifs indirects*), bilden **kein persönliches Passiv**.

Vergleiche also:

Deutsch: Direkt transitives Verb → Passiv möglich	Französisch: Indirekt transitives Verb → Passiv nicht möglich, dafür Aktivsatz
Ich bin von meinem Chef belogen worden. (= jemande**n** belügen)	*Mon chef m'a menti.* (= *mentir à qn*)
Wir sind von unserem Lehrer gefragt worden, ob... (= jemande**n** fragen)	*Notre professeur nous a demandé si...* (= *demander à qn*)
Mein Bruder ist von einem Unbekannten mehrfach angerufen worden. (= jemande**n** anrufen)	*Un inconnu a téléphoné plusieurs fois à mon frère.* (= *téléphoner à qn*)

Beachte:

Die Verben *obéir à qn, désobéir à qn, pardonner à qn* bilden im Französischen, obwohl sie indirekt transitive Verben sind, das heißt von einem **indirekten** Objekt begleitet werden, ein persönliches Passiv:

Il a été obéi.	→ Man hat ihm gehorcht.
Ils ont été pardonnés.	→ Man hat ihnen verziehen. / Ihnen wurde verziehen.
Je n'aime pas être désobéi.	→ Ich mag nicht, wenn man mir nicht gehorcht.

194 Typen von Passivsätzen: Vorgangspassiv und Zustandspassiv

Im Deutschen werden das Vorgangspassiv und das Zustandspassiv dadurch unterschieden, dass Ersteres mit dem Hilfsverb **werden** + **Partizip Perfekt**, Letzteres mit dem Hilfsverb **sein** + **Partizip Perfekt** ausgedrückt wird.

Die Tür **wird** abgeschlossen.   → Vorgangspassiv

Das Gebäude **ist** geschlossen.   → Zustandspassiv

Im Französischen kann der Satz: „Die Tür wird abgeschlossen" nicht mit *_La porte est fermée_ übersetzt werden, weil dies bedeuten würde: „Die Tür ist verschlossen" (= Ergebnis / Zustand). Zur Vermeidung der Doppeldeutigkeit benutzt man im Französischen zum Ausdruck des Vorganges („Die Tür wird abgeschlossen") einen Aktivsatz: _On ferme la porte._

Ein **Vorgangspassiv** kann im Französischen nur unter folgenden Voraussetzungen gebildet werden:

1. wenn eine **Agensergänzung** mit _par_ folgt (d.h. eine Ergänzung, in der der Handlungsausführende oder -urheber genannt wird):

    La maison est fermée **par le concierge**.
    Das Haus wird vom Hausmeister abgeschlossen.

2. wenn das verwendete Verb in Verbindung mit _être_ **grundsätzlich einen Vorgang** oder **eine Handlung**, also keinen Zustand ausdrückt (z.B. _attendre, enseigner, importer, interroger, jouer, lire, montrer, observer, opérer, rembourser, surveiller_):

    Ce soir, nous **sommes attendus** (chez nos voisins).
    Heute abend werden wir (bei unseren Nachbarn) erwartet.

    C'est un auteur très **lu**. Ses pièces de théâtre **sont** régulièrements **jouées**.
    Das ist ein vielgelesener Autor. Seine Theaterstücke werden regelmäßig gespielt.

    L'allemand **est** de moins en moins **enseigné** chez nous.
    Deutsch wird bei uns immer weniger unterrichtet.

3. wenn das Verb in einer Zeitform **der Vergangenheit** steht, welche die **Abgeschlossenheit** der Handlung / des Vorganges betont, d.h. im _passé simple, passé composé, plus-que-parfait, passé antérieur_ oder _conditionnel passé_:

    Il fut admis (à l'oral). Il a été admis. Il avait été admis. Après qu'il eut été admis... Il aurait été admis si... → Er wurde (zum Mündlichen) zugelassen. Er ist / war zugelassen worden. Nachdem er zugelassen worden war... Er wäre zugelassen worden, wenn...

4. wenn auf die Gegenwarts- oder Vergangenheitsform des Verbs (*présent / impar-fait*) eine **nähere Bestimmung** oder **eine Zeitangabe** folgt. Die Zeitangabe bein-haltet dabei insbesondere eine **Wiederholung** oder eine **Zeitdauer**:

*Cet article est vendu **dans tous nos magasins**.*
Dieser Artikel wird in jedem unserer Läden verkauft.   (= nähere Bestimmung)

*Le maire est élu **au suffrage direct**.*
Der Bürgermeister wird in direkter Wahl gewählt.   (= nähere Bestimmung)

*Le courrier n'était distribué que **deux fois par semaine**.*
Die Post wurde nur zweimal wöchentlich zugestellt.   (= Wiederholung)

*Ma chambre est nettoyée **en moins d'un quart d'heure**.*
Mein Zimmer wird in weniger als einer Viertelstunde gereinigt. (= Zeitdauer)

Zur Erläuterung:

Ist keine der unter 1-4 aufgeführten Voraussetzungen erfüllt, dann muss ein deut-sches Vorgangspassiv im Französischen durch eine Alternativkonstruktion (meist mit *on*) wiedergegeben werden (vgl. **196**). Ein Satz wie: „Das Auto wird gewaschen" stellt ein Vorgangspassiv dar, kann im Französischen aber nicht passivisch wiedergegeben werden, weil *La voiture est lavée* als Zustandspassiv verstanden wird („Das Auto ist gewaschen"). Deshalb muss im Französischen der Vorgang anders, z.B. **aktivisch**, wiedergegeben werden: *On lave la voiture.*

Der Satz „Das Auto wird gewaschen" (= **Vorgangspassiv**) kann jedoch **dann passi-visch** wiedergeben werden, wenn die oben aufgeführten Kriterien 1, 3, 4 erfüllt sind:

*La voiture est toujours lavée **par mon fils**.* (Der Handlungsausführende wird genannt.)	→ Das Auto wird immer von meinem Sohn gewaschen.
*La voiture **a été** lavée. / La voiture **aurait été** lavée si...* (Die Zeitform der Vergangenheit betont die Abgeschlossenheit.)	→ Das Auto wurde gewaschen. / Das Auto wäre gewaschen worden, wenn...
*La voiture est lavée **en ce moment même**.* (Es folgt eine nähere Bestimmung.)	→ Das Auto wird gerade in diesem Augenblick gewaschen.

Ein Zustandspassiv liegt im Französischen unter folgenden Vorausset-zungen vor:

Das Verb des Passivsatzes steht ohne jede Ergänzung im **Präsens**, **Imperfekt** oder **Konditional I** und bezeichnet einen **Zustand** oder ein **Ergebnis**. (Dabei handelt es sich um ein Verb, das **von seiner Bedeutung her** sowohl einen Zustand / ein Ergeb-nis als auch einen Vorgang bezeichnen kann.)

*Ma montre **est arrêtée**.*	→	Meine Uhr steht.
*Le pont **était** déjà **construit**.*	→	Die Brücke war bereits gebaut.
*La ville **serait détruite** si...*	→	Die Stadt wäre zerstört, wenn...
*Le film **est développé**.*	→	Der Film ist entwickelt.
*La lettre **était écrite**.*	→	Der Brief war geschrieben.
*Le maire **est élu**.*	→	Der Bürgermeister ist gewählt.
*La porte **est ouverte** / **fermée**.*	→	Die Tür ist offen / geschlossen.
*Ma décision **est prise**.*	→	Meine Entscheidung ist gefallen / steht.
*Le match **est interrompu**.*	→	Das Spiel ist unterbrochen.
*Ma chambre **est nettoyée**.*	→	Mein Zimmer ist gereinigt / sauber.
*Il est **occupé**.*	→	Er ist beschäftigt.
*La note **était** déjà **payée**.*	→	Die Rechnung war bereits bezahlt.
*La bicyclette **est rangée**.*	→	Das Fahrrad ist an seinem Platz.
*La lettre **est rédigée**.*	→	Der Brief ist verfasst.
*Le problème **serait résolu** si...*	→	Das Problem wäre gelöst, wenn...
*Le seau **est rempli**.*	→	Der Eimer ist voll.
*La paix **est sauvée**.*	→	Der Frieden ist gerettet.
*Le dîner **est servi**.*	→	Das Abendessen steht auf dem Tisch. Das Abendessen ist angerichtet.
*Le livre **est traduit**.*	→	Das Buch ist übersetzt.

Das Passiv: Aufbaustufe

Passivsätze im Deutschen und im Französischen   195

Im Deutschen gibt es drei Typen von Passivsätzen:

1. Passivsatz mit Subjekt **und Agensergänzung**:

   Das Gesetz (= Subjekt) über die 35-Stunden-Woche wurde vom Parlament (= Agenser-
   gänzung) verabschiedet.

2. Passivsatz mit Subjekt **ohne Agensergänzung**:

   Das Gesetz (= Subjekt) wurde verabschiedet.

3. Passivsatz **ohne persönliches Subjekt** und **ohne Agensergänzung**:

   Auf dem Fest wurde viel getanzt und gesungen.

Im Französischen können nur Typ 1 und 2 des deutschen Passivsatzes gebildet wer-
den:

zu 1)   *La loi sur les trente-cinq heures **a été** / **fut votée** par l'Assemblée nationale.*

zu 2)   *La loi **a été** / **fut votée**.*

Der Typ 3 ist im Französischen dagegen nicht möglich. Man kann also folgenden
Passivsatz **nicht** bilden: **A cette fête, il fut beaucoup dansé et chanté.* Dafür: *A cette
fête, on a beaucoup dansé et chanté.*

R 195

In einem französischen Passivsatz **muss** grundsätzlich ein **Subjekt** angegeben wer-
den. Dieses Subjekt leitet sich aus einem aktivischen direkten Objekt her.

Aktiv: *L'Assemblée nationale a voté **la loi sur l'avortement**.*
           Die Nationalversammlung hat das Abtreibungsgesetz verabschiedet.

Passiv: ***La loi sur l'avortement** a été votée par l'Assemblée nationale.*
           Das Abtreibungsgesetz wurde von der Nationalversammlung verabschiedet.

Das Subjekt kann im **unpersönlichen** Passivsatz auch nachgestellt werden. In die-
sem Fall wird es von dem vorangestellten Pronominalsubjekt *il* vertreten: ***Il** a été volé
une voiture, **deux motos** et **une bicyclette**.*

Anmerkung:
Nicht immer impliziert im Französischen die Umformung eines Aktivsatzes in einen
Passivsatz, dass in beiden Satztypen eine weitgehende Sinnäquivalenz vorliegt. (*Le
maire inaugurera l'exposition = L'exposition sera inaugurée par le maire.*) Es können
sich punktuell, insbesondere in Verbindung mit der Negation *ne... pas* unter gleichzei-
tiger Verwendung von *seul, tout le monde, quelqu'un* erhebliche Sinnverschiebungen
ergeben:

Aktiv	Passiv
Un seul député n'a pas voté la nouvelle loi.	*La loi n'a pas été votée par un seul député.*
Ein einziger Abgeordneter hat nicht für das neue Gesetz gestimmt. (= **Nur einer** hat es abgelehnt.)	Kein einziger Abgeordneter hat für das Gesetz gestimmt. (= **Alle** haben es abgelehnt.)
Tout le monde déteste quelqu'un.	*Il existe toujours quelqu'un qui est détesté par tout le monde.*
Jeder hasst **irgendjemand**.	Es gibt immer **jemand,** der **von allen** gehasst wird.

196 Passiversatz durch aktivische Alternativkonstruktionen

Im Französischen besteht eine ausgeprägte Tendenz, die Passivkonstruktion durch Alternativkonstruktionen zu ersetzen. Dies ist insbesondere im gesprochenen Französisch der Fall, in dem aktivische Konstruktionen den passivischen vorgezogen werden. Andererseits ist die Passivkonstruktion im geschriebenen Französisch, zumal in der wissenschaftlichen Fachsprache, durchaus lebendig. (Vgl. dazu auch: Gudrun Krassin, *Neuere Entwicklungen in der französischen Grammatik und Grammatikforschung*, Tübingen 1994, S. 72.) Die Tendenz zum Aktivsatz an Stelle des Passivsatzes im gesprochenen Französisch erklärt sich vor allem aus der Tatsache, dass die Differenzierung von Zustand und Handlung im französischen Passivsatz im Gegensatz zum Deutschen problematisch ist. Im Deutschen kann ein Zustands- oder ein Vorgangspassiv durch die Verwendung verschiedener Hilfsverben („sein" und „werden") voneinander unterschieden werden; im Französischen steht für beide Passivtypen nur das Hilfsverb *être* zur Verfügung.

Im Französischen gibt es eine Reihe von Möglichkeiten, an Stelle des Passivs eine nichtpassivische Konstruktion zu verwenden:

1. Die aktivische Konstruktion mit *on*:

Die Konstruktion mit *on* wird häufig verwendet (insbesondere im gesprochenen Französisch), wenn im Passivsatz **keine Agensergänzung** vorliegt, d.h. der Urheber ungenannt bleibt.

Es wurde beschlossen, die Benzinpreise deutlich zu erhöhen.
→ *On a décidé d'augmenter sensiblement le prix des carburants.*

Die Straßendecken wurden in unserem Viertel erneuert.
→ *On a refait le revêtement des rues de notre quartier.*

Die *on*-Konstruktion bietet sich vor allem dann an, wenn ein deutscher Passivsatz **ohne Subjekt und ohne Agensergänzung** ins Französische zu übertragen ist:

deutscher Passivsatz	französischer Aktivsatz mit *on*
Es wurde viel über diese Angelegenheit gesprochen.	*On a beaucoup parlé de cette affaire.*
Es wurde mehrfach darauf hingewiesen, dass die Geschäfte morgen geschlossen bleiben.	*On a signalé à plusieurs reprises que les magasins allaient rester fermés demain.*
Es wird noch darüber diskutiert, ob...	*On est encore en train de discuter la question de savoir si...*

Beachte:

In den genannten Beispielen ließe sich *on* auch als *nous*-Ersatz verstehen. Hier entscheidet der Kontext über die Bedeutung von *on*:

On a beaucoup parlé de cette affaire. → **Es wurde** viel über diese Angelegenheit gesprochen. / **Wir haben** viel über diese Angelegenheit gesprochen.

2. Die Reflexivkonstruktion mit passivischem Sinn:

Das Französische umschreibt viel häufiger als das Deutsche eine Passivkonstruktion mit Hilfe von reflexiven Verben. Dieses „reflexive Passiv" wird durch die sog. v*erbes pronominaux à sens passif* gebildet.

Im Deutschen sagt man zum Beispiel: „Dieses Buch verkauft sich gut." / „Dieses Buch wird gut verkauft." Im Französischen benutzt man fast ausnahmslos die reflexive Form: *Ce livre se vend bien.*

Das reflexive Passiv wird benutzt, wenn folgende zwei Kriterien erfüllt sind:

*   Es liegt **keine Agensergänzung** vor; es wird also kein Urheber genannt.

*   Das Subjekt ist ein **Sachsubjekt**, also kein Personensubjekt.

Zudem stehen die Verben meist (aber nicht zwangsläufig) in einer Zeitstufe der Gegenwart:

Beispiele:

*Traditionnellement, Noël **se fête** en famille.*	→ Traditionell wird Weihnachten im Familienkreise gefeiert. (Im Deutschen ist: *„feiert sich" nicht möglich.)
*Les romans d'Agatha Christie **se lisent** toujours avec plaisir.*	→ Die Romane von Agatha Christie werden immer noch gerne gelesen. (*„lesen sich gern" ist nicht möglich, allenfalls „lesen sich gut.")

*Les trois tableaux de Monet, en vente depuis des mois, **se sont** finalement **vendus** très cher.*	→ Die drei Bilder Monets, die seit Monaten zum Verkauf standen, wurden schließlich sehr teuer verkauft.
*Le match retour **se disputera** à Munich.*	→ Das Rückspiel wird in München ausgetragen.
*La plupart des vols **se commettent** pendant la journée.*	→ Die meisten Diebstähle werden am Tage verübt.
*Tout d'un coup, la porte **s'est fermée**.*	→ Plötzlich wurde die Tür geschlossen.
*Le vin rouge **se boit** chambré.*	→ Rotwein wird temperiert getrunken. / Rotwein muss temperiert getrunken werden. / Rotwein soll man bei zimmerwarmer Temperatur trinken.

Anmerkung:

Das reflexive Passiv kann keine Person als Subjekt haben, weil die Reflexivkonstruktion mit Personensubjekt einem anderen Sinn entspricht:

Les chemises en soie se lavent à la main.	→ Seidenhemden **werden** von Hand **gewaschen.**
On a l'impression que ces gens ne se lavent pas.	→ Man hat den Eindruck, dass diese Leute **sich nicht waschen**.

3. <mark>**Reflexive Hilfsverben mit passivischem Sinn + Infinitiv:**</mark>

R 196

Das Passiv kann mit Hilfe der reflexiven Hilfsverben *s'entendre, se faire, se voir* + Infinitiv umschrieben werden. Dabei kann im Unterschied zum Passivsatz **sowohl ein direktes als auch ein indirektes Personenobjekt** des Aktivsatzes zum Subjekt der Passivumschreibung gemacht werden.

<mark>*se faire* + Infinitiv:</mark>

Aktivsatz	Passivsatz	Passivumschreibung mit *se faire* + Infinitiv
*On a mis **les deux individus** à la porte.* (= direktes Objekt)	***Les deux individus** ont été mis à la porte.*	***Les deux individus** se sont fait mettre à la porte.* (Die zwei Personen wurden vor die Tür gesetzt.)
*Les agriculteurs en colère ont agressé **le ministre**.* (= direktes Objekt)	***Le ministre** a été agressé par les agriculteurs en colère.*	***Le ministre** s'est fait agresser par les agriculteurs en colère. (Der Minister wurde von den wütenden Bauern angegriffen.)*

On a retiré le permis de conduire **à mon collègue**. (= indirektes Objekt)	*Mon collègue a été retiré le permis de conduire. (→ nicht möglich) **Nur:** Le permis de conduire a été retiré à mon collègue.	**Mon collègue** s'est fait retirer le permis de conduire. (Meinem Kollegen wurde der Führerschein entzogen.)
On **leur** (indirektes Objekt) a volé les bagages.	**Nur:** Les bagages leur ont été volés.	**Ils** se sont fait voler les bagages. (Das Gepäck wurde ihnen gestohlen.)

s'entendre + Infinitiv / se voir + Infinitiv:

Aktivsatz	Passivsatz	Passivumschreibung mit *s'entendre* + Infinitiv / *se voir* + Infinitiv
On a traité **mon père** de tous les noms. (= direktes Objekt)	**Mon père** a été traité de tous les noms.	**Mon père** s'est entendu traiter de tous les noms. (Mein Vater wurde mit allen möglichen Schimpfwörtern bedacht.)
On va proposer des postes d'auxiliaires de police **aux chômeurs**. (= indirektes Objekt)	**Nur:** Des postes d'auxiliaires de police vont être proposés aux chômeurs.	**Les chômeurs** vont se voir proposer des postes d'auxiliaires de police. (*Ouest-France, 14/4/99*) (Den Arbeitslosen sollen Stellen als Hilfspolizisten angeboten werden.)
On **lui** (indirektes Objekt) a infligé une amende.	**Nur:** Une amende lui a été infligée.	**Elle** s'est vu infliger une amende. (Ihr wurde ein Bußgeld auferlegt.)

Anmerkung:

Die Passivumschreibungen mit *se faire, s'entendre, se voir* + Infinitiv können sich nur auf Personen beziehen. Dabei impliziert *se faire* + Infinitiv häufig, dass die erlittene Handlung für das Personensubjekt unangenehm ist. *Se voir / s'entendre* + Infinitiv unterstreichen mehr die passive Rolle des Personensubjekts, dem etwas Gutes oder Schlechtes widerfährt, das es zur Kenntnis nimmt bzw. zu nehmen hat. Man unterscheide also:

Il s'est fait avoir par inattention.   →   Er wurde aus Unachtsamkeit reingelegt.
(Hier *se faire* als Passiversatz im Sinne einer erlittenen, unangenehmen Handlung)

Elle s'est fait couper les cheveux.	→	Sie hat sich die Haare schneiden lassen. (= neutraler Sinn)
Elle s'est vu attribuer une indemnité de trois mille euros.	→	Ihr wurde eine Entschädigung von dreitausend Euro zugestanden. (= **etwas Positives**)
Il s'est vu retirer son permis de chasse.	→	Ihm wurde der Jagdschein entzogen. (= **etwas Negatives**)

Zur Veränderlichkeit des Partizips Perfekt der modalen Hilfsverben *se faire*, *s'entendre* und *se voir* bei folgendem Infinitiv siehe 186.

4. Andere Formen von Passivumschreibungen:

Neben den genannten Passivumschreibungen gibt es weiterhin **Verben** oder **verbale Wendungen** mit passivischer Valenz. **Adjektive**, die auf das Suffix *-able* oder *-ible* enden, können ebenfalls als Passivumschreibung benutzt werden:

*Il **a subi** plusieurs opérations.*	→	Er wurde mehrfach operiert.
*Ce problème **a fait l'objet / a été l'objet** de nombreuses études scientifiques.*	→	Dieses Problem wurde in zahlreichen wissenschaftlichen Studien untersucht.
*Les mesures prises par le gouvernement **sont en butte à** la critique.*	→	Die von der Regierung getroffenen Maßnahmen werden kritisiert.
*Ces réformes sont **incontournables**.*	→	Diese Reformen sind unausweichlich / unumgänglich (= können nicht umgangen werden).
*Notre terrain n'est pas **constructible**.*	→	Unser Grundstück ist nicht als Bauland ausgewiesen (= kann nicht bebaut werden).

197 Die Agensergänzung mit *par* oder *de*

Die **Agensergänzung** im Passiv wird in der Regel mit der Präposition *par*, in bestimmten Fällen mit der Präposition *de* angeschlossen. Häufig ist der Gebrauch auch schwankend. Die Verwendung der Präpositionen *par* oder *de* bei der Agensergänzung ist nicht nur ein grammatisches, sondern auch ein lexikalisches Problem.

1. Bei Verben, die eine **Handlung** / einen **Vorgang** ausdrücken können, wird die Agensergänzung mit *par* angeschlossen:

*Ma sœur a été élevée **par** ma tante.*
Meine Schwester wurde von meiner Tante erzogen.

*Les travaux ont été effectués **par** une entreprise locale.*
Die Arbeiten wurden von einem ortsansässigen Unternehmen durchgeführt.

2. Bei einer Vielzahl von Verben, die eine **Empfindung** ausdrücken, kann sowohl *de* als auch *par* bei der Agensergänzung stehen.

- Bei den eine Empfindung ausdrückenden Verben steht *de* oder *par* mit Bezug auf Sachen oder Sachverhalte (z.B. *être effrayé, étonné, déçu, frappé, satisfait, surpris*):

  *Je suis effrayé (étonné, déçu, frappé, satisfait, surpris) **de** / **par** sa façon d'agir.*

  Man sollte eher *par* benutzen, wenn die genannten Verben in einer Zeitform der **Vergangenheit** stehen, welche die **Abgeschlossenheit** betont:

  *J'ai été frappé **par** sa façon d'agir.*
  *J'avais été déçu **par** son comportement étrange.*

- Ausnahmslos benutzt man ***par***, wenn das Verb der Empfindung in einer Zeitform der **Vergangenheit** steht und sich auf eine Agensergänzung bezieht, **die eine Person ist**:

  *J'ai été déçu **par** tous mes amis.*
  Ich wurde von allen meinen Freunden enttäuscht.

  *Nous avons été effrayés **par** deux individus qui se cachaient derrière une voiture.*
  Wir wurden von zwei Personen erschreckt, die sich hinter einem Wagen versteckt hielten.

3. Bei Verben der **persönlichen Wertschätzung** wird in der Regel die Agensergänzung mit ***de*** angeschlossen: *être admiré, adoré, adulé* (*être adulé* = vergöttert werden; glühend verehrt werden), *aimé, apprécié, connu, craint, estimé, détesté, haï, respecté*:

  *Ce dictateur est craint / haï / détesté **du** peuple entier.*

  *C'est une vedette qui est adulée / adorée **d'**un large public.*

  *Il est admiré / aimé / apprécié / connu / détesté / estimé / respecté **de** tout le monde.*

Anmerkung:
Etre estimé par bedeutet „geschätzt (= taxiert) werden“:
*La maison a été estimée un million d'euros **par** le notaire.*
Dieses Haus wurde vom Notar auf eine Million Euro geschätzt.

4. Bei einer Reihe von Passivformen wie *être abandonné, accablé, assailli, atteint, blessé, écrasé, menacé, précédé* kann zwischen einem **eigentlichen** und einem **übertragenen** Gebrauch unterschieden werden. In der eigentlichen Bedeutung wird ***par***, in der übertragenen Bedeutung ***de*** bei der Agensergänzung gebraucht:

Eigentliche Bedeutung: *par*	**Übertragene Bedeutung:** *de*
*Il a été assailli **par** un voyou.* Er wurde von einem Rumtreiber angegriffen.	*Le ministre des Finances est assailli **de** questions.* Der Finanzminister wird mit Fragen bestürmt.
*Le motard a été écrasé **par** un camion.* Der Motorradfahrer wurde von einem Lastwagen überfahren.	*Il est écrasé **de** travail.* *Nous sommes écrasés **d'**impôts.* Er ist mit Arbeit überlastet. / Er steckt bis zum Hals in Arbeit. Wir werden von Steuern erdrückt.
*Lors de la cérémonie, la reine fut précédée **par** les ministres.* Während der Zeremonie schritten die Minister der Königin voran.	*Le substantif est précédé **de** l'adjectif ,ancien' lorsque celui-ci signifie ,ex'.* Das Adjektiv *ancien* geht dem Substantiv voraus, wenn dieses ,ehemalig' bedeutet.
*Le but fixé a été atteint **par** tout le monde.* Das gesetzte Ziel wurde von allen erreicht.	*Il est atteint **du** sida.* Er hat Aids.

Anmerkung:

Bei der Verwendung von *de* beim übertragenen Gebrauch der unter 4 genannten Verben hat die Agensergänzung in der Regel keine nähere Bestimmung. Wenn zwei Agensergänzungen vorliegen, wird das Sachagens mit *de*, das Personenagens mit *par* angeschlossen:

*Le ministre des Finances est assailli **de** questions **par** les journalistes.*
Der Finanzminister wird von den Journalisten mit Fragen bestürmt.

*Il est menacé **d'**un procès **par** son associé.*
Er wird von seinem Geschäftspartner mit einem Gerichtsverfahren bedroht.

5. Bei den Partizipien *accompagné, couvert, entouré, suivi* ist der Gebrauch von *de* und *par* schwankend. Dies hängt bis zu einem gewissen Grad davon ab, ob die genannten Partizipien in Verbindung mit den Formen von *être* eher als Zustandspassiv (= *de*) oder eher als Vorgangspassiv (= *par*) gedeutet werden können. Auch die Opposition ,eigentlicher' Sinn (= *par*) versus ,übertragener Sinn' (= *de*) spielt eine Rolle. Insgesamt ist jedoch eine eindeutige Bestimmung der Kriterien für die *de*- oder *par*-Ergänzung bei den genannten Verben problematisch. Die im Folgenden aufgeführten Beispiele sind letztlich **lexikalische Kollokationen**, die man sich einprägen sollte:

par **(zum Teil auch mit der Variante *de*)**	**in der Regel** ***de***
*Il était accompagné **de** / **par** ses enfants.*	*Ses paroles furent accompagnées **d'**un geste menaçant.*
*Les enfants seront accompagnés **par** au moins trois adultes / **d'**au moins trois adultes.*	*Le plat de viande était accompagné **de** légumes variés.*

*Ce risque n'est pas couvert **par** votre assurance*
Dieses Risiko ist durch Ihre Versicherung nicht abgedeckt.

*Le cercueil était couvert **de** fleurs.*
Der Sarg war mit Blumen übersät / von Blumen bedeckt.

*C'est un événement qui sera couvert **par** tous les médias.*
Dies ist ein Ereignis, über das alle Medien berichten werden.

*Il a été couvert **de** huées.*
Er wurde mit Hohngelächter überschüttet.

*Le camp des malfaiteurs a été entouré **par** les forces de police.*
Das Lager der Verbrecher wurde von Polizeieinheiten umstellt.

*Notre maison est entourée **de** murs.*
Unser Haus ist von Mauern umgeben.

*Depuis la mort de sa femme, il **est bien entouré par** ses enfants.*
Seit dem Tod seiner Frau wird er von seinem Kindern umsorgt.

*Depuis la mort de sa femme, il **vit entouré de** ses enfants.*
Seit dem Tod seiner Frau lebt er umgeben von der Fürsorge seiner Kinder.

*L'appel à la grève est bien suivi **par les** cheminots (...bien suivi **des** cheminots).*
Der Streikaufruf wird von den Eisenbahnern gut befolgt.

*La conférence sera suivie **d'**une discussion.*
Im Anschluss an den Vortrag folgt eine Diskussion.

*Le match sera suivi **par** un large public à la télé.*
Das Spiel wird von einem breiten Publikum im Fernsehen verfolgt (werden).

*,Bien que' est toujours suivi **du** subjonctif.*
Auf *bien que* folgt immer der *subjonctif.*

*Le suspect a été suivi **par** un agent de police.*
Der Verdächtige wurde von einem Polizeibeamten verfolgt.

Passivische Wendung im Deutschen / aktivische Wendung im Französischen   `198`

Es gibt im Deutschen eine Reihe von passivischen Wendungen und Ausdrücken, die im Französischen aktivisch lexikalisiert sind.

Deutsch: passivisch	Französisch: aktivisch
befördert werden	*avoir / obtenir un avancement; bénéficier d'une promotion*
geboren werden	*naître*
gemahnt werden [wegen einer ausstehenden Rechnung]	*recevoir une lettre de rappel*

schriftlich / mündlich geprüft werden	*passer un examen oral / écrit*
geröntgt werden	*passer une radio*
ärztlich untersucht werden	*subir un examen médical*
Das Haus wird verkauft / steht zum Verkauf.	*La maison est (mise) en vente.*
Er wurde von allen ausgelacht.	*Ils se sont tous moqués de lui. /* *Il a été la risée de tout le monde.*
Um Antwort wird gebeten (u.A.w.g.).	*Répondez s'il vous plaît (R.S.V.P.).*
kirchlich getraut werden	*se marier à l'église / religieusement*
standesamtlich heiraten / getraut werden	*se marier à la mairie*

199 ## Die Passivverwendung im Textzusammenhang

Im Textzusammenhang trägt die Passivkonstruktion zur Textkohärenz insofern bei, als die Informationsabfolge mit Hilfe einer durch keinerlei Brüche behinderten thematischen Progression transparent gemacht wird:

- Die Passivkonstruktion ermöglicht insbesondere in einem Anschlusssatz die Voranstellung des thematisch Wichtigen (in Form eines Subjekts) und gewährleistet somit einen besseren Kontextanschluss.

- Die Verwendung des Passivs erlaubt des Weiteren gezielte Kommunikationsstrategien wie z.B. die Stellung von Satzaussage und Personenagens an das Satzende, wo der Mitteilungswert sehr groß ist.

- Die Passivkonstruktion führt zur Entpersonalisierung der Aussage, wenn das Agens unbekannt ist oder nicht genannt sein soll („das Verschweigen des Urhebers").

Diese von der Mitteilungsperspektive her motivierten Kriterien der Passivverwendung im Französischen treffen im Übrigen auch auf das Deutsche zu, so dass die textuellen Aspekte des Passivs im Französischen und im Deutschen praktisch übereinstimmen.

Französisch	Deutsch
*Le gouvernement a adopté **les mesures** d'austérité budgétaire qui **avaient** déjà **été annoncées** (1) à la presse, il y a trois semaines. **Ces mesures seraient** vivement **contestées** (2) au sein de la majorité et il y aurait même des rumeurs selon lesquelles le Premier ministre **a été poussé** (3) à démissionner. **Il a** d'ailleurs **été précisé** (4) que ces mesures devaient entrer en vigueur dès la mi-août, date qui **a** évidemment **été choisie par la classe politique** (5) pour profiter de l'absence des Français en vacances.*	Die Regierung hat die Sparmaßnahmen beschlossen, die der Presse bereits vor drei Wochen angekündigt worden waren. Diese Maßnahmen sollen innerhalb der Regierungskoalition heftig umstritten sein. Es soll sogar Gerüchte geben, wonach der Premierminister zum Rücktritt gedrängt worden sei. Es wurde im Übrigen darauf hingewiesen, dass diese Maßnahmen Mitte August in Kraft treten sollen, einem Zeitpunkt, der von den Politikern natürlich gewählt wurde, damit ihnen die ferienbedingte Abwesenheit der Franzosen zustatten kommt.

Zur Erläuterung:

(1) *„...les mesures... qui avaient été annoncées"*: Das Passiv im Relativsatz ermöglicht den direkten Anschluss an das Bezugswort *mesures* und zugleich bleibt der Urheber ungenannt. (= die Regierung als anonym-autoritärer Verkünder von Sparmaßnahmen)

(2) *„Ces mesures seraient contestées au sein du parti"*: Das Passiv erlaubt die unmittelbare Wiederaufnahme des Rhemas (*...a adopté les mesures d'austérité budgétaire*) als Thema des Folgesatzes (*Ces mesures seraient...*). Zudem brauchen die Kritiker in der Partei nicht genannt zu werden; man belässt die Kritik an den Maßnahmen in einer unverbindlichen Anonymität.

(3) *„...selon lesquelles le Premier ministre a été poussé à démissionner"*: Das Passiv ohne Personenagens ermöglicht das Verschweigen der Initiatoren.

(4) *„Il a été précisé que..."*: unpersönliche Passivkonstruktion wegen fehlenden Urhebers; das unpersönliche Passiv ist insbesondere ein Merkmal der Zeitungs- und Behördensprache.

(5) *„...date qui a été choisie par la classe politique"*: Das Passiv ermöglicht die Satzendstellung von Satzaussage und Personenagens zur Aufwertung von deren Mitteilungswert.

Insgesamt handelt es sich um eine Textpassage, in der die Sparmaßnahmen durch den Wechsel von Aktiv- und Passivkonstruktionen an zentraler Stelle stehen und zugleich eine logische, bruchlose Informationsabfolge zustande kommt. Darüber hinaus wirkt die im Text angesprochene Grundnotwendigkeit (Sparmaßnahmen) wegen der Häufung von Passivkonstruktionen bei gleichzeitiger Auslassung der Agensergänzungen gleichsam als objektiv gegeben und unausweichlich, d. h. die Brisanz, die dem Thema „Sparmaßnahmen" eignet, erscheint gleichsam entschärft.

Diese Form „passivischen Stiles" ist im Französischen, wie auch im Deutschen, in der **Presse** und in den **Medien** (Zeitung / Fernsehen) häufig zu beobachten.

Das Passiv: Repetitorium

200 **Überblick über den Gebrauch des Passivs im Französischen**

1. Die Passivkonstruktion wird im Französischen vor allem in der Schriftsprache verwendet. Es ist zwischen einem **persönlichen** und einem **unpersönlichen** Passiv zu unterscheiden.

   Persönliches Passiv → Voranstellung des Subjekts:
   Le mauvais temps avait été prévu par les météoro-
   logues.

   Unpersönliches Passiv → Nachstellung des Subjekts, das durch ein voran-
   gestelltes grammatisches Pronominalsubjekt *il*
   vertreten wird:
   Il a été volé un ordinateur et plusieurs dossiers.

2. Im Französischen bilden nur solche Verben ein persönliches Passiv, die ein **direktes Objekt** zu sich nehmen können.

   Beispiele: *Leur voisin **les** a aidés.* ⇔ ***Ils** ont été aidés par leur voisin.*

   *On **les** a arrêtées.* ⇔ ***Elles** ont été arrêtées.*

   Ausnahmen: *obéir, désobéir, pardonner,* die ebenfalls ein persönliches Passiv
   bilden: *On **leur** a pardonné.* → ***Ils** ont été pardonnés.*

3. Im Französischen ist die Unterscheidung zwischen **Vorgangspassiv** und **Zustandspassiv** (vgl. im Deutschen: Das Auto **wird** gerade gewaschen. / Das Auto **ist** gewaschen) deswegen erschwert, weil alle Passivkonstruktionen ausschließlich mit dem Hilfsverb *être* gebildet werden.

   Ein **Vorgangspassiv** kann im Französischen nur unter der Voraussetzung gebildet werden, dass eines der folgenden Kriterien erfüllt ist:

   - Es folgt eine Agensergänzung mit *par*:
     La porte est ouverte par le concierge.

   - Das Verb drückt grundsätzlich eine Handlung / einen Vorgang aus:
     Nous sommes surveillés / remboursés / observés.

   - Das Verb steht in einer Zeitform der Vergangenheit (außer Imperfekt):
     Le problème a été résolu.

- Das Verb steht im Präsens oder Imperfekt, und es folgt eine nähere Bestimmung oder eine Zeitangabe:

  Cet article est vendu dans les grandes surfaces. /
  Les poubelles n'étaient vidées qu'une fois par semaine.

Ein Zustandspassiv liegt vor, wenn das Verb (welches sowohl einen Zustand als auch einen Vorgang ausdrücken kann) ohne Ergänzung im Präsens, Imperfekt oder Konditional I steht: *Nous sommes occupés. La porte était fermée. Selon notre envoyé spécial, le match serait interrompu depuis un quart d'heure déjà.* (→ Laut Mitteilung unseres Reporters vor Ort soll das Spiel bereits seit einer Viertelstunde unterbrochen sein.)

4. An Stelle von Passivkonstruktionen werden im Französischen häufig folgende aktivische Alternativkonstruktionen verwendet:

  - Die Konstruktion mit *on*:
    On a beaucoup discuté de ce problème. → Über dieses Problem wurde heftig diskutiert.

  - Das „reflexive Passiv" ohne Agensergänzung bei Bezug auf ein Sachsubjekt:
    Le rôti de porc se mange aussi froid. → Schweinebraten wird auch kalt gegessen.

  - Umschreibungen unter Verwendung der Hilfsverben *se faire* / *se voir* mit folgendem Infinitiv:
    L'équipe s'est fait disqualifier. → Die Mannschaft wurde disqualifiziert.
    Elle s'est vu infliger une amende de trois cents euros. → Sie wurde mit einer Geldbuße von dreihundert Euro belegt.

5. Die Agensergänzung in der Passivkonstruktion erfolgt in der Regel mit der Präposition *par* : → *J'en ai été informé par mon collègue.*

  Mit *de* wird die Agensergänzung bei Verben der **persönlichen Wertschätzung** verbunden (*aimé, connu, estimé, détesté de*, usw.):
  Il est connu de tout le monde.

  Mit *par* oder *de* werden die Passivformen folgender Verben gebraucht: *être assailli, atteint, écrasé, menacé* u.a. Dabei steht *par* bei der Verwendung im **eigentlichen Sinn**, *de* im **übertragenen Sinn**:
  Elle avait été menacée par un inconnu. → Sie wurde von einem Unbekannten bedroht.
  Cette espèce est menacée de disparition. → Diese Art ist vom Aussterben bedroht.

6. In Presse, Fernsehen oder politischen Verlautbarungen sind Passivkonstruktionen im Französischen zum Teil hochfrequent, wie folgendes Beispiel zeigen soll:

Bagarre dans un camping: 4 blessés
*Une bagarre a éclaté, dimanche, vers 6h, dans un camping de Saint-Malo. Un groupe de quatre jeunes touristes de Beauvais **a été attaqué** par une dizaine de jeunes Malouins (= die Einwohner von Saint-Malo) à la suite d'une dispute née à propos d'une jeune fille. Les touristes **ont été frappés** à coups de piquets affûtés et de couteaux. Trois d'entre eux **ont été blessés**, dont un, touché par dix coups de couteau. Un policier, venu en renfort pour séparer les rivaux, **a été touché** par un coup de barre de fer. Deux garçons de 18 et 19 ans **ont été arrêtés** et **placés** en garde à vue. (Ouest-France, August 1999)*

201 Schwierigkeiten und Fehlerquellen

1. Es ist darauf zu achten, dass im Passiv das Partizip Perfekt mit dem Hilfsverb *être* verbunden ist und dieses sich demzufolge auf das Subjekt bezieht, nach dem es sich in **Geschlecht und Zahl richtet**:

   *Nous avons été accueilli**s** à bras ouverts. La loi sera vot**ée** avant les vacances d'été.*

2. Im Französischen gibt es Verben, die **nur** einen Vorgang / eine Handlung ausdrücken und solche, die **sowohl** einen Vorgang / eine Handlung **als auch** einen Zustand ausdrücken können.

   ‚**Handlungsverben**' können grundsätzlich ein Vorgangspassiv **ohne Agensergänzung** bilden:

   Nous sommes attendus / observés / surveillés.
   Ma sœur sera interrogée / opérée / remboursée.

   Verben, die **einen Zustand oder eine Handlung** ausdrücken können, bilden folgende Typen von Passivsätzen:

   - ein **Zustandspassiv** , wenn sie ohne Ergänzung in den einfachen Zeiten (Präsens / Imperfekt / Konditional I) verwendet werden:

     Le repas est servi. La porte était fermée. Le problème serait résolu si...

   - ein **Vorgangspassiv** , wenn sie mit Agensergänzung oder mit näherer Bestimmung oder in einer Vergangenheitszeit (außer Imperfekt) verwendet werden:

     *Le repas sera servi **par un traiteur** / **dans la cantine**. Il **a été** blessé.*

3. Folgende deutsche Passivkonstruktionen können im Französischen **nur aktivisch** wiedergegeben werden (unterschiedliche Verbkonstruktion im Deutschen und im Französischen):

   Die Frage, ob er dafür verantwortlich ist, kann nicht beantwortet werden.
   On ne saurait répondre à la question de savoir s'il en est responsable.

   Er ist gefragt worden, ob...
   On lui a demandé si... / On lui a posé la question de savoir si...

   Aber: *Vous êtes demandé au téléphone* → *demander qn* = nach jemandem verlangen.

Kapitel 4.8

Indikativ und *subjonctif*
(*l'indicatif et le subjonctif*)

Kapitelübersicht:

Indikativ und *subjonctif*: Grundstufe

Indikativ und *subjonctif* : Grundsätzliches zur Moduswahl | 202 |

1. Die Verwendung der Modi Indikativ oder *subjonctif* muss im Zusammenhang mit der **Modalität** betrachtet werden. Modalität ist eine Kategorie, mit der die Frage nach dem Wirklichkeitsstatus und dem Geltungsbereich eines geäußerten Sachverhaltes gestellt wird und zugleich die Frage impliziert ist, in welcher Weise dieser im Spannungsfeld Wirklichkeit – Möglichkeit interpretiert werden kann oder soll. Mit der Kategorie der Modalität sind insbesondere auch die Sprecherintentionen und sprechersubjektiven Bewertungen in Verbindung zu bringen: Soll zum Beispiel eine Äußerung als Feststellung, persönliches Urteil, als Aufforderung verstanden werden? Oder: In welcher subjektiven Weise steht der Sprecher verstandes- oder gefühlsmäßig zu dem geäußerten Sachverhalt? Es stellt sich also folgende grundsätzliche Frage:

Wie werden Indikativ oder *subjonctif* im Französischen benutzt, um die Modalität, die einer Aussage ihr besonderes Profil gibt, auszudrücken?

Der Indikativ und der *subjonctif* dienen im Französischen dazu, in einer Aussage ein Geschehen, Faktum, Urteil, usw. von der spezifischen Einschätzung oder Bewertungsperspektive des Sprechers her zu beleuchten, das heißt, die Haltung des Sprechers zu dem in der Aussage genannten Geschehen, usw. auszudrücken. Die Anwendung des Indikativs oder des *subjonctif* wird zum Indikator darüber, ob, oder bis zu welchem Grade, die Satzaussage (das Prädikat) für den Sprecher Gültigkeit besitzt oder auch welche subjektive Bewertung und welche Empfindungen der Sprecher gegenüber der Aussage zum Ausdruck bringen will. Der Sprecher kann eine Aussage als wahr, als Tatsache, oder als hypothetisch, als wünschenswert, als notwendig, als zweifelhaft, als erlaubt, als verboten darstellen. Durch die Wahl von Indikativ oder *subjonctif* im *que*-Satz werden die individuelle Haltung des Sprechers / die Sprecherintention zu dieser Aussage ‚mitgeliefert'; es wird also die **Modalität**, unter der eine Aussage produziert wird und die für diese gelten soll, konnotiert. Der geäußerte Vorgang / Zustand bzw. die Aussageinhalte können als real oder als irreal / hypothetisch oder auch in ihrer Interdependenz zu dem Willen / der Gefühlswelt des Sprechers dargelegt werden.

- Der **Indikativ** wird im Französischen verwendet, um eine Aussage als **wahr**, als **sicher**, als **faktisch gegeben**, als **tatsächlich** zu charakterisieren.

- Der *subjonctif* wird im Französischen verwendet, um die subjektive Einschätzung der Aussage durch den Sprecher und seine persönliche Einstellung zu dieser in Form von **Wunsch**, **Willensäußerung**, **Möglichkeit**, **Unwahrscheinlichkeit**, **Zweifel**, **Affekt**, **persönlicher Empfindung**, usw. zu signalisieren.

Indikativ:
*Je sais que toute sa famille **arrivera** ce soir.* (Feststellung / Tatsache, die als zutreffend dargelegt wird.)

Subjonctif:

*Je voudrais que toute ma famille **vienne** me voir aussitôt que possible.* (Wunsch / Aufforderung)

2. Im Französischen lassen sich zwei Grundtypen von Modalität unterscheiden: die **affektiv-emotionale** und die **rational-intellektuelle** Modalität. Als Sprecher kann man eine Aussage (= ein Geschehen, ein Faktum, ein Urteil, usw.)

- als bedauernswert, wünschenswert, erstaunlich; als freudiges Ereignis, als unabwendbar oder selbstverständlich darlegen (**affektiv-emotional**):

*Je **regrette** que...* *Je **souhaite** que...* *Je m'**étonne** que...* *Je **suis ravi** que...* *Il **est normal** que...*	*vous **fassiez** ce travail.*

- als sachlich begründbar, als richtig, als faktisch gegeben, als bekannt, als wahr oder sehr wahrscheinlich, als zweifelhaft, als unsicher darstellen bzw. bewerten (**rational-intellektuell**):

*Il **est probable** que...* *Il **est vrai** que...* *Il **est évident** que...* *Il **est prouvé** que...* *Il **est vraisemblable** que* *On **sait** que...*	*c'**était** son dernier mot.*
*Il **est improbable** que...* *Je **ne pense pas** que...* *Je **doute** que...*	*ce **soit** / **fût** son dernier mot.*

R 202.1

Im Französischen wird die **affektiv-emotionale Modalität** grundsätzlich mit dem *subjonctif* verbunden. Die **rational-intellektuelle Modalität** wird, je nach Sprecherintention (z.B. faktisch begründbare Aussage oder zweifelhafte Aussage), mit dem **Indikativ** oder mit dem *subjonctif* ausgedrückt.

3. Die Wendungen, Verben und Ausdrücke, die einen Nebensatz mit *que* einleiten, lassen sich im Allgemeinen den beiden Grundmodalitäten ‚affektiv‘ und ‚intellektuell‘ zuordnen. Dies bedingt, dass die meisten dieser Wendungen im Französischen **entweder** den Indikativ **oder** den *subjonctif* **automatisch auslösen**; nur nach bestimmten Verben und Ausdrücken besteht je nach Aussageintention des Sprechers eine echte Wahlmöglichkeit zwischen Indikativ oder *subjonctif*.

Keine Wahlmöglichkeit: *Je **préférerais** que la situation **soit** plus simple.*
(Ausdruck der Willensäußerung)

Wahlmöglichkeit: *Je **comprends** que deux et deux font quatre.*
                           (= intellektuelles Verstehen)

                           *Je **comprends** qu'elle **soit** mécontente.*
                           (= emotionales Verstehen)

4. Der *subjonctif,* wie auch der Indikativ, werden im Französischen zur Modalitäts-
    differenzierung in Bezug auf Aussagen benutzt. Der funktionale Charakter des
    französischen *subjonctif* unterscheidet sich von dem des deutschen Konjunktivs
    vor allem darin, dass im Deutschen der Konjunktiv I und II **in erster Linie** zur
    Kennzeichnung der **indirekten Rede** benutzt wird, im Gegensatz zum Französi-
    schen, wo der Indikativ in der indirekten Rede dominiert.

    Auf Grund der unterschiedlichen Funktion von *subjonctif* (im Französischen) und
    Konjunktiv (im Deutschen) wird hier, bezogen auf das Französische, generell der
    Terminus *subjonctif* verwendet. Der *subjonctif* steht fast ausschließlich in *que*-
    Sätzen, nur in besonderen Fällen auch im unabhängigen Satz oder im Relativ-
    satz. Der Terminus *subjonctif* (lat. *subjungere* = „verbinden", „unterwerfen")
    bringt zum Ausdruck, dass der *subjonctif* überwiegend in untergeordneten Sät-
    zen verwendet wird.

    ### *Subjonctif* im Französischen:
    *La direction regrette que les employés ne **soient** pas satisfaits des conditions de travail.*
    (= Ausdruck des Bedauerns)
    Die Firmenleitung bedauert, dass die Angestellten mit den Arbeitsbedingungen nicht zu-
    frieden **sind.** (Indikativ im Deutschen)

    ### Konjunktiv im Deutschen:
    Er sagte / Sie sagten, er **habe** / sie **hätten** kein Interesse an dieser Tätigkeit. (= indirekte
    Rede)
    Il a dit / *Ils ont dit qu'il n'**était** / qu'ils n'**étaient** pas pas intéressé(s) par ce métier.* (Indikativ
    im Französischen)

    Anmerkung: Außerhalb der indirekten Rede wird der Konjunktiv II im Deutschen
    benutzt in einer höflichen Bitte oder vorsichtigen Anfrage (*Hätten Sie vielleicht
    etwas Zeit für mich?*) oder auch zum Ausdruck eines kaum erfüllbaren Wunsches
    (*Wenn er nur schon da wäre!*). Der Konjunktiv I beschränkt sich dagegen weitge-
    hend auf die indirekte Rede.

5. Die Formen des *subjonctif* sind im Französischen weitgehend auf den ***subjonc-
    tif* Präsens** (z.B.: *qu'il fasse*) und auf den ***subjonctif* Perfekt** (z.B.: *qu'il ait fait*)
    beschränkt; sie werden in der gesprochenen und in der geschriebenen Sprache
    verwendet. Die Formen des ***subjonctif* Imperfekt** (z.B.: *qu'il fît*) und des ***sub-
    jonctif* Plusquamperfekt** (z.B.: *qu'il eût fait*) gehören dem gehobenen geschrie-
    benen Französisch an und finden zudem meist nur noch in der dritten Person
    Singular Anwendung.

R 202.2

> Wenn das einleitende Verb / der einleitende Ausdruck in der Gegenwart oder in ei-
> nem Vergangenheitstempus steht, folgt im *que*-Satz im Falle der **Gleichzeitigkeit**
> und der **Nachzeitigkeit** der *subjonctif* Präsens, im Falle der **Vorzeitigkeit** der *sub-
> jonctif* Perfekt.

R 202.3

In der gehobenen Schriftsprache kann nach einem **Vergangenheitstempus** im Hauptsatz bei **Gleichzeitigkeit** im *que*-Satz der *subjonctif* Imperfekt, bei **Vorzeitigkeit** der *subjonctif* Plusquamperfekt stehen (meist beschränkt auf die dritte Person Singular). Bei Nachzeitigkeit wird der *subjonctif* Imperfekt gemieden; statt dessen steht der *subjonctif* Präsens. Vgl. auch **222.7**.

Folgende Fälle der Zeitenfolge mit *subjonctif*-**Formen lassen sich demzufolge unterscheiden:**

Standardfranzösisch:	
Je suis / J'étais rassuré	einleitender Satz in der Gegenwart oder in einem Vergangenheitstempus:
– *que tu ne **sois** pas malade.*	→ Gleichzeitigkeit: *subjonctif* Präsens
– *que tu **reprennes** ton travail jeudi.*	→ Nachzeitigkeit: *subjonctif* Präsens
– *que tu **aies subi** tes examens médicaux.*	→ Vorzeitigkeit: *subjonctif* Perfekt
Gehobene Schriftsprache:	
J'étais étonné	einleitender Satz im Vergangenheitstempus:
– *qu'il **fût** en pleine forme.*	→ Gleichzeitigkeit: *subjonctif* Imperfekt
– *qu'il **reprenne** son travail jeudi.*	→ Nachzeitigkeit: *subjonctif* **Präsens**
– *qu'il **eût apprécié** mon geste.*	→ Vorzeitigkeit: *subjonctif* Plusquamperfekt

Der *subjonctif* im *que*-Satz

203 **Die affektiv-emotionale Modalität: Verben und Ausdrücke der Willensäußerung**

R 203.1

Nach Verben und Ausdrücken der **Willensäußerung** wird im *que*-Satz grundsätzlich der *subjonctif* verwendet.

Die Willensäußerung des Sprechers kann sich artikulieren in Form

– eines **Wunsches**, **Verlangens**;

– einer **Aufforderung**, etwas zu tun oder nicht zu tun;

– einer **Erlaubnis**, einer **Ablehnung**;

– eines **nachdrücklichen Vorschlages**.

Der *subjonctif* im *que*-Satz steht nach:		
Verben der Willensäußerung		**unpersönlichen Ausdrücken der Willensäußerung**
accepter que	akzeptieren, dass	*il serait bon que*	es wäre gut, wenn / es wäre ratsam, dass
admettre que	zulassen / akzeptieren, dass (vgl. auch **216**)	*il convient que*	es ist angebracht, dass / man sollte...
aimer que	(es) gerne haben / es mögen, dass	*il est essentiel que*	es ist wesentlich, dass
aimer mieux que	lieber wollen, dass / es lieber haben, dass	*il faut que*	es ist nötig, dass
avoir besoin que (selten)	es nötig haben, dass	*il est important que*	es ist wichtig, dass
avoir hâte que	es kaum erwarten können, dass	*il importe que*	es kommt darauf an, dass
approuver que	gutheißen / billigen, dass	*peu importe que*	es macht nichts, dass / wenn
attendre que	darauf warten, dass	*il est inacceptable que*	es ist nicht zu akzeptieren, dass
s'attendre à ce que	damit rechnen, dass / darauf gefasst sein, dass	*il est inadmissible que*	es kann nicht hingenommen werden, dass / es ist unzulässig, dass
faire attention que / faire attention à ce que	darauf achten, dass	*il est indispensable que*	es ist unerlässlich, dass
consentir à ce que	zustimmen, dass	*il est inéluctable que*	es ist unausweichlich, dass
défendre que	verbieten, dass		
demander que	verlangen, dass	*il est inévitable que*	es ist unvermeidlich, dass
désapprouver que	missbilligen, dass		
désirer que	wünschen, dass	*il est insupportable que*	es ist unerträglich, dass
détester que	es hassen, dass		
empêcher que (ne)	verhindern, dass	*il est nécessaire que*	es ist notwendig, dass
entendre que	verlangen / erwarten, dass		
éviter que (ne)	vermeiden, dass	*il est préférable que*	es ist besser, dass / wenn
exiger que	fordern / verlangen, dass	*il est souhaitable que*	es ist wünschenswert, dass
interdire que	untersagen, dass		
s'opposer à ce que	dagegen sein, dass / sich dagegen wenden, dass	*il est (grand) temps que*	es ist (höchste) Zeit, dass

permettre que	erlauben / gestatten, dass	*il est urgent que*	es ist dringend, dass
préférer que	(es) vorziehen / lieber wollen, dass	*il est utile que*	es ist nützlich, dass
prendre garde que	darauf achten / aufpassen / Acht geben, dass	*il vaut mieux que*	es ist besser, dass / wenn
proposer que	vorschlagen, dass		
recommander que	empfehlen, dass		
refuser que	ablehnen, dass		
ne pas souffrir que	nicht dulden, dass	**Anmerkung:**	
souhaiter que	wünschen, dass	*Il suffit que* (= es genügt / es reicht, dass / wenn) kann ebenfalls als Ausdruck der Willensäußerung gelten, obwohl dies auf den ersten Blick nicht unbedingt plausibel erscheint. Dementsprechend steht nach dieser Wendung ebenfalls der *subjonctif*.	
supporter que	ertragen, dass		
tenir à ce que	Wert darauf legen, dass		
tolérer que	ertragen / dulden, dass		
veiller à ce que	dafür sorgen / darauf achten, dass		
vouloir que	wollen, dass		
vouloir bien que	einverstanden sein, dass		

R 203.2

Nach den oben aufgeführten Verben und Ausdrücken der Willensäußerung kann nur dann ein *que*-Satz + *subjonctif* stehen, wenn *que*-Satz und einleitender Hauptsatz **verschiedene Subjekte** haben. Bei **Subjektsgleichheit** werden die genannten Verben und Ausdrücke in den meisten Fällen mit einer **Infinitivkonstruktion** mit oder ohne Präposition verbunden. Vgl. dazu Kap. 4.2.

Beispiele für *subjonctif* nach Verben der Willensäußerung:

*Nous aimerions mieux que vous **soyez** soigné à l'hôpital.*	Wir hätten es lieber, wenn Sie im Krankenhaus behandelt würden.
*A-t-il vraiment besoin qu'on lui **vienne** en aide?*	Hat er es wirklich nötig, dass man ihm zu Hilfe kommt?
*Nous avons hâte qu'ils en **finissent**.*	Wir können es kaum erwarten, dass sie endlich damit aufhören.
*Le règlement défend / interdit qu'on **fasse** du bruit après vingt-deux heures.*	Die (Haus-)Ordnung untersagt, dass man nach zehn Uhr Lärm macht.
*Nous désirerions / souhaiterions que notre appartement **soit repeint**.*	Wir hätten den Wunsch, dass unsere Wohnung neu gestrichen wird.
*J'entends qu'on m'**obéisse**.*	Ich erwarte, dass man mir gehorcht.
*Tâchez d'éviter qu'ils (n')en **soient informés**.*	Versuchen Sie zu vermeiden, dass sie darüber informiert werden.

*Mon chef s'oppose à ce que je **prenne** de telles responsabilités.*	Mein Chef ist dagegen, dass ich eine derartige Verantwortung übernehme.
*Prenez garde que la porte **soit bien fermée** à clé.*	Achten Sie darauf, dass die Tür gut verschlossen ist.
*Prenez garde qu'il ne **s'en aperçoive** pas.*	Geben Sie Acht / Passen Sie auf, dass er es nicht merkt.
*Il ne souffre pas qu'on le **contredise**.*	Er duldet keinen Widerspruch.
*Veillez à ce que le travail **soit exécuté** convenablement.*	Sorgen Sie dafür, dass die Arbeit ordentlich ausgeführt wird.
*Je veux bien qu'il le **fasse**.* Vgl. auch **216.3**	Ich bin damit einverstanden, dass er es macht.

Beispiele für *subjonctif* nach unpersönlichen Ausdrücken der Willensäußerung:

*Il est indispensable que tous les passagers **soient** minutieusement **contrôlés**.*	Es ist unerlässlich, dass alle Passagiere genau kontrolliert werden.
*Il serait souhaitable que vous lui **passiez** un coup de fil.*	Es wäre wünschenswert, dass Sie ihn anrufen.
*Il est grand temps que nous **prenions** des vacances.*	Es ist höchste Zeit, dass wir Urlaub machen.
*Il vaut mieux que je **finisse** d'abord mon chapitre.*	Es ist besser, wenn ich zuerst mein Kapitel fertigstelle.
*Il suffirait que les deux hommes d'Etat **fassent** un petit effort.*	Es würde reichen, wenn die beiden Staatsmänner sich ein wenig Mühe geben würden.

Anmerkung:

Es ist zu beachten, dass der *subjonctif* in einem **Nebensatz** mit ***que*, nicht** jedoch in einem mit ***comment, pourquoi*** oder ***si*** eingeleiteten **indirekten Fragesatz** stehen kann.

Also:

*Il demande **qu'on** lui **vienne** en aide.* → Er bittet, man möge ihm zu Hilfe kommen.

*Il demande **pourquoi** on ne lui **vient** pas en aide.* → Er fragt, warum man ihm nicht beisteht.

Bei *empêcher* und *éviter* kann ein **zusätzliches *ne*** *(„ne explétif")* stehen. Sind *empêcher* und *éviter* verneint, ist im *que*-Satz das *ne explétif* nicht möglich. Vgl. dazu **253.1**.

Also:

Evitez qu'il (ne) l'apprenne. (Vermeiden Sie, dass er es erfährt.)

La police n'a pas pu empêcher que les manifestants aient recours à la violence. (Die Polizei konnte nicht verhindern, dass die Demonstranten gewalttätig wurden.)

204 **Die affektiv-emotionale Modalität: Verben und Ausdrücke des** <mark>Empfindens</mark> **und der** <mark>subjektiven Bewertung</mark>

R 204.1

> Nach den Verben und Ausdrücken des **Empfindens** und der **subjektiven Bewertung** wird im *que*-Satz grundsätzlich der *subjonctif* gesetzt.

Die dieser Gruppe zugehörigen Verben werden teils **persönlich** (*je regrette que...*), teils **unpersönlich** (*cela* m'amuse que...) konstruiert.

Zu den **persönlich konstruierten** Verben des Empfindens und der subjektiven Bewertung sind auch verbale Fügungen vom Typ *être* + Adjektiv / + Partizip zu rechnen (*je suis* content que... / *je suis* étonné que...).

1. <mark>Persönlich konstruierte Verben</mark> des Empfindens und der subjektiven Bewertung mit *subjonctif* (zu den Verben mit * vgl. Anmerkung, S. 357)**:**

admirer que	bewundern, dass
adorer que	es gerne mögen, wenn / es lieben, wenn
apprécier que	(es) zu schätzen wissen, dass
approuver que	(es) begrüßen, dass / (es) gut finden, dass
comprendre que	verstehen können, dass / dafür Verständnis haben, dass
craindre que (ne)	fürchten, dass
déplorer que	beklagen, dass / bedauern, dass
désapprouver que	missbilligen, dass / etwas dagegen haben, dass
détester que	(es) hassen, dass (wenn) / (es) verabscheuen, dass (wenn)
*s'étonner que**	sich (darüber) wundern, dass
*s'indigner que**	sich (darüber) entrüsten, dass / sich (darüber) empören, dass
*s'inquiéter que**	sich Sorgen machen, dass / (darüber) beunruhigt sein, dass
*se plaindre que**	sich (darüber) beklagen, dass
redouter que (ne)	fürchten, dass
regretter que	bedauern, dass
*se réjouir que**	sich (darüber) freuen, dass
*avoir honte que**	sich schämen, dass
*avoir peur que (ne)**	Angst haben, dass

R 204.2

Nach den oben genannten Verben des Empfindens und der subjektiven Bewertung kann nur dann ein *que*-Satz + *subjonctif* folgen, wenn der einleitende Hauptsatz und der *que*-Satz **verschiedene Subjekte** haben. Bei **Subjektsgleichheit** wird eine **Infinitivkonstruktion** erforderlich.

Beispiele:

*Je ne désapprouve pas que vous **veniez**.*	Ich habe nichts dagegen, dass Sie kommen.
*Elle déteste qu'on lui **tienne** tête.*	Sie hasst es, wenn man ihr die Stirn bietet. / ...wenn man ihr Widerstand leistet.
*La classe politique s'est étonnée que tant d'électeurs **aient voté** blanc.*	Die Politiker wunderten sich darüber, dass so viele Wähler leere Stimmzettel abgegeben hatten.
*J'ai honte que tu **aies réagi** de la sorte.*	Ich schäme mich, dass du so reagiert hast.

Anmerkung:

Die mit * bezeichneten Verben und Ausdrücke lassen an Stelle eines *que*-Satzes auch einen mit *de ce que* eingeleiteten Objektsatz zu, in dem sowohl der *subjonctif* als auch der Indikativ stehen kann: *Les automobilistes s'indignent de ce que le prix des carburants **soit** / **est** encore en hausse.* Diese Konstruktion ist deshalb möglich, weil ein nominales Objekt bei diesen Verben mit der Präposition *de* angeschlossen wird (*Ils s'indignent **du** prix élevé des carburants*).

Nach *craindre*, *redouter* und *avoir peur* steht häufig ein zusätzliches *ne* (*ne explétif*). Vgl. dazu **253**.

2. **Persönlich konstruierte verbale Fügungen** des Empfindens und der subjektiven Bewertung (*être* + Adjektiv / + Partizip) mit *subjonctif*:

être affligé que	bedrückt / traurig sein, dass
être choqué que	entsetzt / schockiert sein, dass
être content que	sich freuen, dass
être déçu que	enttäuscht sein, dass
être désolé que	darüber betrübt sein, dass / jemandem Leid tun, dass
être enchanté que	erfreut sein, dass
être ennuyé que	verärgert sein, dass / jemandem unangenehm sein, dass
être étonné que	verwundert / erstaunt sein, dass
être fâché que	böse / verärgert sein, dass
être fier que	(darauf) stolz sein, dass
être flatté que	sich geschmeichelt fühlen, dass

être heureux que	glücklich sein, dass / sich darüber freuen, dass
être indigné que	entrüstet / empört sein, dass
être inquiet que	besorgt sein, dass
être mécontent que	(damit) unzufrieden sein, dass
être navré que	bedauern, dass / (darüber) betrübt sein, dass
être outré que	empört sein, dass
être ravi que	hocherfreut sein, dass / entzückt sein, dass
être satisfait que	zufrieden sein, dass
être stupéfait que	verblüfft sein, dass
être surpris que	überrascht sein, dass
être triste que	traurig sein, dass

Beispiele:

*Nous sommes choqués qu'une pareille chose **puisse** se produire.*	Wir sind darüber entsetzt, dass so etwas passieren kann.
*Mes hôtes étaient visiblement ennuyés que leur chien **ait aboyé** toute la nuit.*	Meinen Gastgebern war es sichtlich unangenehm, dass ihr Hund die ganze Nacht gebellt hatte.
*Nous sommes ravis que tu **veuilles** te joindre à nous.*	Wir sind hocherfreut, dass du dich uns anschließen willst.
*Ne furent-ils pas surpris que le concert n'**ait** pas **eu** lieu / n'**eût** pas **eu** lieu?*	Waren sie nicht überrascht, dass das Konzert nicht stattfand?

Anmerkung:

Alternativ zu *que* kann der Nebensatz nach allen unter 204.2 aufgeführten verbalen Fügungen des Empfindens oder der subjektiven Bewertung auch mit *de ce que* eingeleitet werden (mit folgendem ***subjonctif*** oder **Indikativ**):

*Nous sommes heureux de ce que tu **puisses** / **pourras** être des nôtres à l'occasion de l'anniversaire de maman.*
Wir freuen uns darüber, dass du aus Anlass von Mutters Geburtstag bei uns sein kannst.

3.   <mark>Unpersönliche Ausdrücke</mark> der subjektiven Bewertung vom Typ *il est* + **Adjektiv mit folgendem *subjonctif*:**

il est absurde que	es ist absurd / unsinnig, dass
il est agréable que	es ist angenehm, dass
il est amusant que	es ist lustig, dass
il est bête que	es ist dumm, dass

il est bizarre que	es ist seltsam, dass
il est bon que	es ist gut / ratsam / empfehlenswert, dass / wenn
il est choquant que	es ist schockierend, dass
il est compréhensible que	es ist verständlich, dass
il est contrariant que	es ist unangenehm, dass
il est curieux que	es ist seltsam / eigenartig, dass
il est dangereux que	es ist gefährlich, dass
il est déplorable que	es ist bedauerlich, dass
il est désastreux que	es ist verheerend, dass
il est drôle que	es ist merkwürdig / komisch / sonderbar, dass
il est ennuyeux que	es ist ärgerlich, dass
il est essentiel que	es ist wesentlich, dass
il est étonnant que	es ist erstaunlich, dass
il est étrange que	es ist seltsam, dass
il est exclu que	es ist ausgeschlossen, dass
il est fâcheux que	es ist ärgerlich, dass
il est faux que	es ist falsch, dass
il est gênant que	es ist lästig / ärgerlich, dass
il est honteux que	es ist eine Schande, dass
il est inacceptable que	es ist nicht zu akzeptieren, dass
il est inévitable que	es ist unvermeidlich, dass
il est injuste que	es ist ungerecht, dass
il est inquiétant que	es ist beunruhigend, dass
il est inutile que	es ist unnötig, dass
il est juste que	es ist richtig / gerecht, dass
il est lamentable que	es ist beklagenswert, dass
il est logique que	es ist logisch / folgerichtig, dass
il est malheureux que	es ist ein Jammer, dass
il est mauvais que	es ist schlecht, dass
il est naturel que	es ist selbstverständlich / natürlich, dass
il est normal que	es ist normal / selbstverständlich, dass
il est rare que	es kommt selten vor, dass
il est regrettable que	es ist bedauerlich, dass
il est révoltant que	es ist empörend, dass

il est significatif que	es ist bezeichnend, dass
il est stupéfiant que	es ist verblüffend, dass
il est surprenant que	es ist erstaunlich / überraschend, dass
il est triste que	es ist traurig, dass
il est utile que	es ist nützlich, dass
il serait utile que	es wäre zweckmäßig, wenn

Beispiele:

*Il est étonnant que les politiciens n'**aient** pas encore **réagi**.*	Es ist erstaunlich, dass die Politiker noch nicht reagiert haben.
*Il est normal que les Nations Unies **aient réagi** avec tant de résolution.*	Es ist selbstverständlich / normal, dass die Vereinten Nationen so entschlossen reagiert haben.
*Il est regrettable que vous ne **fassiez** aucun effort pour vous sortir de cette situation.*	Es ist bedauerlich, dass Sie sich keinerlei Mühe geben, um mit dieser Situation fertig zu werden.
*Il n'est nullement surprenant que l'équipe nationale ne se **soit** pas **qualifiée** pour la finale.*	Es überrascht keineswegs, dass sich die Nationalmannschaft nicht für das Finale qualifiziert hat.

Anmerkung:

- Statt des neutralen grammatischen Subjekts *il* kann man in der Umgangssprache oder in einem affektiven Kontext auch *ce* bei allen oben aufgeführten Wendungen benutzen (vgl. dazu auch **305.1**):

  C'est malheureux qu'il ait perdu tout contact avec ses amis.
  Es ist ein Jammer, dass er jeden Kontakt zu seinen Freunden verloren hat.

  C'est étonnant que les autorités ne soient pas mises au courant.
  Es ist verwunderlich, dass die Behörden nicht in Kenntnis gesetzt worden sind.

- Der unpersönliche Ausdruck *il est à craindre que (ne)* (= es ist zu befürchten, dass...) steht mit dem *subjonctif*. Das neutrale Pronominalsubjekt *il* kann hier **nicht** durch *ce* ersetzt werden.

  Il est à craindre que les prix (n')augmentent encore.
  Es steht zu befürchten, dass die Preise noch steigen.

4. **Unpersönliche Ausdrücke** der subjektiven Bewertung **mittels Nominalgruppe** mit nachfolgendem *subjonctif*:

c'est dommage que Auch: *il est dommage que*	es ist schade, dass
c'est une chance que	es ist ein Glück, dass

c'est un hasard que	es ist ein Zufall, dass
c'est une honte que	es ist eine Schande, dass
c'est un malheur que	es ist ein Unglück, dass
c'est un miracle que	es ist ein Wunder, dass
c'est un scandale que	es ist ein Skandal, dass
c'est une chose étrange que	es ist merkwürdig, dass
c'est un fait absurde que	es ist absurd, dass
c'est un fait remarquable que	es ist eine bemerkenswerte Tatsache, dass / es ist bemerkenswert, dass

Beispiele:

*C'est un hasard que nous **travaillions** sur le même sujet.*	Es ist ein Zufall, dass wir über das gleiche Thema arbeiten.
*C'est un miracle qu'ils **aient survécu** à l'accident.*	Es ist ein Wunder, dass sie den Unfall überlebt haben.
*C'est une chose étrange qu'elle **n'ait** pas encore **donné** signe de vie.*	Es ist merkwürdig, dass sie noch kein Lebenszeichen (von sich) gegeben hat.

5. **Unpersönliche Verbkonstruktionen** der Empfindung mit nachfolgendem *subjonctif*:

cela m'amuse que	es amüsiert mich, dass / ich finde es erheiternd, dass
cela m'arrange que	es passt mir (gut), dass
cela me contrarie que	es ärgert mich, dass / es bereitet mir Verdruss, dass
il / cela me déplaît que	es missfällt mir, dass
cela m'embarrasse que	es bringt mich in Verlegenheit, dass / es macht mir zu schaffen, dass
cela m'étonne que	es erstaunt mich, dass
cela m'exaspère que	es macht mich böse / wütend, dass
cela me gêne que	es stört mich, dass / es ist mir peinlich, dass
cela m'inquiète que	es beunruhigt mich, dass
il / cela me plaît que	es gefällt mir, dass
cela me surprend que	es überrascht mich, dass

Ebenfalls mit *subjonctif*:

il arrive que	es kommt vor, dass

Beispiele:

*Cela nous arrange que vous **arriviez** dès demain.*	Das passt uns gut, dass ihr bereits morgen ankommt.
*Cela ne m'étonne pas qu'il **ait démissionné** de son poste.*	Es erstaunt mich nicht, dass er seine Stelle gekündigt hat.
*Cela me gêne qu'il **veuille** toujours payer à ma place.*	Es ist mir peinlich, dass er immer für mich bezahlen will.
*Il arrive que je **sois épuisé** avant de commencer mon travail.* ·	Es kommt vor, dass ich erschöpft bin, bevor ich mit meiner Arbeit beginne.
Aber: *Il m'arrive **d'être épuisé** avant de commencer mon travail.*	(→ Infinitivkonstruktion wegen vorausgehendem Pronominalobjekt)

205 Die rational-intellektuelle Modalität: Verben und Ausdrücke des Zweifels und der Unsicherheit

R 205

Nach Verben und Ausdrücken, die einen **Zweifel** oder eine **Unsicherheit** ausdrücken, wird im *que*-Satz der *subjonctif* verwendet.

Zur Erläuterung:

Es gibt Verben / Ausdrücke, die den Zweifel und die Unsicherheit

- in affirmativer Form **unmittelbar** ausdrücken: ***Je doute** que cela **soit** vrai.*

- in verneinter Form implizieren, d.h. **mittelbar** ausdrücken: ***Il n'est pas certain** qu'elle **vienne** nous voir demain.*

1. **Verben und Ausdrücke des Zweifels und der Unsicherheit, nach denen im *que*-Satz der *subjonctif* steht:**

contester que	bestreiten, dass
mettre en doute que	in Zweifel ziehen, dass
nier que	bestreiten / leugnen, dass
il est douteux que	es ist zweifelhaft / fraglich, ob
il est impossible que	es ist unmöglich, dass
il est improbable que	es ist unwahrscheinlich, dass
il est invraisemblable que	es ist unwahrscheinlich, dass
il se peut que	es kann sein, dass / es ist möglich, dass
il est possible que	es ist möglich, dass
il semble que	es scheint, dass

Beispiele:

*Nous contestons qu'il **soit** sincère.*	Wir bestreiten, dass er aufrichtig ist.
*Il est douteux que l'attentat **ait été commis** par des terroristes.*	Es ist zweifelhaft, ob das Attentat von Terroristen verübt wurde.
*Les députés mettent en doute que cette loi **soit** correctement **appliquée**.*	Die Abgeordneten ziehen in Zweifel, dass dieses Gesetz korrekt angewendet wird.
*Il se peut qu'il **ait attendu** trop longtemps.*	Es kann sein, dass er zu lange gewartet hat.
*Il semble que nous nous **soyons trompés**.* **Auch:** *Il semble que nous nous **sommes** trompés.*	Es scheint, dass wir uns getäuscht / geirrt haben.

Vgl. auch **218** die Besonderheiten der Modusverwendung bei den Ausdrücken des Zweifels und der Ungewissheit, insbesondere wenn sie verneint sind.

2. **Unpersönliche Ausdrücke, die in verneinender oder einschränkender Form einen Zweifel oder eine Unsicherheit ausdrücken und den *subjonctif* auslösen:**

il n'est pas certain que	es ist nicht sicher, dass
il n'est pas clair que	es ist nicht klar, dass
il n'est pas évident que	es ist nicht offenkundig / einleuchtend, dass
il n'est pas exact que	es ist nicht richtig, dass / es stimmt nicht, dass
il n'est pas probable que / il est peu probable que	es ist nicht / wenig wahrscheinlich, dass
il n'est pas sûr que	es ist nicht sicher, dass
il n'est pas vrai que	es ist nicht wahr, dass / es stimmt nicht, dass
il n'est pas vraisemblable que / il est peu vraisemblable que	es ist nicht / wenig wahrscheinlich, dass

Beispiele:

*Il n'est pas évident qu'il **ait participé** au hold-up de la banque.*	Es ist nicht offenkundig, dass er an dem Banküberfall beteiligt war.
*Il n'est pas probable qu'un tel désastre **se reproduise**.*	Es ist nicht wahrscheinlich, dass sich eine derartige Katastrophe noch einmal ereignet.
*Il est peu vraisemblable que la croissance **se ralentisse** à la fin de l'année.*	Es ist wenig wahrscheinlich, dass sich das Wachstum zum Jahresende verlangsamt.

Anmerkung:
Werden die unter **205.2** aufgeführten unpersönlichen Ausdrücke in affirmativer Form gebraucht, steht im *que*-Satz der Indikativ, da der Sprecher den Inhalt seiner Aussage als wahr oder wahrscheinlich darstellt: *Il est évident qu'il **a participé** au hold-up de la banque.* Vgl. auch **207**.

Indikativ oder *subjonctif* im *que*-Satz

206 **Die rational-intellektuelle Modalität: Verben des Sagens und Erklärens**

1. Für Mitteilungen in indirekter Rede benutzt der Sprecher in der Regel ein den *que*-Satz einleitendes Verb des Sagens oder Erklärens. Die Mitteilung kann affirmativ (= bejahend), verneinend, fragend oder fragend-verneinend eingeleitet sein.

Beispiele im Deutschen:

Er sagte, sie **habe** Recht.	→ affirmativ
Er hat nicht gesagt, dass sie Recht **habe**.	→ verneinend
Sagte er, sie **habe** Recht?	→ fragend
Hat er denn nicht gesagt, dass sie Recht hat?	→ fragend-verneinend

Im Deutschen verwendet man in gewählter Sprache meist den Konjunktiv zum Ausdruck der indirekten Rede.

Im Französischen ist in allen oben genannten Fällen in der **gesprochenen Sprache** der Indikativ im *que*-Satz geläufig, im Falle einer **affirmativen** Form des einleitenden Verbs zudem **notwendig**. Im gesprochenen Französischen verwendet man meist die *est-ce que*-Frage oder die Intonationsfrage, nach denen im *que*-Satz der *subjonctif* **grundsätzlich nicht verwendet wird**. Also:

*Il a dit qu'elle **avait** raison.*	→ affirmativ
*Il n'a pas dit qu'elle **avait** raison.*	→ verneinend
*Est-ce qu'il a dit qu'elle **avait** raison?* *Il a dit qu'elle **avait** raison?* (Intonationsfrage)	→ fragend
*Est-ce qu'il n'a pas dit qu'elle **avait** raison?* *Il n'a pas dit qu'elle **avait** raison?* (Intonationsfrage)	→ fragend-verneinend

Für das **geschriebene Französisch** muss bei den Verben des Sagens und Erklärens wie folgt differenziert werden:

- Nach **affirmativem** Einleitungssatz steht regelmäßig der Indikativ im *que*-Satz:

  *Je lui ai écrit que cela ne **faisait** rien.*

  *Je vous préviens que je n'**attendrai** pas.*

- Nach **fragendem** Einleitungssatz steht, je nachdem, ob der Inhalt des Satzes mehr faktischen oder mehr hypothetischen Charakters ist, entweder der Indikativ oder der *subjonctif*:

  *Lui as-tu dit que j'**ai passé** mon permis?*   → Betonung des Faktischen
  Hast du ihm gesagt, dass ich meinen Führerschein gemacht habe?

  *Dites-vous qu'elle **ait fait** cela?*   → Der Inhalt des *que*-Satzes wird als hy-
  Sagen Sie (etwa), sie habe es getan?   potetisch / zweifelhaft gekennzeichnet.

- Nach **verneinendem** Einleitungssatz steht der Indikativ bei Betonung des faktischen Charakters der Aussage. Wird der hypothetische Charakter der Aussage betont (d.h. wenn diese als unzutreffend gekennzeichnet wird), benutzt man den *subjonctif*. Letzteres ist besonders in der ersten **Person Singular und Plural** der Fall.

  *Le maire n'a pas déclaré / rendu public que la taxe de séjour **avait été augmentée** au début de l'année.* → Betonung des Faktischen
  Der Bürgermeister hat nicht bekannt gemacht, dass die Kurtaxe Anfang des Jahres erhöht wurde. (im Deutschen Indikativ)

  *Je n'ai pas dit / Nous n'avons pas affirmé que le problème **soit** définitivement **résolu**.*
  → Betonung des hypothetischen Charakters der Aussage (sie wird als nicht zutreffend gekennzeichnet).
  Ich habe nicht gesagt / Wir haben nicht behauptet, dass das Problem endgültig gelöst sei. (im Deutschen Konjunktiv)

- Nach **fragend-verneinender** Einleitung mittels eines Verbs des Sagens oder Erklärens steht im *que*-Satz in aller Regel der Indikativ, weil der faktische Charakter der Aussage im Vordergrund steht.

  *Ne vous a-t-elle pas prévenu que l'indice de la bourse **avait baissé** de cinq points?*
  Hat sie Sie nicht darüber in Kenntnis gesetzt, dass der Börsenindex um fünf Punkte gesunken ist?

2. **Verben des Sagens und Erklärens sind im Französischen Folgende:**

affirmer que	behaupten, dass
annoncer que	ankündigen, dass
apprendre que	erfahren, dass
apprendre à qn que	jemandem mitteilen, dass
assurer que	versichern, dass
avouer que	gestehen / zugeben, dass
confirmer que	bestätigen, dass
constater que	feststellen, dass
déclarer que	erklären, dass

dire que	sagen, dass
écrire que	schreiben, dass
entendre dire que	hören / erfahren, dass
expliquer que	erklären, dass
faire savoir à qn que	jemandem mitteilen, dass
jurer que	schwören, dass
prétendre que	behaupten / vorgeben, dass
prévenir qn que	jemanden darüber in Kenntnis setzen / benachrichtigen, dass
prouver que	beweisen, dass
reconnaître que	zugeben / anerkennen, dass
remarquer que	bemerken, dass
soutenir que	behaupten / den Standpunkt vertreten, dass

Es ist also festzustellen, dass bei den genannten Verben des **Sagens** und **Erklärens**, je nach Sprecherintention, situativem Kontext und Sprachniveau eine Wahlmöglichkeit zwischen Indikativ oder *subjoncif* besteht. Vgl. auch **202.3**.

207   Die rational-intellektuelle Modalität: Verben und Ausdrücke des Meinens und Denkens

Die Moduswahl nach Verben und Ausdrücken des **Meinens** und **Denkens** wird, wie bei den Verben des Sagens und Erklärens, im gesprochenen und geschriebenen Französisch unterschiedlich gehandhabt.

Im **gesprochenen Standardfranzösisch** findet nach affirmativem, verneintem, fragendem und fragend-verneintem Einleitungsverb oder -ausdruck des Meinens und Denkens überwiegend der Indikativ Anwendung:

*Je crois qu'il n'**est** pas coupable.*	→ affirmativ
*Nous ne croyons pas qu'il **est** coupable.*	→ verneinend
*Est-ce que vous croyez qu'il **est** coupable?*	→ fragend
*Tu ne crois donc pas qu'il **est** coupable?*	→ fragend-verneinend

Im **geschriebenen Französisch** sowie im **gehobenen gesprochenen Französisch** kann der Sprecher mittels der Moduswahl nach Verben und Ausdrücken des Meinens und Denkens, wenn diese verneint, fragend oder fragend-verneint sind, mehr den **hypothetischen** oder mehr den **faktischen** Charakter seiner Aussage unterstreichen. Im **ersten Fall verwendet er den *subjonctif*, im zweiten den Indikativ.** Nach **affirmativem** Verb oder Ausdruck des Meinens und Denkens **muss immer der Indikativ benutzt werden**.

Beispiele:

Je suis certain / Je crois / Je pense / Je suppose / Il a l'impression / Il est persuadé *que vous n'**êtes** pas pauvre.*	**Affirmative** Einleitung → Indikativ

Je ne suis pas certain / Je ne crois pas / Je ne pense pas / Je ne suppose pas / Il n'a pas l'impression / Il n'est pas persuadé *qu'ils **puissent** obtenir une semaine de congé.*	**Verneinende** Einleitung im **Präsens:** Die Aussage wird als nicht sicher, als **hypothetisch** gekennzeichnet. → *subjonctif*
Je n'étais pas certain / Je ne croyais pas / Je ne pensais pas / Je n'ai pas supposé / Il n'avait pas l'impression / Il n'était pas persuadé *qu'ils **obtiendraient** une semaine de congé.*	**Verneinende** Einleitung in der **Vergangenheit:** Die Aussage verweist auf ein **Faktum** (= Sie bekamen also eine Woche Urlaub, dies ist inzwischen als eingetretene Tatsache vorauszusetzen) → Indikativ (hier: *futur du passé*)
Je n'étais pas certain / Je ne croyais pas / Je ne pensais pas / Je n'ai pas supposé / Il n'avait pas l'impression / Il n'était pas persuadé *que la paix au Proche-Orient **puisse** / pût être durable.*	**Verneinende** Einleitung in der **Vergangenheit:** Die Aussage verweist auf ein rein **hypothetisches** Andauern des Friedens, dessen Einhaltung als unsicher zu gelten hat. → *subjonctif*

Es-tu certain / Crois-tu / Pensez-vous / Suppose-t-on *que la chute du gouvernement **soit** proche?*	**Fragende** Einleitung: Betonung des **hypothetischen** Charakters der Aussage, die als Möglichkeit, nicht als Faktum betrachtet wird. → *subjonctif* Der Indikativ wird nach fragender Einleitung in der geschriebenen Sprache sporadisch benutzt, um das Faktische der Aussage zu betonen: *Etes-vous enfin convaincu qu'il **a dit** la vérité, rien que la vérité?*

*Ne te souviens-tu (donc) pas que tu **as dit** le contraire la semaine passée?*	**Fragend-verneinende** Einleitung: Betonung des **faktischen** Charakters der Aussage → Indikativ (Regelfall)
*N'êtes-vous pas certain que le malfaiteur **ait cassé** la vitre de la porte d'entrée?*	**Fragend-verneinende** Einleitung: Betonung des **hypothetischen** Charakters der Aussage (Unsicherheit) → *subjonctif*

Verben und Ausdrücke des Meinens und Denkens:

admettre que	zugeben / einsehen, dass
être d'avis que	der Meinung sein, dass
être (presque) certain que	(fast) sicher sein, dass
être convaincu que	überzeugt sein, dass
croire que	glauben, dass
estimer que	meinen / der Ansicht sein, dass
se figurer que	sich vorstellen, dass
(s')imaginer que	sich einbilden, dass / sich vorstellen, dass
avoir l'impression que	den Eindruck haben, dass
juger que	meinen / glauben, dass
penser que	denken, dass
être persuadé que	überzeugt sein, dass / damit rechnen, dass
présumer que	vermuten, dass
prévoir que	voraussehen, dass
se rappeler que	sich daran erinnern, dass
avoir le sentiment que	das Gefühl haben, dass
il me semble que	es scheint mir, dass / ich glaube, dass
se souvenir que	sich (daran) erinnern, dass
supposer que	vermuten, dass
être (presque) sûr que	(fast) sicher sein, dass
il est certain que	es steht fest, dass
il est probable que	es ist wahrscheinlich, dass
il est sûr que	es / er ist sicher, dass
il est vrai que	es ist wahr, dass
il est vraisemblable que	es ist wahrscheinlich, dass

Anmerkung:

Zu Besonderheiten der Moduswahl nach *admettre que, s'apercevoir que, être d'avis que, ignorer que, imaginer que, se rendre compte que, savoir que, supposer que, trouver que* vgl. **220**.

Zu den Konjunktionen, die mit Indikativ oder *subjonctif* verbunden werden, vgl. Kapitel 6.1, vor allem die Übersicht in **368**.

Indikativ und *subjonctif*: Aufbaustufe

Entwicklungen und Veränderungen im Gebrauch des *subjonctif*   208

Der Gebrauch des *subjonctif* unterliegt im modernen Französisch tendenziell einer Entwicklung in zwei gegensätzliche Richtungen, die einerseits durch den **Rückgang** und andererseits durch die **Gebrauchsausweitung** des *subjonctif* gekennzeichnet ist.

Der Rückgang des *subjonctif*

1. Der *subjonctif* des Imperfekts und des Plusquamperfekts wird im geschriebenen und im gesprochenen Französisch weitgehend durch den *subjonctif* des Präsens und des Perfekts ersetzt. Im geschriebenen, insbesondere im literarischen Französisch, sind *subjonctif* Imperfekt und Plusquamperfekt allerdings noch in der dritten Person Singular lebendig:

    *Je ne voulais pas qu'il **pensât** du mal de moi.*

    *Il était normal qu'elle ne **fût** pas parvenue à ce haut degré de perfection.*

    Im geschriebenen Französisch, mit Einschränkungen auch im gesprochenen Französisch, werden noch einige feste Wendungen wie *fût-il..., dût-on..., ne fût-ce que...* benutzt:

    ***Dût-on** me le reprocher, je suis prêt à changer de poste.*
    Und sollte man es mir auch zum Vorwurf machen, ich bin bereit, meine Stelle zu wechseln.

    *J'étais vraiment heureux, **ne fût-ce qu**'un instant.*
    Ich war wirklich glücklich, wenn auch nur für einen Augenblick.

    Fazit: Im gesprochenen Französisch, weitgehend auch im geschriebenen Französisch, ist der Gebrauch des *subjonctif* auf ein Zwei-Zeiten-System beschränkt: *subjonctif présent* und *subjonctif passé*. Der *subjonctif* Imperfekt und Plusquamperfekt werden nur noch selten gebraucht.

    Dieser spezifische Befund des Rückgangs des *subjonctif* im Zeitensystem **impliziert allerdings nicht**, dass der *subjonctif* **generell** im Französischen auf dem Rückzug sei. Zumal hochfrequente einleitende Verben wie *aimer que, falloir que, vouloir que* weisen in keiner Weise eine Entwicklung zum Ersatz des *subjonctif* durch den Indikativ auf. (Vgl. dazu Gudrun Krassin, *Neuere Entwicklungen in der französischen Grammatik und Grammatikforschung*, S. 84.)

2. Der vielfach behauptete Rückgang des *subjonctif* nach *il arrive que, jusqu'à ce que, il se peut que, il est possible que* basiert auf **Einzelfällen**. Der *subjonctif* ist im modernen geschriebenen und gesprochenen Französisch nach diesen Wendungen / Konjunktionen immer noch die **verbindliche Norm**.

3. In der Gruppe der Verben und Ausdrücke des Sagens und Denkens ist die Tendenz zum Ersatz des *subjonctif* durch den Indikativ im Falle von deren verneinendem, fragendem oder fragend-verneinendem Gebrauch, zumal in der gesprochenen Sprache, deutlich ausgeprägt. In der Alltagskommunikation dominieren die Indikativformen auch bei den verneinten Verbformen der ersten Person Singular / Plural, die aufgrund ihres subjektiven Charakters noch am ehesten den *subjonctif* als Normalform erwarten ließen.

Also:

*Je / Il ne pense pas que vous **ayez** raison. / ...que vous **finissiez** votre dossier à temps.*
(→ geschrieben)

*Je / Il ne pense pas que vous **avez** raison. / ...que vous **finirez** votre dossier à temps.*
(→ gesprochen)

In der Frageform, bezogen auf Verben und Ausdrücke des Meinens und Denkens, werden im gesprochenen Französisch überwiegend die **Intonationsfrage** und die ***est-ce que*-Frage** gebraucht, nach denen im *que*-Satz **generell der Indikativ** verwendet wird:

*Tu es sûre qu'il **a fait** le nécessaire?*

*Est-ce que vous croyez qu'il **a fait** tout ce qu'il fallait? / Est-ce que vous ne croyez pas qu'il **a fait** tout ce qu'il fallait.* Vgl. auch **207**.

Die Entwicklung hin zum Ersatz des *subjonctif* durch den Indikativ ist hier also bereits abgeschlossen.

4. Nach *douter que...* , *il est douteux que...* , die in der Regel mit dem *subjonctif* verbunden werden, kann im Falle der Betonung der Eventualität auch das Konditional Anwendung finden:

*Je doute / Il est douteux qu'il vous **accorderait** de meilleures conditions dans ce cas-là.*

Die Gebrauchsausweitung des *subjonctif*

1. Nach *il est exact que, il est vraisemblable que, il est probable que* ist eine Tendenz zur Verwendung des *subjonctif* an Stelle des Indikativs zu beobachten. Dabei scheint sich der *subjonctif* nach *il est exact que* deutlich zu verfestigen, besonders auch wegen der hochfrequenten konzessiven Einbettung des Ausdrucks:

*Il est exact qu'il **ait** participé à la manifestation, mais on ne peut nullement le considérer comme un extrémiste de gauche pour cela.*
Selbst wenn er an der Demonstration teilgenommen hat, so kann man ihn deswegen doch nicht als Linksextremist betrachten.

Der *subjonctif* nach *il est vraisemblable que, il est probable que* findet dagegen nur sporadisch Anwendung, so dass der Indikativ weiterhin noch als die Norm zu gelten hat.

2. Normalerweise verlangt *après que* in allen Fällen den Indikativ, und auch die Grammatiker bestehen überwiegend auf dem grundsätzlichen Unterschied zwischen *avant que* + *subjonctif* (zukünftig, häufig eine Eventualität / Bedingung implizierend) und *après que* + Indikativ (auf Faktisches in der Zukunft und vor allem in der Vergangenheit bezogen).

   Da *après que* als temporale Konjunktion semantisch mit *quand* und *lorsque* zu vergleichen ist und letztere beiden Konjunktionen keine Entwicklung zur *subjonctif*-Auslösung aufweisen, stützen sich eine Reihe von Grammatikern auf dieses Argument, um den *subjonctif* nach *après que* als eklatanten Normenverstoß zu verurteilen. Dennoch ist die Expansion des *subjonctif* nach *après que* im Fernsehen und in der Presse (unter dem Einfluss des *subjonctif*-Zwanges nach *avant que*) anscheinend nicht mehr aufzuhalten. Vgl auch **359**.

3. Affirmativ gebraucht wird *espérer* in der Regel mit dem Indikativ oder Konditional verbunden. Der *subjonctif* expandiert allerdings nach *espérer* wegen der Nähe zu *souhaiter*, stellt aber (noch) nicht die Norm dar. Allenfalls der *subjonctif* nach den Formen *espérons que* / *on pourrait espérer que* wird zunehmend toleriert.

   *Ils espèrent que les blessures de leur collègue ne **sont** pas trop graves.*

   *Espérons que ses blessures ne **sont** / ne soient pas trop graves.*

Grundsätzlich ist die Differenzierung von Indikativ und *subjonctif* im modernen geschriebenen Französisch, mit Einschränkungen auch im gesprochenen Französisch, in hohem Grade lebendig, weil durch sie die diversen Sprecherintentionen zum Ausdruck gebracht und unterschieden werden können. Es handelt sich hier um ein wichtiges pragmatisches Instrument nuancierter Kommunikation, dessen Beherrschung für den Französischlernenden von eminenter Bedeutung ist.

Indikativ / *subjonctif* und die Modalitäten im Überblick   `209`

Es lassen sich folgende Grundtypen von Modalität, die für eine Aussage im Französischen gelten sollen, unterscheiden:

affektiv-emotional	rational-intellektuell
Willensäußerung / Wunsch / Aufforderung	Möglichkeit / Unmöglichkeit
Gefühl / Empfindung / Gemütsbewegung	Annahme / Vermutung / Hypothese
Wertende Stellungnahme	Wahrheit / Wahrscheinlichkeit Unwahrheit / Unwahrscheinlichkeit
	Zweifel (bejahend / verneinend)

Alle einen *que*-Satz einleitenden Verben, Ausdrücke oder Wendungen, die der **affektiv-emotionalen** Modalität zuzurechnen sind, lösen im Französischen den *subjonctif* aus.

Die einen *que*-Satz einleitenden Ausdrücke, Verben oder Wendungen, die der **rational-intellektuellen** Modalität zugehören, können sowohl den **Indikativ** als auch den *subjonctif* auslösen.

Die Grundtypen der Modalität in Beispielen:	
affektiv-emotional	rational-intellektuell

<table>
<tr><td>

Willensäußerung → *subjonctif*

Je veux que vous vous excusiez auprès de lui.

</td><td>

Möglichkeit / Unmöglichkeit → *subjonctif*

Il est possible que / Il n'est pas possible que tout le monde soit mis à contribution.

</td></tr>
<tr><td>

Wunsch → *subjonctif*

Nous souhaiterions que la réunion ait lieu d'ici quinze jours.

</td><td>

Annahme / Vermutung :

- Affirmativer Gebrauch → **Indikativ**
  Je suppose qu'il est fâché.

- Verneinender Gebrauch → *subjonctif*; gesprochen auch Indikativ
  Je ne pense pas qu'il vienne / viendra.

- Hypothese → *subjonctif*
  Supposons qu'il soit fâché.

</td></tr>
<tr><td>

Aufforderung → *subjonctif*

Le conseil d'administration a demandé qu'un tiers des salariés soit licencié.

</td><td>

Wahrheit / Wahrscheinlichkeit → **Indikativ**
  Je crois / Je suis certain qu'il est divorcé. (affirmativer Gebrauch)

</td></tr>
<tr><td>

Gemütsbewegung / Empfindung → *subjonctif*

Comme je suis heureuse que tu aies enfin trouvé un emploi !

</td><td>

Unwahrscheinlichkeit → *subjonctif*; gesprochen auch Indikativ
  Je ne croyais pas qu'il soit / fût / était riche. (verneinender Gebrauch)

  Crois-tu qu'il soit / est riche? (fragender Gebrauch)

</td></tr>
<tr><td>

Wertende Stellungnahme → *subjonctif*

Il est inacceptable que les revenus du travail soient davantage imposés.

</td><td>

Zweifel → *subjonctif*
  Il est douteux qu'il ait les qualifications nécessaires.

Verneinter Zweifel → *subjonctif*; Indikativ ebenfalls möglich
  Nul doute qu'ils aient / ont commis ce crime.

</td></tr>
</table>

Der *subjonctif* im unabhängigen Satz   `210`

Der *subjonctif* im unabhängigen Satz kann einen **Befehl**, eine **Aufforderung**, ein **Verbot**, eine **Untersagung**, einen **Rat**, einen **Wunsch** / ein **Verlangen**, ein **Bedauern**, eine **Einräumung**, eine **Annahme / Eventualität** ausdrücken. Des Weiteren wird er im unabhängigen Satz benutzt, der eine **Hypothese** ausdrückt, die vom Sprecher mit Entrüstung zurückgewiesen wird.

Der *subjonctif* im unabhängigen Satz wirkt, wie zum Teil auch im Deutschen, ausgesprochen stilisiert.

(Que) La chance soit avec lui! (Wunsch)	Möge er Glück haben!
Qu'il se garde bien de faire de telles remarques! (Untersagung)	Er soll sich davor hüten, solche Bemerkungen zu machen!
Qu'il fasse ses devoirs! (Aufforderung / Befehl)	Er soll seine Aufgaben machen / erfüllen!
Dieu vous garde! (Wunsch)	Gott beschütze Sie!
Qu'il donne sa langue au chat! (Rat / Aufforderung)	(Etwa): Er soll doch zugeben, dass er die Lösung nicht kennt!
Qu'on fasse venir le médecin! (Befehl / Aufforderung)	Man soll den Arzt kommen lassen!
Ah! qu'il ne fût jamais né! (Bedauern)	Ach, wäre er doch nie geboren (worden)!
Il la pria de lui jouer encore quelque chose. «Soit! pour te faire plaisir!» G. Flaubert, *Madame Bovary* (Einräumung)	Er bat sie, ihm noch etwas vorzuspielen. „Meinetwegen, wenn es dir Spaß macht!"
Qu'il dise encore un mot et je le renvoie définitivement! (Eventualität / Annahme)	Wenn er noch ein Wort sagt, dann entlasse ich ihn endgültig!
Que je fasse pareille chose, moi? (Hypothese, die mit Entrüstung zurückgewiesen wird)	Was, ich sollte so etwas tun?

Zu beachten sind auch feste Wendungen mit *subjonctif* im Hauptsatz wie:

Coûte que coûte!	(Koste es, was es wolle!)
Advienne que pourra!	(Komme, was wolle!)
Sauve qui peut!	(Rette sich, wer kann!)
Soit dit entre nous... / Entre nous soit dit... (Unter uns gesagt...)	

Diese Wendungen werden, wie bereits im älteren Französisch, ohne die Partikel *que* verwendet.

Der *subjonctif* bei *savoir* im Hauptsatz und im Relativsatz   `211`

1. Im `Hauptsatz` wird der *subjonctif* Präsens von *savoir* benutzt, um eine Tatsache als zweifelhaft oder als nicht unbedingt sicher darzustellen. Dies in der Regel in der 1. Person Singular:

   *Je ne **sache** pas qu'il **ait** donné sa démission.* (Ich wüsste nicht, dass er gekündigt hätte.)

   *Je ne **sache** pas qu'elle se **soit** mariée.* (Ich wüsste nicht, dass sie geheiratet hätte.)

Anmerkung:

Die Wendung *Je ne sache pas qu'il ait donné sa démission* ist als zweifelhafte Aussage deutlicher markiert als zum Beispiel *Je ne sais pas s'il a donné sa démission*. Zu beachten ist, dass sowohl im Hauptsatz als auch im *que*-Satz der *subjonctif* steht. In der *je*-Form ist die Wendung *Je ne sache pas que...* etabliert; ein Satz wie: *Nous ne sachions pas que ce soit interdit* wirkt dagegen sehr stilisiert.

2. Als Relativsatz wird die Wendung *que je sache* („soweit / soviel ich weiß") verwendet, um ebenfalls einen Zweifel auszudrücken. Die Wendung ist eine direkte Übertragung der lateinischen Formel *quod sciam*. In der Regel wird *que je sache* nach einem verneinten Hauptsatz benutzt; die Wendung findet sich zuweilen auch in einem affirmativen Satz.

    Beispiele:

    *Il n'a pas encore déménagé, **que je sache**.* → Soweit / Soviel ich weiß, ist er noch nicht umgezogen. (nach negativem Hauptsatz)

    *Il vous a pourtant rendu service, **que je sache**.* → Er hat Ihnen, soweit ich weiß, doch einen Gefallen getan! (nach einem affirmativen Hauptsatz)

    Als Alternativwendungen für *que je sache* kann man *autant que je sache... / autant que je puisse savoir... / autant que je puisse en juger... / autant que je m'en souvienne...* benutzen.

212 Indikativ oder *subjonctif* im Relativsatz

Der *subjonctif* steht in Relativsätzen unter folgenden Voraussetzungen:

1. Im Relativsatz wird ein **Wunsch**, eine **Annahme** oder ein **angestrebtes Ziel** ausgedrückt:

    *Je cherche une maison qui **puisse** me servir d'atelier.*
    Ich suche ein Haus, das mir als Künstleratelier dienen kann.

    *Il me faut une voiture qui ne **soit** pas trop chère.*
    Ich brauche ein Auto, das nicht zu teuer ist.

    *Imaginez une époque où la paix **soit** universelle.*
    Stellen Sie sich eine Epoche vor, in der überall Frieden herrscht.

    In den aufgeführten Beispielen wird nicht auf das **tatsächliche**, sondern auf das **hypothetische** Vorhandensein des Hauses, des preiswerten Autos oder der Epoche des allgemeinen Friedens abgehoben. Steht die tatsächliche Existenz im Vordergrund, wird im Relativsatz der **Indikativ** gesetzt:

    *J'aimerais bien voir **la** maison que vous **voulez** louer.*
    Ich würde gerne das Haus sehen, das Sie vermieten wollen.

*J'ai besoin de **cette** voiture, qui d'ailleurs **est** très spacieuse.*
Ich brauche dieses Auto, das im Übrigen sehr geräumig ist.

An Stelle des *subjonctif* kann in Relativsätzen, die einen hypothetischen Charakter in Form eines **Wunsches** oder einer **Annahme** haben, auch das **Konditional** verwendet werden:

*Je cherche une maison qui **pourrait** me servir d'atelier.*

*Imaginez un pays où la paix **serait** éternelle.*

Ausdrücke, die dem nachfolgenden Relativsatz den Charakter eines Wunsches verleihen, sind: ***Il me faut un...; j'ai besoin d'un...; je cherche un...; je préfère un...; connaissez-vous un...?***, usw.

2. Im Relativsatz wird eine Unwahrscheinlichkeit oder ein zweifelhafter bzw. hypothetischer Sachverhalt ausgedrückt. Dies ist der Fall insbesondere nach **verneinenden** oder **fragenden** einleitenden Hauptsätzen.

*Je ne trouve pas de spécialiste qui **puisse** me guérir.*
Ich finde keinen Facharzt, der mich heilen könnte.

*Il y a peu d'hommes qui **soient** satisfaits de leur destin.*
Es gibt (nur) wenige Menschen, die mit ihrem Schicksal zufrieden wären / sind.

***Il n'y a rien** qui puisse le déranger.* (Es gibt nichts, was ihn stören könnte.)

***Il est impossible de trouver** un plombier qui **veuille** bien venir réparer notre douche.*
Es ist unmöglich, einen Installateur zu finden, der unsere Dusche reparieren kommt. (Hier implizite Verneinung im Hauptsatz!)

***Y a-t-il** une secrétaire qui **soit** parfaite en orthographe?*
Gibt es eine Sekretärin, die in Orthographie perfekt ist?

In den genannten Beispielen ist ein zweifelhafter oder hypothetischer Sachverhalt ausgedrückt, deshalb wird der *subjonctif* gesetzt. Steht der konkrete Fall oder die konkrete Existenz einer Person, Sache oder eines Sachverhaltes im Vordergrund, ist im Relativsatz der **Indikativ** zu verwenden.

*Je ne trouve plus le nom **du spécialiste** qui m'a aidé.*
Ich finde den Namen des Facharztes nicht mehr, der mir geholfen hat.

*Pouvez-vous m'indiquer les coordonnées **de la secrétaire** que vous **venez** d'engager?*
Können Sie mir die Anschrift der Sekretärin angeben, die sie gerade eingestellt haben?

3. Der Relativsatz ergänzt einen Bedingungssatz mit *si*, und es wird auf die Möglichkeit der Existenz einer Person oder Sache innerhalb dieses Bedingungssatzes abgehoben.

***Si** tu connais **un homme qui soit** vraiment honnête, nomme-le.* (**Hypothese:** *subjonctif*)
Wenn du einen Menschen kennst, der wirklich anständig ist, dann nenne seinen Namen!

(Der Indikativ *...qui **est** vraiment honnête...* ist nicht auszuschließen.)

Aber: *Si je rencontre **la personne** qui m'a volé ma voiture...*
Sollte ich die Person treffen, die mir mein Auto gestohlen hat... (**Tatsache:** Indikativ)

4. **R 212**

> Nach **Superlativen** und **superlativischen Ausdrücken** (wie z.B. *le plus beau, le meilleur, le seul*) steht im Relativsatz in der Regel der *subjonctif*.

*C'est **le plus beau** voyage que j'**aie** jamais fait.* (Superlativ)
Das ist die schönste Reise, die ich je gemacht habe.

*Elle est **la seule personne** que nous **ayons** vraiment admirée.* (superlativischer Ausdruck)
Sie ist die einzige Person, die wir wirklich bewundert haben.

Erläuterung:

Der *subjonctif* im Relativsatz wird im Französischen nach Superlativen oder superlativischen Ausdrücken zur Nuancierung einer Aussage mit ausgeprägtem **Ausschließlichkeitscharakter** benutzt. Er schwächt die kategorisch wirkende Aussage des Sprechers ab und gibt ihr die Färbung einer subjektiven, relativierbaren Äußerung, die dem Kommunikationspartner signalisiert, dass kein absoluter Wahrheitsanspruch erhoben wird („**Höflichkeitskonjunktiv**").

Beispiele für Superlative	Beispiele für superlativische Ausdrücke
le plus beau *le meilleur* *le plus extraordinaire* *le pire* *le plus mauvais* *le moins*	*le seul* *la seule personne* *l'unique* *il n'y a que* *un des rares qui* *le premier* *le dernier* *le principal*
*Voici le voyage **le plus extraordinaire** que nous **puissions** vous proposer.* Dies ist die außergewöhnlichste Reise, die wir Ihnen anbieten können. *C'est **le pire** / **le moins** que l'on **puisse** faire.* Das ist das Schlimmste / das Geringste, was man tun kann.	*Il est **le seul** dont nous ne **soyons** pas contents.* Er ist der Einzige, mit dem wir unzufrieden sind. *Il n'y a qu'elle qui **puisse** nous aider.* Nur sie kann uns helfen. *Il est **le premier** qui l'**ait** remarqué.* Er ist der Erste, der es bemerkt hat.

Anmerkung:

Der *subjonctif* nach **Superlativen** oder **superlativischen Ausdrücken** wird auch im Falle nachprüfbarer, allgemein anerkannter Fakten benutzt, und seine Verwendung ist zu einer Art Reflex geworden (*subjonctif* als Automatismus):

*C'est le pont **le plus long** qu'il y **ait** aux Etats-Unis.*
Das ist die längste Brücke, die es in den Vereinigten Staaten gibt.

*C'est **le seul** roman que l'auteur **ait** publié de son vivant.*
Dies ist der einzige Roman, den der Autor zu seinen Lebzeiten veröffentlicht hat.

Der **Indikativ** ist in solchen Fällen natürlich auch möglich, aber seltener. Der Indikativ wird dann gewählt, wenn der Sprecher den Inhalt seiner Aussage **als tatsächlich** und **wirklichkeitskonform** kennzeichnen will.

*C'est le candidat **le plus connu** qui **a** été élu chef du parti.*
Der bekannteste Kandidat ist zum Parteichef gewählt worden.

*C'est **la première fois** que je l'**ai vu** en colère.*
Das ist das erste Mal, dass ich ihn wütend gesehen habe.

Beachte besonders:

Die Verwendung des *subjonctif* in Relativsätzen nach Superlativen und superlativischen Ausdrücken betrifft nur die **einschränkenden** Relativsätze, die ohne Komma an den Superlativ angeschlossen werden. Zur Kommasetzung bei einschränkenden und erläuternden Relativsätzen vgl. **330**.

Erläuternde Relativsätze werden vom Superlativ durch ein Komma abgetrennt, das heißt, der Relativsatz enthält eine zusätzliche Information, die in keinem unmittelbaren Sinnzusammenhang mit dem Superlativ steht. In diesem Fall kann nur der **Indikativ** stehen:

*Nous avons visité les plus beaux châteaux français, qui **sont** en effet très impressionnants.*
Wir haben die schönsten französischen Schlösser besichtigt, die in der Tat sehr beeindruckend sind.

*Voici un choix des meilleurs vins de Loire, que nous vous **recommandons** de garder au moins dix ans.*
Hier eine Auswahl der besten Loire-Weine; wir raten Ihnen im Übrigen, sie mindestens zehn Jahre zu lagern.

Subjonctif oder Indikativ nach *le fait que*...   `213`

1. Steht *le fait que* **am Satzanfang**, folgt das Verb **überwiegend** im *subjonctif*; der Indikativ ist aber nicht auszuschließen.

    *Le fait qu'il n'**ait** / n'**a** pas encore donné de réponse ne m'inquiète pas.*
    Die Tatsache, dass er noch nicht geantwortet hat, beunruhigt mich nicht.

    Steht *le fait que* **innerhalb des Satzes**, folgt häufiger der Indikativ; der *subjonctif* ist ebenfalls korrekt:

    *Ses difficultés sont dues au fait qu'il **est** / **soit** très endetté.*
    Seine Schwierigkeiten rühren daher / liegen in der Tatsache begründet, dass er hoch verschuldet ist.

2. Der Indikativ ist **obligatorisch** in Verbindung mit den Ausdrücken *c'est un fait que...; le fait est que...; du fait que...*

    *C'est un fait que les mers **sont** en train de se réchauffer.*
    Es ist eine Tatsache, dass sich die Meere erwärmen.

    *Le fait est que vous **avez** raison.*
    Sie haben **tatsächlich** Recht.

    *Du fait que les mers se **sont** réchauffées, le climat a complètement changé.*
    Da sich die Meere erwärmt haben, hat sich das Klima völlig verändert.

3. Wird dagegen *c'est un fait* mit einem wertenden Adjektiv verbunden, muss der *subjonctif* stehen:

    *C'est un fait **absurde** que des hommes **fassent** assassiner des hommes au nom de leur religion.*
    Es ist absurd, dass Menschen andere Menschen im Namen ihrer Religion töten lassen.

    Anmerkung:

    Nach *l'idée que*... steht der Indikativ oder der *subjonctif,* je nachdem, ob eine **Tatsache** oder eine **Möglichkeit** impliziert wird:

    *L'idée qu'il **a** risqué sa vie pour moi me poursuit constamment.* (Tatsache)
    Der Gedanke (daran), dass er für mich sein Leben aufs Spiel gesetzt hat, verfolgt mich ständig.

    *L'idée qu'elle **puisse** me quitter m'est insupportable.* (Möglichkeit)
    Der Gedanke, sie könnte mich verlassen, ist für mich unerträglich.

---

214 ## Der *subjonctif* im vorangestellten *que*-Satz

R 214

Unabhängig von dem im Hauptsatz verwendeten Verb oder Ausdruck steht im vorangestellten *que*-Satz **grundsätzlich** der *subjonctif*.

Beispiele:

*Que tu **sois** assez intelligent, je le sais bien.*

*Que la vie **soit** chère dans les grandes capitales mondiales, est un fait bien connu.*

Aber:

*Je sais bien que tu **es** assez intelligent.*

Anmerkung:

Bei vorangehendem *que*-Satz wird die Modalität erst im nachfolgenden Hauptsatz zum Ausdruck gebracht. Den ‚richtigen' Modus zu wählen (Indikativ oder *subjonctif*), ist durch die aufgeschobene Modalitätsangabe also so erschwert, dass sich die Sprache ‚ökonomisch' verhält: Sie verwendet in allen Fällen grundsätzlich den *subjonctif*, der ja in einer Vielzahl von Fällen auch ‚passt'.

Die Verwendung des *subjonctif* bei Modusangleichung (attraction modale)

215

Die Modusangleichung betrifft im Französischen Relativsätze und (bedingt) *que*-Sätze. Wenn von einem mit *que* eingeleiteten Nebensatz mit Verb im *subjonctif* ein Relativsatz oder ein zweiter *que*-Satz abhängt, in denen normalerweise der Indikativ zu erwarten wäre, **kann** im Relativsatz oder im zweiten Nebensatz der Modus an das Verb des ersten Nebensatzes im *subjonctif* angeglichen werden.

Diese „modale Anziehung", die das Französische aus dem Lateinischen übernommen hat[1], ist im Relativsatz im geschriebenen und gesprochenen Französisch zur Norm geworden, wenn sich die im Hauptsatz implizierte Modalität sowohl auf den *que*-Satz als auch auf den Relativsatz auswirkt.

*Je ne crois pas qu'il y **ait** des gens qui **puissent** agir de cette façon.*

Der Indikativ *...qui peuvent agir de cette façon* ist eine bedingt akzeptable Variante. Der *subjonctif* ist hier aber hochfrequent und **eindeutig vorzuziehen**.

Im folgenden Satz ist dagegen der Indikativ im Relativsatz die Norm:
*J'aimerais que tu **écoutes** (subj.) des musiciens que je **connais** aussi.*

Folgt ein zweiter *que*-Satz auf einen ersten, gilt die Modusangleichung dagegen als **ausgesprochen markiert**; sie wird vor allem im geschriebenen, literarischen Französisch verwendet. Der **Indikativ** wird eher benutzt, wenn man im zweiten *que*-Satz auf eine **Tatsache** verweist.

*Il est normal qu'ils ne **sachent** pas que je **suis** (selten: sois) déjà rentré en France.*

*Il est possible qu'il **soit** convaincu que nous ne **voulons** (selten: voulions) pas accepter ses conditions.*

Der *subjonctif* in einem zweiten *que*-Satz ist dagegen dann möglich, wenn die dort gemachte Äußerung einen **hypothetischen** Charakter hat:

*La mère ne veut pas qu'on **dise** que tu **sois** moins bien que les autres.* (Annie Ernaux, *Une femme*, Ausg. Gallimard, S. 51)

Schwankender Modusgebrauch bei Verben und Ausdrücken der Willensäußerung

216

Es gibt eine Reihe von Verben und Ausdrücken, die wegen ihrer unterschiedlichen Bedeutungen einem schwankenden Modusgebrauch unterliegen, je nachdem, ob sie der affektiven (= Willensäußerung) oder der intellektuellen Modalität zuzuordnen sind.

---

[1] „Modale Anziehung" ist eine wörtliche Übersetzung des französischen Terminus *„attraction modale"*. Die Grammatiker des Lateinischen bezeichnen dieses Phänomen als „Modusangleichung." Dieser Terminus sollte wegen der Identität dieses grammatischen Phänomens im Französischen und im Lateinischen übernommen werden.

1. **Admettre que** kann sowohl affektive als auch intellektuelle Bedeutung anneh-
men. Im affektiv-emotionalen Sinne von „akzeptieren", „dulden", „zulassen" ge-
braucht, folgt grundsätzlich der *subjonctif* (→ Willensäußerung):

*Nous admettons difficilement qu'il **soit** libéré.*
Wir akzeptieren nur schwerlich, dass er freigelassen wird.

*Les leaders du mouvement n'admettent pas que leurs prisonniers **soient** maltraités.*
Die Führer der Bewegung lassen nicht zu, dass ihre Gefangenen misshandelt werden.

Admettons que / **Mettons que** im Sinne von *„supposons que"* (= „nehmen wir
einmal an, dass") erfordert ebenfalls den *subjonctif*. Es handelt sich hier im *que*-
Satz um eine Hypothese.

*Admettons que cela **soit** vrai.* → Nehmen wir einmal an, es sei wahr.

Admettre que als Verb der intellektuellen Modalität in der Bedeutung von
„zugeben", „zugestehen" wird, wenn es affirmativ gebraucht wird, mit dem Indika-
tiv im *que*-Satz verbunden.

*Nous admettons que tout le monde **peut** se tromper.*
Wir gestehen zu, dass jeder sich irren kann.

Zur Moduswahl nach *admettre que* vgl. auch **220**.

2. **Entendre que** / **prétendre que** können gelegentlich affektiv im Sinne von
„vouloir", *„exiger"* (= „verlangen") verwendet werden. In diesem Fall muss bei
Verschiedenheit des Subjekts im *que*-Satz der *subjonctif* stehen, bei Gleichheit
des Subjekts verwendet man stets einen Infinitivsatz.

Verschiedenheit des Subjekts:

*Il entend / Il prétend qu'on lui **obéisse**.* → Er verlangt, dass man ihm gehorcht.

Gleichheit des Subjekts:

Il entend être obéi. → Er verlangt, dass man ihm gehorcht.
Malgré les mises en garde de l'ambassade, il prétend faire ce voyage.
Trotz der Warnungen der Botschaft will er diese Reise unternehmen.

3. **Vouloir bien que** im Sinne von *„permettre"* (= „einverstanden sein") wird mit
dem *subjonctif* im *que*-Satz verbunden:

*Je veux bien que vous **preniez** ma voiture pour faire vos commissions.*
Ich bin damit einverstanden, dass sie meinen Wagen zum Einkaufen benutzen.

Vouloir bien que kann auch die Bedeutung von „gerne zugeben, dass" anneh-
men. In diesem Fall kann das Verb des Nebensatzes im Indikativ oder im *sub-
jonctif* stehen:

*Je veux bien qu'elle **avait** tort de le soupçonner.* (→ faktisch, da Vergangenheitstempus)
Ich gebe ja gerne zu, dass sie ihn zu Unrecht verdächtigt hat.

*Je veux bien que ces problèmes ne **puissent** pas être résolus facilement.* (hypothetisch)
Ich muss zugestehen, dass diese Probleme nicht leicht zu lösen sind.

4. **Espérer que** (= „hoffen") ist, wenn es im Französischen affirmativ verwendet wird, im Gegensatz z.B. zum Italienischen („sperare") oder Spanischen („esperar"), **nicht** (wie *„souhaiter"*) mit dem *subjonctif,* sondern mit dem **Indikativ** zu verbinden:

*J'espère qu'il le **fera**.* **Aber:** *Je souhaiterais qu'il le **fasse**.*

In verneinender bzw. fragender Form wird im gehobenen Französisch allerdings der *subjonctif* gesetzt, wie bei den anderen Verben und Ausdrücken der intellektuellen Modalität.

*Je n'espère plus qu'il le **fasse**. Espérez-vous encore qu'il le **fasse**?*

In der gesprochenen Sprache benutzt man hier normalerweise den Indikativ:

*Je n'espère plus qu'il le **fera**. Est-ce que vous espérez encore qu'il le **fera**?*

Der *subjonctif* nach affirmativem *espérer* kann toleriert werden nach dem Imperativ **espérons que**, nach der Wendung **on pourrait espérer que**, nach **dans l'espoir que** oder nach **en espérant que** (der Indikativ ist in diesen Wendungen ebenfalls anwendbar):

*Espérons que / On pourrait espérer qu'il le **fera** / qu'il le **fasse**.*

*J'ai fait réparer ma vieille voiture dans l'espoir qu' / en espérant qu'elle **tiendra** / qu'elle **tienne** encore quelques mois.*

Nach der Wendung *n'oser espérer que* dominiert die *subjonctif*-Verwendung:

*Je n'ose espérer qu'elle **ait réussi**.*

5. Nach den Verben **dire que** , **écrire que** , **téléphoner que** steht im *que*-Satz der *subjonctif*, wenn sie im Sinne einer **Aufforderung** (also nicht einer Mitteilung) benutzt werden.

Aufforderung:
***Dites**-lui / **Ecrivez**-lui / **Téléphonez**-lui qu'il **fasse** tout son possible pour arriver à l'heure.*
Sagen Sie ihm / Schreiben Sie ihm / Rufen Sie ihn an, er **möge** / er **solle** sein Möglichstes tun, um pünktlich da zu sein.

Mitteilung:
*On nous a **dit** / **écrit** / **téléphoné** que l'exposition sur les peintres réalistes **était fermée** pour cause de grève.*
Man hat uns gesagt / geschrieben / telefonisch mitgeteilt, dass die Ausstellung zu den realistischen Malern streikbedingt geschlossen sei.

6. **Empêcher que (ne)** (= „verhindern, dass") erfordert den *subjonctif*.

*Il faut empêcher qu'un incident pareil (ne) se **reproduise**.*
Man muss verhindern, dass ein derartiger Zwischenfall sich nochmals ereignet.

Nach der Wendung *(il) n'empêche que* (= „nichtsdestoweniger" / „gleichwohl" / „trotzdem" / „dennoch") stehen dagegen der Indikativ oder das Konditional, weil sie adverbialen Charakter hat:

*(II) n'empêche qu'il **a** bien fait de nous contacter.*
Trotzdem hat er gut daran getan, mit uns Verbindung aufzunehmen.

*N'empêche qu'il **serait** le bienvenu.* → Dennoch wäre er willkommen.

Nach der Wendung ***Cela n'empêche pas que*** oder ***Ce qui n'empêche pas que*** (= „trotzdem"; „gleichwohl") stehen der Indikativ oder das Konditional.

*Cela n'empêche pas qu'il **est** intrigant.* → Trotzdem ist er ein Intrigant.

*Cela n'empêche pas qu'elle **aurait dû** réagir autrement.*
Trotzdem hätte sie anders reagieren müssen.

Der *subjonctif* wird auch benutzt, z.B. wenn eine Möglichkeit impliziert ist:

*Cela n'empêche pas qu'il **vienne** assister à la séance.* → Gleichwohl könnte er an der Sitzung teilnehmen.

7. Die Verben **arrêter que** (= „anordnen"), **décréter que** (= „verfügen"), **décider que** (= „beschließen") werden, obwohl sie eine Willensäußerung beinhalten, in der Regel mit dem Indikativ (häufig *futur du passé*) verbunden:

*La préfecture avait **arrêté** / **décrété** / **décidé** que les stations de métro **seraient surveillées** par les forces de l'ordre.*

Auf **ordonner que** (= „befehlen" / „verfügen") folgt ebenfalls der Indikativ, wenn es um eine militärische, gesetzliche oder gerichtliche Verfügung geht. Der *subjonctif* ist hier allerdings möglich.

*Le tribunal ordonne que les biens du prévenu **seront** / (**soient**) saisis.*

8. Der *subjonctif* zur Markierung einer Willensäußerung steht auch nach Substantiven oder substantivischen Wendungen wie: ***le souhait que***, ***le désir que***, ***la nécessité que***:

*Il faudrait insister davantage sur **la nécessité que** les décisions **soient** prises immédiatement.*

Da das Französische tendenziell diese Art von Nominalstil meidet und infinitivische Wendungen bevorzugt (an Stelle von *...le désir qu'il fasse ce travail...* eher *...le désir de le voir faire ce travail...*), sollten substantivische Ausdrücke mit *que*-Anschluss „dosiert" gebraucht werden. Dagegen sind Wendungen wie: **...mon désir est que...** / **...ma volonté est que...** / **...de crainte que...** mit folgendem *subjonctif* durchaus geläufig.

*Mon désir est qu'il **prenne** la responsabilité de coordonner nos campagnes publicitaires diverses.*

Nach der Wendung *...**le malheur** / **le hasard veut que**...* kann alternativ zum *subjonctif* auch der Indikativ stehen, wenn nicht so sehr die Willensäußerung, sondern die Feststellung einer Tatsache im Vordergrund steht:

*Le hasard a voulu qu'on **l'a** / (qu'on **l'ait**) libéré le premier.*
Der Zufall wollte es, dass er als erster freigelassen wurde.

*Le malheur veut que **j'ai** / (que **j'aie**) un empêchement ce jour-là.*
Das Unglück will es, dass ich an dem Tag verhindert bin.

Die Modusverwendung bei Verben und Ausdrücken des Empfindens und der subjektiven Bewertung : Detailaspekte und Besonderheiten

217

1. Folgende Wendungen des Empfindens und der subjektiven Bewertung ziehen im *que*-Satz den *subjonctif* nach sich:

   - *Rien d'étonnant à ce que...* (= „Kein Wunder, dass...“):

     *Rien d'étonnant à ce que les syndicats ne **soient** pas satisfaits des négociations.*

   - *C'est bien que... / Ce n'est pas bien que...* (= „Es ist gut / schlecht, dass...“):

     *C'est bien qu'il **ait obtenu** ce prix prestigieux.*
     *Ce n'est pas bien que vous le **laissiez** tomber comme ça.*

     Anmerkung: **C'est mal que...* ist nicht gebräuchlich.

   - *s'en moquer que...*(= „jemandem gleichgültig sein“):

     *Je m'en moque que tu **sois** malade.*
     Es kümmert mich nicht, dass / ob du krank bist.

     Die Infinitivkonstruktion (bei Gleichheit der Subjekte) *se moquer de faire qc* ist im Übrigen wesentlich geläufiger:

     Il se moque d'être riche.
     Es ist ihm gleich, ob er reich ist oder nicht.

   - Ein deutsches „kritisieren, dass" kann nicht mit **critiquer que*, sondern nur durch *critiquer le fait que...* wiedergegeben werden (mit *subjonctif*, Indikativ möglich):

     *L'ambassadeur a critiqué **le fait que** la logique de la violence n' **est** / ne **soit** jamais interrompue.*
     Der Botschafter hat (die Tatsache) kritisiert, dass die Logik der Gewalt niemals durchbrochen wird.

2. An Stelle des *subjonctif* nach einleitendem Ausdruck der subjektiven Bewertung wird der Indikativ gesetzt, wenn man vor dem *que*-Satz den Infinitiv eines Verbs der Wahrnehmung oder des Feststellens mit der Präposition *de* einfügt. Der daraus resultierende Indikativzwang ergibt sich aus der Tatsache, dass der *que*-Satz unmittelbar von einem Verb abhängig ist, das den Indikativ nach sich zieht:

   *Il est fâcheux **de constater** que notre partenaire n'**a** pas respecté nos arrangements.*

   *Il est honteux **de voir** que les représentants du peuple ne **font** rien pour tenir leurs promesses.*

3. Werden an Stelle von *être* die Verben *trouver* / *paraître* / *juger* / *croire* mit den unter **204.3** aufgeführten Adjektiven verbunden, steht grundsätzlich der *subjonctif*, obwohl die genannten Verben normalerweise mit dem Indikativ stehen. Man hat also zu unterscheiden:

   Je trouve qu'il *a* mal réagi. / *Je trouve étonnant* qu'il *ait* mal réagi.

   Il paraît que sa famille *a* mal pris sa décision de déménager. /
   Il paraît indispensable que le gouvernement *réagisse* immédiatement.

   Nous croyons qu'il *faut* mettre en place des mesures de sécurité efficaces. /
   Nous croyons utile / *Nous jugeons essentiel* que des mesures efficaces *soient* prises.

4. Das Verb ***comprendre*** kann, je nach Kontext, eine intellektuell-rationale („verstehen" / „erfassen") oder eine affektiv-emotionale Bedeutung („verstehen können" / „Verständnis haben") annehmen:

   J'ai finalement compris qu'il n'y **avait** *plus rien à faire.*
   Ich habe schließlich **verstanden** / **eingesehen**, dass nichts mehr zu machen war.

   Je comprends bien qu'elle ne **veuille** *plus vivre avec Yves.*
   Ich habe Verständnis dafür / **Ich kann gut verstehen**, dass sie mit Yves nicht mehr zusammenleben möchte.

   Dementsprechend ist der unpersönliche Ausdruck ***il est compréhensible que...*** stets mit dem *subjonctif* zu verbinden:

   Il est compréhensible qu'elle ne **veuille** *plus vivre avec Yves.*
   Es ist verständlich (= nachvollziehbar), dass sie nicht mehr mit Yves zusammenleben möchte.

5. Zu den unpersönlichen Ausdrücken mit Nominalgruppe, die ein Empfinden oder eine subjektive Bewertung wiedergeben (mit *subjonctif*), gehören auch Ausrufe wie:

   Quelle chance que tout le monde **soit** *arrivé à l'heure!*
   Quelle honte que tant de gens dans le monde ne **puissent** *pas manger à leur faim!*
   Quel dommage que notre voyage **soit** *annulé!*

6. Im segmentierten Satz vom Typ: **Hervorhebung** + **Wiederaufnahme** durch ***c'est que...*** entspricht es dem guten Gebrauch, in dem durch *c'est que...* eingeleiteten Satz den Modus zu verwenden, der in der nicht-segmentierten Satzform üblich ist. **Also**:

   Ce qui est **certain**, *c'est qu'il* **a** *menti.* (= *Il est* **certain** *qu'il* **a** *menti.*)

   Ce qui est **surprenant**, *c'est qu'il* **soit** *encore arrivé en retard.* (= *Il est* **surprenant** *qu'il* **soit** *encore arrivé en retard.*)

   In der Praxis des Gegenwartsfranzösischen wird diese *servitude grammaticale* jedoch kaum beachtet. Es empfiehlt sich deshalb, wie folgt zu verfahren:

   Ein obligatorischer Indikativ im nicht-segmentierten Satz bleibt im segmentierten Satz erhalten; der s*ubjonctif* sollte gemieden werden: *Ce que je* **sais**, *c'est qu'il* **a** *essayé de te téléphoner.* (= *Je* **sais** *qu'il* **a** *essayé de te téléphoner.*)

Bei obligatorischem *subjonctif* im nicht-segmentierten Satz sind im segmentierten Satz beide Modi zulässig.

*Ce qui est **bizarre** / Le plus **bizarre**, c'est qu'il n'**a** / n'**ait** rien dit.*

*Ce que je trouve **étonnant**, c'est qu'il ne s'**est** pas / qu'il ne se **soit** pas excusé.*

7. Nach den Fragen ***comment se fait-il que**... / **d'où vient que**...* (= „wie kommt es, dass...") ist in Bezug auf die Moduswahl Folgendes zu beachten:

Nach *comment se fait-il que*...steht normalerweise der *subjonctif*, in Analogie zu der Frage *comment se peut-il que*... (= „wie ist es möglich, dass") die den *subjonctif* im *que*-Satz auslöst:

***Comment se fait-il** que vous **partiez** déjà?*

***Comment se peut-il** que votre cave **soit** humide?*

Im Umgangsfranzösisch benutzt man auch *comment ça se fait que*... (mit Indikativ): ***Comment ça se fait** que tu **es** en retard?*

Eine synonyme Frageform ist ***d'où vient que**...,* die analog zur Wendung *de là vient que*... („daher rührt, dass...") mit dem Indikativ verbunden wird. Der *subjonctif* ist allerdings auch möglich:

***D'où vient** que l'on ne **peut** / **puisse** plus guère faire confiance à personne?*

Schwankender Gebrauch von Indikativ oder *subjonctif* bei Verben und Ausdrücken des <mark>Zweifels</mark> und der <mark>Unsicherheit</mark> `218`

1. Während die Verben und Ausdrücke des Zweifels und der Unsicherheit, wenn affirmativ verwendet, generell den *subjonctif* nach sich ziehen, schwankt der Modusgebrauch, wenn sie verneinend oder fragend verwendet werden. Im Folgenden eine Übersicht über die verschiedenen Möglichkeiten:

Das Verb *douter*	
*Je doute qu'il l'**ait** dit.*	Afffirmativer Gebrauch → nur *subjonctif*
*Je ne doute pas qu'il (ne) l'**ait** fait.* *Je ne doute pas qu'il l'**a** fait.* Ich zweifle nicht daran, dass er es getan hat.	Verneinender Gebrauch → *subjonctif* Der Indikativ ist auch möglich, da der Sprecher seinen Zweifel verneint und somit Sicherheit signalisiert.
*Doutez-vous qu'il (ne) l'**ait** dit?* Zweifeln Sie daran, dass er es gesagt hat?	Fragender Gebrauch → überwiegend *subjonctif*
*Il se doute que vous vous **êtes** trompé.* Er vermutet / Er ahnt, dass Sie sich getäuscht haben.	*se douter* wie *croire* / *deviner*, usw. → Indikativ

Anmerkung: Das zusätzliche *ne* (*ne explétif*) wird bei *douter* bzw. bei Ausdrücken des Zweifels in der fragenden oder der verneinenden Form benutzt, **wenn im *que*-Satz der *subjonctif* steht.** Gleiches gilt auch für *nier* und *contester*. Vgl. auch **253.3**.

Weitere Ausdrücke des Zweifels		
*Il est douteux qu'il le **fasse**.*		Affirmativer Gebrauch → *subjonctif*
Il n'est pas douteux qu' / *Nul doute qu' /* *Il n'y a pas de doute qu' /* *Il ne fait pas de doute qu'*	*il (ne) l'**ait** fait /* *il l'**a** fait.*	Verneinender Gebrauch → *subjonctif*; seltener: Indikativ Der Indikativ ist möglich, weil durch die Verneinung der Zweifel aufgehoben wird.
*Il est hors de doute qu'il l'**a** fait.* Es steht außer Zweifel, dass er es getan hat.		Indikativ (Der Zweifel ist **nachdrücklich** aufgehoben und das Faktische der Aussage wird bekräftigt.)

Das Verb *nier* und *il est indéniable que*	
*Nous nions qu'il **ait** mal agi.* Wir bestreiten, dass er falsch gehandelt hat.	Affirmativer Gebrauch → *subjonctif* Der Indikativ ist selten.
*Il ne nie pas qu'il l'**a** fait. / ...qu'il (ne) l'**ait** fait.*	Verneinender Gebrauch → häufig Indikativ. Der *subjonctif* ist möglich.
*Personne ne peut nier qu'il l'**a** fait. / ...qu'il l'**ait** fait.*	Häufiger: Indikativ
*Il est indéniable qu'il l'**a** fait.* Es ist nicht zu leugnen / Es ist unbestreitbar, dass er es getan hat.	In der Regel nur Indikativ.

Das Verb *contester* und *il est incontestable que*	
*Je conteste qu'il l'**ait** dit.*	Affirmativer Gebrauch → *subjonctif*
*Je ne conteste pas qu'il l'**a** dit. / qu'il (ne) l'**ait** dit.*	Verneinender Gebrauch → Indikativ oder *subjonctif*
*On pourrait difficilement contester qu'il l'**a** dit. / qu'il (ne) l'**ait** dit.* Man könnte nur schwerlich bestreiten, dass er es gesagt hat.	Implizit verneinender Gebrauch→ Indikativ oder *subjonctif*
*Il est incontestable qu'il **peut** / qu'il **pourrait** réussir.* Es ist nicht zu bestreiten, dass er es schaffen kann.	Indikativ oder Konditional; der *subjonctif* gilt als unangemessen.

2. Der Modusgebrauch nach *il se peut que, il semble que* ist im modernen Französisch variabel.

   Normalerweise benutzt man nach *il se peut que* den *subjonctif*; das Konditional ist jedoch in Sätzen wie dem folgenden nicht auszuschließen:

   *Il se peut qu'avec une voiture plus puissante, vous **auriez** moins de problèmes de sécurité.*

Während nach *il est impossible que, il est improbable que* und nach *il est possible que* der *subjonctif* die Regel ist, schwankt der Modusgebrauch nach **il semble que**. Manche Grammatiker haben einen semantischen Unterschied feststellen wollen zwischen *il semble que* + Indikativ (= „es ist wahrscheinlich") und *il semble que* + *subjonctif* (= „es sieht nur so aus, als ob..., aber sicher ist es nicht.")

In der Praxis des Sprachgebrauchs wird diese grammatisch-semantische Unterscheidung kaum gemacht. Die folgenden Sätze sind also austauschbar (ohne Bedeutungsnuancierung):

Il semble que nous nous **sommes** *trompés.* / *Il semble que nous nous* **soyons** *trompés.*

Man kann allenfalls feststellen, dass der *subjonctif* häufiger gebraucht wird.

In diesem Zusammenhang sind folgende Varianten zu beachten:

Il semble bien que...   **+ Indikativ** (*subjonctif* aber möglich)
Es sieht so aus, als ob...

Il semblerait que...   **+ *subjonctif*** (Indikativ, aber nicht unmöglich)
Es scheint so, als ob...

Il ne semble pas que...   **+ *subjonctif***
Es ist unwahrscheinlich, dass...

Il semble évident que...   **+ Indikativ** → Das Adjektiv bestimmt den Modus.
Es scheint klar, dass...

Il semble normal que...   **+ *subjonctif*** →Das Adjektiv bestimmt den Modus.
Es scheint selbstverständlich, dass...

Il me semble que...   **+ Indikativ**
Es scheint mir, dass... /
Ich glaube, dass...

Il ne me semble pas que...   **+ *subjonctif***
Ich meine nicht, dass...

Il paraît que...   **+ Indikativ**
Man sagt,... / Angeblich soll(en)...

Merke:
Il semble que und *il paraît que* sind semantisch verschieden. *Il paraît que* ist mit einem *on dit que* gleichzusetzen. Deswegen also Indikativzwang!

Die Modusverwendung bei den Verben des <mark>Sagens</mark> und <mark>Erklärens</mark> : Besonderheiten   <mark>219</mark>

1. Ein verneintes Verb des Sagens und Erklärens kann auch in der ersten Person Singular oder Plural sowohl auf das Faktische als auch auf das Hypothetische einer Aussage abheben, je nachdem, ob das Verb zur Einleitung einer modal nicht spezifisch gefärbten indirekten Rede oder zum Ausdruck einer anfechtbaren, zweifelhaften Aussage benutzt wird.

Faktisch (= indirekte Rede ohne eine spezifische modale Färbung):

Je n'ai pas dit que j'allais venir te voir après le déjeuner mais avant le dîner.
Ich habe nicht gesagt, ich würde dich nach dem Mittagessen aufsuchen, sondern vor dem Abendessen.

Hypothetisch:

Je ne dis pas que ce travail soit facile mais il faut s'y mettre.
Diese Arbeit ist sicher nicht einfach, aber man muss sich daran machen.

Nous ne prétendons pas que le discours du ministre nous ait convaincu.
Wir können nicht behaupten, die Rede des Ministers habe uns überzeugt.

2. Nach **expliquer que** variiert der Modusgebrauch:

- Wenn das Subjekt von *expliquer* eine Person ist, folgt auf *expliquer que* („darlegen", „erklären") der Indikativ:

    Elle m'a expliqué que son mari ne pouvait pas se passer de musique.
    Sie hat mir erklärt, dass ihr Mann ohne Musik nicht auskommen könne.

- Wenn das Subjekt von *expliquer* eine Sache ist, folgt auf *expliquer que* („erklären") der *subjonctif*:

    Cela / Son attitude explique qu'il ait eu tant de problèmes.
    Das / Seine Haltung erklärt, dass / warum er soviele Probleme bekommen hat.

- Auf die Wendungen *comment expliquez-vous que...?*; *comment explique-t-on que...?* folgt ebenfalls der *subjonctif*:

    Comment expliquez-vous que personne n'ait entendu le bruit de la détonation?
    Wie erklären Sie sich, dass keiner den Explosionslärm gehört hat?

    Anmerkung:

    Nach *expliquer* ist alternativ auch ein indirekter Fragesatz möglich:

    Il m'a expliqué pourquoi il ne pouvait pas se passer de musique. Son attitude explique pourquoi il a eu tant de problèmes. Vgl. dazu auch **339.1**.

    Nach *s'expliquer* wird normalerweise immer ein indirekter Fragesatz angeschlossen:

    Je m'explique très bien, à présent, pourquoi il était pressé de partir.
    Ich kann mir jetzt gut erklären / Ich kann jetzt gut nachvollziehen, warum er es so eilig hatte zu verschwinden.

3. Nach **promettre**, wenn affirmativ gebraucht, steht im *que*-Satz der Indikativ. Auch nach verneintem *promettre* ist der Indikativ im nachfolgenden Nebensatz die Norm; der *subjonctif* ist allerdings nicht unkorrekt:

    Nous promettons qu'il y aura un bon orchestre ce soir.

    Je ne promets pas qu'il y aura / qu'il y ait un bon orchestre ce soir.

4. In der Konditionalform <mark>*on dirait que*</mark> erhält das Verb die Bedeutung „man möch-
    te meinen, dass..."; „man hat / ich habe den Eindruck, dass..." Es erfordert, wie
    „on croirait que...", den Indikativ:

    *On dirait qu'il **a** encore grossi.*
    Man möchte meinen, dass er noch zugenommen hat.

Die Modusverwendung bei den Verben des <mark>Meinens</mark> und <mark>Denkens</mark> :Besonderheiten

<mark>220</mark>

Folgende Verben des Meinens und Denkens können, wenn sie zur Einleitung von
que-Nebensätzen verwendet werden, in ihrer Bedeutung und, dadurch bedingt, im
Modus variieren:

***admettre que* + Indikativ:** *J'admets qu'il **a** raison. Admets qu'il **a** raison.*	→ einsehen / zugeben, dass
admettons que* + subjonctif:** *Admettons qu'il se **soit trompé**...* **Auch:** ***En admettant *que cela **soit** vrai...*	→ nehmen wir (einmal) an, dass...
(*ne ... pas*) *admettre que* + subjonctif: *Je n'admets pas qu'il **vienne** sans me prévenir.*	→ (nicht) zulassen / (nicht) akzeptieren, dass Vgl. auch **216.1.**
***être d'avis que* + Indikativ:** *Je suis d'avis qu'il ne **guérira** pas.*	→ der Ansicht sein, dass (= Glaube / Meinung)
***être d'avis que* + subjonctif:** *Nous sommes d'avis que notre fils **s'en aille** à Paris pour un an.*	→ dafür sein, dass
***ignorer* + Indikativ** Der Indikativ ist in allen Fällen (affirmativ, verneinend, fragend, fragend-verneinend) die Norm, der *subjonctif* findet nur sporadisch Anwendung: *Ils ignorent / Vous n'ignorez pas qu'il **était** là.* Sie wissen nicht / Sie wissen sehr wohl, dass er da war. **Anmerkung:** Die Verwendung des *subjonctif* nach *ignorer que* gilt als veraltet. *Ignorer que* ist soviel wie *„ne pas savoir"; ne pas ignorer que* ist ein Äquivalent zu *„savoir".* Und nach *savoir / ne pas savoir que* steht in der Regel ebenfalls nur der Indikativ. Nach *ignorer* kann auch ein mit *si, pourquoi, qui,* usw. eingeleiteter indirekter Fragesatz stehen: *J'ignore s'il est capable de le faire.*	→nicht wissen, dass

***imaginer que* + Indikativ:** *J'imagine qu'elle **est** très sérieuse.*	→ sich vorstellen / denken, dass
***Ne pas imaginer que* + subjonctif:** *Il n'imaginait pas qu'on **puisse** / **pût** l'accuser de vol.*	→ sich nicht vorstellen können, dass
***Imagine* / *Imaginons* / *Imaginez que* + subjonctif:** *Imagine que tu **sois** riche.* **Anmerkung:** *s'imaginer que* (= sich einbilden) wird mit dem Indikativ verbunden: *Elle s'est imaginé qu'on ne l'**aimait** pas.* *Vous imaginez-vous que je **suis** satisfait?*	→ Stell dir vor / Stellen wir uns (einmal) vor / Stellen Sie sich vor, dass
***Savoir que* + Indikativ** ***Ne pas savoir que* + Indikativ** *Nous ne savions pas que le tunnel **était** fermé.* **Anmerkung:** Nach *ne pas savoir que* wirkt der *subjonctif* veraltet: **Je ne savais pas qu'il **fût** malade.* Nach **savoir si** steht ein indirekter Fragesatz: *On ne savait pas s'il **était** là et s'il viendrait nous aider.*	→wissen, dass → nicht wissen, dass
***Supposer que* + Indikativ:** *Nous supposons qu'il **sera** de retour vendredi.* (Wahrscheinlichkeit)	→ annehmen / vermuten, dass
***Ne pas supposer que* + subjonctif:** *Nous ne supposons pas qu'il **soit** coupable.* (Unwahrscheinlichkeit)	→ nicht annehmen, dass
***Suppose que* / *Supposons que* / *Supposez que* + subjonctif:** *Supposons qu'elle **ait** un empêchement demain: que ferons-nous?* (Hypothese)	→ Nimm an / Nehmen wir (einmal) an / Nehmen Sie einmal an, dass
***A supposer que* / *Supposez que* / *En supposant que* + subjonctif:** *A supposer / Supposez / En supposant qu'il **ait** manqué son train, penses-tu qu'il nous préviendra?* (Hypothese)	→angenommen, dass
***Supposer que* + subjonctif:** *Ce métier suppose qu'on **soit** en parfaite santé.* (Willensäußerung) **Anmerkung:** Auch folgender, mit *si* gebildeter Satz hat einen hypothetischen Charakter, deshalb ist der *subjonctif* möglich: *Si l'on suppose que tout le monde **vienne** / **vient** à l'heure...*	→voraussetzen, dass

***Trouver que* + Indikativ** (= *croire que, estimer que, penser que*): *Elle trouve que je **suis** paresseux.*	→finden, dass
***Trouver agréable* / *mauvais* / *normal*, usw. + *subjonctif*:** *Nous trouvons normal que le propriétaire **ait baissé** le prix du loyer.*	→ (es) angenehm / schlecht / selbstver-ständlich finden, dass
***S'apercevoir que* + Indikativ** (immer, auch wenn verneinend oder fragend gebraucht): *Je ne me suis pas aperçu que la mer **montait** déjà.*	→ bemerken / wahr-nehmen, dass
***se rendre compte que* + Indikativ** ***Ne pas se rendre compte que* + Indikativ** *Elle ne s'est pas rendu compte qu'elle **était** en danger de mort.* **Anmerkung:** Wie *se rendre compte* ist auch *réaliser* (– begreifen) zu behandeln: → immer mit Indikativ: *Elle n'avait pas réalisé qu'elle **était** en danger de mort.*	→ sich (darüber) klar / bewusst werden, dass

Indikativ und *subjonctif*: Repetitorium

221 **Grundprinzipien des Gebrauchs von Indikativ und *subjonctif***

1. Es ist zu beachten, dass im Französischen in einem *que*-Satz die Moduswahl nicht durch die grammatische Struktur des einleitenden Satzes bedingt ist, sondern durch **semantische Kriterien**. Anders gewendet, die Verwendung des Indikativs oder des *subjonctif* hängt nicht primär davon ab, ob im einleitenden Satz ein persönlich oder unpersönlich gebrauchtes Verb, ein adjektivischer oder ein substantivischer Ausdruck stehen; vielmehr sind Bedeutungskriterien maßgebend wie z.B.: Wird ein Vorgang / Zustand als real, als irreal, als hypothetisch, als wünschenswert, als erfreulich, usw. betrachtet? Man hüte sich vor irreführenden „Erklärungshilfen" wie: *„Nach unpersönlichen Ausdrücken steht im Französischen in aller Regel der *subjonctif*." Nicht die grammatische Struktur „unpersönlicher Ausdruck", sondern der durch ihn realisierte Typ von Modalität bestimmt die Wahl von Indikativ oder *subjonctif*:

    *Il est évident qu'il **a** mal réagi.* → Insistieren auf Wahrheit

    *Il est dommage qu'il **ait** mal réagi.* → Empfindung und wertende Stellungnahme

2. Der *subjonctif* wird im Französischen in bestimmten Fällen in einem unabhängigen Satz und nach bestimmten Verben / Ausdrücken in einem durch *que* eingeleiteten Nebensatz verwendet. Weiterhin benutzt man ihn in Relativsätzen, deren Inhalt hypothetisch ist oder die von einem superlativischen Ausdruck abhängen.

    Ein indirekter, durch ein Fragewort oder durch *si* (= ob) eingeleiteter Fragesatz wird mit dem **Indikativ** konstruiert: *Je me suis demandé s'il l'**avait** invitée / pourquoi il l'**avait** invitée à cette réunion.*

3. **Der Indikativ oder der *subjonctif* werden wie folgt angewendet:**

    *   **Im unabhängigen Satz** wird normalerweise der Indikativ verwendet; der *subjonctif* steht nur gelegentlich im unabhängigen Satz zum Ausdruck eines **Befehls**, einer **Aufforderung**, einer **Untersagung**, eines **Wunsches**, usw.:

        *Qu'il **fasse** ce qu'on lui demande!*   → Aufforderung / Befehl

        *Qu'elle se **garde** bien de répandre de tels mensonges!* → Untersagung

        *(Que) la chance **soit** avec lui!*   → Wunsch

    *   Nach den **Konjunktionen** *afin que, avant que, bien que, à condition que, encore que, jusqu'à ce que, malgré que, à moins que, pour que, pourvu que, quoique, sans que* steht immer der *subjonctif*. (Vgl. **368**).

- Im **Relativsatz** steht der *subjonctif* nach superlativischen Ausdrücken oder
  wenn der Relativsatz hypothetischen Charakter hat (Wunsch, angestrebtes
  Ziel, Unwahrscheinlichkeit, zweifelhafter Sachverhalt).

  *C'est le meilleur vin que j'**aie** bu.*

  *Je cherche un appartement qui ne **soit** pas trop cher* (auch: *...qui ne **serait** pas trop
  cher).*

  *Je ne trouve pas d'étudiante qui **veuille** bien me donner des cours particuliers
  d'espagnol.*

- Im **que-Satz** steht der *subjonctif*,

  – wenn dieser dem Hauptsatz vorausgeht

    *Qu'elle **soit** très intelligente, je le crois bien.*

  – wenn im einleitenden Hauptsatz ein Ausdruck oder Verb steht, der / das
    affektiv-emotional ist (Willensäußerung, Empfindung, subjektive Bewer-
    tung); Voraussetzung: verschiedene Subjekte in Haupt- und *que*-Satz.

    *Nous désirons / Il est préférable que vous **quittiez** notre entreprise.*
    (Willensäußerung)

    *Je regrette / Je suis fâché que tu **sois parti** si tôt.* (Empfindung)

    *Il est inacceptable / C'est dommage que notre employé ne **fasse** jamais ce qu'il
    faut faire.* (subjektive Bewertung)

  – wenn im einleitenden Hauptsatz ein Ausdruck oder ein Verb steht, der /
    das rational-intellektuell ist und einen Zweifel, eine Unsicherheit aus-
    drückt.

    *Il est douteux qu' / Il est improbable qu'ils **aient** raison.* (Zweifel / Unsicherheit)

- Im **que-Satz** kann nach den Verben des **Sagens** oder **Erklärens** und nach
  den Verben / Ausdrücken des **Meinens** oder **Denkens im gesprochenen
  Französisch immer der Indikativ verwendet werden**, das heißt also bei af-
  firmativem, verneinendem, fragendem, fragend-verneinendem Gebrauch.

  Im geschriebenen Französisch, sowie im gehobenen gesprochenen Stan-
  dardfranzösisch, kann der Sprecher gemäß §§ **206** und **207**, je nachdem, ob
  mehr der hypothetische oder mehr der faktische Charakter seiner Aussage im
  Vordergrund steht, den entsprechenden Modus wählen. Bei affirmativem
  Gebrauch dieser Verben / Ausdrücke ist allerdings **nur der Indikativ mög-
  lich**.

  *Le maire a déclaré qu'il n'**était** pas **impliqué** dans l'affaire.* (Affirmativer Gebrauch)

  *Je ne pense pas que mes parents **aient** l'intention d'émigrer.* (Hypothese)

  *Ne te rappelles-tu pas que nous **avons** passé trois semaines merveilleuses sur la Côte
  te d'Azur?* (Betonung des Faktischen)

Nach fragender Einleitung eines *que*-Satzes mittels Intonationsfrage oder *est-ce que*-Frage wird nie der *subjonctif* verwendet:

*Est-ce que vous êtes sûre que l'entreprise **prévoit** des licenciements?*

4. Es gibt eine Fülle von Spezialfällen des Indikativ- oder *subjonctif*-Gebrauchs, die in der Aufbaustufe (§§ **216-220**) aufgeführt sind.

222 Schwierigkeiten und Fehlerquellen

1. Nach Adverbien, die eine Gemütsbewegung oder eine Möglichkeit ausdrücken (*peut-être que, sans doute que, heureusement que, probablement que*) wird im darauf folgenden *que*-Satz **grundsätzlich der Indikativ** gesetzt. Es ist also zu unterscheiden zwischen:

   *Je suis heureux que tu **ailles** mieux. / **Heureusement que** tu **vas** mieux.*

   *Il se peut que nous la **rencontrions** la semaine prochaine. /*

   ***Peut-être que** nous la **rencontrerons** la semaine prochaine.*

   Für den letzten Satz kann man auch sagen:

   *Peut-être la **rencontrerons-nous** la semaine prochaine.* (Inversion!)

2. Im Folgenden einige punktuelle Probleme der Verwendung von Indikativ oder *subjonctif*:

   • ***Il suffit que*** muss als Ausdruck der Willensäußerung verstanden werden, obwohl dies nur mit Mühe nachvollziehbar ist. Deswegen steht regelmäßig der *subjonctif*. Im Übrigen lässt das Verb *suffire* folgende Konstruktionen zu:

     suffire à qn de faire qc
     Il vous suffira de le lui dire. (→ Sie brauchen es ihm nur zu sagen.)

     ***Il suffit de**...*
     Il ne suffit pas d'en parler continuellement, il faut passer à l'action.

     ***Il suffit que**...*
     *De nos jours, une star n'a pas besoin d'avoir du talent, il suffit qu'elle **fasse** son apparition à la télé tous les jours.*

   • Nach dem Verb *comprendre* kann der Indikativ oder der *subjonctif* stehen, je nachdem, ob die intellektuelle oder die affektive Bedeutung von *comprendre* im Vordergrund steht:

     *J'ai bien compris qu'on ne **pouvait** pas compter sur lui.*   = ‚Kopfverstehen‘
     (→ „Es ist mir klar geworden...“)

     *Je comprends très bien que tu ne **puisses** pas accepter son offre.* = ‚Herzverstehen‘
     (→ „Ich habe Verständnis dafür...“)

Merke:

Il est compréhensible que / *Il me paraît compréhensible que* im Sinne von „Es ist verständlich, dass..." / „Es scheint mir verständlich, dass..." erfordern immer den *subjonctif.*

- ***Se plaindre que*** sollte nicht, wie von seriösen Wörterbüchern suggeriert, mit dem Indikativ verwendet werden, auch wenn das Faktum, über das man sich beklagt, als real existierend gelten kann. Folgende Modusverwendung nach *se plaindre* ist verbindlich:

  se plaindre que...   + subjonctif

  se plaindre de ce que...   + Indikativ oder *subonctif*

- Nach ***attendre que*** (= „warten, dass") und ***s'attendre à ce que*** (= „damit rechnen / darauf gefasst sein, dass") steht im modernen Französischen regelmäßig der *subjonctif.*

- Nach ***le fait que*** (wenn es am Satzanfang steht) und nach ***il est exact que*** ist die Anwendung des *subjonctif* derart verfestigt, dass die ebenfalls korrekte Verwendung des Indikativs von nicht wenigen Muttersprachlern als unkorrekt empfunden wird. Es empfiehlt sich also, dem *subjonctif* nach diesen Wendungen den Vorzug zu geben. Vgl. auch **239.1.**

3. Der Ausdruck ***il est malheureux que***... kann nur unpersönlich im Sinne von *c'est malheureux que...* verwendet werden:

   *Il / C'est malheureux que tant d'hommes ne **puissent** pas vivre en paix.*
   Es ist bedauerlich / Es ist ein Jammer, dass so viele Menschen nicht in Frieden leben können.

   Eine weitere Konstruktionsmöglichkeit ist:
   *Ce serait malheureux **s'il fallait** se faire à une logique de guerre.*
   Es wäre bedauerlich, wenn man sich an eine Logik des Krieges gewöhnen müsste.

   Die deutsche Formulierung „Er ist darüber unglücklich, dass..." muss mit *„Il est malheureux **parce que**..."* wiedergegeben werden.

   Demgegenüber kann der Ausdruck ***il est triste que***... persönlich oder unpersönlich gebraucht werden:

   *Elle est triste que tu **sois** brouillé avec tout le monde.*
   Sie ist darüber traurig, dass du mit allen zerstritten bist.

   *Il / C'est triste qu'après l'attentat, rien ne **soit** plus comme avant.*
   Es ist traurig, dass nach dem Attentat nichts mehr ist, wie es war.

4. Bei Ausdruckskombinationen wie: *je trouve normal que*...; *il me paraît tout naturel que*...; bestimmt das Adjektiv den Modus. Also:

Je trouve qu'elle a mauvaise mine. **Aber:** *Je trouve normal qu'elle soit fatiguée.*

Il paraît qu'il boit. **Aber:** *Il me paraît tout naturel qu'elle ait refusé votre offre.*

5. Zu beachten ist das Gebot der Subjektsverschiedenheit, wenn man von einem Verb / Ausdruck der Willensäußerung, des Empfindens oder der subjektiven Bewertung einen *que*-Satz + ***subjonctif*** abhängig machen will. Sätze wie **Je me permets que je me présente; *Je regrette que je vienne seul* sind wegen der Subjektsgleichheit stilistisch **nicht akzeptabel**. Dafür:

Permettez-moi de me présenter.

Je regrette de venir seul.

6. Man unterscheide:

Il arrive que nous oubliions de prévenir nos parents.

Il nous arrive d'oublier de prévenir nos parents.

(➜ Infinitivkonstruktion wegen vorausgehendem Pronominalobjekt)

Zu beachten sind ferner die in § **220** aufgeführten Verben des Meinens und Denkens, die je nach Kontext, ihre Bedeutung und zugleich den Modus variieren.

7. Bei einem **nachzeitigen** Verhältnis sollte man, auch in gehobener Sprache, den *subjonctif* Imperfekt grundsätzlich meiden. Also nur: *J'étais étonné que le cours de philosophie reprenne dès la semaine prochaine.*

Bei vollendeter Zukunft kann man jedoch in gehobener Sprache den *subjonctif* Plusquamperfekt benutzen: *Je craignais qu'il n'ait / n'eût terminé avant notre arrivée.*

Kapitel 4.9

Das Konditional und der Bedingungssatz
(le conditionnel et la circonstancielle de condition)

Kapitelübersicht:

Das Konditional und der Bedingungssatz: Grundstufe

223 ## Funktionen des Konditionals

Man unterscheidet im Französischen zwischen dem **temporalen** und dem **modalen** Gebrauch des Konditionals.

1. Das **temporale Konditional** bezeichnet einen von der Vergangenheit aus gesehenen Vorgang oder Sachverhalt in der Zukunft („futurisches Konditional"; vgl. **140**). Das temporale Konditional steht insbesondere in der indirekten Rede als *„futur du passé"* (vgl. **389**):

    *Nous étions convaincus que tu **reviendrais**.*
    Wir waren davon überzeugt, dass du wiederkommen würdest.

2. Das **modale Konditional** (= das Konditional, das die Art und Weise bezeichnet, in der sich eine Handlung / ein Vorgang vollzieht / vollziehen könnte) steht:

    *   im Bedingungssatzgefüge mit *si* (= wenn, falls):

        *Si je vous l'avais dit, vous ne m'**auriez** pas **cru**.*
        Wenn ich es Ihnen gesagt hätte, hätten Sie mir nicht geglaubt.

    *   außerhalb des Bedingungssatzgefüges mit *si* zum Ausdruck eines **Wunsches**, einer **höflichen Aufforderung**, einer **abschwächenden Äußerung** (siehe **225**), einer **zweifelnden Frage** und der entrüsteten **Zurückweisung einer Unterstellung**; weiterhin zur **vorsichtigen** oder **distanzierten Wiedergabe** von Nachrichten, Informationen und Sachverhalten (siehe **230**).

224 ## Das Bedingungssatzgefüge mit *si*

Das Bedingungssatzgefüge besteht aus einem Neben- und einem Hauptsatz. Der Nebensatz wird in der Regel von einer die Bedingung ausdrückenden Konjunktion (z.B. *si / au cas où* = wenn / falls) eingeleitet; der Hauptsatz drückt die aus der Bedingung resultierende tatsächliche oder mögliche Folge aus. Die Reihenfolge im Bedingungssatzgefüge ist beliebig, d. h. der Bedingungssatz kann voran- oder nachgestellt werden.

Nebensatz + **Hauptsatz** : *S'il était parti plus tôt, il aurait évité les bouchons sur l'autoroute.*
Wenn er früher losgefahren wäre, hätte er die Staus auf der Autobahn vermieden.

Hauptsatz + **Nebensatz** :   *Il aurait évité les bouchons sur l'autoroute s'il était parti
                                   plus tôt.*
                                   Er hätte die Staus auf der Autobahn vermieden, wenn er
                                   früher losgefahren wäre.

Die häufigste Konjunktion in Bedingungssätzen ist *si* = „wenn" / „falls". Sie wird so-
wohl zum Ausdruck einer **erfüllbaren** Bedingung („der potentielle Fall") als auch einer
unerfüllbaren Bedingung („der irreale Fall") verwendet.

1. **Zeit und Modus im** *si*-**Satzgefüge im** **potentiellen** **Fall (= erfüllbare Bedin-
   gung → Möglichkeit / Annahme):**

*Si on **veut** visiter le Louvre, il **faut** avoir le temps.* Wenn man den Louvre besichtigen will, (dann) braucht man Zeit.	**Präsens** im *si*-Satz; **Präsens** im Hauptsatz (zur Beschreibung eines Zustandes / eines Sachverhaltes)
*Si on l'**interroge**, il **dira** certainement la vérité.* Wenn man ihn fragt, wird er sicherlich die Wahrheit sagen.	**Präsens** im *si*-Satz; **Futur** im Hauptsatz (zur Beschreibung einer Handlung)
*Si on te **demande**, **n'hésite pas** à dire la vérité.* Wenn man dich fragt, zögere nicht, die Wahrheit zu sagen.	**Präsens** im *si*-Satz; **Imperativ** im Hauptsatz (zum Ausdruck einer Aufforderung)
*Si un jour tu la **rencontrais**, tu ne la **reconnaîtrais** pas.* Solltest du sie eines Tages treffen, (dann) würdest du sie nicht wiedererkennen.	**Imperfekt** im *si*-Satz; **Konditional I** im Hauptsatz (zur Wiedergabe einer Hypothese, deren Verwirklichung als möglich angesehen wird)

2. **Zeit und Modus im** *si*-**Satzgefüge im** **irrealen** **Fall (= unerfüllbare Bedin-
   gung der Gegenwart oder der Vergangenheit):**

*Si j'**avais** le temps, je t'**aiderais**.* Wenn ich Zeit hätte, (dann) würde ich dir helfen. (= Aber leider habe ich keine Zeit.)	**Imperfekt** im *si*-Satz; **Konditional I** im Hauptsatz (= unerfüllbare Bedingung der Gegenwart)
*Si j'**avais eu** le temps, je t'**aurais aidé**.* Wenn ich Zeit gehabt hätte, (dann) hätte ich dir geholfen. (= Aber leider habe ich keine Zeit gehabt.)	**Plusquamperfekt** im *si*-Satz; **Konditional II** im Hauptsatz (= unerfüllbare Bedingung der Vergangenheit)

Grundstufe

Beachte also:

Das Bedingungssatzgefüge mit *si* vom Typ: Imperfekt im *si*-Satz + Konditional I im Hauptsatz kann den **potentiellen** Fall (= erfüllbare Bedingung) und den **irrealen** Fall (= unerfüllbare Bedingung) ausdrücken, je nach Kontext:

erfüllbar: *Si un jour vous m'offriez un emploi dans votre entreprise, je ne refuserais pas.* (= möglich)

unerfüllbar: *Si j'étais riche, je m'achèterais une maison sur la Côte d'Azur.* (= leider unmöglich)

R 224

Im bedingenden *si*-Satz (= wenn / falls) steht im Gegensatz zum Deutschen **nie** das **Futur** oder das **Konditional**.

Beispiel:

Si mon père accepte ma proposition, je serai heureux.
Wenn mein Vater meinen Vorschlag akzeptiert, bin ich glücklich.

Si mon père acceptait ma proposition, je serais heureux.
Wenn mein Vater meinen Vorschlag **akzeptieren würde**, wäre ich glücklich.

---

225   **Der Gebrauch des modalen Konditionals außerhalb des Bedingungssatzgefüges**

1.   Das Konditional wird verwendet zum Ausdruck eines **Wunsches**, einer **Aufforderung**, einer **Bitte**, die höflich abgeschwächt werden sollen („ **Höflichkeitskonditional** "):

*Je **voudrais** / J'**aimerais bien** me reposer un peu.* (= Wunsch)	Ich würde mich gerne ein wenig ausruhen.
*Je **désirerais** parler à M. le maire.* (= Wunsch)	Ich würde gerne den Bürgermeister sprechen.
*Nous **feriez-vous le plaisir** d'assister au mariage de notre fils?* (= Wunsch)	Sie würden uns eine große Freude machen, wenn Sie an der Hochzeit unseres Sohnes teilnähmen.
*Vous **feriez bien** de travailler davantage. / Vous **auriez intérêt** à travailler davantage.* (= Aufforderung)	Sie täten gut daran, ein wenig mehr zu arbeiten. / Sie sollten eigentlich mehr tun.
*Vous **seriez aimable** / **gentil** de me répondre par retour du courrier.* (= Bitte)	Würden Sie bitte so freundlich sein und mir umgehend antworten? / Wären Sie so nett und würden mir umgehend antworten? / Würden Sie mir freundlicherweise umgehend antworten?
*Auriez-vous la **gentillesse** / l'**amabilité** de m'aider?* (= Bitte)	Wären Sie so liebenswürdig und würden mir helfen?

2. Das Konditional drückt eine **Möglichkeit** aus und wird insbesondere in **ab-schwächenden, zurückhaltenden Äußerungen** verwendet:

Möglichkeit

*En effet, cela **pourrait** se faire.*	In der Tat, das ist machbar.
*On **aurait pu** agir de façon différente.*	Man hätte anders handeln können.
***Prendriez**-vous un apéritif?*	Möchten Sie vielleicht einen Aperitif?

Abschwächende Äußerung

*On **dirait** que tu es malade.*	Man könnte meinen, du seist krank.
*Nous ne **saurions** vous le dire.* (ohne *pas!*)	Wir **können** es Ihnen nicht sagen.
*On **croirait** qu'il est sensible.*	Man könnte den Eindruck haben, er sei empfindlich. / Man könnte meinen, er sei empfindlich.

Das Konditional und der Bedingungssatz: Aufbaustufe

226 ## Das Bedingungssatzgefüge mit *si* : besonderer Gebrauch

Neben den unter **224** aufgeführten Grundtypen des *si*-Satzgefüges gibt es noch folgende Kombinationen und besondere Fälle:

1. **Erfüllbare** oder **erfüllte** Annahme, auf die Vergangenheit bezogen:

Si tu **as reçu** *une réponse tout de suite, tu* **as eu** *de la chance.* Wenn du sofort eine Antwort erhalten hast, (dann) hast du Glück gehabt.	**Passé composé** im *si*-Satz; **Passé composé** im Hauptsatz
Si tu **as fait** *cela, tu* **es** *fou.* Wenn du das getan hast, (dann) bist du verrückt.	**Passé composé** im *si*-Satz; **Präsens** im Hauptsatz (= zum Ausdruck des Zustandes / eines Sachverhaltes)
Si tu **as fait** *cela, tu* **auras** *des problèmes.* Wenn du das getan hast, (dann) bekommst du Probleme.	**Passé composé** im *si*-Satz; **Futur I** im Hauptsatz (= zum Ausdruck eines Ereignisses in der Zukunft)
Si le parlement **a voté** *la loi dès aujourd'hui, les députés* **auront économisé** *un mois de travail.* Wenn das Parlament bereits heute über das Gesetz abgestimmt hat, (dann) haben die Abgeordneten einen Monat Arbeit gespart.	**Passé composé** im *si*-Satz; **Futur II** im Hauptsatz (= zum Ausdruck eines in der Zukunft als vollendet betrachteten Faktums)

2. **Besonderer Gebrauch im** **irrealen** **Fall:**

Si nous **avions suivi** *les conseils de nos amis, nous* **serions** *déjà à la maison.* Wenn wir die Ratschläge unserer Freunde befolgt hätten, wären wir (jetzt) schon zu Hause.	**Plusquamperfekt** im *si*-Satz; **Konditional I** im Hauptsatz (→ Der Hauptsatz verweist auf ein Resultat / einen Zustand.)
*Si j'***avais fait** *un pas de plus, je* **tombais** *dans le ravin.* Noch einen Schritt weiter und ich wäre in die Schlucht gestürzt.	**Plusquamperfekt** im *si*-Satz; **Imperfekt** im Hauptsatz (→ Das Imperfekt wird hier verwendet, um zu unterstreichen, dass die Folge mit Si-

Dafür auch: ***Un pas de plus**, (et) je **serais** **tombé** / je **tombais** dans le ravin.*

cherheit eingetreten wäre. Dieser Gebrauch des Imperfekts an Stelle des Konditionals II *(...je serais tombé dans le ravin)* wirkt nur dann authentisch, wenn ein **plötzliches**, **abruptes Ereignis** impliziert ist. In dem Satz: *S'il avait réfléchi un peu, il n'aurait pas dit une chose pareille* wäre das Imperfekt im Folgesatz also wenig akzeptabel.

---

*S'il l'**eût appris** à temps, il ne se **fût** pas **fait** de soucis.*
Wenn er es rechtzeitig erfahren hätte, hätte er sich keine Sorgen gemacht.

*S'il l'**avait appris** à temps, il ne se **fût** pas **fait** de soucis.*

*S'il l'**eût appris** à temps, il ne se **serait** pas **fait** de soucis.*

subjonctif **Plusquamperfekt** im *si*-Satz;
subjonctif **Plusquamperfekt** im Hauptsatz (= selten, sehr literarisch und zum Teil veraltet wirkend)

Man kann auch entweder nur das Verb des *si*-Satzes oder nur das Verb des Hauptsatzes in den *subjonctif* Plusquamperfekt setzen. Die Verbformen des *subjonctif* Plusquamperfekt im *si*-Satz bleiben auf die 3. Person Singular beschränkt.

Der Gebrauch der Konjunktion *si* in einem nicht-bedingenden Sinne

1. Ein nicht-bedingendes *si* wird in Gegenüberstellungen verwendet und erhält dann eine **einräumende Funktion**. Dieser konzessive Gebrauch von *si* im Sinne von „einerseits... andererseits...", „wenn auch... so doch...", „zwar... aber..." erfreut sich in der Standardsprache (gesprochen und geschrieben) zunehmender Beliebtheit:

   Si le nouveau gouvernement a réussi à enrayer le chômage, le nombre des sans-emploi parmi les jeunes reste préoccupant.
   Zwar ist es der neuen Regierung gelungen, die Arbeitslosigkeit unter Kontrolle zu bringen, **aber** die Zahl der arbeitslosen Jugendlichen bleibt weiterhin besorgniserregend.

   Si on a baissé les impôts, la flambée des prix sur les carburants semble annuler les avantages fiscaux.
   Wenn die Steuern **auch** gesenkt worden sind, so scheint der Preisauftrieb bei Kraftstoffen die steuerlichen Vorteile **doch** wieder aufzuheben.

2. Ein nicht-bedingendes *si,* gefolgt von einem Imperfekt, wird in der gesprochenen Sprache in Fragesätzen zum Ausdruck eines **Vorschlags** gebraucht (= „Wie wäre es, wenn..?"):

Si on sortait ce soir? → Wie wär's, wenn wir heute Abend ausgingen?
Si nous faisions une petite pause maintenant? → Wie wäre es jetzt mit einer kleinen Pause?

3. Ein nicht-bedingendes *si* wird in der Wendung *si..., **c'est que**...* (***si***..., ***c'est parce que***...) zum Ausdruck einer Tatsache verwendet, die im folgenden Hauptsatz erklärt wird:

*Si je ne suis pas venu te voir pour ton anniversaire, **c'est (parce) que** j'en ai oublié la date.*
Wenn ich dich an deinem Geburtstag nicht besucht habe, dann deswegen, weil ich das Datum vergessen habe.

Da dieses *si* nicht bedingend ist, kann im *si*-Satz auch ein *passé simple* (nur selten auch Futur) stehen:

*Si elle ne le reconnut pas, **c'est (parce) qu'**il avait considérablement changé.*
Wenn sie ihn nicht wiedererkannte, dann deswegen, weil er sich stark verändert hatte.

228 Spezialfälle beim Gebrauch von *si*

1. Einem bedingenden *si*-Satz kann ein zweiter *si*-Satz folgen. Wird ein bedingendes *si* nicht durch ein zweites *si*, sondern durch ein *que* aufgenommen, **kann** das zweite Verb im *subjonctif oder* im Indikativ stehen. Der deutsche Satz: „Wenn es schneit und (wenn) wir das Auto nicht benutzen können, nehmen wir den Zug" lässt sich im Französischen also wie folgt wiedergeben:

*S'il neige et **si** nous ne **pouvons** pas nous servir de la voiture, nous prendrons le train.*
oder:

*S'il neige et **que** nous ne **pouvons** / **puissions** pas nous servir de la voiture, nous prendrons le train.*

2. Immer häufiger wird *si* auch **temporal** wie *quand, lorsque, chaque fois que* im Sinne einer Wiederholung („iterativ") gebraucht (= jedesmal, wenn... / immer, wenn...). Im mit *si* eingeleiteten temporalen Nebensatz stehen dann das Präsens oder das Imperfekt; im Hauptsatz ebenfalls das Präsens oder das Imperfekt (wie im Deutschen):

*Si le temps **était** mauvais, nous ne **sortions** pas de la maison.*
Immer, wenn das Wetter schlecht war, gingen wir nicht vor die Tür.

*Si je **dis** oui, mon fils **dit** systématiquement non.*
Jedesmal, wenn ich ‚ja' sage, sagt mein Sohn grundsätzlich ‚nein'.

3. *Si* im Sinne von „ob" leitet eine **indirekte Frage** ein und lässt alle Zeiten zu, einschließlich des Futurs und des Konditionals (im Gegensatz zum bedingenden *si*):

*Je me demande s'il **est** fâché / s'il **était** fâché / s'il **sera** fâché.*
*Je me suis demandé s'il **se fâcherait** / s'il **allait se fâcher**.*

4. **R 228**

> Nach *comme si* (= als ob / als wenn) können in der Regel **nur das Imperfekt oder das Plusquamperfekt** (auch Plusquamperfekt *subjonctif*) stehen:

*Il me traite **comme si j'étais** son ennemi.*
Er behandelt mich, als ob ich sein Feind sei.

*Il me traitait **comme si j'étais** son ennemi.*
Er behandelte mich, als ob ich sein Feind sei.

*Il me traitait **comme s'il** ne m'**avait** jamais **vu** / **comme s'il** ne m'**eût** jamais **vu**.*
Er behandelte mich, als ob er mich noch nie gesehen habe.

*...**comme si** de rien n'**était**...* → *...als ob nichts (geschehen) wäre...*

Anmerkung:

In **Ausrufesätzen** werden nach *comme si* ebenfalls nur das Imperfekt oder das Plusquamperfekt verwendet:

***Comme s'il** n'**avait** pas **pu** me rendre ce service!*
Als ob er mir diesen Dienst nicht hätte leisten können!

Gelegentlich wird in Ausrufesätzen nach *comme si* auch das Konditional gesetzt:
***Comme s'il** n'**aurait** pas **pu** me rendre ce service!*

5. **Wendungen mit bedingendem** *si*:

...s'il vous plaît!	...bitte! (= „wenn es Ihnen genehm ist.")
si j'ose dire	wenn ich so sagen darf
si on peut dire	wenn man so sagen kann
si je ne me trompe / si je ne m'abuse	wenn ich mich nicht täusche / wenn ich nicht irre
si on veut	wenn man so will
si le cœur vous en dit	wenn Sie Lust dazu haben / wenn Ihnen danach ist.
si ce n'est que...	es sei / wäre denn, dass...
Avec des si, on mettrait Paris en bouteille.	Wenn das Wörtchen „wenn" nicht wär', wär' mein Vater Millionär.

229 **Bedingungssätze ohne** *si*

Das Bedingungssatzgefüge kann auch ohne die Konjunktion *si* **konstruiert werden, und zwar:**

1. **durch** Beiordnung **(Koordination)**

In der Regel verwendet man in dieser Konstruktion das Konditional II (gelegentlich auch das Konditional I). Sie nimmt entweder die Form eines Fragesatzes (ohne Fragezeichen) oder die eines Aussagesatzes an:

Fragesatz: ***Auriez-vous*** *accepté l'offre de notre entreprise, vous auriez pu éviter le chômage.*
Wenn Sie das Angebot unseres Unternehmens angenommen hätten, **dann** hätten Sie die Arbeitslosigkeit vermeiden können. / Hätten Sie das Angebot unseres Unternehmens angenommen, **dann** ...

Aussagesatz: ***Vous auriez*** *accepté l'offre de notre entreprise, vous auriez pu éviter*
(häufiger)   *le chômage.*

In der französischen Umgangssprache wird im Bedingungssatzgefüge ohne *si* vor dem Hauptsatz ein *que* eingeschoben. Dadurch werden die Funktionen von Haupt- und Nebensatz vertauscht: Der Hauptsatz (Folgesatz) wird syntaktisch zum mit *que* eingeleiteten Nebensatz, der Nebensatz (Bedingungssatz) wird syntaktisch zum Hauptsatz:

Vous auriez *accepté l'offre de notre entreprise* **que** *vous auriez pu éviter le chômage.*
Hätten Sie das Angebot unseres Unternehmens angenommen, dann hätten Sie die Arbeitslosigkeit vermeiden können.

Anmerkung:

Das Bedingungssatzgefüge ohne *si* durch Koordination (im Sinne von „wenn") wird nur selten gebraucht. Dagegen ist das konzessive Satzgefüge mittels Koordination (im Sinne von „selbst wenn") geläufiger (vgl. **239.3**).

Fût-il *millionnaire, je ne l'épouserais pas.*
Selbst wenn er Millionär wäre, würde ich ihn nicht heiraten.

2. **durch** verblose Satzteile **wie z.B.** *à votre place* / *sans lui* / *avec un peu de bonne volonté*, usw.:

Avec un peu de bonne volonté *(= Si vous aviez un peu de bonne volonté), vous pourriez le sauver de la faillite.*
Mit ein wenig gutem Willen könnten Sie ihn vor dem Konkurs bewahren.

3. **durch das** *gérondif* oder **durch** **infinitivische Wendungen** wie *à l'entendre, à en croire qn / qc, à en juger par qc,* usw.:

En passant par Paris, vous gagneriez du temps.
Wenn Sie über Paris führen, würden Sie Zeit gewinnen.

A l'entendre, il est le meilleur footballeur de la nation.
Wenn man ihn so hört, ist er der beste Fußballer der Nation. / Seinen Reden nach ist er der beste Fußballer der Nation.

A en croire les statistiques, le mariage est passé de mode.
Wenn man den Statistiken Glauben schenken soll, ist das Heiraten aus der Mode gekommen.

A y regarder de plus près, cette tâche est moins difficile qu'on croirait.
Sieht man sich diese Aufgabe näher an, so ist sie weniger schwierig als man meinen könnte.

4. **durch** **andere konditionale Konjunktionen als** *si*, nach denen entweder das Konditional oder der *subjonctif* steht (vgl. auch **364**):

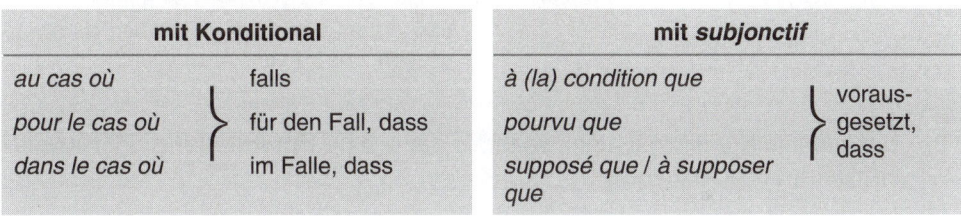

mit Konditional		mit *subjonctif*	
au cas où	falls	*à (la) condition que*	voraus-
pour le cas où	für den Fall, dass	*pourvu que*	gesetzt, dass
dans le cas où	im Falle, dass	*supposé que / à supposer que*	

Au cas où tu aurais un empêchement, fais-le-moi savoir.
Falls du verhindert bist, gib mir Nachricht.

La manifestation aura lieu à (la) condition qu'il ne pleuve pas.
Vorausgesetzt es regnet nicht, findet die Demonstration statt.

Supposé que l'euro se maintienne à un niveau raisonnable, le cours des actions ne risquera pas de tomber.
Vorausgesetzt, dass / Angenommen, dass der Euro sich auf einem annehmbaren Niveau hält, besteht keine Gefahr, dass die Aktienkurse fallen.

Besonderer Gebrauch des modalen Konditionals außerhalb des Bedingungssatzgefüges   230

1. In der Presse und in der Mediensprache wird das modale Konditional zur vorsichtigen Wiedergabe von Mitteilungen, Informationen oder Nachrichten verwendet, die noch keine offizielle Bestätigung erhalten haben oder die mit einer gewissen Distanz betrachtet werden („ **Pressekonditional** "):

*D'après des informations encore non confirmées, la capitale de la Tchétchénie **aurait été prise** par les forces de l'armée russe. Il y **aurait eu** de nombreuses victimes de part et d'autre.*
Nach noch unbestätigten Berichten ist die Hauptstadt Tschetscheniens durch Einheiten der russischen Armee eingenommen worden. Es **soll** auf beiden Seiten zahlreiche Opfer gegeben haben.

*Aux premières nouvelles, le président français **serait** gravement malade. **Il aurait été opéré** d'urgence dans la soirée.*
Nach ersten Berichten **soll** der französische Staatspräsident ernsthaft krank sein. Er **soll** sich am Abend einer Notoperation unterzogen haben.

*Selon le gouvernement, la croissance de l'économie **serait** suffisante.*
Nach Auffassung der Regierung ist das Wirtschaftswachstum ausreichend.

2. Das modale Konditional wird in **Annahmen** gebraucht, die als **zweifelnde Frage** formuliert werden:

Serait-elle fâchée? → Ist sie etwa böse / verärgert?

Auraient-ils oublié de nous prévenir? → Sollten sie (etwa) vergessen haben, uns zu benachrichtigen? / Haben sie etwa vergessen, uns zu benachrichtigen?

3. Das modale Konditional dient weiterhin dazu, eine **Unterstellung** oder **Annahme** entrüstet zurückzuweisen:

*Quoi! je **mentirais** à mes parents?* → Was! Ich sollte meine Eltern belügen?

*Comment! ils n'**auraient** jamais **entendu** parler de cette affaire?*
Was! Sie sollten von dieser Affäre noch nie gehört haben?

Das Konditional und der Bedingungssatz: Repetitorium

Das Bedingungssatzgefüge mit *si* im Überblick   `231`

Im Bedingungssatzgefüge mit *si* sind folgende Fälle zu unterscheiden:

1. **Der potentielle Fall: erfüllbare Bedingung**

   - Präsens im *si*-Satz; Präsens / Futur oder Imperativ im Hauptsatz:

     Si tu **réussis**, tu **dois** être content / **tu auras** un poste intéressant / **informe-nous** tout de suite.

   - Imperfekt im *si*-Satz; Konditional im Hauptsatz (verstärkte Hypothese, deren Verwirklichung als erfüllbar angesehen wird):

     Si on nous **posait** par hasard une question sur cette affaire, nous **ferions** semblant de ne rien en savoir.

2. **Der irreale Fall: unerfüllbare Bedingung**

   - Unerfüllbare Bedingung der Gegenwart: Imperfekt im *si*-Satz; Konditional I im Hauptsatz

     Si je **savais** le faire, je le **ferais**.

   - Unerfüllbare Bedingung der Vergangenheit: Plusquamperfekt im *si*-Satz; Konditional II im Hauptsatz:

     Si j'**avais su**, je n'**aurais** pas **agi** de la sorte.

3. **Erfüllbare / erfüllte Annahme, auf die Vergangenheit bezogen:**

   - *Passé composé* im *si*-Satz; Präsens, Futur oder *passé composé* im Hauptsatz, je nach Fall, wie im Deutschen:

     Si tu **as fait** cela, tu n'**es** pas normal / tu **auras** des ennuis / tu **as eu** du courage.

Die Verwendung der Konjunktion *si* im nicht-bedingenden Sinne und besonderer Gebrauch von *si*   `232`

1. Ein **nicht-bedingendes *si*** wird verwendet:

   - in Gegenüberstellungen (**Si** le nombre des accidents de la route a diminué, la situation est loin d'être satisfaisante. → „einerseits... andererseits...“; „zwar ... aber“)

- in Fragesätzen zum Ausdruck eines Vorschlags (*Si nous allions au cinéma?*
→ „Wie wäre es, wenn...?")

- zum Ausdruck einer Tatsache in der Wendung *si..., c'est que...* / *si..., c'est parce que...* (*S'il ne parle pas en public, **c'est qu**'il est timide / **c'est parce qu**'il est timide.*)

2. Bei zwei aufeinanderfolgenden **bedingenden** *si*-Sätzen steht nach dem zweiten *si* das Verb im Indikativ. Wird das zweite *si* durch *que* ersetzt, **können** der **Indikativ** oder der **subjonctif** stehen:

Si tu es libre et si tu n'as rien d'autre à faire, viens nous voir ce soir.

Si tu es libre et que tu n'as rien d'autre à faire, viens nous voir ce soir.

Si tu es libre et que tu n'aies rien d'autre à faire, viens nous voir ce soir.

3. Nach **comme si** („als ob" / „als wenn") steht in der Regel das Imperfekt oder das Plusquamperfekt:

*Il me parlait **comme s'**il ne me **connaissait** pas.*

***Comme si** elle n'**avait** jamais **été** dans une situation pareille!*

233 Das modale Konditional außerhalb des Bedingungssatzgefüges

Das Konditional wird **modal** verwendet:

1. zum Ausdruck einer **Möglichkeit**:
   *Il **se pourrait** que je sois déjà parti ce soir.*

2. zum Ausdruck eines **Wunsches**, einer **Bitte**, einer höflichen **Aufforderung**:

*Je **prendrais** bien encore un verre de vin.*	→	(Wunsch)
***Pourriez**-vous parler un peu plus lentement?*	→	(Bitte)
*Tu ne **devrais** pas continuellement me contrarier.*	→	(höfliche Aufforderung)

3. in **abschwächenden Äußerungen** wie: O*n dirait que... / Je ne saurais le dire. / On croirait que...*

4. in der Presse- und Mediensprache zur **vorsichtigen, distanzierten Wiedergabe** von Informationen oder Sachverhalten:

   *Le président américain **vivrait** séparé de son épouse. Il **aurait demandé** le divorce.*

5. zum Ausdruck einer als **zweifelnde Frage** formulierten Annahme:

    *Ne **seraient**-ils pas dignes de confiance? M'**auraient**-ils **menti**?*

6. zur **entrüsteten Zurückweisung** einer Unterstellung:

    *Comment! je n'**aurais** pas tout **fait** pour vous faciliter la tâche?*

Schwierigkeiten und Fehlerquellen   234

1. Im Französischen steht im Gegensatz zum Deutschen im bedingenden *si*-Satz
    niemals das Futur oder das Konditional. Auf diese Besonderheit des Französi-
    schen ist insbesondere beim Sprechen zu achten:

    *S'il **arrive** dès ce soir, nous aurons le temps de finir notre travail avant dimanche.*
    Falls er schon heute Abend ankommt (= ankommen wird), haben wir ausreichend Zeit, um
    unsere Arbeit bis Sonntag zu schaffen.

    *Si je l'**avais su** plus tôt, je n'aurais jamais agi de la sorte.*
    Wenn ich es früher **gewusst / erfahren hätte**, dann hätte ich niemals so gehandelt.

2. Werden an Stelle von *si* die Konjunktionen *au cas où / pour le cas où / dans le
    cas où* („im Falle, dass..." / „für den Fall, dass...") verwendet, **so steht das Verb
    im Konditional**.

    ***Au cas où** tu **aurais** envie de venir me voir ce weekend, passe-moi un coup de fil.*
    Falls du Lust hast, mich dieses Wochenende zu besuchen, ruf mich an!

    Anmerkung:
    Die Konjunktion *en cas que* (bzw. *au cas que*) ist völlig veraltet, insbesondere,
    wenn man sie mit dem *subjonctif* und nicht mit dem Konditional verbindet.

3. In Verbindung mit der indirekten Rede ist darauf zu achten, dass vor dem *si*-Satz
    die unterordnende Konjunktion *que* nicht vergessen wird. Im Deutschen kann die
    Konjunktion ‚dass‘, welche die indirekte Rede einleitet, wegfallen (vgl. auch
    399.6). Also:

    Er sagte, wenn er es gewusst hätte, dann hätte er niemals so gehandelt. →
    *Il a dit **que** s'il avait su, il n'aurait jamais agi de la sorte.*

4. Einem deutschen Konditionalsatz, der ohne einleitende Konjunktion mit Hilfe der
    Inversion von Subjekt und Verb gebildet wird, entspricht im Französischen in der
    Regel ein mit den Konjunktionen *si, au cas où,* usw. eingeleiteter Konditionalsatz.
    Also:

Wäre unser Chef gekommen, hätten wir ihn sofort über unsere Probleme informieren können.

Si notre chef était venu, nous aurions pu l'informer immédiatement de nos problèmes.

Aber auch im Französischen gibt es im obigen Fall die Möglichkeit, den Konditionalsatz ohne eine einleitende Konjunktion *si* zu bilden:

Il serait parti dès ce soir, cela ne m'étonnerait pas.
Wenn er schon heute abend abgereist wäre, dann würde mich dies nicht wundern.

oder:

Serait-il parti dès ce soir, cela ne m'étonnerait pas.

Diese Form des hypothetischen Bedingungssatzes ohne *si* ist jedoch viel seltener als im Deutschen. Häufig wird zusätzlich die Konjunktion *que* vor den Folgesatz gesetzt. In dieser Form ist der Bedingungssatz ohne *si*, vor allem in der Umgangssprache, durchaus geläufig:

*Il serait parti dès ce soir **que** ça ne m'étonnerait pas.*

5. Im Deutschen kann die Konjunktion „wenn" eine Vielzahl von Bedeutungen bzw. grammatischen Funktionen annehmen. Es ist darauf zu achten, dass man im Französischen die der jeweiligen Funktion von „wenn" gemäße Form verwendet:

- das **temporale „wenn"**, bezogen auf die Gegenwart oder die Zukunft
    ⇒ *quand / lorsque* :

    Quand / Lorsque l'on appuie sur le bouton, la porte s'ouvre.
    Wenn man auf den Knopf drückt, öffnet sich die Tür.

    Quand / Lorsqu'ils seront arrivés à l'hôtel, nous nous occuperons d'eux.
    Wenn sie im Hotel angekommen sind, kümmern wir uns um sie (werden wir uns um sie kümmern).

    Beachte: Auf die Vergangenheit bezogen lautet die temporale Konjunktion im Deutschen „als" oder „sobald":

    Als wir den Diebstahl bemerkten, war es schon zu spät.
    Lorsque / Quand nous nous sommes aperçus du vol, il était déjà trop tard.

- das **temporale „wenn" im wiederholenden (iterativen) Sinn** von „immer wenn" / „sooft" ⇒ *quand / lorsque / chaque fois que* :

    Quand il vient chez nous, nous nous amusons bien.
    Immer wenn er zu uns kommt, geht es lustig zu.

    Lorsqu'elle passait devant la maison de son ami défunt, elle devait pleurer.
    Sooft sie an dem Haus ihres verstorbenen Freundes vorbeikam, musste sie weinen.

- das **bedingende (konditionale) „wenn"** im Sinne von „falls" / „für den Fall, dass" / „unter der Bedingung, dass" ⇒ *si* :

  *Si tu **as** le temps, nous **pouvons** dîner au restaurant.*

  *Si tu **avais** le temps, nous **pourrions** dîner au restaurant.*

  *Si tu **avais eu** le temps, nous **aurions pu** dîner au restaurant.*

- das **einräumende (konzessive)** oder das einen Gegensatz implizierende „wenn" im Sinne von „wenn auch" ⇒ *si* :

  Si les maladies de cœur sont en régression, le cancer du poumon se fait de plus en plus menaçant.
  Wenn die Herzkrankheiten **auch** rückläufig sind, so wird der Lungenkrebs andererseits doch immer bedrohlicher.

  Si je n'ai pas assisté personnellement à la réunion, je connais au moins les résolutions qui y ont été prises.
  Wenn ich **auch** nicht persönlich an der Versammlung teilgenommen habe, so kenne ich doch wenigstens die dort gefassten Beschlüsse.

- die Konjunktion „wenn" **nach wertenden Ausdrücken** oder Ausdrücken des **Erstaunens / Wünschens** im Hauptsatz (wenn eine Tatsache oder ein erwünschtes Faktum, also **keine** Bedingung ausgedrückt wird) ⇒ *que* :

  *J'**aimerais bien que** tu sois là lorsque j'arrive.*
  Es wäre mir lieb, **wenn** du bei meiner Ankunft da bist.

  *Je **préférerais que** tu viennes me chercher à la gare.*
  Es wäre mir lieber, **wenn** du mich vom Bahnhof abholen würdest.

Anmerkung:

Stehen wertende Ausdrücke bzw. Verben des Erstaunens / Wünschens in verneinender, fragender oder imperativischer Form, ist die Konjunktion *si* möglich, obwohl auf eine Tatsache verwiesen wird:

***Faut-il s'étonner s**'il n'aime pas rester à la maison?*
Ist es verwunderlich, wenn er nicht gerne zu Hause bleibt?

***Ne vous étonnez pas s**'il n'a pas fait ce qu'on lui avait demandé.*
Wundern Sie sich nicht, wenn er nicht tat, was man von ihm verlangt hatte.

***Pardonnez-moi si** je ne vous ai pas encore répondu.*
Entschuldigen Sie, wenn ich Ihnen noch nicht geantwortet habe.

6. Im Französischen ist grundsätzlich zwischen einem **bedingenden** *si* und einem **indirekt fragenden** *si* zu unterscheiden:

- *Si* in der Bedeutung von „wenn" leitet einen **Bedingungssatz** ein:

  Si j'ai le temps, je **viendrai** demain matin.
  Wenn ich Zeit habe, dann komme ich morgen.

- *Si* in der Bedeutung von „ob" leitet einen **indirekten Fragesatz** ein. Es kann nur durch ein zweites *si* aufgenommen werden (also nicht durch ein *que*):

  Je ne savais pas **si** elle **arriverait** à l'heure.
  Ich wusste nicht, ob sie pünktlich ankommen würde.

  Je ne savais pas **si** elle **arriverait** à l'heure et **si** elle **amènerait** son ami.
  Ich wusste nicht, ob sie pünktlich ankommen und (ob sie) ihren Freund mitbringen würde.

  Beachte also: Nach *si* = „ob" kann durchaus das Futur oder das Konditional stehen!

Kapitel 4.10

Konzessive und adversative Beziehungen (les circonstancielles de concession et d'opposition)

Kapitelübersicht:

Konzessive und adversative Beziehungen: Grundstufe

235 Die Funktion von konzessiven und adversativen Sätzen

1. **Konzessive** Sätze drücken eine **Einräumung** aus. Die Konzessivkonstruktion besteht aus einem die Einräumung ausdrückenden und einem die Folge enthaltenden Satz. Dabei erscheint die Folge nicht als logisch, sondern als unerwartet, überraschend oder nicht nachvollziehbar.

   Beispiele (im Deutschen):

   Obwohl es in Strömen regnete, ging er mit seinem Hund zwei Stunden lang spazieren.

   Obgleich sein Konto seit langem hoffnungslos überzogen war, kaufte er sich regelmäßig Markenkleider.

2. **Adversative** Sätze drücken einen **Gegensatz** aus. Im Unterschied zur Konzession treten in einer adversativen Konstruktion zwei Sachverhalte, Situationen oder Aussagen in eine markante Opposition zueinander.

   Beispiel (im Deutschen):

   Ich durfte fast nie ausgehen, **wohingegen** meine Schwester mit ihrer Freundin ständig außer Haus war.

236 Konzessive und adversative Konjunktionen

1. **Konzessive** (einräumende) Konjunktionen → mit *subjonctif*:

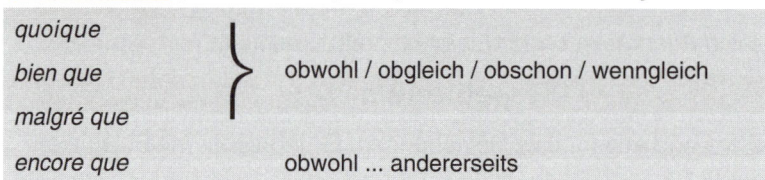

quoique	
bien que	obwohl / obgleich / obschon / wenngleich
malgré que	
encore que	obwohl ... andererseits

   Beispiele:

   Quoiqu'il / *Bien qu'il ne soit plus jeune, il court dix kilomètres tous les jours.*
   Obwohl er nicht mehr jung ist, läuft er jeden Tag zehn Kilometer.

   Notre voisin part en vacances trois fois par an, bien qu'il n'en ait pas les moyens financiers.
   Unser Nachbar fährt dreimal im Jahr in Ferien, obwohl er sich dies finanziell nicht leisten kann.

   Malgré que notre professeur soit assez sévère, nous l'estimons beaucoup.
   Obwohl unser Lehrer ziemlich streng ist, schätzen wir ihn sehr.

   C'est une belle voiture, encore qu'elle paraisse un peu démodée.
   Das ist ein schönes Auto, obwohl es (andererseits) etwas unmodern scheint.

Anmerkung:

Nebensätze, die mit *quoique, bien que, malgré que* eingeleitet werden, können voran- oder nachgestellt werden. *Encore que* wird eher nachgestellt. Gegen den Gebrauch der einräumenden Konjunktion *malgré que* gibt es Vorbehalte: Sie gilt generell, also nicht nur bei Sprachpuristen, als schwerfällig oder sogar als nicht akzeptabel, insbesondere in der geschriebenen Sprache. Im modernen Französisch setzt sich *malgré que* im Sinne von *bien que* / *quoique* jedoch immer mehr durch.

2.   **Adversative** (gegensetzende) Konjunktionen → mit **Indikativ** oder *subjonctif*:

alors que → Indikativ	wo ... doch / während / wohingegen
tandis que → Indikativ [tãdikə] oder [tãdiskə] ausgesprochen	während
au lieu que → in der Regel mit *subjonctif*	anstatt dass

Beispiele:

*J'ai travaillé toute la journée, **alors que** / **tandis que** mon collègue n'**a** rien **fait** du tout.*
Ich habe den ganzen Tag gearbeitet, während mein Kollege überhaupt nichts getan hat.

***Au lieu que** l'on **reconnaisse** sa bonne volonté, il est critiqué par tout le monde.*
Anstatt dass man seinen guten Willen anerkennt, wird er von allen kritisiert.

An Stelle der Konjunktion *au lieu que* verwendet man wesentlich häufiger den präpositionalen Ausdruck ***au lieu de*** + Infinitiv. Seine Verwendung setzt allerdings voraus, dass die Subjekte von Infinitivsatz und Hauptsatz gleich sind.

***Au lieu de** reconnaître sa bonne volonté, tout le monde le critique continuellement.*
Anstatt seinen guten Willen anzuerkennen, kritisiert ihn jeder ständig.

Zu den konzessiven und adversativen Konjunktionen vgl. auch **363**.

Konzessive Beziehungen mittels *même si* und *avoir beau faire qc*   237

1.   *Même si* entspricht im Deutschen „selbst wenn" / „auch wenn":

***Même s'il neige**, je partirai en voiture.*	→ Selbst wenn es schneit, fahre ich mit dem Auto.
***Même s'il neigeait**, je partirais en voiture.*	→ Selbst wenn es schneien sollte, würde ich mit dem Auto fahren.
***Même s'il avait neigé**, je serais parti en voiture.*	→ Selbst wenn es geschneit hätte, wäre ich mit dem Auto gefahren.

R 237

Nach *même si* steht, wie nach bedingendem *si*, **niemals das Futur** oder **das Konditional**.

2. Die infinitivische Wendung *avoir beau faire qc* entspricht im Deutschen einem mit der Konjunktion „obwohl..." eingeleiteten Nebensatz. Sie ist sehr geläufig und wird an Stelle der konzessiven Konjunktionen *bien que, quoique, malgré que* gebraucht:

*Ce chanteur **a beau être très célèbre**, je n'aime pas ses chansons.*
Obwohl dieser Sänger sehr berühmt ist, mag ich seine Lieder nicht.

*Il **a eu beau s'efforcer**, il n'a pas réussi.*
Obwohl er sich angestrengt hat, hatte er keinen Erfolg.

Konzessive und adversative Beziehungen: Aufbaustufe

Die Konjunktion „selbst wenn" / „auch wenn" **und ihre Varianten im Französischen**   `238`

Die konzessive Konjunktion für deutsch „selbst wenn" / „auch wenn" ist *même si*. Sie lässt, wie auch das bedingende *si* (= wenn), **kein Futur** und **kein Konditional** zu.

*Même s'il **avait fait** attention, il n'aurait pas pu éviter l'accident.*
Selbst wenn er aufgepasst hätte, hätte er den Unfall nicht vermeiden können.

An Stelle von *même si* können in gehobener Sprache folgende konzessive Konjunktionen treten: ***quand (bien) même; lors même que***. Diese Konjunktionen werden mit dem Konditional verbunden.

***Quand (bien) même** je le **voudrais**, je ne pourrais pas vous accompagner à Paris.*
Selbst wenn ich es wollte, könnte ich Sie nicht nach Paris begleiten.

***Lors même que** je le **prierais** avec insistance, il ne le ferait pas.*
Auch wenn ich ihn nachdrücklich bitten würde, täte er es nicht.

Die Wiedergabe konzessiver Beziehungen durch Beiordnung (Koordination)   `239`

Die Konzession lässt sich in Form der Beiordnung ausdrücken. Dies bedeutet, dass an Stelle unterordnender konzessiver Konjunktionen (vgl. **236.1**) zwei Sätze nebeneinander gestellt werden und die Einräumung durch Adverbien, durch das *gérondif* / durch Partizipien oder durch die Verwendung des Konditionals ausgedrückt wird.

1. **Beiordnung** durch die konzessiven Wendungen ***certes..., mais...*** (= zwar..., aber...) und ***il est exact que..., mais...*** (= zwar stimmt es, dass... / wenn auch..., aber...)

certes..., mais...	il est exact que...
*Je ne veux **certes** pas vous décourager, **mais** votre projet ne me paraît guère réalisable.*	***Il est exact que** notre pays **fasse** partie de l'Union européenne, **mais**, dans l'intérêt national, nous ne pouvons pas accepter cette proposition de loi.*
***Certes**, je ne veux pas vous décourager, **mais** votre projet ne me paraît guère réalisable.* Ich will Sie zwar nicht entmutigen, aber Ihr Projekt scheint mir kaum zu verwirklichen.	Zwar ist (es) richtig / stimmt es, dass unser Land zur europäischen Union gehört, aber im nationalen Interesse können wir diesen Gesetzesvorschlag nicht annehmen.
*Le chiffre d'affaires du dernier trimestre est **certes** meilleur, **mais** il reste beaucoup à faire.* Wenn auch der Umsatz der letzten drei Monate besser ist, so bleibt doch noch viel zu tun.	**Anmerkung:** Nach *il est exact que* kann normalerweise der Indikativ oder der *subjonctif* stehen. In der konzessiven Bedeutung ***il est exact que..., mais...*** wird in der Regel der *subjonctif* gebraucht.
Anmerkung: *Certes* kann an verschiedenen Stellen im Satz stehen.	

Eine Wendung wie *je veux bien que..., mais...* hat ebenfalls konzessiven Charakter (mit *subjonctif*; der Indikativ ist jedoch nicht unüblich). Vgl. auch **216.3**.

Je veux bien que tu aies peur de l'eau, **mais** tu devrais absolument apprendre à nager.
Gut, du hast Angst vor dem Wasser, aber du solltest unbedingt schwimmen lernen.

*Je veux bien qu'*il ait / a manqué son bus, **mais** il aurait pu téléphoner.
Ich will gerne glauben, dass er den Bus verpasst hat, aber er hätte telefonieren können.

2. **Beiordnung** durch ein **verstärktes *gérondif*** oder durch ein **Partizip** :

Bei gleichem Subjekt wird eine konzessive Beziehung zur Vermeidung eines komplexen Satzgefüges (mit *bien que, quoique*, usw.) häufig mit Hilfe des *gérondif* oder eines Partizips (Präsens) wiedergegeben. Zur Verdeutlichung der konzessiven Beziehung wird das *gérondif* durch das Adverb *tout* verstärkt (vgl.**153**). Das Partizip wird mit den konzessiven Konjunktionen *bien que* und *quoique* kombiniert.

Beispiele:

*Mon père continue à fumer, **tout en** sachant que cela nuit à sa santé.*	Mein Vater raucht weiter, obwohl er weiß, dass dies seiner Gesundheit schadet.
***Tout en étant** très malade, il garde son optimisme.*	Obwohl er sehr krank ist, behält er seinen Optimismus.
***Quoiqu'étant** gravement malade / **Bien qu'étant** gravement malade, mon père continue à fumer.*	Obwohl er schwer krank ist, raucht mein Vater weiter. / Trotz seiner schweren Krankheit raucht mein Vater weiter.
***Bien qu'ayant** vécu trois ans aux Etats-Unis, je ne connais pas encore bien ce pays.*	Obwohl ich drei Jahre in den Staaten gelebt habe, kenne ich dieses Land noch nicht gut.

Anmerkung:
An Stelle des Partizips Präsens kann auch das **Partizip Perfekt** treten:
Quoique frappé d'un mal incurable, il continue à exercer sa profession.
Obwohl er unheilbar krank ist, übt er seinen Beruf weiter aus.

Beachte:
Die Konjunktionen *malgré que* und *encore que* werden in der Regel nicht mit einem Partizip Präsens oder Perfekt verbunden.

3. **Beiordnung** durch das **Konditional mit** oder **ohne Inversion** (im konzessiven Sinne von „auch wenn" / „selbst wenn" → vgl. Konditional **229.1**):

mit Inversion	ohne Inversion
*Le leader du parti **se serait-il excusé** des machinations de ses collègues, la réputation de la classe politique n'**aurait** pas **pu** être rétablie.* (= komplexe Inversion → literarisch) Selbst wenn der Parteiführer sich für die Machenschaften seiner Kollegen entschuldigt hätte, hätte der Ruf der Politiker nicht wiederhergestellt werden können.	*Il **dirait** la vérité, personne ne le **croirait**.* Selbst wenn er die Wahrheit sagte, würde ihm niemand glauben. *Il **aurait dit** la vérité, personne ne l'**aurait cru**.* Auch wenn er die Wahrheit gesagt hätte, hätte ihm niemand geglaubt. Dafür auch im **gesprochenen Französisch**: *Il **aurait dit** la vérité **que** personne ne l'**aurait cru**.* (→ mit Einschub eines *que*)

Bei der **Beiordnung** wird an Stelle des Konditionals I bei *être* und *devoir* im literarischen Französisch auch der *subjonctif* des Imperfekts (fast nur 3. Person Singular) benutzt. In diesem Fall ist die Inversion obligatorisch:

Beispiele:

*J'ai besoin de vacances, ne **fût-ce** qu'une semaine.*
(an Stelle von: *...ne **serait**-ce qu'une semaine.*)
→ Ich brauche Urlaub, und sei es nur (für) eine Woche.

***Fût**-ce au prix de sa carrière, il ne changerait pas de lieu de travail.*
Selbst wenn seine Karriere auf dem Spiel stünde, würde er seinen Arbeitsort nicht wechseln. / Und stünde (auch) seine Karriere auf dem Spiel, er würde seinen Arbeitsort nicht wechseln.

*Sa réputation **dût-elle** en souffrir, il tiendrait toujours parole.*
Auch wenn sein Ruf Schaden nähme, würde er sein Wort immer halten.

Auch einfache Inversion: ***Dût** sa réputation en souffrir, il tiendrait toujours parole.*

Anmerkung:

Im literarischen Französisch wird an Stelle des Konditional II bei Beiordnung im konzessiven Satz der *subjonctif* Plusquamperfekt benutzt. In diesem Fall ist die Inversion obligatorisch:

*Le ministre se **fût-il expliqué** sur ses intentions, cela n'**eût** rien **changé**.*
Wenn sich der Minister auch zu seinen Absichten geäußert hätte, dann hätte dies doch nichts geändert.

4.   Beiordnung durch eine **Infinitivgruppe** mit *pour* :

***Pour être malade**, il a plutôt bonne mine.*
Dafür, dass er krank ist, sieht er aber gut aus.

240 **Die Wiedergabe konzessiver oder adversativer Beziehungen durch Adverbien und präpositionale Ausdrücke**

Folgende Adverbien bzw. präpositionale Wendungen drücken ein konzessives oder adversatives Verhältnis aus:

malgré qc	→ trotz	*tout de même*	→ trotzdem
en dépit de qc	→ trotz	*pourtant*	→ dennoch / jedoch / indes / dabei
malgré cela	→ trotzdem	*cependant*	→ dennoch / jedoch
quand même	→ trotzdem	*toutefois*	→ jedoch / gleichwohl

Beispiele:

Malgré / *En dépit de* sa jeunesse, il est déjà un spécialiste en la matière.
Trotz seines jugendlichen Alters (= Obwohl er noch sehr jung ist), ist er bereits ein Experte auf diesem Gebiet.

Je le lui ai promis, sans **toutefois** *savoir si je pouvais tenir ma promesse.*
Ich habe es ihm versprochen, ohne jedoch zu wissen, ob ich mein Versprechen halten kann.

Il n'a pas agi de façon intelligente. On ne peut **pourtant** *pas dire qu'il soit bête.*
Er hat nicht klug gehandelt. Dennoch / Dabei kann man nicht behaupten, er sei dumm.

241 **Konzessive Konstruktionen für die deutsche Wendung „...auch immer"**

Die einräumende Konstruktion mittels „...auch immer" kann im Deutschen mit **Adjektiv**, **Adverb**, **Substantiv** oder **Fragewort** gebraucht werden.

1.   **Mit Adjektiv** (= „so" + Adjektiv + „auch immer")

Der deutsche konzessive Satz: „So reich er auch (immer) ist, er interessiert mich nicht" / „So reich er auch sein mag, er interessiert mich nicht" kann im Französischen in unterschiedlicher Weise wiedergegeben werden:

- *Si riche* / *Aussi riche qu'il* **soit**, *il ne m'intéresse pas.* (Umgangssprachlich auch mit Inversion: *Aussi riche* **soit-il**, *il ne m'intéresse pas.*)

- *Quelque riche* / *Pour riche qu'il* **soit**, *il ne m'intéresse pas* (literarisch).

- *Tout riche qu'il* **soit** / *qu'il* **est**, *il ne m'intéresse pas.*

Anmerkung:

Obwohl *tout* hier als Adverb zum Adjektiv *riche* erscheint, ist es vor weiblichen Adjektiven, die mit einem Konsonanten oder einem *h-aspiré* beginnen, veränderlich:

Toute riche / *Toute honteuse qu'elle **soit*** / *qu'elle **est**, elle ne mérite pas d'indulgence.*

*Toutes tristes qu'elles **soient*** / *qu'elles **sont**, elles doivent maintenant regarder en avant.*

Aber: *Tout heureuse qu'elle soit...* Siehe auch **048.1**.

R 241.1

Die konzessiven Wendungen mit *si, quelque, tout* + Adjektiv werden mit *que* + folgendem **subjonctif** konstruiert. Nach einem einräumenden *tout* + Adjektiv kann auch der Indikativ stehen.

2.   **Mit Adverb** (= „so" + Adverb + „auch immer")

Si / *Aussi* / *Quelque habilement qu'il s'y **prenne**, il ne réussira pas.*
So geschickt er sich auch anstellen mag / anstellt, es wird ihm nicht gelingen.

Anmerkung:

Quelque ist in diesen Fällen ein Adverb und wird deshalb in den genannten konzessiven Sätzen vor Adjektiv oder Adverb nicht verändert. Weiterhin wird es bei nachfolgendem Vokal oder *h muet* nicht elidiert: → *Quelque habile qu'elle soit...* / *Quelque habilement qu'il s'y prenne ...* / *Quelque étonnant que cela puisse paraître...*

Tout ist zur Wiedergabe konzessiver Wendungen in Verbindung mit einem Adverb kaum gebräuchlich. Man vermeide also **Tout habilement qu'il s'y prenne...*

3.   **Mit Substantiv** (= „welcher / welches / welche / was auch immer")

R 241.2

Für die Wendungen „welcher / welches / welche / was auch immer" mit Substantiv werden bei prädikativem Gebrauch mit folgendem Substantiv im Französischen die Formen *quel que* / *quelle que* / *quels que* / *quelles que* (jeweils 2 Wörter!) verwendet. Sie richten sich in Geschlecht und Zahl nach dem Bezugswort. Diese Wendungen lösen den *subjonctif* aus.

Beispiele:

Quelle que soit ta faute, je te pardonne.
Was auch immer dein Fehler ist, ich verzeihe dir.

Quelles que soient les difficultés que tu as eues, tu ne devrais pas perdre courage.
Welche Schwierigkeiten du auch immer gehabt haben magst, du solltest den Mut nicht verlieren.

4. Mit Fragewort + Wendung „auch immer"

Folgende Fälle sind zu unterscheiden:

wer / wem / wen / mit wem, usw. auch immer (= Personen)	Prädikativ:	*Qui que vous soyez, vous n'avez pas le droit d'agir de la sorte.* Wer auch immer Sie sind, Sie haben nicht das Recht, so zu handeln.
	Nominativ:	*Qui que ce soit qui dise cela, il a tort.* Wer auch immer dies sagt, er hat Unrecht.
	Akkusativ:	*Qui que ce soit que vous avez embauché, il doit faire son travail comme les autres.* Wen auch immer Sie eingestellt haben, er muss seine Arbeit tun wie die anderen.
	Präpositional:	*Quelle que soit la personne / Quel que soit celui à qui il avait parlé, il nous faut son nom.* Mit wem auch immer er gesprochen hat, wir benötigen seinen Namen.
	Anmerkung: Im nachfolgenden Relativsatz steht in der Regel der *subjonctif*. Steht im Relativsatz ein Vergangenheitstempus, wird geläufiger der Indikativ gesetzt. (Der *subjonctif* ist auch möglich.)	
was auch immer (= Sachen)	Nominativ:	*Quoi que ce soit qui te fasse plaisir, fais-le-moi savoir.* Was auch immer dir Freude macht, lass es mich wissen.
	Akkusativ:	*Quoi que (ce soit que) tu choisisses, tout me plaira.* Was auch immer du dir aussuchst, es wird mir alles gefallen.
	Unpersönliches Verb:	*Quoi qu'il arrive, il faut faire face.* Was auch immer geschieht, wir müssen damit fertig werden.
	Unpersönlicher Ausdruck:	*Quoi qu'il en soit...* Wie dem auch sei...
	Anmerkung: *Quoi que* + subjonctif (= was auch immer) ist von *quoique* + *subjonctif* (= obwohl) zu unterscheiden.	
wo auch immer	*Où que tu ailles, je te suivrai.* Wohin auch immer du gehst, ich folge dir.	
	Où qu'ils aient ouvert des comptes en banque, nos services secrets les trouveront. Wo auch immer sie Bankkonten eingerichtet haben, unser Geheimdienst wird sie ausfindig machen.	

wann / wie / warum auch immer	*Quel que soit* le moment où tu reviendras... / *Quel que soit* le jour où tu te marieras... / *Quelle que* soit l'heure à laquelle tu arriveras... (Wann auch immer... / Zu welcher Zeit auch immer...)
	Quelle que soit la façon / *la manière* dont il a travaillé... (Wie auch immer er gearbeitet hat...)
	Quelle que soit la raison pour laquelle il ment... (Warum auch immer...)
	Quel que soit le motif / *le but* pour lequel il part... (Aus welchem Motiv heraus auch immer... / Mit welchem Ziel auch immer...)
	Anmerkung: Die Fragewörter „wann" / „wie" / „warum" in Verbindung mit „auch immer" erfordern Umschreibungen, nach denen grundsätzlich im Relativsatz der Indikativ stehen sollte. An Stelle des folgenden Relativsatzes kann man auch eine **substantivische Genitivergänzung** verwenden: *Quelle que soit la raison de son départ...* / *Quel que soit le motif de sa réaction...*

Anmerkung:

Zu beachten ist in diesem Zusammenhang auch die Wendung *quiconque* (= derjenige, wer... / jeder, der... / wer auch immer...), die leicht veraltet wirkt. *Quiconque* kann als Subjekt und als direktes oder indirektes Objekt verwendet werden:

Subjekt:	*Quiconque a fait cela mérite un blâme.* Wer (immer) dies getan hat, (er) verdient einen Tadel / eine Abmahnung.
direktes Objekt:	*La loi punit* **quiconque** *ne la respecte pas.* Das Gesetz bestraft jeden, der es nicht achtet.
indirektes Objekt:	*La police a promis une récompense à* **quiconque** *contribuera à trouver le malfaiteur.* Die Polizei hat eine Belohnung ausgesetzt für denjenigen, der zur Auffindung des Verbrechers beiträgt.

Konzessive Ausdrücke ohne Nebensatz mit „...auch immer" `242`

...avec qui que ce soit.	...mit wem auch immer.
...quoi que ce soit / peu importe quoi.	...was immer das auch sei.
...où que ce soit / peu importe où.	...wo / wohin auch immer.
...peu importe quand.	...wann auch immer.

| ...de quelque manière que ce soit / peu importe comment. | ...wie auch immer. |
| ...pour quelque raison que ce soit / peu importe pourquoi. | ...warum auch immer. |

Beispiele:

*Je veux absolument partir en voyage, **peu importe quand et où**.*
Ich will unbedingt verreisen, gleich / egal wann und wohin.

*De toute façon, je partirai en voyage la semaine prochaine, **avec qui que ce soit** et **peu importe comment**.*
Ich reise auf jeden Fall nächste Woche ab, gleich mit wem und egal wie.

Konzessive und adversative Beziehungen: Repetitorium

Konzessive und adversative Beziehungen: Grundregeln mit Bei-   `243` spielen

1. Die Konzession (= die Einräumung) wird im Französischen durch die unterordnenden Konjunktionen *quoique* / *bien que* / *malgré que* (= obwohl) und *encore que* (= obwohl andererseits) wiedergegeben. Sie verlangen den *subjonctif*:

    *Bien que le chauffage **ait** fonctionné normalement, nous n'avons pas eu chaud dans notre maison de campagne.*

2. Die Konjunktionen *bien que* und *quoique* können zum Ausdruck der Konzession mit einem Partizip (Präsens oder Perfekt) kombiniert werden:

    ***Bien que faisant partie** des cadres* / ***Quoique passé** dans le rang des cadres, il n'était pas satisfait de sa situation professionnelle.*

3. Konzessive Beziehungen werden darüber hinaus mittels der Konjunktion ***même si*** (selbst wenn) oder durch ***quand (bien) même*** (selbst wenn / wenn auch) ausgedrückt. Nach *même si* steht niemals Futur oder Konditional; nach *quand (bien) même* steht das Konditional:

    Même s*'il en **avait** les moyens, il ne s'achèterait pas de voiture.*

    ***Quand (bien) même** il en **aurait** les moyens, il ne s'achèterait pas de voiture.*

    Des Weiteren gibt es auch eine **infinitivische Umschreibung** für die Konzession:

    *Il **a beau s'efforcer**, il ne parviendra pas à résoudre le problème.*
    Mag er sich auch noch so anstrengen, es wird ihm nicht gelingen, das Problem zu lösen.

4. Die Konzession lässt sich, insbesondere im geschriebenen Französisch, auch durch Beiordnung (Koordination) ausdrücken: mit Hilfe der Wendungen *certes..., mais...* (= zwar..., aber...) oder *il est exact que + subjonctif* (= zwar stimmt es, dass...), weiterhin durch beigeordnete Sätze + Konditional (= selbst wenn) nach dem Muster:

    Il serait / ***Serait-il** l'homme le plus puissant du monde, je ne le craindrais pas.*

    ***Il serait** l'homme le plus puissant du monde **que** je ne le craindrais pas* (gesprochenes Französisch).

    Und wäre er auch der mächtigste Mann der Welt, ich hätte keine Angst vor ihm. / Selbst wenn er der mächtigste Mann der Welt wäre, hätte ich keine Angst vor ihm.

5. Adversative (= gegensetzende) Beziehungen werden durch die unterordnenden Konjunktionen *alors que* / *tandis que* + Indikativ (= wohingegen / während) und *au lieu que* + *subjonctif* (= anstatt dass) wiedergegeben:

*Je n'ai jamais eu de chance dans ma vie, **alors que** / **tandis que** mon frère **a** fait fortune.*

***Au lieu que** l'on **reconnaisse** ses mérites, on n'arrête pas de lui reprocher son erreur.*

Adversative Beziehungen lassen sich auch durch Beiordnung mit Hilfe der weitgehend gleichbedeutenden Adverbien *pourtant* / *cependant* / *toutefois* (= dennoch / jedoch / gleichwohl) ausdrücken:

*Cette histoire semble invraisemblable; elle est **cependant** vraie.*

6. Folgende konzessive Konstruktionen gibt es im Französischen für die deutsche Wendung „...auch immer" (in Abhängigkeit von der Wortart, die diese Wendung im Deutschen begleitet):

*   **Adjektiv + „...auch immer"**

    *Si / **Quelque** / **Tout** / **Pour** riche **qu'il soit**, il n'est pas heureux.*
    Mag er auch noch so reich sein, er ist nicht glücklich. / So reich er auch (immer) ist, er ist nicht glücklich.

    Die Wendungen *pour riche qu'il soit...* / *quelque riche qu'il soit...* sind literarisch. Im gesprochenen Französisch wird auch ***Aussi riche soit-il**, il n'est pas heureux* gebraucht. Mit *tout* kann auch der Indikativ stehen *(Tout riche qu'il est...).*

*   **Substantiv + „...auch immer"**

    ***Quelle que soit la solution** du problème, elle sera forcément peu satisfaisante.*
    Was auch immer die Lösung des Problems ist, sie wird notwendigerweise unbefriedigend sein.

*   **Fragewort (Nominativ, auf Personen bezogen) + „...auch immer"**

    ***Qui que ce soit** qui le **fasse** / qui l'**a fait**, il mérite une récompense.*
    Wer auch immer es tut / getan hat, er verdient eine Belohnung.

*   **Fragewort mit Präposition + „...auch immer"**

    ***Quelle que soit la personne dont** il s'agisse... / **à qui** nous avons fait confiance...*
    Um wen auch immer es sich handelt... / Wem auch immer wir vertraut haben...

*   **Fragewort (Nominativ, auf Sachen bezogen) + „...auch immer"**

    ***Quoi qu'il arrive**, il ne faut pas perdre courage.*
    Was auch immer kommen mag, man darf den Mut nicht verlieren.

- **Fragewort (Akkusativ, auf Sachen bezogen) + „....auch immer"**

Quoi que (ce soit que) tu fasses, je serai d'accord.
Was immer du auch tust, ich bin einverstanden.

- **„Warum auch immer..."**

Quelle que soit la raison pour laquelle tu as agi de la sorte, tu m'as déçu.
Warum auch immer du so gehandelt haben magst, du hast mich enttäuscht.

Schwierigkeiten und Fehlerquellen   244

1. Die konzessive Konjunktion *même si* wird wie das konditionale *si* behandelt: also kein Futur und kein Konditional!

    *Même s'il **avait** voulu, il n'aurait pas pu le faire.*
    Selbst wenn er gewollt **hätte**, hätte er es nicht tun können.

    Nach dem gleichbedeutenden *quand (bien) même* **muss** jedoch das Konditional folgen.

    *Quand bien même il **aurait** voulu, il n'aurait pas pu le faire.*
    Selbst wenn er gewollt **hätte**, hätte er es nicht tun können.

2. Die infinitivische Wendung *avoir beau faire qc* kann nur an Stelle eines konzessiven Haupt- / Nebensatzgefüges stehen. Sie erfordert also immer einen Nachsatz, der eine (unerwartete) Folge ausdrückt.

    *Il **a eu beau** se préparer sérieusement, il n'a pas eu son permis de conduire.*
    Obwohl er sich ernsthaft vorbereitet hat, hat er seinen Führerschein nicht bekommen.

3. Für ein deutsches „wer auch immer" kann nur folgende komplexe Wendung benutzt werden: *Qui que ce soit qui le dise* ... (= Wer auch immer es sagt...). Eine Wendung **Qui que le dise*... ist nicht korrekt. Im geschriebenen Französisch kann man auch *quiconque* benutzen:

    Qui que ce soit qui l'a fait, il mérite une récompense.

    Quiconque l'a fait mérite une récompense (ohne Komma!).
    Wer auch immer es getan hat, er verdient eine Belohnung.

4. Die Konjunktion *quoique* (= obwohl) ist von *quoi que* (= was auch immer) zu unterscheiden:

    Quoiqu'il arrive toujours en retard, il trouve une place assise.
    Obwohl er immer zu spät kommt, findet er noch einen Sitzplatz.

    Quoi qu'il arrive, il ne faut pas perdre courage.
    Was auch immer geschieht, man darf den Mut nicht verlieren.

5. Ebenfalls zu unterscheiden sind folgende konzessive Wendungen:

Quelque *riche qu'il soit, il m'est peu sympathique.* → *Quelque* ist hier Adverb.

Quelle que *soit sa richesse, il m'est peu sympathique.* → *Quelle que* ist hier Adjektiv und damit veränderlich.

*Tu dois absolument réussir, de **quelque** manière que ce soit* → *Quelque* ist hier indefiniter Begleiter.
(= Indefinitadjektiv)

6. Bei den Konstruktionen mit Fragewort + Wendungen „auch immer" ist zu beachten, dass man im Französischen eine so genannte *que ce soit*-Erweiterung benötigt:

*Qui **que ce soit** que vous avez embauché, il doit faire son travail comme les autres.*

Diese Erweiterung fällt in drei Fällen weg:

*   Bei prädikativem Gebrauch:

    Qui que vous soyez, vous n'avez pas le droit d'agir de la sorte.

*   Bei der Wendung *où que*:

    Où que tu ailles, cela ne m'intéresse pas.

*   Bei der Wendung *quoi que*, wenn diese Akkusativ ist:

    Quoi que je fasse, elle n'est jamais contente.

Kapitel 4.11

Die Verneinung und die Einschränkung
(la négation et la restriction)

Kapitelübersicht:

Die Verneinung und die Einschränkung: Grundstufe

245 ## Die Verneinungspartikel

Verneinungspartikel lassen sich zwei Gruppen zuordnen: der Gruppe der **Adverbien** und der Gruppe der **indefiniten Pronomen**.

Verneinungsadverbien		indefinite Pronomen	
ne... pas	nicht	*ne... aucun*	keiner / kein einziger
ne... point (expressiv, regional)	nicht	*ne... personne*	niemand
ne... plus	nicht mehr	*ne... rien*	nichts
ne... jamais	nie / niemals	*nul ne* (lit., nur als Subjekt)	niemand
ne... guère	kaum		

Anmerkung:

Plus, *guère* und *jamais* sind Adverbien, *pas* und *point*, die ursprünglich Substantive waren, werden als solche nicht mehr wahrgenommen und können daher auch als Adverbien gelten. Punktuell gibt es feste Wendungen, die noch den alten Sprachstand spiegeln, als man der aus dem Lateinischen übernommenen Verneinung *ne* wegen deren Kürze substantivische Verstärkungen hinzugefügt hat:

*Il **ne** dit **mot**. (= Er sagt nichts.)   Je n'y vois **goutte**. (= Ich sehe die Hand vor Augen nicht.)*

246 ## Die Stellung der Verneinungspartikel

1. Bei den **einfachen Verbformen** steht die **erste** Verneinungspartikel *ne* immer **vor der Verbform**. Ein Personalpronomen oder Pronominaladverb tritt zwischen *ne* und die Verbform:

   *Il **ne** fume plus.*   → Er raucht nicht mehr.

   *Je **ne** vous en veux pas.*   → Ich bin Ihnen nicht böse.

2. Bei den **einfachen Verbformen** steht die **zweite** Verneinungspartikel **nach der Verbform**:

   *Mon oncle n'est **plus** malade.*   → Mein Onkel ist nicht mehr krank.

   *Je n'entends **rien**.*   → Ich höre nichts.

*Nous ne nous fions à **personne**.* → Wir vertrauen niemandem.

*Depuis cette affaire, ils ne sortent **guère**.* → Seit dieser Geschichte gehen sie kaum aus.

3. Bei den **zusammengesetzten Verbformen** steht die **zweite** Verneinungspartikel einschließlich *rien* **vor dem Partizip Perfekt**, außer *personne* und *aucun*, die **nach dem Partizip Perfekt** stehen.

*La police ne l'a **pas** informée.*	→ Die Polizei hat sie nicht informiert.
*Ils ne se sont **plus** fait avoir.*	→ Sie haben sich nicht mehr reinlegen lassen.
*Je n'ai **jamais** pu le toucher.*	→ Ich habe ihn nie erreichen können.
*Ce voyage ne lui a **rien** coûté.*	→ Diese Reise hat ihn nichts gekostet.

Aber:

*Nous n'avons rencontré **personne**.* → Wir sind niemandem begegnet.

*Des défauts, je n'en ai remarqué **aucun*** → Ich habe bei ihm keinen Fehler bemerkt.
chez lui.

4. Das **Partizip Präsens** und das ***gérondif*** werden von den Verneinungspartikeln eingerahmt. Personalpronomen und Pronominaladverbien treten zwischen das erste Verneinungselement und die Verbform.

ne faisant *rien*; en *ne* le regardant *pas*; en *n'*y pensant *plus* du tout

5. Die Stellung der Verneinung **beim Infinitiv**:

- Beim **Infinitiv Präsens** stehen *ne pas, ne plus, ne jamais, ne rien* **geschlossen** vor diesem. Ein Personalpronomen oder Pronominaladverb tritt zwischen Verneinungspartikel und Infinitiv.

  *Je souhaiterais **ne pas** revoir les mêmes films à la télé tous les quinze jours.*
  Ich wünschte mir, dass ich nicht alle vierzehn Tage die gleichen Filme im Fernsehen sehen muss.

  *Il est préférable de **ne rien** lui dire dans ce cas-là.*
  Es ist besser, ihm in diesem Fall nichts zu sagen.

- Beim **Infinitiv Perfekt können** *ne pas, ne plus, ne jamais, ne rien* **geschlossen** vor dem Hilfsverb stehen, oder die beiden Verneinungspartikel **können** das Hilfsverb **einrahmen**. Das Personalpronomen und das Pronominaladverb stehen dabei immer unmittelbar vor dem Hilfsverb.

  *Nous regrettons de **ne pas** vous avoir rencontré lors de notre réunion.*
  *Nous regrettons de **ne** vous avoir **pas** rencontré lors de notre réunion.*
  Wir bedauern, Sie auf unserer Sitzung nicht getroffen zu haben.

*Il est convaincu de **ne rien** avoir fait de mal.*
*Il est convaincu de **n'**avoir **rien** fait de mal.*

Er ist überzeugt, nichts Böses getan zu haben.

*Le prévenu a juré **ne jamais** être allé sur les lieux du crime.*
*Le prévenu a juré **n'**y être **jamais** allé.*

Der Angeklagte schwor, nie am Ort des Verbrechens / nie dort gewesen zu sein.

Die indefiniten Pronomen *ne... personne* und *ne... à personne* stehen immer nach dem Partizip, ebenso *rien* mit Präposition (*ne... à rien, ne... de rien*).

*Il a quitté la réunion **sans** avoir parlé **à personne.***
Er hat die Versammlung verlassen, ohne mit jemandem gesprochen zu haben.

*Elle **ne** s'est souvenue **de rien.*** Sie hat sich an nichts erinnert.

6. **Besonderheiten** bei der Stellung der Verneinung:

Ne... jamais lässt als einziges Verneinungsadverb eine Umstellung zu.

*Je **ne** l'ai **jamais** vu aussi heureux.*   →   Ich habe ihn **noch nie** so glücklich gesehen.

***Jamais** je **ne** l'ai vu aussi heureux.*   →   **Noch nie** habe ich ihn so glücklich gesehen.

Erscheinen die indefiniten Pronomina *personne*, *rien*, *aucun* und *nul* in Subjektfunktion, folgt die Verneinungspartikel *ne* nach.

***Personne ne** nous parle.*   →   Niemand spricht mit uns.

***Rien ne** pouvait le déranger.*   →   Nichts konnte ihn stören.

***Aucun** des participants **ne** parle français.*   →   Keiner der Teilnehmer spricht französisch.

***Nul n'**ignore l'impact positif du sport.*   →   Niemand verkennt die positive Wirkung des Sports.

Folgende Fälle der Stellung der Verneinungen *rien* **und** *personne* **sind besonders zu beachten**:

*Je suis resté deux jours **sans rien faire**.*

*Après deux mois de séjour en France, il est rentré chez lui **sans** avoir **rien** fait d'utile.*

*Il **ne** se rappelle **rien**. Il **ne** se souvient **de rien**.*

*Il **ne** s'est **rien** rappelé. Il **ne** s'est souvenu **de rien**. Je **n'**ai **rien** dit. Je **n'**ai pensé **à rien**. Je suis venu **pour rien**. (Pour rien stets ohne ne!)*

*Je **ne** connais **personne**. Je **n'**ai connu **personne**. Je **n'**ai parlé **à personne**.*

---

247   **Die Verstärkung der Verneinung**

1. Durch Hinzufügen von *du tout* lassen sich die Verneinungen *ne... pas, ne... plus* und *ne... rien* **verstärken**. Im Deutschen entspricht die Verstärkung den verneinten Wendungen „überhaupt / gar nicht", „überhaupt / gar nicht mehr" und „überhaupt / gar nichts". Nicht durch *du tout* verstärken lassen sich *ne... personne* und *ne... aucun*.

Beispiele:

Il *ne* s'occupe *pas du tout* de ses enfants.	Er kümmert sich überhaupt / gar nicht um seine Kinder.
Cette maladie *ne* met *plus du tout* la vie des hommes en danger.	Diese Krankheit gefährdet das Leben der Menschen überhaupt nicht mehr.
Depuis qu'il a hérité, il *ne* fait *rien du tout*.	Seitdem er geerbt hat, tut er überhaupt / gar nichts.
Aber: Je n'ai rencontré *absolument personne*.	Ich habe überhaupt niemanden getroffen.

In den zusammengesetzten Verbformen ist die Stellung der durch *du tout* verstärkten Verneinung **flexibel**: entweder **vor** oder **nach** dem Partizip.

Eine Ausnahme bildet hier *ne...rien du tout*: *Rien* steht **vor dem Partizip**, *du tout* **immer nach dem Partizip**. Diese Stellung entspricht der Regel, dass eine Ergänzung von *rien* grundsätzlich nach dem Partizip steht. Also: *Il **n'a** **rien** fait **de** grave. Il **n'a** **rien** fait **du tout***.

Nous *ne* nous sommes *pas du tout* ennuyés. / Nous *ne* nous sommes *pas* ennuyés *du tout*.	Wir haben uns überhaupt / gar nicht gelangweilt.
Depuis un moment, je *n'ai* *plus du tout* eu de ses nouvelles. / Depuis un moment, je *n'ai* *plus* eu *du tout* de ses nouvelles.	Seit geraumer Zeit habe ich von ihm überhaupt / gar nichts mehr gehört.
Aber nur: Ils *n'ont* *rien* dit *du tout*.	Sie haben überhaupt / gar nichts gesagt.

2. Als Verstärkung ist weiterhin der Zusatz „auch" zu betrachten, der im Deutschen durch „nicht" verneint wird („auch nicht"). Im Französischen entspricht das verneinte „auch" einem ... *non plus*.

Je partirai *aussi*.	⇔ Je *ne* partirai *pas non plus*. Ich werde **auch nicht** wegfahren.
Il a changé *aussi*.	⇔ Il *n'a* *pas* changé *non plus*. Er hat sich **auch nicht** verändert.
Lui *aussi* (, il) a changé.	⇔ Lui *non plus* (, il) *n'a* *pas* changé. **Auch er** hat sich **nicht** verändert.
Le climat *aussi* est bon pour la santé.	⇔ Le climat *non plus* *n'est* *pas* bon pour la santé. Das Klima ist für die Gesundheit **auch nicht** gut.

248

Die Kombination von mehreren Verneinungspartikeln oder von Verneinungspartikel + Adverb

1. Kombination von mehreren Verneinungspartikeln:

ne... plus jamais / ne... jamais plus	nie mehr
ne... jamais aucun	nie irgendein
ne... jamais personne	nie jemand
ne... jamais rien	nie etwas
ne... plus guère / ne... guère plus	kaum noch
ne... plus aucun	kein... mehr
ne... plus personne	niemand mehr
ne... plus rien	nichts mehr
ne... pas non plus	auch nicht
ne... nulle part	nirgends / nirgendwohin
ne... nulle part ailleurs	nirgendwoanders(hin)

Beispiele:

Pendant notre expédition au Sahara, nous n'avons jamais rencontré personne.
Während unserer Expedition durch die Sahara sind wir nie jemand begegnet.

Plus rien ne pouvait l'intéresser.
Nichts mehr konnte ihn interessieren.

Pour notre voyage, nous espérons ne rencontrer jamais aucun problème.
Für unsere Reise hoffen wir, nie irgendein Problem zu bekommen.

Nous ne sommes allés nulle part ailleurs.
Wir sind nirgendwoanders hin gefahren.

2. Kombination von Verneinungspartikel + Adverb:

ne... pas encore	noch nicht
ne... encore pas	(schon) wieder nicht
ne... encore rien / ne... rien encore	noch nichts
ne... encore personne	noch niemand
ne... encore aucun	noch kein
ne... encore jamais	noch nie
ne... toujours pas / ne... pas toujours	immer noch nicht / nicht immer
ne... toujours rien	immer noch nichts

ne... toujours personne	immer noch niemand
ne... toujours aucun	immer noch kein
ne... même pas	nicht einmal
ne... même plus	nicht einmal mehr

Beispiele:

*Nous n'avons **pas encore** trouvé de solution à ce problème.*
Wir haben noch keine Lösung für dieses Problem gefunden.

*Tu n'as **encore pas** pensé à acheter le journal.*
Du hast schon wieder nicht daran gedacht, die Zeitung zu kaufen.

*Je n'ai **toujours rien** reçu de l'assurance.*
Ich habe von der Versicherung immer noch nichts bekommen.

Vgl. weitere Beispielsätze in 258.

Der Gebrauch der Verneinung ohne die Partikel *ne*

249

1. In **verblosen Sätzen** entfällt die Partikel *ne* bei *aucun, jamais, pas, personne* und *rien*.

   Beispiele:

Combien d'amis lui ont rendu visite? – **Aucun.**	Wie viele Freunde haben ihn besucht? – **Keiner.**
Avez-vous déjà entendu parler de cet homme? – **Jamais.**	Haben Sie schon von diesem Mann gehört? – **Noch nie.**
***Jamais** de la vie!*	**Nie** und **nimmer**! / **Nie** im Leben! / Unter gar keinen Umständen!
*Faut-il que nous recommencions tout ce boulot à zéro? – Pourquoi **pas**? / **Pas** aujourd'hui.*	Sollen wir mit dieser Arbeit wieder von vorne anfangen? – Warum **nicht**? / Heute **nicht**.
Qui s'intéresse à moi? – **Personne.**	Wer interessiert sich für mich? – **Niemand.** / **Keiner.**
Qu'est-ce qui te ferait plaisir? – **Rien.**	Was würdest du gerne machen? / Was hättest du gerne? – **Nichts.**

2. Innerhalb einer Nominalgruppe entfällt *ne* bei der **Verneinung eines Adjektivs** oder **eines Partizips**:

   *une boisson **pas** fraîche; un examen **guère** brillant; des portes **jamais** repeintes; un emploi du temps **pas** très favorable*

   *L'année scolaire ne commence pas bien: nous avons un emploi du temps **pas** très favorable.*
   Das Schuljahr beginnt nicht gut: Wir haben einen nicht sehr günstigen Stundenplan.

3. Grundsätzlich wird in der gesprochenen Kommunikation *ne* sehr häufig weggelassen. Je gepflegter und formaler das gesprochene Französisch, um so eher wird jedoch *ne* gesetzt. **In der Schriftsprache ist die Auslassung von *ne* nicht akzeptabel.** Gesprochen: *Je sais pas.* Geschrieben: *Je ne sais pas.*

250 **Der Gebrauch von** *non*, *pas* **und** *non pas*

Die Verwendung von *non*:

1. *Non* dient als **Präfix** vor bestimmten Adjektiven, Partizipien oder Substantiven:

*une manifestation **non-violente***	eine gewaltfreie Demonstration
*une politique **non-interventionniste***	eine Politik der Nichteinmischung
*les pays **non-alignés***	die blockfreien Staaten
*les **non-initiés***	die Nichtkenner / die Uneingeweihten / die Laien
*le **non-conformisme***	der Nonkonformismus
*un pacte de **non-agression***	ein Nichtangriffspakt

Beachte: Insbesondere vor Adjektiven werden viel häufiger die Präfixe „*a-*", „*im-*", „*in-*" verwendet (*amoral, impropre, inutile*). Die Zusammensetzungen mit „*non-*" vor Adjektiven sind selten.

2. Nach den Verben *croire, dire, espérer* steht *non* im Sinne von „nein" / „nicht":

Regnet es schon? – Ich glaube **nicht**.	*Est-ce qu'il pleut déjà? – Je crois que **non**.*
Ist dein Vater in den Unfall verwickelt? – Er hat **nein** gesagt.	*Est-ce que ton père est impliqué dans l'accident? – Il a dit (que) **non**.*
Wird es dieses Wochenende auf der Autobahn Staus geben? – Wir hoffen **nicht**.	*Est-ce qu'il y aura des bouchons sur l'autoroute ce week-end? – Nous espérons que **non**.*

Anmerkung:

Normalerweise steht ein *que* vor *non* (bei *dire* ist die Setzung von *que* fakultativ). Dies gilt im Übrigen auch für eine affirmative Antwort: *Est-ce qu'il gagnera les élections? – J'espère **que oui**.*

Besondere Fälle bei der Verwendung von *non* **oder** *pas* **bzw. von** *non pas*:

1. „**Ich nicht**":

   Wir haben Lust, ins Kino zu gehen. – **Ich nicht**.
   *Nous avons envie d'aller au cinéma. – **Moi pas**. / **Moi non**. / **Pas moi**.*

Eine affirmative Aussage als Replik auf eine verneinte Aussage erfolgt mit *si*:

Ich habe keine Lust.   – **Ich schon.** / **Ich ja.**
Moi, je n'en ai pas envie.   – ***Moi si.***

2. **„Oder nicht":**

Fährst du mit mir mit **oder nicht**? → *Tu viens avec moi **ou pas**? / **ou non**?*

Du musst es tun, ob du nun willst **oder nicht.**
*Il faut que tu le fasses, que tu le veuilles **ou non** / **ou pas**.*

3. **„Und nicht"** in Gegenüberstellungen:

Man muss sich den Schwierigkeiten stellen **und** ihnen **nicht** aus dem Wege gehen.
*Il faut faire face aux difficultés, **et non** / **et pas** les esquiver.*

Verstärkend: *Il faut faire face aux difficultés, **et non pas** les esquiver.*

Er hat eine Wohnung gekauft **und nicht** ein Haus.
*Il a acheté un appartement, **et non** / **et pas** / **et non pas** une maison.*

Die Einschränkung („nur")   251

Die Einschränkung „nur" ist im Deutschen in einer Vielzahl von Funktionen verwendbar:

Nur er kann mir helfen.	Einschränkung des **Subjekts**
Ich habe **nur ihn** angetroffen / **nur ihm** vertraut.	Einschränkung des **direkten** / des **indirekten Objekts**
Wir sind **nur mit zwei Koffern** verreist.	Einschränkung des **präpositionalen Objekts**
Seine Schwestern verbringen ihren Urlaub **nur im Ausland**.	Einschränkung der **adverbialen Ergänzung**
Wir sind nicht böse, wir sind **nur etwas enttäuscht**.	Einschränkung des **prädikativen Adjektivs** (= Prädikatsnomens)
Unser neuer Kollege **beklagt sich nur**.	Einschränkung des **Verbs**

Im Französischen gibt es für die Einschränkung „nur" je nach einzuschränkendem Satzglied mehrere, unterschiedliche Formen: ***seul, seulement, ne... que, il n'y a que... qui***.

1. **Einschränkung des Subjekts:**

R 251.1

> Die Einschränkung des Subjekts erfolgt mit ***seul*** (**mit** oder **ohne** Infinitivsatz) oder mit ***il n'y a que... qui***.

Beispiele:

Seule *une très bonne maîtrise du français vous ouvre l'accès à ce poste.*	Nur eine sehr gute Beherrschung der französischen Sprache öffnet Ihnen den Zugang zu dieser Stelle.
Varianten:	
Une très bonne maîtrise du français **seule** *vous ouvre l'accès à ce poste.*	
Il n'y a qu' *une très bonne maîtrise du français* **qui** *vous ouvre l'accès à ce poste.*	
Lui **seul** *peut nous aider.*	Nur er kann uns helfen.
Varianten:	
Il n'y a que *lui* **qui** *puisse nous aider.*	
Il **est le seul** *à pouvoir nous aider.*	
Dieu **seul** *peut le savoir.*	Nur Gott kann es wissen.
Varianten:	
Il n'y a que *Dieu* **qui** *puisse le savoir.*	
Dieu **est le seul** *à le savoir.*	

R 251.2

Die Einschränkung des Subjekts in Verbindung mit einer **Verneinung** erfolgt mit *il n'y a pas que... qui* oder mit *il n'est pas le seul / elle n'est pas la seule* (usw.) *à + Infinitiv*.

Beispiele:

Il n'y a pas que *lui* **qui** *puisse nous aider.*	Nicht nur er kann uns helfen.
Variante:	
Il n'est pas le seul *à pouvoir nous aider.*	
Il n'y a pas qu'*elles* **qui** *l'aient cru.*	Nicht nur sie haben es geglaubt.
Varianten:	
Elles ne sont pas les seules *à l'avoir cru.*	
Elles n'ont pas été les seules *à le croire.*	

Anmerkung zu Regel 251.1 und 251.2:

*   Der *subjonctif* im Relativsatz nach *il n'y a que... qui...* steht wegen des Ausschließlichkeitscharakters der Wendung (vgl. **212**). Bei Bezug auf die Vergangenheit kann **alternativ** auch die Wendung *il n'y avait que... qui...* stehen. In diesem Fall folgt meist der Indikativ, weil die Aussage des Relativsatzes als faktisch gegeben betrachtet wird: *Il n'y avait que mon frère qui n'était pas blessé.*

- An Stelle des Infinitivsatzes *Il est le seul à pouvoir nous aider* kann auch ein Relativsatz verwendet werden: *Il est le seul qui puisse nous aider.*

- Die Stellung von *seul* ist variabel: *Seul mon père / Mon père seul est capable de le faire.* Ist das einzuschränkende Subjekt ein Personalpronomen oder das Substantiv *Dieu*, wird *seul* regelmäßig nachgestellt: → *lui seul... / Dieu seul...*

2. **Die Einschränkung des Objekts, der adverbialen Ergänzung und des prädikativen Substantivs:**

Die Einschränkung des **direkten**, **indirekten** und **präpositionalen Objekts**, der **adverbialen Ergänzung** und des **prädikativen Substantivs** erfolgt durch *ne... que / seulement* („nur") oder durch *ne... pas que / ne...pas seulement* („nicht nur").

Einschränkung des direkten Objekts	*Elle n'a invité que ses parents. Elle a seulement invité ses parents.* Sie hat nur ihre Eltern eingeladen.
	Elle n'a pas invité que ses parents. Elle n'a pas invité seulement ses parents. Sie hat nicht nur ihre Eltern eingeladen.
	Anmerkung: Eine Variante der Einschränkung ist *ne... rien que*: *Les week-ends, on ne voit rien que des voitures sur la route.* („nichts anderes als / nur")
Einschränkung des indirekten Objekts	*Nous n'écrivons qu'à nos parents. Nous écrivons seulement à nos parents.* Wir schreiben nur unseren Eltern.
	Nous n'écrivons pas qu'à nos parents. Nous n'écrivons pas seulement à nos parents. Wir schreiben nicht nur unseren Eltern.
Einschränkung des präpositiona-len Objekts	*Je n'ai besoin que de cent euros. J'ai seulement besoin de cent euros.* Ich brauche nur hundert Euro.
	Je n'ai pas besoin que de cent euros. Je n'ai pas seulement besoin de cent euros. Ich brauche nicht nur hundert Euro.
	L'homme ne vit pas seulement de pain. Der Mensch lebt nicht vom Brot allein.
Einschränkung der adverbialen Ergänzung	*Cet écrivain n'a vécu qu'à Londres. Cet écrivain a seulement vécu à Londres.* Dieser Autor hat nur in London gelebt.
	Cet écrivain n'a pas vécu qu'à Londres. Cet écrivain n'a pas seulement vécu à Londres. Dieser Autor hat nicht nur in London gelebt.

Einschränkung des prädikativen Substantivs	*Ce n'est qu'une petite erreur. C'est seulement une petite erreur.* Das ist nur ein kleiner Fehler. *Ce n'est pas seulement une petite erreur, c'est une erreur qui aura des conséquences.* Das ist nicht nur ein kleiner Fehler, es ist ein Fehler mit Konsequenzen.

Anmerkung:

Die Form *uniquement* („nur"; „bloß") ist eine Variante: *On ne vit pas uniquement de pain. Tu penses uniquement à toi.*

3. Die Einschränkung des Verbs:

Die Einschränkung des Verbs erfolgt durch *ne faire... que* oder durch *seulement* (zu *non seulement... mais aussi* vgl. **257.2**). Dabei ist zu unterscheiden, ob die Einschränkung im Sinne der **Beständigkeit einer Handlung** oder im Sinne der **Einschränkung auf eine Handlung** zu verstehen ist. Im ersten Fall wird *seulement* nicht benutzt.

Il ne fait que se plaindre. Er beklagt sich nur. (= ständig)

Cet enfant ne fait que jouer. Das Kind spielt nur. (= Es spielt ohne Unterlass.)

Je ne fais qu'exécuter ses ordres. / J'exécute seulement ses ordres. Ich führe nur seine Befehle aus. (= Ich beschränke mich darauf, seine Befehle auszuführen.)

Es besteht im Übrigen ein semantischer Unterschied zwischen *Cet enfant ne fait que jouer* und folgendem Satz: *N'ayez pas peur, il (= mon chien) joue seulement*, d.h. „er will nur spielen und ist nicht aggressiv". Der Satz: *Mon chien ne fait que jouer* bedeutet dagegen soviel wie: „Er ist noch ganz verspielt".

Die Einschränkung des Verbs in Verbindung mit der Verneinung lautet *ne... pas faire que* oder auch *ne... pas seulement.*

Nous n'avons pas fait que manger. /

Nous n'avons pas seulement mangé. Nous avons aussi travaillé.
Wir haben nicht nur gegessen; wir haben auch gearbeitet.

4. In folgenden Fällen kann „nur" ausschließlich mit *seulement* wiedergegeben werden:

- wenn der folgende *que*-Satz den eingeschränkten Sachverhalt beinhaltet:

  J'ai seulement dit qu'il est / était arrogant. → Ich habe nur gesagt, dass er arrogant ist. (**Je n'ai que dit que...* ist stilistisch nicht akzeptabel.)

  An Stelle von *seulement* kann man hier auch *simplement* benutzen:

  Je ne voulais pas l'insulter. J'ai simplement dit qu'il est / était arrogant.

- bei Einschränkung eines prädikativen Adjektivs:

  Nous sommes seulement déçus. → Wir sind nur enttäuscht.

- bei Einschränkung eines Satzes ohne Verb:

  *Est-ce que vous êtes malade? – Non, **seulement** un peu fatigué.*
  Sind sie krank? – Nein, nur ein wenig müde.

- wenn „nur" sich auf den Gesamtgedanken bezieht, im Sinne von: „aber", „lei-
  der", „indes":

  *Je voulais vous rendre visite, **seulement**, je n'(en) ai pas eu le temps.* **Oder:** *...je n'en
  ai **seulement** pas eu le temps.*
  Ich wollte Sie ja besuchen. Aber ich habe keine Zeit gehabt. / Leider habe ich keine
  Zeit gehabt.

- in der Regel auch bei Einschränkung eines Infinitivs:

  *Je veux **seulement** le voir une dernière fois.* → Ich will ihn nur noch einmal sehen.

  (Je ne veux que le voir une dernière fois ist allerdings auch akzeptabel.)

- bei Einschränkung eines artikellosen Substantivs:

  *Il n'est pas mal luné, il a **seulement** faim.*
  Er ist nicht schlecht gelaunt, er hat nur Hunger.

Die Verneinung und die Einschränkung: Aufbaustufe

252 *Ne* **als allein stehende Verneinungspartikel**

Das allein stehende *ne* entspricht dem alten Sprachzustand, als *ne* ohne die Ergän-
zungen *pas, point*, usw. die Normalform der Verneinung war. In gehobener geschrie-
bener, seltener auch in (gewollt) gepflegter gesprochener Sprache, wird an Stelle von
ne... pas die allein stehende Verneinungspartikel *ne* verwendet, und zwar in folgen-
den Fällen:

1. **nach den Verben** *cesser, oser, pouvoir, savoir* **+ Infinitiv:**

*Il **ne** cessait de neiger.*	Es hörte nicht auf zu schneien.
*Il **n'**oserait vous le reprocher.*	Er würde (es) nicht wagen, es Ihnen vorzu-werfen.
*Je **ne** puis / Nous **ne** pouvons le tolérer.*	Ich kann / Wir können es nicht zulassen.
*Je **ne** saurais vous le dire.*	Ich **kann** es Ihnen nicht sagen.
*Il est parti avec je **ne** sais qui.*	Er ist mit ich weiß nicht wem abgereist.
*Il a réussi je **ne** sais comment.*	Er hat es irgendwie geschafft.
*un je **ne** sais quoi*	ein gewisses Etwas

Anmerkung:

In den aufgeführten Beispielen stellt die zusätzliche Setzung von *pas* die Normal-
form der Verneinung dar : *Il **n'**oserait **pas** vous le reprocher.* Die Höflichkeitsfor-
mel *Je **ne** saurais vous le dire* steht im Konditional; dafür auch: *Je **ne** peux **pas**
vous le dire.* Die Konditionalform von *savoir* mit *ne... pas* hat eine andere Bedeu-
tung; sie entspricht einer Hypothese:

*Si vous lui demandiez, il **ne saurait pas** vous répondre.*
Wenn Sie ihn fragten, dann **könnte** er Ihnen **nicht** antworten.

2. **nach bedingendem** *si* **in den Wendungen:** *si ce n'est* (= wenn nicht / außer), *si
    je ne me trompe* (= wenn ich mich nicht täusche), *si je ne m'abuse* (= wenn ich
    mich nicht irre), *si je ne fais erreur* (= wenn ich nicht irre). Die Setzung der Parti-
    kel *pas* ist in diesen Wendungen möglich; deren Auslassung ist allerdings sehr
    geläufig, auch im gesprochenen Französisch:

*A qui pourrait-il s'adresser dans cette affaire délicate, si ce **n'**est à vous?*	An wen könnte er sich in dieser heiklen Angelegenheit wenden, außer / wenn nicht an Sie?
*Si je **ne** me trompe, il vient d'être licencié.*	Wenn ich mich nicht täusche, ist er gerade entlassen worden.
*Il n'habite plus Paris, si je **ne** m'abuse / si je **ne** fais erreur.*	Er wohnt nicht mehr in Paris, wenn ich mich nicht irre.

3. **nach** *depuis que, il y a... que, voici / voilà... que* + **Zeitangabe. Voraussetzung ist dabei, dass das Verb in einer zusammengesetzten Zeit steht** (*ne... pas* **oder** *ne... plus* **sind hier auch möglich**):

Il s'est passé bien des choses depuis que je **ne** vous ai (plus) vu.	Es hat sich viel ereignet, seit ich Sie nicht mehr gesehen habe.
Il y a des semaines que je **n'**ai (pas) vu mon locataire.	Seit Wochen habe ich meinen Mieter nicht gesehen.
Voici cinq ans que je **ne** l'ai (plus) vue.	Fünf Jahre lang habe ich sie nicht (mehr) gesehen.

4. **in gehobener Sprache im Relativsatz mit Verb im** *subjonctif*, **wenn der vorausgehende Hauptsatz verneint ist** (*ne...pas* **ist hier auch möglich**):

Il n'est pas de jour qu'il **ne** se plaigne (pas) de son destin.
Es gibt keinen Tag, an dem er sich nicht über sein Schicksal beklagt.

5. **in rhetorischen direkten oder indirekten Fragesätzen mit** *qui* (**selten mit** *que*; *ne... pas* **ist auch möglich**):

Qui donc **ne** le ferait (pas) de la même façon que lui?	Wer würde es nicht genauso machen wie er?
Qui **ne** voit (pas) que nous avons là un problème?	Wer sähe nicht, dass wir da ein Problem haben.
Que **n'**a-t-il fait cela tout de suite? (lit.)	Warum hat er dies nicht gleich getan?
On se demande qui **n'**en aurait (pas) fait autant.	Man fragt sich, wer es nicht genauso gemacht hätte.

6. **in folgenden Wendungen:**

n'avoir de cesse que	keine Ruhe geben, bis...
Il **n'**aura (pas) de cesse qu'il n'ait obtenu ce qu'il veut.	Er wird nicht eher ruhen, als bis er erreicht hat, was er will.
n'avoir crainte	sich keine Sorgen machen
N'ayez crainte: il viendra.	Keine Sorge! Er kommt schon noch.
n'avoir cure	sich nichts machen aus...
Je **n'**ai cure de vos plaintes continuelles.	Ich mache mir aus Ihren ewigen Klagen nichts.
Qu'à cela ne tienne, je peux me passer de tout confort.	Daran soll es nicht liegen, ich kann auf jeglichen Komfort verzichten.
Il n'empêche que vous auriez pu m'avertir à temps.	Nichtsdestoweniger / Trotzdem hätten Sie mich rechtzeitig benachrichtigen können.

Il neige. Peu importe! / Qu'importe! / N'importe! Nous mettrons les chaînes.	Es schneit. Das macht nichts. / Egal! Wir werden die Schneeketten anlegen.
ne dire / souffler mot	kein Wort sagen
Il n'a soufflé mot.	Er hat kein Sterbenswörtchen gesagt.
Il n'y a âme qui vive.	Es gibt dort keine Menschenseele.
Je n'ai rencontré âme qui vive.	Ich bin keiner Menschenseele begegnet.

Anmerkung:

Bei *d'autre* verwendet man gleichermaßen *ne* oder *ne... pas*:

Mon grand-père n'a (pas) d'autre souhait que d'atteindre l'âge de quatre-vingt-dix ans.
Mein Großvater hat keinen anderen Wunsch als neunzig Jahre alt zu werden.

Il n'y a (pas) d'autre possibilité que de faire un détour.
Es gibt keine andere Möglichkeit, als einen Umweg zu machen.

253 Das zusätzliche (expletive) *ne*

Das zusätzliche *ne* (*le ne explétif*) steht in Nebensätzen; mit ihm drückt der Sprecher implizit eine **Befürchtung** oder eine **Warnung** aus, ohne dass das *ne* eine verneinende Wirkung hat. Weiterhin wird das zusätzliche *ne* in Vergleichssätzen nach **Komparativen der Ungleichheit**, nach **fragenden** oder **verneinten Ausdrücken des Zweifels** und bei bestimmten **Konjunktionen** verwendet.

Das *ne explétif* ist nicht obligatorisch und wird in der gesprochenen Sprache tendenziell immer weniger gesetzt. Nach einem Komparativ der Ungleichheit ist seine Verwendung im geschriebenen und gesprochenen Standardfranzösisch allerdings sehr geläufig, (aber ebenfalls nicht obligatorisch).

1. Das zusätzliche *ne* kann nach Verben stehen, die eine **Befürchtung** / eine **Warnung** beinhalten, wie: *empêcher que, éviter que, avoir peur que, redouter que*. Nach diesen Verben / Wendungen wird das zusätzliche *ne* jedoch nur dann gesetzt, wenn sie **affirmativ** gebraucht werden:

J'ai peur qu'il (ne) m'ait oublié.   Dagegen: → *As-tu peur qu'on t'ait oublié?*

Nach dem Verb *craindre* kann das *ne explétif* stehen, wenn dieses **affirmativ**, **fragend** oder **fragend-verneint** ist:

Je crains qu'il (ne) parte.	Ich fürchte, dass er abreist.
Craignez-vous qu'il (ne) parte?	Befürchten Sie, dass er abreist?
Ne craignez-vous pas qu'il (ne) parte?	Fürchten Sie denn nicht, dass er abreist?

Aber: Ist *craindre* im Hauptsatz verneint oder das Verb des Nebensatzes verneint, ist ein *ne explétif* nicht möglich:

Je ne crains pas qu'il le fasse.	Ich fürchte nicht, dass er es tut.
Je crains qu'il ne le fasse pas.	Ich fürchte, dass er es nicht tut.

Weitere Beispiele für die Verwendung des *ne explétif* nach Verben und Ausdrücken der Befürchtung oder der Warnung:	
*Il faut craindre qu'il (**ne**) l'ait oublié.*	Es ist zu befürchten, dass er es vergessen hat.
*Je redoute qu'il (**ne**) faille attendre long-temps.*	Ich fürchte, man muss lange warten.
*Tâchez d'éviter qu'elles (**ne**) s'en aillent.*	Versuchen Sie abzuwenden, dass sie weggehen.
*On a tout fait pour empêcher qu'ils (**ne**) viennent.*	Wir haben alles getan, um zu verhindern, dass sie kommen.

Anmerkung:

Optiert man in einem *que*-Satz für das zusätzliche *ne*, muss dieses auch bei einem eventuellen zweiten Verb im *que*-Satz stehen:

*Nous craignons fort que notre patron **ne** soit contrarié et qu'il **ne** nous en veuille.*

Nach den konjunktionalen Ausdrücken wie *de crainte que* / *de peur que* („aus Furcht, dass" / „aus Angst, dass..." / „damit... nicht...") kann ebenfalls das *ne explétif* verwendet werden:

La banque centrale européenne a baissé le taux d'intérêts de crainte que / *de peur que la récession (**ne**) s'aggrave.*

Die europäische Zentralbank hat den Zinssatz gesenkt, damit die Rezession sich nicht verschlimmert. / ... aufgrund ihrer Befürchtung, dass sich die Rezession verschlimmert.

2. Bei Vergleichen, die **eine Ungleichheit ausdrücken** (*la comparaison d'inégalité*) und die mittels *plus, moins, meilleur, mieux, autrement* eingeleitet werden, ist die Verwendung des zusätzlichen *ne*, wenn auch nicht obligatorisch, so doch sehr gebräuchlich:

Beispiele für das zusätzliche *ne* in der *comparaison d'inégalité*:	
*Il est **plus** engagé dans notre entreprise qu'on (**ne**) croirait.*	Er engagiert sich mehr in unserem Betrieb, als man meinen könnte.
Auch:	
*Il est **plus** engagé dans notre entreprise qu'on (**le**) croirait. / ... qu'on (**ne le**) croirait.*	
*Sa blessure est **moins** grave qu'on (**n'**) avait d'abord pensé.*	Seine Verletzung ist weniger ernst, als man zunächst angenommen hatte.
*Il a **meilleure réputation** que certains de ses collègues (**ne**) disent.*	Er hat einen besseren Ruf, als einige seiner Kollegen sagen.
*Tout s'est **mieux** passé que je (**ne**) l'avais prédit.*	Alles ist besser gelaufen, als ich es vorhergesehen hatte.
*J'agirais **autrement** que je (**ne**) l'ai fait la dernière fois.*	Ich würde anders handeln, als ich es das letzte Mal getan habe.

Die Verwendung des zusätzlichen *ne* ist insbesondere auch nach *plutôt que* üblich: *Ils se respectent **plutôt qu'**ils **ne** se détestent.*

Nach einem **verneinenden** oder **fragenden** Vergleich, der eine **Ungleichheit** ausdrückt oder auch nach einem Vergleich, der **keine** Ungleichheit ausdrückt, wird das zusätzliche *ne* **nicht gesetzt**.

Ce client n'est pas aussi solvable qu'il le prétend. → Verneinender Vergleich
Dieser Kunde ist nicht so solvent, wie er vorgibt.   zum Ausdruck einer **Ungleichheit**

Est-il vraiment aussi solvable qu'il le prétend? → Fragender Vergleich
Ist er wirklich so solvent, wie er behauptet?   zum Ausdruck einer **Ungleichheit**

Elle est aussi adroite que je pensais. → Vergleich
Sie ist so geschickt, wie ich dachte.   zum Ausdruck einer **Gleichheit**

Anmerkung:

Nach den Verben *croire, dire, être, faire, penser, prévoir* kann das Objektpronomen *le* (= *cela*) alternativ oder sogar zusätzlich zum *ne explétif* gesetzt werden. Es ergeben sich also folgende Möglichkeiten:

*Il est plus âgé que je pensais / que je **ne** pensais / que je **le** pensais / que je **ne le** pensais.*

3. Nach **fragenden / verneinten Ausdrücken** des **Zweifelns** oder des **Leugnens** kann im Nebensatz das zusätzliche *ne* gesetzt werden, wenn das Verb im *subjonctif* steht. Dies bedeutet, dass das zusätzliche *ne* nicht gesetzt wird, wenn die Verbform im Indikativ steht, der hier ebenfalls möglich ist. Vgl. dazu auch **218**.

Beispiele für das zusätzliche *ne* nach Ausdrücken des Zweifelns und des Leugnens:	
*Doutez-vous qu'il **(ne)** dise la vérité?*	Zweifeln sie daran, dass er die Wahrheit sagt?
*Il n'y a pas de doute que cela **(ne)** soit vrai.*	Es gibt keinen Zweifel daran, dass dies wahr ist.
*Je ne nie pas que sa vie **(ne)** soit dure.*	Ich leugne nicht, dass sein Leben beschwerlich ist.
*Nous ne contestons pas qu'il **(n')**ait raison de tout critiquer mais cela ne fait pas avancer les choses.*	Wir bestreiten nicht, dass er Recht hat, alles zu kritisieren, aber das bringt die Sache nicht weiter.

Aber: *Il n'y a pas de doute qu'il dit la vérité.* → kein *ne* wegen Indikativ!

4. Das *zusätzliche ne* kann, ohne dass damit eine Sinndifferenzierung verbunden wäre, nach den Konjunktionen ***avant que*** („bevor") und ***à moins que*** („sofern nicht" / „wenn nicht" / „es sei denn, dass...") stehen.

Nach *avant que* ist das *ne explétif* fakultativ; nach *à moins que* entspricht das zusätzliche *ne* dem guten Gebrauch. Die Konjunktion *à moins que* (ohne *ne*) setzt sich aber als Alternative zunehmend durch.

Beispiele für das zusätzliche *ne* nach *avant que* und *à moins que*:	
*J'ai voulu lui parler **avant qu**'elle **(ne)** fasse une bêtise.*	Ich wollte mit ihr reden, bevor sie eine Dummheit macht.
*Le prévenu sera puni sévèrement, **à moins que** le juge **(ne)** lui accorde des circonstances atténuantes.*	Den Angeklagten erwartet eine harte Strafe, es sei denn, der Richter billigt ihm mildernde Umstände zu.

Anmerkung:

Das gelegentlich verwendete zusätzliche *ne* nach der Konjunktion *sans que* **entspricht nicht der Norm**, auch nicht nach verneintem Hauptsatz:

Le garagiste a changé la courroie de ma voiture sans que je le lui aie demandé. (ohne *ne*!)
Die Autowerkstatt hat den Keilriemen meines Wagens erneuert, ohne dass ich sie damit beauftragt hätte.

5. Nach den Wendungen *il s'en faut de (...) que..., il s'en faut de peu que..., peu s'en faut que...* steht fakultativ das zusätzliche *ne*.

Beispiele:

***Il s'en est fallu d'**un point qu'il **(n')**ait été admissible à l'oral.*	Es fehlte nur ein Punkt, und er wäre zum Mündlichen zugelassen worden.
***Peu s'en fallut qu**'il **(ne)** perde / **(ne)** perdît son emploi.*	Es fehlte nur wenig, und er hätte seinen Job verloren.
***Il s'en faudrait de peu qu**'un accident identique **(ne)** se reproduise.*	Es ist sehr leicht möglich, dass sich ein solcher Unfall nochmals ereignet.

Die Verneinung mittels *ne... ni... ni...*

254

Ne... ni... ni... („weder... noch") wird vorwiegend im geschriebenen Französisch benutzt. Im gesprochenen Französisch verwendet man üblicherweise eher *ne... pas... ni...* oder *ne... pas... non plus*.

1. *Ne... ni... ni...* wird in Sätzen mit Verb gebraucht, wobei die Verneinungspartikel *ne* beim Verb steht und *ni* jeweils vor das zu verneinende Satzelement tritt. In Sätzen ohne Verb entfällt *ne*; es steht nur *ni... ni...* .

Beispiele:

*Il **n'**aime **ni** sortir **ni** voyager.* (***ni*** + Infinitiv)	Er mag weder ausgehen noch reisen.
*A cette saison, il **ne** fait **ni** chaud **ni** froid.* (***ni*** + Adjektiv)	In dieser Jahreszeit ist es weder warm noch kalt.
*Jean-Yves **n'**a écrit **ni** à ses parents **ni** à sa sœur.* (***ni*** + indirektes nominales Objekt)	Jean-Yves hat weder seinen Eltern noch seiner Schwester geschrieben.

*Nos amis **n'**ont vendu **ni** leur maison **ni** leur voiture.* (***ni*** + direktes nominales Objekt)	Unsere Freunde haben weder ihr Haus noch ihr Auto verkauft.
*Je **ne** l'ai **ni** cru **ni** pris au sérieux.* (***ni*** + Partizip Perfekt)	Ich habe ihm weder geglaubt noch ihn ernst genommen.
*As-tu écrit à Jean et à ton père? – **Ni** à l'un **ni** à l'autre.* (Verbloser Satz, deswegen *ni* ohne *ne*)	Hast du Hans und deinem Vater geschrieben? – Weder dem einen noch dem anderen.

2. Bezieht sich *ni... ni...* auf das Subjekt, folgt *ne* beim Verb nach, wobei dieses dann im Singular oder Plural stehen kann:

    Ni *mon père **ni** ma mère **ne** m'**a** / **ne** m'**ont** écrit.*

    Im folgenden Satz steht allerdings wegen der Pluralform des Verbs im Nebensatz das Verb nach *ne... ni... ni...* nur im Plural:

    Ni *mon père **ni** ma mère **ne** m'**ont** écrit depuis qu'**ils sont** en Australie.*
    Weder mein Vater noch meine Mutter haben mir geschrieben, seit sie in Australien sind.

3. Bezieht sich *ne... ni... ni...* auf ein direktes Objekt mit unbestimmtem oder partitivem Artikel, fallen diese weg:

    Il a une femme et des enfants. → *Il **n'a ni** femme **ni** enfants.*
    Il a montré du courage et du dévouement → *Il **n'a** montré **ni** courage **ni** dévouement.*

    Diese Konstruktion ist weitgehend der geschriebenen Sprache vorbehalten. Im gesprochenen Französisch würde man eher sagen:

    Il n'a pas de femme ni d'enfants.
    Il n'a pas montré de courage ni de dévouement.

    Nach *ce n'est pas... ni...* oder *ce n'est ni... ni...* wird der unbestimmte Artikel bzw. der partitive Artikel gesetzt (vgl. **062.3**):

    ***Ce n'est pas** du courage **ni** de la hardiesse, c'est simplement de la folie.*

    ***Ce n'est ni** du courage **ni** de la hardiesse, c'est simplement de la folie.*

4. Bei Bezug von *ne... ni... ni...* auf mehrere finite Verbformen, steht *ne* vor jeder Verbform:

    *Je **ne** veux, **ni ne** peux, **ni ne** dois faire ce que tu me demandes.*

5. Abgesehen von festen Wendungen wie *ni l'un ni l'autre, ni pour ni contre, ne savoir ni lire ni écrire* werden in der gesprochenen Sprache andere Verneinungskonstruktionen bevorzugt:

ne... pas... ni...	Je **ne** suis **pas** envieux **ni** jaloux. Ich bin weder neidisch noch eifersüchtig.
	Il **n**'était **pas** question de vente **ni** de faillite. Es war weder die Rede von Verkauf noch von Konkurs.
	Il **ne** viendra **pas** aujourd'hui **ni** demain. Er kommt weder heute noch morgen.
	Ils **n**'ont **pas** consulté leur chef **ni** le représentant du syndicat. Sie haben weder ihren Chef noch den Vertreter der Gewerkschaft konsultiert.
	N'espérez **pas** que j'aille le voir **ni** que je lui écrive. Machen Sie sich keine Hoffnung, dass ich ihn aufsuche oder dass ich ihm schreibe.
ne... pas... non plus (bei Bezug auf das Subjekt)	Je **ne** comprends **pas** cette mesure, mon collègue **non plus**. Ich verstehe diese Maßnahme nicht (und) mein Kollege auch nicht. Dafür auch: Je **ne** comprends **pas** cette mesure, **et** mon collègue **non plus**. Je **ne** comprends **pas** cette mesure, **ni** mon collègue (**non plus**).

Anmerkung:

Zur Vermeidung der Wiederholung der Präposition *sans* kann *ni* verwendet werden:

*Ce fut un voyage **sans** stress et **sans** intérêt.* → *Ce fut un voyage **sans** stress **ni** intérêt.*

Der Gebrauch von *jamais* in der Bedeutung von „jemals" `255`

Die Verwendung von *jamais* (ohne *ne*!) im Sinne von „je / jemals" erfolgt unter folgenden Bedingungen:

1. nach der Konjunktion *si* = „wenn":

*Si **jamais** vous retournez dans notre pays, n'oubliez pas de nous le faire savoir.*
Sollten Sie jemals wieder in unser Land kommen, vergessen Sie nicht, es uns wissen zu lassen.

2. in einem Fragesatz:

*A-t-on **jamais** commis une bévue pareille?*
Hat man jemals einen solchen Fehler begangen? / ... einen solchen Bock geschossen?

Sait-on jamais?   → Man kann nie wissen.

3. nach einem Komparativ:

*Ce peuple est plus pauvre que **jamais**.* → Dieses Volk ist ärmer als je zuvor.

*C'est pire que **jamais**.*   → Das ist schlimmer denn je.

*Aujourd'hui plus que **jamais**.* → Heute mehr denn je.

4. im Relativsatz nach einem Superlativ im Hauptsatz:

*C'est le meilleur vin que j'aie **jamais** bu.*
Das ist der beste Wein, den ich je(mals) getrunken habe.

5. nach Verben und Ausdrücken des Zweifelns

*Nous doutons que / Il est douteux que la science puisse **jamais** l'emporter sur le cancer.*
Wir bezweifeln, dass / Es ist zweifelhaft, ob die Wissenschaft jemals den Krebs besiegen kann.

6. nach *sans* oder *sans que*:

*Il a toujours fait ce qu'on lui demandait sans **jamais** se plaindre.*
Er hat immer getan, was man von ihm verlangte, ohne sich jemals zu beklagen.

*Il a régulièrement détourné de l'argent, sans que **jamais** personne ne s'en aperçoive.*
Er hat regelmäßig Geld veruntreut, ohne dass jemals irgendjemand etwas bemerkt hätte.

Zum bejahenden Gebrauch von *aucun*, *personne*, *rien* ohne *ne* vgl. 350.

---

256 **Die Hervorhebung von „ein(e, s, en) / etwas... nicht"**

In dem deutschen Satz:

Er hat ein gutes Verhältnis zu seinen Arbeitskollegen. Aber **einen** Kollegen mag er **nicht**.

ist der betonte unbestimmte Artikel „einen" an die Negation „nicht" gekoppelt. In diesem Fall muss die Hervorhebung durch ***il y a un... / une chose qui / que***, usw. verwendet werden:

*Il y a **une chose qui** ne me plaît **pas**.* → **Etwas** gefällt mir nicht.

*Il y a **une chose que** je ne supporte **pas**:* → **Etwas** kann ich nicht ausstehen:
ton indifférence.   deine Gleichgültigkeit.

*Il y a **un** collègue **qu'**il **n'**aime **pas**.* → **Einen** Kollegen mag er nicht.

Anmerkung:
Je n'aime pas un collègue könnte verstanden werden im Sinne von: *Je n'aime pas un seul collègue.* → „Ich mag keinen (einzigen) Kollegen". (Vgl. auch **384.7**.)

Zur Verneinung von *tout* und *tous* vgl. 350.

---

257 **Die Einschränkung: Spezialfälle und Wendungen**

1. „Nicht nur..." (mit Verb) → *ne... pas que...*

Ne mange pas que de la viande, autrement tu vas être malade.
Iss nicht nur Fleisch, sonst wirst du krank!

2.   „Nicht nur..., sondern auch"

Für die Wiedergabe von „nicht nur... sondern auch" gibt es im Französischen fol-
gende Varianten:

non seulement... mais aussi

non seulement... mais encore

ne... pas seulement... mais aussi

*Cette activité est **non seulement** fatigante **mais aussi** / **mais encore** monotone.*

*Cette activité **n'**est **pas seulement** fatigante **mais aussi** monotone.*
Diese Beschäftigung ist nicht nur ermüdend, sondern auch monoton.

Werden **zwei Verben einander gegenübergestellt**, erscheint *non seulement* **am
Satzanfang**, um eine möglichst symmetrische Stellung der beiden eingeschränk-
ten Verben zu erzielen. Gegen dieses Prinzip wird allerdings häufig verstoßen:

***Non seulement** l'opposition **a perdu** les élections, mais elle **a déçu** aussi son électorat
traditionnel.*
Die Opposition hat nicht nur die Wahlen verloren, sondern sie hat auch ihre traditionelle
Wählerschaft enttäuscht.

3.   „Fast nur (noch)" → *ne (plus) guère que...*

*Nous **ne** sortons **(plus) guère que** le week-end.*
Wir gehen fast nur noch am Wochenende aus.

*Ils **ne** boivent **guère que** de la bière non-alcoolisée.*
Sie trinken fast nur alkoholfreies Bier.

4.   Das einschränkende „erst"

Das einschränkende „erst" wird in Verbindung mit einer Zeitangabe durch *ce
n'est que... que... / c'est seulement... que...* oder durch *ne faire que...* wieder-
gegeben. Auf Vergangenes bezogen kann man auch *ce ne fut que... que... / ce
fut seulement... que...* benutzen. Die *ne... que*-Konstruktion für „erst" ist geläufi-
ger.

*Ce n'est que deux ans plus tard / **C'est seulement** deux ans plus tard **qu'**on a appris tou-
te la vérité.*
Erst zwei Jahre später erfuhr man die ganze Wahrheit.

***Ce ne fut que** / **Ce fut seulement** vers dix heures du soir **que** le docteur arriva.*
Erst um zehn Uhr abends kam der Doktor.

*La séance **ne fait que** (de) commencer.*
Die Sitzung hat gerade **erst** begonnen.

Anmerkung:

Im **nicht-temporalen** Sinne kann *ne... que* ebenfalls die Bedeutung „erst" haben,
z.B.: *Elle **n'**a **que** vingt ans.* → Sie ist erst zwanzig Jahre alt.

5.   „nur noch" → *ne... plus que...*

*Je n'ai **plus que** trois pages à écrire. / Il **ne** me reste **plus que** trois pages à écrire.*

Ich muss nur noch drei Seiten schreiben.

6.   Wendungen mit „nur" / „erst"

*Il vient **seulement** d'arriver.*	Er ist gerade **erst** angekommen.
*Si **seulement** je pouvais dormir sept heures d'affilée!*	Wenn ich doch **nur** / **bloß** sieben Stunden hintereinander schlafen könnte!
*Essaie **seulement**!*	Versuch doch mal. / Untersteh dich **nur**!
*Il est parti sans **seulement** dire au revoir.*	Er ist gegangen, ohne auch **nur** auf Wiedersehen zu sagen.
*Je voulais sortir ce soir. **Seulement voilà**, ma voiture ne démarre pas.*	Ich wollte heute abend ausgehen. Nur gibt es da ein Problem: Mein Wagen springt nicht an.
*Vous **n**'avez **qu**'à nous préciser ce qu'il vous faut.*	Sie brauchen uns **nur** anzugeben, was sie brauchen.
__Rien que__ d'y penser me donne des frissons.	Wenn ich **nur** daran denke, bekomme ich das (kalte) Grausen.

Die Verneinung und die Einschränkung: Repetitorium

Die Verneinung im Überblick

258

Französisch	Deutsch	Beispielsätze
et non / et pas (in Gegenüberstellungen)	und nicht	*Il faut agir **et non** se lamenter.* *Il faut agir **et pas** se lamenter.*
et non pas	und nicht	*Il faut agir **et non pas** se lamenter.*
non que	nicht etwa, dass	*Il l'aidera, **non qu**'il en ait envie, mais par amitié.*
ne... pas	nicht	*Mes parents **n**'ont **pas** la télévision.*
ne... pas encore	noch nicht	*Ma sœur **n**'est **pas encore** mariée.*
ne... encore pas	(schon) wieder nicht	*Il **n**'a **encore pas** pensé à éteindre la lumière.*
ne... pas toujours	nicht immer	*Elle **n**'est **pas toujours** de bonne humeur.*
ne... toujours pas	immer noch nicht	*Je **n**'ai **toujours pas** répondu à sa lettre.*
ne... plus	nicht mehr	*Il **n**'habite **plus** à Bordeaux.*
ne... plus guère	kaum noch	*Elle **ne** le voit **plus guère** depuis qu'il a déménagé.*
ne... guère plus	kaum mehr	*Il **ne** gagne **guère plus** de mille euros.*
ne... pas non plus	auch nicht	*Je sais qu'il **ne** vous croit **pas non plus**.*
ne... pas / plus du tout	überhaupt nicht / überhaupt nicht mehr	*Il **n**'a **pas du tout** apprécié votre réaction.* *N'avez-vous **plus du tout** de contacts avec lui?*
ne... point (regional / expressiv)	nicht	*Je t'ai dit que je **n**'en veux **point**.*
ne... guère	kaum	*Il **n**'a **guère** envie de sortir ce soir.*
ne... jamais	nie	*Ces gens **ne** vont **jamais** au théâtre.*
ne... jamais encore *ne... encore jamais*	noch nie	*Ces élèves **n**'ont **jamais encore** / **encore jamais** travaillé sur ordinateur.*
ne... jamais plus *ne... plus jamais*	nie wieder	*Après son accident, il **n**'a **plus jamais** / **jamais plus** conduit.*
ne... aucun	kein	*Cela **ne** fait **aucun** doute.*
ne... personne	niemand	*Je **n**'ai vu **personne** de toute la journée.*

ne... plus personne	niemand mehr	*Il n'y a **plus personne** dans la salle.* **Plus personne ne** *vient assister à nos re-présentations.*
ne... rien	nichts	*Ils **ne** regrettent **rien**.*
ne... rien du tout	überhaupt nichts	*Ses amis **ne** se sont aperçus de **rien du tout**.*
ne... plus rien	nichts mehr	*Tu **ne** peux **plus rien** pour lui.* Du kannst nichts mehr für ihn tun. **Plus rien ne** *l'intéresse.*
ne... toujours rien	immer noch nicht	*Pourquoi **ne** fait-il **toujours rien** pour sa santé?*
ne... ni... ni...	weder... noch	*Elle **n'**a dit **ni** oui **ni** non.*
ne... nulle part	nirgends / nirgendwo(hin)	*Ce chemin **ne** mène **nulle part**.*
ne... nul	überhaupt kein	*Je **n'**en ai **nulle** envie.*
nul... ne	keiner	**Nul n'**est censé ignorer la loi.* Unwissenheit schützt vor Strafe nicht.
ne... nullement / ne... aucunement	keineswegs	*Cela **ne** nuit **nullement** / **aucunement** à sa réputation.*
seul / seule / seuls / seules	nur (subjektbezogen)	**Seul** *votre avis m'intéresse.* **Seules** *les propositions de l'opposition paraissent valables.* *Lui **seul** est au courant.*
seulement	nur	*Il me faut **seulement** un peu d'eau.*
ne... que	nur / erst	*Ils **n'**ont **qu'**un enfant. Il **n'**a **que** trois ans.* Sie haben **nur** ein Kind. Es ist **erst** drei Jahre alt.
il n'y a que... qui...	nur	**Il n'y a que** *cette solution **qui** puisse convenir.*
il n'y a pas que... qui...	nicht nur	**Il n'y a pas que** *ta profession **qui** compte.*
ne... pas que / ne pas... seulement	nicht nur	*Cet homme **n'**a **pas que** des qualités.* **Ne** comptez **pas seulement** sur lui.*
ne... plus que	nur noch	*Il **n'**est **plus que** l'ombre de lui-même.* Er ist nur noch ein Schatten seiner selbst.
ne... guère que	praktisch nur	*Je **ne** vois **guère que** ce moyen pour le sauver.*
ce n'est que... + Prädikatsnomen	nur	**Ce n'est que sa courtoisie** *que j'apprécie chez lui.*

ce n'est que... que...	erst (zeitlich)	*Ce n'est que* plus tard *que* j'ai appris sa démission.
non seulement... mais aussi / mais encore	nicht nur... sondern auch	*Il est non seulement doué mais aussi* très sympathique. *Non seulement* il a gagné son procès, *mais* il a *encore* obtenu une forte indemnisation.

Schwierigkeiten und Fehlerquellen

259

Die unterschiedliche Wiedergabe von deutsch „kein(e)" im Französischen stellt für Germanophone eine nicht unerhebliche Schwierigkeit dar. Folgende Fälle / Ausdrücke sind hier relevant:

1. „Kein(e)" in Verbindung mit einem Substantiv in Subjektsfunktion wird mit „*aucun(e)... ne*" wiedergegeben:

   Aucun passager n'a survécu au crash.
   Kein Passagier hat den Flugzeugabsturz überlebt.

   Aucune idée n'a été retenue.
   Keine Idee wurde berücksichtigt.

   Alternativ sind auch folgende Formen möglich:

   Aucun des passagers n'a survécu au crash.

   Pas un (seul) passager n'a survécu au crash.

   Pas une (seule) idée n'a été retenue.

2. In Verbindung mit dem direkten Objekt heißt „kein(e)" → „*pas de*", oder verstärkend ebenfalls „*ne... aucun(e)*":

   Il n'a **pas de** talent. Il n'a **aucun** talent. → Er hat **kein** Talent.

   Nous n'avons **pas d'**argent.   → Wir haben **kein** Geld.

   (*Nous n'avons aucun argent* ist nicht gebräuchlich.)

   Elles n'ont **pas** rencontré **de** difficultés.
   Elles n'ont rencontré **aucune** difficulté. → Sie haben keine Schwierigkeiten gehabt.

   Anmerkung:
   Auch hier kann man ein verstärkendes *ne... pas / ne... plus un(e) (seul,e)* benutzen:

   Ils **ne** m'ont **pas** envoyé **une seule** carte postale du Maroc.
   Sie haben mir nicht eine / keine einzige Ansichtskarte aus Marokko geschickt.

Je n'ai pas une minute à perdre.
Ich habe **keine** Minute zu verlieren.

Nous n'avons plus un rond.
Wir haben keinen (einzigen) Cent mehr.

Pas un (ne) wird auch als indefinites Pronomen gebraucht:

Pas un n'a consenti à cette proposition.
Kein einziger hat diesem Vorschlag zugestimmt.

Il bosse comme pas un.
Er schuftet wie sonst keiner.

Mit präpositionalem Objekt benutzt man in der Regel *ne... aucun(e); ne... pas un(e)* ist hier nur bedingt eine Variante für „keine".

Il ne joue d'aucun instrument.

Elle ne se souvient d'aucune personne.
(Elle ne se souvient pas d'une seule personne.)

3. Steht im affirmativen Satz der unbestimmte Artikel *un / une / des* oder der partitive Artikel *du, de l', de la*, so bleiben diese in der verneinten Form erhalten. Im Deutschen wird hier durchgängig das Indefinitum „kein(e)" verwendet. Vgl. auch **062.3**.

Deutsch	Französisch
Das ist **ein** Irrtum.	*C'est une erreur.*
Das ist **kein** Irrtum.	*Ce n'est pas une erreur.*
Das ist Benzin.	*C'est de l'essence.*
Das ist **kein** Benzin.	*Ce n'est pas de l'essence.*
Das sind Verbrecher.	*Ce sont des malfaiteurs.*
Das sind **keine** Verbrecher.	*Ce ne sont pas des malfaiteurs.*

Also: Nach verneintem *être* darf nicht die Reduktionsform *de* stehen.

4. In verblosen Sätzen wird „kein(e)" durch *pas de...* oder durch *aucun(e)* ausgedrückt.

Pas de chance!
Kein Glück gehabt.

Vous pourriez me faire ça? – **Pas de** problème. / **Aucun** problème.
Könnten Sie mir das machen? – Kein Problem. / Kein Thema.

5. Eine Wendung, die in affirmativer Form **ohne Artikel** beim direkten Objekt steht, erscheint auch in verneinter Form **ohne Artikel**. Eine Wendung **mit bestimmtem Artikel** beim direkten Objekt in affirmativer Form behält diesen auch in der verneinten Form bei (vgl. **071.5**):

J'ai faim. / J'ai soif.	Je n'ai pas faim. / Je n'ai pas soif. Ich habe **keinen** Hunger / **keinen** Durst.
Vous avez raison.	Vous n'avez pas raison. Sie haben **nicht** recht.
Aujourd'hui, il fait soleil (literarisch).	Aujourd'hui, il ne fait pas soleil. Heute scheint **keine** Sonne.
Cela me fait plaisir.	Cela ne me fait pas plaisir. Das macht mir **keinen** Spaß.
Il parle **le** chinois. **Auch:** Il parle chinois.	Il ne parle pas **le** chinois. Il ne parle pas chinois.
Aujourd'hui, j'ai **le** temps.	Aujourd'hui, je n'ai pas **le** temps.
Mes enfants aiment **le** sport.	Mes enfants n'aiment pas **le** sport.
Avez-vous **l'**eau courante?	Non, nous n'avons pas **l'**eau courante. Wir haben kein fließendes Wasser.

Vgl. auch die Wendungen auf **S. 138**. Zum Gebrauch des Artikels in verneinenden Sätzen, insbesondere zu dem **Reduktions- de**, vgl. **062** und **071**.

Punktuelle Schwierigkeiten

1. Es ist stets zu unterscheiden zwischen *il n'y a que... qui...* (= nur) und *ce n'est que... que...* (= zeitliches „erst"):

   Il n'y a que *mon chef* **qui** *puisse résoudre ce problème.*
   Nur mein Chef kann dieses Problem lösen.

   Ce n'est que *dans les années cinquante* **que** *l'économie a redémarré.*
   Erst in den fünfziger Jahren gewann die Wirtschaft wieder an Fahrt.

   Im nicht-temporalen Sinne ist die Bedeutung von *ce n'est que... que* = „nur" / „erst":

   Ce n'est qu'en faisant des économies **qu'**on se rend indépendant de l'Etat.*
   Erst / **Nur** durch Sparen macht man sich vom Staat unabhängig.

2. Ein deutsches „nicht alle" wird im Französischen so wiedergegeben, dass die Verneinungspartikel *ne* beim Verb steht:

   Nicht alle / **Nicht jeder** können / kann sich ein Haus leisten.
   Tout le monde ne peut pas *se payer une maison.*

   Nicht alle Hunde, die bellen, beißen auch.
   Tous les chiens qui *aboient* **ne** *mordent* **pas forcément**.

3. Es ist darauf zu achten, dass im Französischen ein verneintes „auch" anders als im Deutschen lautet:

Er fährt auch in Urlaub.   →   *Il part aussi en vacances.*
                                    Lui aussi (, il) part en vacances.

Er fährt **auch nicht** in Urlaub. →   *Il **ne** part **pas** en vacances **non plus**.*
                                    ***Lui non plus** (, il) **ne** part **pas** en vacances.*

Beachte:

Ich auch nicht.   →   ***Moi non plus**.*

4. Man beachte weiterhin, dass die Partikel *ne* der Verneinung, vor allem im Schriftfranzösischen, nicht vergessen werden darf. Dies gilt besonders auch für den Fall, dass das indefinite Pronomen vor *ne* steht. Also:

*Je **n'**ai pensé **à rien** / **à personne**.*

***Jamais** je **ne** l'ai vu dans un pareil état.*

***Personne** d'entre vous **ne** peut prétendre que je n'ai rien fait.*

***Aucune** question **n'**a été traitée à fond.*

***Ni** lui **ni** elle **n'**est / **ne** sont d'accord.*

5. Man unterscheide:

***Ce n'est rien**.* = *C'est sans importance.*   →   Halb so schlimm. / Das hat nichts zu bedeuten.

***Ce n'est pas rien**.* = *C'est quelque chose.* →   Das ist schon was. / Das ist keine Kleinigkeit. / Das will schon was heißen.

Kapitel 5

Die Pronomina

Kapitel 5.1

Das Personalpronomen und das Pronominaladverb *(le pronom personnel et le pronom adverbial)*

Kapitelübersicht:

Das Personalpronomen und das Pronominaladverb: Grundstufe

Typen von Personalpronomen

`260`

Im Französischen unterscheidet man folgende Typen von Personalpronomen:

1. das **verbundene** Personalpronomen *(le pronom personnel **conjoint**)*:

   → *Je mange. Il te parle. Je lui ai envoyé une lettre.*

   ### R 260.1

   Das **verbundene** Personalpronomen wird in direkter Verbindung mit einem Verb gebraucht.

2. das **unverbundene** Personalpronomen *(le pronom personnel **disjoint**)*:

   → *C'est **nous** qui l'avons fait. Mon frère part avec **eux**. **Moi**, je ne le crois pas.*

   ### R 260.2

   Das **unverbundene** Personalpronomen wird unabhängig von einem Verb gebraucht. Es wird in Hervorhebungen oder in Verbindung mit einer Präposition verwendet.

3. die Pronominal**adverbien** *y* und *en (les pronoms **adverbiaux**)*:

   → *J'**y** vais. Il n'**y en** a plus.*

   ### R 260.3

   Die Pronominaladverbien **y** und **en** werden wie die verbundenen Personalpronomen mit einem Verb gebraucht.

Formen und Gebrauch des verbundenen Subjektpronomens

`261`

1. Formen:

	Singular		Plural	
1. Person	*je / j'*	(ich)	*nous*	(wir)
2. Person	*tu*	(du)	*vous*	(ihr)
3. Person	*il*	(er)	*ils*	(sie)
	elle	(sie)	*elles*	(sie)
Höflichkeitsform	*vous*	(Sie)	*vous*	(Sie)

Beachte:

- Vor **Vokal** oder **stummem** *h* wird anstatt *je* die elidierte Form *j'* verwendet:

  → *J'aime danser. J'habite dans cette rue.* **Aber:** *Je hais sa façon de faire.*

- In der Umgangssprache wird anstatt *tu* vor Vokal die elidierte Form *t'* benutzt:

  → *T'as acheté une nouvelle voiture?*

  → *T'es malade.* (Du bist krank. / Du bist verrückt. / Du spinnst.)

- Im gesprochenen Standardfranzösisch wird das Personalpronomen *nous* häufig durch das indefinite Pronomen *on* ersetzt:

  On n'a pas envie de sortir. → **Wir** haben keine Lust auszugehen.

  On als Ersatz für *nous* kann nur in der Funktion eines Subjekts verwendet werden. Die zugehörige reflexive Form ist *se* (Dativ oder Akkusativ):

  On ne se parle plus (Dativ). *Mais on s'aime quand même* (Akkusativ).
  Wir sprechen nicht mehr miteinander. Aber wir lieben uns trotzdem.

  Für das indirekte oder direkte Objekt benutzt man die Form *nous*:

  On est arrivé(s) à sept heures et nos amis nous ont invités à dîner.
  Wir sind um sieben Uhr angekommen, und unsere Freunde haben uns zum Abendessen eingeladen.

- Bei allgemeinen Berufsbezeichnungen sagt man (wie im Deutschen):

  Est-il médecin? → Ist **er** Arzt?   *Etes-vous professeur?* → Sind **Sie** Lehrer?

  Ist die Berufsbezeichnung näher bestimmt (z.B. durch ein Adjektiv), wird das Demonstrativpronomen *ce* gesetzt; dies gilt im Übrigen auch für andere Bezeichnungen als Berufsbezeichnungen:

  Est-ce un bon médecin?   → Ist **er** ein guter Arzt?

  C'est un bon père.   → **Er** ist ein guter Vater.

2. Gebrauch:

Die verbundenen Subjektpronomen werden nur unmittelbar mit einem Verb verwendet:

Singular		
1. Person:	*Je travaille beaucoup.*	*J'aime voyager.*
2. Person:	*Tu es gentille.*	*Pourquoi t'as fait ça?* (umgangsspr.)
3. Person:	*Il a faim.*	*Elle aime voyager.*

Plural	
1. Person:	**Nous** sommes partis.
2. Person:	**Vous**‿êtes gentils.
3. Person:	**Ils**‿ont réfléchi. **Elles** ne fument pas.
Höflichkeits-form:	Etes-**vous** vraiment fatigué(ée/és/ées)? Sind Sie (Sg. oder Pl.) wirklich müde?

Formen und Gebrauch des verbundenen Objektpronomens   262

Im Französischen sind die direkten und indirekten Objektpronomen (Akkusativ und Dativ) weitgehend identisch. Sie unterscheiden sich nur in der 3. Person Singular und Plural.

1. Formen:

	Singular		Plural	
	direktes Objekt	**indirektes Objekt**	**direktes Objekt**	**indirektes Objekt**
1. Person	me / m' (mich)	me / m' (mir)	nous (uns)	nous (uns)
2. Person	te / t' (dich)	te / t' (dir)	vous (euch)	vous (euch)
3. Pers. mask.	le / l' (ihn / es)	lui (ihm)	les (sie)	leur (ihnen)
3. Pers. fem.	la / l' (sie / es)	lui (ihr)	les (sie)	leur (ihnen)
refl.	se / s' (sich)	se / s' (sich)	se / s' (sich)	se / s' (sich)
Höflichkeitsform	vous (Sie)	vous (Ihnen)	vous (Sie)	vous (Ihnen)

Die direkten und indirekten Objektpronomen unterscheiden sich in folgenden Formen **nicht**: me, te, se, nous, vous. Für die 3. Person Singular unterscheidet man le / la (direktes Objekt) und lui (indirektes Objekt), für die 3. Person Plural les (direktes Objekt) und leur (indirektes Objekt).

2. Gebrauch:

Die verbundenen Objektpronomen werden nur in Verbindung mit einem Verb gebraucht.

direktes Objekt	indirektes Objekt
Je **me** lave (mich).	Je **me** lave les mains (mir).
Je **m'**habille comme d'habitude.	Mes amis **m'**ont conseillé de ne pas vendre.
Tu **te** trompes.	Nous **te** souhaitons de réussir.

direktes Objekt	indirektes Objekt
*Il **le** déteste.*	*Je **lui** fais confiance.*
*Cette ville **la** fascine.*	*(Ich vertraue ihm / ihr.)*
*Il **l'**adore (son père / sa femme).*	
*Elle **se** contredit sans cesse.*	*Elle **s'**est acheté une robe.*
*Cette argumentation **nous** convainc.*	*Ce match **nous** a plu.*
*Votre père **vous** admire (euch).*	*Je **vous** conseille de payer (euch).*
*Je **vous** admire (Sie).*	*Je **vous** montre la maison (Ihnen).*
*Cet homme **les** étonne sans cesse.*	*Il **leur** achète un jouet.*
*Ils **se** verront lundi prochain.*	*Elles **se** sont écrit trois fois.*

Die Pronomen *me, te, se, le, la* werden vor Vokal oder stummem *h* elidiert:

*On **m'**a dit de ne pas réagir tout de suite.*

*Elle **s'**habille à la dernière mode.*

Beachte besonders:

R 262

Bei einer Reihe von Verben, die ein indirektes Objekt (bezogen auf Personen) mit *à* anschließen, muss man anstatt des verbundenen Dativpronomens das **unverbundene** Pronomen verwenden.

Zu dieser Gruppe gehören folgende Verben:

avoir affaire à qn	mit jemandem zu tun haben / mit jemandem in Verbindung stehen
faire attention à qn	auf jemanden achten
penser à / songer à qn	an jemanden denken
prendre garde à qn	sich vor jemandem in Acht nehmen / auf jemanden Acht geben
recourir à qn	sich (Hilfe suchend) an jemanden wenden
renoncer à qn	auf jemanden verzichten
tenir à qn	auf jemanden Wert legen

Beispiele:

*Nous avons pensé **à lui**.* → Wir haben an ihn gedacht. (Nicht: **Nous lui avons pensé*.)

*Il a renoncé **à elle**.* → Er hat auf sie verzichtet. (Nicht: **Il lui a renoncé.*)

Aber: *Il **lui** a écrit. Mon père **leur** a parlé.*

Bei Sachobjekten wird bei den genannten Verben das Pronominaladverb *y* gebraucht:

Nous ⁀y avons pensé / songé. → Wir haben daran gedacht.

J'y renonce. → Ich verzichte darauf.

Der Gebrauch des Pronominaladverbs *y*

263

R 263.1

> Das Pronominaladverb **y** vertritt in der Funktion eines **Ortsadverbs** Ergänzungen, die mit *à, dans, en, devant, sur, sous,* usw. eingeleitet werden. Es kann jedoch keine mit *de* eingeleitete Ergänzung vertreten.

*Je vais **à Munich**.*	→ *Je m'y rends par le train.*
Mon collègue séjourne (hält sich auf) *actuellement **en Chine**.*	→ *Depuis combien de temps est-ce qu'il **y** est déjà?*
*Mon fils est **dans sa chambre**.*	→ *Il **y** fait ses devoirs.*
*Es-tu passé **devant l'Opéra**?*	→ *Oui, j'**y** suis passé.*
*Le pot de confiture se trouve **sur la table**.*	→ *Est-ce que tu es sûr qu'il **y** est?*
*Est-ce que mes pantoufles sont rangées **sous le lit**?*	→ *Oui, elles ⁀y sont.*

Anmerkung:

Bei den Futur- und Konditionalformen von *aller* entfällt das Pronominaladverb *y* zur Vermeidung der Dopplung des [i]-Lautes → *J'irai. / J'irais faire mes courses.* (Ich werde dorthin gehen. / Ich würde zum Einkaufen dorthin gehen.) **Aber:** *J'y vais.*

R 263.2

> Das Pronominaladverb **y** ersetzt **Sachergänzungen**, die mit der Präposition *à* eingeleitet werden. Die Sachergänzung kann in Form von *à* + Substantiv oder von *à* + Infinitivsatz erscheinen.

*Je n'ai pas pensé **au pain** / **à cette solution**.* (= à + Sachsubstantiv) → *Je n'**y** ai pas pensé.*

*Il s'est habitué **à se lever tôt le matin**.* (= à + Infinitivsatz) → *Il s'**y** est habitué.*

Anmerkung:

Das Pronominaladverb *y* steht mit Bezug auf **Sachergänzungen** + Präposition *à*. Es kann in der Regel **nicht** für indirekte Personenobjekte mit *à* stehen. Also:

*J'ai pensé **à mon dernier voyage**.*	→ *J'**y** ai pensé.*
*J'ai pensé **à ma mère**.*	→ *J'ai pensé **à elle**.*
*Il s'est habitué **à son nouveau travail**.*	→ *Il s'**y** est habitué.*
*Il s'est habitué **à son chef**.*	→ *Il s'est habitué **à lui**.*

264 Der Gebrauch des Pronominaladverbs *en*

R 264.1

> Das Pronominaladverb *en* vertritt in der Funktion eines **Ortsadverbs** eine Ergänzung, die mit der örtlichen Präposition *de* (= von dort / daher) eingeleitet wird.

*Tu viens **de** chez Jean-Yves? – Oui, j'**en** viens.*
Kommst du von Jean-Yves' Wohnung? – Ja, ich komme von dort.

*Vous êtes parti **de** la gare de Francfort? – Oui, j'**en** suis parti ce matin.*
Sind Sie vom Frankfurter Bahnhof losgefahren? – Ja, ich bin heute morgen von dort losgefahren.

R 264.2

> Das Pronominaladverb *en* ersetzt häufig eine mit der Präposition *de* eingeleitete **Sachergänzung**. Diese kann in Form von *de* + Substantiv oder *de* + Infinitivsatz erscheinen.

*Nous nous souvenons **de ce voyage**. (= de + Sachsubstantiv) → Nous nous **en** souvenons.*
*Je me souviens **de lui avoir parlé de cette affaire**. (= de + Infinitivsatz) → Je m'**en** souviens.*

Anmerkung:

Im Allgemeinen steht das Pronominaladverb *en* mit Bezug auf **Sachergänzungen** + Präposition *de*. Mit Bezug auf **Personen** werden die unverbundenen Formen *de lui, d'elle, d'eux, d'elles* verwendet; *en* ist ebenfalls korrekt, wird aber zunehmend seltener benutzt:

*Ma voiture est vraiment fiable; j'**en** suis entièrement satisfait.*
Mein Auto ist wirklich zuverlässig; ich bin **mit ihm** voll zufrieden.

*J'estime **cet homme**; je n'ai jamais eu à me plaindre **de lui** (oder: ...à m'**en** plaindre).*
Ich schätze diesen Mann; ich hatte niemals Anlass, mich **über ihn** zu beklagen.

Besonders zur Vermeidung von zwei unmittelbar aufeinander folgenden, identischen Formen des Personalpronomens bietet es sich an, mit *en* zu variieren:

***Elle** ne sort plus avec Sandrine; **elle en** est jalouse.* (Anstatt: ***Elle** est jalouse **d'elle**.*)
Sie geht nicht mehr mit Sandrine aus, denn sie ist auf sie eifersüchtig.

Nicht jeder *de*-Infinitivanschluss kann durch das Pronominaladverb *en* ersetzt werden: *Elle me reproche d'être négligent.* → *Elle me **le** reproche. Nous avons décidé de...* → *Nous l'avons décidé. Nous essayons de...* → *Nous essayons **cela**.*

265 Die Reihenfolge und die Stellung der Objektpronomen und der Pronominaladverbien

Die Kombination der Objektpronomen und der Pronominaladverbien ist im Französischen genau geregelt. Sie können in folgender Reihenfolge kombiniert werden:

Kombination I

Dativpronomen **vor** Akkusativpronomen:		Beispiele:
me		*Il **me le** donne (le livre).*
te	*le*	*Il **te la** donne (la somme d'argent).*
se	*la*	*Il **se la** donne (la peine).*
nous	*les*	*Il **nous les** donne (les conseils).*
vous		*Il **vous le** donne (l'argent).*
se		*Ils **se la** donnent (la peine).*

Kombination II

Akkusativpronomen **vor** Dativpronomen:		Beispiele:
le		*Il **le lui** donne (le livre).* Er gibt es ihm / ihr.
la	*lui*	*Il **la lui** donne (la somme).* Er gibt sie ihm / ihr.
les	*leur*	*Il **les lui** / **les leur** donne (les fleurs).* Er gibt sie ihm (ihr) / ihnen.

Bei der Kombination der Akkusativformen *me, te, se, nous, vous* **mit den Dativformen des Pronomens ist wie folgt zu verfahren:**

Kombination III

Akkusativpronomen **vor unverbundenem** Dativpronomen		Beispiele:
me		*Je **me** suis confié **à lui** / **à elle**.* Ich habe mich ihm / ihr anvertraut.
te	*à moi / à toi*	*Tu devrais **t'**adresser **à eux** / **à elles**.* Du solltest dich an sie wenden.
se	*à lui / à elle*	*Il **s'**est présenté **à moi** / **à toi**.* Er hat sich mir / dir vorgestellt.
nous	*à nous / à vous*	*Nous **nous** sommes adressés **à eux** / **à elles**.* Wir haben uns an sie gewandt.
vous	*à eux / à elles*	*Vous devriez **vous** adresser **à moi** / **à nous**.* Ihr solltet euch an mich / an uns wenden. (oder:) Sie sollten sich an mich / an uns wenden.
se		*Ils **se** sont présentés **à lui**.* Sie haben sich ihm vorgestellt.

Beachte also:

R 265.1

Wenn die Objektpronomen *me, te, se, nous, vous* Akkusativ, also direktes Objekt sind, steht das Objektpronomen im Dativ in **unverbundener** Form hinter dem Verb. Dieser Fall tritt vor allem bei den reflexiven oder reflexiv gebrauchten Verben wie s'*adresser, se confier* (sich anvertrauen), *se montrer, se présenter, se recommander,* usw. ein.

Kombination IV

Objektpronomen + *y* :	*Je **les** **y** ai conduits.*	→ Ich habe sie dorthingefahren.
Objektpronomen + *en* :	*Il **nous** **en** a parlé.*	→ Er hat mit uns darüber gesprochen.
Kombination von *y* + *en* :	*Il n'**y** **en** a plus.*	→ Es gibt keine mehr.

R 265.2

Die Pronominaladverbien *y* und *en* stehen immer hinter den Objektpronomen. In den Verbindungen *il y en a; il n'y en aura pas*, usw. ist die Reihenfolge *y* vor *en*.

R 265.3

Allgemein gilt für die **Stellung** der verbundenen Personalpronomen sowie der Pronominaladverbien *y* und *en*, dass sie immer **nach** dem Subjekt und **nach** der Verneinung *ne* und **vor** dem konjugierten Verb bzw. Hilfsverb stehen.

Beispiele:

*Je ne **lui en** veux pas.*	→ Ich bin ihm (deswegen) nicht böse.
*Je ne **le lui** ai pas demandé.*	→ Ich habe ihn nicht darum gebeten.
*Nous ne **nous y** sommes jamais rendus.*	→ Wir haben uns nie dorthin begeben.

Anmerkung:

In Verbindung mit den modalen Hilfsverben *devoir, pouvoir, vouloir* + folgendem Infinitiv stehen die verbundenen Personalpronomen und Pronominaladverbien **vor dem Infinitiv:**

*Tu peux **le lui** dire.*	→ Du kannst es ihm sagen.
*Ils n'ont pas voulu **les en** empêcher.*	→ Sie wollten sie nicht davon abhalten.

266 **Formen und Gebrauch der unverbundenen Personalpronomen**

1. Formen:

Die unverbundenen Personalpronomen werden nicht dekliniert und sind unveränderlich. Es gibt folgende Formen:

	Singular	**Plural**
1. Person	*moi*	*nous*
2. Person	*toi*	*vous*
3. Person	*lui / elle*	*eux / elles*
Höflichkeitsform	*vous*	*vous*
Reflexiv	*soi*	*soi*

2. Gebrauch:

Das unverbundene Personalpronomen wird gebraucht:

- <mark>nach einer Präposition:</mark>

  *Je m'occupe **de toi**. Il vit **avec elle**. Elles sont parties **sans nous**.*

- <mark>in einem Satz ohne Verb:</mark>

  *Je ne l'ai pas fait. – **Moi** non plus.* (**Ich** auch nicht.)

  *Qui l'a fait ? – **Moi**.* (Ich.) *Pas **moi**.* (**Ich** nicht.)

  *Tout le monde est venu. – **Lui** aussi.* (**Er** auch.)

  *Je n'ai pas plus d'argent qu'**elle**.* (Ich habe nicht mehr Geld als **sie**.)

- <mark>in Hervorhebungen</mark> (nach *c'est / c'est...qui / que*):

  *Qui a frappé à la porte? – C'est **moi**.* (**Ich**) *C'est **eux**.* (**Sie**)

  *C'est **moi** qui ai frappé à la porte.* (**Ich** habe an die Tür geklopft.)

  *Ce n'est pas **lui** que nous avons rencontré, mais **elle**.* (Nicht **ihn** haben wir getroffen, sondern **sie**.)

  *C'est **nous** qui nous sommes trompés.* (**Wir** haben uns getäuscht.)

  *C'est **eux** / Ce sont **eux** que nous n'avons pas voulu recevoir.* (**Sie** wollten wir nicht empfangen.)

Beachte also:

⇒ Die Hervorhebung lautet für alle Personen *c'est...* bzw. *c'est ... qui / que.* In der 3. Person Plural kann man neben *c'est...* bzw. *c'est qui / que* auch *ce sont...* bzw. *ce sont ... qui / que* benutzen:

 *Qui a frappé à la porte? **C'est toi?***

 Ce n'est pas eux** / **Ce ne sont pas eux** qui ont affirmé cela. **C'est nous.

⇒ Auf eine Hervorhebung durch *c'est ... qui / que* usw. folgt eine der / den hervorgehobenen Person(en) entsprechende Verbform:

 *C'est **moi** qui me **suis** aperçu de qc...* → **Ich** habe etwas bemerkt.

 *C'est **toi** et **moi** qui **avons** tort.* → **Du** und **ich,** wir sind beide im Unrecht.

- **im segmentierten Satz:**

In einem segmentierten Satz wird ein nominales oder pronominales Satzglied aus dem Satz herausgenommen und dem Satz voran- oder nachgestellt. Das herausgenommene Satzglied wird innerhalb des Satzes durch ein verbundenes Pronomen in gleicher Funktion nochmals ausgedrückt. Die herausgenommenen Pronomen stehen in unverbundener Form.

Moi, *je ne pourrais pas le faire.* → **Ich** könnte es nicht machen.

Nous, *nous partons.* *Toi*, *tu peux rester à la maison.* → **Wir** fahren los. **Du** kannst zu Hause bleiben.

- **bei näherer Bestimmung des Personalpronomens durch** *aussi, et, même, ni, seul, ne...que*:

Lui aussi *l'a dit.* → **Auch er** hat es gesagt.

Mon ami *et moi* *avons décidé de ne rien dire.* → Mein Freund **und ich** haben beschlossen, nichts zu sagen. (Auch in segmentierter Form: *Mon ami* *et moi,* *nous* *avons décidé de ne rien dire.*)

Lui-même *nous l'a dit.* → **Er selbst** hat es uns gesagt.

Ni *mon ami* *ni moi* *ne sommes décidés à le faire.* → **Weder** mein Freund **noch ich** sind entschlossen, es zu tun.

Lui seul *peut l'expliquer.* → **Er alleine** kann es erklären.

Il n'y a *que nous* *qui puissions le faire.* → **Nur wir** können es tun.

- **in der 1. und 2. Person im bejahenden Imperativ:**

Aide-moi. Tais-toi.

Die unverbundenen Personalpronomen werden hier an Stelle von *me* / *te* gesetzt. Zum Gebrauch der Personalpronomen im Imperativ vgl. **275**.

---

267 **Das unverbundene Reflexivpronomen** *soi*

Soi wird mit Bezug auf ein **unbestimmtes** Subjekt (z.B. die Indefinita *on* / *chacun* / *tout le monde* / *ne ... personne*) verwendet:

Chacun *vit pour* *soi.* → Jeder lebt für sich.

On *devrait toujours avoir de l'argent sur* *soi.* → Man sollte immer Geld bei sich haben.

Ist das Subjekt **bestimmt**, benutzt man die unverbundenen Pronomen *lui* / *elle* / *eux* / *elles*, die durch *même* verstärkt werden können:

Ma sœur *ne pense qu'à* *elle-même.* → Meine Schwester denkt nur an sich. (bestimmtes Subjekt)

Das Personalpronomen und das Pronominaladverb: Aufbaustufe

Die Wiederholung des verbundenen Personalpronomens   `268`

R 268

Das verbundene Subjekt- und das verbundene Objektpronomen werden in aufeinander folgenden Sätzen in der Regel **wiederholt**, dies meist im Unterschied zum Deutschen.

Die Wiederholung des Pronomens ist in folgenden Fällen notwendig:

1. **Subjektpronomen in unterschiedlichen Zeiten:**

   Je l'ai dit et je le dirai toujours. → Ich habe es gesagt und werde es immer sagen.

   Bei gleichen Zeiten **kann** in kürzeren Sätzen auf eine Wiederholung des Subjektpronomens, insbesondere in der 3. Person, verzichtet werden:

   J'ai cherché longtemps et (j'ai) enfin trouvé du travail. → Ich habe lange gesucht und endlich Arbeit gefunden.

   Il a cherché longtemps et enfin trouvé du travail. → Er hat lange gesucht und endlich Arbeit gefunden.

2. **Subjektpronomen in Verbindung mit gegensätzlichen Verben:**

   Il parle beaucoup mais il ne travaille pas. → Er spricht viel, aber er arbeitet nicht.

3. **Objektpronomen in einfachen Zeiten:**

   Je le dis et (je) le répète.   → Ich sage und wiederhole es.
   Elle se réveille et (elle) se lève aussitôt. → Sie wacht auf und steht sofort auf.

   In den **zusammengesetzten Zeiten** ist die Wiederholung des Objektpronomens nur dann erforderlich, wenn auch das Hilfsverb wiederholt wird. Man kann jedoch auch auf die Wiederholung des Objektpronomens und des Hilfsverbs insgesamt verzichten:

   Je l'ai dit et (je) l'ai redit / Je l'ai dit et redit. → Ich habe es mehrfach gesagt.
   Elle s'est réveillée et (s'est) levée aussitôt. → Sie ist aufgewacht und sofort aufgestanden.

Anmerkung:

Mehrere Objektpronomen gleicher Form, aber unterschiedlicher syntaktischer Funktion (Dativ / Akkusativ) müssen wiederholt werden:

*Mon ami **m**'a parlé longuement [parler **à** qn] et **m**'a encouragée [encourager **qn**] à poursuivre mes études.*
Mein Freund hat lange mit mir gesprochen und hat mich ermutigt weiterzustudieren.

Im folgenden Satz dagegen braucht wegen der gleichen syntaktischen Funktion (Dativ) das Objektpronomen nicht wiederholt zu werden:
Il m'a dit et redit qu'il fallait le faire.
Er hat mir immer wieder gesagt, dass man es tun müsse.

Im letzten Beispiel kann auf eine Wiederholung des Objektpronomens insbesondere auch deswegen verzichtet werden, weil die beiden Verben sich lexikalisch ähneln. Werden zwei verschiedene Sachverhalte bzw. Handlungen nebeneinander gestellt, sollte man trotz gleicher syntaktischer Funktion der Objektpronomen (hier Dativ) diese dennoch wiederholen:

Il m'a parlé longuement et (il) m'a ainsi remonté le moral.
Er hat lange mit mir gesprochen und hat mir so Mut gemacht.

---

269 **Der Gebrauch des neutralen Subjektpronomens** *il*

Das neutrale Subjektpronomen *il* entspricht dem deutschen „es" und wird als grammatisches Subjekt in unpersönlichen Ausdrücken benutzt (vgl. auch **305**).

1. Mit *être* + Adjektiv + *que*-Satz:

   Il est évident (probable, vrai, sûr, vraisemblable, usw.) que le ministre veut démissionner.
   Es ist offensichtlich (möglich, wahr, sicher, wahrscheinlich), dass der Minister zurücktreten will.

   Il est possible (douteux, impossible, inexact, usw.) qu'il ait menti.
   Es ist möglich (zweifelhaft, unmöglich, unzutreffend), dass er gelogen hat.

2. In Sätzen, in denen das **logische Subjekt** (= das Sinnsubjekt) erst **hinter der Verbform erscheint** und durch das Scheinsubjekt **„es"** vor dem Verb (= das grammatische Subjekt) angekündigt wird („Extraposition des Subjekts"):

   Il (grammatisches Subjekt) *est **cinq heures*** (Sinnsubjekt). → **Es** ist fünf Uhr.

   *Il ne lui restait que **dix francs**.* → **Es** blieben ihm nur zehn Franken.

   *Il est **des gens** qui ne pensent qu'à eux-mêmes.* → **Es** gibt Leute, die nur an sich denken.

   *Il est arrivé **de nouveaux clients** en votre absence.* → **Es** sind in Ihrer Abwesenheit neue Kunden eingetroffen.

   Beachte:

   Im Französischen richtet sich die Verbform nach dem grammatischen Subjekt *il*, im Deutschen nach dem Sinnsubjekt:
   *Il ne lui **restait** que dix francs.* → Es **blieben** ihm nur zehn Franken.

3. In Sätzen, in denen Angaben zu **Klima, Wetter, Tageszeit** u.ä. gemacht werden:

Il pleut.	*Il fait chaud / froid.*
Il neige.	*Il fait beau / mauvais.*
Il fait du vent.	*Il fait une chaleur épouvantable.*
Il vente. (geschriebene Sprache)	*Il fait nuit.* (Es ist Nacht.)
	Il fait noir. (Es ist dunkel.)
	Il fait jour. (Es ist hell.)

Der Gebrauch des neutralen Objektpronomens *le* („das" / „es")   `270`

1. **Verwendung des neutralen Objektpronomens *le* analog zum deutschen „es":**

*Est-ce que tu sais qu'**il est très malade**? –* *Oui, je **l'**ai appris la semaine dernière.* Weißt du, dass er sehr krank ist? Ja, ich habe **es** letzte Woche erfahren. *Sais-tu qu'**il a divorcé**? – Oui, je **(le)** sais.* Weißt du, dass er sich hat scheiden lassen? – Ja, ich weiß **(es)**.	• Bezug auf den **gesamten vorausgehenden Satz**

	• Bezug auf ein **Prädikatsnomen:**
*Etes-vous **satisfait**, Monsieur? – Oui, je **le** suis.* Sind Sie zufrieden? – Ja ich bin **es**.	→ Adjektiv
*Il est **le président du club** et il **le** restera pendant au moins cinq ans.* Er ist der Klubpräsident und wird **es** mindestens fünf Jahre lang bleiben.	→ Substantiv

Anmerkung:

• Bei *penser, savoir, supposer*, usw. ist die Verwendung von *le* **fakultativ**.

• Sätze wie: „Ich glaube **es Ihnen**" oder „Man weiß **es** nicht" lauten im Französischen: *Je **vous** crois. / Je **le** crois.   On ne sait pas. / On ne **le** sait pas.*

R 270.1

Eine Frage nach der **Identität einer Person** wird anders als im Deutschen **nicht** mit dem neutralen Objektpronomen beantwortet, sondern mit *c'est moi / c'est nous / c'est lui*, usw.

Etes-vous le concierge de ce bâtiment?	*– Oui, **c'est moi**.* (**Je le suis* ist veraltet.) → Ja, das bin ich.
Qui est là?	*– **C'est nous**.* → Wir sind es. / Wir sind's.

2. Vom Deutschen abweichender Gebrauch des neutralen Objektpronomens *le*:

*Nos amis ont abrégé leur voyage en Chine, comme on pouvait (**le**) prévoir.* Unsere Freunde haben ihre Chinareise abgekürzt, wie man vorhersehen konnte. *Il est plus riche qu'on pourrait (**le**) croire.* Er ist reicher, als man meinen könnte. *Comme vous (**le**) voyez, j'ai changé d'avis.* Wie Sie sehen, habe ich meine Meinung geändert.	• In Vergleichssätzen ist der Gebrauch von *le* fakultativ. Im Deutschen wird meist kein „es" gesetzt.

*Je les ai traités comme il (**le**) fallait.* Ich habe sie behandelt, wie **es** sich gehörte. **Aber:** *Il s'est conduit comme il faut.* Er hat sich vorbildlich verhalten.	• Die Wendung *comme il faut* immer ohne *le* !

	• Im Gegensatz zum Deutschen wird das neutrale *le* gesetzt:
*Qu'il ne soit pas très intelligent, je **le** crois bien.* Dass er nicht sehr intelligent ist, glaube ich gerne.	→ bei vorausgehendem Nebensatz
*Ça, je **le** lui ai déjà dit mille fois.* Das habe ich ihm schon tausendmal gesagt.	→ bei vorausgehendem Objekt

Folgende Regel ist besonders zu beachten:

R 270.2

Ein deutsches „**Ankündigungs-es**", das einen **Objektsatz** (in Form eines Infinitivs oder Nebensatzes) vorwegnimmt, wird im Französischen **nicht** gesetzt.

Infinitiv: Er wagte **es** nicht, ihr zu widersprechen.
→ *Il n'osa pas la contredire.*

Nebensatz: Ich finde **es** bemerkenswert, dass du mit deiner Arbeit schon fertig bist.
→ *Je trouve remarquable que tu aies déjà terminé ton travail.*

Anmerkung zu Regel 270.2:

Ist das neutrale „es" **affektisch betont**, kann im Französischen ein *que*-Satz durch das neutrale *le* angekündigt werden. Dies gilt insbesondere für die Verben des Sagens und Denkens in der mündlichen Kommunikation:

Mais je te l'ai dit qu'il est hypocrite.   Aber ich habe **es** dir (**doch**) gesagt, dass er ein Heuchler ist.

*Il **le** savait bien qu'il faisait une bêtise!*   Er wusste **es doch**, dass er eine Dummheit machte!

Feste Wendungen mit den Objektpronomen *le* oder *la*   271

ne le céder en rien à qn / qc	→ jemandem / einer Sache in nichts nachstehen
(Il ne le lui cède en rien.)	→ (Er steht ihm in nichts nach.)
le disputer à qn (en condition physique etc.)	→ es mit jemandem an Kondition aufnehmen (können)
Je ne l'entends pas de cette oreille.	→ Davon will ich nichts wissen. / Auf dem Ohr bin ich taub.
le prendre de haut	→ hochmütig sein
l'échapper belle	→ gerade noch davonkommen
(Il l'a échappé belle.)	→ (Er ist gerade noch davongekommen.)
l'emporter sur qn / qc	→ den Sieg über jemanden (etwas) davontragen / die Oberhand gewinnen / stärker sein als
(Il l'a emporté sur son rival.)	→ (Er war stärker als sein Rivale.)
la trouver mauvaise / la trouver saumâtre	→ unangenehm überrascht sein über etwas / die Situation, in der man ist, unangenehm (unerfreulich / unpassend) empfinden
(Je la trouvais mauvaise.)	→ (Ich war unangenehm überrascht. / „Das war schon hart.")

Feste Wendungen mit zwei Objektpronomen / Pronominal-adverbien   272

Elle se la coule douce.	→ Sie lässt es sich wohl sein. / Sie macht sich ein angenehmes Leben.
Je vous le donne en mille.	→ Ich wette hundert zu eins, dass Sie es nicht erraten.
Ne t'en fais pas.	→ Mach dir nichts draus!
Il faut s'y faire.	→ Man muss sich daran gewöhnen. / Man muss sich damit abfinden.
Il s'y prend mal.	→ Er fängt es falsch an. / Er stellt sich ungeschickt an.
Il faut savoir s'y prendre.	→ Man muss es (nur) richtig anstellen.
Je ne m'en sors plus.	→ Ich komme nicht mehr klar.
Il m'en veut.	→ Er ist mir böse.

Besonderheiten im Gebrauch des Pronominaladverbs *y*   273

1. **In der Regel ersetzt das Pronominaladverb** *y* **Satzergänzungen, die mit der Präposition** *à* **eingeleitet sind, oder es ersetzt als Ortsadverb Ergänzungen mit** *à, en, sur,* **usw. (vgl. 263):**

*Il pense continuellement à **ses problèmes**.* → *Il **y** pense continuellement.*

*Il habite **à Cologne**.* → *Il **y** habite.*

Bezogen auf Personen steht die unverbundene Form des Personalpronomens:

*Je m'intéresse **à Paul**.* → *Je m'intéresse **à lui**.*

Bezogen auf Personen gilt der Gebrauch von *y* an Stelle des unverbundenen Personalpronomens als veraltet, oder er ist regional bedingt:

*C'est un homme lunatique; ne vous **y** fiez pas.* → Er ist ein launischer Mensch; trauen Sie ihm nicht!

2. *Y* wird im segmentierten Satz zur Verstärkung des indirekten Sachobjekts benutzt:

*Ce voyage, tu **y** penses encore?* → Denkst du noch an diese Reise?

*A Paris, j'**y** vais une fois par mois.* → Nach Paris fahre ich einmal im Monat.

3. Bei Sachergänzungen (und auch bei Tieren) wird bei bestimmten Verben wie *comparer, conférer, demander, devoir, donner, préférer, reprocher* **nicht** *y*, **sondern das verbundene Personalpronomen** (*lui / leur*) **gebraucht:**

*Les gratte-ciel de cette métropole **lui** confèrent un caractère international.*
Die Wolkenkratzer dieser Metropole verleihen ihr einen internationalen Charakter.

*Apparemment mon chat avait soif. Je **lui** ai donc donné un peu de lait.*
Offensichtlich war meine Katze durstig. Also habe ich ihr ein wenig Milch gegeben.

*Rome m'a bien plu, mais je **lui** préfère Paris.*
Rom hat mir gut gefallen, aber ich ziehe Paris vor.

4. Besondere Wendungen mit *y*:

Je n'y comprends rien.	→ Ich werde nicht klug daraus. / Ich verstehe gar nichts.
Il s'y connaît.	→ Er kennt sich darin gut aus.
Ça y est.	→ Jetzt haben wir's! / Da haben wir die Bescherung! / Es ist soweit.
Vous y êtes?	→ Seid ihr soweit? / Haben Sie es?
A y regarder de près...	→ Aus der Nähe betrachtet...
Je ne m'y retrouve pas.	→ Ich finde mich nicht zurecht.
Je n'y suis pour rien.	→ Ich kann nichts dafür.
Je n'y tiens pas.	→ Ich lege keinen Wert darauf.
Vas-y. Allons-y. Allez-y.	→ Los! / Vorwärts! / Auf geht's!
Il y va de votre vie / avenir.	→ Es geht um Ihr Leben. / Ihre Zukunft steht auf dem Spiel.

Besonderheiten im Gebrauch des Pronominaladverbs *en*   274

1. R 274.1

> *En* steht an Stelle einer präpositionalen Ergänzung mit *de*, entweder in Funktion eines Ortsadverbs oder als Ersatz für eine Sachergänzung, seltener auch für eine Personenergänzung.

Ortsadverb: *Il vient **du** bureau de poste.* → *Il **en** vient.*

Sachergänzung: *Ils parlent constamment **d'**émigrer en Australie.*
→ *Ils **en** parlent constamment.*

Personenergänzung: *Je cherche d'urgence **un jardinier**.*
→ *J'**en** ai besoin pour la taille de mes rosiers.* (Ich suche dringend einen Gärtner. Ich brauche ihn für meinen Rosenschnitt.)

2. R 274.2

> *En* wird, insbesondere als Ergänzung zu Mengenangaben (*beaucoup, peu*, usw.) und zu Zahlenangaben (*un, deux, trois*, usw.), zum Ausdruck eines **partitiven Verhältnisses** verwendet.

Im Deutschen entspricht *en* bei **unbestimmter** Menge „davon" bzw. im Plural „welche" (→ Ich will davon. / Ich habe welche.); bei **bestimmter** Menge entspricht *en* „ein(e)(n), zwei, mehrere, keine, usw." (Ich habe eine(n) / zwei / mehrere / keine, usw.)

Beispiele:

*Je n'**en** ai plus.*	→ Ich habe keine mehr.
*Je voudrais des pommes. Tu m'**en** achètes?*	→ Ich hätte gerne Äpfel. Kaufst du mir welche?
*J'**en** voudrais un autre (= jouet).*	→ Ich möchte gerne ein anderes (= Spielzeug).
*J'**en** ai une (= de moto).*	→ Ich habe eins (= Motorrad).
*Je voudrais du thé à l'orange, **en** avez-vous?*	→ Ich hätte gerne Orangentee, haben Sie welchen / den?
*Oui, j'**en** ai plusieurs sortes.*	→ Ja, ich habe mehrere Sorten.
Combien d'oranges est-ce que vous voulez? – *J'**en** voudrais trois.*	→ Wieviele Orangen möchten Sie? Ich möchte gerne drei.
– *Merci, je n'**en** veux pas.*	→ Danke, ich möchte keine.

3. R 274.3

> *En* wird mit Bezug auf Sachen (meist in Objektfunktion) zum Ausdruck eines **possessiven** Verhältnisses benutzt.

Beispiele:

*Je voyais **la voiture** mais je n'**en** distinguais pas la couleur.*
Ich sah den Wagen, aber erkannte dessen Farbe nicht.

*Ne répondez pas à **cette lettre**, le ton **en** est inacceptable.*
Antworten Sie nicht auf diesen Brief; sein Ton ist unannehmbar.

4. ***En* wird als zusätzliches, verstärkendes Element in affektiv markierten Aussagen gebraucht:**

*Il **en** faut du courage pour tenter l'ascension de cette montagne!*
Da braucht man aber viel Mut, um den Aufstieg auf diesen Berg zu versuchen!

*J'**en** ai assez de tes plaintes!* → Jetzt habe ich aber genug von deinen Klagen!

5. **Besondere Wendungen mit *en*:**

Où en êtes-vous de / dans / avec votre travail?	→ Wie weit sind Sie mit / in Ihrer Arbeit?
Il faut en faire autant.	→ Man muss es genauso machen.
Je n'en peux plus.	→ Ich kann nicht mehr.
Je n'en croyais pas mes yeux / mes oreilles.	→ Ich traute meinen Augen / Ohren nicht.
Il n'en fait qu'à sa tête.	→ Er macht immer nur, was er will.
J'en ai assez. / J'en ai marre (gesprochen).	→ Ich habe es satt. / Ich habe die Nase voll.
On ne sait pas à quoi s'en tenir.	→ Man weiß nicht, woran man ist.
Il en est de même pour...	→ So ist es auch mit...
A l'en croire...	→ Wenn man es ihm (ihr) glauben soll... / Nach seinen (ihren) Reden zu urteilen...
Si le cœur vous en dit,...	→ Wenn Sie Lust haben,...
Elle m'en veut.	→ Sie ist mir böse.
Je n'en reviens pas.	→ Ich kann es nicht fassen. / Ich bin fassungslos.
C'en est fait (de la belle vie).	→ Es ist aus / vorbei (mit dem schönen Leben).
Il s'en est bien tiré.	→ Er ist gut dabei weggekommen.
J'en ai eu pour 100 euros.	→ Es hat mich 100 Euro gekostet.
Je ne sais plus où j'en suis.	→ Ich weiß nicht, wo mir der Kopf steht.
Il n'en est pas question.	→ Das kommt nicht in Frage.
Il n'en restera pas là.	→ Er wird es dabei nicht bewenden lassen.
J'en sais quelque chose.	→ Ich kann ein Lied davon singen.
Où voulez-vous en venir?	→ Worauf wollen Sie hinaus?
C'en est trop.	→ Das geht zu weit.
Cela en dit long sur...	→ Das sagt viel aus über... / Das ist bezeichnend für... / Das lässt auf etwas schließen...
J'en suis quitte pour la peur.	→ Ich bin mit dem Schrecken davongekommen.

Die Stellung / Reihenfolge der Objektpronomen und Pronominal- 275 adverbien im bejahenden und verneinenden Imperativsatz

Die allgemeine Regel, gemäß der die verbundenen Personalpronomen und Pronominaladverbien immer **nach** dem Subjekt, **nach** der Verneinung *ne* und **vor** dem konjugierten Verb / Hilfsverb stehen (vgl. **265**), muss wie folgt ergänzt werden:

R 275.1

Im **bejahenden Imperativ** werden die verbundenen Personalpronomen und Pronominaladverbien **nachgestellt**, d.h. sie folgen der Verbform.

Dabei ist folgendes zu beachten:

* Die Zugehörigkeit der Pronomen zum vorausgehenden Verb wird durch einen Bindestrich sichtbar gemacht.

* An Stelle von *me* und *te* verwendet man, außer vor *y* und *en*, die unverbundenen Formen *moi* und *toi*.

* Zur Erleichterung der Aussprache erhalten die Verben auf *-er* einschließlich *aller* ein zusätzliches *-s*.

Beispiele:

Ein Objektpronomen	Zwei Objektpronomen
Faites-le.	*Dites-le-leur.*
Crois-moi.	*Rends-les-moi.*
Aidez-nous.	*Dis-le-nous.*
Vas-y.	*Parlez-lui-en.*
Manges-en.	*Donne-m'en (un peu).*
Beachte: Im Französischen steht nach dem Imperativ **ein Punkt**, kein Ausrufezeichen, es sei denn, die Befehlsform ist zugleich auch als Ausruf zu verstehen. (→*Sortez* !)	*Allons-nous-en.* *Présente-la-moi.* *Présente-moi à elle.*

Anmerkung 1:
Im bejahenden Imperativ ist die Reihenfolge der Pronomen in der Regel: Akkusativ**vor** Dativpronomen (*montre-le-lui*). Bei Kombinationen wie *le-moi* / *la-moi* / *les-moi* und *le-nous* / *la-nous* / *les-nous* ist jedoch auch eine umgekehrte Reihenfolge im Sprachgebrauch zu beobachten:

Rends-le-moi. *Rends-la-moi.* *Rends-les-moi.*	oder seltener:	}	*Rends-moi-le.* *Rends-moi-la.* *Rends-moi-les.*
Rendez-le-nous. *Rendez-la-nous.* *Rendez-les-nous.*	oder seltener:	}	*Rendez-nous-le.* *Rendez-nous-la.* *Rendez-nous-les.*

Anmerkung 2:

Im Aussagesatz ist die Kombination *m'y / t'y* durchaus gebräuchlich. Dagegen wird diese Kombination **im bejahenden Imperativ** gemieden. Also:

*Je **m'y** suis arrêté pendant une heure.* **Aber:** *Arrête-toi là-bas.*

Formen wie **Arrête-t'y; *fie-t'y* sind somit ungebräuchlich. In der gesprochenen Sprache besteht die Tendenz, diese durch phonetisch „gefälligere" Formen wie *Arrête-toi-*[z]*-y* [arɛt(ə)twazi] zu ersetzen. In der Schriftsprache benutzt man zur Vermeidung der Kombinationen *m'y / t'y* im bejahenden Imperativ auch Umschreibungen wie: *Veux-tu m'y conduire?* (Für **Conduis-m'y.*) Oder: *Tu peux t'y fier.* (Für **Fie-t'y.*)

Anmerkung 3:

Die Verbindungen von Objektpronomen mit *en* im bejahenden Imperativ sind auf die Formen: *Donne-**m'en**. / Va-**t'en**. / Allez-**vous-en*** beschränkt. Im Allgemeinen benutzt man ersatzweise Formulierungen wie: *Occupe-toi **de cela**.* Ist der Imperativ ergänzt, ist die Verbindung von Objektpronomen mit *en* jedoch **durchaus geläufig**:

*Quand vous aurez terminé ces bouquets, préparez-**m'en** un pour demain, s'il vous plaît.*

R 275.2

Beim **verneinenden Imperativ** ist die Stellung und Reihenfolge der Objektpronomen und Pronominaladverbien mit denen **im Aussagesatz identisch.**

Beispiele:

Aussagesatz	verneinender Imperativ
*Je ne **le lui** dirai pas.*	*Ne **le lui** dis pas.*
*Tu ne **t'en** vas pas.*	*Ne **t'en** va pas.*
*Nous ne **vous en** voulons pas.*	*Ne **nous en** voulez pas.* (Seid uns nicht böse!)
*Il ne **s'y** fie pas.*	*Ne **t'y** fie pas.*
*Ils ne **s'y** fient pas.*	*Ne **vous y** fiez pas.* (Verlasst euch darauf nicht!)

276 Die Stellung der Objektpronomen und Pronominaladverbien: Spezialfälle

In Sätzen, in denen der finiten Verbform **ein Infinitiv folgt,** gilt:

R 276.1

Die Objektpronomen und Pronominaladverbien stehen grundsätzlich **bei dem Infinitiv**, auf den sie sich beziehen, also **hinter** der begleitenden **finiten** Verbform.

Beispiele:

> *Je vais le faire.*
>
> *Tu peux en parler* (in der Regel ohne Bindung gesprochen).
>
> *Nous croyons l'avoir aperçu dans la rue.*
>
> *Vous ne devriez pas les écouter.*
>
> *Pourquoi n'ont-ils pas voulu nous accompagner?*
>
> *Je ne saurais vous le dire.* → Ich kann es Ihnen nicht sagen.

R 276.2

Bei den **Verben der Wahrnehmung** (*écouter, entendre, regarder, sentir, voir,* sowie *envoyer*) + Infinitiv steht das Pronomen grundsätzlich **vor der finiten Verbform** und **nicht beim Infinitiv**.

Beispiele:

Il les a vus jouer.

Mon voisin les regarde jouer. / Mon voisin les écoute parler.

Je l'ai envoyé chercher. (Ich habe ihn holen lassen.)

R 276.3

Werden die Wahrnehmungsverben + Infinitiv von **zwei** Objektpronomen begleitet, so stehen diese in der Regel bei der Verbform, **die sie ergänzen**.

Beispiele:

Nous l'avons entendu en parler.　　→　Wir haben gehört, wie er darüber sprach.

Je l'ai senti s'énerver.　　→　Ich habe gespürt, wie er sich aufregte.

In Bezug auf Regel 276.3 ist jedoch Folgendes zu beachten:

> Der Sprachgebrauch ist hinsichtlich der Stellung von zwei Objektpronomen bzw. Pronominaladverbien bei Wahrnehmungsverben + Infinitiv tendenziell **uneinheitlich**. Neben der Normalreihenfolge: *Il m'a vu le faire* ist auch die Blockstellung der Pronomen vor dem Verb der Wahrnehmung durchaus geläufig (besonders in kürzeren Sätzen mit *voir* und *entendre*):
>
> *Il me* (Dativ) *l'a* (Akkusativ) *vu faire.*
>
> Desgleichen werden folgende Sätze alternativ verwendet:
>
> *Je les ai vus le faire.* ⇔ *Je le leur ai vu faire.*
>
> Bei Blockstellung der Objektpronomen vor der finiten Verbform tritt das Personenpronomen in den Dativ, da eine Form mit doppeltem Akkusativpronomen (**Je le les ai vus faire*) nicht gebräuchlich ist.

Beachte aber:

Bei bestimmten Kombinationen ist allerdings bei Wahrnehmungsverben nur die Normalstellung der Pronomen gemäß **276.3** (d.h. Objektpronomen stehen bei der Verbform, die sie ergänzen) möglich; dies ist der Fall bei **reflexiven Verben** oder bei einer Pronominalkombination mit *en*:

*Je l'ai entendu **se** lever. / Je l'ai entendu **en** parler.*

R 276.4

Bei dem modalen Hilfsverb ***faire* + Infinitiv** („veranlassen") steht das Objektpronomen bei der **finiten Verbform** von *faire* und **nicht beim Infinitiv**. Das Partizip Perfekt *fait* vor Infinitiv bleibt dabei **stets unverändert**. (Vgl. dazu **184.**)

Beispiele:

*As-tu fait faire des photocopies? – Oui, j'**en** ai **fait** faire.*

*Est-ce que vous avez envoyé la lettre? – Oui, je l'ai **fait** envoyer.*

Die Regel **276.4** gilt auch für den Fall, dass zwei Objektpronomen oder ein Objektpronomen und ein Pronominaladverb *faire* + Infinitiv ergänzen; das heißt, beide Pronomen stehen bei der finiten Verbform von *faire*, wobei das Personenobjekt im Dativ wiedergegeben wird:

Beispiele:

*Ils **le leur** ont fait savoir.*	→	Sie haben es ihnen mitgeteilt.
*Je **les lui** fais faire [les devoirs].*	→	Ich lasse sie ihn machen.
*Je **le lui** ai fait photocopier [mon manuscrit].*	→	Ich habe es ihn kopieren lassen.
*On **les y** a fait envoyer [les lettres].*	→	Man hat sie dorthin schicken lassen.

Anmerkung:

Folgt auf *faire* der Infinitiv eines reflexiven Verbs, steht das Reflexivpronomen **beim Infinitiv** und nicht vor der Verbform von *faire*. Das Reflexivpronomen kann vor dem Infinitiv auch wegfallen (die Reflexivpronomen *nous* und *vous* fallen fast immer weg):

*Il **les** a fait **(se)** taire.*

*On **me** fit **(m')** asseoir.*

*Notre professeur **nous** a fait taire.* (Nicht: **Notre professeur nous a fait nous taire.*)

Die Setzung bzw. Nichtsetzung des Reflexivpronomens kann punktuell einen Bedeutungsunterschied implizieren. Man muss zum Beispiel folgende Sätze unterscheiden:

*On **les** a fait **arrêter**.*	→	Man hat ihre **Festnahme** veranlasst.
*La police **les** a fait **s'arrêter**.*	→	Die Polizei ließ sie **anhalten**.

Die Stellung der Objektpronomen und Pronominaladverbien bei *laisser* + Infinitiv `277`

Bei dem modalen Hilfsverb *laisser* + Infinitiv („zulassen") ist die Stellung der Objektpronomen **uneinheitlich** und infolgedessen schwierig zu handhaben:

1. Bei nur einem Objektpronomen steht dieses bei *laisser*:

Nous laissons jouer nos enfants dans la cour. → *Nous **les** laissons jouer dans la cour.*

Il a laissé rentrer Paul plus tard. → *Il **l'**a laissé rentrer plus tard.*

2. Bei zwei Objektpronomen ergeben sich folgende verschiedene Möglichkeiten:

Ausgangssatz	Pronominale Form
*Je laisse **mon fils** conduire **la moto**.* **Variante:** *Je laisse conduire **la moto** à / **par mon fils**.* (Ich lasse meinen Sohn das Motorrad fahren.)	*Je **le** laisse **la** conduire.* (Getrennte Stellung der Pronomen → **Normalstellung**) *Je **lui** laisse **la** conduire.* (Getrennte Stellung mit Personenobjekt im Dativ → **wenig gebräuchlich**) *Je **la lui** laisse conduire.* (Blockstellung der Pronomen vor *laisser* mit Personenobjekt im Dativ → **Normalstellung**)
*Il laisse **ses enfants** aller **dans le parc** tout seuls.*	*Il **les** laisse **y** aller.* (In Kombination mit dem Pronominaladverb **y** ist die **getrennte Stellung** der Pronomen die **Normalstellung**.)
*Je **te** laisse récupérer la moitié des bénéfices.*	In Verbindung mit **en** gibt es zwei Stellungen: *Je **t'en** laisse récupérer la moitié.* / *Je **te** laisse **en** récupérer la moitié.*

Anmerkung:

Folgt auf *laisser* der Infinitiv eines reflexiven Verbs, steht das Reflexivpronomen beim Infinitiv. Das Reflexivpronomen kann manchmal entfallen (allerdings seltener als bei *faire* + reflexivem Verb im Infinitiv):

*On **les** laisse **(s')**échapper.* → Man lässt sie entkommen.

Die Stellung der Objektpronomen und Pronominaladverbien beim Imperativ der Verben *faire* und *laisser* + Infinitiv `278`

1. Der bejahende Imperativ von *laisser* und *faire* + Infinitiv:

Beim bejahenden Imperativ von *laisser* und *faire* + Infinitiv stehen die Objektpronomen und Pronominaladverbien bei dem Verb, das sie ergänzen, d.h. **auf das sie sich beziehen**:

Je [la laisse] [s'en aller].	→	[Laisse-la] [s'en aller].
Il [le leur fait] faire.	→	[Faites-le-leur] faire.
Nous [le laissons] [y aller].	→	[Laissons-le] [y aller]. (Die Form *Laissons-l'y aller ist ungebräuchlich.)
Le jury [le fait] entrer.	→	[Faites-le] entrer.
Il [me laisse] [la contacter].	→	[Laisse-moi] [la contacter].

Anmerkung:

Für den Beispielsatz *Il **me** laisse **la** contacter* wäre auch die Variante *Il [**me la** laisse]* contacter möglich, aber der Imperativ [**laisse-moi-la*] contacter mit der Anbindung von *la* an *laisser* ist wenig gebräuchlich. Dafür: [Laisse-moi] [la contacter].

2. Der verneinende Imperativ von *laisser* und *faire* + Infinitiv:

Im verneinenden Imperativ ist die Reihenfolge und Stellung der verbundenen Pronomen mit denen des Aussagesatzes identisch:

Tu **le** laisses partir.	→ Ne **le** laisse pas partir.
Vous **la** laissez **lui** parler.	→ Ne **la** laissez pas **lui** parler.
Tu **le lui** fais faire.	→ Ne **le lui** fais pas faire.

---

279 **Besonderheiten im Gebrauch des unverbundenen Reflexivpronomens *soi***

1. Unter folgenden Voraussetzungen wird *soi* auf Personen bezogen:

*L'égoïste ne vit que pour **soi**.* Der Egoist lebt nur für sich selbst.	Die Person bezeichnet einen **allgemeinen Menschentyp**.
*Heureux qui ne vit que pour **soi**.* Glücklich, wer nur für sich selbst lebt. *Celui qui a confiance en **soi** réussira dans la vie.* Wer Vertrauen in sich selbst hat, wird im Leben Erfolg haben.	Die Person ist **unbestimmt**.
*Chacun pour **soi** et Dieu pour tous.* Jeder für sich und Gott für uns alle. *Quand **on** n'a pas d'argent sur **soi**, **on** peut avoir des problèmes.* Wenn man kein Geld bei sich hat, kann man Probleme bekommen.	Das Personensubjekt ist ein **indefinites Pronomen** wie z.B.: *chacun, on, quiconque, tout le monde, ne...personne.*

Il faut toujours envers *soi* une grande sévérité. Man muss sich selbst immer mit großer Strenge begegnen.	Das einleitende Verb ist **unpersönlich**.
*Il parle constamment de **soi**, jamais d'elle.* Er spricht ständig von sich, niemals von ihr.	Hier wird *soi* verwendet, um eine Verwechslung zu vermeiden: Die Form *lui* könnte hier auf eine dritte Person bezogen werden („Er spricht ständig von ihm.")
*Il parle constamment de **lui-même**, jamais d'elle.*	An Stelle von *soi* kann jedoch **lui-même** gebraucht werden.

Anmerkung:

Gebraucht man *on* im Sinne von *nous*, wird nicht das Reflexivpronomen *soi*, sondern das unverbundene Personalpronomen *nous* verwendet:

*Ce soir, **on** rentre chez **nous**.*

Ebenso wird nicht *soi*, sondern *lui-même* verwendet, wenn *chacun* durch eine Ergänzung mit *de* näher bestimmt ist:

*Chacun **de nous** porte en **lui(-même)** ses propres menaces.*

*Chacun **de nos politiciens** ne travaille que pour **lui-même**.*

2. **Ein auf Sachen bezogenes** *soi* **steht nur in festen Wendungen in Verbindung mit den Präpositionen** *en* **und** *de*:

*une fin **en soi***	→ ein Selbstzweck
*Le repos est agréable **en soi**.*	→ Die Ruhe ist an sich angenehm.
*Cette attitude n'est pas critiquable **en soi**.*	→ Diese Haltung ist an und für sich nicht zu kritisieren.
*Cela va **de soi**.*	→ Das versteht sich von selbst.

Ansonsten steht bei Präpositionen mit Bezug auf Sachsubjekte in der Regel die unverbundene Form des Personalpronomens:

*Les problèmes que **ces mesures** entraînent avec **elles**...*
Die Probleme, die diese Maßnahmen nach sich ziehen...

Anmerkung:

Soi-disant (sogenannt / angeblich) als **Adjektiv** wird auf Personen und Sachen bezogen und ist **unveränderlich**:

*les **soi-disant** héritiers* → die angeblichen Erben

*de **soi-disant** avantages* → sogenannte Vorteile

Der Bezug von *soi-disant* auf Sachen wird zuweilen als unzulässig angesehen. Der moderne Sprachgebrauch spricht allerdings gegen diese Einschränkung.

Soi-disant als **Adverb** ist ebenfalls unveränderlich:

*Elle s'en alla, **soi-disant** pour aller voir le docteur.*
Sie ging fort, angeblich um den Arzt aufzusuchen.

Das Personalpronomen und das Pronominaladverb: Repetitorium

280   Formen und Gebrauch des verbundenen Personalpronomens

1. Die Formen des **verbundenen Subjektpronomens** sind:
   je, tu, il / elle, nous vous, ils / elles und die Höflichkeitsform *vous* (Singular und Plural).

   In der französischen Umgangssprache wird *nous* häufig durch *on* ersetzt:
   On va danser? → Gehen wir tanzen?

   Die Subjektpronomen werden nur in Verbindung mit einem Verb gebraucht, können also nicht unverbunden stehen:
   Nous avons travaillé hier. J'aime danser.

2. Die Formen des **verbundenen Objektpronomens** werden ebenfalls in Verbindung mit einem Verb gebraucht. Sie werden nach direktem Objekt (Akkusativpronomen) und indirektem Objekt (Dativpronomen) unterschieden.

   Dabei sind die Dativ- und Akkusativformen für folgende Objektpronomen **gleich**:
   me, te, se, nous, vous und *vous* (= Höflichkeitsform).

   Die Objektpronomen für Dativ und Akkusativ sind **verschieden** bei folgenden Formen:

   Dativ: *lui*   → ihm / ihr;   *leur*   → ihnen
   Akkusativ: *le / la* → ihn / sie / es;   *les*   → sie

3. Die **Pronominaladverbien** *y* und *en* vertreten folgende Ergänzungen:

   - Als Ortsadverb vertritt *y* Ergänzungen mit Ortspräpositionen (*à, en, dans* usw.):
     Je vais à Paris. → *J'y vais.*(Ich fahre dorthin.)

   - *Y* vertritt weiterhin Sachergänzungen mit *à*:
     Je pense à acheter une nouvelle voiture. / Je pense à l'achat d'une nouvelle voiture.
     → *J'y pense.*

   - Als Ortsadverb vertritt *en* Ergänzungen mit *de*:
     Je viens de l'école. → *J'en viens.*

   - *En* vertritt darüber hinaus Sachergänzungen mit der Präposition *de*:
     Je m'occupe de cette affaire. → *Je m'en occupe.*

   Bei Personenergänzungen ist *en* nicht unkorrekt:
   Je m'occupe des enfants. → *Je m'en occupe.* Die Normalform ist: *Je m'occupe d'eux.*

4. Die **Reihenfolge** der verbundenen Personalpronomen und Pronominaladverbien vor der Verbform ist folgende:

1	2	3	4	5
me				
te	le	lui		
se	la	leur	y	en
nous	les			
vous				

Die in Spalte 1 aufgeführten Pronomen *me, te, se, nous, vous* sind die Dativformen. Es ist besonders zu beachten, dass die Akkusativformen *me, te, se, nous, vous* nicht mit einem verbundenen Dativpronomen kombiniert werden können. Das pronominale Dativobjekt wird mit dem **unverbundenen Pronomen** ausgedrückt und tritt hinter die finite Verbform:

*Il **s**'adresse **à elle**.*

*Nous **nous** sommes recommandés **à lui**.*

Formen und Gebrauch des unverbundenen Personalpronomens   281

Die Formen sind: ***moi, toi, lui / elle, nous, vous, eux / elles***. Die Höflichkeitsform im Singular und Plural ist ***vous***; die reflexive Form ist ***soi***.

Das unverbundene Personalpronomen wird gebraucht

- nach einer Präposition (*avec **moi***)
- in einem verblosen Satz (***Lui** aussi.*)
- in Hervorhebungen (*C'est **moi** qui...*)
- im segmentierten Satz (***Moi**, je ne veux pas.*)
- und bei näheren Bestimmungen des Personalpronomens durch *aussi, et, même, ni, seul* (*Mon ami et **moi**... / **lui** seul...*)

Bei den Verben *penser à, songer à, renoncer à, tenir à* und bei *faire attention à*, die ein indirektes Personenobjekt mit *à* anschließen, muss das unverbundene Pronomen an Stelle des verbundenen Dativpronomens verwendet werden.

*Nous avons fait attention **à lui**. Elle a pensé **à moi**.*

Das unverbundene reflexive Personalpronomen *soi* wird mit Bezug auf ein unbestimmtes Subjekt verwendet.

*Chacun vit pour **soi**. Il faut avoir confiance en **soi**.*

282 **Spezialfälle beim Gebrauch des** verbundenen **Personalpronomens:**

1. Das neutrale Subjektpronomen *il* („es") wird in unpersönlichen Ausdrücken (*Il est probable qu'il pleuvra*.), als grammatisches Subjekt (*Il est des gens qui pensent...*) und bei meteorologischen Angaben verwendet. (*Il pleut. Il fait chaud.*)

2. Das neutrale Objektpronomen *le* („das" / „es") wird bezogen auf ein Prädikatsnomen (*Etes-vous content? Oui, je le suis.*) und auf einen vorausgehenden Nebensatz (*Qu'il soit fâché, je le vois bien.*). Das deutsche „Ankündigungs-es" (Er wagte **es** nicht, sie anzusprechen.) wird im Französischen **nicht** gesetzt: *Il n'osa pas lui adresser la parole.*

3. Im Französischen werden eine Fülle von idiomatischen Wendungen mit Hilfe von *le, la, y, en* gebildet: *Je l'ai échappé belle. Je n'y suis pour rien. Je n'en peux plus.* Es ist ratsam, sich die in den Listen von **271**, **272**, **273**, **274** aufgeführten Wendungen genau einzuprägen.

4. Das Pronominaladverb *en* wird auch als **partitives** *en* (*Je n'en ai plus.* → Ich habe keine mehr.) oder als **possessives** *en* (*Je voyais la maison, mais je n'en distinguais pas la couleur.*) gebraucht.

5. Ein schwieriges Problem sind die Stellung und die Reihenfolge der verbundenen Objektpronomen und Pronominaladverbien:

   - Im bejahenden Imperativ: → Nachstellung der Pronomen (*Manges-en. Va-t'en. Dites-le-leur. Donne-le-moi. Donne-moi-le.*) Die Kombination **Arrête-t'y* ist ungebräuchlich. Dafür: *Arrête-toi là-bas*.

   - Im verneinenden Imperativ: → Normalstellung wie im Aussagesatz (*Ne t'en fais pas. Ne le lui demandez pas.*)

   - Im Infinitivsatz: → Das Objektpronomen steht vor dem Infinitiv, **nicht** vor der finiten Verbform. (*Je ne veux pas le savoir. Tu peux le faire.*)

   - Bei **Verben der Wahrnehmung** (*entendre, voir, regarder*, usw.) + Infinitiv: → Ist nur **ein** Objektpronomen vorhanden, so steht dieses beim Verb der Wahrnehmung. (*J'en ai entendu parler.*) Sind **zwei** Objektpronomen vorhanden, so stehen diese in der Regel bei den Verbformen, auf die sie sich jeweils beziehen. (*Nous l'avons vu s'éloigner.*) Punktuell ist aber auch eine andere Reihenfolge möglich. (*Je ne le lui ai jamais entendu dire.*) Es empfiehlt sich, die Normalstellung (= Objektpronomen stehen bei den Verbformen, auf die sie sich beziehen) anzuwenden: Sie ist **immer korrekt**. (→ *Je l'ai entendu en parler.*)

- Bei den modalen Hilfsverben **faire** und **laisser** + Infinitiv ist die Stellung der Objektpronomen, je nach Pronomenkombination, unterschiedlich. Folgende Prinzipien sind zu beachten:

  ⇒ Das / Die Objektpronomen steht / stehen **immer** vor *faire* + Infinitiv: *Je l'ai fait venir. Je **le lui** ai fait faire.* Dabei tritt bei zwei Objektpronomen das Personenobjekt in den Dativ.

  ⇒ Bei *laisser* + Infinitiv ist die Stellung der Objektpronomen, je nach ihrer Kombination, schwankend. **Immer anwendbar** ist folgende Stellung: *Je laisse mon fils tondre la pelouse* (den Rasen mähen) → *Je **le** laisse **la** tondre.* (Die Objektpronomen stehen bei den Verben, die sie jeweils ergänzen.)

Schwierigkeiten und Fehlerquellen   283

1. Nach **pourquoi** muss im geschriebenen Französisch die **Inversion** beachtet werden: *Pourquoi **l'as-tu** fait?* (Auch: *Pourquoi est-ce que tu l'as fait?*) Die in gesprochener Sprache benutzte Formulierung *Pourquoi tu as fait ça?* führt häufig zur Missachtung der Inversion beim Schreiben.

2. Die Höflichkeitsform des verbundenen Subjektpronomens **vous** („Sie") kann in Geschlecht und Zahl variieren, was sich auf die Veränderlichkeit des Partizips Perfekt auswirkt: *Etes-**vous** venu / ven**ue** / ven**us** / ven**ues** par le train?*

3. Die Reihenfolge und Stellung der Pronomen in verneinten, fragenden und fragend verneinten Sätzen bereitet im geschriebenen Französisch Schwierigkeiten, insbesondere wenn *me, te, se, nous, vous* Akkusativ sind. Also:

- *Pourquoi **ne le lui as-tu pas** demandé?*
  Warum hast du ihn nicht darum gebeten?

- ***Ne vous en êtes-vous pas** doutés?*
  Habt ihr es nicht vermutet?

- ***Lui en as-tu** parlé hier?*
  Hast du mit ihm gestern darüber gesprochen?

- *Nous **nous** sommes adressés **à eux**.*
  Wir haben uns an sie gewendet.

4. Nach Hervorhebungen mittels des unverbundenen Personalpronomens (**c'est moi qui**... / **c'est nous qui**...) wird die Verbform an die hervorgehobene(n) Person(en) angeglichen. Also:

- *C'est **moi** qui **me suis** décidé à ne rien dire.*

- *C'est **nous** qui **avons** demandé un congé supplémentaire.*

- *C'est **toi et lui** qui **avez** menti.*

Es handelt sich hier um eine der **hartnäckigsten Fehlerquellen** für germanopho-
ne Französischlernende, weil man im Deutschen sagt: **Ich** bin es, der es getan
hat. (Französisch aber: *C'est **moi** qui l'ai fait.*)

5. Das deutsche „**Ankündigungs-es**" darf im Französischen nicht übersetzt wer-
den. Das Äquivalent für den deutschen Satz: „Ich wusste (**es**) nicht, dass er reich
ist" ist im Französischen demzufolge: *Je **ne savais pas** qu'il était riche.*

6. Das **Partizip Perfekt** des modalen Hilfsverbs *faire* vor Infinitiv wird nicht verän-
dert: *Il les a **fait** travailler pour lui. Elle s'est **fait** couper les cheveux.* Das Partizip
von *laisser* + Infinitiv wird regelkonform dann verändert, wenn der folgende Infini-
tiv einen aktiven Sinn impliziert: *Son père l'a* (sie) *laiss**ée** rentrer plus tard* (im
Gegensatz zu: *On les a laiss**é** punir.*) Grundsätzlich kann man jedoch das Partizip
Perfekt von *laisser* vor Infinitiv, unabhängig vom vorausgehenden Objektprono-
men oder von aktivischem / passivischem Sinn, wie das Partizip Perfekt von *faire*
vor Infinitiv **immer unverändert** lassen. Vgl. hierzu auch **184**.

7. Man vermeide, die Objektpronomen anstatt vor den Infinitiv, vor das Hilfsverb zu
setzen. Ausnahme: Verben der Wahrnehmung und *laisser / faire* + Infinitiv. Also:

> → *Tu peux **le** faire.* (Nicht: **Tu le peux faire.*)
> → *Je veux **en** parler.* (Nicht: **J'en veux parler.*)

Aber: → *Je l'ai entendu rentrer la nuit passée.*
→ *Je **le** laisse laver ma voiture.*
→ *Je **lui** fais laver ma voiture.*

8. ***Soi*** sollte nur auf unbestimmte Subjekte bezogen werden. Man vermeide: *Il parle
de soi-même.* Dafür: *Il parle de **lui-même**.*

Kapitel 5.2

Das Possessivadjektiv und das Possessivpronomen
(l'adjectif possessif et le pronom possessif)

Kapitelübersicht:

Possessivadjektiv und Possessivpronomen: Grundstufe

Bei den Possessiva unterscheidet man im Französischen zwischen dem **Possessiv-adjektiv** und dem **Possessivpronomen**. Das Possessivadjektiv steht **vor dem** Substantiv, das es begleitet („**Possessivbegleiter**"); das Possessivpronomen steht **an Stelle** eines Substantivs.

284 Die **Formen** des Possessivadjektivs

Singular			Plural
männlich	weiblich vor Konsonanten	weiblich vor Vokal und stummem *h*	männlich + weiblich
mon *frère* **mon** *ami* (mein Bruder / mein Freund)	**ma** *sœur* (meine Schwester)	**mon** *idée* **mon** *habitude* (meine Idee / meine Gewohnheit)	**mes** *frères* **mes** *sœurs* (meine Brüder / meine Schwestern)
ton *frère* **ton** *ami* (dein Bruder / dein Freund)	**ta** *sœur* (deine Schwester)	**ton** *idée* **ton** *habitude* (deine Idee / deine Gewohnheit)	**tes** *frères* **tes** *sœurs* (deine Brüder / deine Schwestern)
son *frère* **son** *ami* (sein / ihr Bruder; sein / ihr Freund)	**sa** *sœur* (seine / ihre Schwes- ter)	**son** *idée* **son** *habitude* (seine bzw. ihre Idee / Gewohnheit)	**ses** *frères* **ses** *sœurs* (seine bzw. ihre Brü- der / Schwestern)
notre *frère* [nɔtr] (unser Bruder)	**notre** *sœur* (unsere Schwester)	**notre** *idée* **notre** *habitude* (unsere Idee; unsere Gewohnheit)	**nos** *frères* **nos** *sœurs* (unsere Brüder; unsere Schwestern)
votre *frère* [vɔtr] (euer / Ihr Bruder)	**votre** *sœur* (eure / Ihre Schwes- ter)	**votre** *idée* **votre** *habitude* (eure bzw. Ihre Idee / Gewohnheit)	**vos** *frères* **vos** *sœurs* (eure bzw. Ihre Brüder / Schwestern)
leur *frère* (ihr Bruder)	**leur** *sœur* (ihre Schwester)	**leur** *idée* **leur** *habitude* (ihre Idee / ihre Gewohnheit)	**leurs** *frères* **leurs** *sœurs* (ihre Brüder / ihre Schwestern)

R 284

Die Formen des **Possessivadjektivs** richten sich im Gegensatz zum Deutschen nach dem **Geschlecht des Besitzobjekts**, nicht nach dem Geschlecht des Besitzers.

*Il adore **sa** fille.*	→	Er liebt **seine** Tochter sehr.
*Elle adore **sa** fille.*	→	Sie liebt **ihre** Tochter sehr.
*Il adore **ses** filles.*	→	Er liebt **seine** Töchter sehr.
*Elle adore **ses** filles.*	→	Sie liebt **ihre** Töchter sehr.

Anmerkung:

1. Steht das von einem Possessivadjektiv begleitete Substantiv im Singular, so wird in der 1. bis 3. Person zwischen männlicher und weiblicher Form unterschieden: *mon / ton / son père; ma / ta / sa mère*.

   Vor weiblichen Substantiven im Singular, die vokalisch oder mit stummem *h* anlauten, stehen die männlichen Formen *mon / ton / son*: *mon amie / son histoire*. Dies gilt auch für den Fall, dass einem weiblichen Substantiv ein vokalisch oder mit stummem *h* anlautendes Adjektiv vorausgeht: *ton incroyable chance; son heureuse rencontre.*

2. Bei Substantiven im Plural mit anlautendem Vokal oder stummem *h* erfolgt beim Sprechen Bindung: *mes͜amis; tes͜amis*, usw.; *mes͜habitudes; tes͜habitudes*, usw. In der 3. Person Plural wird die Bindung vor Substantiv im Singular oder Plural in folgender Weise gehandhabt:

   leur͜ami [lœrami] / *leurs͜amis* [lœrzami]

   Die korrekte Bindung ist hier unerlässlich für die Singular- / Pluralunterscheidung beim Sprechen.

Der <mark>Gebrauch</mark> des Possessivadjektivs

285

Beispiele:

*Il m'a rendu **mon** livre.*	Er hat mir **mein** Buch zurückgegeben.
*Il m'a remercié de **mon** aide (f).*	Er hat sich bei mir für **meine** Hilfe bedankt.
*Je fends le bois avec **ma** hâche (h aspiré).*	Ich spalte das Holz mit **meiner** Axt.
*J'ai suivi **ton** conseil.*	Ich habe **deinen** Rat befolgt.
*Jean est mécontent de **sa** nouvelle voiture.*	Hans ist mit **seinem** neuen Wagen unzufrieden.
*Elle a raconté **son** aventure.*	Sie hat von **ihrem** Abenteuer berichtet.
*Elle est contente de **son** travail **à lui**.* (= le travail de Jean)	Sie ist mit **seiner** Arbeit zufrieden. (**À lui** muss zur Vermeidung der Doppeldeutigkeit hinzugefügt werden.)
*J'admire **ses** enfants.*	Ich bewundere **seine** / **ihre** Kinder (je nach Kontext).
***Notre** travail nous plaît bien.*	**Unsere** Arbeit gefällt uns gut.
*J'admire **votre** enfant.*	Ich bewundere **euer** / **Ihr** Kind.
*J'admire **vos** enfants.*	Ich bewundere **eure** / **Ihre** Kinder.
*Ils les ont remerciés de **leur** aide.*	Sie haben sich bei ihnen für **ihre** Hilfe bedankt.
*Jean et Sylvie sont contents de **leur** travail.*	Hans und Silvia sind mit **ihrer** Arbeit zufrieden.
*Les politiciens craignent **leurs** électeurs.*	Die Politiker fürchten **ihre** Wähler.

286 **Die Formen des Possessivpronomens**

	Singular		Plural	
	männlich	weiblich	männlich	weiblich
	A qui est ce livre? C'est...	*A qui est cette voiture? C'est...*	*A qui sont ces livres? Ce sont...*	*A qui sont ces fleurs? Ce sont...*
meine(r,s)	*le mien*	*la mienne*	*les miens*	*les miennes*
deine(r,s)	*le tien*	*la tienne*	*les tiens*	*les tiennes*
seine(r,s) ihre(r,s)	*le sien*	*la sienne*	*les siens*	*les siennes*
unser(e,s)	*le nôtre* [lənotr]	*la nôtre*	*les nôtres*	*les nôtres*
euer / eure/ eures / Ihr(e,s)	*le vôtre* [ləvotr]	*la vôtre*	*les vôtres*	*les vôtres*
ihr(e,s)	*le leur*	*la leur*	*les leurs*	*les leurs*

Beachte also: Das Possessivpronomen richtet sich in **Geschlecht** und **Zahl** nach dem / den Substantiv(en), das / die es vertritt.

287 **Der Gebrauch des Possessivpronomens**

Das Possessivpronomen vertritt in der Regel ein vorher genanntes Substantiv.

Beispiele:

> *A qui est ce cartable? – C'est **le mien**.*
>
> *Est-ce que c'est ta clé? – Oui, c'est **la mienne**.*
>
> *Vos amis sont aussi **les nôtres**.*
> Ihre Freunde sind auch unsere.
>
> *Leur façon d'agir est comparable à **la vôtre**.*
> Ihre Handlungsweise ist mit eurer vergleichbar.

Anmerkung:
Auf eine Frage nach dem Besitzer *(A qui est ce cartable?)* kann die Antwort statt *c'est le mien* auch *il est à moi* lauten (oder auch einfach: *A moi*.).

R 287

Im Unterschied zum Deutschen kann nur **ein** Possessivadjektiv vor dem Substantiv stehen. Ein zweites Possessivadjektiv **tritt in Form des Possessivpronomens hinter das Substantiv**.

Beispiele: *Est-ce notre faute ou **la leur**?* → Ist dies unser oder ihr Fehler?

 *En mon nom et **au sien**.* → In meinem und seinem Namen.

Possessivadjektiv und Possessivpronomen: Aufbaustufe

Besonderheiten im Gebrauch des Possessivadjektivs   288

Das Possessivadjektiv kann in bestimmten Wendungen durch Hinzufügung des Ad-
jektivs **propre(s)** (= eigen) oder durch eine präpositionale Wendung **mit** *à* + **unver-
bundenes Personalpronomen** verstärkt werden.

Beispiele mit *propre(s)*:

Je l'ai vu de **mes propres** yeux.	⇒ Ich habe es mit meinen eigenen Augen gese- hen.
Nous l'avons fait de **nos propres** mains.	⇒ Wir haben es mit unseren eigenen Händen gemacht.
Ce sont **ses propres** mots.	⇒ Das sind seine eigenen Worte.
Il a eu des problèmes par **sa propre** faute.	⇒ Er hat durch sein (eigenes) Verschulden Prob- leme bekommen.

Weitere Wendungen mit einem zusätzlichen *propre* bei Possessivadjektiven:

de mes propres oreilles	⇒ mit meinen eigenen Ohren
de ses propres deniers	⇒ mit seinem eigenen Geld / aus eigener Tasche
dans leur propre intérêt	⇒ in ihrem eigenen Interesse
de son propre chef	⇒ von sich aus / auf eigene Faust
de son propre cru	⇒ auf seinem eigenen Mist gewachsen / von ihm stammend

Merke auch folgende Wendungen ohne *propre*:

Balayez devant votre porte. / Occupez-vous de vos oignons. → Kehren Sie vor ihrer **eigenen**
Tür!

Beispiele mit *à* + **unverbundenes Personalpronomen** zur Betonung des Be-sitzverhältnisses:

C'est son affaire **à lui**.	⇒ Das ist **seine** Sache.
ses livres **à elle**	⇒ **ihre** Bücher
C'est leur appartement **à eux**.	⇒ Das ist **ihre** Wohnung.

289 **Der Gebrauch des Possessivadjektivs im Französischen im Gegensatz zum Deutschen**

R 289.1

Bei **Kleidungsstücken** und Gegenständen, die in der Regel am Körper getragen werden (Brille, Schmuckstück, usw.), wird im Französischen **das Possessivadjektiv** gebraucht. Im Deutschen dagegen werden **entweder** der bestimmte Artikel **oder** das Possessivadjektiv verwendet.

Beispiele:

*Il a quitté **son** manteau.*	→ Er hat den / seinen Mantel ausgezogen.
*Gardez **votre** veste, la salle n'est pas chauffée.*	→ Behalten Sie die / Ihre Jacke an, der Saal ist nicht geheizt.
*Il a quitté **ses** lunettes.*	→ Er hat die / seine Brille abgenommen.

R 289.2

Das Possessivadjektiv wird im Französischen im Gegensatz zum Deutschen in der Regel **wiederholt**. Die Wiederholung entfällt, wenn aufeinander folgende Substantive oder Adjektive begrifflich zusammengehören.

Beispiele:

*Nous avons invité **nos** parents, **nos** amis et **nos** voisins pour dimanche.* Wir haben unsere Eltern, (unsere) Freunde und (unsere) Nachbarn für Sonntag eingeladen. *Dans cette affaire, il faut considérer **nos** profits et **nos** pertes.* In dieser Angelegenheit müssen wir unseren Gewinn und (unseren) Verlust in Betracht ziehen. *Toute solution a **ses** avantages et **ses** inconvénients.* Jede Lösung hat ihre Vor- und Nachteile. *Notre chef a **ses** grands et **ses** petits défauts comme tout le monde.* Unser Chef hat seine großen und (seine) kleinen Fehler wie jedermann.	Die Wiederholung des Possessivadjektivs ist insbesondere notwendig bei adjektivischen oder substantivischen **Gegensatzpaaren**.
nos arts et métiers unser Kunsthandwerk *mes frères et sœurs* meine Geschwister *en mon âme et conscience* auf Ehre und Gewissen *à nos risques et périls* auf unsere eigene Gefahr *mon collègue et ami* mein Kollege und Freund *Il a été remercié de ses bons et loyaux services.* Man dankte ihm für seine guten und langjährigen / treuen Dienste.	Die Wiederholung des Possessivadjektivs entfällt nur dann, wenn die aufeinander folgenden Substantive oder Adjektive **begrifflich zusammengehören** oder **dieselbe Person** bezeichnen.

R 289.3

Bei mehreren Besitzern von jeweils gleichen Kleidungsstücken stehen das Possessivadjektiv + das folgende Substantiv **im Singular**.

Beispiele:

*Ils ont quitté **leur manteau**.*   →   Sie haben ihre Mäntel ausgezogen.

*Ils tirent **leur béret** sur les oreilles.*   →   Sie ziehen ihre Mützen über die Ohren.

Das Possessivadjektiv in festen Wendungen   `290`

In folgenden Wendungen wird **im Gegensatz zum Deutschen** das Possessivadjektiv gebraucht:

C'est mon tour.	⇒ Ich bin an der Reihe.
attendre son tour	⇒ warten, bis man an der Reihe ist
prendre son temps (aber: *avoir **le** temps / ne pas avoir **le** temps*)	⇒ sich Zeit nehmen (aber: Zeit haben / keine Zeit haben)
prendre sa retraite	⇒ in den Ruhestand treten / in Rente gehen / sich pensionieren lassen
prendre sa température	⇒ Fieber messen
faire ses comptes	⇒ abrechnen / Bilanz ziehen / Kassensturz machen
trouver son compte à qc	⇒ Vorteil aus etwas ziehen
faire son entrée dans la vie active	⇒ ins Berufsleben eintreten
faire ses études	⇒ studieren
faire son droit	⇒ Jura studieren
J'ai de ses nouvelles.	⇒ Ich habe Nachricht von ihm / von ihr.
Elle l'aime de tout son cœur.	⇒ Sie liebt ihn von ganzem Herzen.
Je suis allé à sa rencontre.	⇒ Ich bin ihm / ihr entgegengegangen.
dire ses quatre vérités / son fait à qn	⇒ jemandem gehörig die Meinung sagen
chercher ses mots	⇒ nach Worten suchen
toucher à sa fin	⇒ zu Ende gehen
être sur ses gardes	⇒ auf der Hut sein
manger à sa faim	⇒ sich satt essen
boire à sa soif	⇒ seinen Durst stillen
appeler les choses par leur nom	⇒ die Dinge beim Namen nennen
de nos jours	⇒ heutzutage

291 **Artikel oder Possessivadjektiv bei Körperteilen**

R 291.1

Im Französischen steht bei **Körperteilen** in der Regel **kein** Possessivadjektiv, sondern der bestimmte Artikel. Im Deutschen wird das Possessivadjektiv oder der bestimmte Artikel gesetzt.

Er streckte **seine** / **die** Beine aus.	⇒ *Il allongea **les** jambes.*
Sie hat **ihr** / **das** Gedächtnis verloren.	⇒ *Elle a perdu **la** mémoire.*
Er hebt **seinen** / **den** Arm hoch.	⇒ *Il lève **le** bras.*
Sie schneidet sich **ihre** / **die** Fingernägel.	⇒ *Elle se coupe **les** ongles.*
Er hat sich **seine** / **die** Haare schneiden lassen.	⇒ *Il s'est fait couper **les** cheveux.*
Wer hat dir **deine** / **die** Haare gewaschen?	⇒ *Qui t'a lavé **les** cheveux?*

Das Possessivadjektiv fällt im Französischen in den aufgeführten Beispielen weg, weil

- die Zugehörigkeit des Körperteiles zum Subjekt des Satzes eindeutig bestimmt ist;

- ein vorausgehendes Personal- oder Reflexivpronomen die Zugehörigkeit des Körperteiles, also das Besitzverhältnis, bereits ausdrückt.

Dagegen wird bei Körperteilen das Possessivadjektiv gesetzt,

- wenn der Körperteil Subjekt des Satzes ist:
  Sa tête tournait, son front brûlait et son cœur battait fort.
  In seinem Kopf drehte es sich, seine Stirn war glühend heiß und sein Herz schlug heftig.

- wenn die Zugehörigkeit des Körperteiles durch die Setzung des bestimmten Artikels nicht ausreichend geklärt ist:
  *J'ai vu **ma** jambe enfler.*
  Ich sah, wie **mein** Bein anschwoll.

- in bestimmten Wendungen wie:
  *Il m'a pris dans **ses** bras.*
  Er hat mich in seine Arme genommen.

  *Elle a pris **ses** jambes à son cou.*
  Sie hat die Beine in die Hand genommen / unter die Arme genommen.

  *Elle ne pouvait contenir **ses** larmes.*
  Sie konnte ihre Tränen nicht zurückhalten.

Anmerkung:

Wenn die Zugehörigkeit durch ein Personalpronomen bereits ausgedrückt ist, wird anstatt des Possessivadjektivs **der bestimmte Artikel** gesetzt:

Sa tête tournait. = La tête lui tournait.

Sa jambe faisait mal. = La jambe lui faisait mal.

Im Französischen wird das Besitzverhältnis bei Körperteilen **nicht doppelt ausgedrückt:** **Sa tête lui tournait* ist demzufolge ungebräuchlich.

R 291.2

Ist der **Körperteil durch ein Adjektiv näher bestimmt**, wird das Possessivadjektiv gesetzt, (wenn nicht *avoir* vorausgeht).

*Elle leva **ses** mains chargées de bijoux.*
Sie hob ihro mit Juwelen beladenen Hände.

Bei vorausgehendem *avoir* + Substantiv + bedeutungsunterscheidende(s) Adjektiv bzw. Ergänzung wird jedoch der **bestimmte Artikel** gesetzt:

*J'ai **les** pieds glacés.*	→ Ich habe eisige Füße.
*Il a **les** mains sales.*	→ Er hat schmutzige Hände.
*Il a **les** yeux bleus.*	→ Er hat blaue Augen.

Man hat also zu unterscheiden:

*Elle **avait les** mains chargées de bijoux.*   ⇔   *Elle leva **ses** mains chargées de bijoux.*

*Elle **a les** yeux bleus.*   ⇔   *Elle **a de** beaux yeux.* (= subjektiv wertend)

Merke besonders:

*J'ai mal **à la** tête / **aux** dents.*
Ich habe Kopfschmerzen / Zahnschmerzen.

*J'ai mal **aux** cheveux.*
Ich habe einen Kater.

Besonderheiten im Gebrauch des Possessivpronomens   292

In der gehobenen Sprache wird das Possessivpronomen auch adjektivisch ohne den bestimmten Artikel verwendet, insbesondere in folgender Wendung:

*Il a fait **sienne** l'opinion de son collègue.*
Er hat sich die Meinung seines Kollegen zu Eigen gemacht.

*Il a fait **siennes** les revendications des ouvriers.*
Er hat sich die Forderungen der Arbeiter zu Eigen gemacht.

Wendungen:

les siens	⇒ seine Familie / seine Angehörigen
y mettre du sien	⇒ das seinige tun / seinen Teil dazu beitragen
(Si chacun voulait y mettre du sien, l'accord serait bientôt conclu.)	(Wenn jeder seinen Teil dazu beizutragen bereit wäre, wäre das Abkommen bald unter Dach und Fach.)
faire des siennes	⇒ Unfug treiben / dumme Streiche machen
A la tienne! / A la vôtre!	⇒ Zum Wohle! / Auf dein / Ihr / euer Wohl!

Veraltet sind Wendungen wie:

un sien ami → einer seiner / ihrer Freunde

un sien cousin → einer seiner / ihrer Vettern

Possessivadjektiv und Possessivpronomen: Repetitorium

Formen und Gebrauch des Possessivadjektivs   `293`

1. Die Formen des Possessivadjektivs (= „Possessivbegleiter") lauten im

   Singular: *mon, ton, son / ma, ta, sa*
                       notre, votre, leur

   Plural: *mes, tes, ses, nos, vos, leurs*

   Vor vokalisch oder mit stummem *h* anlautenden weiblichen Substantiven im Singular steht die männliche Form des Possessivadjektivs:

   mon amie / mon heure; aber: ***ma** honte* (wegen *h aspiré*).

2. Das Possessivadjektiv kann durch Hinzufügung von ***propre(s)*** oder durch ein unverbundenes Personalpronomen verstärkt werden:

   *Nous l'avons vu de **nos propres** yeux.*

   *C'est **mon** argent **à moi**.*

3. Es gibt eine Vielzahl von festen Wendungen, die im Gegensatz zum Deutschen mit Possessivadjektiv gebildet werden: *prendre **son** temps / prendre **sa** température.*

4. Bei Körperteilen wird im Gegensatz zum Deutschen an Stelle des Possessivadjektivs der bestimmte Artikel gesetzt:

*Je me suis lavé **les** mains.*	→ Ich habe mir die / meine Hände gewaschen.
*Je l'ai pris par **le** bras.*	→ Ich habe ihn am Arm genommen.
*Il s'est cassé **la** jambe.*	→ Er hat sich das / sein Bein gebrochen.
*Elle a levé **la** main.*	→ Sie hat die / ihre Hand gehoben.

   Nur wenn der Körperteil Subjekt des Satzes oder seine Zugehörigkeit durch den bestimmten Artikel nicht hinreichend eindeutig ist, verwendet man bei Körperteilen das Possessivadjektiv:

   ***Sa** main tremblait.*

   *J'ai vu **son** bras qui enflait.*

   Aber: *J'ai mal à **la** tête.*

5. Bei der Konstruktion: ***avoir** + **Substantiv** + **bedeutungsunterscheidenes Adjektiv*** verwendet man den bestimmten Artikel. Also:

   *Elle avait **les** cheveux blancs.*

294 Formen und Gebrauch des Possessivpronomens

1. Die Formen des Possessivpronomens lauten im:

   Singular: *le mien / la mienne; le tien / la tienne; le sien / la sienne;*
   le / la nôtre; le / la vôtre; le / la leur

   Plural: *les miens / les miennes; les tiens / les tiennes; les siens / les siennes;*
   les nôtres; les vôtres; les leurs

2. Das Possessivpronomen vertritt ein vorher genanntes Substantiv:

   *C'est ta voiture? – Oui, c'est **la mienne**.*
   *mes amis et **les tiens*** („meine und deine Freunde")

3. Im gehobenen Französisch gibt es einen adjektivischen Gebrauch der Pronomi-
   nalformen *mien, tien, sien,* usw.: *faire **siennes** les idées de qn* (sich jemandes
   Gedanken zu eigen machen). Weiterhin gibt es feste Wendungen wie *y mettre **du**
   sien* (= seinen Teil dazu beitragen) oder *à la tienne!* (= auf dein Wohl!).

295 Schwierigkeiten und Fehlerquellen

1. Im Französischen ist für die Form des Possessivadjektivs **nicht das Geschlecht
   des Besitzers**, sondern **das Geschlecht des Besitzobjektes** maßgebend:

Sie liebte **ihren** Bruder.	→ ***Elle** aimait **son** frère.*
Sie liebte **ihre** Brüder.	→ ***Elle** aimait **ses** frères.*
Sie liebten **ihren** Bruder.	→ ***Elles** aimaient **leur** frère.*
Sie liebten **ihre** Brüder.	→ ***Elles** aimaient **leurs** frères.*

2. Für die adäquate Form des Possessivadjektivs im Singular vor mit *h* beginnenden
   weiblichen Substantiven muss man solche mit ***h muet*** von solchen mit ***h aspiré***
   unterscheiden:

   h muet:

   mon haleine; son héroïne; ton hésitation; mon heure; ton histoire; son hôtesse (Gastgebe-
   rin), *son huile*

   h aspiré:

   ma hâche (Axt); *ta honte; sa haie; ta hargne* (mürrisches Wesen); *ma harpe* (Harfe); *sa
   hâte; ta housse* (Überzug / Plane)

3. Zu beachten ist besonders, dass das Possessivadjektiv durch den bestimmten Artikel ersetzt wird, wenn es selbstverständlich ist, dass das Subjekt der Besitzer ist:

*Le peintre dont nous connaissons **les** tableaux...*(Nicht: **ses tableaux*; vgl. auch **314**.)

Diese Regel gilt insbesondere für Körperteile:

*Il a mis **les** pieds sur la table.*

*Est-ce que tu t'es lavé **les** dents?*

4. Bei aufeinander folgenden, begrifflich nicht unmittelbar zusammengehörenden Substantiven muss das Possessivadjektiv wiederholt werden:

*J'ai vendu **ma** voiture et **ma** bicyclette.*

Diese Regel gilt auch für ein aufeinander folgendes adjektivisches Gegensatzpaar:

*Toute chose a **ses** bons et **ses** mauvais côtés.*
Jedes Ding hat seine guten und schlechten Seiten.

Aber: *mon collègue et ami Jean Duplan*

5. Bei der Wendung *dire ses quatre vérités à qn* ist zu beachten, dass das Possessivadjektiv auf das indirekte Personenobjekt bezogen werden muss:

*Il **leur** a dit **leurs** quatre vérités.*
Er hat ihnen (gehörig) die Meinung gesagt.

Das gleiche gilt für die Wendung *dire son fait à qn*:

*Il **leur** a dit **leur** fait.*
Er hat ihnen (gehörig) die Meinung gesagt.

Kapitel 5.3

Das Demonstrativadjektiv und das Demonstrativpronomen
(l'adjectif démonstratif et le pronom démonstratif)

Kapitelübersicht:

Demonstrativadjektiv und Demonstrativpronomen: Grundstufe

Im Französischen unterscheidet man das **Demonstrativadjektiv** von dem **Demonstrativpronomen**. Das Demonstrativadjektiv begleitet ein Substantiv („**Demonstrativbegleiter**"); das Demonstrativpronomen wird unabhängig von einem Substantiv verwendet.

296 ## Die Formen des Demonstrativadjektivs

	männlich	**weiblich**
Singular	*ce* [sə] / *cet* [sɛt] dieser	*cette* [sɛt] diese
Plural	*ces* [se] diese	*ces* [se] diese

Das Demonstrativadjektiv steht **bei einem Substantiv** oder **bei einem Adjektiv + Substantiv**.

Beispiele:

ce garçon	*cette* femme	*ces* voitures	*ce* triste jour
ce malheur	*cette* maladie	*ces* forces	*cette* grave maladie
	cette aventure		*ces* grandes paroles

R 296

Das Demonstrativadjektiv heißt *cet* vor folgendem maskulinen Substantiv oder vor maskulinem Adjektiv + Substantiv im Singular, wenn diese **mit Vokal** oder **stummem** *h* **beginnen**.

Beispiele:

Singular	**Plural**
cet͜ ami; cet͜ effort; cet͜ homme; cet͜ hôtel	*ces͜ amis; ces͜ efforts; ces͜ hommes; ces͜ hôtels*
cet͜ extraordinaire événement	*ces͜ extraordinaires͜ événements*
Aber:	**Aber:**
ce héros [sə'ero]; *ce hors d'œuvre* [sə'ɔrdœvr]	*ces héros* [se'ero]; *ces hors d'œuvre*

Anmerkung:

Bei mit *h aspiré* beginnenden Substantiven steht an Stelle von *cet* die Form *ce*, und es erfolgt **keine Bindung**. Des Weiteren ist zu beachten, dass die Aussprache von *cet ami* und *cette amie* gleich ist: [sɛtami].

Die verstärkten Formen des Demonstrativadjektivs   `297`

Das Demonstrativadjektiv kann verstärkt werden, indem man an das Substantiv, welches dem Demonstrativadjektiv folgt, *-ci* oder *-là* anhängt:

ce magasin-*ci* (dieses Geschäft hier); *cet article-ci* (dieser Artikel hier); *cette* hâche-*ci* (diese Axt hier); *cette* voiture-*ci* (dieses Auto hier); *ces* haricots-*ci* (diese Bohnen hier)

ce hasard-*là* (dieser Zufall da); *cet hôtel-là* (dieses Hotel da); *ces avantages-là* (diese Vorteile da); *ces* problèmes-*là* (diese Probleme da)

Der Gebrauch des Demonstrativadjektivs   `298`

1. Die einfachen Formen des Demonstrativadjektivs werden verwendet, wenn man auf Lebewesen, Dinge, Abstrakta hinweisen will, die unmittelbar vorher im Text erwähnt wurden:

J'ai vu **un homme** pénétrer dans la propriété de mon voisin. **Cet individu** me paraissait fort suspect.	Ich sah einen Mann, wie er in das Haus meines Nachbarn eindrang. Diese Person schien mir sehr verdächtig.
En automne, nous visiterons **Paris**. **Cette ville** doit être très intéressante.	Im Herbst besuchen wir Paris. Diese Stadt muss sehr interessant sein.
La criminalité dans notre ville a encore augmenté. Notre maire s'inquiète beaucoup de **ce problème**.	Die Kriminalität in unserer Stadt ist weiter gestiegen. Unser Bürgermeister ist wegen dieses Problems sehr beunruhigt.

2. Das mittels *-là* verstärkte Demonstrativadjektiv verweist innerhalb eines genannten Zeitrahmens auf vergangene Zeitpunkte bzw. Zeitabschnitte:

ce jour-là / ce soir-là	= an jenem Tag / Abend
cette année-là	= in jenem Jahr
à ce moment-là	= damals / in jenem Augenblick
en ce temps-là	= zu der / jener Zeit (damals)

Die adverbiale Wendung *à ce moment-là* hat außer ihrer zeitlichen auch noch eine **kausale** Bedeutung. Man vergleiche folgende beiden Sätze:

C'est **à ce moment-là** *que je me suis aperçu qu'il avait un problème de drogue.*
In diesem Augenblick (= damals) bemerkte ich, dass er ein Drogenproblem hatte.

Tu ne peux pas venir au concert avec moi? **A ce moment-là** *je reste chez moi.*
Du kannst nicht mit mir zum Konzert kommen? Wenn das so ist, dann bleibe ich zu Hause.

299 | Die Formen des Demonstrativpronomens

1. Die **einfachen Formen** des Demonstrativpronomens sind:

Singular		Plural	
männlich	**weiblich**	**männlich**	**weiblich**
celui der(jenige)	*celle* die(jenige)	*ceux* die(jenigen)	*celles* die(jenigen)
Zusätzlich gibt es noch die einfache Form *ce; c' (ç')* (es; dies; das)			

Anmerkung:

Elision findet statt (*ce* > *c'*) vor den Formen der Hilfsverben *avoir* und *être*, vor *en* sowie vor *aller,* das als Hilfsverb vor einem Infinitiv benutzt wird. Die Elision vor [a] oder [o] erfordert zusätzlich die *cédille*: *C'est ici. C'était lui. Ç'aurait été difficile. C'en est fait de ma liberté.* (Mit meiner Freiheit ist es vorbei.) *Ç'allait être difficile. Ç'a été préférable.*

2. Die **zusammengesetzten Formen** des Demonstrativpronomens sind:

Singular		Plural	
männlich	**weiblich**	**männlich**	**weiblich**
celui-ci / -là	*celle-ci / -là*	*ceux-ci / -là*	*celles-ci / -là*
der/ dieser (hier / da)	die / diese (hier / da)	die / diese (hier / da)	die / diese (hier / da)
Zusätzlich gibt es noch die zusammen- gesetzten Formen: *ceci* (= dies)*; cela / ça* (= das)			

Anmerkung:

Die Form *ça* als Kontraktionsform von *cela* wird im gesprochenen Französisch sehr häufig verwendet: *Ça arrive. Ça aurait été agréable.* Im geschriebenen Französisch ist die Normalform *cela*; die Kontraktionsform *ça* ist hier zu meiden. Vor folgenden Formen des Hilfsverbs *être* ist *ça* nicht möglich, nur *ce*:

→ *c'est; c'était* (nicht **ça est,* *ça était).

Die Kontraktionsform *ça* ist nicht mit dem Adverb *çà* zu verwechseln:

çà et là; *de çà et de là / de çà, de là* (= hier und da; von hier und dort)

Der Gebrauch der einfachen Formen des Demonstrativpronomens `300`
celui, celle, ceux, celles

Die einfachen Formen des Demonstrativpronomens bedürfen stets einer **Ergänzung**.
Diese Ergänzung kann sein:

1. ein erweitertes **Partizip Präsens** oder ein erweitertes **Partizip Perfekt**:

    *Nous nous adressons à **ceux possédant** déjà des connaissances approfondies du fran-
    çais.*
    Wir wenden uns an diejenigen, welche bereits über vertiefte Französischkenntnisse verfü-
    gen.

    *L'explication donnée par mon professeur me persuade moins que **celle trouvée** par mon
    frère.*
    Die von meinem Lehrer gegebene Erklärung überzeugt mich weniger als die, die mein
    Brudor gefunden hat.

2. eine **Präposition**:

    *Les romans de Balzac et **ceux de** Flaubert me plaisent particulièrement.*
    Die Romane Balzacs und Flauberts gefallen mir besonders gut.

    *Est-ce que tu vois le bâtiment au bout de la rue, **celui à** gauche?*
    Siehst du das Gebäude am Ende der Straße, das linke?

    *Je n'aime que les bijoux en or, **ceux en** argent ne me disent rien du tout.*
    Ich liebe nur Goldschmuck; der aus Silber gefällt mir überhaupt nicht.

    Anmerkung:
    Die häufigste präpositionale Ergänzung der einfachen Formen des Demonstrativ-
    pronomens erfolgt mit der Präposition *de*; andere Präpositionen als *de* sind aber
    ebenfalls **durchaus geläufig**.

3. ein unmittelbar sich anschließender **Relativsatz**:

    ***Ceux qui** souhaiteraient participer à cette excursion sont priés de s'inscrire auprès
    de la réception de l'hôtel.*
    Diejenigen, die an dem Ausflug teilnehmen möchten, mögen sich bitte bei der Hotelrezep-
    tion anmelden.

    *Voilà deux des personnes en question. Pourtant, **celle dont** on a parlé hier n'est pas là.*
    Da sind zwei der besagten Personen. Allerdings ist die, über die wir gestern gesprochen
    haben, nicht dabei.

4. ein ergänztes **Adjektiv**:

    *Les manuels de grammaire et **ceux relatifs à** l'apprentissage des langues étrangères
    sont enfin disponibles.*
    Die Grammatiken und die Lehrbücher, die sich mit dem Fremdsprachenerwerb befassen,
    sind endlich vorhanden.

301 | **Der Gebrauch der zusammengesetzten Formen des Demonstrativpronomens** *celui-ci, celui-là...*

Die **zusammengesetzten Formen** des Demonstrativpronomens können – im Gegensatz zu den einfachen Formen – **alleine stehen**. Sie werden in folgenden Fällen verwendet:

1. Die zusammengesetzten Formen nehmen eine vorher genannte Person, Sache, usw. wieder auf:

   *Quelle robe avez-vous choisie? – Je prends **celle-ci**.*
   Welches Kleid haben Sie gewählt? – Ich nehme dieses hier.

   *Pour quel menu avez-vous opté? – Je prends **celui-là**.*
   Für welches Menü haben Sie sich entschieden? – Für dieses da.

2. *Celui-ci – celui-là* werden in Gegenüberstellungen benutzt. In konkreten Sprechsituationen verweist *celui-ci* auf näher befindliche, *celui-là* auf fernere Personen oder Gegenstände:

   *Les deux voitures me plaisent, **celle-ci** pour sa couleur, **celle-là** pour sa forme.*
   Beide Autos gefallen mir, dieses (hier) wegen seiner Farbe, jenes / das dort wegen seiner Form.

   In einem schriftlichen Text verweist *celui-ci* auf das im Satz Letztgenannte, *celui-là* auf das im Satz Erstgenannte:

   *Il avait accusé et son frère et sa copine, **celle-ci** par jalousie, **celui-là** sans raison apparente.*
   Er hatte sowohl seinen Bruder als auch seine Freundin beschuldigt, **letztere** aus Eifersucht, **ersteren** ohne offensichtlichen Grund.

3. Die mit *-là* gebildeten Formen des Demonstrativpronomens erhalten in bestimmten Sprechsituationen eine abwertende Färbung:

   *Quel drôle de type, **celui-là**!*   → Was für ein komischer Typ!

   ***Celle-là**, je l'ai dans le collimateur!*   → Die da habe ich im Visier / auf dem Kieker.

4. Die durch *-là* ergänzte Form des Demonstrativpronomens muss stehen, wenn ein Relativsatz nicht unmittelbar auf das Demonstrativpronomen folgt, sondern *même* bzw. *seul* oder ein Satz mit Verb zwischen Demonstrativpronomen und Relativsatz treten:

   ***Celui-là** est un gourmet **qui** apprécie la bonne cuisine française.*
   Derjenige ist ein Gourmet, der die gute französische Küche schätzt.

   ***Ceux-là** seuls **qui** paient comptant bénéficient d'une réduction de prix.*
   Nur diejenigen, die bar zahlen, erhalten einen Preisnachlass.

   ***Celles-là** mêmes **qu'**il avait défendues lui ont adressé des reproches.*
   Gerade diejenigen, die er verteidigt hatte, machten ihm Vorwürfe.

Demonstrativadjektiv und Demonstrativpronomen: Aufbaustufe

Der Gebrauch des neutralen Demonstrativpronomens *ce*   302

1. R 302.1

Ce (= es / das) wird gebraucht als **Subjekt** vor *être* + **prädikative Ergänzung**. Die prädikative Ergänzung kann ein Substantiv, ein Adjektiv oder ein Adverb sein.

Die prädikative Ergänzung ist ein Substantiv:
C'est une erreur évidente.   → Das ist ein offensichtlicher Fehler.
Ce ne sont pas mes amis.   → Dies / Das sind nicht meine Freunde.

Die prädikative Ergänzung ist ein Adjektiv:
C'est beau.   → Es ist schön.
Ce n'est pas agréable.   → Es / Das ist nicht angenehm.

Anmerkung:

Zu den verstärkten emphatischen Formulierungen: *Cela est beau* oder *Ça, c'est beau* vgl. **304.3**.

Die prädikative Ergänzung ist ein Adverb:
C'est déjà bien.   → Das ist schon ganz gut.
C'est assez.   → Das reicht. / Das ist genug.

2. R 302.2

Vor *devoir* oder *pouvoir* + *être* + Ergänzung steht normalerweise *ce*. *Cela* (im gesprochenen Französisch *ça*) ist ebenfalls möglich.

Beispiele:

Ce / Cela doit être un malentendu.   → Das muss ein Missverständnis sein.

Ce / Cela ne peut pas être accepté.   → Das kann nicht akzeptiert werden.

Anmerkung:

Folgt auf *devoir* oder *pouvoir* ein Vollverb, so kann das neutrale Demonstrativpronomen **nur** *cela* heißen.

Cela doit vous donner du souci.   → Das muss Ihnen Sorgen bereiten.

3. Bei *être* wird das Subjekt durch *ce* zur Verstärkung des Prädikats wieder aufgenommen,

- wenn das Prädikatsnomen ein Personalpronomen ist:

  *Ma grande joie, **c'**est vous.* → Meine große Freude (, das) sind Sie.
  *L'Etat, **c'**est moi.* → Der Staat (, das) bin ich.

- wenn das Prädikatsnomen in Form eines *que*-Satzes oder eines mit *de* ange-schlossenen Infinitivsatzes ausgedrückt ist (alternativ kann *ce* auch entfallen):

  *Le mieux, **c'**est qu'il a trouvé un emploi tout de suite.*
  Le mieux est qu'il a trouvé un emploi tout de suite.
  Das Beste ist, dass er sofort eine Stelle gefunden hat.

  *Son grand avantage, **c'**est de pouvoir s'arrêter quand il veut.*
  Son grand avantage est de pouvoir s'arrêter quand il veut.
  Sein großer Vorteil ist, dass er aufhören kann, wann er will.

- wenn sowohl das Subjekt als auch das Prädikatsnomen von einem Infinitiv gebildet werden:

  *Travailler, **c'**est s'accomplir pleinement.*
  Arbeiten heißt sich voll verwirklichen.

  *Partir ce week-end, **c'**est risquer des bouchons.*
  Dieses Wochenende losfahren heißt, Staus zu riskieren.

Anmerkung:
Wenn nur das Subjekt ein Infinitiv ist, kann *ce* fehlen. *Partir ce week-end (, ce) serait de la folie. Ce* kann ebenfalls wegfallen, wenn *être* verneint ist: *Partir ce week-end (, ce) ne serait pas prudent.*

---

303 | **Der Gebrauch des neutralen (zusammengesetzten) Demonstrativpronomens *ceci***

1. *Ceci* verweist auf einen **folgenden Gegenstand** oder **Sachverhalt**:

***Ceci** est mon testament.* →	**Dies** (hier) ist mein Testament.
*Le philosophe français Jean-Paul Sartre a dit **ceci**: «L'enfer, c'est les autres.»* →	Der französische Philosoph Jean-Paul Sartre hat **Folgendes** gesagt: „Die Höl-le, das sind die andern."
*Dites-lui **ceci** de notre part: nous le poursuivrons en justice.* →	Teilen Sie ihm **Folgendes** von uns mit: Wir werden ihn gerichtlich belangen.

2. *Ceci* wird in **Gegenüberstellungen** mit *cela* verwendet, wobei *ceci* auf etwas näher Liegendes, *cela* auf etwas ferner Liegendes verweist:

*Ceci me plaît énormément, **cela** pas du tout.*	→	**Dies hier** gefällt mir sehr gut, **das da** überhaupt nicht.
*Ceci est jaune, **cela** est orange.*	→	**Dies hier** ist gelb, **das da** ist orange(-farben).

Anmerkung:

Bei Gegenüberstellungen von Substantiven mittels *ceci – cela* in Verbindung mit *être* wird in der Regel *cela* durch ein *ce* wieder aufgenommen:

*Ceci est un adjectif, **cela**, c'est un substantif.*
Dies hier ist ein Adjektiv, das da (ist) ein Substantiv.

Dafür auch: *Ceci est un adjectif, cela un substantif.*

3. In der französischen Umgangssprache wird *ceci* meist durch *cela / ça* ersetzt, auch unter Inkaufnahme einer Dopplung des Demonstrativpronomens *cela*:

*Cela est correct, (et) **cela** est faux.*

Dafür auch:

*Ça, c'est correct, (et) **ça**, c'est faux.*

4. **Wendungen** mit *ceci*:

ceci dit... (auch: *cela dit...*)	→ abgesehen davon / nach diesen Worten...
ceci et cela	→ dies und jenes / dies und das

Der Gebrauch des neutralen (zusammengesetzten) Demonstrativpronomens *cela / ça*   `304`

1. *Cela*, in der gesprochenen Sprache *ça*, steht als **neutrales Subjekt** bei Verben, die mit einem direkten Objekt oder einem indirekten Objekt verbunden werden (*verbes transitifs directs ou indirects*). Bei Verben, die ohne Objekt stehen (*verbes intransitifs*), steht ebenfalls *cela / ça*. Die Demonstrativpronomen *cela / ça* verweisen dabei auf einen bereits erwähnten / bekannten Sachverhalt.

***Cela** / **Ça** m'a préoccupé.*	→	Das / Es hat mich beunruhigt. (direktes Objekt)
***Cela** / **Ça** me fait plaisir.*	→	Das / Es macht mir Spaß. (indirektes Objekt)
*Je t'aiderai. **Cela** / **Ça** va de soi.*	→	Ich helfe dir. Das versteht sich von selbst. (ohne Objekt)
***Cela** / **Ça** suffit.*	→	Das / Es reicht. (ohne Objekt)

Anmerkung:

In der Verbindung: modales Hilfsverb + Vollverb heißt das neutrale Subjekt ebenfalls *cela*.

Cela doit vous rappeler quelque chose.   → Das muss Sie an etwas erinnern.

Cela ne veut rien dire.   → Das will nichts heißen.

Beachte:

Es sind folgende Formen zu unterscheiden:

*Il arrive. – **Cela** arrive.* (Er kommt an. – Es kommt vor.)

*Il est beau. – **C'**est beau. / **Cela** est beau!* (Er ist schön. – Es ist schön. / Das ist schön!)

2. ***Cela / Ça*** verweisen in <mark>Objektfunktion</mark> auf einen Sachverhalt, der erwähnt wurde oder als bekannt vorausgesetzt wird:

   *Il paraît qu'il veut vendre sa maison. – De qui tenez-vous **cela** / **ça**?*
   Es heißt, er wolle sein Haus verkaufen. – Von wem haben Sie das?

   *Est-ce que vos amis partiront en vacances? – Bien sûr, ils ne pensent qu'**à cela** /*
   ***à ça**.*
   Fahren eure Freunde in Ferien? – Na klar, sie denken nur daran / nur an das.

   *Je ne me souviens plus **de cela** / **ça** . Ne parlez pas **de cela** / **ça**.*
   Ich erinnere mich nicht mehr daran. Sprechen Sie nicht darüber!

3. Vor dem Hilfsverb *être* + Adjektiv / Adverb steht an Stelle von *ce* die Form ***cela**,* wenn der Sachverhalt hervorgehoben oder emphatisch verstärkt werden soll:

   Cela est formidable!   → Das ist ja wunderbar!

   Cela n'était pas très correct.   → Das war nicht besonders fair.

   Beachte:

   Wird an Stelle von *cela* + Adjektiv / Adverb im gesprochenen Französisch die Form *ça* verwendet, muss letztere durch *ce* wieder aufgenommen werden, wenn eine Präsens- oder Imperfektform von *être* folgt. ***Ça, c'est formidable! Ça, ce n'était pas bien!***

   Folgt ein prädikatives Substantiv, müssen sowohl *cela* (im geschriebenen Französisch) als auch *ça* (im gesprochenen Französisch) durch ein *ce* wieder aufgenommen werden: ***Cela, c'est une erreur impardonnable. Ça, c'est une erreur impardonnable.***

4. Geht dem Hilfsverb *être* ein Personalpronomen oder *seul* voraus, muss immer *cela / ça* stehen (also nicht *ce*!):

   ***Cela / Ça m'**est égal.*   → Das ist mir gleich.

   ***Cela / Ça nous** aurait été agréable.*   → Das wäre für uns sehr angenehm gewesen.

   ***Cela seul** serait acceptable.*   → Das allein wäre annehmbar.

5. In Bezug auf Menschen (auch Tiere) verwendet man *cela*, häufiger *ça*, zum Aus-
   druck der **Verachtung**, des **Mitleids**, der **kritisch-ironischen Distanz**:

   Ça ne comprend rien, ça ne sait rien, mais ça donne son avis sur tout.
   Diese Leute verstehen nichts, wissen nichts, aber sie wollen zu allem ihre Meinung sagen.

   Ça ne sent pas bon, les cochons.
   Schweine riechen nicht gut.

Die Wiedergabe des deutschen grammatischen Subjekts „es" im   `305`
Französischen

Im Deutschen wird das neutrale „es" als **eigentliches Subjekt** und als **grammati-
sches Subjekt** immer gleich ausgedrückt, das heißt, die Form des neutralen Sub-
jekts ist immer „es", unabhängig von der Wortart, in Verbindung mit der dieses „es"
gebraucht wird. Im Französischen wird das neutrale „es" je nach seiner Funktion und
der folgenden Wortart **unterschiedlich ausgedrückt**.

Als **eigentliches Subjekt** „es" (= Sinnsubjekt) wird in der Regel *cela*, in bestimmten
Fällen auch *ce* benutzt: *Cela ne fait rien. Cela n'a aucune importance. Cela arrive.
Cela va de soi. C'est beau. Ce doit être merveilleux. Cela doit vous rappeler quelque
chose.* Vergleiche dazu **302** und **304**.

Als **grammatisches Subjekt** „es" (= Scheinsubjekt) kündigt dieses den eigentlichen
Satzgegenstand (= das Subjekt) an. Der Gegenstand des Satzes ist in Form eines
Nebensatzes oder eines Infinitivsatzes ausgedrückt:

Es ist schön. → „es" = **eigentliches Subjekt** (Wer oder was ist schön? → „es")

Es ist schön, dass du kommst. → „es" = **grammatisches Subjekt**. Das eigentliche
Subjekt ist durch den **Nebensatz** ausgedrückt: = „dass du kommst" (Wer oder was ist
schön? → dein Kommen)

Es ist schön, dich wiederzusehen. → „es" = **grammatisches Subjekt**. Das eigentli-
che Subjekt ist durch den **Infinitiv** ausgedrückt: = „dich wiederzusehen" (Wer oder
was ist schön? → das Wiedersehen mit dir)

Zum Ausdruck des grammatischen Subjekts „es" sind im Französi-
schen folgende Fälle zu unterscheiden:

1. | Es + sein (*être*) + Adjektiv → *il*:

   Il est évident qu'il n'a pas dit la vérité. → Es ist klar, dass er nicht die Wahrheit gesagt hat.

   Anmerkung: In lebhafter, affektischer Rede kann hier auch *ce* verwendet wer-
   den: *Mais c'est évident qu'il n'a pas dit la vérité!* Bei Umstellung der Satzteile
   erhält man: *Il n'a pas dit la vérité, c'est évident!* Im letztgenannten Satz ist das
   ce eigentliches Subjekt.

2. | Es + sein (*être*)+ Substantiv oder Adverb → ***ce***:

C'est une honte (que) d'agir de cette façon! → Es ist eine Schande, so zu handeln.

C'est assez de lui donner un avertissement. → Es reicht, ihn zu verwarnen.

Anmerkung:

Die Wendung *C'est dommage que...* kann auch durch *Il est dommage que...* ersetzt werden.

3. | Es + transitives Verb | (das heißt, „es" mit folgendem Verb, bei dem ein direktes oder indirektes Objekt stehen kann) → ***cela***:

Cela me plaît de surfer sur Internet. → Es gefällt mir, im Internet zu surfen.

Cela me divertit d'aller au théâtre une fois par mois. → Ich finde es unterhaltsam, einmal im Monat ins Theater zu gehen.

Anmerkung*:*

Die Verwendung von *il* ist in diesem Fall möglich; sie ist literarisch und wirkt zuweilen leicht gekünstelt: ***Il me plaît*** *de voir jouer les pièces de Molière.*

4. | Es + unpersönliche oder unpersönlich gebrauchte Verben und Ausdrücke → ***il***:

Il pleut. Il fait une chaleur horrible. Il est cinq heures. Il m'arrive d'être en retard. Il arrive qu'il me rende visite à Berlin. Il lui manque du courage Il suffit d'apprendre Faut-il absolument le faire?

---

306 | # Wendungen

Wendungen mit *ce* / *cet* / *cette* / *ces* :	
ce matin; cet(te) après-midi; ce soir, cette nuit	heute morgen, heute nachmittag, heute abend, heute nacht
Aber: *à midi* / *vers midi* / *entre midi et deux*	heute mittag
en ce moment	jetzt / im Augenblick
C'est selon.	Je nachdem... / Das kommt darauf an.
C'est moi.	**Ich** bin es.
ce dernier / *cette dernière* / *ces derniers* / *ces dernières*	letzterer / letztere
Beispiel: *Ont assisté à la réunion dix députés et deux ministres. **Ces derniers** étaient venus à la place du Président et du Premier ministre.*	...Letztere waren in Vertretung des Präsidenten und des Ministerpräsidenten gekommen.

Wendungen mit *ce / cet / cette / ces* (Fortsetzung)**:**

C'est à vous que je parle!	Sie meine ich! / Ich spreche mit Ihnen!
à cette fin / à ces fins / dans ce but	zu diesem Zweck
S'il n'est pas venu, c'est que...	Wenn er nicht gekommen ist, dann deswegen, weil... / Wenn er nicht gekommen ist, so erklärt sich das dadurch, dass...
Ç'allait être gai.	Das sollte lustig werden.
en ces termes	mit diesen / folgenden Worten
pour ce faire	um das zu tun / machen
ce me semble	so scheint (es) mir / wie mir scheint / wie ich meine
Beispiel: *J'ai bien, ce me semble, le droit à la parole.* *(J'ai bien le droit à la parole, à ce qu'il me semble.)*	Ich habe doch, wie mir scheint, das Recht auf Meinungsäußerung.
à ce que je vois	soviel ich sehe
pour ce qui est de votre problème	was ihr Problem betrifft
à cet effet	dazu / zu diesem Zweck
sur ce	daraufhin
Beispiel: *Il avait terminé son travail. Sur ce, il quitta son bureau.*	Er hatte seine Arbeit beendet. Daraufhin verließ er sein Büro.
A un de ces jours!	Bis demnächst!
J'ai une de ces soifs!	Hab' ich (vielleicht) einen Durst!
J'ai eu une de ces peurs!	Bin ich erschrocken! / Hab' ich einen Schreck bekommen.
ce disant; ce faisant (= en disant cela; en faisant cela)	mit diesen Worten; dabei / als er (sie) das tat

Wendungen mit *cela / ça*:

C'est cela / ça.	Ja, das stimmt.
Comment cela / ça?	Wie denn das?
Il y a des années de cela / ça.	Das ist schon Jahre her.
sans cela / ça...	andernfalls / sonst...
(Et) Avec cela / ça (Monsieur / Madame)?	Darf es noch etwas sein? / Wär's das?
C'est toujours ça.	Immerhin. / Das ist ja schon (mal) was.
Ça va?	Wie geht's?

Wendungen mit *cela* / *ça* (Fortsetzung):

Il ne manquait plus que cela / ça!	Das fehlte gerade noch!
Qu'à cela ne tienne.	Daran soll es nicht liegen.
Ça y est?	Bist du / Seid ihr soweit?
Ça y est!	So, das hätten wir geschafft. / Es ist soweit. / Da haben wir die Bescherung. / Da ist es passiert.
Ça a été?	Hat es geklappt? / Hat es geschmeckt?

Anmerkung:

Im gesprochenen Französisch wird in den aufgeführten Wendungen an Stelle von *cela* häufig *ça* gebraucht. *Ça* wird (im Gegensatz zu *ce*) nicht elidiert; also nur: *Ça arrive.* (= Das kommt vor.)

Demonstrativadjektiv und Demonstrativpronomen: Repetitorium

Formen und Gebrauch des Demonstrativadjektivs und des Demonstrativpronomens

`307`

1. Das **Demonstrativadjektiv** begleitet ein Substantiv oder ein Adjektiv + Substantiv („Demonstrativbegleiter"):

   ce garçon – *cette* fille – *ces* pays / *ces* villes
   cette gentille fille; *ces* grands bâtiments

   Vor männlichem Substantiv / männlichem Adjektiv + Substantiv im Singular mit anlautendem Vokal oder stummem *h* ist die Form des Demonstrativadjektivs *cet*:

   cet ami; *cet* hôpital; *cet* agréable séjour   **Aber:** *ce* hêtre (= h aspiré)

   Das Demonstrativadjektiv kann durch ein an das Substantiv angehängtes *-ci* / *-là* verstärkt werden.

   ce dossier-*ci*; *ces* arbres-*là*

   Ein angehängtes *-là* verweist innerhalb eines vorgegebenen Zeitrahmens auf vergangene Zeitpunkte oder Zeitabschnitte:

   ce jour-là   = an jenem Tag (damals)
   à ce moment-là   = damals

2. Die **einfachen** Formen des **Demonstrativpronomens** sind:
   celui; celle; ceux; celles und *ce*

   Die einfachen Formen benötigen eine Ergänzung durch:

   - einen **Partizipialsatz** (Partizip Präsens oder Partizip Perfekt),
   - einen **präpositionalen Anschluss** (häufig mit *de*),
   - einen **Relativsatz**,
   - ein **ergänztes Adjektiv**.

   Beispiele:

   Les étudiants francophones et *ceux possédant* des connaissances en français...

   Ma solution et *celle proposée* par mon collègue...

   Ma voiture et *celle de* mon ami...

   Ceux dont on parle ne sont pas là.

   Les personnes concernées et *celles susceptibles d'être intéressées*...

Die **zusammengesetzten** Formen des **Demonstrativpronomens** sind:

celui-ci / -là; celle-ci / -là; ceux-ci / -là; celles-ci / -là; dazu *ceci* und *cela / ça*

Die zusammengesetzten Formen *celui-ci, celui-là...* werden in **Gegenüberstellungen** gebraucht: *Celui-ci* = der / das Letztgenannte; *celui-là* = der / das Erstgenannte.

Wird ein auf *celui, celle, ceux, celles* folgender Relativsatz durch *même* bzw. *seul* oder durch einen Satz mit Verb vom Demonstrativpronomen getrennt, müssen die zusammengesetzten Formen mit *-là* benutzt werden.

*Celui-**là** est vraiment heureux qui n'envie pas le bonheur des autres.*

*Ceux-**là** même qui aiment médire se plaignent de la médisance des autres.*

3. Das **neutrale Demonstrativpronomen** *ce* steht als Subjekt vor *être* + prädikative Ergänzung in Form eines Substantivs / Adjektivs / Adverbs:

   *C'est une faute. **Ce** serait génial. **Ce** n'est pas mal.*

   Desgleichen steht *ce*, wenn vor *être* + Ergänzung zusätzlich ein modales Hilfsverb (*devoir, pouvoir*) steht.

   ***Ce** ne peut pas être une erreur.*

   Im letztgenannten Satz ist auch *cela* möglich:

   ***Cela** ne peut pas être une erreur.*

   Folgt auf das modale Hilfsverb ein Vollverb, heißt das neutrale Demonstrativpronomen **immer** *cela*:

   ***Cela** doit vous rappeler des souvenirs.*

4. Das neutrale zusammengesetzte Demonstrativpronomen *ceci* verweist auf etwas **Folgendes**:

   *Je dois vous faire part de **ceci**: j'ai démissionné de mon poste.*

   In **Gegenüberstellungen** in Verbindung mit *cela* verweist *ceci* auf das Näherliegende, *cela* auf das Fernerliegende. Werden Substantive gegenübergestellt, muss in Verbindung mit *être* das Demonstrativpronomen *cela* durch *ce* aufgenommen werden:

   ***Ceci** me plaît, **cela** beaucoup moins. **Ceci** est une pomme, **cela**, c'est une orange.*

5. *Cela*, in der gesprochenen Sprache häufig *ça*, steht als **neutrales Subjekt** bei transitiv-direkten und transitiv-indirekten Verben oder bei Verben, die ohne Objekt benutzt werden:

   ***Cela** me préoccupe. **Ça** leur plaît. **Cela** suffit.*

In **Objektfunktion** verweist *cela / ça* auf einen bekannten Sachverhalt:

*Qui vous a dit **cela**? Je ne m'occupe pas de **ça**.*

Geht dem Hilfsverb *être* ein **Personalpronomen** oder *seul* voraus, steht an Stelle von *ce* (z.B. *c'est normal*) *cela / ça*:

***Cela** nous serait égal.* (Also nicht: **Ce nous serait égal.*)

6. Die Wiedergabe des deutschen **grammatischen Subjekts** „es“, das den in Form eines Nebensatzes oder Infinitivsatzes vorgegebenen Satzgegenstand „ankündigt“, wird im Französischen in Abhängigkeit von der folgenden Wortart variiert:

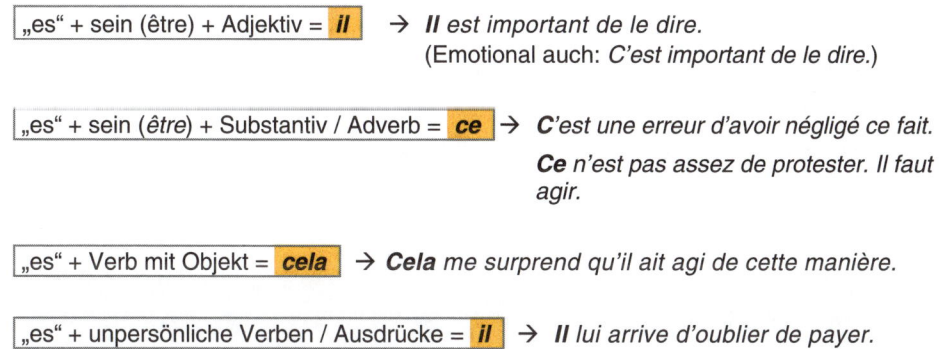

„es“ + sein (être) + Adjektiv = **il** → ***Il** est important de le dire.*
                                        (Emotional auch: *C'est important de le dire.*)

„es“ + sein (*être*) + Substantiv / Adverb = **ce** → ***C'est** une erreur d'avoir négligé ce fait.*
                                                       ***Ce** n'est pas assez de protester. Il faut
                                                       agir.*

„es“ + Verb mit Objekt = **cela** → ***Cela** me surprend qu'il ait agi de cette manière.*

„es“ + unpersönliche Verben / Ausdrücke = **il** → ***Il** lui arrive d'oublier de payer.*

Schwierigkeiten und Fehlerquellen   308

Für germanophone Lernende sind insbesondere die oben genannten unterschiedlichen Formen des neutralen grammatischen Subjekts im Französischen schwierig zu handhaben. Im Deutschen ist das grammatische Subjekt „es“ immer gleich, und auch das eigentliche Subjekt lautet im Deutschen „es“ (Variante: „das“).

Also:

Es ist schön. Es ist klar. Es ist ein Fehler. Es macht mir Spaß.   (es = **eigentliches** Subjekt)

Es ist schön, dass du da bist. Es ist klar, dass er gelogen hat. Es ist ein Fehler, immer nein zu sagen. Es macht mir Spaß, ihn zu ärgern. Es regnet Bindfäden. (es = **grammatisches** Subjekt)

Im Französischen ist in den genannten Beispielsätzen auf die unterschiedliche Funktion des neutralen Subjekts sowie auf die mit diesem verbundene Wortart zu achten:

*C'est beau. C'est évident. C'est une erreur. **Cela** me fait plaisir.*

(Das **eigentliche** Subjekt vor *être* heißt *ce*; das eigentliche Subjekt beim Verb mit Objekt heißt *cela*.)

C'est bien que tu sois là. Il est évident qu'il a menti. / C'est évident qu'il a menti. C'est une erreur de dire toujours non. Cela me fait plaisir de lui rendre service. Il pleut des cordes.

(Das **grammatische** Subjekt in Verbindung mit einem Adverb heißt *ce*; mit einem Adjektiv: *il* und *ce*; mit einem Substantiv: *ce*; bei einem Verb mit Objekt: *cela*; bei unpersönlichem Verb: *il*.)

Der Wechsel vom grammatischen Subjekt zum eigentlichen Subjekt lässt sich an folgenden Beispielen dokumentieren:

Il est évident qu'il réussira.   ⇔ *Il réussira, c'est évident.*

Il va de soi que nous nous y rendrons par le train. ⇔ *Nous nous y rendrons par le train, cela va de soi.*

Als ausgesprochen deplatziert gilt im Französischen der fehlerhafte Gebrauch des neutralen Subjekts in folgender Wendung:

*Cela / *Ça pleut anstatt *Il pleut*.

Umgangssprachlich ist: *C'est cinq heures* an Stelle von *Il est cinq heures*.

Kapitel 5.4
Das Relativpronomen und der Relativsatz
(le pronom relatif et la proposition relative)

Kapitelübersicht:

Das Relativpronomen und der Relativsatz: Grundstufe

309 ## Die Formen des Relativpronomens

Ein Relativsatz ist ein Nebensatz, der durch ein Relativpronomen eingeleitet wird. Das Relativpronomen verknüpft einen Satzteil des übergeordneten Satzes oder auch den gesamten vorausgehenden Satz mit dem Relativsatz, indem es den Satzteil bzw. den vorausgehenden Satz näher bestimmt. Die Formen des Relativpronomens variieren je nach seiner syntaktischen Funktion. Es gibt unveränderliche und veränderliche Formen des Relativpronomens.

1. Die Formen des unveränderlichen Relativpronomens:

qui	*que*	*quoi*	*dont*	*où*

2. Die Formen des veränderlichen Relativpronomens:

		zusammengesetzte Formen mit *à*	zusammengesetzte Formen mit *de*
männlich Singular	*lequel*	*auquel*	*duquel*
weiblich Singular	*laquelle*	*à laquelle*	*de laquelle*
männlich Plural	*lesquels*	*auxquels*	*desquels*
weiblich Plural	*lesquelles*	*auxquelles*	*desquelles*

Die Formen des veränderlichen Relativpronomens *lequel*, usw. sind mit den Formen des Interrogativpronomens *lequel?* (= welcher?) identisch.

310 ## Übersicht über die Formen des Relativpronomens in Abhängigkeit von Bezugswort und grammatischer Funktion

grammatische Funktion	Bezugswort		
	auf Personen bezogen	auf Sachen bezogen	auf vorangehendes *ce*, *quelque chose* **bezogen**
Subjekt	*qui*	*qui*	*qui*
	Le voisin **qui** *m'a invité...* Der Nachbar, **der** mich eingeladen hat...	*La voiture* **qui** *a été volée...* Das Auto, **das** gestohlen wurde...	*Il pleut,* **ce qui** *me déplaît fort...* Es regnet, **was** mir sehr missfällt...

grammatische Funktion	Bezugswort		
	auf Personen bezogen	auf Sachen bezogen	auf vorangehendes *ce*, *quelque chose* **bezogen**
direktes Objekt	**que / qu'** *Le voisin* **que** *j'ai invité...* *Le voisin* **qu'***il a invité...* Der Nachbar, **den** ich eingeladen habe... / **den** er eingeladen hat...	**que / qu'** *La voiture* **que** *j'ai achetée...* *La voiture* **qu'***elle a achetée...* Das Auto, **das** ich gekauft habe... / **das** sie gekauft hat...	**que / qu'** *Il pleut,* **ce que** *je déteste...* *Il pleut,* **ce qu'***il déteste...* Es regnet, **was** ich / **was** er nicht mag...
Prädikatsnomen	**que / qu'** *Le grand pessimiste* **que** *tu es!* Was für ein großer Pessimist du doch bist! *Le grand général* **qu'***était Napoléon!* Welch großer General Napoleon doch war!	**que / qu'** *Le grand pays* **que** *fut la Russie...* Das große Land, **das** Russland einmal war... *Le beau pays* **qu'***est la France...* Das schöne Land, **das** Frankreich ist...	**que / qu'** *Ce que* *vous êtes bêtes!* *Ce qu'***on est bête!* **Wie** dumm ihr **doch** seid / wir **doch** sind!
indirektes Objekt mit *à*	**à qui / auquel** usw. *L'homme* **à qui** / **auquel** *elle parle...* Der Mann, **mit dem** sie spricht...	**auquel** usw. *Le jeu* **auquel** *nous jouons...* Das Spiel, **das** wir spielen...	**à quoi** *Ce* **à quoi** *je pense, c'est (à) ton avenir.* **Woran** ich denke, das ist deine Zukunft.
indirektes Objekt mit *de*	**dont / de qui** *L'homme* **dont** / **de qui** *on parle...* Der Mann, **von dem** / **über den** man spricht...	**dont / duquel** usw. *(duquel / de laquelle* in dieser Funktion selten) *L'argent* **dont** / *duquel j'ai besoin...* Das Geld, **das** ich brauche...	**dont** *Ce* **dont** *nous avons parlé, c'est (de) ton avenir.* **Worüber** wir gesprochen haben, das ist deine Zukunft.
präpositionales Objekt (mit anderen Präpositionen als *à* oder *de*)	**Präp. + qui / lequel** usw. *Le patron* **pour qui** / **pour lequel** *je travaille...* Der Chef, **für den** ich arbeite...	**Präp. + lequel** usw. *L'entreprise* **pour laquelle** *je travaille...* Das Unternehmen, **für das** ich arbeite...	**Präp. + quoi** *Ce* **sur quoi** *je compte sans faute, c'est (sur) ton aide.* **Womit** ich unbedingt rechne, das ist deine Hilfe.

Anmerkung:

Das Relativpronomen *qui* bleibt vor einem Wort mit Vokal oder stummem *h* unverändert, während das Relativpronomen *que* vor einem Wort mit Vokal oder stummem *h* zu *qu'* wird.

Im Französischen gibt es, insbesondere für Ortsangaben, auch noch das Relativpronomen *où*. Es ist eigentlich ein Relativadverb. Bei Herkunftsangaben wird es mit der Präposition *de* (→ *d'où*) verbunden.

Le quartier **où** *j'habite...*	*La ville* **où** *je vais...*	*La ville* **d'où** *je viens...*
Das Viertel, in dem ich wohne...	Die Stadt, in die ich fahre...	Die Stadt, aus der ich komme...

---

311 **Der Gebrauch von** *qui*

Das Relativpronomen *qui* wird als **Subjekt** verwendet, wobei sein Bezugswort im Singular oder Plural stehen kann. Es ist im Gegensatz zum Deutschen (der, die, das), unveränderlich.

R 311.1

Das Relativpronomen *qui* bezieht sich als Subjekt auf Personen, Tiere oder Sachen.

Beispiel:

C'est un homme / une robe / un chat **qui** *me plaît.*

Qui steht ferner nach **Präpositionen**, aber:

R 311.2

Nach Präpositionen kann sich *qui* nur auf Personen (auch Haustiere) beziehen.

Beispiele:

Voilà nos amis **avec qui** *nous sommes partis en vacances.*

Elle aime son chien, **à qui** *elle parle sans cesse.*

Je vous présente mes amis, **de qui** *nous venons de parler.*
Darf ich Ihnen meine Freunde vorstellen, von denen wir gerade gesprochen haben.

Anmerkung:

1. An Stelle des Relativpronomens *qui* mit Präposition kann auch eine Form von *lequel* mit Präposition auf Personen bezogen stehen. Nach *parmi* und *entre* steht immer eine Form von *lequel*:

   Voilà nos amis **avec qui** / **avec lesquels** *nous sommes partis en vacances.*

   Les personnalités politiques, **parmi lesquelles** *se trouvaient le président et le chancelier...*

   Voilà les deux possibilités **entre lesquelles** *tu peux choisir.*

Die personenbezogene Form von *qui* mit Präposition wird häufiger angewendet als die personenbezogene Form von *lequel* mit Präposition. *En lequel*, auf Personen bezogen, ist **wesentlich seltener** als *en qui*:

*La personne **en qui** j'avais confiance m'a déçu.*

2. An Stelle von *de qui* steht bei Bezug auf Personen regelmäßig auch **dont**. (Zur Verwendung von *dont* an Stelle von *de qui* vgl. **324.4.**) Es entspricht nicht dem guten Gebrauch, bei Bezug auf Personen *duquel, de laquelle, desquels* und *desquelles* zu benutzen. Sätze wie: *Les gens desquels je me méfie...* sind zu meiden. Dafür also: *Les gens **dont** / **de qui** je me méfie...*

Der Gebrauch von que

312

R 312

Das Relativpronomen **que** ist im Relativsatz **direktes Objekt**. Es kann sich auf Personen oder auf Sachen beziehen.

Beispiele:

*Le monsieur **que** j'ai rencontré hier m'était inconnu.*

*Les livres **qu'**elle a lus pendant les vacances lui ont bien plu.*

Der Gebrauch von quoi

313

Das Relativpronomen **quoi** wird vor allem nach dem Demonstrativpronomen **ce** mit folgender Präposition verwendet:

***Ce à quoi** je m'intéresse surtout, c'est (à) toutes les disciplines des sports d'hiver.*
Wofür ich mich besonders interessiere, das sind alle Wintersportarten.

***Ce sur quoi** notre climat influe surtout, c'est (sur) notre psychisme.*
Worauf unser Klima einen besonderen Einfluss ausübt, (das) ist unsere Psyche.

Anmerkung:

In Verbindung mit der Präposition **de** steht nach dem Demonstrativpronomen **ce** das Relativpronomen **dont** (nicht **ce de quoi* !):

*Il y a dix ans, le mur est tombé, **ce dont** je me souviens encore très bien.*
Vor zehn Jahren ist die Mauer gefallen, woran ich mich noch sehr gut erinnere.

314 **Der Gebrauch von** *dont*

R 314.1

> Das Relativpronomen *dont* wird verwendet, wenn es sich auf ein Substantiv / ein Adjektiv / ein Verb / eine Mengenangabe + *de* im Relativsatz bezieht. Es kann sich auf Personen oder Sachen beziehen.

mit Substantiv + *de*	*C'est le professeur* ***dont** les élèves* (= Subjekt) *travaillent bien.* ***dont** je connais tous les élèves* (= direktes Objekt). ***dont** ils sont les élèves* (= prädikativer Gebrauch). Das ist der Lehrer, dessen Schüler gut arbeiten. dessen Schüler ich alle kenne. dessen Schüler sie sind.
mit Adjektiv + *de* → **être content de /** **être fier de /** **être satisfait de /** **être responsable** **de**, usw.	*Je te présente ma nouvelle voiture, **dont** je suis très content.* Ich zeige dir meinen neuen Wagen, mit dem ich sehr zufrieden bin. *Voilà notre fils, **dont** nous sommes très fiers.* Da ist unser Sohn, auf den wir sehr stolz sind. *L'organisation de l'excursion, **dont** je suis responsable, n'est pas facile.* Die Planung des Ausflugs, für die ich verantwortlich bin, ist nicht leicht.
mit Verb + *de* → **se méfier de /** **avoir besoin de /** **se nourrir de /** **s'occuper de /** **parler de**, usw.	*C'est une personne **dont** il faut se méfier.* Dies ist eine Person, der man misstrauen muss. *C'est un problème **dont** nous nous occupons peu.* Das ist ein Problem, um das wir uns wenig kümmern. *L'affaire **dont** nous avons parlé l'autre jour n'est pas terminée.* Die Affäre, über die wir neulich gesprochen haben, ist noch nicht zu Ende.
mit Mengenangabe + *de*	*J'ai une véritable collection d'outils **dont** je peux vous prêter quelques-uns.* (= *quelques uns des outils*) Ich habe eine regelrechte Sammlung von Werkzeugen, von denen ich Ihnen einige leihen kann.

Man beachte also:

Wird ein Substantiv von dem Relativpronomen *dont* ergänzt, kann dieses Substantiv Subjekt, direktes Objekt oder Prädikatsnomen sein.

- Subjekt: *La maison **dont les fenêtres** sont ouvertes...*
- Direktes Objekt: *La maison **dont** j'ai ouvert **la porte**...*
- Prädikatsnomen: *La maison **dont** mon père est **le constructeur**...*

R 314.2

> Im Unterschied zum Deutschen gilt im Relativsatz mit *dont* die gleiche Wortstellung wie im selbständigen Satz (→ Subjekt + Verb + Objekt).

Beispiel:

Voici notre maison. J'aime son architecture. → *Voici notre maison **dont j'aime l'architecture**.*
Da ist unser Haus, **dessen Architektur ich mag**.

Zum Ersatz des Possessivadjektivs (*J'aime **son** architecture*) durch den Artikel (*l'architecture*) im mit *dont* eingeleiteten Relativsatz vgl. **324.3**.

Der Gebrauch von où

315

R 315

> Das Relativpronomen *où* bezieht sich **nur auf Sachen**. In örtlicher Bedeutung wird es mit der Präposition *de* verbunden, gelegentlich auch mit anderen Präpositionen wie *jusque*, *par*, *pour*, *vers*. Geläufiger sind an Stelle von *où* in örtlicher Verwendung jedoch die Formen von *lequel*: → *jusqu'auquel, par lequel, pour lequel, vers lequel*.

1. *Où* mit örtlicher Bedeutung:

*Le parc **où** / **dans lequel** nous avons joué au football...*	Der Park, in dem / wo wir Fußball gespielt haben...
*La rue **d'où** il sort...*	Die Straße, aus der er (gerade) kommt...
*Le village **par lequel** / **par où** nous sommes passés...*	Das Dorf, durch das wir gekommen sind...
*La région **jusqu'à laquelle** / **jusqu'où** nous sommes arrivés...*	Die Gegend, bis zu der wir gekommen sind...

Anmerkung:

Das Relativpronomen *où* in Verbindung mit der Präposition *de* (= *d'où*) sollte **nicht** durch *duquel* / *de laquelle* / *desquel(le)s* ersetzt werden, sondern durch *dont* (= *La maison **dont** il sort...*).

2. *Où* mit zeitlicher Bedeutung:

*L'été est la saison **où** tout le monde part en vacances.*	Der Sommer ist die Jahreszeit, in der jeder in Urlaub fährt.
*Il avait passé l'âge **où** l'on se marie sans trop réfléchir.*	Er war aus dem Alter raus, in dem man heiratet, ohne viel zu überlegen.
*Je me souviens encore bien de l'hiver **où** il a fait si froid.*	Ich erinnere mich noch gut an den Winter, in dem es so kalt war.
*...à l'époque **où**...*	...zur Zeit, als...
*...au moment **où**...*	...in dem Augenblick, als...
*...le jour **où**...*	...an dem Tag, als...

316 **Der Gebrauch von** *lequel*

Der Gebrauch der Formen des Relativpronomens *lequel* ist in folgenden Fällen **obligatorisch**:

1. wenn sich das Relativpronomen auf ein **Sachsubstantiv** (auch Tiere und Substantive, die etwas Nichtgegenständliches benennen) **+ Präposition** (außer *de*) oder präpositionaler Ausdruck bezieht.

   Beispiele:

   Le jeu (→ Sachsubstantiv) *auquel nous avons joué hier était particulièrement intéressant.*
   Das Spiel, das wir gestern gespielt haben, war besonders interessant.

   La voiture (→ Sachsubstantiv) *avec laquelle je suis parti en Espagne ne m'appartient pas.*
   Das Auto, mit dem ich nach Spanien gefahren bin, gehört mir nicht.

   Je ne connais pas la raison (→ nichtgegenständlich = Abstraktum) *pour laquelle il ne me parle plus.*
   Mir ist der Grund, warum er mit mir nicht mehr spricht, unbekannt.

   Il s'agit du bâtiment à côté duquel (→ Sachsubstantiv + präpositionaler Ausdruck) *se trouve le stade.*
   Es handelt sich um das Gebäude, neben dem sich das Stadion befindet.

   Anmerkung:

   Bezieht sich das Relativpronomen auf ein **Sachsubstantiv** mit der Präposition *de*, sollte an Stelle von *duquel / de laquelle / desquel(le)s* eher die Form *dont* benutzt werden: *Les vacances dont ils sont vraiment contents...*

   Bezieht sich das Relativpronomen auf eine Person + Präposition, kann *qui* oder eine Form von *lequel* stehen:

   L'homme à qui / auquel j'ai parlé au téléphone m'est inconnu.
   Der Mann, mit dem ich am Telefon gesprochen habe, ist mir unbekannt.

2. wenn die *de*-**Ergänzung** einer **Präpositionalgruppe** durch ein Relativpronomen vertreten wird und eine **Sache** bezeichnet. Das Relativpronomen (*duquel / de laquelle / desquels / desquelles*) steht dabei nach der Präpositionalgruppe und wird in Geschlecht und Zahl an das Bezugswort angeglichen.

   Also:

   La maison, dans le sous-sol de laquelle il avait un appartement, a complètement brûlé.
   Das Haus, in dessen Souterrain er eine Wohnung hatte, ist völlig abgebrannt.

Zur Erklärung:

In den beiden gegebenen Ausgangssätzen *Dans le sous-sol de la maison, il avait un appartement. Cette maison a complètement brûlé* ist „*Dans le sous-sol*" die Präpositionalgruppe und „*de la maison*" die *de*-Ergänzung, die eine Sache bezeichnet. Sollen die Ausgangssätze durch eine Relativkonstruktion verbunden werden, muss die *de*-Ergänzung durch das Relativpronomen *duquel, de laquelle, desquel(le)s* vertreten werden.

*Ce bâtiment **sur le toit duquel** flotte le drapeau tricolore appartient à l'Etat français.*
Das Gebäude, auf dessen Dach die Trikolore weht, gehört dem französischen Staat.

Anmerkung:

Ist die durch das Relativpronomen vertretene *de*-Ergänzung eine Person, kann sowohl *duquel, de laquelle, desquel(le)s* als auch *de qui* stehen:

*Cet auteur, **dans les romans duquel** / **de qui** il y a beaucoup d'action, me plaît énormément.*
Dieser Autor, in dessen Romanen es viel Handlung gibt, gefällt mir sehr gut.

3.   nach den Präpositionen *parmi* und *entre* steht **grundsätzlich** *lequel*.

    *Les victimes de l'accident, **parmi lesquelles** se trouvent deux de mes amis, ont été transportées à l'hôpital.*
    Die Unfallopfer, unter denen sich zwei meiner Freunde befinden, wurden ins Krankenhaus gebracht.

    *Qui sont les deux personnes **entre lesquelles** est assis le maire?*
    Wer sind die beiden Personen, zwischen denen der Bürgermeister sitzt?

Das Relativpronomen und der Relativsatz: Aufbaustufe

317 **Der Gebrauch des beziehungslosen Relativpronomens** *qui*

Das Relativpronomen *qui* kann **ohne Bezugswort** verwendet werden, dies insbesondere in Sprichwörtern und festen Redewendungen. Es heißt dementsprechend das **beziehungslose Relativpronomen** (*le pronom relatif sans antécédent*).

R 317

Das beziehungslose Relativpronomen *qui* kann in Funktion eines **Subjekts**, eines **direkten Objekts** oder eines **präpositionalen Objekts** auftreten. Es ist in der Regel personenbezogen.

1. **Das beziehungslose** *qui* **als** Subjekt **(im Deutschen „wer"):**

Sauve **qui** *peut!*	Rette sich, wer kann!
Qui *ne risque rien n'a rien.*	Wer nicht wagt, der nicht gewinnt!
Heureux **qui**, *comme Ulysse, a fait un beau voyage... (Du Bellay)*	Glücklich, wer, wie Odysseus, eine schöne Reise unternommen hat...
Rira bien **qui** *rira le dernier.*	Wer zuletzt lacht, lacht am besten.

Das beziehungslose *qui* als Subjekt wird in festen Wendungen auch in neutraler Bedeutung ohne Personenbezug verwendet, besonders nach *voilà*.

Voilà **qui** *est fait!*	Das wäre geschafft!
Voilà **qui** *est fort!*	Das ist aber stark!
Tout est bien **qui** *finit bien.*	Ende gut, alles gut.
*...***qui** *mieux est... / ...***qui** *pis est...*	...was um so besser ist... / ...was noch schlimmer ist...
Il est intelligent, et, **qui** *plus est, très agréable.*	Er ist intelligent und darüber hinaus sehr angenehm.

2. **Das beziehungslose** *qui* **als** direktes Objekt **:**

Invite **qui** *tu veux (= celui / celle etc. que tu veux).*	Lade ein, **wen** du willst.
J'ai rencontré **qui** *vous savez.*	Ich habe jemanden, Sie wissen schon **wen**, getroffen.

3. **Das beziehungslose** *qui* **als** `präpositionales Objekt` **:**

*Tu peux sortir **avec qui** tu veux.*	Du kannst ausgehen, mit wem du willst.
*Demande **à qui** tu voudras.*	Frage, wen du magst.
*Tu peux demander **à qui** que ce soit.*	Du kannst gleich wen fragen.
*Il trouvera **à qui** parler.*	Er wird bei mir an den Richtigen geraten. / Ich werde es ihm schon zeigen.

Anmerkung:

Die Form *que* als beziehungsloses Relativpronomen an Stelle von *ce qui* findet sich nur noch in festen Wendungen, die einem älteren Sprachstand entsprechen:

*...advienne **que** pourra...* → ...komme, was wolle!

*...coûte **que** coûte...* → ...koste es, was es wolle! / um jeden Preis

*...vaille **que** vaille...* → ...auf jeden Fall / aufs Geratewohl

Das distributive *qui*   `318`

Das Pronomen *qui* kann in **förmlicher** Sprache als distributives Relativpronomen gebraucht werden:

*Les clients de l'hôtel prenaient, **qui** du thé, **qui** du porto, **qui** un cocktail, **qui** un whisky-soda.*
(P. Bourget)
Die Hotelgäste tranken, der eine Tee, der andere Portwein, ein dritter einen Cocktail und wieder ein anderer einen Whisky mit Soda.

Sonderfälle mit *qui*   `319`

1. Im Unterschied zum Deutschen kann an Adverbien / Pronomina wie *beaucoup, chacun, tous* nicht unmittelbar ein Relativsatz mit *qui* angeschlossen werden, es sei denn, er wird durch *en* oder nominale Ergänzungen gestützt. Deshalb sind deutsche Wendungen wie: „alle, die meinen..." / „viele, die sagen..." / „jeder, der meint..." / „vieles, was neu ist..." usw. im Französischen in folgender Weise zu umschreiben:

*J'ai parlé à **beaucoup de gens qui** sont contre cette mesure.*	Ich habe mit **vielen** gesprochen, **die** gegen diese Maßnahme sind.
*J'**en** connais **beaucoup qui** sont contre cette loi.*	Ich kenne **viele**, **die** gegen dieses Gesetz sind.
*Il y a **beaucoup de choses qui** nécessitent une explication.*	Es gibt **vieles**, **was** einer Erklärung bedarf.
***Tous ceux qui** sont contre cette loi devraient participer à la manifestation. / **Toute personne qui** est contre cette loi devrait participer à la manifestation.*	**Jeder**, **der** gegen dieses Gesetz ist, sollte an der Demonstration teilnehmen.

Zu beachten sind in diesem Zusammenhang auch folgende Wendungen:

Celui qui / *Quiconque* *veut le faire sera récompensé.* → **Wer** es machen will, erhält eine Belohnung.

2. Bei anderen indefiniten Pronomen ist der unmittelbare Anschluss eines Relativsatzes mit *qui* durchaus korrekt.

*Je n'ai **rien** trouvé **qui** me donne satisfaction.*	Ich habe **nichts** gefunden, **was** mich zufriedenstellen würde.
*Il y a **quelqu'un qui** veut vous parler.*	Da ist **jemand**, **der** sie sprechen möchte.
*Il n'y a **personne qui** aime cela.*	Es gibt **niemanden**, **der** das mag.
*Il y a **quelque chose qui** me préoccupe encore plus.*	Es gibt **etwas**, **was** mir noch mehr Sorgen bereitet.

320 **Der prädikative Gebrauch von** *que*

Bei prädikativem Gebrauch des Relativpronomens *que* wird dieses von den Verben *être* und *devenir* + **nachfolgendem** Subjekt (= Substantiv) begleitet:

*Le grand homme **qu'était Napoléon**!*
Was für ein großer Mann Napoleon doch war!

*La grande nation moderne **qu'est devenue la France**!*
Welch große moderne Nation Frankreich doch geworden ist!

Das prädikativ gebrauchte Relativpronomen *que* kann auch ein Adjektiv aufnehmen. An Stelle von *que* kann in diesem Fall auch *comme* stehen:

*Insensé **que** je suis...*   → Verrückt wie ich bin...

*Ingénue **comme** elle était...*   → Naiv wie sie war...

321 **Der multifunktionale Gebrauch von** *quoi*

1. **Das Relativpronomen** *quoi* ist von dem Interrogativpronomen *quoi* zu unterscheiden. Zum interrogativen *quoi* vgl. **339**.

R 321

Die Form *quoi* wird verwendet, wenn sich das Relativpronomen auf ein unbestimmtes Wort mit Präposition bezieht. Unbestimmte Wörter sind: *ce, tout ce, la seule chose, quelque chose, rien*.

La seule chose à quoi je m'intéresse...	Das einzige, wofür ich mich interessiere...
C'est quelque chose à quoi on devait s'attendre.	Das ist etwas, worauf man gefasst sein muss-te.
Ce à quoi je pense, c'est (à) ton avenir.	Woran ich denke, das ist deine Zukunft.
Tout ce par quoi nous sommes intéressés, c'est notre réussite.	Alles, was uns interessiert, ist unser Erfolg.
Ce contre quoi je m'insurge, c'est (contre) ta façon de me parler.	Wogegen ich mich auflehne, das ist deine Art, mit mir zu sprechen.
Vous trouverez ci-joint un bref exposé de ce sur quoi je voudrais travailler.	Sie finden anbei eine kurze Darstellung des-sen, worüber ich arbeiten möchte.

Besonderheiten:

- Bei Verwendung von *la seule chose* steht (häufiger) eine Form von *lequel* als Re-lativpronomen: *La seule chose à laquelle je m'intéresse...*
  (Variante: *La seule chose qui m'intéresse...*)

- Zuweilen wird *quoi* in unzulässiger Weise auf bestimmte Sachsubstantive bezo-gen:

  *Il regarde cette machine par quoi s'opère un tel miracle.
  Er betrachtet diese Maschine, durch die ein solches Wunder geschieht.

  Korrekt muss es also heißen:

  Il regarde cette machine par laquelle s'opère un tel miracle.

- Mit der Präposition *de* wird *quoi* bei Bezug auf unbestimmte Wörter gemieden. An Stelle von **ce de quoi, *quelque chose de quoi, *rien de quoi, *tout ce de quoi* ist *ce dont / quelque chose dont / rien dont / tout ce dont* zu benutzen:

  *Il n'y a **rien dont** nous n'ayons pas causé.* → Es gibt nichts, worüber wir nicht geplau-dert hätten.

  *C'est **quelque chose dont** il ne faut pas parler.* → Das ist etwas, worüber man nicht spre-chen darf.

  ***Tout ce dont** il a besoin, c'est de repos.* → Alles, was er braucht, ist Ruhe.

- Die Wendung ***comme quoi*** bedeutet so viel wie: *cela prouve que...* :

  *J'ai bien fait de ne pas le croire sur parole; **comme quoi** il faut toujours être prudent.*
  Ich habe gut daran getan, ihm nicht aufs Wort zu glauben; **was wieder einmal bestätigt**, dass man immer vorsichtig sein sollte.

2. Das **beziehungslose** Relativpronomen *quoi* wird in der Regel nur mit der Präposition *de* benutzt und nimmt die Bedeutung von „etwas", „genug" an.

*Nous avons **de quoi** nous occuper.*	Wir haben genug Beschäftigung.
*Donnez-moi **de quoi** écrire.*	Geben Sie mir etwas zum Schreiben.
*Il a **de quoi** vivre.*	Er hat genug zum Leben. / Er hat sein Auskommen.
*Je n'ai pas **de quoi** payer la facture.*	Ich habe kein Geld, um die Rechnung zu bezahlen.
*Excusez-moi. – Il n'y a pas **de quoi**.* (*= Il n'y a pas **de quoi** vous excuser.*)	Entschuldigen Sie bitte! – Keine Ursache.

Mit anderen Präpositionen als *de* wird das beziehungslose *quoi* **in festen adverbialen Wendungen** verwendet; *quoi* ist in diesem Fall insofern beziehungslos, als es sich, anstatt auf ein bestimmtes Substantiv, auf den im Vordersatz ausgedrückten gesamten Sachverhalt bezieht.

Beispiele:

*Je lui faisais confiance, **en quoi** je me trompais.*
Ich schenkte ihm Vertrauen, **worin** ich mich täuschte.

*Le président ne prononça qu'un bref discours, **après quoi** (= ensuite) il disparut aussitôt.*
Der Präsident hielt nur eine kurze Rede, **woraufhin** er sofort verschwand.

*Il faut qu'il finisse son travail aujourd'hui, **sans quoi** / **faute de quoi** (= sinon) notre client sera mécontent.*
Er muss seine Arbeit heute beenden, **andernfalls** / **sonst** ist unser Kunde unzufrieden.

---

322 **Die Wiedergabe deutscher Relativsätze ohne bestimmtes Bezugswort (auf Personen bezogen)**

Im Französischen wird, auf Personen bezogen, ein fehlendes bestimmtes Beziehungswort durch eine Form des Demonstrativpronomens wiedergegeben. Die Entsprechungen im Deutschen sind: „wer", „wen", usw. (siehe auch **300.3**)

Beispiele:

wer:	***Celui qui** a dit cela est un menteur.* **Wer** das gesagt hat, ist ein Lügner.
mit wem:	***Celui dont** / **Celui de qui** il s'occupe le plus, c'est son voisin.* **Mit wem** er sich am meisten beschäftigt, das ist sein Nachbar.
wen:	***Ceux que** nous admirons le plus, ce sont les Médecins sans Frontières.* **Wen** wir am meisten bewundern, das sind die ‚Ärzte ohne Grenzen'.

Die Aufnahme eines vollständigen Satzes durch *ce* + Relativpronomen

1. Wenn der Relativsatz sich nicht auf ein bestimmtes Substantiv, sondern auf einen mittels eines vollständigen Satzes wiedergegebenen Gedanken oder Sachverhalt bezieht, wird dieser vor dem Relativpronomen durch das Demonstrativpronomen *ce* aufgenommen. Die deutschen Entsprechungen sind „was" (Nominativ / Akkusativ), „worüber" (Genitiv), „woran" (Dativ).

Beispiele:

was (Nominativ) → *ce qui*	*Il est parti sans me prévenir, **ce qui** m'a étonné.* Er ist abgereist, ohne mich davon in Kenntnis zu setzen, **was** mich gewundert hat.
was (Akkusativ) → *ce que*	*Il est parti sans moi, **ce que** j'ai désapprouvé.* Er ist ohne mich abgereist, **was** ich missbilligt habe.
worüber (Genitiv) → *ce dont*	*Il est parti pour trois mois, **ce dont** je ne suis pas content du tout.* Er ist drei Monate fort, **worüber** ich gar nicht froh bin.
woran (Dativ) → *ce à quoi*	*Il a annoncé son départ prochain, **ce à quoi** je n'aime pas penser du tout.* Er hat seine baldige Abreise angekündigt, **woran** ich gar nicht gerne denke.

Beachte folgende, am Satzanfang stehende Wendungen:

En ce qui concerne... / Pour ce qui est de... → „Was ... angeht..."

Beispiel:

***En ce qui concerne** ton avenir, ne t'en fais pas. / **Pour ce qui est de** ton avenir, ne t'en fais pas.*
Was deine Zukunft betrifft, mach dir darüber keine Sorgen!

2. Wird ein vorangehender Satzinhalt durch *ce* vor dem Relativpronomen aufgenommen, ergibt sich bei unpersönlichen oder unpersönlich gebrauchten Verben folgende Besonderheit:

- Bei dem unpersönlichen Verb *falloir* ist nur die unpersönliche Konstruktion mit *il* möglich:

  *Voilà **ce qu'il** vous faut.*

  *C'est **ce qu'il** faut faire.*

- Bei den Verben ***arriver, convenir, importer, se passer, plaire, rester*** ist sowohl die persönliche als auch die unpersönliche Konstruktion möglich:

  *Choisis **ce qui** / **ce qu'il** te plaît.*

  *C'est tout **ce qui** / **ce qu'il** te reste.*

  *Voilà **ce qui** / **ce qu'il** s'est passé.*

324 **Besonderheiten beim Gebrauch von** *dont*

1. *Dont* kann im **partitiven Sinn** verwendet werden:

    *Je vous envoie plusieurs livres, **dont** deux sont assez rares.*
    Ich schicke Ihnen mehrere Bücher, von denen zwei ziemlich selten sind.

    *La police a enfin arrêté les voleurs, **dont** plusieurs sont encore mineurs.*
    Die Polizei hat endlich die Diebe festgenommen, von denen mehrere noch minderjährig sind.

    Anmerkung:

    Das partitive ***dont*** kann auch **ohne Verb** stehen; es entspricht dann einem deutschen „darunter" und einem französischen *parmi lesquel(le)s*:

    *Mon collègue a six enfants, **dont** quatre filles.*

2. Der mit *dont* eingeleitete Relativsatz wirkt schwerfällig, wenn auf ihn ein Nebensatz mit *que* (= dass) folgt. Man vermeide, sofern möglich, folgende Konstruktion:

    *Notre chef, **dont** on sait **qu**'il abuse de l'alcool, est lunatique.*
    Unser Chef, von dem bekannt ist, dass er trinkt, ist launisch.

    Dafür besser:
    Notre chef qui, comme chacun sait, abuse de l'alcool, est lunatique.

    Anmerkung:

    Folgt auf den mit *dont* eingeleiteten Relativsatz ein indirekter Fragesatz, ist obige Konstruktion durchaus akzeptabel:

    *Mon ami, **dont** on ne sait pas **ce qu**'il est devenu, a dû émigrer en Amérique.*
    Mein Freund, von dem man nicht weiß, was aus ihm geworden ist, ist wohl nach Amerika ausgewandert.

3. Im mit ***dont*** eingeleiteten Relativsatz darf kein Possessivadjektiv stehen, weil das Besitzverhältnis im Französischen nicht redundant ausgedrückt wird (vgl. auch **291**). Stattdessen verwendet man den bestimmten Artikel.

    Folgender Satz ist demnach nicht korrekt:

    *Un livre dont j'ignore son auteur...
    Dafür korrekt: *Un livre dont j'ignore **l**'auteur.*

    In diesem Relativsatz mit *dont* + Subjekt + Verb + Objekt ist das Besitzverhältnis in Bezug auf das direkte Objekt *auteur* bereits durch *dont* geklärt.

4. Für die mit *dont* wiedergegebene *de*-Ergänzung eines Verbs gibt es folgende Varianten:

*C'est un **professeur dont** / **de qui** je me souviens bien.*	Ist das Bezugswort eine Person: → *dont* oder → *de qui* (selten: *duquel, de laquelle*, usw.)
*C'est un **séjour dont** je me souviens bien.*	Ist das Bezugswort eine Sache oder ein Abstraktum: → *dont* (selten: *duquel, de laquelle*, usw.)
*C'est **quelque chose dont** il faut parler.*	Ist das Bezugswort *quelque chose, rien* oder *ce*: → (nur) *dont*

Anmerkung:

Im Allgemeinen entspricht in den unter **324.4** angeführten Beispielen das Relativpronomen *dont* dem guten Gebrauch. Auf Personen bezogen ist *de qui* eine angemessene Variante von *dont*. Die Formen von *lequel* wirken förmlich oder künstlich und sollten gemieden werden.

Besonderer Gebrauch von *où*   325

1. Das Relativpronomen *où* wird in einer Reihe von Wendungen **im übertragenen Sinn** gebraucht. Zu beachten sind dabei die Entsprechungen im Deutschen:

A l'allure où il va...	Bei seiner Geschwindigkeit...
Au cas où cela arriverait...	Für den Fall, dass dies geschieht / geschähe...
Dans l'obligation où je me vois de faire qc...	Da ich mich gezwungen sehe, etwas zu tun...
Au train où nous allons...	Bei unserem jetzigen Tempo...
Au train / Du train où vont les choses...	Wenn die Entwicklung so weitergeht... / Wenn es so weitergeht... / So wie die Dinge laufen... / Bei dem jetzigen Tempo...
Voilà où j'en suis.	Soweit bin ich (also).

2. An Stelle des Relativpronomens *où*, das eigentlich ein Relativadverb ist, können bei örtlicher Bedeutung auch die Formen von *lequel* (in der Regel mit der Präposition *dans*) stehen:

*Le parc **où** nous avons joué au football...*

→ *Le parc **dans lequel** nous avons joué au football...*

*La ville **où** / **dans laquelle** se déroulera la finale du championnat de football...*

Man sagt jedoch: → *La ville **vers laquelle** je me dirige...* (also nicht *vers où*)

3. Die präpositionale Form *d'où* kann durch *dont* ersetzt werden:

*La ville **d'où** il vient...*   =   *La ville **dont** il vient...*

*La famille **d'où** il est sorti...* = *La famille **dont** il est sorti...*

4. Bei zeitlichem oder modalem Gebrauch wird, je nach Wendung, entweder *où* oder *que* gebraucht:

où	*que*
• *dans la mesure où ...* in dem Maße, wie... / je nachdem, ob...	• *dès l'instant que...* seit dem Augenblick, als...
• *à l'époque où ...* zu der Zeit, als...	• *il y a longtemps que / il y a un an que...* es ist lange her / ein Jahr her, dass... / seit langem / vor einem Jahr...
• *l'hiver où...* in dem Winter, als...	• *chaque fois que... / toutes les fois que...* jedes Mal, wenn...
• *au moment où...* in dem Augenblick, als...	• *du moment que...* da ja...
• *dans le temps où* (auch: *que*)... damals, als...	• *du temps que...* in der Zeit, als...
• *il fut un temps où* (auch: *que*)... es gab einmal eine Zeit, wo...	• *la première fois que... / la dernière fois que...* das erste / letzte Mal, als...
• *à l'heure où...* zur Zeit / Stunde, wo...	• *maintenant que...* jetzt, wo...
• *le jour où* (auch: *que*)... an dem Tag, als...	• *un jour que...* eines Tages, als

Beispiele:

***Dans la mesure où** il gagnera plus d'argent, il pourra se payer une voiture.*
Je nachdem, ob er mehr Geld verdient, kann er sich ein Auto leisten.

***Chaque fois que** je rencontre mon collègue, il ne parle que de lui-même.*
Jedes Mal, wenn ich meinen Kollegen treffe, spricht er nur von sich selbst.

5. Nach *ici, là, partout, voilà* wird das Relativpronomen *où* verwendet:

***Voilà où** nous en sommes.*   → Soweit sind wir also.

***Partout où** il passe, il laisse des traces.* → Überall, wo er vorbeikommt, hinterlässt er Spuren.

***Là où** nous nous trouvons, il fait beau.* → Dort, wo wir sind, ist das Wetter schön.

Vergleiche dagegen die feststehenden Wendungen: ***c'est ici que**...; **c'est là que**...*:

***C'est là qu'**il est le plus utile.*   → An **der** Stelle / An **dem** Platz ist er am nützlichsten.

Besonderer Gebrauch von *lequel* `326`

1. Die Verwendung von *lequel* in erläuternden (explikativen) Relativsätzen (vgl. **330.2**) beschränkt sich normalerweise auf die Juristensprache:

   *La rente ne pourra être remboursée qu'après un certain terme, **lequel** ne peut jamais ex-céder trente ans. (Code Civil)*
   Die Staatsanleihe kann erst nach einer bestimmten Frist, die niemals dreißig Jahre über-steigen darf, zurückgezahlt werden.

   *Ont comparu plusieurs témoins, **lesquels** ont refusé de déposer.*
   Mehrere Zeugen sind erschienen, die die Aussage verweigert haben.

2. *Lequel* wird zuweilen zur Vermeidung einer Zweideutigkeit gebraucht, wenn sich das Relativpronomen auf mehrere Bezugswörter im Vordersatz beziehen könnte:

   *Vous savez qu'il y a une **édition spéciale** de mon livre, **laquelle** doit paraître le mois pro-chain.*
   Wissen Sie, es gibt eine Sonderausgabe meines Buches, die nächsten Monat erscheinen soll.

   *Il m'a présenté **la fille** de M. Duplan, **laquelle** fait son droit à Paris.*
   Er hat mir die Tochter von Herrn Duplan vorgestellt, die in Paris Jura studiert.

   Anmerkung:

   Abgesehen von den oben aufgeführten Fällen entspricht *lequel* an Stelle von *qui* oder *que* (ohne Präposition) im Standardfranzösischen **nicht dem guten Ge-brauch**. Zu vermeiden ist also folgende Konstruktion:

   *Le voyage lequel nous avons fait cet été, nous a bien plu.
   Dafür: *Le voyage **que** nous avons fait cet été...*

Die Wortstellung im Relativsatz `327`

1. Im Relativsatz `kann` das Substantiv oder die Nominalgruppe, wenn diese Sub-jekt sind, hinter das Verb treten (= **Inversion**). Die Inversion des Subjekts im Re-lativsatz findet häufig dann statt, wenn das Verb ohne Ergänzung steht (dies ins-besondere in der geschriebenen Sprache), um den Relativsatz nicht abrupt mit der Verbform zu beenden und um ihn rhythmisch ausgewogener zu gestalten. Im Folgenden werden beide Möglichkeiten der Stellung im Relativsatz dargestellt, wobei das Beispiel mit Inversion stilistisch eleganter wirkt:

   *Les mesures d'austérité que **propose** / **qu'a proposées le ministre des Finances** déplai-ront aux électeurs.* (→ Inversion)

   *Les mesures d'austérité que **le ministre des Finances propose** / **a proposées** déplairont aux électeurs.*
   Die Sparmaßnahmen, die der Finanzminister vorschlägt / vorgeschlagen hat, werden den Wählern missfallen.

*Les ordinateurs, à l'amélioration desquels **travaillent de nombreux informaticiens** (→In-version) / **de nombreux informaticiens travaillent**, détermineront progressivement toute la vie économique.*
Die Computer, an deren Verbesserung zahlreiche Informatiker arbeiten, werden zunehmend das ganze Wirtschaftsleben bestimmen.

Folgt auf das Verb ein indirektes Objekt und / oder eine adverbiale Bestimmung, wird die Inversion seltener angewendet:

*Les mesures **que le Premier ministre a proposées aux députés ce matin** ont eu un écho positif.*

(auch: ***qu'a proposées le Premier ministre aux députés ce matin**...*)

*Le perfectionnement de la technique, **auquel l'industrie automobile travaille dans le monde entier**, est indispensable à la sécurité routière.*

(auch: *...**auquel travaille l'industrie automobile dans le monde entier**...*)

2. Im Relativsatz ▐muss▐ das nominale Subjekt hinter das Verb treten (→ **Inversion**), wenn das Relativpronomen *que* die Funktion einer prädikativen Ergänzung hat:

    *Le voisinage se plaint de la source de nuisances **qu'est devenu le bar d'en face**.*
    Die Nachbarschaft beklagt sich über die Lärmquelle, welche die Bar gegenüber geworden ist.

    (Zur Erklärung: *Le bar d'en face* ist das nominale Subjekt; *que* ist prädikative Ergänzung zu *est devenu*.)

    *La grande vedette **qu'est le libéro de notre équipe nationale** enthousiasme les fans de football.*
    Der große Star, der Libero unserer Nationalmannschaft, begeistert die Fußballfans.

    Anmerkung:

    Die Inversion im Relativsatz ist nicht möglich, wenn das Subjekt ein Personalpronomen ist.
    *L'entreprise qu'**il** a dirigée pendant cinq ans...*

    Weiterhin ist mit folgendem direkten Objekt die Inversion zu meiden. Also nur:
    *L'entreprise, dans laquelle mon mari a **une place importante**, / dans laquelle mon fils gagne **sa vie**, est en pleine expansion.*

328   ## Die Stellung des Relativsatzes

R 328.1

Der Relativsatz folgt in der Regel **unmittelbar auf sein Bezugswort**.

Beispiele:

*L'été dernier, nous avons entrepris avec nos amis **une randonnée que** nous avons beaucoup appréciée.*
Letzten Sommer haben wir mit unseren Freunden eine große Wanderung gemacht, die uns sehr gefallen hat.

*L'été dernier, nous avons entrepris une randonnée **avec nos amis**, **qui**, d'ailleurs, sont prêts à repartir avec nous cette année.*
Letzten Sommer haben wir eine große Wanderung mit unseren Freunden gemacht, die im Übrigen geneigt sind, dieses Jahr wieder mit uns wegzufahren.

*Mon frère a acheté **chez un garagiste parisien une camionnette qu**'il n'a pas payée cher.*
Mein Bruder hat in einer Pariser Kfz-Werkstatt einen Lieferwagen gekauft, den er billig bekommen hat.

Anmerkung:

Der erste und der letzte Beispielsatz zeigen, dass man gegebenenfalls das Bezugswort hinter die Präpositionalgruppe stellen muss, um das Relativpronomen unmittelbar an dieses anschließen zu können.

R 328.2

Ist das Bezugswort durch ein Adjektiv ergänzt, kann der Relativsatz durch ein zusätzliches *et* an das Adjektiv angeschlossen werden.

Beispiel:

*La Russie **est un pays immense (et) qui** possède d'importantes ressources.*
Russland ist ein riesiges Land, das umfangreiche Bodenschätze besitzt.

Relativsatz an Stelle von Partizip Präsens oder Infinitivsatz   329

1. Das Partizip Präsens kann durch einen Relativsatz mit *qui* ersetzt werden (vgl. **162.1**):

    *Les vacanciers **désirant** / **qui désirent** participer à l'excursion sont priés de s'inscrire à la réception.*
    Die Urlauber, die an der Exkursion teilnehmen möchten, mögen sich bitte an der Rezeption anmelden.

    *Nous avons aperçu un type louche **sortant** / **qui sortait** précipitamment de la banque.*
    Wir bemerkten einen verdächtigen Mann, der aus der Bank herausstürzte.

    Anmerkung:

    Ein deutsches Verbaladjektiv kann im Französischen häufig nur durch einen Relativsatz wiedergegeben werden (vgl. **165.1**): ein lachendes Kind → *un enfant qui rit* / ein rauchender Mann → *un homme qui fume* / „Die lachende Kuh" → *«La Vache qui rit».*

2. In Verbindung mit **Verben der Wahrnehmung** (*voir, entendre, apercevoir*, usw.) kann besonders nach Objektpronomen an Stelle einer Infinitivkonstruktion ein Relativsatz stehen:

*On les a aperçus **qui partaient** en voiture.*
Wir sahen, wie sie mit dem Auto wegfuhren.

*Ce matin, je l'ai entendu **qui téléphonait** avec notre chef* (an Stelle von: *…Je l'ai entendu téléphoner avec notre chef.*)
Ich habe ihn heute morgen mit unserem Chef telefonieren hören.

Die gleiche Konstruktion mit Relativpronomen ist anwendbar auf Verben, die eine Entdeckung oder ein Aufeinandertreffen ausdrücken (*découvrir, rencontrer, surprendre, trouver*) → vgl. **168.1**:

*J'ai surpris mon chef **qui lisait** France-Dimanche.* / *Je l'ai surpris **qui lisait** France-Dimanche.* (An Stelle von: *J'ai surpris mon chef lisant France-Dimanche.*)

Wendungen:

Les voilà qui arrivent.	Da kommen sie.
Voilà notre ami qui vient.	Da kommt unser Freund.
Nous voilà (qui sommes) dans le pétrin.	Jetzt sind wir aber in der Klemme / in der Patsche.
En voilà un qui a eu de la chance.	Das ist einer, der Glück gehabt hat.

330 Die Kommasetzung im Relativsatz

Die Kommaregeln im Relativsatz sind semantisch und syntaktisch relevant. Sie müssen unbedingt beachtet werden (vgl. auch Anhang **401**).

1. **Kein Komma** wird gesetzt bei notwendigen, einschränkenden (restriktiven) Relativsätzen, die das Bezugswort näher bestimmen:

Le vin que j'ai goûté hier était d'une excellente qualité, alors que celui de la semaine dernière n'était pas bon. (→ einschränkend: nur der Wein, den ich gestern gekostet habe!)

La voiture que nous avions louée pendant notre voyage nous a donné entière satisfaction. (→ einschränkend: nur das bestimmte, auf der Reise gemietete Auto!)

2. **Kommata** werden gesetzt, wenn der Relativsatz erläuternd (explikativ) ist, d.h. eine zusätzliche Information gibt:

Ma nouvelle voiture, que je n'ai d'ailleurs pas achetée en Allemagne, me donne entière satisfaction. (→ zusätzliche Information: = Mein neues Auto, das ich **übrigens** nicht in Deutschland gekauft habe,...)

Nous avons visité les grands musées de Paris, qui ont une renommée mondiale. (→ zusätzliche Information = Wir haben die großen Museen von Paris besichtigt, die **im übrigen** weltweit bekannt sind...)

Im letzten Beispielsatz würde der Relativsatz restriktiv, wenn man wie folgt formulierte:

Nous n'avons visité que les musées de Paris qui ont une renommée mondiale. (→ einschränkend: Nur die Museen, die weltberühmt sind, haben wir besucht.)

Das Relativpronomen und der Relativsatz: Repetitorium

331 Das Relativpronomen und der Relativsatz: Grundregeln mit Beispielen

qui

1. Das Relativpronomen *qui* wird als Subjekt des Relativsatzes auf Personen und auf Sachen bezogen:

   *La **personne qui** s'occupe de la coordination des programmes est demandée au téléphone.*

   *La **maison qui** est à vendre se trouve en face du café.*

   Anmerkung:

   Qui kann in den aufgeführten Beispielen nicht durch *lequel, laquelle*, usw. ersetzt werden.

2. Das Relativpronomen *qui* + Präposition wird auf Personen bezogen. Es kann in dieser Funktion auch durch die entsprechenden Formen von *lequel* ersetzt werden:

   *La **femme avec qui** / **avec laquelle** il s'est promené s'appelle Martine.*

3. Das **beziehungslose** Relativpronomen *qui* steht ohne bestimmtes Bezugswort und kann Subjekt, direktes Objekt oder auch präpositionales Objekt sein. Es wird meist in Verbindung mit Personen gebraucht:

Qui ne risque rien n'a rien.	→	Subjekt
Choisis qui bon te semble.	→	direktes Objekt
Joue avec qui tu veux.	→	präpositionales Objekt

4. Das Relativpronomen *qui* kann **distributiv** verwendet werden im Sinne von: „der eine ..., der andere..., ein weiterer..." usw.:

   *Tous ont pris comme arme l'objet qui leur tombait sous la main: **qui** une fourche, **qui** une bêche, **qui** un marteau.*

que

Das Relativpronomen *que* wird als direktes Objekt des Relativsatzes auf Personen und Sachen bezogen und kann auch als prädikative Ergänzung stehen:

*L'**homme que** j'ai rencontré dans la rue hier ne m'est pas inconnu.*

*La **voiture que** j'ai conduite hier soir ne m'appartient pas.*

*Le grand homme politique **qu'était Charles de Gaulle**!*

quoi

1. Die Form *quoi* wird verwendet, wenn sich das Relativpronomen auf ein unbestimmtes Wort (*ce* / *tout ce* / *quelque chose*, usw.) mit Präposition bezieht:

   *C'est **tout ce à quoi** il faut penser.*

   *C'est **quelque chose à quoi** il ne fallait pas faire allusion.*

2. Die Formen **(tout) ce de quoi* / **rien de quoi* / **quelque chose de quoi* sind zu meiden und durch *(tout) ce dont* / *rien dont* / *quelque chose dont* zu ersetzen:

   *Nos vacances prochaines: c'est **tout ce dont** nous avons parlé.*

3. Das **beziehungslose** Relativpronomen *quoi* (= „genug" / „etwas") steht vorwiegend in Verbindung mit der Präposition *de*:

   *Ils ont **de quoi** faire.* („Sie haben genug / einiges zu tun.")

   *Avez-vous **de quoi** écrire?* („Haben Sie etwas zum Schreiben da?")

dont

1. Das Relativpronomen *dont* bezieht sich auf ein Substantiv / ein Adjektiv / ein Verb mit *de* im Relativsatz und kann sowohl auf Personen als auch auf Sachen bezogen stehen:

   *C'est le peintre **dont** j'admire **les** tableaux.* (Nach *dont*: regelmäßige Wortstellung ; kein zusätzliches Possessivadjektiv!)

   *Notre voyage, **dont** nous sommes entièrement satisfaits, s'est bien passé.*

   *Les problèmes **dont** la direction de l'entreprise a discuté la semaine dernière sont finalement résolus.*

2. Das **partitive** *dont* kann mit oder ohne Verb stehen:

   *Ils avaient goûté deux bouteilles de vin, **dont** l'une n'était plus bonne.*

   *Mon beau-frère possède plusieurs maisons à l'étranger, **dont** deux en France.*

3. Auf Personen bezogen ist *de qui* an Stelle von *dont* eine gebräuchliche Variante, während *duquel, de laquelle, desquel(le)s* gemieden werden sollten:

   *M. Duplan est un homme **dont** / **de qui** tout le monde se souviendra.*

où

1. Das Relativpronomen *où* kann sich nur auf Sachen beziehen und ist im örtlichen oder zeitlichen Sinne zu verwenden. Im örtlichen Sinne kann es durch die Formen von *lequel* ersetzt werden. Das Relativpronomen *où* kann im örtlichen Sinne auch mit einer Präposition kombiniert werden, vor allem mit der Präposition *de*. Die präpositionale Form *d'où* kann durch *dont* ersetzt werden.

    *Le bâtiment **où** / **dans lequel** se trouve la personne recherchée...*

    *Le bâtiment **d'où** / **dont** il sort...*

    *L'époque **où** nous vivons...* (auch: *L'époque que nous vivons...*)

2. Das zeitlich gebrauchte Relativpronomen *où* wird häufig durch ein *que* ersetzt, je nach lexikalisch fixiertem Gebrauch:

    *...au moment **où**... / à l'époque **où**... / à l'heure **où**...*

    *...chaque fois **que**... / du temps **que**...*

lequel

Die veränderlichen Formen des Relativpronomens *lequel* sind in folgenden Fällen **obligatorisch**:

1. bei Bezug auf ein Sachsubstantiv / ein Abstraktum mit Präposition:

    *La montagne **derrière laquelle** apparaît le glacier...*

    *Les problèmes **avec lesquels** il faut vivre...*

2. wenn sich das Relativpronomen *duquel* / *de laquelle* / *desquel(le)s* auf ein Sachsubstantiv mit folgender präpositionaler Ergänzung bezieht:

    *La capitale **dans l'atmosphère de laquelle** nous nous sentons revivre...*

    *Les problèmes **à la solution desquels** il faut s'attacher...*

3. nach den Präpositionen *parmi* und *entre*:

    *La foule des spectateurs, **parmi lesquels** se trouvait également le Premier ministre,...*

4. zur Verdeutlichung des Bezuges bei zwei möglichen Bezugsworten (in diesem Fall Relativsatz mit Kommata !):

    *La fille du **malfaiteur**, **lequel** fut d'ailleurs écroué, nie toujours les faits.*

Die Kommasetzung

Keine Kommata bei einschränkenden, **restriktiven** Relativsätzen:

Le joueur qui a marqué le but décisif ne jouait que depuis trois minutes.

Kommata werden gesetzt, wenn der Relativsatz erläuternd, **explikativ** ist:

Le libéro, dont je ne me rappelle plus le nom, a fait un excellent match.

Ersatzkonstruktionen für Relativsätze

Für Relativsätze gibt es im Französischen folgende Ersatzkonstruktionen:

- **Partizipialkonstruktion mit Ergänzung**:

  *Un chauffeur de car **transportant** (= qui transportait) 45 enfants a perdu le contrôle de son véhicule.*

  *La publicité **diffusée** (= qui est diffusée) quotidiennement à la télévision appartient au monde moderne.*

- **Adjektivergänzung**:

  *C'est une **mesure propre à enrayer la criminalité** (= qui est propre à enrayer la criminalité).*

  *Il s'agit d'un **projet susceptible d'intéresser tout le monde** (= qui pourrait intéresser tout le monde).*

- **Infinitivkonstruktion**:

  *Il n'est **pas le seul à pouvoir le faire**. (= Il n'y a pas que lui qui puisse le faire.)*

  *J'ai surpris mon fils **en train de fumer** mes cigarettes. (=... qui fumait mes cigarettes.)*

Schwierigkeiten und Fehlerquellen

332

1. Die Formen von *lequel* dürfen nicht als Ersatz für *qui* oder *que* benutzt werden, es sei denn, es soll eine Zweideutigkeit vermieden werden.

   Beispiele:

   *Qui est la personne là-bas **qui** promène son chien?* (Also nicht: **Qui est la personne là-bas laquelle promène son chien?*)

   *Voilà notre facteur **que** tout le monde connaît.* (Also nicht: **Voilà notre facteur lequel tout le monde connaît.*)

2. Nimmt *qui* als Subjektpronomen ein Personalpronomen auf, so richtet sich die Verbform nach diesem Pronomen (beachte den Unterschied zum Deutschen!):

Ich bin es, der / die sich geweigert **hat** zu antworten.
*C'est moi qui **ai** refusé de répondre. / C'est moi qui **me suis** refusé(e) à répondre.*

Du bist es, der gelogen **hat**, nicht ich!
*C'est toi qui **as** menti, pas moi!*

Du und ich, wir haben schlecht reagiert.
*C'est toi et moi qui **avons** mal réagi.*

3. Zur Vermeidung des im Französischen schwerfällig wirkenden *que*-Anschlusses an ein Substantiv benutzt man eher *selon* + *lequel, laquelle,* usw. (z.B.: „Die Ankündigung, dass..." → *L'annonce selon laquelle...* [also nicht: **L'annonce que...*]):

Beispiel:

*L'information **selon laquelle** le maire a été réélu a trouvé l'approbation générale.*
Die Nachricht, **dass** der Bürgermeister wiedergewählt worden ist, wurde allgemein positiv aufgenommen.

4. Die im Populärfranzösischen zu beobachtende Tendenz, die verschiedenen Formen des Relativpronomens auf die Form *que* zu reduzieren, verstößt gegen den korrekten Sprachgebrauch. An Stelle des Satzes:

*J'ai enfin terminé le mémoire que je vous ai parlé

muss es heißen: *J'ai enfin terminé le mémoire **dont** je vous ai parlé.*

5. Im Unterschied zum Deutschen ist nach *dont* die Wortstellung die gleiche wie im entsprechenden selbständigen Satz:

Voici ton livre. J'avais oublié son titre. → *Voici ton livre **dont** j'avais oublié **le** titre.*
(Deutsch: „...dessen Titel ich vergessen hatte.")

Zu beachten ist hier auch, dass durch *dont* die Zugehörigkeit bereits ausgedrückt ist, so dass im mit *dont* eingeleiteten Relativsatz **kein** Possessivpronomen steht.

6. Die Unterscheidung von Relativsatz und indirektem Fragesatz ist nicht immer eindeutig. Beinhaltet das Verb **explizit** eine Frageeinleitung, wird das Fragepronomen (z.B. *de quoi*) gesetzt. In Fällen, in denen die Frageeinleitung nur **implizit** ist, kann man das Frage- oder das Relativpronomen benutzen:

*Il demanda **de quoi** nous parlions.*   → *demander* = explizite Frageeinleitung

*Il voulait savoir **de quoi** / **ce dont** nous parlions.* → *vouloir savoir* = implizite Frageeinleitung

7. Die Verben *se rappeler* und *se souvenir* gelten in Verbindung mit Relativsätzen als schwer zu ‚handhaben'. Für den deutschen Satz: „Die Mieterin unter uns, an deren Namen ich mich nicht mehr erinnere, ist vor einem halben Monat ausgezogen" ergeben sich im Französischen folgende Möglichkeiten:

- *La locataire d'en bas, **dont** je ne me rappelle plus le nom, a déménagé il y a un mois.* (→ *se rappeler* **qn**!)

- *La locataire d'en bas, **du nom de qui** / **du nom de laquelle** je ne me souviens plus, a déménagé il y a un mois.* (→ *se souvenir* **de qn**!)

Im Umgangsfranzösischen sind dafür häufig folgende Konstruktionen zu hören, die **unkorrekt** sind: **La personne dont je ne me souviens plus le nom / ...dont je ne me souviens plus du nom...*

8. Folgende Relativkonstruktionen sollte man sich genau einprägen:

   *La maison, **dont** je connais le propriétaire...*
   (**Also nicht**: **La maison, le propriétaire de laquelle je connais...*)

   *Mon voisin, **dont** la maison me plaît particulièrement...*
   (**Also nicht**: **Mon voisin, la maison de qui me plaît particulièrement...*)

9. Bei Bezug auf Personen kann an Stelle von *de qui* das Relativpronomen *dont* stehen. Dagegen sind die Formen von *lequel* eher zu meiden.

   *Les gens **dont** on a parlé... / Les gens **de qui** on a parlé...*

   (weniger gebräuchlich: *Les gens desquels on a parlé...*)

10. Das Relativpronomen *quoi*, bezogen auf unbestimmte Wörter, wird mit der Präposition *de* nicht gebraucht. Nicht zulässig sind also: **ce de quoi, *rien de quoi, *quelque chose de quoi.* Dafür: *ce dont, rien dont, quelque chose dont*:

    *C'est **quelque chose dont** il faudrait discuter.*
    Das ist etwas, worüber diskutiert werden müsste.

    *C'est tout **ce dont** nous avons besoin.*
    Das ist alles, was wir brauchen.

11. Beachte folgende Wendungen:

    - ***La raison pour laquelle** il ne travaille pas n'est pas connue.* (nicht: **La raison pourquoi...*) → **Der Grund, warum** er nicht arbeitet, ist nicht bekannt.

    - ***La façon dont** il m'a parlé m'a fort déplu.* → **Die Art, wie** er mit mir gesprochen hat, hat mir sehr missfallen.

12. Deutsche Wendungen wie „alles, was..." / „viele, die..." / „jeder, der..." usw. haben im Französischen keine unmittelbare Entsprechung:

    alles, was... → *tout ce qui... / tout ce que...*

    viele, die... → *beaucoup de gens qui / que...*

    jeder, der... → *toute personne qui... / tous ceux qui...*

Kapitel 5.5

Die Fragewörter und der Fragesatz *(les mots interrogatifs et la phrase interrogative)*

Kapitelübersicht:

Die Fragewörter und der Fragesatz: Grundstufe

Im Französischen gibt es **Frageadjektive**, auch Interrogativbegleiter genannt, **Fragepronomen** und **Frageadverbien**, die insgesamt die Gruppe der Fragewörter bilden. Es gibt unveränderliche und veränderliche Fragewörter.

333 | Die Formen der Fragewörter

1. **Unveränderliche** Fragewörter sind die folgenden Fragepronomen und Frageadverbien:

Fragepronomen		Frageadverbien	
qui ? / qui est-ce qui ?	wer?	*combien ?*	wie viel(e)?
qui ? / qui est-ce que ?	wen?	*comment ?*	wie?
qu'est-ce qui ?	was? (Subjekt)	*où ?*	wo?
que ? / qu'est-ce que ?	was? (Objekt)	*pourquoi ?*	warum?
de qui ? / de qui est-ce que ?	von wem / über wen?	*quand ?*	wann?
à qui ? / à qui est-ce que ?	wem? / an wen?		
de quoi ? / de quoi est-ce que ?	worüber?		
à quoi ? / à quoi est-ce que ?	woran?		

Anmerkung:

Außer *de qui?*, *de quoi?* und *à qui?*, *à quoi?* gibt es auch noch mit anderen Präpositionen verbundene Fragepronomen wie: *avec qui?*, *avec qui est-ce que?*, *pour qui?*, *pour qui est-ce que?*, *en quoi?*, *en quoi est-ce que?*, *sur quoi?*, *sur quoi est-ce que?*, usw.

2. **Veränderliche** Fragewörter sind folgende:

Frageadjektiv		Fragepronomen
quel homme ?	welcher Mann?	*(Voici plusieurs livres):*
quelle maison ?	welches Haus?	– **Lequel** / **Lesquels** préférez-vous? – Welches / Welche bevorzugen Sie?
quels animaux ?	welche Tiere?	*(Voici plusieurs chemises):*
quelles villes ?	welche Städte?	– **Laquelle** / **Lesquelles** choisissez-vous? – Welches / Welche wählen Sie (aus)?

Anmerkung:

Quel ist ohne Artikel ein Frageadjektiv; *lequel*, mit integriertem Artikel, ist ein Fragepronomen. Aus der Verschmelzung des Fragepronomens *lequel* mit den Präpositionen *à* und *de* ergeben sich folgende Formen:

auquel, auxquels, à laquelle, auxquelles; duquel, desquels, de laquelle, desquelles

Die unterschiedlichen Formen der Frage   [334]

1. Grundsätzlich hat man **direkte** von **indirekten** Fragen zu unterscheiden.

    *   Die <mark>direkte Frage</mark> wird ohne ein einleitendes Verb unmittelbar in Form eines
        unabhängigen Satzes gebildet:

        „Wo wollen Sie hin?"   → «*Où est-ce que vous voulez aller?*»

        „Wer hat die Tür zugemacht?"   → «*Qui a fermé la porte?*»

    *   Die <mark>indirekte Frage</mark> wird von einem Verb eingeleitet und in Form eines Nebensatzes realisiert:

        Sie fragt ihn, wo er hinwolle.   → *Elle lui demande où il veut aller.*

        Er will wissen, wer die Tür geschlossen habe. → *Il veut savoir qui a fermé la porte.*

2. Die direkte Frage kann in Form einer **Entscheidungsfrage,** auch Gesamtfrage /
    Satzfrage genannt (*l'interrogation totale*), oder einer **Ergänzungsfrage,** auch
    Teilfrage / Wortfrage (*l'interrogation partielle*) genannt, gestellt werden.

    Bei der **Entscheidungsfrage**, die <mark>ohne Fragewort</mark> gebildet wird, bezieht sich
    die Frage auf den Sachverhalt als Ganzen; die erfragte Antwort nimmt die Form
    einer Entscheidung an (*oui, non, peut-être,* usw.):

    *Pouvons-nous parler franchement? Est-ce que nous pouvons parler franchement? – Oui. /
    Non. / Bien sûr.*

    Bei der **Ergänzungsfrage** / Teilfrage betrifft die Frage einen Aspekt, einen Teil
    des Satzes, z.B. das Subjekt, das Objekt, die Umstände. Die Ergänzungsfrage
    wird <mark>mittels eines Fragewortes</mark> (*qui?, comment?, quel?, lequel?,* usw.) gebildet, das in der Umgangssprache auch nachgestellt werden kann. Die Antwort bezieht sich – mehr oder weniger ausführlich – auf den erfragten Teilaspekt:

    Qui peut m'aider? – Moi, je pourrai t'aider cet après-midi.

    *Pourquoi n'avez-vous pas téléphoné tout de suite? – Parce que j'avais oublié mon
    portable.*

    Tu l'as connue quand? – Il y a cinq ans, à Londres.

Anmerkung:

- Das Fragewort *que* (***Que*** *regardez-vous?*) wird bei Nachstellung zu *quoi*: *Vous regardez* ***quoi?***

- Neben der Entscheidungs- und der Ergänzungsfrage gibt es noch die **Doppel-** oder **Alternativfrage** (*l'interrogation alternative*), bei der sich die Frage auf zwei oder mehrere alternative Elemente bezieht, von denen eines auszuwählen ist:

  Préférez-vous la Bretagne ou la Normandie? – La Bretagne.

  N'as-tu pas eu envie de le faire ou as-tu simplement manqué de temps? – Je n'en avais pas envie.

3. Die direkte Frage, ob als Entscheidungs- oder als Ergänzungsfrage formuliert, kann **je nach Kommunikationssituation** und **Sprachregister**, verschiedene **Frageformen** annehmen:

Frageform:	Register:
Die ***est-ce que*-Frage**: *Est-ce que vous êtes prêts?* *Où est-ce que vous allez?*	**gesprochenes Standardfranzösisch**, bedingt auch geschriebenes Französisch Im literarischen Französisch ist die *est-ce que*-Frage weitgehend auf die Wiedergabe von Dialogen und literarischen Formen des Denk-Sprechens (= innerer Monolog) beschränkt.
Die **Intonationsfrage** (*l'interrogation marquée par la seule intonation*): In der Intonationsfrage wird die Frage ohne Inversion ausschließlich durch eine steigende oder fallende Intonationskurve ausgedrückt. Die Wortstellung ist also die gleiche wie die eines Aussagesatzes. *Tu viens?* *On prend la voiture?* *Où tu vas?* *Pour quoi tu as fait cela?*	**gesprochene Sprache / Umgangssprache**
Die **Inversionsfrage** (*l'interrogation avec inversion du sujet*): • mit **einfacher** Inversion des Subjekts (Vertauschung von Subjekt und Verb = *inversion simple*) bei den verbundenen Personalpronomen und bei *ce*: ***Avez-vous*** *pensé à préparer le texte?* ***Est-ce*** *un problème pour vous?* ***Pourquoi avez-vous*** *fait cela?*	**geschriebene Sprache** oder **förmliche gesprochene Sprache** (= Vortrag, öffentliche Rede, Radio-, Fernsehkommentare oder Unterrichtsdiskurs)

> - mit **komplexer** Inversion (*inversion complexe*) mit Wiederaufnahme des substantivischen Subjekts durch ein Pronomen, das hinter das Verb tritt:
>
>   *L'Assemblée **a-t-elle** voté la loi?*
>
>   ***Comment** les autorités **ont-elles** réussi à prévenir des actes violents dans le quartier?*

Anmerkung:

- Im Umgangsfranzösisch gibt es noch die Form der segmentierten Frage („*l'interrogation segmentée*"): *C'est quoi, la liberté? Ton frère, il partira quand?*

- In nicht förmlicher, gesprochener Sprache ist der Gebrauch der einfachen Inversion auf kurze Fragen mit Pronomen beschränkt: *Comment vas-tu? Avez-vous compris?* Die komplexe Inversion wird hier grundsätzlich gemieden.

- Bei der einfachen Inversionsfrage tritt ein *-t-* zwischen das Verb und das nachgestellte Pronomen, wenn das Verb mit einem Vokal endet: *Se **repose-t-elle** bien chez ses parents?*

- In der ersten Person Singular ist die einfache Inversion mit nachgestelltem Pronomen nur bei folgenden Verben geläufig: *ai-je, dois-je, puis-je* (nicht: **peux-je*), *sais-je, suis-je* und *vais-je*: → *Puis-je compter sur vous? Que sais-je?* Bei anderen Verben muss in der ersten Person Singular die *est-ce que* Frage benutzt werden: *Est-ce que j'écris la lettre aujourd'hui ou demain?*

Die Entscheidungsfrage   335

Die Entscheidungsfrage wird **ohne Fragewort** gebildet. Sie kann die Form einer

- *est-ce que*-Frage
- Intonationsfrage
- Inversionsfrage (einfache Inversion oder komplexe Inversion)

annehmen.

Beispiele:

Est-ce que tu viendras me chercher à la gare?   → *est-ce que*-Frage
Est-ce que ton père viendra me chercher à la gare?

Tu viendras me chercher à la gare?   → Intonationsfrage
Ton père viendra me chercher à la gare?

Viendras-tu me chercher à la gare?   → einfache Inversion
Ton père viendra-t-il me chercher à la gare?   → komplexe Inversion

| 336 | **Der Gebrauch der Fragewörter in Ergänzungsfragen** |

Die in der Ergänzungsfrage benutzten Fragewörter beziehen sich auf **Personen** oder **Sachen**.

1. Das Fragewort, auf Personen bezogen:

	Inversionsfrage	*Est-ce que*-Frage
Subjekt: Wer...?	*Qui* a fait cela?	*Qui* est-ce *qui* a fait cela?
Direktes Objekt: Wen...?	*Qui* as-tu invité?	*Qui* est-ce *que* tu as invité?
Prädikativ: Wer...?	*Qui* sont ces gens?	(keine *est-ce que*-Frage möglich)
Präpositional: An wen...? / Für wen...?, usw.	*A qui* vous êtes-vous adressés? *Pour qui* travaille-t-il?	*A qui* est-ce *que* vous vous êtes adressés? *Pour qui* est-ce *qu'*il travaille?

Beachte: Es ist klar zu unterscheiden zwischen: *Qui est-ce **qui**...?* = Wer...? und *Qui est-ce **que**...?* = Wen...?

2. Das Fragewort, auf Sachen bezogen:

	Inversionsfrage	*Est-ce que*-Frage
Subjekt: Was...? (persönliche Konstruktion)	(nicht möglich)	*Qu'est-ce **qui*** te fait plaisir?
Subjekt: Was...? (unpersönliche Konstruktion)	*Que* vous faut-il?	*Qu'est-ce **qu'***il vous faut?
Direktes Objekt: Was...?	*Qu'en* pensez-vous? *Que* feriez-vous?	*Qu'est-ce **que*** vous en pensez? *Qu'est-ce **que*** vous feriez?
Prädikativ: Was...?	*Que* deviens-tu? (Wie geht's dir denn so? / Was treibst du so?)	*Qu'est-ce **que*** tu deviens?
Präpositional: Womit...? / Worüber...? / Woran...?, usw.	*En quoi* a-t-il tort? *De quoi* nous plaignons-nous?	*En quoi* est-ce *qu'*il a tort? *De quoi* est-ce *que* nous nous plaignons?

Zur Erläuterung:

*   Die Inversionsfrage ist bezogen auf ein Sachsubjekt **als persönliche Konstruktion nicht gebräuchlich**. Also nur: *Qu'est-ce qui...?*

Die Inversionsfrage mit Bezug auf ein Sachsubjekt ist nur in Verbindung mit **unpersönlichen** Verben möglich: *Que se passe-t-il?* = Was ist los?; *Que vous faut-il?* = Was braucht ihr?; *Que reste-t-il de valable?* = Was bleibt noch an Wertvollem / Brauchbarem übrig?; *Qu'y a-t-il de surprenant dans cette affaire?* = Was ist an dieser Angelegenheit überraschend?

Die Verben *arriver, importer, passer, rester* lassen eine persönlich oder unpersönlich formulierte *est-ce que*-Frage zu:

*Qu'est-ce **qui** se passe?*	⇔ *Qu'est-ce **qu'il** se passe?*
*Qu'est-ce **qui** est arrivé?*	⇔ *Qu'est-ce **qu'il** est arrivé?*
*Qu'est-ce **qui** importe de dire dans un cas pareil?*	⇔ *Qu'est-ce **qu'il** importe de dire dans un cas pareil?*
*Qu'est-ce **qui** reste à faire?*	⇔ *Qu'est-ce **qu'il** reste à faire?*

Vergleiche dazu auch **323.2**. Zu beachten ist, dass *falloir* eine *est-ce que*-Frage nur in unpersönlicher Form zulässt: *Qu'est-ce qu'il te faut?*

- Der prädikative Gebrauch des Fragewortes *que* (***Que** deviens-tu?*) ist in der Regel auf das Verb *devenir* beschränkt. Die im Deutschen übliche Definitionsfrage: „Was ist...?" wird im Französischen mit „*Qu'est-ce que*" eingeleitet (***Qu'est-ce que** le bonheur?* = Was ist Glück?). Im Umgangsfranzösischen wird hier auch die erweiterte Frageform: ***Qu'est-ce que c'est que** le bonheur?* benutzt.

- *Quoi* allein stehend wird gebraucht in Wendungen wie:

  ***Quoi** donc?* → Was denn? *Pour **quoi** faire?* → Wozu (denn)?

  *Vous savez **quoi**, on pourrait aller en boîte.*
  Wisst ihr was, wir könnten in die Disco gehen.

  ***Quoi** de plus agréable que de faire la grasse matinée?*
  Was gibt es Angenehmeres, als morgens lange auszuschlafen?

Der Gebrauch des Frageadjektivs *quel* und des Fragepronomens *lequel* in Ergänzungsfragen   337

1. **Quel** (bzw. **quelle** / **quels** / **quelles**) fragt nach einem bestimmten Element / Aspekt oder nach mehreren Elementen / Aspekten aus einer Gruppe von mehreren Möglichkeiten (Personen und Sachen).

R 337.1

> *Quel* wird verwendet in Verbindung mit Substantiven und mit Präpositionalgruppen. Es kann **attributiv** oder **prädikativ** verwendet werden und richtet sich in Geschlecht und Zahl nach seinem Bezugswort.

Attributiver Gebrauch von *quel*: (→ welcher, -e, -s?)

Quel *jour sommes-nous aujourd'hui?*	Was für einen Tag haben wir heute?
Quelles *pièces de théâtre ont été jouées cet été?*	Welche Theaterstücke wurden diesen Sommer gespielt?
Quels *écrivains est-ce que tu préfères?*	Welche Autoren bevorzugst du?
Dans quel *quartier de Paris habite-t-elle?*	In welchem Viertel von Paris wohnt sie?
Pour quelle *raison le secrétaire général de l'O.N.U. a-t-il démissionné?*	Warum ist der Generalsekretär der UNO zurückgetreten?

Prädikativer Gebrauch von *quel*: (→ was? welches? wie?, meist bezogen auf Sachen)

Quelles *sont vos préférences?*	Welches sind Ihre Präferenzen?
Quel *est ton problème?*	Was ist dein Problem? / Welches Problem hast du?
Quel *est son nom?*	Wie ist sein Name?
Quel *est son plat préféré?*	Welches / Was ist sein Lieblingsgericht?

Anmerkung:

- Der prädikative Gebrauch von *quel* mit Bezug auf Personen ist möglich:
  Quelle (= qui) est donc cette jeune fille qui chante si bien?

- Ein deutsches „Was für...?" wird im Französischen ausgedrückt mit: *Qu'est-ce que... comme? / que... comme?*:

  *Qu'est-ce qu'elle s'est acheté **comme** appartement?*
  Was für ein Appartement hat sie sich gekauft?

  *Que voulez-vous **comme** chambre?*
  Was für ein Zimmer wollen Sie?

- *Quel* wird auch in Ausrufen gebraucht: *Quel beau temps! Quelle horreur!* (Wie fürchterlich!); *Quel crétin!* (Was für ein Schwachkopf!); *Quelle agréable surprise!* (Was für eine angenehme Überraschung!)

- Wendungen mit *quel*: *pour quelle occasion?* (aus welchem Anlass...?); *pour quelle raison...?* (warum...? / aus welchem Grunde...?); *dans quel but...?* (in welcher Absicht...?); *quel temps fait-il...?* (wie ist das Wetter...?)

2. **Lequel (laquelle, lesquels, lesquelles, duquel, auxquels,** usw.) fragt nach Personen oder Dingen mit dem Ziel, dass eine Wahl / Auswahl aus bereits erwähnten Gruppen von Personen oder Dingen getroffen wird.

Beispiele:

De laquelle *des deux personnes parlez-vous?*	Von welcher der beiden Personen sprecht ihr?

Lequel de vous trois partira le premier?	Wer von euch dreien bricht zuerst auf?
Nous nous intéressons aux langues étrangères. – Lesquelles, par exemple?	Wir interessieren uns für Fremdsprachen. – Welche zum Beispiel?
Laquelle de ces deux maisons est-ce que vous aimeriez acheter?	Welches dieser beiden Häuser würden Sie gerne kaufen?

Beachte:

Lequel kann auch neutral gebraucht werden: *Lequel des deux est plus raisonnable*: *acheter ou louer?* → Was von beidem ist vernünftiger: kaufen oder mieten?

R 337.2

Lequel kann von einem Pronomen ergänzt werden (*Lequel de vous trois?*). Hat dieses Pronomen **keine Ergänzung**, wird in der Regel die Präposition *entre* hinzugefügt: *Lequel d'entre vous?*

Beispiele:

Lequel de vous deux m'a écrit cette lettre?

Aber: *Lequel d'entre vous* pourrait m'aider dans mon déménagement?

Der Gebrauch der Frageadverbien

338

Beim Gebrauch der Frageadverbien ist Folgendes zu beachten:

où?   kann alleine oder mit bestimmten Präpositionen gebraucht werden:

Où se trouve la gare? D'où a-t-il téléphoné? Par où êtes-vous arrivés? A partir d'où est-ce que l'autoroute est payante? Jusqu'où veux-tu que je t'accompagne?

pourquoi? erfordert grundsätzlich die Inversion oder *est-ce que*:

Pourquoi n'êtes-vous pas venu à l'heure? Pourquoi est-ce que le courant n'a pas encore été rétabli?

- Fehlende Inversion bei *pourquoi* (*Pourquoi t'as fait ça?*) ist umgangssprachlich und zum Teil auch dort umstritten.

- Die Verneinung bei *pourquoi* lautet: *Pourquoi pas?* (Seltener: *Pourquoi non?*)

- Beachte folgenden Unterschied:
  Pourquoi faire tant d'histoires? → Weshalb so viele Umstände?
  On y va? – Pour quoi faire? → Sollen wir gehen? – Wozu? / Weshalb?

quand? kann wie *où* alleine oder mit bestimmten Präpositionen verwendet werden:

Quand reviendras-tu? Depuis quand est-ce qu'elle est divorcée? Jusqu'à quand faut-il patienter? A partir de quand peut-on compter sur toi?

combien? kann alleine oder mit einer Ergänzung gebraucht werden:

Combien as-tu payé? Combien sont-ils? (Intonationsfrage: *Combien ils sont?*); *Tu chausses du combien?* (Welche Schuhgröße hast du?); *Combien cela coûte-t-il?* (Intonationsfrage: *Combien ça coûte?*)

Combien d'heures as-tu encore passées devant la télé? Combien de personnes as-tu invitées à ton anniversaire?

Anmerkung: Die substantivierte Wendung *le combien...?* ist umgangssprachlich:

On est le combien aujourd'hui? (Den wievielten haben wir heute?); *Tous les combien est-ce que cette revue paraît?* (Wie oft erscheint diese Illustrierte?)

comment? kann nicht wie das deutsche „wie...?" ein Adjektiv oder ein Adverb ergänzen. Für Fragen wie „wie oft...?", „wie groß...?" müssen Umschreibungen verwendet werden:

Wie oft habt ihr euch getroffen? = *Combien de fois vous êtes-vous rencontrés?*

Wie groß ist euer Garten? — *Quelle est la superficie de votre jardin?*

Beispiele mit dem Frageadverb *comment*:

Comment allez-vous, monsieur?

Comment as-tu pu le joindre à New York?
Wie hast du ihn in New York erreichen können?

Comment se fait-il que tu sois arrivé en retard?
Wie kommt es, dass du zu spät gekommen bist?

Comment faire maintenant?
Wie sollen wir jetzt verfahren?

Die Fragewörter und der Fragesatz: Aufbaustufe

Die indirekte Frage und der indirekte Fragesatz

339

1. Die indirekte Frage unterscheidet sich von der direkten Frage darin, dass der Frageinhalt in einem mit einem Fragewort eingeleiteten **Nebensatz** ausgedrückt wird und dass bestimmte Verben diesen Nebensatz einleiten.

   Verben, die indirekte Fragen einleiten können, sind z.B.:

   chercher, comprendre, (se) demander, dire, expliquer, ignorer, montrer, remarquer, savoir, se souvenir, trouver, voir.

   Beispiele:

   *Il **a demandé** quand on allait déjeuner.*

   *On **ignore** totalement qui a vandalisé l'appartement et comment les malfaiteurs s'y sont introduits.*

   *La compagnie aérienne ne sait toujours pas **expliquer** pourquoi ni comment le crash s'est produit.*

   Die indirekte Frage kann also auch durch solche Verben eingeleitet werden, die wie *ignorer, ne pas savoir* nicht primär einen interrogativen Sinn ausdrücken. Andererseits können Verben wie *questionner* oder *interroger* trotz ihres Charakters als „Frageverben" keine indirekte Frage einleiten.

2. In der indirekten Frage **nach Personen** werden die gleichen Fragewörter gebraucht wie in der direkten Frage. Eine **indirekte Entscheidungsfrage** wird durch *si* eingeleitet:

   *«**Qui** avez-vous invité?»*
   → *Mes parents voulaient savoir **qui** nous avions invité.*

   *«**A qui** est-ce que j'ai envoyé la facture?»*
   → *Je ne me souviens plus **à qui** j'ai envoyé la facture.*

   «Etes-vous d'accord?»
   → *Nous vous demandons **si** vous êtes d'accord.*

3. In der indirekten Frage **nach Sachen** werden das Fragepronomen *qu'est-ce qui...?* zu **ce qui** und die Fragepronomen *qu'est-ce que...?* oder *que...?* zu **ce que**. Die präpositionalen Formen der direkten Frage *à quoi...?, de quoi...?, avec quoi...?* bleiben in der indirekten Frage erhalten.

   *«**Qu'est-ce qui** vous est arrivé?»*
   → *Il lui a demandé **ce qui** lui était arrivé.*

   *«**Qu'est-ce que** vous prendriez comme boisson?»*
   → *Le garçon de café m'a gentiment demandé **ce que** je prendrais comme boisson.*

   *«**A quoi** penses-tu?»*
   → *Mon mari voulait savoir **à quoi** je pensais.*

4. Die im Umgangsfranzösisch sich verstärkende Tendenz zur *est-ce que*-Konstruk-
    tion im indirekten Fragesatz muss weiterhin **als Normverstoß** gelten. An Stelle
    von: **Dites-moi qu'est-ce que vous faites ce week-end* lautet die indirekte Frage,
    auch im gesprochenen Französisch, korrekt:

    *Dites-moi **ce que** vous faites / ferez ce week-end.*

5. Indirekte Fragesätze können nur von Verben eingeleitet werden, die direkt transi-
    tiv sind, d.h. die ein direktes Objekt zu sich nehmen können:

    «Je n'ai pas compris sa réaction.» (= *comprendre qc*)
    → *Je n'ai pas compris **pourquoi** il avait réagi de cette façon.*

    Demgemäß muss ein Verb mit präpositionaler Ergänzung im Französischen (z.B.
    réfléchir à) von einem Verb ergänzt werden, das einen indirekten Fragesatz ein-
    leiten kann:

    Er überlegte, ob er es tun sollte. → *Il a réfléchi **pour savoir** s'il devait le faire.*

    Oder man ersetzt das ‚untaugliche' einleitende Verb durch ein ‚fragetaugliches'
    Verb:

    *Il s'est **demandé** s'il devait le faire.*

6. Im Deutschen sind indirekte Fragesätze als Ergänzungen zu Substantiven oder
    Adjektiven möglich, **im Französischen jedoch nicht**. Hier gilt es, adäquate ver-
    bale oder nominale Umschreibungen zu gebrauchen:

    Beispiele:
    Die Frage, ob er schuldig ist, ist schwer zu beantworten.
    → *Il est difficile de répondre **à la question de savoir** s'il est coupable.*   (= verbale Um-
                                                                                           schreibung)
    Wir sind neugierig, wer sein Nachfolger wird.
    → *Nous sommes **curieux de savoir** qui sera son successeur.* (= verbale Umschreibung)

    Wann er kommt, ist unbekannt.
    → *La date / L'heure de son arrivée est inconnue.*   (= nominale Umschreibung)

    Mir ist nicht klar, warum er beleidigt ist.
    → *Je ne sais pas **pourquoi** il est vexé.*   (= „normaler" indirekter Fragesatz nach *savoir*)
    → *Je ne connais pas **la raison pour laquelle** il est vexé.*   (= nominale Umschreibung)
    Man meide im Übrigen: *...la raison pourquoi...,* das unelegant wirkt.

    **Übersicht über deutsche Einleitungen von indirekten Fragesätzen, die im
    Französischen eine verbale oder nominale Umschreibung benötigen:**

deutsch	französisch
Er überlegte, ob...	*Il se demanda si.../ Il s'est demandé si...*
	Il a réfléchi pour savoir si...

Die Frage, ob...	La question de savoir si...
Es stellt sich die Frage, ob...	Se pose la question de savoir si...
	La question est de savoir si...
Sie war neugierig, ob...	Elle était curieuse de savoir si...
Er zögerte, ob...	Il hésita, se demandant si...
Ich bin erstaunt, wie...	Je suis étonné de voir comment...
Ich bin erstaunt, wie schnell Sie sich erholt haben.	Je suis étonné de vous voir si vite rétabli.
sich informieren, wo...	se renseigner sur le lieu de qc...
	se renseigner pour savoir où...
Es geht darum, ob...	Il s'agit de savoir si...
Ich habe keine Ahnung, wie / wo / wann / warum...	Je n'ai aucune idée de la manière dont / du lieu où / de la date à laquelle / de la raison pour laquelle...

Der infinitivische Fragesatz   340

Deutsche Fragen mit den modalen Hilfsverben „sollen" oder „können" werden im Französischen häufig **infinitivisch** wiedergegeben. Dies gilt für direkte und indirekte Fragesätze.

Und jetzt, was sollen wir tun? Wo sollen wir hin?	Et maintenant, que faire? Où aller?
Wie kann / Wie soll ich Ihnen das erklären?	Comment vous l'expliquer?
Wir wissen nicht, was wir tun sollen.	Nous ne savons pas que faire / quoi faire.
Ich frage mich, wie ich es ihm erklären kann / soll.	Je me demande comment le lui expliquer.
Er weiß nicht, was er tun soll. / Er weiß nicht mehr aus noch ein.	Il ne sait pas sur quel pied danser.

Typen von Intonationskurven im Fragesatz   341

Die Entscheidungsfrage und die Ergänzungsfrage mit Fragewort werden beim Sprechen mit unterschiedlicher Intonation realisiert. Abgesehen von individuellen Abweichungen je nach Sprecher, Sprechsituation und Region, lassen sich folgende **Standardintonationen** in Abhängigkeit von Frageformen unterscheiden:

1. In der Entscheidungsfrage ist die Intonation steigend in der Weise, dass das letzte Wort bzw. bei mehrsilbigen Wörtern die letzte Silbe des letzten Wortes den höchsten Ton hat. Dies gilt generell für die verschiedenen Formen der Entscheidungsfrage, also für die Intonationsfrage, die Inversionsfrage und die *est-ce que*-Frage.

Vous aimez le ⌐*jazz?*   *Vous aimez la mu* ⌐*sique?*

Est-ce que vous aimez la mu ⌐*sique?*

Aimez-vous le ⌐*jazz?*   *Aimez-vous la mu* ⌐*sique?*

Anmerkung:
Wird an das Ende einer Entscheidungsfrage noch ein *ou pas* angehängt, dann liegt der höchste Ton auf deren sinntragendem Ende und nicht auf *ou pas*:

Tu ⌐*viens* ⌐*ou pas?*

2. In der Ergänzungsfrage mit Fragewort wird das Fragewort bzw. bei einem mehrsilbigen Fragewort dessen letzte Silbe am höchsten intoniert. Die übrigen Bestandteile des Fragesatzes verbleiben auf einer niedrigeren Tonhöhe, (wobei das letzte Satzelement etwas absteigend sein kann, aber nicht muss). Dies gilt für alle Fragetypen, insbesondere auch für Ergänzungsfragen mit nachgestelltem Fragewort:

Où ⌐*tu vas?*   *Où* ⌐*vas-tu?*   *Où* ⌐*est-ce que tu vas?*

Pour ⌐*quoi* ⌐*il n'y va pas?*   *Pour* ⌐*quoi* ⌐*n'y va-t-il pas?*   *Pour* ⌐*quoi* ⌐*est-ce qu'il n'y va pas?*

Tu vas ⌐*où?*   *Tu pars avec* ⌐*qui?*   *Vous partez com* ⌐*ment?*

342 Einfache versus komplexe Inversionsfrage

1. Die **einfache** Inversion ist **obligatorisch**, die komplexe Inversion also nicht anwendbar,

    *   wenn das Subjekt ein Personalpronomen ist:
        Où vont-ils passer les vacances?

    *   wenn das Fragepronomen *que* direktes Objekt ist:
        Que fait ton fils? (also nicht: **Que ton fils fait-il?*)

    *   wenn das Fragepronomen ein prädikatives *que, qui* oder *quel* ist:
        Que deviens-tu?
        Qu'est devenu notre prof?
        Qui est cette jeune fille?
        Quelle est cette femme?

2. In der direkten Frage ist die **komplexe** Inversion **obligatorisch**, die einfache Inversion also nicht anwendbar,

- wenn es sich um eine Entscheidungsfrage handelt, in der das Subjekt ein Substantiv ist. (Ist das Demonstrativpronomen *cela* Subjekt der Entscheidungsfrage, steht in gehobenem Französisch ebenfalls die komplexe Inversion):

  Les vacances sont-elles déjà terminées? (also nicht: **Sont les vacances déjà terminées?*)

  Cela vous a-t-il convenu?

- wenn eine Ergänzungsfrage mit Fragewort ein direktes Objekt enthält (insbesondere auch, wenn das direkte Objekt das Fragewort *qui* ist):

  Comment les sapeurs-pompiers ont-ils maîtrisé le feu?

  Qui la police cherche-t-elle? (also nicht: *Qui cherche la police?*)

  Sur qui G. de Maupassant a-t-il pris modèle en écrivant ‚Une Vie‘?

  Anmerkung: Mit *quel* + Substantiv ist die einfache und die komplexe Inversion möglich: *Quels romans a écrits cet auteur? Quels romans cet auteur a-t-il écrits?*

- grundsätzlich, wenn das Fragewort *pourquoi* mit einem Substantiv als Subjekt benutzt wird, ob mit oder ohne direktes Objekt:

  Pourquoi les tomates ne mûrissent-elles pas cette année? (ohne direktes Objekt)

  Pourquoi les syndicalistes n'ont-ils pas rencontré les représentants du patronat? (mit direktem Objekt)

3. In den übrigen Fällen ist sowohl einfache als auch komplexe Inversion möglich.

Beispiele:

einfache Inversion	komplexe Inversion
Avec qui sort ta sœur?	*Avec qui ta sœur sort-elle?*
Comment va M. Duplan?	*Comment M. Duplan va-t-il?*
De qui s'est souvenu cet auteur en écrivant ce texte?	*De qui cet auteur s'est-il souvenu en écrivant ce texte?*
Quand et où aura lieu le concert de rock?	*Quand et où le concert de rock aura-t-il lieu?*

Die Fragewörter und der Fragesatz: Repetitorium

343 ## Die Fragewörter und der Fragesatz im Überblick

Die direkte Frage:

Die **Entscheidungsfrage** wird ohne Fragewort in folgender Form gestellt:

- als *est-ce que*-Frage: *Est-ce que tu veux porter plainte?*
  Est-ce que ton père veut porter plainte?

- als Intonationsfrage: *Tu veux porter* *plainte?*   *Ton père veut porter* *plainte?*

- als Inversionsfrage: *Veux-tu porter plainte?*   (einfache Inversion)
  Ton père veut-il porter plainte? (komplexe Inversion)

Die **Ergänzungsfrage** / Teilfrage wird mithilfe eines Fragewortes gebildet. Folgende Fälle sind zu unterscheiden:

	Frage nach Personen		
	***Est-ce que*-Frage**	**Intonationsfrage**	**Inversionsfrage**
Subjekt. Wer...?	*Qui est ce qui a sonné?*	*Qui a sonné?*	
Direktes Objekt: Wen...?	*Qui est-ce que vous connaissez?*	*Vous connaissez qui?*	*Qui connaissez-vous? / Qui Frédéric ne connaît-il pas?*
Prädikativ: Wer...?	----	*C'est qui, cette femme?*	*Qui est cette femme?*
Genitiv: Wessen...?	*De qui est-ce que tu cherches le nom?*	*De qui tu cherches le nom? / Tu cherches le nom de qui?*	*De qui cherches-tu le nom? / De qui ton collègue cherche-t-il le nom?*
Indirektes Objekt: Wem...?	*A qui est-ce que vous avez envoyé la lettre?*	*A qui vous avez envoyé la lettre? / Vous avez envoyé la lettre à qui?*	*A qui avez-vous envoyé la lettre? / A qui ta sœur a-t-elle envoyé la lettre?*
Präpositional (außer: *de qui...? / à qui...?*), z.B.: Mit wem...? usw.	*Avec qui est-ce qu'il a joué?*	*Avec qui il a joué? / Il a joué avec qui?*	*Avec qui a-t-il joué? / Avec qui Frédéric a-t-il joué?*
	Frage nach Sachen		
	***Est-ce que*-Frage**	**Intonationsfrage**	**Inversionsfrage**
Subjekt: Was...?	*Qu'est-ce qui se passe?*	----	*Que se passe-t-il?*
Direktes Objekt: Was...?	*Qu'est-ce que tu fais ce soir?*	*Tu fais quoi ce soir?*	*Que fais-tu ce soir? / Que fait ton ami ce soir?*

Prädikativ: Definitionsfrage: Was...?	Qu'est-ce que la généti- que?	La génétique, c'est quoi?	----
Prädikativ: Informationsfrage: Was...? / Welches...)	----	C'est quoi, ta stratégie?	Quelle est ta stratégie?
Präpositional: Mit was...? / An was...?, usw.	A quoi est-ce que vous pensez?	A quoi vous pensez? / Vous pensez à quoi?	A quoi pensez-vous? / A quoi cet homme pense-t-il?

	Fragen mit Frageadverbien		
	***Est-ce que*-Frage**	**Intonationsfrage**	**Inversionsfrage**
Où?: Wo? / Wohin?	Où est-ce que vous êtes allés?	Où vous êtes allés? / Vous êtes allés où?	Où êtes-vous allés? / Où tes amis sont-ils allés?
Combien?: Wieviel?	Combien est-ce que vous gagnez?	Combien vous gagnez? / Vous gagnez combien?	Combien gagnez-vous par mois? Combien ton collègue gagne-t-il?
Comment?: Wie?	Comment est-ce qu'il va?	Comment il va? / Il va comment?	Comment va-t-il? / Comment va M. Duplan? Comment M. Duplan va- t-il?
Quand?: Wann?	Quand est-ce qu'ils sont arrivés?	Ils sont arrivés quand? *Quand ils sont arrivés? ist kaum gebräuchlich.	Quand sont-ils arrivés? / Quand M. Duplan est-il arrivé?
Pourquoi?: Warum?	Pourquoi est-ce que tu l'as appelé?	Pourquoi tu l'as appelé? / Tu l'as appelé pour- quoi?	Pourquoi l'as-tu appelé? / Pourquoi ton collabora- teur n'a-t-il pas appelé?

Die indirekte Frage:

Bei der Bildung einer indirekten Frage sind folgende Grundregeln zu beachten:

- Die *est-ce que*-Umschreibung ist nicht möglich.

- Es wird die Wortstellung des Aussagesatzes beibehalten (also keine Inversion!).
  Weiterhin steht kein Fragezeichen.

  Je voudrais bien savoir à quoi il pense.

- Die Zeitenfolge ist gemäß den Regeln der *concordance des temps* in der indirek-
  ten Rede zu respektieren (vgl. **387-389**).

  Ich fragte ihn, warum er nicht an seinem Arbeitsplatz **sei**.
  *Je lui ai demandé pourquoi il n'**était** pas à son travail.*

Beispiele:

Il se demande...		
mit Bezug auf Personen	...*qui* a pu faire cela.	(Subjekt)
	...*qui* il doit inviter.	(Direktes Objekt)
	...*qui* est cette femme.	(Prädikativ)
	...*de qui* elle parle.	(Genitiv)
	...*à qui* nous devrions nous adresser.	(Indirektes Objekt)
mit Bezug auf Sachen	...*ce qui* se passe.	(Subjekt)
	...*ce qu*'il fait.	(Direktes Objekt)
	...*ce qu*'ils deviennent.	(Prädikativ)
	...*quelle* est son intention.	(Informationsfrage: Prädikativ)
	...*à quoi* elle s'intéresse.	(Präpositional)
mit Frageadverbien	...*où* il doit aller.	
	...*quand* elle rentrera.	
	...*pourquoi* elle ne rentre pas.	
	...*combien* gagne son collègue.	
	...*comment* ils peuvent survivre.	
mit *quel* / *lequel*	...*quelle* voiture il devrait choisir.	
	...*lequel* de nous deux va gagner.	

Die Fragesätze in einem Textbeispiel:

«*L'horreur monte lentement dans une inondation, je me noie. Je n'attends plus, tellement j'ai peur. C'est fini, c'est fini? Où es-tu? Comment savoir? Je ne sais pas où il se trouve. Je ne sais plus non plus où je suis. Je ne sais pas où nous nous trouvons. Quel est le nom de cet endroit-ci? Qu'est-ce que c'est que cet endroit? Qu'est-ce que c'est que toute cette histoire? De quoi s'agit-il? Qui c'est ça, Robert L.? [...] Qui est ce Robert L.? A-t-il jamais existé? Qu'est-ce qui fait ce Robert L., quoi? Qu'est-ce qui fait qu'il soit attendu, lui et pas un autre? Qu'est-ce qu'elle attend en vérité? Quelle autre attente attend-elle? A quoi joue-t-elle depuis quinze jours qu'elle se monte la tête avec cette attente-là? Que se passe-t-il dans cette chambre? Qui est-elle...?*»

(Marguerite Duras: *La douleur,* Gallimard folio, S. 49 f.)

344 Schwierigkeiten und Fehlerquellen

1. Bei der Übersetzung der Frage „**Was ist**...? / **Was sind**...?" ist darauf zu achten, dass diese Frage im Deutschen als Antwort eine Definition oder eine Information verlangt.

Definitionsfrage:

Direkt:	Was ist Globalisierung?	→	*Qu'est-ce que la mondialisation?*
	Was sind elektromagnetische Wellen?	→	*Qu'est-ce que des ondes électromagnétiques?*

In der gesprochenen Sprache wird die Definitionsfrage häufig in erweiterter Form gebraucht:

Qu'est-ce que c'est que la mondialisation?

Qu'est-ce que c'est que des ondes électromagnétiques?

Was ist das? → *Qu'est-ce que c'est que cela?*

Indirekt: *On se demande* ***ce qu'est*** *la mondialisation.*

On se demande ***ce que sont*** *des ondes électromagnétiques.*

Im gesprochenen Französisch:

On se demande ***ce que c'est que*** *la mondialisation.*

On se demande ***ce que c'est que*** *des ondes électromagnétiques.*

Informationsfrage:

Direkt: Was ist / Welches ist Ihr Lieblingssport? → ***Quel est*** *votre sport préféré?*

Was sind / Welches sind Ihre Aufgaben → ***Quelles sont*** *vos fonctions*
im Betrieb?   *dans l'entreprise?*

Indirekt: *Elle voulait savoir* ***quel était*** *son sport préféré.*

Elle voulait savoir ***quelles étaient*** *ses fonctions dans l'entreprise.*

2. In der direkten Frage ist klar zu unterscheiden zwischen

Qui est-ce qui...? = Wer...? Frage nach dem Personensubjekt: „**Wer** ist es, **der**...?"

Qui est-ce que...? = Wen...? Frage nach dem Personenobjekt: „**Wer** ist es, **den**...?"

Qu'est-ce qui...? = Was..? Frage nach dem Sachsubjekt: „**Welcher Gegenstand**
                                                        ist es, **der**...?"

Qu'est-ce que...? = Was...? Frage nach dem Sachobjekt: „**Welcher Gegenstand**
                                                        ist es, **den**...?"

3. Die Wiedergabe des deutschen „wie" bereitet im Französischen Schwierigkeiten:

- Das Fragewort „wie...?" ist nicht mit dem Gradadverb „wie" (im Sinne von ‚wie sehr' zu verwechseln):

Wie habt ihr das geschafft?
Comment est-ce que vous en êtes venus à bout?
→ Fragewort

Du weißt nicht, **wie** (**sehr**) ich leide.
Tu ne sais pas ***comme*** *je souffre /* ***combien*** *je souffre /* ***à quel point*** *je souffre.*
→ Gradadverb

Du kannst dir nicht vorstellen, **wie** glücklich ich bin.
Tu ne peux pas t'imaginer ***comme*** */* ***combien*** */* ***à quel point*** *je suis heureux.*
→ Gradadverb

- Ein deutsches „wie" nach den Verben der Wahrnehmung entspricht im Französischen einer Infinitivkonstruktion.

  Ich sah, **wie** er sich mit ihr unterhielt. → *Je l'ai vu s'entretenir avec elle.*

4. Vorsicht ist geboten bei einem deutschen indirekten Fragesatz wie:

   Die Frage, ob die Maßnahmen ausreichen, kann noch nicht beantwortet werden.

   Wegen *répondre **à*** im Französischen wird eine aktivische Konstruktion erforderlich; zudem ist „die Frage, ob..." nur mit dem *„de savoir*-Einschub" möglich:

   *On ne peut pas encore répondre **à la question de savoir si** les mesures sont suffisantes.*

   Bei einem indirekten Fragesatz wie: „Ich bin mir nicht sicher, wo die Veranstaltung stattfindet" ist zu beachten, dass im Französischen ein indirekter Fragesatz nicht von einem Adjektiv abhängig sein kann. Deshalb empfiehlt sich eine nominale Umschreibung:

   *Je ne suis pas **sûr du lieu** de la manifestation.*

5. Zu Frageformen wie „wie alt...?", „wie groß...?", „wie lang...?" usw. vgl. **077.1+2**.

Kapitel 5.6

Die Indefinita *(les adjectifs et les pronoms indéfinis)*

Kapitelübersicht:

Die Indefinita: Grundstufe

345 Die grammatischen Eigenschaften des Indefinitadjektivs und des Indefinitpronomens

Indefinita können Adjektive (z.B. *chaque* fois; *différentes* formes) oder Pronomen (*rien, personne, quelqu'un*) sein. Indefinitadjektive begleiten das Substantiv („indefinite Begleiter"); Indefinitpronomen stehen an Stelle eines Substantivs oder einer Nominalgruppe. Eine Reihe von Indefinita werden sowohl adjektivisch (z.B. *tout* homme; la *même* chose) als auch pronominal (*Tout* va bien. Cela revient *au même*.) verwendet. Wie der Begriff impliziert, bezeichnen die Indefinita eine unbestimmte Menge oder eine unbestimmte Anzahl von Lebewesen, Dingen oder Sachverhalten, wobei der Grad der Unbestimmtheit variabel ist.

Beispiele:

Indefinitadjektiv	Indefinitpronomen	Indefinitadjektiv oder Indefinitpronomen
Chaque fois qu'il la voit, il rougit.	*Quelqu'un* a frappé à la porte.	Son optimisme est *toute* sa richesse.
Il existe *différentes* formes de l'adjectif indéfini.	*Rien* n'est plus simple que de se servir d'un ordinateur.	*Tout* ce qu'il possède, c'est son optimisme.
	Nous *n'*avons rencontré *personne* dans le désert de Gobi.	Ce n'est pas tout à fait la *même* chose.
		Ce sont toujours les *mêmes* qui arrivent en retard.

346 Die Formen der Indefinita

1. **Indefinita, die sowohl adjektivisch als auch pronominal gebraucht werden:**

• im Singular und Plural gebräuchlich:		
autre, autres	=	andere(r,s)
certain, certaine, certains, certaines	=	ein(e) gewisse(r,s) / gewisse, manche, einige
même, mêmes	=	der-, die-, dasselbe / dieselben
tel, telle, tels, telles	=	ein(e) solche(r,s) / solche
tout, toute, tous, toutes	=	jede(r,s) / jegliche(r,s) / alle(s) / ganz

- überwiegend im Singular gebräuchlich:

(ne) ... aucun, aucune	=	kein(e,r)
nul, nulle	=	kein(e,r)

- nur im Plural gebräuchlich:

plusieurs	=	mehrere

2. nur adjektivisch verwendete Indefinita:

- im Singular und Plural gebräuchlich:

n'importe quel, n'importe quelle, *n'importe quels, n'importe quelles*	=	irgendein(e) / irgendwelche
maint, mainte, maints, maintes	=	manche(r,s) / manche
quelque, quelques	=	irgendein(e) / einige

- nur im Singular gebräuchlich:

chaque	=	jede(r,s)
quelconque	=	ein(e) beliebige(r,s)

- nur im Plural gebräuchlich:

différents, différentes	=	verschiedene
divers, diverses	=	verschiedene, allerlei

3. nur pronominal verwendete Indefinita:

- im Singular und Plural gebräuchlich:

n'importe lequel, n'importe laquelle *n'importe lesquels, n'importe lesquelles*	=	irgendeine(r) / irgendwelche
quelqu'un, (quelqu'une) *quelques-uns, quelques-unes*	=	jemand / einige

- nur im Singular gebräuchlich:

autrui	=	andere, andere Leute
chacun, chacune	=	jede(r,s)
n'importe qui	=	jeder beliebige
n'importe quoi	=	irgendetwas
on	=	man
(ne)...personne	=	niemand
quelque chose	=	etwas
quiconque	=	jeder, der / irgendjemand
(ne)...rien	=	nichts
tout le monde	=	jeder(mann) / alle

347 **Der Gebrauch der adjektivisch oder pronominal verwendeten Indefinita**

autre:

- **adjektivischer Gebrauch (im Singular und Plural):**

C'est une **autre** problématique.	Das ist ein **anderes** Problemfeld.
Est-ce que tu prendrais un **autre** kir?	Trinkst du **noch ein** Glas Kir?
Les **autres** projets restent en suspens.	Die **anderen** Projekte bleiben noch in der Schwebe / sind noch nicht entschieden.
C'est tout à fait **autre** chose.	Das ist etwas **ganz anderes**.
Pour la prochaine fois, vous préparerez les cinq **autres** chapitres.	Bis zum nächsten Mal bereiten Sie bitte die **anderen** fünf Kapitel vor.
Nul **autre** ne pourrait le faire.	Kein **anderer** könnte es tun.

Wendungen:

Nous devons surmonter nos difficultés **d'une façon ou d'une autre**.	Wir müssen unsere Schwierigkeiten irgendwie bewältigen.
J'en ai vu **bien d'autres**. (= choses)	Da habe ich schon etwas ganz anderes erlebt.
entre autres (= choses)	unter anderem
d'une part – d'autre part	einerseits – andererseits
d'un côté – de l'autre	
l'autre jour	neulich
un autre jour	ein andermal / an einem anderen Tag
autre part	anderswo(hin)

- **pronominaler Gebrauch (im Singular und Plural):**

Tout **autre** que lui aurait eu des soupçons.	Jeder **andere** (als er) hätte Verdacht geschöpft.
«L'enfer, c'est les **autres**.» (Sartre, Huis clos)	Die Hölle, das sind die **anderen**.
Ni l'un ni l'**autre** n'a inventé la poudre.	Weder der eine noch der **andere** hat das Pulver erfunden.

Wendungen:

l'un après l'**autre**	hintereinander / einer nach dem anderen
parler de choses et d'**autres**	dies und das bereden / über allerhand sprechen
de temps à **autre**	von Zeit zu Zeit / dann und wann
de part et d'**autre**	auf beiden Seiten
quelqu'un / rien / personne d'**autre**	jemand / nichts / niemand anders
Qui d'**autre**?	Wer sonst?
Quoi d'**autre**?	Was sonst?

certain:

- **adjektivischer Gebrauch (im Singular und Plural):**

*J'ai pour lui une **certaine** admiration.*	Ich empfinde für ihn eine **gewisse** Bewunderung.
*On lit dans une **certaine** presse... (pejorativ)*	Man liest in einer **gewissen** Presse...
*Il y a **certaines** choses qu'on ne devrait pas faire.*	Es gibt **gewisse** Dinge, die man nicht tun sollte.
***Certains** amis sont loin de mériter ce nom.*	**Gewisse / Manche** Freunde verdienen diesen Namen nicht.
*un couple d'un **certain** âge*	ein **älteres** Ehepaar
*un **certain** Duplan*	ein **gewisser** Duplan

- **pronominaler Gebrauch (nur im Plural):**

*J'en connais **certains** qui le pensent.*	Ich kenne **einige / manche**, die es denken.
***Certains** étaient d'accord, d'autres pas.*	**Einige** waren einverstanden, andere nicht.
*Aux yeux de **certains** de vos amis, votre comportement laisse à désirer.*	In den Augen **einiger** Ihrer Freunde lässt Ihr Verhalten zu wünschen übrig.

Zur Nachstellung von *certain* beim Substantiv vgl. **038**.

même:

- **adjektivischer Gebrauch (im Singular und Plural):**

*Il a la **même** voiture qu'elle.*	Er hat das **gleiche** Auto wie sie.
*Ce n'est pas la **même** chose.*	Das ist nicht **das Gleiche / dasselbe**.
*Elle ressemble à son frère: les **mêmes** gestes et surtout le **même** sourire.*	Sie ähnelt ihrem Bruder: die **gleiche** Gestik und vor allem das **gleiche** Lächeln.
*Nous l'avons préparé nous-**mêmes**.*	Wir haben es **selbst** vorbereitet.
*Il faut toujours avoir un regard critique sur soi-**même**.*	Man muss immer einen kritischen Blick auf sich **selbst** richten.
*Il est la bonté **même**.*	Er ist die Güte **selbst / in Person**.

- **pronominaler Gebrauch (im Singular und Plural):**

*Cela revient au **même**.*	Das läuft auf **das Gleiche / dasselbe** hinaus.
*C'est du pareil au **même**.*	Das ist **genau das Gleiche**.
*La nature humaine restera toujours la **même**.*	Die menschliche Natur bleibt sich immer **gleich**.
*Ils sont tous les **mêmes**.*	Sie sind alle **gleich**.

tel:

- **adjektivischer Gebrauch (im Singular und Plural):**

  Im Singular steht häufig der unbestimmte Artikel bei *tel / telle*, im Plural die redu-zierte Form *de*, wie sie vor Adjektiv + Substantiv generell verwendet wird (*de belles fleurs*). Vgl. auch **070**.

Je n'ai jamais vu un tel enthousiasme.	Ich habe noch nie eine **solche** Begeisterung gesehen.
De tels propos sont insupportables.	**Solche** Äußerungen sind unerträglich.
Tel père, tel fils.	**Wie** der Vater, **so** der Sohn.
Telle est ma décision. (prädikativer Gebrauch)	**Dies** ist meine Entscheidung.
Il a laissé les choses telles quelles.	Er hat die Dinge **so** belassen, **wie** sie waren.
La plainte en tant que telle n'est pas recevable.	Die Klage **als solche** ist nicht zulässig.

- **pronominaler Gebrauch (nur im Singular):**

  Der pronominale Gebrauch von *tel* findet sich fast nur in Sprichwörtern und festen Wendungen:

Tel est pris qui croyait prendre.	Wer andern eine Grube gräbt, fällt selbst hinein.
Je n'ai jamais rien vu de tel.	Ich habe **so etwas** noch nie gesehen.
Tel ou tel vous dira que...	**Dieser** oder **jener** wird Ihnen sagen, dass...

tout:

- **adjektivischer Gebrauch (im Singular und Plural):**

  Tout ohne Begleiter vor dem Substantiv im Singular, in der Bedeutung von „jeder / ganz / alles":

Toute personne voulant s'inscrire au stage de voile doit savoir nager.	**Jeder**, der sich für den Segelkurs anmelden möchte, muss schwimmen können.
Elle a tout intérêt à terminer ses études aussi vite que possible.	Es liegt **ganz** in ihrem Interesse / in ihrem **ureigensten** Interesse, ihr Studium so schnell wie möglich abzuschließen.
Vous pouvez m'appeler à toute heure de la journée.	Sie können mich zu **jeder** Tageszeit anrufen.
Pour tout renseignement, on m'avait laissé un numéro de téléphone.	Als **einzige** Information hinterließ man mir eine Telefonnummer.
en toute hâte	in **aller** Eile
en toute amitié	in **aller** Freundschaft
contre toute attente	wider Erwarten / entgegen **allen** Erwartungen

Tout mit Begleiter vor dem Substantiv im Singular, in der Bedeutung von „ganz":

*J'ai parcouru **tout le** Nord de la France.*	Ich habe den **ganzen** / den **gesamten** Norden Frankreichs bereist.
*Ils avaient joué **tout leur** argent au casino.*	Sie hatten ihr **ganzes** Geld in der Spielbank verspielt.
*Ce projet avait demandé **toute notre** attention.*	Dieses Projekt hatte unsere **ganze** Aufmerksamkeit beansprucht.
***Toute la** ville était sur pied pour assister au feu d'artifice.*	Die **gesamte** / Die **ganze** Stadt war auf den Beinen, um das Feuerwerk zu sehen.
*J'ai attendu **toute une** journée.* (mit unbestimmtem Artikel)	Ich habe einen **ganzen** Tag (lang) gewartet.
*C'est **toute une** histoire. / C'est **toute une** affaire.*	Das ist eine lange Geschichte. / Das ist eine Riesenaffäre.

Anmerkung:

An Stelle von *toute la ville* / *toute une ville*; *toute la nation* / *toute une nation*; *tout le continent* / *tout un continent* kann es auch heißen: *la ville entière* / *une ville entière*; *la nation entière* / *une nation entière*; *le continent entier* / *un continent entier*. → *La nation entière encourageait l'équipe nationale.*

Zum **adverbialen** Gebrauch von *tout* (= ganz) vgl. **048.1**.

Tous / ***Toutes***, mit oder ohne Begleiter vor dem Substantiv im Plural, in der Bedeutung von „alle":

***Tous les** membres du club sont cordialement invités à participer au tournoi.*	**Alle** Klubmitglieder sind herzlich eingeladen, am Turnier teilzunehmen.
*J'ai fait **tous mes** devoirs.*	Ich habe **alle** Hausaufgaben gemacht.
***Toutes nos** économies sont allées dans l'achat d'une maison.*	**Alle unsere** Ersparnisse sind in den Kauf eines Hauses geflossen.
***Tous ceux** / **Toutes celles** qui ne partent pas en vacances...*	**Alle**, die nicht in Ferien fahren...
***Nous tous** sommes concernés. / **Nous** sommes **tous** concernés.*	Es betrifft **uns alle**.
***Elles toutes** sont concernées. / **Elles** sont **toutes** concernées.*	Es betrifft **sie alle**.

Wendungen (mit und ohne Begleiter):

avec tous mes compliments (Höflichkeitsformel)	mit meinen besten Grüßen und Wünschen
une publicité tous azimuts	eine umfassende Werbung
des outils de toutes sortes	Werkzeuge aller Art
à tous égards	in jeder Hinsicht
courir à toutes jambes	ganz schnell rennen
écrire en toutes lettres	(voll) ausschreiben (z.B. Zahlen, Abkürzungen)

toutes voiles dehors	unter vollen Segeln
Toute(s) proportion(s) gardée(s), cette robe a autant de chic que celle d'un grand couturier.	Dieses Kleid hat **im Verhältnis** ebenso viel Chic wie ein Kleid von einem großen Modeschöpfer.
à toutes fins utiles	für alle Fälle

- **pronominaler Gebrauch (im Singular und Plural):**

  Im Singular: *tout* = alles

Il faut **tout** prévoir.	Man muss **alles** voraussehen / im Voraus planen.
Il faut penser **à tout**.	Man muss **an alles** denken.
Tout a été dit.	**Alles** ist gesagt.
Mon fils se souvient absolument **de tout**.	Mein Sohn erinnert sich an absolut **alles**.
Après tout, qu'est-ce que cela peut faire?	Was macht das **schließlich / letztlich** aus?
En tout et pour tout, nous avons dépensé mille euros.	**Alles in allem** haben wir tausend Euro ausgegeben.
Cela ne nous dérange pas **du tout**.	Das stört uns **überhaupt nicht**.
à **tout** prendre	**im Ganzen** genommen
C'est **tout** dire.	Damit ist **alles** gesagt.

  Im Plural: *tous* [tus]; *toutes* [tut] = alle

Tous ont été satisfaits.	**Alle** waren zufrieden.
Elles m'ont **toutes** fait de la peine.	Sie haben mir **alle** Kummer bereitet.
Ce sont **tous** d'anciens élèves du lycée Lamartine.	Sie sind **alle** ehemalige Schüler des Lamartine-Gymnasiums.
Je **les** reconnais **toutes**. (mit verbundenem Personalpronomen)	Ich erkenne (sie) **alle** wieder.
Je reconnais **tous ces** gens.	Ich erkenne **alle** diese Leute wieder.
une fois pour **toutes**	ein für **alle** Mal

aucun: – in Verbindung mit *ne* oder *sans*:

- **adjektivischer Gebrauch (überwiegend im Singular):**

Notre nouveau locataire **ne** fait **aucun** bruit.	Unser neuer Mieter macht **keinen** Lärm.
Il **n'a aucun** ami. Dafür auch häufiger: Il n'a pas d'ami(s).	Er hat **keinen** einzigen Freund.
Aucune réglementation **n'est** à respecter.	Es sind **keine** Vorschriften zu beachten.
Il a obtenu l'emploi **sans** qualification **aucune**. (Die Nachstellung von *aucun* gibt dem Sachverhalt ein zusätzliches Relief.)	Er hat die Stelle **ohne jede** (berufliche) Qualifikation bekommen.
sans aucun doute (Nicht zu verwechseln mit sans doute = vraisemblablement → wahrscheinlich.)	**ohne jeden** Zweifel / zweifellos

- **pronominaler Gebrauch (nur im Singular):**

  Bei Personen fast nur mit *de*-Ergänzung:

Aucune de *ses amies* **n'***a opté pour la même profession qu'elle.*	**Keine** ihrer Freundinnen hat den gleichen Beruf gewählt wie sie.

  Bei Sachen und Abstrakta:

Il a eu plusieurs idées: ***aucune ne*** *m'a plu.*	Er hatte mehrere Ideen: **keine** hat mir gefallen.
Aucun de *ces remèdes* **ne** *l'a soulagée.*	**Keines** dieser Medikamente hat ihr geholfen.

nul:

- **adjektivischer Gebrauch (nur im Singular), mit *ne* oder *sans*:**

un voyage au pays de ***nulle*** *part*	eine Reise in das Land **Nirgendwo** (= Utopia)
Je **n'***en ai* **nul** *besoin.*	Ich brauche das (**überhaupt**) **nicht**.
Nul *homme* **n'***en sera exempté.*	**Kein** Mensch wird davon ausgenommen sein.
Nulle *affaire* **n'***a plus choqué les téléspectateurs.*	**Keine** Affäre hat die Fernsehzuschauer mehr schockiert.
Nul *doute qu'il acceptera.*	Es besteht **kein** Zweifel daran, dass er annimmt.
sans **nul** *doute*	ohne **jeden** / **den geringsten** Zweifel

  Anmerkung:
  Nul ist eine intensivere bzw. nachdrücklichere Verneinung als das semantisch gleichwertige *aucun*.

- **pronominaler Gebrauch (nur im Singular):**

Nul **n'***est censé ignorer la loi.*	Unwissenheit schützt vor Strafe nicht. (Eigentlich: Bei **keinem** darf vorausgesetzt werden, dass er das Gesetz nicht kennt.)
Nul *autre que lui* **ne** *peut le faire.*	**Keiner** außer ihm kann es tun.
Nul **n'***est parfait.*	**Keiner** / **Niemand** ist vollkommen.

plusieurs:

- **adjektivischer Gebrauch (nur im Plural):**

J'en ai parlé à ***plusieurs*** *personnes.*	Ich habe mit **mehreren** Personen darüber gesprochen.
Le feu s'est déclaré en ***plusieurs*** *endroits.*	Das Feuer ist an **mehreren** Stellen ausgebrochen.

Plusieurs questions sont restées sans réponse.	**Mehrere** Fragen blieben unbeantwortet / noch offen.
à plusieurs reprises	**mehrfach**
plusieurs fois	**mehrmals**
plusieurs années	**mehrere** / **etliche** Jahre

- **pronominaler Gebrauch (nur im Plural); in der Regel bei Personen:**

Plusieurs d'entre eux veulent témoigner.	**Mehrere** von ihnen möchten als Zeugen auftreten.
Ils seront au moins deux, sinon plusieurs.	Sie sind mindestens zu zweit, wenn nicht **mehrere**.
Plusieurs m'ont déjà raconté la même chose.	**Mehrere** haben mir schon das Gleiche erzählt.

348 Der Gebrauch der ausschließlich adjektivisch verwendeten Indefinita

n'importe quel:

N'importe quel ist im Singular und im Plural gebräuchlich:

Nous pourrons passer la nuit dans n'importe quelle ville.	Wir können in **jeder beliebigen** / in **irgendeiner** Stadt übernachten.
Nous pourrions donc nous arrêter à n'importe quel moment.	Wir könnten also zu **jeder beliebigen** Zeit / **jederzeit** anhalten.
N'importe quel hôtel me conviendra.	**Jedes beliebige** Hotel ist mir recht.
Tu peux acheter n'importe quelles fleurs.	Du kannst **irgendwelche** Blumen kaufen.

maint:

Der Gebrauch von *maint* gehört der gehobenen Sprache an. Es wird praktisch nur noch als Indefinitadjektiv gebraucht. Im Singular ist es selten, im Plural beschränkt sich sein Gebrauch in der Regel auf feste Wendungen:

en maints endroits	**mancherorts**
à mainte et mainte occasion *à maintes occasions*	bei **häufiger** Gelegenheit
à maintes reprises	**immer wieder** / zum **wiederholten** Male
maintes fois	**manches** Mal / so **manches** Mal
maintes et maintes fois	**immer wieder** / so und so oft

quelque:

Quelque wird im Singular und im Plural gebraucht:

Il me faut **quelque** temps pour digérer cet affront.	Ich brauche **einige** Zeit, um diese Beleidigung zu verarbeiten / zu verdauen.
Nous sommes sûrs que nous l'avons déjà rencontrée **quelque part**.	Wir sind sicher, dass wir sie schon **irgendwo** getroffen haben.
Il doit sans doute exercer **quelque** influence sur elle.	Er muss offensichtlich einen **gewissen** Einfluss auf sie ausüben.
J'ai lu chez **quelque** auteur qu'on peut apprivoiser les requins.	Ich habe bei **irgendeinem** Autor gelesen, dass man Haie zähmen kann.
En **quelque** sorte, il a raison.	Er hat **irgendwie** Recht.
Les quelques erreurs qu'il a commises ne comptent pas.	Die **paar** Fehler, die er gemacht hat, zählen nicht. (= die wenigen Fehler)
Cette voiture coûte cinq mille euros et **quelques**.	Dieses Auto kostet **etwas mehr** als fünftausend Euro.
J'aimerais bien avoir **quelques** précisions sur vos projets.	Ich hätte gerne **einige** präzisere Angaben über Ihre Projekte.

chaque:

Chaque ist nur im Singular gebräuchlich:

A partir de l'année prochaine, **chaque** employé a droit à deux jours de congé supplémentaires.	Ab nächstem Jahr hat **jeder** Angestellte Anspruch auf zwei zusätzliche Urlaubstage.
Elle s'est fait épeler **chaque** mot.	Sie hat sich **jedes** Wort buchstabieren lassen.
Chaque automne, mes parents font une cure à Vichy.	**Jeden** Herbst machen meine Eltern eine Kur in Vichy.
Les chemises coûtent huit euros **chaque**. (= umgangsspr.) Dafür korrekter: Ces chemises coûtent huit euros chacune.	Diese Hemden kosten acht Euro das Stück.

quelconque:

Quelconque ist nur im Singular gebräuchlich. Es wird in den meisten Fällen nachgestellt und ist unveränderlich:

Il s'est absenté pour une raison **quelconque**.	Er ist aus **irgendeinem** Grund weggegangen.
un point **quelconque** d'une droite	ein **beliebiger** Punkt einer Geraden
Un **quelconque** incident pourrait immédiatement interrompre les négociations de paix.	Ein **x-beliebiger** Zwischenfall könnte die Friedensverhandlungen sofort unterbrechen.

Anmerkung:

Un homme quelconque bedeutet „ein unbedeutender Mensch". Ebenso: *un res-taurant quelconque* = ein „Durchschnittsrestaurant"; *c'était quelconque* = „das war nichts Besonderes". In diesen Wendungen ist *quelconque* kein indefinites Adjektiv, sondern ein eine Eigenschaft ausdrückendes Adjektiv mit pejorativer Bedeutung.

différents / *divers*:

Différents / *divers* sind nur im Plural gebräuchlich:

*J'ai **différentes** / **diverses** propositions à vous faire.*	Ich kann Ihnen **verschiedene** / **mehrere** Vorschläge machen.
***Différentes** / **diverses** personnalités ont assisté à l'inauguration du nouveau tronçon de l'autoroute.*	**Diverse** / **Mehrere** Persönlichkeiten haben der Einweihung des neuen Autobahnteilstückes beigewohnt.

349 ## Der Gebrauch der ausschließlich pronominal verwendeten Indefinita

n'importe lequel:

N'importe lequel, usw. kann im Singular und im Plural verwendet werden:

***N'importe lequel** d'entre nous est capable d'exécuter ces travaux.*	**Irgendeiner** von uns ist in der Lage, diese Arbeiten auszuführen.
*Donnez-moi un kilo de pommes, **n'importe lesquelles**.*	Geben Sie mir ein Kilo Äpfel, **ganz gleich welche**.

quelqu'un:

Quelqu'un, usw. ist ebenfalls im Singular und im Plural verwendbar:

*Tu sais, il croit être **quelqu'un**.*	Weißt du, er hält sich für **jemand Besonderes**.
*Il se prend pour **quelqu'un** d'important.*	Er hält sich für sehr wichtig.
*Y a-t-il **quelqu'un**?*	Ist da **jemand**?
[Quelqu'une de vos amies...] Der Gebrauch der weiblichen Singularform *quelqu'une* ist äußerst selten.	Eine von ihren Freundinnen...
***Quelques-unes** de ses remarques nous ont fort déplu.*	**Einige** seiner Bemerkungen haben uns sehr missfallen.
*J'ai admiré **quelques-uns** de ces tableaux, d'autres m'ont moins plu.*	Ich habe **einige** dieser Bilder bewundert, andere haben mir weniger gefallen.

autrui:

Als unveränderliches, nur im Singular gebrauchtes Indefinitpronomen benutzt man *autrui* mit Präpositionen, auf Personen bezogen. Ohne Präposition ist *autrui* selten. Eine weitere Besonderheit bei der Verwendung von *autrui* ist, dass es absolut steht, d.h. ohne Determinanten gebraucht wird.

La misère **d'autrui** est difficile à combattre.	Die Armut **der anderen** ist schwer zu bekämpfen.
Reprocher **à autrui** d'être indifférent ne sert pas à grand-chose; il faut agir soi-même.	**Anderen** vorzuwerfen, gleichgültig zu sein, ist nicht sehr hilfreich; man muss selbst handeln.

chacun:

Chacun wird nur im Singular verwendet:

Tu devrais remercier **chacune** de tes tantes d'avoir contribué à ce superbe cadeau.	Du solltest dich bei **jeder** deiner Tanten dafür bedanken, dass sie sich an dem tollen Geschenk beteiligt haben.
Chacun travaille pour **soi**.	**Jeder** arbeitet für sich.
Chacun d'eux travaille pour **lui-même**.	**Jeder** von ihnen arbeitet für sich selbst.
Ils ont été reçus **chacun** à son tour.	Sie sind der Reihe nach empfangen worden.
Chacune d'elles / d'entre elles nous a contactés.	**Jede** von ihnen hat uns kontaktiert.
Chacun pour soi et Dieu pour nous tous.	**Jeder** für sich und Gott für uns alle.

n'importe qui / n'importe quoi:

Beide Formen sind nur im Singular gebräuchlich:

N'importe qui peut y arriver.	**Jedermann / Jeder beliebige** kann es schaffen.
Il n'est pas **n'importe qui** à faire **n'importe quoi**.	Er ist nicht **irgendwer**, der nur Unsinn macht.
Vous pouvez vous adresser à **n'importe qui**.	Sie können sich an **jede beliebige Person** wenden.
N'importe quoi! (umgangssprachlich)	Was für ein Unsinn! Was soll denn das!

on:

Das indefinite Pronomen *on* kann nur Subjekt im Singular sein. Grammatisch impliziert es stets eine maskuline Form des Singulars. In der Umgangssprache kann *on* auch als Ersatz für das Personalpronomen *nous* (zum Teil auch für *je, tu, il*) stehen: → *On s'amuse bien ici.* (= *Nous nous amusons bien ici.*)

Zur Angleichung der Verbform, insbesondere auch des Partizips, vgl. **181**. Zum Passiversatz durch *on* vgl. **196.1**.

***On** dirait que tu es malheureux.*	**Man** könnte meinen, du seist unglücklich.
*Peut-**on** avoir confiance en soi?*	Kann **man** sich selbst vertrauen?

(ne)...*personne*:

In der Bedeutung von „niemand" wird das Indefinitpronomen *personne* von *ne* begleitet. Es ist männlich und wird nur im Singular gebraucht.

***Personne** n'est venu.*	**Keiner** ist gekommen.
*Ce matin, lors de notre promenade, nous n'avons rencontré **personne**.*	Wir haben heute morgen auf unserem Spaziergang **niemanden** getroffen.
*Il **ne** se souvient de rien ni de **personne**.*	Er erinnert sich an nichts und an **niemanden**.
*Depuis notre dispute, Yves **ne** parle plus à **personne**.*	Seit unserem Streit spricht Yves mit **niemandem** mehr.
***Personne** n'était aussi assidu au travail que la fille de M. Duplan.*	**Keine(r)** war so eifrig bei der Arbeit wie die Tochter von Herrn Duplan.
*Je ne voudrais déranger **personne**.*	Ich möchte **niemanden** stören.

Anmerkung:

Das Indefinitpronomen *personne*, ob mit oder ohne Präposition, steht stets **hinter dem Partizip Perfekt** bzw. **hinter dem Infinitiv**.

quelque chose:

Quelque chose ist maskulin und kann gelegentlich von einem Artikel oder von einem Demonstrativadjektiv begleitet werden. Eine Ergänzung wird mit der Präposition *de* angeschlossen, ein Infinitiv mit der Präposition *à*.

*Il a dit **quelque chose** que je n'ai pas compris.*	Er hat **etwas** gesagt, was ich nicht verstanden habe.
*Y a-t-il **quelque chose** à préparer?*	Muss **etwas** vorbereitet werden?
*Ce «**quelque chose**» me paraît très important.*	Dieses „**Etwas**" scheint mir sehr wichtig.
*Porte-lui un petit **quelque chose**.*	Bring ihr eine Kleinigkeit mit.
*Il a fait **quelque chose** de bien.*	Er hat **etwas** Gutes getan.
*Ils avaient **quelque chose** à cacher, c'est évident.*	Sie hatten **etwas** zu verbergen, das ist klar.

quiconque:

Als Indefinitpronomen ist der Gebrauch von *quiconque* weitgehend auf Präpositionalgruppen beschränkt. Zum Gebrauch von *quiconque* vgl. auch **241.4** und **319**.

*Pour de plus amples détails, vous pouvez vous renseigner auprès de **quiconque** dans notre département.*	Um noch mehr Einzelheiten zu erfahren, können Sie sich bei **irgendjemand** in unserer Abteilung informieren.
*Ce n'est pas le rôle de **quiconque** de gouverner un peuple.*	Es ist nicht die Rolle von **irgendjemand**, ein Volk zu regieren.
*Je sais mieux que **quiconque** que j'ai fait une bêtise.*	Ich weiß besser als **irgendwer sonst** / als **sonst jemand**, dass ich eine Dummheit gemacht habe.

(ne)...rien:

In der Bedeutung von „nichts" steht bei dem Indefinitpronomen *rien* die Partikel *ne*. Adjektive werden mit *de* an *rien* angeschlossen, Infinitive mit der Präposition *à*.

*Il **ne** remarque **rien**, il **ne** pense à **rien**, il n'a jamais **rien** entrepris.*	Er bemerkt **nichts**, er denkt an **nichts**, er hat **nie** etwas unternommen.
***Rien** d'autre à signaler, du moins **rien** d'important.*	Es gibt **nichts** anderes zu vermelden, zumindest **nichts** Wichtiges.
*Cela **n'a rien** à voir avec ta maladie.*	Das hat mit deiner Krankheit **nichts** zu tun.
*Il n'y a **rien** à faire.*	Da kann man **nichts** machen.
***En moins de rien**, nous avions atteint le sommet.*	**Im Nu** / **Im Handumdrehen** hatten wir den Gipfel erreicht.
C'est trois fois rien.	Das ist überhaupt **nichts**. / Das ist nicht der Rede wert.
*Votre démarche **n'a** mené strictement **à rien**.*	Ihr Vorgehen / Vorstoß hat zu rein **gar nichts** geführt.

Anmerkung:

Rien steht vor dem Partizip Perfekt und vor dem Infinitiv. Dies gilt auch, wenn *rien* ergänzt ist: *Je n'ai **rien** vu. / sans **rien** voir / Le chef d'Etat n'a **rien** dit **de nouveau**.*

Wird *rien* von einer Präposition begleitet (*à rien, en rien, pour rien*, usw.), steht es hinter dem Partizip Perfekt und hinter dem Infinitiv: *penser **à rien**; sans avoir pensé **à rien**; je suis venu **pour rien**. Il n'a fait allusion **à rien de précis** dans son discours.*

tout le monde:

Tout le monde bezeichnet eine Gesamtheit von Personen (nicht Sachen) **im Allgemeinen**.

Tout le monde était sur pied pour voir le spectacle.	**Jeder** war auf den Beinen, um das Ereignis zu sehen.
*Cette mesure ne plaira pas à **tout le monde**.*	Diese Maßnahme wird nicht **jedermann** gefallen.

Die Indefinita: Aufbaustufe

Der Gebrauch der Indefinita: Detailaspekte und Besonderheiten   `350`

Im Folgenden werden Detailaspekte des Gebrauchs erläutert, die bei der Darstellung der Indefinita in der Grundstufe ausgeklammert wurden. Dabei erfolgt die Darlegung der Besonderheiten in der Reihenfolge der auf der Grundstufe abgehandelten Indefinitadjektive und -pronomen.

autre:

- Nach *autre chose* wird ein *de* angeschlossen: *autre chose de bon* / *de bien*.

- Mit *nous* und *vous* wird zur Unterstreichung des Gegensatzes ein *autres* eingefügt: *nous autres Allemands*, *vous autres Américains*, *nous autres femmes* („wir Deutschen", „ihr Amerikaner", „wir Frauen").

- Vor *autre* wird das Adverb *tout* auch bei nachfolgendem weiblichen Substantiv nicht verändert: *C'est une tout autre question.* (Siehe Details **048.1**.)

- Die Verwendung von *d'autres* führt bei Verben mit *de*-Anschluss zum (sprachökonomischen) Wegfall der Präposition *de*: *Je me souviens d'autres problèmes.* (Nicht: *...*de d'autres problèmes.*) Das Gleiche gilt für *bien des*: *bien d'autres problèmes* (= sehr viele andere Probleme).

- Bei den reziproken Verben wird der Aspekt der wechselseitigen Handlung durch *l'un*, *l'autre* usw. (= gegenseitig / einander) verstärkt:

*Ils se sont nui **l'un à l'autre**.*   → Sie haben sich gegenseitig geschadet.

*Les malfaiteurs se sont accusés **les uns les autres**.* / → Die Straftäter haben sich gegenseitig beschuldigt.
*Les malfaiteurs se sont accusés **mutuellement**.*

certain:

- Die Pluralform mit der Reduktionsform *de* (**de certaines choses*) entspricht nicht mehr dem modernen Sprachgebrauch, also nur: **certaines** *choses*.

- In Verbindung mit *les gens*, das in Nominalgruppen mit Adjektiv generell in der femininen Form erscheint (*toutes ces bonnes gens*; *les vieilles gens*), kann *certain* in folgender Wendung die maskuline Form beibehalten: **certains** *de ces gens*. Man sagt aber: **certaines** *gens*. (Ersatzweise auch: *certaines personnes*.)Vgl. auch **013**.

même:

- Die Unterscheidung zwischen dem veränderlichen **Infinitadjektiv** *même* und dem unveränderlichen **Adverb** *même* ist gelegentlich schwierig zu treffen:

Man unterscheide also:

*Ces mesures **mêmes** (= Ces **mêmes** mesures) se sont avérées insuffisantes.*
Dieselben Maßnahmen haben sich als unzureichend erwiesen.

*Ces mesures **même** (= **Même** ces mesures) se sont avérées insuffisantes.*
Sogar diese Maßnahmen haben sich als unzureichend erwiesen.

tel:

- Herr Soundso = *M. Untel;* auch: *M. Un Tel.*
  Frau Soundso = *Mme Unetelle*; auch: *Mme Une Telle*

- ***Tel que*** kann einen Vergleichssatz oder eine Beispielsangabe einleiten. In beiden Fällen stellt sich die Frage nach dem maßgebenden Bezugswort zu *tel*. Im Allgemeinen bezieht man *tel que* auf das **erstgenannte** Bezugswort:

  Les invités *se sont rués sur le buffet **tels que** des bêtes sauvages.*   → Vergleichssatz

  Les grands pollueurs, ***tels que** les voitures et l'industrie...*   → Beispielsangabe

  In einem Vergleich mit *tel* fällt die Vergleichspartikel *que* meistens weg. In diesem Fall richtet sich *tel* nach dem zweitgenannten Substantiv. Die Orientierung am erstgenannten ist aber auch akzeptabel:

  *Il travaillait **telle** / **tel** une bête de somme.*
  Er arbeitete wie ein Pferd.

  In einem mit ***tel que*** eingeleiteten Vergleichssatz **mit Verb** richtet sich *tel* nach dem zugehörigen Substantiv:

  La langue *française, **telle** qu'elle est parlée dans le sud...*
  Ses difficultés *étaient **telles** qu'il dut abandonner.*

tout:

- Singular- oder Pluralschreibung **in Wendungen**:
  Singular:

à tout point de vue	de toute façon	à tout hasard
en toute saison	en toute occasion	à tout prix
de / en tout temps	de toute taille	à toute force

  Plural:

de toutes sortes
de tous côtés (auch: de tout côté)
à tous égards

- *être assuré tous risques* → vollkaskoversichert sein

- *tout un chacun = n'importe qui*
  Tout un chacun peut vous le confirmer → Jedermann kann es Ihnen bestätigen.

- „Alle beide" kann mit *tous / toutes deux* oder *tous / toutes les deux* wiedergegeben werden. Vgl. **080**.

  Ab der Zahl ‚drei' wird nur die Form mit Artikel benutzt: *toutes les trois heures*.

- Eine Wendung wie: *C'est facile comme tout* („Das ist kinderleicht") ersetzt einen superlativischen Ausdruck wie: *C'est très facile*.

  Eine weitere Wendung ist: *C'est tout comme*. (= *C'est exactement comme si...*) → „so gut wie": *Il n'a pas encore vendu sa voiture mais c'est tout comme*.

- Wird „alles" verneint (→ „nicht alles") erfolgt im Französischen die Verneinung beim Verb. Das Gleiche gilt für „nicht alle":

  „Nicht alles ist verloren."   → ***Tout** n'est pas perdu*.

  „Nicht alles ist gesagt worden."   → ***Tout** n'a pas été dit*.

  „Nicht alle Menschen sind Egoisten." → ***Tous** les hommes **ne** sont pas égoïstes*.

aucun:

- Der pronominale Gebrauch von *aucun* mit affirmativer Bedeutung (ohne *ne*!) ist literarisch:

  *Je doute qu'**aucun d'eux** veuille le faire*.
  Ich zweifle daran, dass (**irgend**)**einer** von ihnen es tun möchte.

- Ebenfalls der gehobenen Sprache gehört *d'aucuns* (= *certains / plusieurs*) an (im Plural!):

  ***D'aucuns** prétendent que les livres survivront à l'ordinateur*.
  Manche Leute behaupten, die Bücher würden den Computer überleben.

nul:

- Im Plural ist *nul* kaum gebräuchlich: *Il n'avait pris nulles précautions*. → Er hatte keinerlei Vorsichtsmaßnahmen getroffen.

  Dafür geläufiger: *Il n'avait pris aucune précaution*.

chaque:

- Zu beachten ist, dass die deutsche distributive Wendung „jeder zweite, jeder dritte..." im Französischen keine unmittelbare Entsprechung hat:

  Jeder zweite Europäer ist gegen die Einheitswährung.
  → ***Un Européen sur deux** est contre la monnaie unique*.
  Die Formulierung: **chaque deuxième Européen* ist ungebräuchlich.

différents / divers:

- *Différents / divers* erhalten, wenn sie nach dem Substantiv stehen, die Bedeutung „unterschiedlich / verschieden". Sie sind dann *adjectifs qualificatifs*. Vgl. **038**.

  *des couleurs très **diverses** / très **différentes*** → sehr **unterschiedliche** Farben

autrui:

- *Autrui* als Subjekt oder direktes Objekt **ohne Präposition** wirkt sehr gewählt:

  Autrui *n'a nul besoin de nous critiquer; nous savons ce qu'il reste à faire.*
  Die anderen brauchen uns nicht zu kritisieren; wir wissen, was zu tun bleibt.

  Comment croire **autrui** *si l'on ne croit en soi-même.*
  Wie soll man anderen Glauben schenken, wenn man nicht an sich selbst glaubt.

chacun:

- Bei *chacun* stellt sich das Problem, ob man z.B. ein Possessivpronomen auf das Subjektpronomen oder auf das Indefinitpronomen bezieht:

  Ils *ont emporté* **chacun leur** *pique-nique.*

  Grammatisch durchaus korrekt, aber seltener gebraucht, ist auch:
  Ils *ont emporté* **chacun son** *pique-nique.*

- Bei Genusverschiedenheit bezieht sich *chacun* auf das männliche Substantiv:

  Vous devriez interroger les garçons et les filles **chacun** *à part.*

on:

- Nach indefinitem *on* heißt das rückbezügliche Pronomen *soi*; der Gebrauch des persönlichen Personalpronomens ist jedoch nicht ausgeschlossen:

  On *aime chez les amis ce qu'***on** *retrouve en* **soi**(*-**même**) / en **nous-mêmes***.

  On *n'est jamais si bien servi que par* **soi-même***. (nur in dieser Form: feste Wendung)
  Etwa: Jeder hilft sich selbst am besten.

  Zur Wiedergabe des deutschen unbestimmten „einem", „einen" wird das Personalpronomen *„vous"* verwendet:

  On *n'apprécie guère les plats qui* **vous** *donnent des aigreurs d'estomac. (Also nicht: *qui donnent des aigreurs d'estomac à soi.)*

- Die Form *l'on* an Stelle von *on* wird aus Gründen des Wohlklanges häufig benutzt nach: *ou, où, et* und *si*. Weiterhin steht *l'on* fast regelmäßig nach *que*, wenn auf dieses ein mit *con-* oder *com-* beginnendes Verb folgt:

  Faut-il que **l'on com**prenne l'incompréhensible?

  Connais-tu un endroit où **l'on** *pourrait acheter ce produit bon marché?*

  Nach *dont* und vor einem mit [l] beginnenden Wort ist die Form *l'on* zu meiden:

  La musique classique **dont on** *a parlé...*

  Si **on le** *lui demandait?*

(ne)...personne:

- Eine Ergänzung (in Form von *autre* oder eines Adjektivs) wird mit *de* an *personne* angeschlossen: **Personne d'autre** *n'en serait capable. Nous n'avons jamais vu* **personne de** *si* **équilibré***.

- Nach bestimmten Typen von Einleitungen erhält *personne* (**ohne** *ne*!) eine positive Bedeutung im Sinne von „jemand".

Der Gebrauch von *personne* im Sinne von „jemand" ist in folgenden Fällen verbindlich bzw. sehr gebräuchlich:	
nach *sans* + Infinitiv:	*Comment faire sans fâcher **personne**?* Wie sollen wir uns verhalten, ohne **jemand** zu verärgern?
nach *douter que*	*Je doute que **personne** (auch: quelqu'un) veuille nous accompagner.* Ich bezweifle, dass **jemand** uns begleiten will.
nach *meilleur que* und *mieux que*	*Il est meilleur juge que **personne**.* Er kann besser urteilen als **irgendjemand** sonst. *Il sait mieux se débrouiller que **personne**.* Er weiß sich besser zu helfen als **irgendjemand** sonst.
nach *comme*:	*Il ment comme **personne**.* Er lügt wie sonst keiner.

Der Gebrauch von *personne* im Sinne von „jemand" ist in folgenden Fällen weniger geläufig als die Verwendung von *quelqu'un*:	
nach *avant que*, *sans que, pour que*	*Tu dois lui annoncer la mauvaise nouvelle avant que **quelqu'un** d'autre (sehr markiert: personne d'autre) (ne) le fasse.* Du musst ihm die schlechte Nachricht übermitteln bevor **jemand** anderes es tut. *Comment faire sans que **quelqu'un** (bedingt auch: sans que personne) se fâche?* Wie soll man sich verhalten, ohne dass **irgendjemand** sich ärgert? *Il est trop malin pour que **quelqu'un** (bedingt auch: pour que personne) puisse le tromper.* Er ist zu gewitzt, als dass **jemand** ihn täuschen könnte.
nach zweifelnder Frage mit erwarteter negativer Antwort	*Y a-t-il **quelqu'un** (bedingt auch: personne) d'aussi vertueux?* Gibt es **jemand**, der so tugendhaft wäre?

quelque chose:

- Ein deutsches hervorgehobenes „etwas" am Satzanfang wird durch *il y a quelque chose* + Relativsatz wiedergegeben:

Etwas ist nicht in Ordnung.   →   ***Il y a quelque chose qui** ne fonctionne pas.*

Etwas muss ich dir noch sagen.   →   ***Il y a encore quelque chose que** je dois te dire.* / *Il faut que je te dise encore quelque chose.*

(ne)...rien:

- **Häufige Wendungen mit** *rien*:

moins que rien	überhaupt nichts / absolut nichts
Il n'y a rien de mieux.	Es gibt nichts Besseres.
Il n'y a rien de tel (qu'un bain chaud le matin).	Es geht nichts über (ein heißes Bad am Morgen).
rien ne va plus	nichts geht mehr
n'avoir rien contre quelqu'un	nichts gegen jemanden haben
Ce n'est pas rien.	Das ist keine Kleinigkeit. / Das ist kein Pappenstiel.
Il n'en est rien.	Das ist nicht so. / Das stimmt nicht.
Nous n'y pouvons rien.	Dagegen können wir nichts tun. / Da kann man nichts machen.
un bon à rien / *un propre à rien*	ein Nichtsnutz / ein Taugenichts
C'est cela ou rien.	Entweder das oder nichts.
...comme si de rien n'était	...als ob nichts (gewesen) wäre
compter pour rien	überhaupt nicht zählen / nichts zählen
Rien que d'y penser (me rend malade).	Der bloße Gedanke / Allein der Gedanke daran (macht mich krank).

- Nach bestimmten Typen von Einleitungen erhält *rien* (**ohne** *ne*!) eine positive Bedeutung im Sinne von „etwas".

Der Gebrauch von *rien* **im Sinne von „etwas" ist in folgenden Fällen verbindlich bzw. sehr gebräuchlich:**	
nach *sans* + Infinitiv	*Il a passé trois semaines à Paris sans* **rien** *voir.* Er verbrachte drei Wochen in Paris, ohne **etwas** zu sehen.
nach zweifelnden Fragen mit erwarteter negativer Antwort	*Y a-t-il* **rien** *de plus facile / de plus beau / de plus agréable?* Gibt es **etwas** Leichteres / Schöneres / Angenehmeres? (Antwort: „Nein".)
in einem Satz, der bereits eine Verneinung enthält	*Il n'a jamais* **rien** *fait d'injuste.* Er hat noch nie **etwas** Ungerechtes getan.
nach *douter que*	*Nous doutons qu'elle puisse* **rien** *faire* (auch: *faire* **quelque chose**) *dans un cas pareil.* Wir bezweifeln, dass sie in einem solchen Fall **etwas** tun kann.

Der Gebrauch von *rien* **im Sinne von „etwas" ist in folgenden Fällen möglich; alternativ kann auch** *quelque chose* **verwendet werden:**	
nach *avant que,* *sans que, pour que*	*Le voleur avait disparu avant que nous ayons* **rien** *remarqué.* (Oder*: ... avant que nous (n') ayons remarqué* ***quelque chose***.) Der Dieb war verschwunden, bevor wir **etwas** bemerkten. *Le voleur avait disparu sans que nous nous soyons aperçus de* **rien**. (Oder: *sans que nous nous soyons aperçus de* ***quelque chose***.) Der Dieb war verschwunden, ohne dass wir **etwas** bemerkt hätten. *Il est trop distrait pour que* **rien** (auch: ***quelque chose***) *puisse retenir son attention.* Er ist zu zerstreut, als dass er seine Aufmerksamkeit auf **irgendetwas** richten könnte.
nach einem verneinten Hauptsatz	*Je ne pense pas que* **rien** (auch: ***quelque chose***) *puisse le déranger.* Ich denke nicht, dass ihn **etwas** stören könnte.

Die Indefinita: Repetitorium

351 **Schwierigkeiten und Fehlerquellen**

1. Die Kombination **tel quel** im Sinne von „...so wie er ist" (*prendre la chose telle quelle*) sollte nicht durch ein populärsprachliches *tel que* ersetzt werden. Also nicht: **Nous avons vendu notre appartement tel que.*

2. Für die Pluralform *plusieurs* gibt es keine weibliche Form mit dem Suffix *-es*. Also nur: **plusieurs journées**

3. *Certains / différents / divers* stehen stets ohne *de*. Also nicht: **de différentes solutions*

4. Die Stellung von *rien* ist eine häufige Fehlerquelle. Man sagt: *Il **ne** fait **rien**. Il n'a **rien** fait. Il est parti sans **rien** dire. Il **ne** pense **à rien**. Il n'a pensé **à rien**. **Rien ne** va plus. Je n'ai **rien** fait de grave.* (**Je n'ai fait **rien** de grave* sollte tunlichst nicht benutzt werden.)

   Zum Vergleich die Stellung von *personne*: *Il **ne** voit **personne**. Il n'a vu **personne**. Il est parti **sans** voir **personne**. Il **ne** pense **à personne**. Il n'a pensé **à personne**. **Personne** n'est venu.*

   Zu beachten ist, dass ein negatives *rien* oder *personne* (= „nichts", „niemand") immer die Partikel *ne* vor dem Verb erfordert. Dies gilt auch dann, wenn *rien* und *personne* am Satzanfang stehen:

   *Rien **ne** l'intéresse.   Personne **ne** peut se plaindre.*

5. Ein deutsches betontes „etwas" am Satzanfang wird mit *il y a quelque chose* + Relativsatz wiedergegeben:

   | **Etwas** gibt mir zu denken. | → | **Il y a quelque chose qui** me donne à penser. |
   | **Etwas** verstehe ich nicht. | → | **Il y a quelque chose que** je ne comprends pas. |

   Des Weiteren ist bei folgenden deutschen Sätzen Vorsicht geboten:

Ich nehme **etwas** Käse.	→	*Je prends **un peu** de fromage.*
Ich bin **etwas** müde.	→	*Je suis **un peu** fatigué.*
Das ist **etwas** anderes.	→	*C'est **autre chose**.*

Wir haben über **etwas** anderes diskutiert.	→	*Nous avons discuté **d'autres choses**. / **d'un autre sujet**.*
Er verbrachte seine Tage, ohne **etwas** zu tun / ohne an **etwas** zu denken.	→	*Il passait ses journées sans **rien** faire / sans penser **à rien**.*
		(In dem durch „*sans*" eingeleiteten Infinitiv-satz steht für ein deutsches „etwas" das Indefinitpronomen *rien* und nicht *quelque chose*.)

6. Wird *tout le monde* verneint, so erscheint die Verneinungspartikel beim Verb und nicht beim Indefinitpronomen (im Gegensatz zum Deutschen):

Nicht jeder ist in der Lage, dies sofort zu verstehen.

*Tout le monde n'est **pas** à même de comprendre cela tout de suite.*

Die Wendung *Monsieur Tout-le-monde* („der Mann auf der Straße" / „der kleine Mann") wird mit Bindestrichen geschrieben.

Kapitel 6

Konjunktionen und Präpositionen

Kapitel 6.1

Die Konjunktionen *(les conjonctions)*

Kapitelübersicht:

Die Konjunktionen: Grundstufe

Eine Konjunktion ist ein Bindewort, d. h. ein Wort, das zwei Satzteile oder zwei Sätze verbindet. Man unterscheidet **beiordnende** von **unterordnenden** Konjunktionen. Beiordnende Konjunktionen verbinden Wörter, Hauptsätze und Nebensätze mit gleicher / gleichrangiger grammatischer Funktion; unterordnende Konjunktionen verbinden Hauptsätze mit Nebensätzen.

352 Häufig gebrauchte **beiordnende** Konjunktionen

*mon père **et** ma mère*	mein Vater **und** meine Mutter
*Nous restons **ou** nous partons tout de suite.*	Wir bleiben, **oder** wir fahren sofort los.
*Je n'aime pas regarder la télé **mais** j'adore surfer sur Internet.*	Ich sehe nicht gerne fern, **aber** ich surfe leidenschaftlich gerne im Internet.
*Les maths ne m'intéressent pas, **par contre** je m'intéresse beaucoup aux langues étrangères.*	Mathematik interessiert mich nicht, **dagegen** interessiere ich mich sehr für Fremdsprachen.
*Il n'est pas venu. **Pourtant** il m'avait dit qu'il voulait venir.*	Er ist nicht gekommen. Er hat mir **jedoch** gesagt, er wolle kommen.
*Nous devons partir **car** il est déjà minuit.*	Wir müssen aufbrechen, **denn** es ist bereits Mitternacht.
*Je sais que tu n'as pas pu agir autrement. **Pour cette raison**, tu n'as rien à te reprocher.*	Ich weiß, dass du nicht anders handeln konntest. **Darum / Deshalb** brauchst du dir auch nichts vorzuwerfen.

353 Häufig gebrauchte **unterordnende** Konjunktionen

1. mit Indikativ:

temporal (zeitlich)	kausal (den Grund / die Ursache ausdrückend)	konsekutiv (die Folge ausdrückend)	modal (die Art und Weise bezeichnend)
quand (als, wenn)	*comme* (da)	*si bien que* (so dass)	*à mesure que* (in dem Maße, wie)
lorsque (als, wenn)	*parce que* (weil)		
après que (nachdem)	*puisque* (da ja)		
au moment où (in dem Augenblick, als / wo)			

Elle attendait depuis plus d'une heure **quand** / **lorsqu'***elle aperçut enfin son amie sur le trottoir d'en face.*	Sie wartete seit mehr als einer halben Stunde, **als** sie endlich ihre Freundin auf dem Bürgersteig gegenüber bemerkte.
Quand / **Lorsque** *vous aurez fini, vous pourrez partir.*	**Wenn** Sie fertig sind, können Sie gehen.
Il partira seulement **après que** *sa femme sera arrivée.*	Erst **nach der Ankunft** seiner Frau wird er abreisen. / Erst **nachdem** seine Frau angekommen ist, wird er abreisen.
Au moment où *le facteur passa, notre chien se mit à aboyer.*	**In dem Augenblick, als** der Briefträger vorbeikam, begann unser Hund zu bellen.
Comme *je suis épuisé, je n'irai pas avec vous.*	**Da** ich sehr müde bin, komme ich nicht mit euch.
Je ne vous accompagne pas **parce que** *je suis trop fatigué.*	Ich begleite Sie nicht, **weil** ich zu müde bin.
Puisque *vous êtes trop fatigué, vous n'avez pas besoin de m'accompagner.*	**Da** Sie (**ja**) zu müde sind, brauchen Sie mich nicht zu begleiten.
Il a plu toute la journée, **si bien que** *nous n'avons pas pu sortir.*	Den ganzen Tag hat es geregnet, **so dass** wir nicht rausgehen konnten.
A mesure que *l'heure avançait, notre inquiétude augmentait.*	**In dem Maße, wie** die Zeit voranschritt, wuchs unsere Besorgnis.

2. mit *subjonctif*:

temporal (zeitlich)	final (eine Absicht / einen Zweck ausdrückend)	konzessiv (einräumend)	modal (die Art und Weise bezeichnend)
avant que... (ne) (bevor, ehe)	*pour que* (damit)	*bien que* (obwohl / obgleich)	*sans que* (ohne dass)
jusqu'à ce que (bis)	*afin que* (damit)	*quoique* (obwohl / obgleich)	

Ne vous arrêtez pas **avant que** *tout (ne) soit terminé.*	Hören Sie nicht auf, **bevor** / **ehe** alles fertig ist.
Il a travaillé **jusqu'à ce que** *tout soit terminé.*	Er hat gearbeitet, **bis** alles fertig war.
Je l'ai fait **pour que** / **afin que** *tu sois satisfait.*	Ich habe es getan, **damit** du zufriedengestellt bist.
Bien que / **Quoique** *nous ne l'ayons pas dit de cette manière, nous regrettons nos propos.*	**Obwohl** wir es so nicht gesagt haben, bedauern wir unsere Äußerungen.
Notre père a vendu sa maison **sans que** *nous le sachions.*	Unser Vater hat sein Haus verkauft, **ohne dass** wir es wussten.

Anmerkung: Für die Verwendung des zusätzlichen *ne* bei *avant que* siehe **253.4**.

Die Konjunktionen: Aufbaustufe

Konjunktionen verknüpfen Satzglieder oder Haupt- und Nebensätze miteinander. Man unterscheidet beiordnende (**koordinierende**) von unterordnenden (**subordinieren-den**) Konjunktionen. Beiordnende Konjunktionen verbinden Wörter, Hauptsätze und Nebensätze mit gleicher / gleichrangiger grammatischer Funktion; unterordnende Konjunktionen verbinden Hauptsätze mit Nebensätzen. Es gibt **einfache** Konjunktionen (z.B. *si*), zusammengesetzte Konjunktionen (z.B. *après que*) und Ausdrücke mit konjunktionaler Funktion (*du moment que*).

Die beiordnenden Konjunktionen

Beiordnende Konjunktionen sind: kopulativ, disjunktiv, adversativ, kausal, konsekutiv.

354 ## Die reihenden (kopulativen) Konjunktionen

et	und	*Toi **et** moi ne pouvons pas le faire tout seuls.*
et aussi	und auch	*Il parle l'anglais **et aussi** le français.*
ainsi que	sowie	*Mon ami **ainsi que** sa sœur sont venus me voir.*
aussi bien que	wie auch	*Son patron, **aussi bien que** son médecin, lui ont conseillé de prendre sa retraite.* Sein Chef, wie auch sein Arzt, haben ihm geraten, sich pensionieren zu lassen.
de même que	sowie / ebenso wie	*Mon ami, **de même que** sa sœur, sont venus me voir hier.*
non seulement... , mais aussi / encore	nicht nur... , sondern auch	*Ce travail est **non seulement** fatigant, **mais aussi** / **mais encore** monotone.*
plus... , (et) plus...	je (mehr)... , desto (mehr)...	***Plus** il a à faire, **(et) plus** il se plaint de sa santé.*
tant ... que	sowohl... als auch...	*La liberté, **tant** individuelle **que** politique, est un bien précieux* (...ist ein wertvolles Gut).

355 ## Die ausschließenden (disjunktiven) Konjunktionen

ou (bien)	oder (aber)	*Vous pouvez le faire maintenant, **ou (bien)** plus tard.*
ou (bien)...,ou (bien)...	entweder... oder	***Ou (bien)** il l'a fait, **ou (bien)** il ne l'a pas fait.*
ne... ni... ni...	weder... noch...	*Je **ne** suis **ni** avare **ni** méchant.*
soit... , soit...	entweder... oder	*Vous pouvez venir me voir, **soit** avant midi, **soit** après cinq heures.*
soit que... , soit que... + subjonctif	sei es, dass... oder dass...	***Soit que** tu viennes par le train, **soit que** tu prennes le bus, sois à l'heure!*
tantôt... , tantôt...	bald... bald / mal... mal...	*Il dit **tantôt** oui, **tantôt** non.* Mal sagt er ja, mal sagt er nein.

Die entgegensetzenden (adversativen) Konjunktionen und konjunktionalen Ausdrücke

356

mais	aber / sondern	*C'est incroyable **mais** vrai. („aber")* *Il n'est pas bête **mais** paresseux.* (= „sondern", nach Verneinung)
...certes, mais...	zwar... , aber...	*Il l'a dit, **certes**, **mais** il a regretté ses paroles tout de suite.* Er hat es zwar gesagt, aber er hat seine Worte gleich bereut.
par contre / en revanche	dagegen / hingegen	*Ce magasin n'est pas très grand, **par contre** / **en revanche** il est très bien situé.*
néanmoins	nichtsdestoweniger	*Il a obtenu tout ce qu'il avait demandé.* ***Néanmoins** il n'était pas satisfait.*
pourtant / cependant / quand même / tout de même / malgré cela	doch / jedoch	*Notre équipe a mal joué. **Pourtant** / **Cependant** / **Malgré cela**(,) elle a gagné le match.* *Elle a **quand même** / **tout de même** / **cependant** gagné le match.*
toutefois	gleichwohl / jedoch	*Il a travaillé dur pendant des mois. **Toutefois**, son travail n'a pas été reconnu.*

Beachte:

1. Die adversativen Konjunktionen *cependant, néanmoins, pourtant, toutefois* können am Satzanfang, am Satzende, vor dem Infinitiv oder zwischen Hilfsverb und Partizip stehen:

    ***Pourtant**(,) je l'aime. Je l'aime **pourtant**. Je l'ai épousé sans **pourtant** l'aimer. Je l'ai **pourtant** aimé.*

    ***Toutefois**, je l'ai quitté.* → Ich habe ihn jedoch verlassen.
    *Je l'ai quitté, sans amertume **toutefois**.* → Ich habe ihn verlassen, jedoch ohne Bitterkeit.
    *Je le lui ai promis, sans **toutefois** être sûr de pouvoir tenir ma promesse.*
    Ich habe es ihm versprochen, ohne jedoch sicher zu sein, ob ich mein Versprechen halten kann.

    *J'ai **toutefois** ressenti les conséquences de cette séparation.*
    Gleichwohl habe ich die Auswirkungen dieser Trennung gespürt.

2. Zu beachten ist weiterhin die Konjunktion *or* = nun / nun aber. Sie führt eine neue Perspektive oder ein neues Element in die Erzählung ein:

    ***Or**, un soir, son mari annonça qu'il allait vivre à Paris pendant six mois.*
    Eines Abends **nun** kündigte ihr Mann an, dass er ein halbes Jahr lang in Paris leben würde.

Or wird auch ähnlich wie *cependant* oder *pourtant* benutzt:

*Il voulait absolument se faire interprète. **Or**(,) il était mauvais en langues étrangères au lycée...*
Er wollte unbedingt Dolmetscher werden; **nun** war er **aber** auf dem Gymnasium schlecht in Fremdsprachen...

3. ***En revanche*** ist nicht grundsätzlich mit ***par contre*** austauschbar. *En revanche* beinhaltet die Vorstellung von einem Vorteil, während *par contre* sowohl einen Vor- als auch einen Nachteil implizieren kann. Also:

*Il est un peu borné, **par contre** il est très honnête.*	→ Vorteil
*Il est sans doute très honnête, **par contre** il manque un peu d'intelligence.*	→ Nachteil

*Il n'y a guère de forêts en Champagne; **en revanche** il y a bien des bosquets.* → Vorteil
Es gibt kaum Wälder in der Champagne, **dagegen** gibt es sehr viele Baumgruppen.

Dagegen ist folgender Satz **stilistisch** anfechtbar:

La moisson n'a pas été mauvaise, **en revanche les pommes ont pourri.* → Nachteil
(Vgl. Joseph Hanse, *Nouveau Dictionnaire des difficultés du français*, S. 260/61.)

357 Die begründenden (kausalen) Konjunktionen

car	denn	*Nous devons nous dépêcher **car** il est déjà tard.*
en effet	nämlich / denn	*Je dois renoncer à ce projet. **En effet**, je suis incapable de travailler parce que je suis trop fatigué.* Ich muss dieses Projekt aufgeben, ich bin **nämlich** unfähig zu arbeiten, weil ich zu erschöpft bin.
		*Je n'étais pas surpris; on m'avait **en effet** informé d'avance de ce changement.* Ich war nicht überrascht, **denn** man hatte mich vorher über diese Veränderung informiert.

358 Die folgernden (konsekutiven) Konjunktionen und konjunktionalen Ausdrücke

donc	also / folglich	*Vous étiez **donc** là?* Sie waren **also** da? *Il n'était pas là; il ne peut **donc** pas savoir ce qui s'est passé.* Er war nicht da; **folglich** kann er nicht wissen, was geschehen ist.

par conséquent / *en conséquence* (litera-risch)	daher / dementsprechend/ folglich / infolgedessen	*Il pleut; **par conséquent** / **en conséquence** nous resterons chez nous.* Es regnet, **daher / folglich** bleiben wir zu Hause.
c'est pourquoi / *voilà pourquoi /* *pour cette raison /* *c'est la raison pour laquelle*	darum / deshalb / deswegen	*Je ne me plaisais pas dans cette ville. **Pour cette raison** / **C'est pourquoi** / **C'est la raison pour laquelle** j'ai demandé ma mutation.* Ich fühlte mich in dieser Stadt nicht wohl. **Darum / Deshalb / Deswegen** habe ich um meine Versetzung gebeten.
aussi + Inversion (gehobener Sprach-gebrauch) **Merke:** *Aussi* im Sinne von daher / deshalb steht immer am Satzanfang.	daher / deshalb	*D'habitude le train n'était jamais en retard. **Aussi** les voyageurs **se sont-ils étonnés** qu'à midi, il ne soit toujours pas arrivé.* Normalerweise hatte der Zug nie Verspätung. **Daher / Deshalb** wunderten sich die Reisenden, dass er um zwölf Uhr immer noch nicht da war.

Die unterordnenden Konjunktionen

Die unterordnenden Konjunktionen kommen in der Regel dann zur Anwendung, wenn Haupt- und Nebensatz **verschiedene** Subjekte haben. Unterordnende Konjunktionen sind: **temporal**, **kausal**, **final**, **konsekutiv**, **konzessiv**, **adversativ**, **konditional** und **modal**.

Die temporalen Konjunktionen

359

mit Indikativ:	
quand (als / wenn) *lorsque* (als / wenn)	*Quand / Lorsqu'il pleuvait, nous restions à la maison.* **(Immer) wenn** es regnete, blieben wir zu Hause.
	Quand / Lorsque la police le reconnut, elle l'appela par son nom. **Als** die Polizei ihn erkannte, rief sie ihn bei seinem Namen.
(In Verbindung mit *quand* und *lorsque* kann eine Vielzahl von Zeiten verwendet werden.)	*Quand / Lorsque mes parents furent arrivés à Paris, il se mit à pleuvoir.* **Als** meine Eltern in Paris angekommen waren, begann es zu regnen.
	Quand / Lorsque nous aurons terminé, nous déjeunerons. **Wenn** wir fertig sind, werden wir (zu) Mittag essen.
	Beachte: *Lorsque* wird vor allem auch in der geschriebenen Sprache verwendet.

après que (nachdem)	*Après que* tu auras passé ton permis de conduire, tu pourras voyager à ta guise. **Nachdem** du deinen Führerschein gemacht hast, kannst du nach Belieben reisen. *Après qu*'il fut arrivé, il se mit aussitôt au travail. **Nachdem** er angekommen war, machte er sich sofort an die Arbeit. **Beachte:** Der im gesprochenen Französisch verbreitete Gebrauch des *subjonctif* nach *après que* (in Analogie zu *avant que*) wird als unangemessen kritisiert: vgl. M. Grevisse, *Le français correct. Guide pratique*, S. 352 und J. Hanse, *Nouveau dictionnaire des difficultés du français moderne,* S. 86 f. Der Indikativ nach *après que* entspricht generell im geschriebenen und gesprochenen Französisch dem guten Gebrauch.
depuis que (seitdem)	*Depuis qu*'il est rentré, il ne fait rien d'autre que regarder la télé. **Seitdem** er wieder zu Hause ist, sieht er nur noch fern.
dès que (sobald) *aussitôt que* (sobald)	*Dès que / Aussitôt que* mon frère sera arrivé, nous commencerons. **Sobald** mein Bruder da ist, fangen wir an. *Dès que / Aussitôt que* mon frère fut embauché, il s'acheta une voiture. **Sobald** mein Bruder eingestellt war, kaufte er sich ein Auto.
chaque fois que (jedes Mal wenn)	*Chaque fois que* mon père est malade, il se croit mourant. **Jedes Mal wenn** mein Vater krank ist, glaubt er, er müsse sterben.
pendant que (während = temporal)	Mon collègue m'a téléphoné *pendant que* je travaillais dans mon bureau. Mein Kollege hat mich angerufen, **während** ich in meinem Büro arbeitete. **Beachte:** *Tandis que* und *alors que* im temporalen Sinn („während") werden nur selten gebraucht.
au moment où (in dem Augenblick, als)	Nous sommes arrivés à la maison *au moment où* l'orage a éclaté. Wir kamen zu Hause **in dem Augenblick an**, **als** das Gewitter losbrach.
jusqu'au moment où (bis zu dem Augenblick, als / wo)	Les politiciens retardèrent leur décision *jusqu'au moment où* le conflit éclata. Die Politiker schoben ihre Entscheidung bis **zu dem Augenblick** auf, **als** der Konflikt ausbrach.
maintenant que (jetzt, da / wo) *à présent que* (jetzt, da / wo)	*Maintenant que / A présent que* la décision est prise, il n'y a plus rien à faire. **Jetzt**, **wo** die Entscheidung gefallen ist, gibt es nichts mehr zu tun.

à peine... que + Inversion (kaum..., da)	*A **peine** fut-il / était-il sorti de son bureau **que** son téléphone sonna.* (Auch: *Il fut / était **à peine** sorti de son bureau **que** son téléphone sonna.*) **Kaum** hatte er sein Büro verlassen, **da** läutete sein Telefon. **Beachte:** Die Konstruktion: *A peine fut-il / était-il sorti de son bureau, son téléphone sonna* (ohne *que*) ist ebenfalls korrekt. Zum Gebrauch des *Plus-que-parfait* oder des *Passé antérieur* bei *à peine... que* vgl. **147**.
comme (als) (mit *Imparfait*!)	*Comme il entrait, le téléphone sonna.* **Als** er eintrat, läutete das Telefon.

mit *subjonctif*:	
avant que... (ne) (bevor, ehe)	*Il faut prendre une décision **avant qu'**il (ne) soit trop tard.* Wir müssen eine Entscheidung fällen, **bevor** es zu spät ist.
en attendant que (bis)	*J'irai à pied à mon travail, **en attendant que** mon père prenne enfin la décision de m'acheter une voiture.* Ich gehe so lange zu Fuß zur Arbeit, bis mein Vater sich endlich entscheidet, mir ein Auto zu kaufen.
jusqu'à ce que (bis)	*Nous attendrons **jusqu'à ce qu'**il fasse des aveux complets.* Wir werden warten, bis er ein vollständiges Geständnis ablegt. **Beachte:** Der Gebrauch des Indikativs nach *jusqu'à ce que* ist veraltet und entspricht im modernen Französisch nicht mehr dem guten Gebrauch.

Die <mark>kausalen</mark> Konjunktionen   360

mit Indikativ:	
comme (da)	*Comme elle est charmante, elle te plaira.* **Da** sie bezaubernd ist, wird sie dir gefallen. **Beachte:** Der mit *comme* eingeleitete Nebensatz wird stets vorangestellt.
parce que (weil)	*Je vous quitte **parce qu'**il est déjà tard.* Ich verlasse Sie, **weil** es schon spät ist. *Pourquoi as-tu fait cela? – **Parce que**.* Warum hast du das getan? – **Darum**. **Beachte:** Der mit *parce que* eingeleitete Nebensatz steht nur selten vor dem Hauptsatz.

puisque (da ja / da...sowieso)	***Puisqu****'il en est ainsi, nous ne pouvons rien changer.* **Da** dem **ja** so ist, können wir nichts ändern. *Tu dois le savoir, **puisque** tu as assisté à la réunion.* Du musst es wissen, **da** du **ja** an der Versammlung teilgenommen hast. ***Puisque*** *tu vas en ville faire des achats, tu peux m'acheter deux bouteilles de bordeaux.* **Da** du **sowieso** zum Einkaufen in die Stadt fährst, kannst du mir zwei Flaschen Bordeaux(-Wein) kaufen.
du moment que (da ja)	***Du moment que*** *ma sœur m'invite à son mariage, je vais oublier notre dispute.* **Da** mich meine Schwester **ja** zu ihrer Hochzeit einlädt, will ich unseren Streit vergessen.
étant donné que *du fait que* *vu que* (da / angesichts der Tatsache, dass / wo doch)	***Etant donné que*** */ **Vu que** / **Du fait que** vous êtes en retard, nous ne pouvons plus tenir compte de votre demande.* **Da** Sie zu spät kommen, können wir Ihr Gesuch nicht mehr berücksichtigen. *Comment avez-vous pu vous charger de cette affaire, **vu que** vous savez bien qu'elle n'aboutira pas!* Wie haben Sie bloß diese Sache übernehmen können, **wo** Sie **doch** genau wissen, dass sie zu nichts führen wird!
si..., c'est (parce) que (wenn... , dann deswegen, weil)	*S'il n'est pas venu à l'enterrement de sa tante, **c'est (parce)** qu'il savait qu'elle l'avait déshérité.* **Wenn** er nicht zur Beerdigung seiner Tante gekommen ist, **dann /** ~~so deswegen, weil er wusste, dass sie ihn enterbt hatte~~
non (pas) parce que (nicht etwa, weil)	*J'irai le voir, **non (pas) parce** qu'il me l'a demandé, mais parce que j'ai besoin de son conseil.* Ich werde ihn aufsuchen, **nicht (etwa), weil** er mich darum gebeten hat, sondern weil ich seinen Rat brauche.
peut-être que (vielleicht ... ja)	***Peut-être*** *qu'il s'est trompé.* **Vielleicht** hat er sich **ja** geirrt. **Beachte:** An Stelle von *peut-être que* kann auch das Adverb *peut-être* gesetzt werden. In letzterem Fall erfolgt stets Inversion, wenn *peut-être* am Satzanfang steht: *Peut-être **s'est-il** trompé.*
surtout que (besonders da / zumal)	*Notre entreprise a besoin de vous, **surtout que** presque tout le monde est malade actuellement.* Unser Unternehmen braucht Sie, **zumal** fast alle im Augenblick krank sind.
d'autant (plus) que (um so mehr, als / zumal)	*Il faut patienter, **d'autant plus que** personne ne connaît une solution immédiate.* Man muss sich gedulden, **um so mehr als** keiner eine sofortige Lösung kennt. **Beachte:** *D'autant que* kann *d'autant plus que* ersetzen: *A votre place, je n'irais pas le voir, **d'autant que** rien ne vous y oblige.*

mit *subjonctif*:	
ce n'est pas que (nicht deswegen, weil)	S'il ne vient pas, **ce n'est pas qu**'il n'en ait pas envie, mais parce qu'il est timide. Wenn er nicht kommt, dann **nicht deswegen, weil** er keine Lust hat / hätte, sondern weil er schüchtern ist.
non que (nicht etwa dass / nicht als ob)	**Non que** je sois jaloux, mais je n'aime pas qu'on me cache la vérité. **Nicht etwa dass** ich eifersüchtig wäre, aber ich habe es nicht gerne, wenn man mir die Wahrheit verheimlicht.

Die finalen Konjunktionen   361

R 361

Finale Konjunktionen und konjunktionale Ausdrücke drücken einen **Wunsch**, eine **Absicht**, einen **Zweck** oder auch eine **beabsichtigte Folge** aus. Grundsätzlich lösen alle finalen Konjunktionen den *subjonctif* aus.

Wunsch, Absicht, Zweck:		
pour que	(damit)	Je me suis dépêché **pour que** nous arrivions à l'heure. Ich habe mich beeilt, **damit** wir pünktlich ankommen.
afin que	(damit)	Les partis ont fait une importante campagne électorale **afin qu**'il y ait moins d'abstentions. Die Parteien haben eine große Wahlkampagne gemacht, **damit** es weniger Stimmenthaltungen gibt.
		Beachte: Auch ein konsekutivisches *pour que* löst den *subjonctif* aus. *Il y a trop de choses à voir **pour que** je puisse quitter Paris dès aujourd'hui.* Es gibt zu viele Dinge zu sehen, **als dass** ich Paris bereits heute verlassen könnte. Nach einem Imperativ wird häufig nur *que* verwendet: *Tournez-vous vers moi, **que** je vous voie.* Wenden Sie sich mir zu, **damit** ich Sie sehe.
de peur que (ne) de crainte que (ne) (aus Angst, dass)		**De peur** / **De crainte que** les magasins (ne) soient fermés samedi après-midi, nous avons fait nos courses dès ce soir. **Aus Angst, dass** die Geschäfte am Samstagnachmittag geschlossen sind, haben wir unsere Besorgungen schon heute abend gemacht.

Beabsichtigte Folge:	
de façon (à ce) que (damit; so..., dass) *de manière (à ce) que* (damit; so..., dass) *de sorte que* (damit; so..., dass) *en sorte que* (damit; so..., dass)	*Il agit **de façon que** / **de façon à ce que** / **de manière que** / **de manière à ce que** / **de sorte que** / personne ne puisse lui adresser des reproches.* Er handelt **so, dass** keiner ihm Vorwürfe machen kann. *Elle s'est comportée **de façon que** tout le monde la remarque.* Sie hat sich **so** verhalten, **dass** jeder sie bemerkt. **Beachte:** *De façon que* / *de manière que* sind den schwerfällig wirkenden *de façon à ce que* / *de manière à ce que* vorzuziehen. *En sorte que* wird meist nur nach einem Imperativ verwendet: *Agissez **en sorte que** personne ne puisse vous adresser des reproches.* Handeln Sie **so, dass** keiner Ihnen Vorwürfe machen kann.

362   **Die folgernden (konsekutiven) Konjunktionen**

R 362

Die konsekutiven Konjunktionen drücken eine **tatsächliche** Folge aus. Sie werden in der Regel mit dem **Indikativ** verbunden.

si / *tellement* + Adjektiv / Adverb... *que* (so..., dass)	*Il est **si** grand **qu'**il lui faut un lit spécial.* Er ist **so** groß, **dass** er ein Spezialbett benötigt. *Il est **tellement** avare **qu'**il ne dépense absolument rien.* Er ist **so** geizig, **dass** er überhaupt nichts ausgibt. *Elle parle **tellement** vite **qu'**on ne peut pas la suivre.* Sie spricht **so** schnell, **dass** man ihr nicht folgen kann. **Beachte:** Nach einer Verneinung steht der *subjonctif*: *Il n'a **pas** été **si** malade qu'on l'**ait** cru perdu.* Er war nicht **so** krank, **dass** man ihn dem Tode nahe glaubte.
tant / *tellement* + Verb + *que* (so viel / so sehr, dass)	*Nous avons **tant** / **tellement** travaillé **qu'**il nous faut au moins trois semaines de congé.* Wir haben **so viel** gearbeitet, **dass** wir mindestens drei Wochen Urlaub brauchen.
si bien que (so dass)	*Je me suis rapidement rétabli de ma maladie, **si bien que** j'ai pu reprendre mon travail cette semaine.* Ich bin schnell von meiner Krankheit genesen, **so dass** ich diese Woche meine Arbeit wieder aufnehmen konnte.

tant et si bien que (so dass) = literarischer / gehobe- ner Sprachgebrauch	*La presse n'a pas arrêté d'attaquer le gouvernement, **tant et si bien que** l'opinion publique est maintenant en faveur de nouvelles élections.* Die Presse griff dauernd die Regierung an, **so dass** die öffentliche Meinung jetzt für Neuwahlen ist. *Il fit **tant et si bien qu'**on le renvoya.* Er verhielt sich **dergestalt, dass** man ihn entließ.
tel + Substantiv + *que* (derartig..., dass)	*Elle a un **tel** rhume / une **telle** fièvre qu'elle ne pourra pas sortir ce soir.* Sie hat eine **derartige** Erkältung / Sie hat **derartig** Fieber, **dass** sie heute abend nicht ausgehen kann.
à tel point que / *au point que* (so dass / derart, dass)	*Les gens craignent le dentiste **à tel point que** / **au point que** peu de personnes vont se faire régulièrement examiner les dents.* Die Leute fürchten den Zahnarzt **derart, dass** kaum jemand regelmäßig zur Zahnuntersuchung geht.
de (telle) sorte / *de (telle) manière /* *de façon que* (so dass)	*Cette nuit, la circulation était particulièrement dense, **de (telle) sorte que** / **de (telle) manière que** / **de façon que** je n'ai pas pu dormir.* Heute nacht war der Verkehr besonders dicht, **so dass** ich nicht schlafen konnte.

Beachte:

1. *De façon que* und *de manière que* als **konsekutive** Konjunktionen sind weniger geläufig als *de sorte que*.

2. *De sorte que* kann auch am Anfang eines Satzes in der Bedeutung „daher" / „deshalb" stehen:

   *Cette année, il y a eu trop de neige en montagne et les coulées de neige étaient fréquentes. **De sorte qu'**il était presque impossible de faire du ski.*
   Dieses Jahr hatten wir zu viel Schnee im Gebirge, und es gab häufige Lawinenabgänge. **Deshalb** war der Skisport kaum möglich.

3. Die Konjunktionen *de façon que* / *de manière que* / *de sorte que* können **final** (mit *subjonctif*) oder **konsekutiv** (mit Indikativ) gebraucht werden. Ist der Sinn konsekutiv, steht ein Komma vor der Konjunktion:

   *Il parle à voix basse de manière que personne ne l'**entende**.*
   → beabsichtigte Folge: „...**damit** ihn keiner hört."

   *Il a parlé trop bas, de manière que personne ne l'**a compris**.*
   → tatsächliche Folge: „...**so dass** keiner ihn verstanden hat."

363   **Die einräumenden (konzessiven) und die entgegensetzenden (adversativen) Konjunktionen**

mit *subjonctif* = konzessive Konjunktionen	
bien que *quoique* *malgré que* (obwohl / obgleich)	***Bien que* / *Quoique* / *Malgré que*** *ce candidat ait fait des efforts, le jury ne l'a pas admis à l'oral.* **Obwohl** dieser Kandidat sich angestrengt hat, hat die Prüfungskommission ihn nicht zum Mündlichen zugelassen. **Beachte:** Der Gebrauch von *bien que* wird zuweilen als literarisch bezeichnet; des Weiteren wird *malgré que* entweder als nicht akzeptabel oder als umgangssprachlich angesehen. Für das moderne Französisch sind diese Einschränkungen nicht mehr zutreffend.
encore que (obschon / obwohl... andererseits)	*Cette maladie n'est pas trop grave, **encore qu**'il ne faille pas la sous-estimer.* Diese Krankheit ist nicht zu schwerwiegend, **obwohl** man sie (**andererseits**) nicht unterschätzen sollte.
si / *quelque* / *tout* + Adjektiv + *que* (so... auch immer)	***Si* / *Quelque*** *expérimenté **qu**'il soit, je ne lui fais pas confiance.* ***Tout*** *expérimenté **qu**'il soit, je ne lui fais pas confiance.* **So** erfahren er **auch** sein mag, ich habe kein Vertrauen in ihn. **Beachte:** Nach *tout* + Adjektiv + *que* kann auch der Indikativ stehen: ***Tout*** *expérimenté **qu**'il **est**, je ne lui fais pas confiance.*

mit Indikativ = adversative Konjunktionen	
alors que (wo... doch / während) *tandis que* (während)	*Tout le monde le croit heureux **alors qu**'il se trouve dans une profonde dépression.* Jeder glaubt, er sei glücklich, **wo** er sich **doch** in einer tiefen Depression befindet. ***Tandis que*** *l'un travaille bien, l'autre refuse tout effort.* **Während** der eine gute Arbeit leistet, verweigert der andere jeglichen Einsatz.
si (adversativ) (wenn auch / zwar ... aber)	***Si*** *l'alcoolisme est en régression, la toxicomanie ne recule pas.* **Zwar** ist der Alkoholismus im Rückgang begriffen, **aber** die Rauschgiftsucht geht nicht zurück.

Beachte:

- *Lors même que* (auch wenn / selbst für den Fall, dass) steht mit dem Konditional.

    Lors même que *vous insisteriez, je ne vous donnerais pas ce document.*
    Auch wenn Sie darauf bestünden, würde ich Ihnen dieses Dokument nicht geben.

- *Au lieu que* (anstatt dass) löst den *subjonctif* aus, weil ein Sachverhalt nicht als faktisch, sondern als nur vorgestellt betrachtet wird:

  Au lieu que *son père vienne, c'est sa sœur qui viendra.*
  Anstatt dass sein Vater kommt, wird seine Schwester kommen.

  Der Gebrauch von *au lieu que* mit Indikativ im Sinne eines adversativen *tandis que* (während) ist veraltet und völlig ungebräuchlich:

  * *Il est en parfaite santé, au lieu que sa femme est toujours malade.*

Die <mark>konditionalen</mark> Konjunktionen   364

Der Modusgebrauch nach konditionalen Konjunktionen ist uneinheitlich. Man muss sich diesen also für die verschiedenen konditionalen Konjunktionen genau einprägen.

si (wenn, falls)	**Si** *vous venez, n'oubliez pas de me passer un coup de fil pour me prévenir.* **Wenn** Sie kommen, vergessen Sie nicht, mich vorher anzurufen. Zum Gebrauch von Tempus und Modus in den *si*-Sätzen vgl. **224**.
à condition que (unter der Bedingung, dass / vorausgesetzt, dass) → *subjonctif*	*J'arriverai dès ce soir, **à condition que** le train ne soit pas en retard.* Ich komme noch heute abend an, **vorausgesetzt, dass** der Zug keine Verspätung hat. *J'accepterai ce poste, **à condition que** vous me payiez au moins deux mille euros par mois.* Ich nehme diese Stelle an, **unter der Bedingung, dass** Sie mir mindestens zweitausend Euro pro Monat zahlen.
pourvu que (vorausgesetzt, dass) → *subjonctif*	*Je fais construire une maison, **pourvu que** la banque me garantisse un prêt bonifié.* Ich werde ein Haus bauen, **vorausgesetzt**, die Bank garantiert mir ein zinsvergünstigtes Darlehen. ***Pourvu qu**'il ne pleuve pas!* Wenn es nur nicht regnet! / Hoffentlich regnet es nicht!
pour peu que (sofern...nur) → *subjonctif*	***Pour peu que** vous vous efforciez un peu plus, vous réussirez votre projet.* **Sofern** Sie sich **nur** ein wenig mehr anstrengen, werden Sie mit Ihrem Projekt Erfolg haben.
à moins que ... (ne) (sofern nicht / es sei denn, dass / außer wenn) → *subjonctif*	*Tu peux me rendre le livre cet après-midi, **à moins que** tu (n') en aies encore besoin demain.* Du kannst mir das Buch heute nachmittag zurückgeben, **es sei denn**, du brauchst es noch morgen.

que... ou (que ...) (ob... oder) → *subjonctif*	***Que** vous le vouliez **ou** non, cela n'a aucune importance.* **Ob** Sie nun wollen **oder** nicht, dies ist völlig unwichtig. ***Que** vous me passiez un coup de fil **ou que** vous m'écriviez une lettre, cela n'a pas d'importance.* **Ob** Sie mich (nun) anrufen oder mir einen Brief schreiben, spielt keine Rolle.
supposé que *à supposer que* (angenommen, dass) → *subjonctif*	***Supposé que** / **A supposer que** le traitement ne réussisse pas, je dois très certainement me faire opérer.* **Angenommen, dass** die Behandlung keinen Erfolg hat, muss ich sicherlich operiert werden.
au cas où (falls) *dans le cas où* (im Falle, dass) *pour le cas où* (für den Fall, dass) → **Konditional**	***Au cas où** / **Dans le cas où** / **Pour le cas où** tu viendrais un jour plus tard, envoie-moi un fax.* **Falls** du einen Tag später kommen solltest, schick mir ein Fax! **Beachte:** **Au cas que* und **en cas que + subjonctif* sind im modernen Französisch nicht mehr gebräuchlich!
dans la mesure où (soweit, sofern) → **Indikativ**	*Il a raison d'agir de la sorte **dans la mesure où** les faits sont exacts.* Er handelt zu Recht so, **sofern** die Fakten richtig sind.

365 **Die modalen Konjunktionen**

Modale Konjunktionen drücken die Art und Weise aus, unter denen sich eine Handlung vollzieht bzw. ein Sachverhalt betrachtet wird.

mit Indikativ:	
sauf que *excepté que* (außer dass)	*Notre entreprise peut accepter toutes vos conditions, **sauf que** / **excepté que** la marge commerciale que vous nous proposez est trop faible.* Unser Unternehmen kann Ihre Bedingungen alle akzeptieren, **außer dass** die von Ihnen vorgeschlagene Gewinnspanne zu klein ist.
outre que (abgesehen davon, dass/ außer dass) → **hinzufügend**	***Outre qu'**il a gagné trois mille euros au loto, il a hérité d'une maison.* **Abgesehen davon**, dass er dreitausend Euro im Lotto gewonnen hat, hat er ein Haus geerbt.
(au fur et) à mesure que (in dem Maße wie)	***(Au fur et) à mesure que** la saison avançait, les jours s'allongeaient.* **In dem Maße wie** die Jahreszeit voranschritt, wurden die Tage länger.
suivant que ... ou *selon que ... ou* (je nachdem, ob... oder)	*Le statut social varie **selon qu'** / **suivant qu'**on est riche **ou** pauvre.* Der Sozialstatus ist unterschiedlich, **je nachdem, ob** man reich **oder** arm ist.

mit *subjonctif*:	
sans que (ohne dass)	*Il nous a prévenu **sans qu'**on le lui ait demandé.* Er hat uns gewarnt, **ohne dass** wir ihn darum gebeten hätten.

Alternative Konstruktionen an Stelle von unterordnenden Konjunktionen

366

1. Infinitivgruppen an Stelle von unterordnenden Konjunktionen:

Bei Subjektsgleichheit verwendet man in der Regel an Stelle eines durch eine Konjunktion eingeleiteten Nebensatzes eine Infinitivgruppe. Dies ist immer dann möglich, wenn es im Französischen eine der Konjunktion entsprechende Präposition gibt:

avant que → *avant de* *sans que* → *sans*

*Avant que nos **invités** (n') arrivent, **tu** dois réserver une chambre à l'hôtel.*
→ verschiedene Subjekte, deshalb Konjunktion + Nebensatz

Avant de prendre l'avion pour Moscou, tu devrais réserver une chambre à l'hôtel.
→ gleiches Subjekt, deshalb Infinitivgruppe

Wenn auch bei Subjektsgleichheit eine unterordnende Konstruktion (Haupt- und Nebensatz) nicht auszuschließen ist (*M. Duplan viendra me voir avant qu'il (ne) prenne l'avion pour Moscou*), entspricht die Infinitivkonstruktion dem guten Gebrauch und wirkt zudem stilistisch eleganter. Also: *M. Duplan viendra me voir avant de prendre l'avion pour Moscou.*

Überblick über unterordnende Konjunktionen, denen bei gleichem Subjekt präpositionale Ausdrücke mit Infinitivgruppe entsprechen:

afin que ...	→ *afin de faire qc*
après que ...	→ *après avoir fait qc*
avant que ... (ne)	→ *avant de faire qc*
à condition que ...	→ *à condition de faire qc*
de crainte que ...	→ *de crainte de faire qc*
de façon que ...	→ *de façon à faire qc*
au lieu que ...	→ *au lieu de faire qc*
de manière que ...	→ *de manière à faire qc*
à moins que (ne) ...	→ *à moins de faire qc*
parce que ...	→ *pour avoir fait qc*
parce que ... ne ... pas ...	→ *faute de faire qc* (weil nicht...)
de peur que ...	→ *de peur de faire qc*

au point que ...	→	au point de faire qc
à tel point que ...	→	au point de faire qc
pour que ...	→	pour faire qc
sans que ...	→	sans faire qc
sitôt / aussitôt que ...	→	sitôt / aussitôt après avoir fait qc

2. Präpositionalgruppen an Stelle von unterordnenden Konjunktionen:

An Stelle einer unterordnenden Konjunktion + Nebensatz kann man auch eine präpositionale Wendung benutzen, wenn es eine der unterordnenden Konjunktion entsprechende Präposition und **zugleich** ein Substantiv gibt, das vom Verb des Nebensatzes ableitbar ist.

Dès que la délégation étrangère *fut arrivée*, on se mit au travail.

Dès l'arrivée de la délégation étrangère, on se mit au travail.

Überblick über Präpositionalgruppen an Stelle von unterordnenden Konjunktionen:

Après qu'ils furent arrivés...	→ Après leur arrivée...
Avant qu'ils (ne) soient partis...	→ Avant leur départ...
Au cas où il y aurait de la neige...	→ En cas de neige...
Depuis que vous avez émigré...	→ Depuis votre émigration...
Dès qu'elle sera (fut) rentrée...	→ Dès son retour...
Etant donné qu'il est malade...	→ Etant donné sa maladie...
Au moment où elle est entrée dans l'O.T.A.N., la Pologne...	→ Au moment de son entrée dans l'O.T.A.N., la Pologne...
... parce qu'il est courageux...	→ en raison de son courage... / à cause de son courage...
Pendant qu'on jouait...	→ Pendant le jeu / le match...
Quand / Lorsqu'ils ont réapparu...	→ Lors de leur réapparition...
Quoiqu'il soit riche... / Malgré qu'il soit riche...	→ Malgré sa richesse... / En dépit de sa richesse...
Vu qu'il est malade...	→ **Vu** sa maladie...

3. Partizipialkonstruktionen / *gérondif* an Stelle von unterordnenden Konjunktionen:

Un jour, **quand** ils / **lorsqu'**ils / **qu'**ils se promenaient dans la forêt, ils aperçurent un renard.	→ Un jour, **se promenant** dans la forêt, ils aperçurent un renard.
Ils commencèrent l'ascension de la montagne **bien qu'ils sachent** que la météo était mauvaise.	→ Ils commencèrent l'ascension de la montagne **tout en sachant** que la météo était mauvaise. (Auch: ... **bien que sachant** que la météo était mauvaise.)
Bien qu'il ait été refusé à son examen, il a eu le poste.	→ **Bien qu'ayant été refusé** à son examen, il a eu le poste.

Vgl. auch **153** und **162**.

Die Wiederholung der unterordnenden Konjunktionen

367

R 367.1

In zwei aufeinander folgenden Nebensätzen wird die unterordnende Konjunktion wiederholt, wenn beide Nebensätze jeweils **ein eigenes Subjekt** haben. Anstatt vollständig wiederholt zu werden, kann die Konjunktion auch lediglich durch ein *que* wieder aufgenommen werden.

Beispiele:

Puisqu'il fait beau et **puisque nous** / **que nous** avons envie de nous promener, nous devrions nous mettre en route tout de suite.
Da das Wetter ja schön ist und wir Lust zu einem Spaziergang haben, sollten wir uns sofort auf den Weg machen.

Comme je ne voulais pas interrompre mes études et **comme mes parents** / **que mes parents** m'avaient demandé de les terminer dans les plus brefs délais, j'ai renoncé à cet emploi intérimaire.
Da ich mein Studium nicht unterbrechen wollte und meine Eltern mich aufgefordert hatten, es so schnell wie möglich abzuschließen, habe ich auf diesen Aushilfsjob verzichtet.

Beachte:

Die Konjunktionen *quand* und *lorsque* werden insbesondere dann wiederholt, wenn sich zwei Nebensätze auf verschiedene Zeitpunkte beziehen:

A deux moments de notre séjour, nous avons été parfaitement contents: **quand** / **lorsque** nous avons visité le Louvre et **quand** / **lorsque** nous avons fait une randonnée dans la forêt de Fontainebleau (verschiedene Zeitpunkte).

Beziehen sich *quand* oder *lorsque* in zwei aufeinander folgenden Nebensätzen auf denselben Zeitpunkt, brauchen sie nicht wiederholt zu werden (oder können durch ein *que* ersetzt werden).

Quand / *Lorsque* cette actrice entre en scène et (*qu'*elle) commence à parler, les spectateurs sont fascinés.
Wenn diese Schauspielerin auf die Bühne tritt und zu sprechen beginnt, sind die Zuschauer fasziniert.

Wichtiger Hinweis:

Aus stilistischen Gründen sollte **grundsätzlich** in zwei aufeinander folgenden Nebensätzen, unabhängig davon, ob Subjektsgleichheit oder -verschiedenheit vorliegt oder ob die Handlung sich auf den gleichen oder verschiedene Zeitpunkte bezieht, die Konjunktion durch ein ***que*** im zweiten Nebensatz aufgenommen werden.

R 367.2

Die Konjunktion *si* im Sinne von „ob" **muss** wiederholt werden.
Die Konjunktion *si* im Sinne von „wenn" wird entweder wiederholt oder durch ein *que* (häufig mit folgendem *subjonctif*) wieder aufgenommen. Vgl. auch **228**.

*Je ne savais pas **s'**il était déjà parti ou **s'**il avait été retardé par un événement imprévisible.*
Ich wusste nicht, ob er bereits abgereist war oder (ob er) durch ein unvorhergesehenes Ereignis aufgehalten worden war.

*S'il fait beau et **si** nous **disposons** d'un moment de libre, nous viendrons vous voir le week-end prochain.*

oder :

*S'il fait beau et **que** nous **disposions** / **disposons** d'un moment de libre, nous viendrons vous voir le week-end prochain.*
Wenn das Wetter schön ist und (wenn) wir über ein wenig freie Zeit verfügen, besuchen wir euch nächstes Wochenende.

Die Konjunktionen: Repetitorium

Die wichtigsten Konjunktionen im Überblick

368

mit Indikativ		mit *subjonctif*	
alors que	wo... doch / während	*afin que*	damit
après que	nachdem	*en attendant que*	(so lange), bis
aussitôt que	sobald	*avant que ... (ne)*	bevor / ehe
d'autant (plus) que	um so mehr, als / zumal	*bien que*	obwohl / obgleich
c'est (parce) que	dann deswegen, weil	*ce n'est pas que*	nicht, dass / nicht (etwa), weil
chaque fois que	jedes Mal, wenn	*à condition que*	unter der Bedingung, dass
comme	als / da	*de crainte que... (ne)*	aus Angst, dass
depuis que	seitdem	*encore que*	obschon / obwohl (andererseits)
dès que	sobald	*de façon (à ce) que*	damit
étant donné que	da / angesichts der Tatsache, dass	*jusqu'à ce que*	bis
excepté que	außer, dass	*au lieu que*	anstatt, dass
de façon que	so dass	*malgré que*	obwohl / obgleich
au fur et à mesure que	in dem Maße, wie	*de manière (à ce) que*	damit
jusqu'au moment où	bis zu dem Augenblick, als / wo	*à moins que ... (ne)*	sofern nicht / es sei denn, dass / außer wenn
lorsque	als / wenn	*non que*	nicht (etwa) dass
maintenant que	jetzt, da / wo	*de peur que ... (ne)*	aus Angst, dass
de (telle) manière que	so dass	*pour que*	damit
à mesure que	in dem Maße, wie	*pour peu que*	sofern ... nur
dans la mesure où	soweit / sofern	*pourvu que*	vorausgesetzt, dass
au moment où	in dem Augenblick, als / wo	*quelque* + Adjektiv + *que*	so ... auch (immer)

Repetitorium

mit Indikativ	
du moment que	da ja
non (pas) parce que	nicht etwa, weil
outre que (einschließend / additiv)	abgesehen davon, dass / außer, dass
parce que	weil
à peine ... que + Inversion	kaum ... , da
pendant que	während (temporal)
peut-être que	vielleicht ... ja
au point que	derart, dass / so dass
à présent que	jetzt, da / wo
puisque	da ja / da sowieso
quand	als / wenn
sauf que	außer, dass
selon que	je nachdem, ob
si	wenn / falls
si (adversativ)	wenn auch / zwar... aber
si + Adjektiv / Ad-verb... *que*	so ... dass
si bien que	so dass
de (telle) sorte que	so dass
suivant que	je nachdem, ob
surtout que	besonders da / zumal
tandis que (adversativ)	während
tant + Verb ... *que*	so viel / so sehr, dass
à tel point que	derart, dass / so dass
vu que	da / wo doch / angesichts der Tat-sache, dass

mit *subjonctif*	
quoique	obwohl / obgleich
sans que	ohne dass
si + Adjektiv + *que*	so ... auch (immer)
si tant est que	vorausgesetzt, dass
de sorte que / *en sorte que*	damit
supposé que	angenommen, dass
à supposer que	angenommen, dass
tout + Adjektiv + *que* (auch mit Indikativ!)	so... auch (immer)

mit Konditional	
au cas où	falls
dans le cas où	im Falle, dass
pour le cas où	für den Fall, dass

Merke:

1. *Bien que, quoique* und *malgré que* sind bedeutungsgleich und wer-den in Bezug auf das Sprachniveau kaum noch unterschieden.

2. Die Konjunktion *en cas que* mit *subjonctif* wird im modernen Franzö-sisch nicht mehr verwendet. Dafür: *au cas où* + Konditional

Schwierigkeiten und Fehlerquellen

369

1. **Après que** löst normalerweise den Indikativ aus; die Tendenz des gesprochenen Französisch, *après que* mit dem *subjonctif* zu verbinden, sollte nicht auf das geschriebene Französisch übertragen werden.

2. **Jusqu'à ce que** steht **immer** mit dem *subjonctif;* dagegen **jusqu'au moment où** stets mit Indikativ!

3. Die temporalen unterordnenden Konjunktionen **quand** und **lorsque** bereiten Schwierigkeiten. Bei ihrer Verwendung muss in Verbindung mit zukünftigen Handlungen die Zeitenfolge genau beachtet werden:

    Quand nous **aurons** terminé, nous **sortirons**.
    Wenn wir **fertig sind**, **gehen** wir aus.

4. Die beiordnende Konjunktion **aussi** = „daher" / „deshalb" steht am Satzanfang und erfordert die Inversion von Subjekt und Verb:

    Aussi se sont-ils demandé s'ils pouvaient compter sur la présence de leur collègue.
    Deshalb fragten sie sich, ob sie mit der Anwesenheit ihres Kollegen rechnen könnten.

5. **Peut-être que** zu Beginn des Satzes kann nur unter der Voraussetzung durch das Adverb *peut-être* (also ohne *que*) ersetzt werden, dass Inversion erfolgt:

    Peut-être qu'il s'est trompé.   ⇔   **Peut-être s'est-il** trompé.

6. Die konsekutive Konjunktion **si bien que** + Indikativ darf nicht mit der konzessiven Konjunktion **bien que** + *subjonctif* verwechselt werden:

    Konsekutiv :

    Ils sont arrivés trop tard, **si bien que** le musée **était** déjà fermé.
    Sie sind zu spät gekommen, **so dass** das Museum bereits geschlossen war.

    Konzessiv :

    Bien qu'il soit déjà minuit, je ne me sens pas trop fatigué.
    Obwohl es schon Mitternacht ist, fühle ich mich nicht allzu müde.

7. **Quoique** („obwohl") ist zu unterscheiden von **quoi que** („was auch immer"):

    „Obwohl" :

    Quoiqu'il fasse beau, nous ne sortirons pas.
    Obwohl das Wetter schön ist, gehen wir nicht raus.

    „Was auch immer" :

    Quoi qu'il fasse, rien ne lui réussit.
    Was auch immer er tut, nichts gelingt ihm.

8. Im Gegensatz zum Deutschen muss im Französischen nach *au cas où* / *dans le cas où* / *pour le cas où* immer das **Konditional** stehen. Also:

Au cas où il ne serait pas là...
Für den Fall, dass er nicht da **ist** / sein sollte...

9. Die unterordnenden Konjunktionen *puisque* / *quand* / *lorsque*, usw. werden im Französischen, im Gegensatz zum Deutschen, in den meisten Fällen wiederholt oder durch ein *que* ersetzt:

Puisque ta femme est malade et que tu ne prends pas de vacances, je ne partirai pas en vacances non plus.
Da deine Frau krank ist und du keinen Urlaub machst, fahre ich auch nicht in Ferien.

Dies gilt insbesondere, wenn die aufeinanderfolgenden Nebensätze ein eigenes Subjekt haben oder sich (im Falle von *quand* und *lorsque*) auf zwei verschiedene Zeitpunkte beziehen:

Puisque ma femme est malade et puisque / que je suis fatigué également, nous ne partirons pas en vacances.
Da meine Frau krank ist und ich ebenfalls abgespannt bin, fahren wir nicht in Ferien.

Par deux fois lors de notre séjour, nous avons été particulièrement contents: quand / lorsque nous avons visité le Louvre et quand / lorsque nous avons fait une excursion en bateau sur la Seine.
Zweimal während unseres Aufenthalts waren wir richtig glücklich: als wir den Louvre besichtigten und als wir einen Schiffsausflug auf der Seine machten. (> In diesem Fall wird im Deutschen die Konjunktion ebenfalls wiederholt.)

10. *Si* = „ob" wird grundsätzlich wiederholt; *si* = „**wenn**" wird entweder wiederholt oder durch *que*, meist mit dem Konjunktiv, aufgenommen.

Mon ami voulait savoir si j'allais venir et si j'amènerais ma sœur.
Mein Freund wollte wissen, ob ich käme und ob ich meine Schwester mitbringen würde.

Si tu arrives demain et si tu ne viens pas trop tard, nous pourrions aller au cinéma.
Oder :
Si tu arrives demain et que tu ne viennes / viens pas trop tard, nous pourrions aller au cinéma.
Wenn du morgen kommst und nicht zu spät ankommst, könnten wir ins Kino gehen.

11. Bei Subjektsgleichheit sollte, wenn möglich (besonders in der geschriebenen Sprache), eine unterordnende Konjunktion + Nebensatz durch eine Infinitivgruppe, eine Präpositionalgruppe oder eine Partizipialkonstruktion ersetzt werden. Man vermeide also folgenden Satz, der ausgesprochen schwerfällig wirkt:

*Tous les matins, avant que je (ne) fasse ma toilette, je lis le journal.
Dafür :
Tous les matins, avant de faire ma toilette, je lis le journal.

Kapitel 6.2

Die Präpositionen *(les prépositions)*

Kapitelübersicht:

Die Präpositionen: Grundstufe

Präpositionen (= „Voranstellungen") sind unveränderliche Wörter, die zum Ausdruck von bestimmten **Beziehungen** zu anderen Wörtern oder Wortgruppen verwendet werden. Die deutsche Bezeichnung ist dementsprechend „Verhältniswort". Die durch Präpositionen hergestellten syntaktischen Beziehungen sind: **lokal** (z.B. *sur*), **temporal** (z.B. *pendant*), **kausal** (z.B. *en raison de*), **modal** (z.B. *grâce à*).

Der Gebrauch der französischen Präpositionen ist insofern schwierig, als eine Reihe von Präpositionen wie *à, de, en, dans* zum Ausdruck vielfältiger Beziehungen verwendet werden und letztlich der Sprachgebrauch über die unterschiedlichen Anwendungsbereiche der Präpositionen entscheidet. Der korrekte Gebrauch der Präpositionen ist also vor allem auch ein **Problem des Lexikons** und wird deshalb im Folgenden nur in Form eines Überblicks dargelegt.

370 Die grammatischen Eigenschaften der Präpositionen

1. Im Französischen unterscheidet man **Präpositionen** (*à, de, en, sans, sur*, usw.) von **präpositionalen Ausdrücken / Wendungen**, die eine Wortgruppe darstellen (*en raison de, à l'aide de*, usw.).

2. Von ihrer **Funktion** her kann eine Präposition sein:

   - ein indirektes Objekt („Präpositionalobjekt"):

     → *Je pense **à ma fille***.

     → *Nous avons parlé **de choses** et **d'autres***. (Wir haben über dieses und jenes gesprochen.)

   - eine Erweiterung eines Substantivs oder einer Nominalgruppe:

     → *Nous avons visité **les châteaux de la Loire***.

     → *Mes sœurs ont apprécié **leurs vacances sur la côte atlantique***.

   - eine adverbiale Bestimmung:

     → *Nous partirons **pour Paris** (= wohin?) **en train** (= wie?), de préférence **au mois d'août** (= wann?)*.

   - eine Ergänzung eines Adjektivs, eines Adverbs, eines Partizips Präsens oder eines Partizips Perfekt:

     → *une ville **pleine de vie*** (Adjektiv), ***marquée par son passé*** (Partizip Perfekt)

     → *une ville méridionale **profitant de sa situation géographique*** (Partizip Präsens)

     → *une ville dans laquelle il y a, **contrairement à ce qu'on dit**, énormément **d'étrangers*** (Adverb)

Überblick über die wichtigsten Präpositionen und präpositionalen Ausdrücke | 371

à (vgl. **372.1**) *à Berlin, à cinq heures*	an, in, nach, auf, um, für in Berlin, um fünf Uhr
à l'aide d'une grue *avec l'aide de son fils*	mit Hilfe eines Kranes (= eine Sache) mit Hilfe seines / ihres Sohnes (= eine Person)
après les vacances (vgl. **372.8**)	nach den Ferien
d'après les pronostics	nach / gemäß den Voraussagen; den Voraussagen zufolge
auprès de (vgl. **372.3**) *jouir d'une grande estime auprès de ses collègues* *Elle est pauvre auprès de lui.*	bei / im Vergleich zu sich hoher Wertschätzung bei seinen Kollegen erfreuen Sie ist im Vergleich zu ihm arm.
autour de la place / du problème	um den Platz herum / im Umfeld des Problems
avant midi (vgl. **372.8**)	vor zwölf Uhr
avec (vgl. **372.2**) *Avec cette viande, on boit du vin blanc.* *Je pars avec mon amie.*	mit / zu Zu diesem Fleisch wird Weißwein getrunken. Ich verreise mit meiner Freundin.
par le biais de *Le ministre a équilibré le budget par le biais d'une réduction des allocations familiales.*	über / auf dem Umweg über Der Minister hat seinen Etat über eine Senkung der Familienzulage ausgeglichen.
à bord d'un navire *au bord de l'Atlantique* *être au bord de la faillite*	an Bord eines Schiffes an der Atlantikküste am Rande des Konkurses stehen
au bout de deux semaines *être au bout du monde* *être au bout du rouleau* *au bout du compte* *être à bout de forces*	nach zwei Wochen am Ende der Welt sein / sehr weit weg sein am Ende seiner Kunst sein / nicht mehr weiter wissen alles in allem / schließlich mit seinen Kräften am Ende sein
en cas d'accident	im Falle eines Unfalls
à cause de la mauvaise récolte	wegen der schlechten Ernte
Nous sommes chez des amis. *Nous allons chez le boulanger.*	Wir sind **bei** Freunden. Wir gehen **zum** Bäcker.
contre toute attente *Je n'ai rien contre toi.*	ganz wider Erwarten Ich habe nichts gegen dich.

à côté de *l'école*	neben der Schule
A côté de ses performances, les tiennes sont médiocres.	Im Vergleich zu seinen Leistungen sind deine mittelmäßig.
au cours de *la campagne électorale*	während des Wahlkampfes
au cours de *ma vie*	im Laufe meines Lebens
dans (vgl. **372.4**)	in, an, auf
de (vgl. **372.1**)	von / aus
au début de *la bataille*	zu Beginn der Schlacht
à défaut de *capitaux*	mangels Kapital
en dehors de *la région parisienne*	außerhalb der Gegend von Paris
En dehors de toi personne ne le sait.	Außer dir weiß dies keiner.
au delà de *la frontière*	jenseits der Grenze
en dépit de *cette situation*	trotz dieser Lage
depuis *trois semaines* (vgl. **372.5**)	seit drei Wochen
Depuis la porte de Versailles, le trafic est dense.	Von der Porte de Versailles ab ist der Verkehr dicht / zähflüssig.
derrière *la haie* (vgl. **372.7**)	hinter der Hecke
dès *mon départ* (vgl. **372.5**)	seit meiner Abreise
dès *sa prime jeunesse*	seit seiner frühesten Jugend
dès *aujourd'hui* / **dès** *demain*	noch heute / schon morgen
dès *lors*	seitdem
au-dessous de / **au-dessus de** *la moyenne*	unterhalb / oberhalb des Durchschnitts
sens dessus dessous [sãdsydsu]	völlig durcheinander / in großer Unordnung
devant *la porte* (vgl. **372.7**)	vor der Tür
devant *ce problème*	angesichts dieses Problems
durant *son séjour*	während seines Aufenthaltes
Il est resté debout trois heures durant.	Er hat ganze / geschlagene drei Stunden stehen müssen.
à l'égard de *son oncle*	seinem Onkel gegenüber
sous l'égide de *l'église* / *de l'Etat*	unter der Schirmherrschaft der Kirche; unter der Leitung / unter dem Schutz des Staats
en (vgl. **372.4**)	nach, in, mit, innerhalb von
à l'encontre de *cet argument*	im Gegensatz zu diesem Argument
Les critiques exprimées à l'encontre de sa politique...	Die Kritik, die an seiner Politik geäußert wurde...

entre deux chaises (vgl. **372.6**)	zwischen zwei Stühlen
Soit dit entre nous... / Entre nous soit dit...	Unter uns gesagt...
envers sa mère	seiner Mutter gegenüber
excepté sa mère	außer / mit Ausnahme seiner Mutter
à l'exception de l'équipe allemande	mit Ausnahme der deutschen Mannschaft
face à ce danger	angesichts dieser Gefahr
en face de notre maison	gegenüber unserem Haus
faute d'argent	mangels Geld / aus Mangel an Geld
faute de mieux	in Ermangelung eines Besseren
en faveur de l'équipe adverse	zu Gunsten der gegnerischen Mannschaft
à la fin de la rencontre amicale (mit Artikel)	am Ende des Freundschaftsspieles
en fin de soirée (ohne Artikel)	am späten Abend
à force de persévérance	mit viel Ausdauer / durch viel Ausdauer
hormis (lit.) *les cas de force majeure*	außer in Fällen von höherer Gewalt / abgesehen von Fällen höherer Gewalt
hors de	außer
être hors de cause / hors de question / hors de doute	unbeteiligt sein / außer Frage stehen / außer Zweifel stehen
être hors de prix / hors d'usage / hors d'haleine	unerschwinglich sein / nicht mehr üblich sein / außer Atem sein
Il est hors de lui.	Er ist außer sich (z.B. vor Wut).
hors	außer(halb)
hors la loi / hors jeu / hors service	gesetzlos (vogelfrei) / abseits (in einem Fußballspiel) / außer Betrieb
d'ici (à) l'an 2050	bis zum Jahr 2050
Il faut avoir terminé d'ici (à) lundi.	Wir müssen bis Montag fertig sein.
à l'instar d'une vedette / des Gaulois	wie ein Star / nach Art der Gallier
jusqu'à Rome / jusqu'au Liban	bis nach Rom / bis zum Libanon
jusqu'au lendemain	bis zum nächsten Tag
au lieu de	statt
employer une expression au lieu d'une autre	einen Ausdruck statt eines anderen benutzen
lors de mon séjour au Canada	während meines Aufenthaltes in Kanada
lors de la distribution des prix	bei der Preisverleihung / -verteilung
malgré notre longue préparation	trotz unserer langen Vorbereitung

au milieu de l'été	mitten im Sommer
au milieu de sa nombreuse famille	inmitten seiner zahlreichen Familienangehörigen
*au moyen d'*un marteau	mittels / mit Hilfe eines Hammers
(nur in Verbindung mit einem Sachsubstantiv)	
Outre son salaire mensuel, il touche une petite pension d'invalidité.	Außer (= Neben) seinem Monatsgehalt erhält er eine kleine Versehrtenrente.
par	durch, bei, mit, von, aus
par ce froid	bei dieser Kälte
par conviction	aus Überzeugung
entrer *par* la porte principale	durch das Haupttor hineinkommen
parmi ses connaissances (vgl. **372.6**)	unter seinen Bekannten
à partir de demain	ab morgen / von morgen an
chambre à louer *à partir* de 50 euros	Zimmer zu vermieten ab 50 Euro
Ce produit chimique est obtenu à partir de pétrole.	Dieses chemische Produkt wird aus Erdöl gewonnen.
pendant l'hiver	während des Winters
sur le plan de nos bénéfices	hinsichtlich unserer Gewinne
en plus de ses activités régulières	über seine normalen Tätigkeiten hinaus
près de la piscine (vgl. **372.3**)	In der Nähe des Schwimmbades
à propos de votre demande	hinsichtlich Ihres Antrages
quant à son insertion sociale	was seine / ihre soziale Eingliederung betrifft
en raison de ta maladie	wegen / aufgrund deiner Krankheit
par rapport à notre investissement	im Verhältnis zu unserer Investition
sans (vgl. **372.2**)	ohne
une règle *sans* exception	eine Regel ohne Ausnahme
sans façon (Singular !)	ohne Umstände
Je ne peux pas vivre sans toi.	Ich kann ohne dich nicht leben.
se reposer *au sein de* sa famille	sich im Kreise seiner Familie erholen
au sein de la Communauté européenne	innerhalb der europäischen Gemeinschaft
(Der präpositionale Ausdruck *au sein de* wird bevorzugt in Verbindung mit Institutionen benutzt.)	
selon elle	ihrer Meinung nach
selon les propos du ministre	gemäß den Aussagen des Ministers / den Aussagen des Ministers zufolge

sous le lit	unter dem Bett
sous Napoléon	unter Napoleon
sous clef	unter Verschluss
sous peu	bald / demnächst
Cela s'est passé sous nos yeux.	Das ist vor unseren Augen passiert.
A la suite de chaque chapitre, on trouve un court résumé.	Nach jedem Kapitel finden Sie eine kurze Zusammenfassung.
à la suite de son intervention	im Gefolge seines Eingreifens / im Anschluss an seinen Beitrag
par suite des violentes tempêtes	infolge der schweren Unwetter
suivant tes recommandations	gemäß deinen Empfehlungen
J'aimerais vous parler **au sujet de** mon père / **au sujet de** notre projet commun.	Ich würde Sie gerne wegen meines Vaters / betreffs unseres gemeinsamen Projekts sprechen.
sur la table	auf dem Tisch
sur la route	auf der (Land-)Straße
sur l'autoroute	auf der Autobahn
Mon appartement donne sur la rue / donne sur la cour.	Meine Wohnung liegt an der Straßenseite / geht auf die Hofseite hinaus.
au terme de cette rencontre	am Ende dieses Treffens
à travers la ville / *au travers de* la ville	durch die Stadt (hindurch)
vers trois heures du matin	gegen drei Uhr nachts
en vertu de l'article 5 de l'arrêté	kraft / aufgrund Artikel 5 der Verordnung / Ordnung
aller à Orléans *via* Paris	nach Orléans über Paris fahren
vis-à-vis de la poste	gegenüber der Post
ton attitude **vis-à-vis de** ton frère / **vis-à-vis de** ce problème	deine Haltung gegenüber deinem Bruder / gegenüber diesem Problem
Ma fortune est modeste **vis-à-vis de** la sienne.	Verglichen mit seinem ist mein Vermögen bescheiden.
Vu les conditions défavorables...	Angesichts der ungünstigen Bedingungen...

Die Präpositionen: Aufbaustufe

372 ## Die Beziehungen häufig verwendeter Präpositionen

Im Folgenden werden die vielfältigen, zum Teil sehr unterschiedlichen syntaktischen Beziehungen der wichtigsten Präpositionen paarweise gegenübergestellt.

1. Die Präpositionen *à* und *de*:

Bezie-hungstyp	*à* = an / in / auf / um / für:	*de* = von / aus / pro usw.:	ohne Präposition:
lokal	**Wo? / Wohin?** Elle habite *à* Lyon. Nous allons *à* la plage. Elles arrivent *à* la gare. Elle a mal *aux* dents. Nous sommes allés *au* théâtre.	**Woher?** Elle vient *de* Lyon / *de* la capitale. Il est originaire *de* Lyon. Il est né *de* parents agriculteurs.	**Wo?** J'habite Lyon. Il habite rue de Rivoli.
temporal	**Wann? / Wie lange?** Nous arriverons *à* six heures précises. *A* notre arrivée, il a plu. C'est un appartement qui se loue *à* l'année. Elles ont travaillé du matin *au* soir.	**Von wann ab? / Wie lange?** Le trimestre va *de* mai à juillet. Nous n'avons rien fait *de* la semaine / *de* toute l'année. C'est un travail *de* quatre ans.	**Wann?** On arrivera lundi, tôt le matin. Nous sommes arrivés le 1er septembre.
distributiv / evaluativ	**Wieviel? / In welcher Form?** Le TGV fait du quatre cents *à* l'heure. vendre *au* détail	**Wieviel?** Nous gagnons dix euros *de* l'heure.	**Wieviel?** fraises vendues quatre euros **le kilo**
Zugehörigkeit	Ce stylo est *à* moi. C'est une amie *à* nous.	le stylo *de* Pierre	Cela lui appartient. Ce défaut lui est particulier.
Verbvalenz mit *à* oder *de*	Il a prêté / emprunté un livre *à* son ami. L'enfant obéit *à* ses parents. Il demande *à* sortir.	Je l'ai appris *de* mon collègue. Elle se sert peu *de* sa voiture. Nous nous nourrissons *de* riz. Il manque *de* savoir-vivre.	

Beziehungstyp	**à** = an / in / auf / um / für:	**de** = von / aus / pro, usw.:	ohne Präposition:
modal	**Wie?** aller **à** bicyclette pêcher **à** la ligne acheter **à** crédit	**Wie?** manger **de** bon appétit faire signe **de** la tête Il vit **d'** amour et **d'**eau fraîche. („Er lebt von Luft und Liebe.")	**Wie?** Cette année, les légumes se vendent bon marché.
kausal	grâce **à** = wegen C'est grâce **à** vous que j'ai pris cette décision.	pleurer **de** joie mourir **de** faim et **de** soif	
Nominalgruppe mit Präposition (charakteristisches Detail, Typisierung, Apposition, Mengenangabe)	la salle **à** manger un avion **à** réaction (ein Düsenjäger) un moteur **à** essence une tasse **à** thé (eine Teetasse) une coupe **à** champagne (ein Sektglas)	une maison **de** campagne une chambre **d'**hôtes la ville **de** Londres la station **de** recherche une tasse **de** thé (eine Tasse Tee) une coupe **de** champagne (ein Glas Champagner) Quoi **de** neuf ?	la station radar l'épargne-logement (Bausparen / Bausparvertrag)

2. Die Präpositionen *avec* und *sans*:

Beziehungstyp	**avec** = mit, zu	Beziehungstyp	**sans** = ohne
Begleitung / Vereinigung / Bezug	Ils sont sortis **avec** leurs amis. sa gentillesse **avec** (= envers) ses amis En général, nous terminons nos repas **avec** du fromage. Et **avec** cela, Madame? – Ce sera tout, merci.	Trennung / Abwesenheit / Verlust	Elle n'aime pas dîner au restaurant **sans** son mari. Elle est partie **sans** argent. Ce livre est **sans** aucun intérêt.
modal (Art und Weise)	Ils ont appliqué ce produit **avec** soin / **avec** prudence. **Avec** la meilleure volonté du monde, on n'y arrivera pas.	modal (Art und Weise)	Il l'a fait **sans** réfléchir / **sans** enthousiasme.
modal (Mittel)	Il a lavé sa voiture **avec** une éponge.	modal (Mittel)	ouvrir une bouteille **sans** tire-bouchon **Sans** formation aucune, ils sont voués au chômage.

Bezie-hungstyp	**avec** = mit, zu	Bezie-hungstyp	**sans** = ohne
temporal (Gleichzeitig-keit)	se coucher **avec** / comme les poules se lever **avec** le jour vivre **avec** son temps		
Opposition / Kontrast	**Avec** un peu de volonté, il aurait réussi. **Avec** tant de qualités, il ne trouve pas d'emploi!	negative Bedingung	**Sans** cette panne, nous se-rions arrivés à l'heure. **Sans** sa manie d'interrompre ses interlocuteurs, il serait apprécié davantage.

3. Die Präpositionen *auprès de* und *près de*:

Bezie-hungstyp	**auprès de** = bei	Bezie-hungstyp	**près de** = nahe bei / in der Nähe von
lokal (Nähe bei Personen) lokal (Nähe bei Institutio-nen)	Les enfants ont veillé toute la nuit **auprès de** leur père ma-lade. Sa démarche **auprès du** ministre de l'Education n'a pas eu de suite concrète.	lokal (Nähe in Bezug auf Personen und Sachen)	J'habite **près de** chez mes parents. J'habite tout **près d'ici**. Il est **près de** son argent / **de** ses sous (= Il est avare.)
Vergleich	**Auprès de** son dernier ro-man, son nouveau livre me paraît fade. (= Im Vergleich zu...) **Beachte:** se renseigner / se plaindre / s'excuser **auprès de** qn	temporal	Nous sommes **près des** va-cances. Il est **près de** minuit.

4. Die Präpositionen *dans* und *en*:

Bezie-hungstyp	**dans** = in (immer mit Begleiter)	Bezie-hungstyp	**en** = in / innerhalb von (meist ohne Artikel)
lokal (Wo? / Wo-hin?, auch mit Abstrakta)	**dans** le midi descendre **dans** la rue (= demonstrieren) **dans** des conditions pareilles Il est entré **dans** une grande colère.	lokal (Wo? / Wo-hin?, auch mit Abstrakta)	vivre **en** ville / **en** province **Aber:** vivre à la campagne Il a été mis **en** prison. des paroles **en** l'air (= leere Worte) entrer **en** guerre

Bezie-hungstyp	**dans** = in (immer mit Begleiter)	Bezie-hungstyp	**en** = in / innerhalb von (meist ohne Artikel)
temporal (Zeitraum)	*dans la soirée* (= im Laufe des Abends) *Elle est dans sa vingtième année.*	temporal (Dauer / Zeit-spanne)	*Ils ont couru les dix kilomètres en une heure.* *Elle eut terminé en un clin d'œil.*
temporal (Zeitpunkt meist in der Zukunft)	*Il rentrera dans une semaine.* *Dans le temps (= autrefois), mon grand-père était un bon vivant.*	temporal (Zeitpunkt)	*En l'an 2002, la grammaire fut enfin publiée.* *En semaine / En mon ab-sence, s'adresser au con-cierge.*
Evaluation	*Cette voiture coûte dans les dix mille euros.* *arriver dans les dix premiers*	Material / Bestandteile	*une montre en or* *une table en merisier* *une pièce en trois actes*
modal (Wie? / In welcher Weise?)	*Il vit dans l'aisance.* (= Er lebt im Wohlstand.) *Notre maison est dans un désordre indescriptible.*	modal (Wie? / In welcher Weise?)	*une maison en mauvais état* *Il agit en vrai chef.* *Ils sont en retard.* *Elle s'habille en noir.* *être en proie à qc* (= einer Sache ausgeliefert sein)

Anmerkung:

Zu beachten sind bei der Präposition *en* Wendungen **mit Artikel** oder **anderen Be-gleitern** wie: *en l'occurrence* (= in diesem Fall / im vorliegenden Fall); *en l'absence de; en l'honneur de; en l'an 2005; en mon* nom *et au sien* (= in meinem und seinem Namen).

Il est désagréable en ce sens qu'il ne sait pas écouter les autres (= in dem Sinne, dass...).

5. Die Präpositionen *depuis* und *dès*:

Bezie-hungstyp	**depuis** = seit von...an / von...ab	Bezie-hungstyp	**dès** = ab / schon / bereits / schon von...an / ab
temporal	*Il neige depuis trois jours.* Es schneit seit drei Tagen. (= und immer noch) *Nous nous connaissons de-puis longtemps.* (= seit langem und immer noch)	temporal	*Dès demain, tout changera.* Ab morgen / Bereits morgen wird sich alles ändern. *Il est venu me rendre visite dès son retour.* (= gleich nach seiner Rückkehr)

Beziehungstyp	***depuis*** = seit von...an / von...ab	Beziehungstyp	***dès*** = ab / schon / bereits / schon von...an / ab
temporal	*Nous ne nous sommes plus vus **depuis trente ans**.* Wir haben uns dreißig Jahre lang nicht mehr gesehen. Dafür gesprochen auch: *Ça fait trente ans que nous ne nous sommes pas vus.*	temporal	***Dès notre arrivée**, nous te passerons un coup de fil.* (= sofort nach unserer Ankunft)
lokal (von...ab... / von...aus)	***Depuis Reims**, la circulation en direction de Paris était fluide.* ***Depuis** (= de) **notre balcon**, nous voyons les Alpes.* ***Depuis Francfort** jusqu'à Kassel, l'autoroute était très encombrée.*	lokal (schon von ...ab)	***Dès la banlieue parisienne**, la circulation devient difficile.* *Nous l'avons aperçue **dès la descente du train**.* Wir haben sie schon gleich beim Aussteigen aus dem Zug gesehen.
Rangfolge	***Depuis le premier** jusqu'au dernier arrivé, tous se sont donnés à fond.* Vom Ersten bis zum Letzten haben sich alle voll verausgabt.	Rangfolge	***Dès la vingtième place** dans la course contre la montre, les coureurs sont éliminés.* Schon ab dem zwanzigsten Platz im Zeitfahren scheiden die Fahrer aus.

6. Die Präpositionen *parmi* **und** *entre*:

Beziehungstyp	***parmi*** = unter **(immer in Verbindung mit einer Nominalgruppe im Plural)**	Beziehungstyp	***entre*** = zwischen / unter
mit Bezug auf Sachen	Zur Hervorhebung von Einzelelementen aus einem Ensemble von Dingen: *Voilà plusieurs cadeaux **parmi lesquels** vous pouvez choisir celui qui vous plaît.* *C'est une solution **parmi tant d'autres**...*	**lokal**, mit Bezug auf Personen und Sachen	Zur Bezeichnung eines Abstandes / eines Intervalls: *L'enfant était assis à table **entre son père et sa mère**.* *Reims se trouve **entre Metz et Paris**.* ***entre** parenthèses* ***entre** guillemets* ***entre** quatre yeux*

Bezie-hungstyp	***parmi*** = unter (immer in Verbindung mit einer Nominalgruppe im Plural)	Bezie-hungstyp	***entre*** = zwischen / unter
mit Bezug auf Personen	Zur Bezeichnung von Personen, die als Gruppe ohne spezifische Beziehungen untereinander betrachtet werden: *Elle est une candidate **parmi d'autres**.* ***Parmi ces gens-là** / **Parmi eux**, il y a des personnalités intéressantes.*	mit Bezug auf Personen	Zur Bezeichnung von Personen, die als Gruppe mit wechselseitigen Beziehungen untereinander gesehen werden: *Il règne une grande confiance **entre eux**.* *Il devrait y avoir plus de solidarité **entre les hommes**.*
		mit Bezug auf Sachen	Zur Bezeichnung von Dingen, die alternativ zur Wahl stehen: ***Entre plusieurs solutions possibles**, il s'agit de choisir la meilleure.*
		temporal, mit Bezug auf Sachen:	Zur Bezeichnung eines Abstandes / eines Intervalls: *On ne l'a pas vu **entre hier matin et hier soir**.* ***Entre 1989 et 1990**, la situation politique a complètement changé en Allemagne.*

Beachte: *entre autres* / *entre autres choses* = unter anderem

> *Chez le brocanteur, j'ai vu, **entre autres** (**choses**), une très jolie table en noyer.*
> *A cette réception, on a aperçu, **entre autres**, la femme du Premier ministre.*

7. Die Präpositionen *devant* und *derrière*:

Bezie-hungstyp	***devant*** = vor	Bezie-hungstyp	***derrière*** = hinter
lokal (auch im übertragenen Sinne)	*Notre voiture est garée **devant la maison**.* ***Devant moi**, au cinéma, était assis un grand monsieur.* *Tous les citoyens sont égaux **devant la loi**.*	lokal (auch im übertragenen Sinne)	*Le voleur était caché **derrière l'armoire**.* *Les petits poussins marchent toujours **derrière leur mère**.* *Avoir une idée **derrière la tête*** (= Hintergedanken haben) *Elle l'a fait **derrière mon dos**.*

8. Die Präpositionen *avant* **und** *après***:**

Bezie- hungstyp	*avant* = vor	Bezie- hungstyp	*après* = nach
lokal (auch im übertragenen Sinn)	Zur Bezeichnung einer Reihenfolge / Rangfolge: *La mairie se trouve juste* **avant le pont**, *sur la droite.* (im Sinne von: „...bevor man die Brücke erreicht") *Pour elle, le travail passe toujours* **avant les loisirs**. Für sie kommt die Arbeit im- mer vor dem Vergnügen.	lokal (auch im übertragenen Sinn)	Zur Bezeichnung einer Reihenfolge / Rangfolge: *La poste se trouve juste* **après le pont**, *sur la gauche.* (im Sinne von: „...nachdem man die Brücke überquert hat") *Sa famille passe toujours* **après le travail**. Seine Familie muss immer hinter der Arbeit zurückstehen.
temporal	**Avant le dîner**, *j'aimerais bien encore faire une petite promenade.* *Il faut avoir fini le livre* **avant le 1er octobre** (vor = bis).	temporal	*Trois ans* **après son départ**, *on n'a toujours pas de ses nouvelles.* **Après bien des difficultés**, *l'entreprise a enfin redémarré.*

Anmerkung:

Der Gebrauch von *après* in folgenden Wendungen gilt als umgangssprachlich:

Elle est toujours **après son mari**. („Sie ist dauernd hinter ihrem Mann her. / Sie lässt ihm keine Ruhe.") *Le chien du voisin aboie* **après le facteur**. („Der Hund des Nachbarn bellt den Briefträ- ger an.") *Il est* **après son travail**. („Er ist sehr emsig bei der Arbeit. / Er geht voll in seiner Ar- beit auf.")

---

373   **Die Wiederholung der Präposition**

Im Allgemeinen ist die Wiederholung der Präposition vor jedem Satzteil nicht erforder- lich; andererseits empfiehlt sich die Wiederholung immer dann, wenn jedes Substan- tiv bzw. jede Nominalgruppe (= Substantiv + seine Ergänzungen) hervorgehoben werden sollen.

Die Wiederholung ist in folgenden Fällen notwendig:

* im Falle der Opposition von Präpositionalgruppen:

   Vous devez répondre **par** *oui ou* **par** *non.*

   Est-ce que tu pars **avec** *ma voiture ou* **avec** *la tienne?*

* bei den Präpositionen *à*, *de* und *en*:

   Nous sommes mécontents **de** *nos vacances en général et* **de** *notre voyage en train en par- ticulier.*

- bei ausgeprägter Betonung jedes Substantivs bzw. jeder Nominalgruppe:

  *C'est une traduction **sans** erreurs et **sans** maladresses stylistiques.*

- nach der Vergleichspartikel *que*:

  *J'aime mieux faire ce travail **pour** moi que **pour** les autres.*

Anmerkung:

Nach *autre que* braucht die Präposition nicht wiederholt zu werden:
Je parle de quelqu'un d'autre que (de) vous.

Die Präposition wird nicht wiederholt:

- im Falle einer „Personalunion":

  Je m'adresse à mon collègue et ami.
  (Vgl. **289**)

- bei Reihungen von sinnverwandten Wörtern oder solchen, die eine gedankliche Einheit bilden:

  le droit d'acheter, vendre et hypothéquer

- in Wendungen:

  en mon âme et conscience
  demander des dommages et intérêts (Schadenersatz verlangen)
  auch: *demander des dommages-intérêts*

- bei durch *ou* verbundenen Zahlen, die im Sinne einer Annäherung verwendet werden:

  Nous avons appris que notre PDG (président-directeur général) passerait un séjour de quatre ou cinq ans aux Etats-Unis.

- in Werktiteln:

  Dans ‚Paul et Virginie', Bernardin de Saint-Pierre cultive les descriptions exotiques.

Anmerkung:

In präpositionalen Ausdrücken mit *de* oder *à* werden nicht der gesamte präpositionale Ausdruck, sondern nur *de* oder *à* wiederholt: *à **cause de** lui et **d'**elle; **avec l'aide de** la mère et **du** père; **face à** son problème et **aux** difficultés qui en découlent...*

In Bezug auf den Relativsatz vom Typ *ce dont..., c'est... / ce à quoi..., c'est...* ist die Wiederholung der Präposition fakultativ: ***Ce dont** je me souviens bien, **c'est (de)** ma première voiture. **Ce à quoi** elle s'intéresse surtout, **c'est (à)** son avenir.* (Vgl. auch **321**.)

Zum adverbialen Gebrauch von Präpositionen im Französischen vgl. 049.

374   **Die Kombination von zwei Präpositionen**

1. Einige Präpositionen werden an *de* gekoppelt.

   Beispiele:

   *Je viens **de chez** moi.*   → Ich komme gerade von zu Hause.

   *Le divorce **d'avec** son mari lui a été pénible.* → Die Scheidung von ihrem Mann war
                                                          für sie sehr unangenehm.

   *tirer qc **de dessous** l'armoire*   → etwas unter dem Schrank hervorholen

   *Le soleil apparut **de derrière** le banc de nuages.* → Die Sonne kam hinter der Wolken-
                                                          bank hervor.

2. Die Präposition ***jusque*** wird in der Regel an die Präposition *à* oder auch an ande-
   re Präpositionen wie *après, chez, en, vers* gekoppelt.

   Beispiele:

   *Il rougit **jusqu'aux** oreilles.*

   *Attendons **jusqu'après** les vacances.*

   *Elle l'a accompagné **jusque chez** lui.*

   *Le magasin sera fermé **jusqu'en** juillet.*

   *Je me tiendrai a votre disposition **jusque vers** seize heures.*

Die Präpositionen: Repetitorium

Schwierigkeiten und Fehlerquellen   375

Im Folgenden werden lediglich hochfrequente Präpositionalphrasen aufge-
führt, die Französischlernenden Schwierigkeiten bereiten.

1. **Eine Hauptschwierigkeit besteht in der richtigen Übertragung der deut-
   schen Präpositionen „in", „an", „auf" bei bestimmten Nominalgruppen.**

Örtliche Bezüge:

Er ist **im Café** gegenüber.	*Il est **au café** d'en face.*
Er ist **zu Hause**.	*Il est **à la maison** / **chez lui**.*
Er ist **im Haus**.	*Il est **dans la maison** (= à l'intérieur).*
Er hat sich **in diesem / in seinem neuen Haus** eingerichtet.	*Il s'est installé **dans cette maison** / **dans sa nouvelle maison**.* (= Bei näherer Bestimmung z.B. durch Pronomina heißt die Präposition *dans*.)
auf der Terrasse eines Cafés	***à la terrasse** d'un café*
Es wird (auch) draußen **auf der Terrasse** bedient.	*On est servi **en terrasse**.*
ein Sonnenbad **auf dem Balkon** nehmen	*prendre un bain de soleil **sur le balcon***
Die Königin erschien **auf dem Balkon des Schlosses**.	*La reine est apparue **au balcon du château**.*
Sie wohnt **auf dem Land / in Deutschland / in Paris / in der Rue de Lille / in der Nähe des Musée d'Orsay / im Norden (von Frankreich) / im Norden von Paris / in einem Landhaus / in der Umgebung von Paris**.	*Elle habite **(à) la campagne** / **en Allemagne** / **(à) Paris** / **rue de Lille** / **près du Musée d'Orsay** / **dans le Nord** / **au nord de Paris** / **dans une maison de campagne** / **aux environs de Paris*** (oder auch: *Elle habite **(dans) la région parisienne***).
Sie geht regelmäßig **in der Umgebung von Paris** spazieren.	*Elle se promène régulièrement **dans les environs de Paris** / **dans la région parisienne**.*
in die Niederlande / nach Chile / nach Kuba / nach Martinique / nach Israel / nach Frankreich / in die Bretagne, usw. fahren	*aller **aux Pays-Bas** / **au Chili** / **à Cuba** / **à la Martinique** / **en Israël** / **en France** / **en Bretagne**, usw.*
Verwandte **in den Landes / in den** Départements **Ille-et-Vilaine / Loir-et-Cher** haben	*avoir des parents **dans les Landes** / **en Ille-et-Vilaine** / **dans le Loir-et-Cher*** (vgl. auch 067)

Zeitliche Bezüge:

in diesem Augenblick / zur Zeit / gegenwärtig	*en ce moment / à présent*
Damals / In jenem Augenblick wurde mir klar, dass ich so handeln musste.	*A ce moment-là j'ai compris que je devais agir de la sorte.*
Wenn das so ist, dann nehme ich den Zug.	*A ce moment-là, je prendrai le train.*
in unserer Epoche / im Frühling / im Sommer / im Herbst / im Winter	*à notre époque / au printemps / en été / en automne* (auch: *à l'automne*) / *en hiver*
im Jahre 2001	*en (l'an) 2001*
an einem schönen Sommertag	*par une belle journée d'été*

Anmerkung:
Zu beachten sind in Verbindung mit *moment* und *jour* auch folgende Präpositional-phrasen:

par moments	=	mitunter / bisweilen
sur le moment	=	einen Augenblick lang / im ersten Moment
du moment que	=	da ja

→ *Du moment que tu es au courant, pourquoi est-ce que tu poses cette question?*
  Da du ja auf dem Laufenden bist, warum stellst du mir (dann) diese Frage?

jour après jour	=	Tag für Tag
jour pour jour	=	auf den Tag genau

→ *Il y a dix ans, jour pour jour, nous nous sommes connus.*
  Auf den Tag genau vor zehn Jahren haben wir uns kennen gelernt.

Modale Bezüge: (in Verbindung mit dem Verb *croire*)

der Glaube **an den Fortschritt** / der Fortschrittsglaube	*la croyance **au progrès***
der Glaube **an einen dauerhaften Fortschritt**	*la croyance en / à un progrès durable*
an Gott / an den Erfolg / an die Freundschaft / an den Weihnachtsmann / an die Wirksamkeit seiner Maßnahme glauben	*croire **en Dieu / au progrès / à l'amitié / au Père Noël / à l'efficacité de son action***
jemandem **aufs Wort** glauben	*croire qn **sur parole***
Ich glaube **an ihn**. Sie glaubt **an seine Freundschaft**.	*Je crois **en lui**. Elle croit **en son amitié**.* (= *avoir confiance **en** qn / qc*)

2. **Die Präposition** *avec* **entfällt (im Gegensatz zum Deutschen), wenn ein körperlicher bzw. seelischer Zustand bezeichnet wird:**

*On ne parle pas **la bouche pleine**.*	=	Man spricht nicht **mit** vollem Mund.
*Il me regarda, **les larmes aux yeux**.*	=	Er schaute mich **mit** Tränen in den Augen an.
*Tu peux l'accepter **les yeux fermés**.*	=	Du kannst es bedenkenlos (eigentlich: „**mit** geschlossenen Augen") annehmen.

3. **Man beachte die unterschiedlichen präpositionalen Wendungen im Französischen für „bei" und „zu":**

einen Termin **beim Friseur** haben / **zum Friseur** gehen	*avoir rendez-vous **chez le coiffeur** / aller **chez le coiffeur*** (*Aller au coiffeur* sollte, obwohl häufig zu hören, gemieden werden.)
Kommen Sie **zu mir nach Hause**. Kommen Sie **zu mir** (**her**).	*Venez **chez moi**. Venez **vers moi**.*
Ich habe kein Geld **bei mir**.	*Je n'ai pas d'argent **sur moi**.*
Bei Regen findet das Konzert nicht statt.	***En cas de pluie**, le concert n'aura pas lieu.*
Sie ist **bei allen beliebt**.	*Elle est **aimée de tous**. / Elle **a la cote auprès de** tout le monde.*
Sie wurden **bei einer Demonstration** verletzt.	*Ils furent blessés **lors d'une manifestation** / **au cours d'une manifestation**.*

4. **Es ist zu beachten, dass die Verben des Entnehmens** (*boire, prendre, puiser* u.a.) **im Gegensatz zum Deutschen mit der Präposition verbunden werden, die die Lage des Gegenstandes vor dessen Entnahme angibt:**

ein Messer **aus** der Schublade nehmen	*prendre un couteau **dans** le tiroir*
ein Buch **vom** Schreibtisch nehmen	*prendre un livre **sur** le bureau*
aus einem Glas / **aus** einer Tasse trinken	*boire **dans** un verre / boire **dans** une tasse*
aus einem Band abschreiben / kopieren	*copier **dans** un volume*

Aber:

*boire **à** une source* (**aus** einer Quelle trinken), *boire **à même la bouteille*** (**direkt aus** der Flasche trinken), *tirer qc **de** sa poche* (etwas **aus** der Tasche ziehen)

5. **Präpositionalphrasen mit** *dans* **und** *en*, **die eine häufige Fehlerquelle darstellen:**

- ***dans** le ciel* (am Himmel), ***dans** la rue* (auf der Straße), ***dans** la cour* (im Hof / auf dem Hof), ***dans** l'escalier* (auf der Treppe), ***dans** le Nord de la France* (in Nordfrankreich)

- ***dans** quatre semaines* (in vier Wochen = ein Zeitpunkt in der Zukunft)
 *Je la verrai **dans** quatre semaines.*

- ***en** quatre semaines* (in vier Wochen = eine benötigte Zeitspanne)
 *J'ai fait ce travail **en** quatre semaines.* (= *J'ai mis quatre semaines pour faire ce travail.*)

6. Der deutschen Präposition „bis" entsprechen im Französischen entweder *jusqu'à* **oder** *d'ici (à)* **bzw.** *avant***:**

*J'ai travaillé **jusqu'à** dimanche.* (= von einem gegebenen Zeitpunkt ab bis Sonntag → **Zeitspanne**)

*Je dois terminer mon travail **d'ici (à)** dimanche / **avant** dimanche.* (= Ich muss bis Sonntag / spätestens Sonntag fertig sein. → **Zeitpunkt**, **Endpunkt** einer Frist)

7. Bei der Verwendung der Präpositionen *avant / il y a* **ist wie folgt zu verfahren:**

Avant + Nominalgruppe situiert einen Vorgang **vor** einem **Zeitpunkt** / **Zeitraum** der **Vergangenheit** oder der **Zukunft**:

*Notre fils est rentré **avant minuit**.*   (= Unser Sohn ist noch vor Mitternacht heimgekommen.)

*Notre fils rentrera **avant la mi-novembre**.* (= Unser Sohn wird vor dem 15. November zurückkommen.)

Il y a + Nominalgruppe bezeichnet einen **vergangenen Zeitpunkt**, der von dem Sprechzeitpunkt aus **zurückgerechnet** wird. Voraussetzung für den Gebrauch von *il y a* ist, dass das Verb in einem Vergangenheitstempus steht.

*Notre fils a commencé ses études à Berlin **il y a un an** / **il y a six mois** / **il y a quelques semaines**.*
Unser Sohn hat sein Studium in Berlin vor einem Jahr / vor einem halben Jahr / vor einigen Wochen begonnen.

8. Noch ein Hinweis zum Gebrauch der Präpositionen im Bereich der Informationstechnologie:

Man sagt:

*surfer / naviguer **sur le Web***	→ im Internet surfen
*Je suis **sur Internet**.*	→ Ich bin im Internet.
*Je suis connecté **à Internet**.*	→ Ich bin im Internet. / Ich habe Internetzugang.
*Je suis déconnecté **d'Internet**.*	→ Ich bin nicht mehr im Internet.
*Les internautes surfent **sur le Web / sur le Net**.*	→ Die Internetbenutzer surfen im Netz.
*le **site** C. Dior*	→ die Homepage / die Website von C. Dior
*aller **sur le site** de qn*	→ auf die Homepage von jemanden gehen
participer à un forum de discussion	→ zu einer News Group gehören
*tchatcher **sur Internet***	→ im Internet chatten
commander en ligne	→ online bestellen

Beachte: im Französischen wird „das Internet" nie mit dem Artikel versehen. Also: „im Internet" → *sur Internet*

Kapitel 7

Der Satz

7.1 Die Satzstruktur und
die Stellung der Satzglieder

7.2 Direkte Rede, indirekte Rede,
erlebte Rede

Kapitel 7.1

Die Satzstruktur und die Stellung der Satzglieder (*la structure de la phrase et la place de ses constituants*)

Kapitelübersicht:

376 **Satz und Satzglieder**

1. Unterhalb der Textebene ist der Satz die größte grammatische Struktureinheit. Er beinhaltet **Propositionen** (Sachverhalte), die sich in der Kommunikation in Form von **Äußerungen** realisieren. Der Satz ist eine Abfolge sprachlicher Zeichen, die aus mehreren Gliedern besteht und durch die ein Gedanke, eine Idee, eine Information, usw. mit einer bestimmten **Kommunikationsabsicht** vermittelt werden. In einem Satz

- drücken der Satzgegenstand (das **Subjekt**) und die Satzaussage (das **Prädikat**) den Sachverhalt an sich aus;

- kann zusätzlich die Einstellung des Sprechers, die Sprecherposition, gekennzeichnet werden.

Je nach kommunikativer Intention kann eine Äußerung als Aussage (→ **Aussagesatz**), als Frage (→ **Fragesatz**), als Aufforderung (→ **Aufforderungssatz**) oder als Ausruf (→ **Ausrufesatz**) gestaltet sein.

Mehrere Sätze können zu einem **komplexen Satz** zusammengefügt werden. Die Verknüpfung kann durch **Beiordnung** (Koordination) oder durch **Unterordnung** (Subordination) erfolgen. Bei Unterordnung setzt sich der komplexe Satz aus einem **Hauptsatz** und einem **Nebensatz** / aus mehreren **Nebensätzen** zusammen.

Satz:

Malheureusement, nos parents ne sont pas encore rentrés de leur voyage.	
Satzgegenstand:	*nos parents*
Satzaussage:	*ne sont pas encore rentrés de leur voyage*
Sprecherposition:	*malheureusement*

Komplexer Satz:

Il a commencé à neiger et les routes deviennent de plus en plus glissantes.	**Koordination**
Comme il a commencé à neiger, les routes deviennent de plus en plus glissantes.	**Subordination**

2. Die **Satzglieder** sind die Bestandteile eines Satzes. Der Satz konstituiert sich aus dem Kern (→ Subjekt + Verb bzw. Prädikat) und weiteren Elementen, die das Subjekt bzw. das Verb ergänzen. Die häufigsten **Verbergänzungen** sind:

- temporale, lokale, modale Adverbialergänzung
- direktes / indirektes Objekt
- Prädikatsnomen

Das **Subjekt** und die übrigen Satzelemente können ebenfalls ergänzt / näher bestimmt sein. Im **Passivsatz** steht zudem häufig eine **Agensergänzung**:

La ville dort.	→ Subjekt + Verb
***Dans notre maison** de campagne, nous dormons **très bien** et surtout **tard** dans la matinée.*	→ Subjekt + Verb + Adverbialergänzung: lokal, modal, temporal
*Elle était **fatiguée**.*	→ Subjekt + Verb (= Kopula) + Prädikatsnomen **Zur Erklärung:** Die Kopula (z.B. *être, devenir, rester, sembler*) dient der Verbindung von Subjekt und Prädikatsnomen, ist also ein „verbindendes" Verb.
*On **nous** a demandé **300 euros**.*	→ Subjekt + Verb + indirektes (Pronominal)objekt + direktes Objekt
*Les **trois** randonneurs ont fait une **belle** balade.*	→ Subjekt (+ Zahlwort) + Verb + direktes Objekt (+ Attribut)
*Nous avons été réveillés **par un bruit étrange**.*	→ Subjekt + Verb + Agensergänzung

Die Struktur des einfachen Aussagesatzes

377

1. Der häufigste Satztyp ist der bejahende (affirmative) Aussagesatz. Als einfacher Aussagesatz enthält er eine **Nominalgruppe** und eine **Verbalgruppe**. Eine Nominalgruppe ist eine Gruppe von Wörtern, deren Kern ein Nomen / ein Substantiv darstellt; eine Verbalgruppe ist eine Gruppe von Einheiten, deren Kern ein Verb darstellt:

Nominalgruppe	Verbalgruppe
Les petits garçons	*jouent.*
Notre ami	*a acheté une voiture.*
Ses parents	*lui ont acheté une voiture.*
Les parents de Dominique	*ont acheté une voiture à leur fils.*

Im einfachen Aussagesatz ist die Reihenfolge der Satzglieder: Subjekt + Verb + Objekt + Adverbialergänzung. Dies gilt unter der Voraussetzung, dass kein Satzglied besonders hervorgehoben werden soll:

J' + ai rencontré + notre concierge + dans le métro.

Ein direktes Objekt steht normalerweise **vor** einem indirekten Objekt. Hat das direkte Objekt eine gewisse Länge bzw. ist es durch einen Relativsatz erweitert oder bildet es den Schwerpunkt der Mitteilung, steht es **nach** dem indirekten Objekt:

*Nous avons raconté **cette histoire** à nos parents.*
→ Normale Reihenfolge

*Nous avons demandé à Jérôme **un service particulièrement important**.*
→ längeres direktes Objekt

*Il a rendu à Jérôme **l'argent que celui-ci lui avait gentiment prêté**.*
→ Erweiterung durch Relativsatz

*Notre professeur nous a souhaité à tous **une bonne et heureuse année**.*
→ direktes Objekt = Schwerpunkt der Mitteilung

2. Der einfache Aussagesatz kann auch die Form: Subjekt + Verb (Kopula) + prädikative Ergänzung annehmen. Dies ist insbesondere bei den Verben *être*, *devenir*, *rester* und *sembler* der Fall:

Subjekt	Prädikat (Kopula + Prädikatsnomen / Prädikativum)
Mon ami	*est riche.* → Kopula + Adjektiv (= Prädikatsnomen)
Mon ami	*est avocat.* → Kopula + Substantiv (= Prädikatsnomen)
Mon ami	*est un grand médecin.* → Kopula + Nominalgruppe
Mon amie *Mon amie*	*semble épuisée.* → Kopula + Prädikativum (subjektsbezogen) *est restée ferme.*
Un grand privilège,	*c'est de pouvoir aimer.* → Kopula + Prädikativum (= Hilfsverb + Verb)

Anmerkung:

Der einfache Aussagesatz kann auch die Struktur: Subjekt + Verb + direktes Objekt + **objektbezogenes** Prädikativum haben:

*J'ai le moral **bas** / à zéro.* (Ich bin ganz niedergeschlagen.)

*Elle a les yeux **bleus**.*

*Nous avons trouvé cette excursion **intéressante**.*

3. Wird der einfache Aussagesatz durch Adverbialergänzungen erweitert, stehen diese normalerweise am Anfang und / oder am Ende des Aussagesatzes.

***Aujourd'hui**, j'ai commencé mon travail. / J'ai commencé mon travail **aujourd'hui**.*

*J'ai commencé mon travail **à la mairie**.*

***Aujourd'hui, à huit heures**, j'ai commencé mon travail **à la mairie**.*

Im Französischen findet im Gegensatz zum Deutschen keine Inversion des Subjekts statt, wenn eine adverbiale Bestimmung am Anfang des Satzes steht (vgl. jedoch **381**) oder der Nebensatz vor dem Hauptsatz steht:

französisch	deutsch
Aujourd'hui, j'ai congé.	Heute **habe ich** frei.
Si tu l'avais écoutée, tu n'aurais pas eu tant de problèmes.	Wenn du auf sie gehört hättest, (dann) **hättest du** nicht so viele Probleme bekommen.
Arrivés à Paris, ils ont immédiatement commencé à visiter la ville.	Nach ihrer Ankunft in Paris **haben sie** sofort mit der Stadtbesichtigung begonnen.

Zur Stellung der Adverbien vgl. 050.

Die Struktur des Fragesatzes

378

Fragesatze können **direkt** oder **indirekt** sein (vgl. **339**). Es sind **Entscheidungsfragen** ohne Fragewort von **Ergänzungsfragen** mit Fragewort zu unterscheiden (vgl. **334.2**).

Zur Struktur des direkten und indirekten Fragesatzes, insbesondere zu den verschiedenen Formen der Inversionsfrage in Entscheidungs- und Ergänzungsfragen, vgl. **334.3** und **342**.

Die Struktur des Aufforderungssatzes

379

1. Aufforderungen werden durch den Imperativ 2. Person Singular / Plural und 1. Person Plural ausgedrückt: *Mange. Arrêtez. Allons-nous-en.*

2. Aufforderungen können (meist in der geschriebenen Sprache) auch in Form eines unabhängigen Satzes durch *que + subjonctif* erfolgen:

    *Qu'elle **fasse** ce que je lui dis!* → Sie soll tun, was ich ihr sage!

    *Qu'il ne **dise** pas continuellement de(s) bêtises.* → Er soll nicht dauernd Unsinn reden.

3. Schriftliche Aufforderungen an die Öffentlichkeit, an Kunden, an Verkehrsteilnehmer, usw. stehen häufig im Infinitiv:

    ***Ne pas parler** au conducteur!* → Nicht mit dem Fahrer sprechen!

    ***Frapper** avant d'entrer.* → Vor dem Eintreten bitte klopfen.

    ***Battre** les œufs en neige.* → Die Eier zu Schnee schlagen.

    Ralentir! → Langsam fahren!

    ***Ne pas laisser** des médicaments à la portée des enfants.* → Medikamente für Kinder unzugänglich aufbewahren.

4. Im Französischen kann eine Aufforderung auch durch das modale Futur (oder durch das Präsens) ausgedrückt werden. In diesem Falle erhält die Aufforderung einen offiziell-verbindlichen Charakter, zumal wenn Personen innerhalb eines Autoritätsverhältnisses impliziert sind (z.B. Lehrer – Schüler). Vgl. **148.2** (*„le futur injonctif"*).

(Der Lehrer zu seinen Schülern):
*Pour la prochaine fois, vous **préparerez** la leçon 19. Vous **noterez** / vous **notez** les mots qui vous sont inconnus.*

Eine weitere Ausdrucksvariante für eine Aufforderung ist der Fragesatz mit *vouloir* / *pouvoir* + Infinitiv:

Veux-tu enfin te taire?
Willst du wohl still sein? / Sei endlich ruhig!

Vous ne pouvez pas baisser le son de la radio, s'il vous plaît?
Können Sie denn das Radio nicht etwas leiser stellen? / Stellen Sie doch bitte ihr Radio etwas leiser!

380 Die Struktur des Ausrufesatzes

1. Der Ausrufesatz drückt eine emphatische Reaktion (Bewunderung, Erstaunen, Überraschung, Bedauern, Verärgerung, usw.) aus. Er kann die Form eines Aussage- oder eines Fragesatzes annehmen oder auch nur aus einer Nominalgruppe bestehen. Zuweilen wird auch ein Ausrufesatz durch Inversion des Subjekts gebildet:

C'est une catastrophe!	(Das ist eine Katastrophe!)	→ Aussagesatz
N'est-elle pas adorable!	(Ist sie nicht entzückend / goldig!)	→ Fragesatz
Le menteur!	(So ein Lügner!)	→ Nominalgruppe
Bande de fainéants!	(Ihr Faulenzer!)	
Est-il stupide!	(Wie blöd er doch ist!)	→ Inversion

2. Der Ausrufesatz kann durch *comme*, *que* oder durch *quel* + Substantiv (mit oder ohne Verb) eingeleitet werden:

***Comme** je le déteste!*	Wie sehr ich ihn doch hasse!
***Qu'**il fait chaud dans cette pièce!*	Was ist das in diesem Zimmer so warm!
***Que** tu es susceptible!*	Wie empfindlich du doch bist! / Bist du aber empfindlich!
***Quelle** corvée!*	Ist das eine lästige Arbeit!
***Quelle** horreur!*	Wie schrecklich!
***Quelle** belle maison vous avez!*	Was für ein schönes Haus Sie haben!

Anmerkung:

In der Umgangssprache wird *que* ersetzt durch ***qu'est-ce que***; ***ce que***:

Qu'est-ce qu'il est susceptible! / Ce qu'il est susceptible!
Wie empfindlich er doch ist!

Ce qu'il peut être désagréable!
Ist **der** vielleicht unangenehm! / **Der** ist was von unangenehm!

3. Im Französischen benutzt man den Infinitiv auch als Ausruf (*l'infinitif exclamatif*), um seine Gefühle mit Emphase auszudrücken:

*Moi, **voter** pour ce député incapable!*
→ Was, ich sollte für diesen unfähigen Abgeordneten stimmen!

*Nous, **avoir volé** la voiture!*
→ Was, wir sollen das Auto gestohlen haben!

Der Aussagesatz mit Inversion des Subjekts

381

Im Aussagesatz ist die Inversion von Subjekt und Verb („einfache Inversion") in bestimmten Fällen fakultativ, in vielen Fällen sogar obligatorisch. Sie kommt vor allem in der Schriftsprache zur Anwendung. Die Inversion wird dort häufig auch aus stilistischen Gründen benutzt, um den Satzrhythmus ausgewogener zu gestalten, z.B. zur Vermeidung der Endstellung kürzerer Verbformen im Satz („*l'organisation par masses croissantes*").

Die Inversion von Subjekt und Verb findet in der Regel in folgenden Fällen statt:

1. wenn der Satz durch eine **adverbiale Bestimmung des Ortes** eingeleitet wird, das Subjekt einen **hohen Mitteilungswert** hat und von einem **Ankündigungsverb** (*verbes présentatifs*) eingeführt, „präsentiert", wird. Solche Verben sind: *il y a, s'étendre, se trouver, (se) placer, (s')installer, être situé, être hébergé.*

Dans ce bâtiment se trouve le reste des laboratoires.	In diesem Gebäude befinden sich die übrigen Labors.
Au dernier étage sont situées les chambres de bonnes.	Auf der letzten Etage befinden sich die Dienstmädchenzimmer.
Au fond de la pièce était placée la cheminée.	Hinten im Zimmer befand sich der Kamin.
Dans la salle, à gauche, se placèrent les représentants de l'opposition.	Links im Saal nahmen die Vertreter der Opposition Platz.
Dans cette partie du bâtiment est hébergée l'administration.	In diesem Teil des Gebäudes ist die Verwaltung untergebracht.
Derrière la maison il y avait / s'étendait un grand verger.	Hinter dem Haus erstreckte sich ein großer Obstgarten.

2. wenn zu Beginn des Satzes eine auf das zuvor Gesagte bezogene **Zeitangabe** oder sonstige **situative Elemente** stehen und zugleich dem Subjekt ein **hoher Mitteilungswert** zukommt:

A ce moment-là se produisit une sorte de miracle.	In dem Augenblick geschah eine Art Wunder.
Un mois plus tard est intervenu un grave incident.	Einen Monat später ereignete sich ein ernster Zwischenfall.
Vers cette époque arriva un malheur imprévu.	Zu jener Zeit passierte ein unvorhergesehenes Unglück.
A cette somme s'ajoutent encore les frais de transport.	Zu diesem Betrag kommen noch die Transportkosten hinzu.
A ce poste sont liés de grands avantages.	Diese Stelle ist mit großen Vorteilen verbunden.

Die Inversion ist nach den satzeinleitenden Modaladverbien *sans doute* **und** *peut-être* **obligatorisch:**

Dabei steht die einfache Inversion, wenn das Subjekt ein Personalpronomen ist.

*Sans doute **a-t-il oublié** que nous avons / avions rendez-vous à seize heures.*

Die komplexe Inversion wird notwendig, wenn ein Substantiv oder eine Nominalgruppe das Subjekt bilden:

*Peut-être **les élections municipales seront-elles** annulées.*

Es ist zu beachten, dass an *sans doute* und *peut-être* ein *que* angeschlossen werden kann. In diesem Fall erfolgt keine Inversion (vgl. auch **222.1**):

Sans doute qu'il a oublié / Peut-être qu'il a oublié que nous avons / avions rendez-vous à seize heures.

Anmerkung:

Ebenfalls mit Inversion werden die Konjunktionen *aussi* (= deshalb) und *à peine... que* (= kaum) verwendet. Vgl. **359** und **369.4**.

*La cote du gouvernement est très basse dans les sondages. **Aussi** le Premier ministre **a-t-il remanié** son cabinet.*
Die Regierung steht nach den Umfragen schlecht da; deshalb hat der Premierminister sein Kabinett umgebildet.

A peine furent-ils arrivés au sommet qu'un orage éclata.
Kaum hatten sie den Gipfel erreicht, da brach ein Gewitter los.

Zu beachten ist hier auch die Wendung *toujours est-il que* (= jedenfalls / immerhin / nichtsdestotrotz / sicher ist, dass...):

*Je ne sais pas si ce médicament est un placebo. **Toujours est-il qu**'il m'a fait du bien.*
Ich weiß nicht, ob dieses Medikament ein Placebo ist. Jedenfalls hat es mir geholfen.

Die Inversion ist in folgenden Fällen ebenfalls sehr geläufig:

1. in formelhaften Wendungen, z.B. in der Amts- und Handelssprache, in Bühnen-
   anweisungen, in offiziellen Verlautbarungen, usw.:

   *Le dernier conseil municipal eut lieu dans la salle polyvalente. Etaient présents: le maire,
   le maire-adjoint, tous les conseillers municipaux et un délégué du conseil régional.*

   *Nous accusons réception de vos deux chèques, datés du 29 octobre. Reste encore à
   payer la facture du 13 septembre que nous vous prions de régler prochainement.*

   Sont admissibles à l'oral les candidats suivants: ...
   Folgende Kandidaten sind zum Mündlichen zugelassen:...

   *L'écrivain fait d'abord le portrait physique du héros. Vient ensuite une longue description
   du village dans lequel se déroulera l'action principale.*

   *En bas de la page 3 du manuscrit, l'écrivain esquisse ses personnages principaux. Suit
   une ligne illisible; puis...*

   Entrent deux soldats. (→ Bühnenanweisung)

   Ci-gît Denise Boulanger, veuve Duplan... („Hier ruht Denise Boulanger, verwitwete Du-
   plan...")

2. zur emphatischen Hervorhebung eines prädikativen Adjektivs, das in Verbindung
   mit Verben wie *être, paraître, sembler* an den Satzanfang gestellt wird (im literari-
   schen Französisch):

   Il m'avait promis de prendre part à notre congrès. **Grande fut ma surprise** *lorsque j'ai ap-
   pris qu'il n'avait plus l'intention de venir.*

   Rares sont ceux *qui s'intéressent vraiment à la littérature de ce pays.*

   La situation des chômeurs est sans doute grave. **Bien plus grave me paraît** *cependant le
   sort des clandestins.*

3. in sogenannten *inquit*-Formeln (von lat. *inquit* → „er sagt", „er sagte"), die in die
   direkte Rede eingeschoben werden oder nachgestellt sind:

   «Planquez-vous, les supporters arrivent!» **cria-t-il.**
   „Haut ab, die Fans rücken an!" rief er.

   «Oui», **dit Charles** *en se débattant, «je serai raisonnable, je ne ferai pas de mal.»* (G.
   Flaubert, *Madame Bovary*)

   ### Anmerkung:

   In der ersten Person Singular wirkt die Inversion allerdings etwas markiert: *«Tu
   ne m'en veux vraiment pas?» lui ai-je demandé.* Dafür auch: *...je lui ai demandé.*

Die Inversion ist in folgenden Fällen (mit gewissen Einschränkungen) fakultativ:

1. In der indirekten Frage steht häufig die einfache Inversion zur Vermeidung der Satzendstellung von Verben, die keine Ergänzung haben:

    *Je me demande **quand rentreront mes grands-parents**.*
    Auch: *...quand mes grands-parents rentreront.*

    *Nous voudrions bien savoir **où est passé notre argent**.*
    Auch: *...où notre argent est passé.*

    In Verbindung mit *être* ist die einfache Inversion hier sogar obligatorisch: *Je me demande **où est mon stylo**.* (Nicht möglich: **Je me demande où mon stylo est.*) Das gleiche gilt für die Fragepronomen *qui* und *quel* in prädikativer Funktion: *Nous ne savons pas **quel est son mobile principal**. Personne ne sait **qui est cet individu**.*

    Beachte: Wenn das Subjekt ein Personalpronomen oder *ce* ist, darf keine Inversion stehen. Also nur: *On ne sait pas **où il se trouve**. On ne sait pas **où ni pour quand c'est**.*

    Ebenfalls darf keine Inversion stehen in einem mit *si* (= ob) eingeleiteten indirekten Fragesatz: *On ne sait pas **si la guerre est finie**.*

2. Nach den Adverbien *ainsi* (= so), *encore* (= allerdings / freilich), *du moins* (= wenigstens), *tout au plus* (= allenfalls), *en vain* (= vergeblich), *à plus forte raison* (= um so eher / mehr) ist die Inversion in Verbindung mit dem Personalpronomen geläufig, ohne zwingend zu sein:

*J'ai envie de participer à ce débat. **Encore vaut-il** peut-être mieux se taire.*	Ich habe Lust, mich an dieser Debatte zu beteiligen. Allerdings ist es vielleicht besser zu schweigen.
*Il ne prendra pas part à la manifestation pour cause de maladie. **Du moins a-t-il donné** cette raison.*	Er wird aus Krankheitsgründen nicht an der Veranstaltung teilnehmen. Wenigstens gab er dies als Grund an.
*La raison qu'on invoque me paraît peu convaincante. **Tout au plus peut-on** dire que...*	Der Grund, der angegeben wird, scheint mir wenig überzeugend. Allenfalls kann man sagen, dass...
***En vain avons-nous** insisté sur l'urgence de cette affaire.*	Wir haben umsonst auf die Dringlichkeit dieser Angelegenheit hingewiesen.
***A plus forte raison devons-nous** l'aider à surmonter ses difficultés.*	Um so mehr müssen wir ihm bei der Bewältigung seiner Schwierigkeiten behilflich sein.
***Ainsi parlait-il**.*	So sprach er.
***Ainsi soit-il**.* (Die Inversion ist in dieser formelhaften Wendung notwendig.)	Amen.

Zur Inversion in Relativsätzen vgl. 327.

Zur Inversion nach unpersönlichem *il* **(= grammatisches Subjekt) mittels Extraposition des Subjekts vgl. 269.2.**

Die Segmentierung des Satzes

382

Die Satzsegmentierung findet vorwiegend in der **gesprochenen Sprache** statt, und zwar im Aussagesatz, im Fragesatz, im Ausrufesatz und im Aufforderungssatz. Im Falle der Verschriftung eines segmentierten Satzes äußert sich die Segmentierung darin, dass das herausgelöste Satzglied durch ein Komma von dem Satz getrennt wird. Dieses Satzglied wird bei Bezug auf etwas Bekanntes oder auf etwas vorher Erwähntes nach links versetzt (Linksprojektion), das heißt dem Satz **vorangestellt**. Zur Verdeutlichung des Gemeinten bzw. zur Betonung des herausgelösten Satzgliedes wird dieses nach rechts versetzt (Rechtsprojektion), das heißt **an das Ende des Satzes gestellt**. Vgl. auch **383.2** .

Die herausgelösten Satzglieder können eine Nominalgruppe, ein Personalpronomen, ein Demonstrativpronomen, Ortsbestimmungen, prädikativ verwendete Adjektive, Infinitive oder auch komplette *que*-Sätze sein. Die Satzsegmentierung dient in der gesprochenen Sprache der Hervorhebung, der Thematisierung von Satzgliedern.

Die Links- oder Rechtsprojektion des Subjekts

1. **Nominalgruppe oder verbundenes Personalpronomen:**

   Bei Links- oder Rechtsprojektion einer Nominalgruppe, die das Subjekt des Satzes bildet, wird diese durch das entsprechende verbundene Personalpronomen im Satz wieder aufgenommen. Ist das Subjekt ein verbundenes Personalpronomen, erscheint dieses am Anfang oder am Ende des Satzes in Form der entsprechenden betonten Form.

Linksprojektion	Rechtsprojektion
Ta sœur, elle est mignonne.	*Elle est mignonne, ta sœur.*
Ta sœur, qu'est-ce qu'elle est mignonne!	*Qu'est-ce qu'elle est mignonne, ta sœur!*
Cette maison, elle nous convient parfaitement.	*Elle nous convient parfaitement, cette maison.*
Cette maison, elle vous convient? (Intonationsfrage)	*Elle vous convient, cette maison?* (Intonationsfrage)
Moi, je pense qu'il est fou.	*Je pense qu'il est fou, moi.*
Vous, vous n'en avez pas marre?	*Vous n'en avez pas marre, vous?*
[Die Linksprojektion wirkt in diesem Fall unauthentisch.]	*Fais le donc, toi!*
Lui (,il) ne veut pas en démordre.	*Il ne veut pas en démordre, lui.*
Nous, on reste à la maison.	*On reste à la maison, nous.*

Anmerkung:

Je nach Kontext und Aussagesituation sind Links- oder Rechtsprojektion nicht immer gleichwertig in Bezug auf die durch sie zum Ausdruck kommende Expressivität, Emotionalität, Emphase, usw. Im Deutschen ist die Hervorhebung des Subjekts durch Segmentierung nur im Ausnahmefall möglich, z.B. bei Rechtsprojektion: „Wie hübsch sie doch ist, deine Schwester!"

2. Neutrales Demonstrativpronomen *ce / ça*:

Das neutrale Demonstrativpronomen *ce* oder *ça* (→ *C'est beau; ça ne me plaît pas*) kann ebenfalls nach links oder nach rechts in Form von *ça* versetzt werden. Auf diese Weise wird der Sachverhalt hervorgehoben oder emphatisch verstärkt (vgl. auch **304.3**):

Linksprojektion	Rechtsprojektion
Ça, c'est beau. (Nicht: **Cela, c'est beau.*)	*C'est beau, ça.*
Ça, ce n'est pas très gentil.	*Ce n'est pas très gentil, ça.*
Ça, ça ne me gêne pas du tout.	*Ça ne me gêne pas du tout, ça.*
Ça, ça n'a rien à voir avec notre décision.	*Ça n'a rien à voir avec notre décision, ça.*

Die Links- oder Rechtsprojektion des direkten Objekts

1. Bestimmte oder unbestimmte Nominalgruppe:

Ist das direkte Objekt eine Nominalgruppe, so wird es, wenn es bestimmt ist, bei Linksprojektion durch das entsprechende verbundene Personalpronomen, wenn es unbestimmt ist, durch ein partitives *en* wieder aufgenommen. Bei Rechtsprojektion verweisen das verbundene Personalpronomen bzw. das partitive *en* auf das nachgestellte Satzglied.

Linksprojektion	Rechtsprojektion
Ta voiture, tu devrais la laver.	*Tu devrais la laver, ta voiture.*
Votre amie d'enfance, vous l'avez revue?	*Vous l'avez revue, votre amie d'enfance?*
Ce travail, comme / que je le déteste!	*Comme / Que je le déteste, ce travail!*
Des guerres, il y en a partout dans le monde!	*Il y en a partout dans le monde, des guerres!*
Du courage, il en a!	*Il en a, du courage!*
De la viande de bœuf, je n'en mange plus.	*Je n'en mange plus, de la viande de bœuf.*

2. Verbundenes Personalpronomen in Objektfunktion:

Ein verbundenes Personalpronomen als direktes Objekt erscheint bei Links- oder Rechtsversetzung in Form des entsprechenden unverbundenen Personalpronomens.

Lui, *nous **le** connaissons bien.*   /   *Nous **le** connaissons bien, **lui**.*

Lui, *je **le** trouve sympa. Mais **elle**, je ne peux pas **la** sentir.* („Ich kann sie nicht riechen.")

Die Links- oder Rechtsprojektion des indirekten bzw. präpositionalen Objekts

Die Rechtsprojektion des indirekten bzw. präpositionalen Objekts wird im gesprochenen Französisch viel häufiger angewendet als die Linksprojektion, die wesentlich markierter ist. Die Wiederaufnahme der projizierten Satzglieder erfolgt durch das entsprechende Personalpronomen oder das Pronominaladverb:

Linksprojektion	Rechtsprojektion
*(A) **son anniversaire**, personne n'**y** a pensé.*	*Personne n'**y** a pensé, **à son anniversaire**.*
*(De) **cette politique**, on n'**en** veut plus.*	*On n'**en** veut plus, **de cette politique**.*
*Au franc, on n'**y** pense plus.*	*On n'**y** pense plus, **au franc**.*
*(A) **ma femme**, je **lui** ai tout raconté.*	*Je **lui** ai tout raconté, **à ma femme**.*

Anmerkung:

Bei Rechtsprojektion steht die entsprechende Präposition. Bei Linksprojektion kann sie entfallen. Also:

*Nous n'en avons pas parlé, **de** tes problèmes.*

(De) tes problèmes, nous n'en avons pas parlé.

Die Linksprojektion von Ortsangaben

Bei Ortsangaben ist die Linksprojektion die **geläufige Form** der Segmentierung. Die Rechtsprojektion ist seltener. Die Wiederaufnahme der Ortsangabe erfolgt durch das Pronominaladverb **y**.

Linksprojektion	Rechtsprojektion (seltener)
*En France, on **y** vit très bien.*	*On **y** vit très bien, **en France**.*
*(Sur) **la Côte d'Azur**, il **y** a trop de monde en été.*	*Il **y** a trop de monde en été, **sur la Côte d'Azur**.*
*(A) **Berlin**, il faut **y** aller en avion.*	*Il faut **y** aller en avion, **à Berlin**.*

Die Linksprojektion des prädikativ verwendeten Adjektivs

Bei der Segmentierung des prädikativ verwendeten Adjektivs wird dieses durch das Personalpronomen *le* wiederaufgenommen:

*Il est futé. Mais **intelligent**, il ne l'est pas.*
Er ist schlau. Aber intelligent ist er nicht.

***Discrète**, elle l'est, mais elle pourrait au moins dire bonjour.*
Diskret ist sie ja, aber sie könnte doch zumindest guten Tag sagen.

***Fâchés**, nous ne **le** sommes pas. Nous sommes seulement un peu étonnés de ton comportement.*
Verärgert sind wir nicht. Wir wundern uns nur ein wenig über dein Verhalten.

Die Linksprojektion des Infinitivs

Der segmentierte Infinitiv wird durch das Demonstrativpronomen *ce* bzw. *cela* (*ça* im gesprochenen Französisch) wiederaufgenommen. Vgl auch **305**.

***Ecouter de la musique**, cela / **ça** détend.*
Musik hören, das entspannt.

***Se plaindre tout le temps**, **ce** n'est pas une solution.*
Sich andauernd beklagen, das ist (doch) keine Lösung.

*Plutôt **souffrir** que **mourir**, **c**'est la devise des hommes.* (La Fontaine, *La mort et le bûcheron*)
Lieber leiden als sterben, das ist die Devise der Menschen.

Die Linksprojektion des *que*-Satzes

Der segmentierte *que*-Satz wird in Subjektfunktion durch *ce*, in Objektfunktion durch *le* wiederaufgenommen:

***Que** son nouvel appartement ne lui convienne pas, **c**'est regrettable.* (→ Subjektfunktion)
Dass seine neue Wohnung ihm nicht zusagt, das ist bedauerlich.

***Qu**'ils aient déménagé, nous ne **le** savons que depuis aujourd'hui.* (→ Objektfunktion)
Dass sie umgezogen sind, das wissen wir erst seit heute.

---

383 Mitteilungsperspektive und Satzsegmentierung

1. Die Mitteilungsperspektive betrifft die Anordnung / Abfolge von Informationen. Satzglieder, die am Ende eines Satzes stehen, haben in der Regel einen hohen Informationswert; sie enthalten die neuen Aspekte einer Information (= Rhema). Der Gegenstand der Mitteilung, also das, worüber gesprochen wird, steht normalerweise im ersten Teil eines Satzes. Dabei wird die Bekanntheit des Informationsgegenstandes (abgeleitet aus dem Vorwissen des Sprechers / Hörers oder aus dem situativen Informationskontext) vorausgesetzt (= Thema).

In einem Aussagesatz werden Informationen dadurch von einem Rezipienten ab-
rufbar, dass der Produzent im Normalfall den Gegenstand seiner Information, al-
so **das Thema**, vor die Aussage über den Mitteilungsgegenstand, **das Rhema**,
stellt. Der Informationsschwerpunkt liegt also auf den neuen, rhematischen Infor-
mationselementen. Die gleiche sprachliche Wendung kann, je nach ihrer Stellung
im Satz, eine thematische oder rhematische Funktion haben.

Thema	Rhema
Mon père	*a l'intention de changer de profession.*
Pour cette raison, il	*s'inscrira à un cours pour se recycler.*
Il	*pense avoir terminé sa formation au mois de décem-bre.*
Au début de l'année prochaine, il	*espère occuper un poste important dans une entre-prise multinationale.*

2.   Bei der Satzsegmentierung werden die an den Anfang oder an das Ende des
     Satzes versetzten Satzglieder zum Thema des Satzes. Bei Linksprojektion ist die
     Informationsabfolge: Thema vor Rhema; bei Rechtsprojektion: Rhema vor The-
     ma.

     Sa nouvelle voiture, il l'a depuis trois mois.   Il l'a depuis trois mois, *sa nouvelle voiture*.

3.   In gesprochener, spontaner Kommunikation hat die Satzsegmentierung die wich-
     tige Funktion, den Gedankenfluss ordnen zu helfen und die thematische Progres-
     sion zu erleichtern. Die Linksprojektion ermöglicht in zusammenhängender, ge-
     sprochener Kommunikation die thematische Verknüpfung; insbesondere werden
     im gesprochenen Dialog durch die Linksprojektion Frage und Antwort thematisch
     verknüpft. Allgemein ist die Versetzung von Satzgliedern nach links ein beliebtes
     Mittel beim Sprechen, um sich die syntaktische Konstruktion des Folgesatzes zu
     erleichtern.

**Gespräch zwischen einem Franzosen (F) und einem Deutschen (D) über die
französische Küche:**

F: *Le Français, voyez-vous, aime bien **la bonne cuisine** et **les bons vins**. **La gastro-
     nomie**, pour lui, **ça** fait partie de la vie de tous les jours.*

D: *Quels sont, selon vous, **des plats typiquement français**?*

F: *Alors, là, **des spécialités**, il y **en** a: **la choucroute**, vous savez, **ça** nous vient
     d'Alsace. **Le cassoulet**, **c**'est une sorte de ragoût de viandes avec des haricots
     blancs, un plat toulousain; et **la bouillabaisse**, un de mes plats préférés, on **la** mange
     dans le Midi.*

D: *N'oublions pas **les vins**!*

F: *Ah! **les vins**! les Français s'y connaissent: **les rouges de Bourgogne et du Borde-
     lais**. Il n'y **en** a pas de meilleurs au monde. Il y a aussi **les vins de Loire**: ils plaisent
     aux femmes pour leur bouquet fruité.*

Die Rechtsprojektion, die ebenfalls in der gesprochenen Kommunikation verwendet wird, dient der Betonung und Verdeutlichung des Themas und trägt somit auch zur Sicherung des Textverständnisses bei.

*Comment tu l'as connue, **ta copine**?*

*Il faut **en** avoir, **de la patience**, quand on s'adresse au service des urgences à l'hôpital. Qu'est-ce qu'**ils** sont débordés, **les médecins aux urgences**!*

384 | Die Hervorhebung *(la mise en relief)*

In einer Äußerung kann auf ein Satzelement ein besonderer Nachdruck gelegt werden, wobei grundsätzlich alle Elemente einer Äußerung hervorgehoben werden können. Dies geschieht beim Sprechen häufig dann, wenn man die normale Thema-Rhema-Abfolge (= Das Thematische, Bekannte, zu dem eine Information geliefert wird, steht am Anfang; die Information, das Neue, steht am Ende der Äußerung) umkehrt, um durch die Anfangsstellung des Rhemas dieses von der Mitteilungsperspektive her im emphatischen / expressiven Sinne zu unterstreichen: → *Tout à fait convaincant, son argument!* ⇔ *Son argument est tout à fait convaincant.* Eine für das gesprochene und geschriebene Französisch charakteristische Form der *mise en relief* ist die Hervorhebung durch bestimmte **Präsentativa**, d.h. bestimmte syntaktische Wendungen, die einzelne Satzglieder in den Vordergrund der Mitteilung rücken. Im Deutschen wird die Hervorhebung in der Schriftsprache dagegen durch eine relativ flexible Satzstellung, in der gesprochenen Sprache durch die Betonung einzelner Satzglieder bewirkt:

Deutsch	Französisch
Ich gehe heute **ins Theater**.	*Je vais **au théâtre** aujourd'hui.*
Heute gehe ich ins Theater.	***C'est aujourd'hui** que je vais au théâtre.*
Ab sofort **gehe ich** (**zu Fuß**) zur Arbeit.	*A partir de maintenant, **c'est à pied** que je me rendrai à mon travail.*
Ab sofort gehe ich wieder auf die Arbeit.	***C'est dès maintenant** que je reprends mon travail.*

1. **Die Hervorhebung durch** *c'est...qui... / c'est...que...*:

   Die Hervorhebung durch *c'est...qui... / c'est...que...* ist auf das Subjekt, auf das direkte, indirekte, präpositionale Objekt, auf Adverbien / adverbiale Bestimmungen / Adverbialsätze oder auf das *gérondif* anwendbar. Dabei ist zu beachten, dass *c'est... qui...* das Subjekt, *c'est... que...* die übrigen Satzglieder hervorhebt. Außer in der Präsensform kann *c'est...* auch in anderen Tempora oder auch im Konditional stehen: *c'est... qui / que; c'était... qui / que; ce fut... qui / que, ce serait... qui / que.* Die Präsensform *c'est... qui / c'est... que* kann allerdings immer, auch bei Bezug auf ein Faktum der Vergangenheit, benutzt werden.

Hervorgehobe-nes Satzglied	Beispiele
Subjekt	*C'est lui qui l'a voulu ainsi.* **Er** hat es so gewollt. *C'est / Ce sont les problèmes budgétaires qui sont à l'origine de sa démission.* Es sind die Haushaltsprobleme, die zu seinem Rücktritt geführt haben. *Dans ce cas, ce serait quelqu'un d'autre que moi qui le ferait.* In diesem Fall würde es jemand anderes als ich tun. **Anmerkung:** Bei der *mise en relief* des Subjekts ist zu beachten, dass das Verb des Relativsatzes sich in Genus und Numerus an die hervorgehobene Person / Sache angleicht: *C'est vous, **mesdemoiselles**, qui vous êtes trompées, et non pas moi!* Vgl. **266.2**.
direktes / indirektes Objekt	*C'est sa maison de Bretagne qu'il a vendue, et non celle de Paris.* Sein Haus **in der Bretagne** hat er verkauft, nicht das in Paris. *C'est au maire lui-même qu'il faudrait s'adresser.* Man sollte sich an den Bürgermeister selbst wenden.
präpositionales Objekt	*C'est avec beaucoup de patience qu'il a supporté sa maladie.* Mit viel Geduld hat er seine Krankheit ertragen.
Adverbien / adverbiale Bestimmungen	*Ce n'est qu'un mois plus tard que nous avons appris la nouvelle.* Erst einen Monat später haben wir die Neuigkeit erfahren. *Ce fut en juin 1944 que les habitants du village d'Oradour-sur-Glane furent massacrés par les Nazis.* Im Juni 1944 wurden die Dorfbewohner von Oradour von den Nazis umgebracht. *C'est dans cette ville que je me sens à l'aise.* In **dieser** Stadt fühle ich mich wohl.
gérondif	*C'est en se nourrissant sainement qu'on évite nombre de maladies.* Durch gesunde Ernährung vermeidet man viele Krankheiten.

2. **Die Hervorhebung durch das Relativpronomen** *ce qui / ce que... , c'est...* **:**

*Ce qui me dérange chez ce politicien, **c'est** sa suffisance.*
Was mich bei diesem Politiker stört, das ist seine Selbstgefälligkeit.

*Ce que j'apprécie dans cette région, **ce sont** ses monuments et ses châteaux.*
Was ich an dieser Gegend schätze, das sind ihre Denkmäler und Schlösser.

3. **Die Hervorhebung zum Zwecke der Kontrastierung durch das unverbunde-ne Personalpronomen**

*Moi, je resterai à la maison pendant les vacances, tandis que ma femme, **elle**, participera à une expédition en Antarctique.*
Ich selbst bleibe in den Ferien zu Hause, während meine Frau an einer Expedition in die Antarktis teilnimmt.

4. **Die Hervorhebung durch** *voilà... qui / que; voilà comment / pourquoi*:

Voilà qui est fait.	So, das wäre geschafft.
Voilà un an exactement que nous nous sommes rencontrés à Paris.	Es ist genau ein Jahr her, dass wir uns in Paris getroffen haben.
En voilà un qui ne s'en fait pas.	Das ist jemand, der sich um nichts Gedanken macht.
Voilà qui est drôle!	Das ist aber seltsam / komisch!
Voilà comment il faut faire!	So muss man das tun!
Voilà pourquoi je ne peux pas répondre à votre demande.	Das ist der Grund, warum ich Ihrer Bitte nicht nachkommen kann.

5. **Die Hervorhebung durch** *cela / ça fait* (+ Zeitangabe) *que*:

Die Hervorhebung in Form von *cela fait* ist schriftsprachlich. In der Regel wird allerdings *ça fait...* verwendet, weil diese Form der Hervorhebung meist in der gesprochenen Kommunikation benutzt wird.

Ça fait trois ans que tu me promets de m'acheter une décapotable. (→ gesprochene
Schon seit drei Jahren versprichst du mir, mir ein Cabriolet zu kaufen.   Kommunikation)

Cela fait longtemps qu'il n'a plus donné signe de vie. (→ geschriebene Kommunikation)
Schon seit langem lässt er nichts mehr von sich hören.

*Il m'a dit que **cela faisait** (Zeitenfolge!) **longtemps qu'il n'a / n'avait pas donné signe de vie.***
Er sagte mir, dass er schon seit langem nichts mehr von sich hat hören lassen.

6. **Die Hervorhebung durch** *il y a* (+ **Zeitangabe**) *que*:

Il y a exactement cinq ans que nous avons quitté l'Allemagne.
Es ist genau fünf Jahre her, dass wir Deutschland verlassen haben.

Demain, il y aura exactement trente ans que mes parents se sont mariés.
Morgen ist es genau dreißig Jahre her, dass meine Eltern geheiratet haben.

7. **Die Hervorhebung durch** *il y a une chose / il y a quelque chose... qui / que / dont*, usw.:

*Il y a une **chose qui** ne me plaît pas.*	→	**Etwas** gefällt mir nicht.
*Il y a **quelque chose que** je ne m'explique pas.*	→	Es gibt da **etwas**, was ich mir nicht erklären kann.
*Il y a une **chose dont** elle se souvient encore très bien.*	→	**An eine Sache** erinnert sie sich noch sehr gut.

Schwierigkeiten und Fehlerquellen bei der Kongruenz von Subjekt und Verb   385

1. **Das Verb richtet sich nach dem grammatischen Subjekt *il* und nicht nach dem eigentlichen Subjekt (vgl. 269.2):**

   *Il lui **restait** encore cinq euros.*   → **Es blieben** ihm noch fünf Euro.
   *Il **est** arrivé une lettre pour toi.*   → Es ist ein Brief für dich angekommen.

2. **Nach** *la majorité des...* **steht in der Regel das Verb im Singular, nach** *la plupart des...* **steht das Verb immer im Plural:**

   *La majorité des électeurs **est mécontente**.*
   *La plupart des électeurs **sont mécontents**.*

3. **Nach** *nombre de / quantité de* **(= „viele") erscheint das Verb im Plural:**

   *Nombre de problèmes **restent** sans solution.*
   *Quantité de gens **sont** assez fortunés.*

4. **Nach Kollektivbegriffen (z.B.** *une foule de, un tas de, un grand nombre de***) kann das Verb im Singular oder im Plural stehen:**

   *Une foule immense de manifestants **s'était réunie** / **s'étaient réunis** devant l'Hôtel de Ville.*

   *Un grand nombre de SDF („sans domicile fixe" = Obdachlose) **a trouvé** / **ont trouvé** refuge dans des locaux mis à leur disposition par le secours catholique.*

5. **Bei Bruchzahlen und Prozentangaben ist zweckmäßigerweise wie folgt zu verfahren:**

   *Un quart **des habitants** de la capitale **passent** pour être pauvres.*
   *Un quart **passe** pour être pauvre.*

   *25% **des habitants** / **de la population** de la capitale **passent** pour être pauvres.*
   *25% **passent** pour être pauvres.*

Kapitel 7.2

Direkte Rede, indirekte Rede, erlebte Rede
(discours direct, discours indirect, discours indirect libre)

Kapitelübersicht:

Direkte / indirekte Rede: Grundstufe

386 **Grundmerkmale der direkten und indirekten Rede**

Es gibt zwei Präsentationsformen für Äußerungen (= Gesagtes, Gedachtes und Gefühltes):

- die **direkte**, **wörtliche** Präsentation unter Beibehaltung der Originalsituation von Sprechendem / Denkendem / Fühlendem und von weiteren implizierten Personen

- die **indirekte** Präsentation mit Anpassung an die Sprech- und Denksituation einer wiedergebenden, vermittelnden Instanz

Direkte Präsentation	Indirekte Präsentation
Er sagte / dachte: „**Ich** habe mir nichts vorzuwerfen."	**Er / Sie** sagte(n) / dachte(n), **er habe / sie hätten** sich nichts vorzuwerfen.
	Varianten:
	Er sagte / dachte, dass **er** sich nichts vorzuwerfen **habe / hatte**.
Sie sagten / dachten: „**Wir** haben uns nichts vorzuwerfen."	**Sie** sagten / dachten, dass **sie** sich nichts vorzuwerfen **hätten / hatten**.
• Rede- und Wiedergabesituation sind voneinander unabhängig.	• Der Rede- / Gedankeninhalt wird aus der Perspektive einer Mittelsperson referiert, mit Veränderung des ursprünglichen Wortlautes (z. B. durch Pronominalverschiebung und Modusveränderung)

Der Terminus für die wörtliche Präsentation ist:	**direkte Rede** *(discours / style direct)*
Der Terminus für die indirekte Präsentation ist:	**indirekte Rede** *(discours / style indirect)*

In der **direkten Rede** werden der Redeakt oder die Gedanken / Gefühle der Person durch ein redebezeichnendes Verb (das *verbum dicendi*) angekündigt, und die Äußerung (Rede, Gedanken, Gefühle) wird in Originalform, das heißt unverändert zitiert / wiedergegeben. Im Allgemeinen (aber nicht immer) wird die direkte Rede durch **Satzzeichen** (Doppelpunkt vor der Rede, Komma nach der Rede) und durch **Anführungszeichen** kenntlich gemacht.

In der **indirekten Rede** referiert ein Erzähler die Personenrede oder die Gedanken / Gefühle einer Person mehr oder weniger ausführlich. Die Variationsmuster reichen von indirekter Wiedergabe des Wortlauts bis zur raffenden Zusammenfassung des Rede- oder Gedankeninhalts. In der indirekten Rede entfallen die Anführungszeichen; der Rede- oder Gedankeninhalt wird in einen von einem redebezeichnenden Verb (er sagte / er dachte, dass...) syntaktisch abhängigen Nebensatz verlagert.

<table>
<tr><td>

Beachte:

In indirekter Rede benutzt man im Deutschen die **Konjunktiv II-Form** an Stelle der **Konjunktiv I-Form**, wenn letztere mit der Indikativ-Form identisch ist.

</td><td>

Im Deutschen werden in gepflegter Sprache die indikativischen in konjunktivische Verbformen (Konjunktiv I oder II) übergeleitet; insbesondere dann, wenn man auf die Konjunktion „dass" verzichtet. Im „dass"-Satz ist der Indikativ in der indirekten Rede, vor allem in der Umgangssprache, aber durchaus gängig.

</td></tr>
</table>

R 386

Im Französischen wird in der **indirekten Rede**, die im Rahmen eines *que*-Satzes realisiert wird, der **Indikativ** verwendet. (Der *subjonctif* nur nach Verben und Ausdrücken, die den *subjonctif* grundsätzlich **immer** erfordern!) Weitere Möglichkeiten zur Wiedergabe indirekter Rede sind der indirekte **Fragesatz** oder eine **Infinitivkonstruktion**.

Beispiele:

Direkte Rede	Indirekte Rede
M. Duplan affirme: «Il m'est impossible de partir plus tôt.»	*M. Duplan affirme* **qu'**il **lui est** *impossible de partir plus tôt.* → *que*-Satz
M. Duplan demande: «Pourquoi as-tu fait cela?»	*M. Duplan demande* **pourquoi il l'a** *fait.* → indirekter Fragesatz
M. Duplan demande: «Venez nous voir chez nous à la campagne!»	*M. Duplan leur demande* **de venir les voir** (**chez eux**) *à la campagne.* → Infinitivkonstruktion

Die Zeitenfolge in der indirekten Rede in Abhängigkeit von der Zeitstufe
387

Die Zeitenfolge in der indirekten Rede wird im *que*-Satz von der Zeitstufe des die indirekte Rede einleitenden Verbs des Hauptsatzes bestimmt. Dabei sind zwei Zeitstufen maßgebend: **Gegenwart** und **Vergangenheit**.

Man hat also zwei Fälle zu unterscheiden:

1. Das redebezeichnende Verb des einleitenden Hauptsatzes steht in einer Zeitform, die zur Gegenwartsstufe gehört. Man spricht hier auch von der **Gegenwartsgruppe** : *présent, futur simple / futur composé, conditionnel présent*

2. Das redebezeichnende Verb des einleitenden Hauptsatzes steht in einer Zeitform, die zur Vergangenheitsstufe gehört. Man spricht hier auch von der **Vergangenheitsgruppe** : *imparfait, passé composé, passé simple, plus-que-parfait, conditionnel passé*

388

Die Zeitenfolge bei einleitenden Verben der Gegenwartsgruppe

R 388

Bei einleitendem Verb der **Gegenwartsgruppe** steht in dem von diesem abhängigen Nebensatz die gleiche Zeit wie in der direkten Rede. Es ändern sich lediglich, je nach vorgegebener Situation, die Personal-, Possessiv- und Fragepronomina.

Beispiele:

Gegenwartsgruppe	
Direkte Rede	**Indirekte Rede**
«*Je n'ai rien à me reprocher.*» „Ich habe mir nichts vorzuwerfen."	*Mon chef **affirme / affirmera / va affirmer / affirmerait** qu'il n'a rien à **se** reprocher.* Mein Chef behauptet / wird behaupten / würde behaupten, er habe sich nichts vorzuwerfen. (....dass er sich nichts vorzuwerfen habe / hat.)
«*Qu'as-tu fait de ta voiture?*» „Was hast du mit deinem Auto gemacht?"	*On me **demande / demandera / demanderait** ce que **j'ai fait** de ma voiture.* Man fragt mich / wird mich fragen / würde mich fragen, was ich mit meinem Auto gemacht hätte / habe.

Anmerkung:

Ein **Imperativsatz** der direkten Rede wird im Französischen in indirekter Rede in der Regel durch einen präpositionalen Infinitivanschluss wiedergegeben. Steht bei dem redeeinleitenden Verb kein Personenobjekt (also an Stelle von *il **lui** demande* lediglich *il demande*), verwendet man einen *que*-Satz + Person + *subjonctif* Präsens:

- «*Prenez des leçons particulières!*»
  - ⇒ *Son professeur lui dit souvent **de prendre** des leçons particulières.*
 Sein Lehrer sagt ihm häufig, er **soll(e)** Nachhilfestunden nehmen.

- «*Venez me voir!*»
  - ⇒ *Il demande qu'on **vienne** le voir.*
 Er bittet darum, man **möge** ihn besuchen.

389

Die Zeitenfolge bei einleitenden Verben der Vergangenheitsgruppe

R 389

Bei einleitendem Hauptverb der **Vergangenheitsgruppe** *(imparfait, passé composé, passé simple, plus-que-parfait, conditionnel passé)* ergeben sich im Nebensatz, abgesehen von den Veränderungen bei den Personal-, Possessiv- und Fragepronomina, **bei der Übertragung direkter Rede in indirekte Rede** folgende Verschiebungen:

Zeit der direkten Rede		Zeit der indirekten Rede
1	Präsens	→	Imperfekt
2	Futur I	→	Konditional I (*futur du passé* oder *futur proche du passé*)
3	*Passé composé*	→	Plusquamperfekt
4	Imperfekt Plusquamperfekt Konditional	→	unverändert
5	Imperativ	→	*Subjonctif* Präsens (in gewählter geschriebener Sprache auch 3. Person *subjonctif* Imperfekt) oder *de* + Infinitiv

Beispiele:

Vergangenheitsgruppe	
Direkte Rede	**Indirekte Rede**
1. «Je **suis** gravement malade.»	1. *Mon ami Jean **m'a dit** qu'il **était** gravement malade.* Mein Freund Hans sagte mir, er sei sehr krank.
2. «Je **partirai** en vacances dès que possible.»	2. *Il **annonça** qu'il **partirait** (qu'il **allait partir**) en vacances dès que possible.* Er kündigte an, er werde / würde sobald wie möglich in Ferien fahren.
3. «*Il **est parti** en vacances lundi.*»	3. *Ils ont affirmé qu'il **était** parti en vacances lundi.* Sie haben behauptet, er sei Montag in Ferien gefahren.
4. «*Toutes les nuits(,) il **pleuvait**.*»	4. *Il **avait précisé** que, toutes les nuits, il **pleuvait**.* Er hatte darauf hingewiesen, dass es jede Nacht regnete.
«Je **n'avais** jamais **vu** une chose pareille.»	*Notre invité nous **a assuré** qu'il **n'avait** jamais **vu** une chose pareille.* Unser Gast hat uns versichert, dass er so etwas noch nie gesehen habe.
«J' **aimerais** me reposer un peu.»	*Elle n'**arrêtait** pas de nous dire qu'elle **aimerait** se reposer un peu.* Sie sagte uns immer wieder, dass sie sich gerne etwas ausruhen würde.

5. *«Ne le faites pas. Attendez-moi.»*	5. *Notre père nous **a dit** de ne pas le **faire**.* *Il a demandé qu'on **l'attende**. (Il **demanda** qu'on **l'attendît**.)* Unser Vater sagte uns, wir sollten es nicht tun. Er verlangte, dass wir auf ihn warten (mögen).

390 Personenangaben und Pronominalverschiebung

Beim Wechsel von direkter zu indirekter Rede findet, wie im Deutschen, eine Pronominalverschiebung statt:

Direkte Rede	Indirekte Rede
*Il a dit: «**J'ai** tort.»*	*Il a dit qu'**il** avait tort.*
*Il **m**'a dit: «**Tu** as tort.»*	*Il **m**'a dit que **j**'avais tort.*
*Jean **t**'a écrit: «**Je** vais **te** rejoindre à Paris le 11 novembre.»*	*Jean **t**'a écrit qu'**il** allait **te** rejoindre à Paris le 11 novembre.*
***Tu** as dit: «**Mon** départ est fixé pour mercredi.»*	***Tu** as dit que **ton** départ était fixé pour mercredi.*
*Jean a écrit à son frère: «**Je** vais venir **te** voir »*	*Jean a écrit à son frère qu'**il** allait venir **le** voir.*
*Jean a ajouté: «**Ma** décision est prise.»*	*Jean a ajouté que **sa** décision était prise.*

Bei Unklarheiten über die Personenidentität sind verdeutlichende Formulierungen zweckmäßig:

Mon père m'a dit au sujet de son ami Jean: «J'ai invité sa sœur pour dimanche.»
→ *Mon père m'a dit au sujet de son ami Jean qu'il avait invité sa sœur pour dimanche.*

Obwohl „*sa sœur*" sich vom Sinn her nur auf „*son ami Jean*" beziehen kann, ist eine Präzisierung wie *Mon père m'a dit qu'il avait invité la sœur de Jean pour dimanche* vorzuziehen.

391 Der Modus des *subjonctif* / des Konditionals und die indirekte Rede

R 391

> Ein durch die einleitenden Verben oder Ausdrücke bedingter *subjonctif* oder ein modal verwendetes Konditional in direkter Rede **bleiben in der indirekten Rede erhalten**.

Beispiele:

Direkte Rede	Indirekte Rede
*«Je veux que vous **veniez** tout de suite.»*	*Il a précisé qu'il voulait qu'on **vienne** / **vînt** tout de suite.*
*«Je trouve normal que vous ne **vouliez** pas venir.»*	*Il soutient qu'il trouve normal que nous ne **voulions** pas venir.*
*«Il faut que mon ami **vienne** aussi.»*	*Il a dit qu'il fallait que son ami **vienne** aussi.* *Il dit (passé simple) qu'il fallait que son ami **vienne** / **vînt** aussi.*
*«Je doute que M. Duplan **ait tenu** de tels propos.»* Ich bezweifle, dass Herr Duplan solche Äußerungen gemacht hat.	*Il a dit qu'il doutait que M. Duplan **ait tenu** de tels propos.* *Il dit (passé simple) qu'il doutait que M. Duplan **ait** / **eût tenu** de tels propos.*
*«J'**aimerais** voyager pendant toute l'année.»*	*Il a souligné qu'il **aimerait** voyager pendant toute l'année.*

Anmerkung:

In der Regel beschränkt sich der Gebrauch des *subjonctif* in indirekter Rede auf den *subjonctif présent* und den *subjonctif passé*. Bei redeeinleitendem Verb in der Vergangenheit (vornehmlich *passé simple*) kann in der geschriebenen Sprache auch die **3. Person Singular Imperfekt** bzw. **Plusquamperfekt** des *subjonctif* benutzt werden. Dieser Gebrauch gilt als gewählt.

Indirekte Rede / erlebte Rede: Aufbaustufe

392 **Spezialfälle der Zeitenfolge in der indirekten Rede**

Die Regeln der Zeitenfolge nach einem einleitenden Verb der Vergangenheitsgruppe werden punktuell nicht beachtet, vor allem dann nicht, wenn das redebezeichnende Verb im *passé composé* steht.

Regelmäßig muss es heißen:

Il a dit à son professeur qu'il lui était impossible de suivre ses cours aujourd'hui.	Er sagte seinem Professor, es sei ihm nicht möglich, heute seine Vorlesungen zu besuchen.

Trotz des gegenwärtigen Sachverhaltes (direkte Rede: „Ich **kann** heute an den Vorlesungen nicht teilnehmen") wird im Französischen das Präsens in indirekter Rede bei einem einleitenden Verb der Vergangenheitsgruppe in das Imperfekt übergeleitet.

Diese regelkonforme Zeitenverschiebung wird in folgenden Fällen häufig nicht beachtet :

1. bei **Definitionen** oder bei der Wiedergabe **allgemeiner Wahrheiten** bzw. **allgemeingültiger Aussagen**:

«Saviez-vous que le pancréas est une glande (Drüse) *annexe du tube digestif* (Verdauungstrakt) *située derrière l'estomac?»*	Die Präsensform *est* an Stelle von *était.*
Nous avons appris en cours de géo que le phénomène des marées (Gezeiten) *provient de l'attraction* (Anziehungskraft) *de la lune.*	Die Präsensform *provient* hier an Stelle von *provenait.*
On a découvert que la recrudescence (Zunahme) *du cancer* (Krebskrankheit) *est due aux méfaits de la civilisation.*	Die Perfektform *est due* an Stelle von *était due.*
	→ Das Präsens an Stelle des Imperfekts in Definitionen wird auch als **Definitionspräsens** *(présent de définition)* bezeichnet.

Anmerkung:

In den genannten Beispielsätzen ist auch die regelkonforme Zeitenfolge (d.h. Imperfektformen statt Präsensformen) **durchaus korrekt**.

2. in der **gesprochenen** Sprache, wenn in indirekter Rede auf eine zeitlich nur kurz zurückliegende Begebenheit verwiesen wird oder die Aussage aus der Bewertungsperspektive des mitteilenden Sprechers gemacht wird. Im Vordergrund steht hier folglich die Situation des Mitteilenden, der sich die mitgeteilte Äußerung oder die wiedergegebenen Gedanken eines Dritten zu eigen macht:

Il y a quelques minutes, mon interlocuteur (Gesprächspartner) *m'a informé* qu'il ne viendra pas. (statt: viendrait)	• Wegen des nur kurz zurückliegenden Zeitpunkts wird hier das einleitende *passé composé* als Zeit der Gegenwartsgruppe gewertet.
J'ai dit que je *viendrai*. (statt: viendrais)	• Hier fallen Rede- und Wiedergabesituation durch die Ich-Perspektive zusammen.
Mon voisin a dit que tu es un drôle de type.	• Identifizierung des Sprechers mit der Aussage eines Dritten.
Dagegen: *Mon voisin a dit que tu étais un drôle de type.*	• Unbeteiligte Wiedergabe der Aussage eines Dritten.

Ortsangaben in der indirekten Rede   393

R 393

> Die **Ortsangaben** sind von der Rede- und Wiedergabesituation unabhängig. Infolgedessen bleiben sie bei der Übertragung direkter in indirekte Rede unberührt.

Eine Ausnahme bilden hier die Adverbien *ici* und *là-bas*. Bei Ortsgleichheit von Äußerung und deren Wiedergabe bleibt *ici* erhalten; bei Verschiedenheit von Ort der Äußerung und Ort der Wiedergabe wird *ici* zu *là-bas*.

Beispiele:

Direkte Rede	Indirekte Rede
«*Notre fils passera un an **en Angleterre**, à Londres*.»	*Ils ont décidé que leur fils passerait un an **en Angleterre**, à Londres.*
	= Ortsangaben bleiben unverändert.
Après six mois de séjour à Londres, le fils a écrit à ses parents: «Je me trouve très bien ici.»	*Après six mois de séjour à Londres, il leur a écrit qu'il se trouvait très bien **là-bas**.*
	= **dort**
«*Après maintenant six mois de séjour à Londres, je me trouve très bien ici.*»	*Après maintenant six mois de séjour à Londres, je leur ai écrit que je me trouve / trouvais très bien ici.*
	= **hier** (z.B. Tagebucheintrag in London)

394 ## Zeitangaben in der indirekten Rede

R 394.1

Präzise Zeitangaben der direkten Rede werden in der indirekten Rede **nicht verändert**, z.B. *au mois de mai; en 1998; le 1er septembre 2001.*

- **direkt:**   *«Le **1er décembre 2001**, j'aurai terminé la rédaction de mon livre.»*

- **indirekt:**   *Il pensait que le **1er décembre 2001**, il aurait terminé la rédaction de son livre.*

R 394.2

Allgemeine Zeitangaben und **Zeitadverbien** sind von der Rede- und Wiedergabesituation abhängig. Bei gleichem zeitlichen Bezugsrahmen von Rede- und Wiedergabesituation bleiben die Zeitangaben und Zeitadverbien unverändert. Bei unterschiedlichem zeitlichen Bezugsrahmen müssen die Zeitangaben „verschoben" werden.

Gleicher zeitlicher Bezugsrahmen von Rede- und Wiedergabesituation	Unterschiedlicher zeitlicher Bezugsrahmen von Rede- und Wiedergabesituation
*Le président lui a fait savoir **ce matin** qu'il reviendrait **le mois prochain**.*	***Avant de partir**, le président avait encore dit qu'il reviendrait **le mois suivant** / **d'après**.*
***Jeudi** il avait encore pensé qu'il ne lui restait pas plus de quatre jours jusqu'à son départ **lundi prochain**.*	***Quelques jours avant**, il avait encore pensé qu'il ne lui restait pas plus de quatre jours jusqu'à son départ **le lundi suivant**.*
***Il y a juste quelques instants** que nous avons appris que notre invité est déjà arrivé **hier soir**.*	***En arrivant dans son bureau**, il apprit que son invité était déjà arrivé **la veille au soir**.*

Dementsprechend sind folgende Verschiebungen der Zeitangaben und Zeitadverbien zu beachten:

Gleicher zeitlicher Bezugsrahmen		Unterschiedlicher zeitlicher Bezugsrahmen	
maintenant / en ce moment	jetzt	*à ce moment-là / à ce moment même*	damals
aujourd'hui	heute	*ce jour-là / le jour même*	an jenem Tag
demain	morgen	*le lendemain*	am folgenden Tag
après-demain	übermorgen	*le surlendemain*	am übernächsten Tag

Gleicher zeitlicher Bezugsrahmen		Unterschiedlicher zeitlicher Bezugsrahmen	
hier	gestern	*la veille /* *le jour d'avant*	am Tag zuvor
hier soir	gestern abend	*la veille au soir*	am Tag zuvor abends
avant-hier	vorgestern	*deux jours avant /* *deux jours auparavant* */ l'avant-veille*	zwei Tage zuvor
ce matin	heute morgen	*ce matin-là*	an jenem Morgen
aujourd'hui-même	noch heute	*ce / le jour même*	noch am selben Tag
dans deux jours	in zwei Tagen	*deux jours plus tard /* *deux jours après*	zwei Tage später
l'autre jour	neulich	*quelques jours avant*	einige Tage zuvor
le mois dernier	letzten Monat	*le mois d'avant /* *le mois précédent*	im Monat zuvor
ce mois-ci	diesen Monat	*ce mois-là*	in jenem Monat
cette année	in diesem Jahr	*cette année-là*	in jenem Jahr
l'année prochaine	nächstes Jahr	*l'année d'après /* *l'année suivante*	im Jahr darauf
il y a deux ans	vor zwei Jahren	*deux ans avant /* *deux ans plus tôt*	zwei Jahre zuvor

Das Bedingungssatzgefüge mit *si* in der indirekten Rede

395

Im konditionalen Satzgefüge mit *si* (vgl. **224**) ist zu unterscheiden zwischen **erfüllbarer Bedingung** (potentieller Fall) und **nicht erfüllbarer / nicht erfüllter Bedingung** (irrealer Fall).

In der direkten Rede müssen dementsprechend folgende Fälle unterschieden werden:

Erfüllbare Bedingung in der direkten Rede

1. «*Si vous **croyez** cela, vous **êtes** bien naïf.*»

   → **potentieller Fall**

2. «*Si vous **faites** cela, vous **aurez** des problèmes.*»

   → **potentieller Fall**

3. «*Si vous **revoyiez** votre ami maintenant, vous ne le **reconnaîtriez** pas.*»
   Sollte der Fall eintreten, dass Sie Ihren Freund jetzt wiedersehen, dann würden Sie ihn nicht wiedererkennen.

   → **potentieller Fall**
   (verstärkte Hypothese)

Nicht erfüllbare / nicht erfüllte Bedingung in der direkten Rede

4. «*Si j'**avais** beaucoup d'argent, j'**achèterais** une grande maison.*»

   → **irrealer Fall**
   = aber ich habe das Geld nicht.

5. «*Si j'**avais su** la vérité, je **n'aurais pas agi** de la sorte.*»

   → **irrealer Fall**
   = aber ich habe die Wahrheit nicht gewusst.

Für die Überleitung in die indirekte Rede ergeben sich für den potentiellen und irrealen Fall folgende Veränderungen:

Erfüllbare Bedingung in direkter Rede

1. «*Si vous **croyez** cela, vous **êtes** bien naïf.*»

2. «*Si vous **faites** cela, vous **aurez** des problèmes.*»

3. «*Si vous **revoyiez** votre ami maintenant, vous ne le **reconnaîtriez** pas.*»

Erfüllbare Bedingung in indirekter Rede

*On lui a dit que s'il le **croyait**, il **était** bien naïf.*
Bei Hauptverb im Vergangenheitstempus Überleitung nach: **imparfait – imparfait**

*On lui a dit que s'il le **faisait**, il **aurait** des problèmes.*
Bei Hauptverb im Vergangenheitstempus Überleitung nach: **imparfait – futur du passé**

*On lui a dit que s'il **revoyait** son ami à ce moment même, il ne le **reconnaîtrait** pas.*
Zeitveränderung bei Hauptverb im Vergangenheitstempus: **keine**

Nicht erfüllbare / nicht erfüllte Bedingung in der direkten Rede

4. «*Si j'**avais** beaucoup d'argent, j'**achèterais** une grande maison.*»

5. «*Si j'**avais su** la vérité, je n'**aurais pas agi** de la sorte.*»

Nicht erfüllbare / nicht erfüllte Bedingung in der indirekten Rede

*Il a dit que s'il **avait** beaucoup d'argent, il **achèterait** une grande maison.*
Ebenfalls **keine** Veränderung!

*Il a dit que s'il **avait su** la vérité, il n'**aurait pas agi** de la sorte.*
Ebenfalls **keine** Veränderung!

R 395

In der **indirekten Rede** haben die *si*-Sätze **die gleiche Form** wie in der direkten Rede.

Ausnahme:
Ein *si*-Satz vom Typ 'erfüllbare Bedingung' (Präsens im *si*-Satz – Präsens / Futur im Folgesatz) wird in den Typ 'erfüllbare Bedingung' (Imperfekt im *si*-Satz – Imperfekt / *futur du passé* im Folgesatz = verstärkter potentieller Fall) übergeleitet, wenn das einleitende Verb der Vergangenheitsgruppe angehört.

Beachte auch die Fälle einer **erfüllten Annahme** , bei denen folgende Veränderungen gegenüber der direkten Rede eintreten:

Erfüllte Annahme in direkter Rede	Erfüllte Annahme in indirekter Rede
«Si tu **as réussi**, tu **as eu** de la chance.»	Il lui a dit que s'il **avait réussi**, il **avait eu** de la chance.
«Si tu **as fait** cela, tu **auras** des problèmes.»	Il lui a dit que s'il l'**avait fait**, il **aurait** des problèmes.
«Si tu **as fait** cela, tu **es** courageux.»	Il lui a dit que s'il l'**avait fait**, il **était** courageux.

Die erlebte Rede *(le discours indirect libre / le style indirect libre)*   396

Die erlebte Rede ist eine „freie indirekte Rede". Sie ist „frei" von einleitenden redebezeichnenden Verben (z.B. er sagte / dachte, dass...) und kann sowohl **Redeinhalte** als auch unausgesprochene **Gedanken**, **Wahrnehmungen**, **Gefühle** von Sprechern oder Handlungsfiguren wiedergeben. Durch die Verwendung der erlebten Rede statt indirekter Rede wird die zuweilen schwerfällig wirkende Wiederholung von einleitenden redebezeichnenden Verben und der Konjunktion *que* vermieden. Die erlebte Rede ist zudem besonders geeignet zur Wiedergabe subjektiver, flüchtiger, affektiv betonter Bewusstseinszustände. Sie wurde ab Mitte des 19. Jahrhunderts regelmäßig in fiktionalen Texten (Roman, Novelle) verwendet und fand seit Beginn des 20. Jahrhunderts Eingang auch in nicht-fiktionale Texte (Geschichtsschreibung, Biographie, politische Rede, usw.), um Äußerungen, Gedanken und Gefühle als subjektiv „erlebt" nachvollziehbar zu machen.

Folgende Typen der Personenrede sind dementsprechend zu unterscheiden:

Ausgangssituation: *Jean et Pierre attendaient avec impatience le train qui, une fois de plus, était en retard. Après dix minutes d'attente, Pierre se mit en colère et commença à vociférer (= laut schimpfen):*

Direkte Rede:

(Pierre):
*«Mais quand **est-ce que** ce **maudit** train **va arriver enfin**? **Dans une demi-heure** je **dois** absolument être là-bas, **tu ne comprends donc pas**?»*

„Aber wann kommt denn endlich der verfluchte Zug? In einer halben Stunde muss ich unbedingt dort sein, verstehst du denn nicht?"

(Jean):
*«**C'est** toujours la même chose, **mais hélas!** **il faut** patienter. **Ne t'en fais pas**, le train **va** venir **dans quelques instants**.»*

„Es ist immer das gleiche, aber wir müssen uns gedulden, leider Gottes. Hab' keine Sorge, der Zug kommt in wenigen Augenblicken."

(Pierre):
*«Je n'**ai** pas envie de toujours supporter **ces** retards. **Non, franchement**, j'en ai marre!»*

„Ich habe keine Lust, ständig diese Verspätungen hinzunehmen. Nein wirklich, ich habe die Nase voll!"

Indirekte Rede:

*Pierre **voulait savoir** quand le train **allait** arriver, car il **devait** absolument être là-bas **une demi-heure après**. Et il lui **demanda** encore **s'il ne comprenait pas sa situation délicate**.*
*Jean **répondit** que c'**était** toujours la même chose et qu'il **fallait malheureusement** patienter et **ne pas s'en faire, que** le train **allait venir quelques instants après**.*
*Pierre interrompit son ami et **répliqua** qu'il n'**avait** pas envie de toujours supporter **les** retards du train et **qu'il en avait marre**.*

Peter wollte wissen, wann der Zug komme / käme, denn er müsse unbedingt eine halbe Stunde später dort sein. Und er fragte noch weiter, ob Hans seine missliche Situation nicht verstehe.
Hans antwortete, dass es immer das gleiche sei und man sich leider gedulden müsse. Er möge sich keine Sorgen machen, der Zug werde einige Augenblicke später eintreffen.
Peter unterbrach seinen Freund und erwiderte, er habe keine Lust, die Zugverspätungen immer hinzunehmen, er habe die Nase voll.

Erlebte Rede:

*Mais quand ce **maudit** train **allait-il** arriver enfin? **Dans une demi-heure**, il **devait** absolument être là-bas, **ne comprenait-il donc pas**? (est-ce qu'il ne comprenait donc pas?)*
*Selon Jean, c'**était** toujours la même chose, Mais hélas! **il fallait patienter. Il ne devait pas s'en faire**, le train **allait venir dans quelques instants**.*
*Pierre interrompit son ami. Il n'**avait** pas envie de toujours supporter **ces** retards. **Non, franchement**, il en avait marre!*

Wann kam denn endlich der verdammte Zug? In einer halben Stunde musste er (= Peter) unbedingt dort sein, konnte er dies nicht verstehen?
Es war ja immer das gleiche (meinte Hans), aber leider Gottes mussten sie sich gedulden. Er sollte sich nur keine Sorgen machen, der Zug kam in wenigen Augenblicken.
Peter unterbrach seinen Freund. Er hatte keine Lust, ständig diese Verspätungen hinzunehmen. Nein, er hatte wirklich die Nase voll!

Merkmale der erlebten Rede:

---

1. Sie ist nur implizit von einem redebezeichnenden Verb, das ungenannt bleibt, abhängig und kennt keine einleitenden Konjunktionen wie *que* oder *si*.

2. Es werden keine Anführungszeichen, aber Fragezeichen gesetzt.

3. Sie übernimmt die affektiven Elemente und emphatischen Ausrufe der direkten Rede (*ce maudit train, donc, enfin, ces retards, franchement, hélas!*) und erhält deren spontanen Charakter aufrecht. Aus diesem Grund wird auch das Ausrufezeichen gesetzt.

4. Die **Raum-** und **Zeitangaben** sind die gleichen wie in der direkten Rede.

5. Die Konstruktion der Fragesätze in direkter Rede (Inversionsfrage oder *est-ce que*-Frage) wird auch in der erlebten Rede verwendet.

6. Die Pronominalverschiebung (Personal-, Possessivpronomina) ist die gleiche wie in der indirekten Rede.

7. Tempus und Modus sind die gleichen wie im *que*- oder *si*-Satz der indirekten Rede.

Merke also:

Die erlebte Rede hat im Französischen eine <mark>grammatische Zwischenstellung</mark> **zwischen direkter und indirekter Rede. Wie im Französischen wird im Deutschen in der erlebten Rede der Indikativ verwendet.**

Die Differenzierung von Erzählung und erlebter Rede innerhalb eines Textes `397`

Innerhalb eines Textes sind die Übergänge zwischen erzählenden Passagen und erlebter Rede häufig fließend und nur indirekt markiert. Die in erlebter Rede wiedergegebenen Gedanken einer Person oder eines Personenkollektivs können deswegen als **Erzählerbericht** oder **Erzählermeinung** angesehen werden und zu folgenreichen Missverständnissen führen, wie folgende Beispiele zeigen:

Ausgangssituation: Emma Bovary reflektiert nach dem Ehebruch mit Rodolphe Boulanger ihre Gefühlslage wie folgt:

> *Elle se répétait: «J'ai un amant, un amant!» se délectant à cette idée comme à celle d'une autre puberté qui lui serait survenue. Elle **allait donc** posséder **enfin ces** joies de l'amour, **cette** fièvre du bonheur dont elle **avait désespéré**. Elle **entrait** dans quelque chose de merveilleux où tout **serait** passion, extase, délire.*
>
> Gustave Flaubert, *Madame Bovary, 1857*

Im Verlauf des Prozesses, der dem Autor Gustave Flaubert wegen Verstoßes gegen die guten Sitten und gegen die öffentliche Moral gemacht wird, sieht der Staatsanwalt Ernest Pinard in dieser subjektiven, in erlebter Rede dargebotenen Verarbeitung des Ehebruchs durch die Protagonistin Emma Bovary eine Verherrlichung des Ehebruches **durch den Autor**.

Ähnlich ging es im November 1988 dem damaligen Präsidenten des deutschen Bundestages, Philipp Jenninger, der in seiner im Bundestag gehaltenen Gedenkrede zu den Progromen der Reichskristallnacht von 1938 die subjektiven Vorstellungen der deutschen Durchschnittsbürger der dreißiger Jahre in Form der erlebten Rede skizzierte:

> Und was die Juden anging: **Hatten** sie sich nicht in der Vergangenheit **doch** eine Rolle **angemaßt** (...), die ihnen nicht **zukam**? **Mussten** sie nicht **endlich einmal** Einschränkungen in Kauf nehmen? **Hatten** sie es nicht **vielleicht sogar** verdient, in ihre Schranken gewiesen zu werden? Und vor allem: **Entsprach** die Propaganda – abgesehen von wilden, nicht ernstzunehmenden Übertreibungen – nicht **doch** in wesentlichen Punkten eigenen Mutmaßungen und Überzeugungen?
>
> *Die Zeit*, 18.11.1988

Der Redner musste von seinem Amt zurücktreten, weil die Zuhörer im Bundestag diese Ausführungen ihm selbst als eigene Meinung unterstellten und nicht erkannten (oder erkennen wollten), dass es sich um die subjektiv gestaltete Wiedergabe der Meinung des Volkes handelte, dessen fragwürdige Argumentationsmuster mit ihrem affektiven Potential gleichsam zum 'Nacherleben' (durch die erlebte Rede) verlebendigt werden sollten.

Indirekte / erlebte Rede: Repetitorium

Der Gebrauch von indirekter und erlebter Rede: Grundregeln   398

1. Im Französischen wird in **indirekter Rede** (im *que*-Satz) der **Indikativ** verwendet; der *subjonctif* nur nach Verben und Ausdrücken, die diesen grundsätzlich immer erfordern. Demgegenüber wird im Deutschen die indirekte Rede (besonders in gepflegter Sprache) durch Konjunktivformen gekennzeichnet.

2. Bei einleitenden Verben der **Gegenwartsgruppe** in **indirekter Rede** steht in von diesen abhängigen Nebensätzen die Zeit der direkten Rede. Bei einleitenden Verben der **Vergangenheitsgruppe** verschieben sich in indirekter Rede die Zeiten:

Präsens	→ Imperfekt
Passé simple / passé composé	→ Plusquamperfekt
Futur	→ Konditional *(futur du passé)*
Imperfekt	→ bleibt Imperfekt
Plusquamperfekt	→ bleibt Plusquamperfekt

3. Der Modus des *subjonctif* und des Konditionals der direkten Rede bleibt in indirekter Rede erhalten.

4. *Si*-Sätze der direkten Rede werden in unveränderter Form in die indirekte Rede übertragen. Eine Ausnahme bilden hier die **erfüllbare Bedingung** oder die **erfüllbare Annahme**, wenn das Verb in einem Tempus der Vergangenheit steht:

   Erfüllbare Bedingung: *«Si tu viens, je **serai** content.»*
                            → *Il a dit que si je **venais**, il **serait** content.*

   Erfüllte Annahme: *«Si tu **as réussi**, tu **as eu** de la chance.»*
                            → *Il a dit que si j'**avais réussi**, j'**avais eu** de la chance.*

5. Die **erlebte Rede** hat eine grammatische Zwischenstellung zwischen direkter und indirekter Rede. Sie wird zur Wiedergabe von Äußerungen, Gedanken, Wahrnehmungen und Gefühlen verwendet. Sie ist **frei** (deshalb französisch: *discours / style indirect **libre***) von einleitenden redebezeichnenden Verben. Sie behält den spontanen Charakter der direkten Rede bei (**gleiche** Raum- und Zeitangaben, **gleiche** affektive Elemente, **gleiche** Frageform, d.h. Inversionsfrage oder *est-ce que*-Frage). Sie ist jedoch durch die Pronominal- und die Tempusverschiebung der indirekten Rede gekennzeichnet.

399 Schwierigkeiten und Fehlerquellen

1. Ein Präsens der direkten Rede entspricht im Französischen nach einleitender Verbform der Vergangenheitsgruppe in indirekter Rede in der Regel einem Imperfekt. Germanophone Lerner der französischen Sprache beachten diese Regel wegen der präsentischen Konjunktivform im Deutschen häufig nicht. Bei einem Satz wie:

   • Er sagte seinem Freund, dass er sich **freue**.

   ist also Vorsicht geboten. Er lautet im Französischen:

   • *Il a dit à son ami qu'il **était** content.*

2. Im Gegensatz zum Deutschen wird im Französischen das Präsens mit futurischer Bedeutung nicht regelmäßig und meist nur in gesprochener Sprache verwendet. Im geschriebenen Französisch muss eine zukünftige Handlung in der Regel durch das Futur ausgedrückt werden:

   • *J'espère qu'il **fera** son travail.*
   • Ich hoffe, dass er seine Arbeit **macht**.

   Diese Regel wird insbesondere in der indirekten Rede nach einleitender Verbform der Vergangenheitsgruppe wirksam: Eine von der Vergangenheit aus gesehene zukünftige Handlung wird durch das *futur du passé* oder durch *aller* + Infinitiv gekennzeichnet.

   • *J'espérais qu'il **ferait** / **allait faire** son travail.*
   • Ich hoffte, er **werde** (auch: **würde**) seine Arbeit machen.

3. Bei der Überleitung direkter in indirekte Rede im Französischen ist darauf zu achten, dass *subjonctif*-Formen des Präsens häufig mit Indikativformen des Präsens (außer *nous* / *vous*) übereinstimmen. Der *subjonctif* muss klar erkannt sein, um in indirekter Rede die Verwendung einer unkorrekten Indikativform zu vermeiden.

   • *Mon chef m'a dit: «Je ne veux pas qu'on me **dérange**.»* (subjonctif!)
   • → *Mon chef m'a dit qu'il ne voulait pas qu'on le **dérange**.*

   Aber:

   • *Mon chef m'a dit: «Cela ne me **dérange** pas.»*
   • → *Mon chef m'a dit que cela ne le **dérangeait** pas.*

4. Besonders zu beachten ist, dass die Tempusverschiebung von direkter in die indirekte Rede nicht Handlungen betrifft, die durch das Imperfekt als im Verlauf befindlich markiert werden („Imperfekt bleibt Imperfekt"):

Direkte Rede:	*«J'ai vu la voiture qui **passait** à toute vitesse.»*
Indirekte Rede:	*Il a avoué avoir vu la voiture qui **passait** à toute vitesse.* (= Imperfekt bleibt Imperfekt.)

5. Eine zusammenhängende Passage in der indirekten Rede kann im Deutschen ohne redebezeichnende Verben auskommen, da die Verbformen meist im Konjunktiv stehen und die indirekte Rede durch die Verwendung dieses Modus bereits hinreichend kenntlich gemacht ist:

> Er sagte, er **habe** den Unfall nicht gesehen. Er **sei** auf der anderen Straßenseite gegangen und **habe** nicht auf den Straßenverkehr geachtet. **Ob** er deshalb nicht von der Aussage entbunden werden **könne**?

Im Schriftfranzösischen besteht die Möglichkeit, diese Passage in indirekter Rede mit zusätzlichen, einleitenden redebezeichnenden Verben zu versehen oder – stilistisch eleganter – in den *style indirect libre* überzugehen:

Indirekte Rede	Erlebte Rede
Il a dit qu'il n'avait pas vu l'accident. Il a expliqué qu'il était en train de se promener de l'autre côté de la rue et qu'il ne faisait pas attention à la circulation. Et il voulait savoir s'il ne pouvait pas être dispensé de la déposition.	*Il a dit qu'il n'avait pas vu l'accident. Il était en train de se promener de l'autre côté de la rue et ne faisait pas attention à la circulation. Est-ce qu'il ne pouvait pas / Ne pouvait-il pas être dispensé de la déposition?*

6. Bei einer Überleitung eines *si*-Satzes von der direkten in die indirekte Rede ist darauf zu achten, dass man sich durch die deutsche Konstruktion nicht dazu verleiten lässt, das den Nebensatz einleitende *que* wegzulassen:

- Er sagte, wenn er es wollte, dann täte er es (auch).
- *Il a dit **que** s'il le voulait, il le ferait.*

Anhang

Anhang

Kapitelübersicht:

400 Die Satzzeichen

Im Französischen werden folgende Satzzeichen verwendet:

.	*le point*		**...**	*les points de suspension* (m) (Auslassungs-, Gedankenpunkte)
,	*la virgule*			
;	*le point-virgule*		**« »**	*les guillemets* [gijmɛ] (m) (Anführungszeichen)
:	*les deux-points*		**( )**	*les parenthèses* (f) (runde Klammern)
!	*le point d'exclamation*			
?	*le point d'interrogation*		**[ ]**	*les crochets* (m) (eckige Klammern)
—	*le tiret*			

401 Die Zeichensetzung: Punkt und Komma

1. Der Punkt:

Ein Punkt steht:

- am **Ende** des Satzes und in **Abkürzungen**:

  M. (Monsieur); *A.N.P.E.* (Agence nationale pour l'emploi);
  C.V. (Curriculum vitae = Lebenslauf); *F.S.* (faire suivre = nachsenden);
  p. (page); *P.C.* (parti communiste)

- nach einem **Imperativ** (im Gegensatz zum Deutschen, wo ein Ausrufezeichen verwendet wird):

  Donne-le-moi. Va-t'en. Vas-y.
  Aber: *Au secours!* (→ ein Ausruf!)

Kein Punkt steht:

- wenn der letzte Buchstabe des Wortes die Abkürzung schließt:

  Mlle Rouault; bd Hausmann; Dr Durand; rue St-Augustin

- bei Maßangaben:

  30 km/h; 10 kwh (kilowatts-heure); 30 cm; 30 kg

- bei der Zählung von Königen, Kaisern, Päpsten:

  Napoléon Ier; Louis XVIII; Jean Paul II

- bei Datumsangaben:

  le 30 septembre 1997; Paris, le 26-3-1997; le 26/3/1997

2. Das Komma:

Im Französischen ist die Kommasetzung anders geregelt als im Deutschen. Das Komma im Französischen zeigt kurze Sprechpausen im Satz an und ist nur selten ein syntaktisches Gliederungssignal wie im Deutschen.

Das Komma wird gesetzt:

- bei adverbialen Bestimmungen:

    Nach einer adverbialen Bestimmung am Anfang des Satzes wird grundsätzlich ein Komma gesetzt, meist auch dann, wenn es sich nur um ein Wort handelt. Befindet sich eine adverbiale Bestimmung innerhalb eines Satzes, wird sie durch Beistriche eingerahmt.

    Hier soir, nous sommes allés au cinéma.
    Malheureusement, il n'a pas pu payer sa maison.
    Son attitude, pendant le repas, a été détestable.

- bei Aufzählungen:

    Sa femme est belle, blonde, élancée.

- nach Nebensätzen, Partizipialkonstruktionen und Infinitivkonstruktionen, sofern diese **dem Hauptsatz vorausgehen**:

    Aussitôt que la conférence fut ouverte, les délégués se mirent au travail.
    Mieux préparée, elle aurait passé son permis de conduire.
    Avant de commettre la même erreur, nous devrions acheter un plan de Paris.

- im segmentierten Satz:

    Ton père, je ne le connais presque pas.

- vor Relativsätzen, die erläuternd (explikativ) sind:

    Cette voiture, que j'ai d'ailleurs achetée chez un garagiste français, est très fiable.

Das Komma wird nicht gesetzt:

- vor mit Konjunktionen oder Fragewörtern eingeleiteten Nebensätzen oder vor Infinitivsätzen:

    Nous sommes étonnés qu'elle ne soit pas encore rentrée.
    On ne sait pas de quelle façon le malfaiteur a pu pénétrer dans le bâtiment.
    Je lui ai écrit après être rentré chez moi.
    Il serait arrivé à l'heure s'il avait pris le TGV.

Ausnahmen:

Vor mit *bien que, si bien que, à condition que, encore que, à moins que, pourvu que, puisque, tandis que* eingeleiteten Nebensätzen steht in der Regel ein Komma:

Elle n'est pas vraiment malade, bien qu'elle se sente un peu fatiguée.

- Vor Datumsangaben:

  Ils ont célébré leur mariage le vendredi 21 juillet 2000 à Paris.

- vor notwendigen, einschränkenden (restriktiven) Relativsätzen, (die ohne Sprechpause an das Bezugswort angeschlossen werden):

  Nous étions entièrement satisfaits de la voiture que nous avions louée pendant notre voyage au Mexique.

402 Die Silbentrennung *(la division des mots en syllabes)*

Im Französischen wird nach folgenden Regeln getrennt:

- ein einzelner Konsonant zwischen zwei Vokalen lehnt sich an die Folgesilbe an:

  di-gi-tal; ma-rine; su-bi-te-ment

- bei Konsonantengruppen wird unterschiedlich verfahren. Zwei aufeinander folgende Konsonanten werden in der Regel getrennt:

  con-tent; al-ler; ces-ser

- bei drei oder mehr aufeinanderfolgenden Konsonanten wird nach dem zweiten Konsonant getrennt:

  comp-ter; domp-ter; abs-trait

Nicht getrennt werden:

- aufeinanderfolgende Vokale:

  me-nui-sier; tuer; de-voir

- die Verbindungen Konsonant + *l*, Konsonant + *r*:

  rem-plir; con-grès, a-pa-tride

- die Konsonantenverbindungen *ch, ph, th, gn, ll* [j]:

  a-chat; a-pha-sie; es-thète; a-gneau; ra-vi-tai-ller. Aber: *al-ler* [ale]

- Endsilben mit stummem *e*:

  *la **ville**; **rouge**; tran-**quille**; **lorsque***

- abgekürzte Vornamen oder Titel bei nachfolgendem Namen, d.h. Vornamen oder Titel stehen stets in der gleichen Zeile wie der Name:

  ***G.** de Maupassant; **M.** Durand; **M**^{e} Sénard* (es handelt sich um die Anrede *"maître"* bei einem Rechtsanwalt oder Notar).

- Aus dem Lateinischen oder Griechischen stammende Wörter werden zuweilen nach etymologischen Kriterien getrennt:

  Anstatt regelmäßig *dé**s**-ta-bi-li-sa-tion* trennt man das lateinische Präfix ab: *dé-sta-bi-li-sa-tion.*

Die Großschreibung *(l'emploi des majuscules)* 403

Im modernen Französisch, das grundsätzlich keine Großschreibung der Substantive wie das Deutsche kennt, ist der Gebrauch großer Anfangsbuchstaben nicht immer einheitlich, zumal in der Presse eine Tendenz zu einer subjektiven Großschreibung zu beobachten ist.

Folgende Grundregeln sollten jedoch beachtet werden:

1. **Eigennamen** werden allgemein groß geschrieben, also: Personen, Länder, Provinzen, Städte, Straßennamen, Inseln, Flüsse, Berge, Einwohner, Völker, Nationen:

   André Gide, E. Zola; l'Allemagne, le Chili; la Bourgogne, la Hesse; Chalon-sur-Saône, Sarrebruck; bd Saint-Michel, rue Montaigne; la Corse, Chypre; le Rhin, la Moselle; le Mont Blanc; les Parisiens, les Lorrains; les Arabes, les Américains; les Etats-Unis, le Mexique.

Beachte folgende Unterschiede:

*Je connais bien **les Français.***	⇒	die Franzosen
*Je parle bien **le français**.*	⇒	das Französische
*Pendant six semaines, mes parents ont voyagé en **Amérique du Sud**.*	⇒	Die Himmelsrichtung „*sud*" ist Bestandteil des Eigennamens „Südamerika".
*Pendant ce temps-là, j'ai séjourné dans le **sud** de l'Allemagne.*	⇒	im Süden Deutschlands
*le vent du **nord***	⇒	der Nordwind
*Il est né dans le **Nord**.*	⇒	Er ist in Nordfrankreich geboren.

La cuisine **anglaise** ne me déplaît pas du tout.	⇒	adjektivischer Gebrauch des Eigennamens
En **Angleterre**, on trouve nombre de restaurants agréables.	⇒	substantivischer Gebrauch des Eigennamens
Nous aimerions beaucoup visiter **Le Caire**, la capitale de l'Egypte.	⇒	Der Artikel gehört zum Eigennamen.
Nous avons étudié **le Paris** du XIXe siècle.	⇒	Der Artikel gehört nicht zum Eigennamen.

2. **Feiertage**, **Feste** werden ebenfalls groß geschrieben:

> Noël, Pâques, Pentecôte, le jeudi de l'Ascension, la Toussaint

Die **Wochentage** und **Monatsnamen** werden jedoch klein geschrieben:

> le 30 mars; je viendrai vendredi.

Beachte folgende Unterschiede:

- Nos voisins sont partis le lundi 15 mars.
- L'histoire de la France a connu des bouleversements notables au mois de juillet. Qu'on pense au Quatorze Juillet ou à la monarchie de Juillet.
  (Der Tag des Revolutionsfestes und die Julimonarchie haben den Status von Eigennamen.)

3. **Historische Ereignisse, Epochen, Herrscher** unterliegen ebenfalls der Großschreibung:

> la Première Guerre mondiale, l'Ancien Régime, sous l'Occupation, Philippe le Bel, le Roi-Soleil

4. Großschreibung auch bei **Institutionen**, **Gemeinschaften**, **öffentlichen Ämtern**:

> l'Education nationale, les Nations unies (aber auch: l'Organisation des Nations Unies → l'O.N.U.), la Légion d'honneur, l'Assemblée nationale, le Marché commun, l'Etat, le Premier ministre, le président de la République (auch: le Premier Ministre; le Président de la République), le ministère des Affaires étrangères, le ministre des Finances, le ministre de l'Intérieur

5. **Anredeformen** werden in der Regel groß geschrieben:

> Monsieur le Professeur, Monsieur le Directeur, Mon cher collègue (auch: Mon cher Collègue), Madame la Présidente, Madame la Ministre

> Veuillez agréer, Madame, mes hommages respectueux. Je vois souvent Madame Durand. (Auch: madame Durand, da es sich um keine formale Anrede handelt.)

6. Folgende Schreibungen sind bei **religiösen Begriffen** und **Eigennamen** zu beachten:

> *Le bon Dieu, le Tout-Puissant, le Saint-Esprit, la sainte Bible, le Vendredi saint, rue Saint-Honoré, la Sainte messe, l'Evangile selon saint Jean, une coquille Saint-Jacques*

Hier ist insbesondere die Groß- und Kleinschreibung von *Saint / saint* zu beachten. Wenn mit kleinem Buchstaben beginnend, wird die Person des Heiligen selbst bezeichnet oder ist ein den Eigennamen begleitendes Adjektiv: *saint Jean; l'Histoire sainte.* Ist das Adjektiv mit dem folgenden Substantiv zu einem Eigennamen verschmolzen, wird *Saint* groß geschrieben. Die Verbindung zu einem Eigennamen wird auch durch den Bindestrich verdeutlicht: *le Saint-Esprit, le Saint-Siège* (der heilige Stuhl). Aber: *la Sainte Vierge* (ohne Bindestrich).

7. Bei **Werktiteln** (literarische Werke, Zeitschriften, Filme, wissenschaftliche Abhandlungen usw.) hat sich folgende Praxis als sinnvoll erwiesen:

- Wenn der Titel ein Substantiv mit vorausgehendem bestimmten Artikel enthält, werden beide groß geschrieben: *Les Précieuses ridicules, Le Monde, L'Insurgé de Jules Vallès*

- Handelt es sich um ein Gesetzeswerk oder einen sakralen Text, wird nur das Substantiv, nicht der Artikel groß geschrieben: *le Coran, la Bible, le Code civil*

- In den anderen Fällen schreibt man das erste Wort des Titels groß:

  J'ai lu «Une vie» de Maupassant.

- Besteht der Titel aus einem Satz, wird ebenfalls der erste Buchstabe des Anfangswortes groß geschrieben:

  On ne badine pas avec l'amour (A. de Musset) / *Quand passent les cigognes.*

Anmerkung:

Adjektive, die dem Substantiv vorangehen, werden, wie auch das folgende Substantiv, in der Regel groß geschrieben:

> *Le Nouvel Observateur, La Divine Comédie, Le Grand Meaulnes, La Grande Illusion*

Joseph Hanse empfiehlt in seinem *Nouveau dictionnaire des difficultés du français moderne* (3. Aufl. 1994, S. 536) eine vereinfachte Handhabung, die sich seiner Meinung nach im Französischen durchsetzen würde:

- Großbuchstaben nur am Anfang des ersten Titelwortes und bei im Titel vorkommenden Eigennamen:

  Les femmes savantes (Molière)

  Le rouge et le noir (Stendhal)

  Le mariage de Figaro (Beaumarchais)

Liste der unregelmäßigen und unvoll-
ständigen Verben

Die unregelmäßigen Verben *(les verbes irréguliers)* einschließlich   404
der Verben mit orthographischen Besonderheiten

abattre	fällen / niederreißen	s. *battre*
aboyer	bellen	s. *broyer*
abréger	abkürzen	s. *assiéger*
absoudre	freisprechen	s. *dissoudre*
s'abstenir	sich enthalten	s. *tenir*
accéder	gelangen zu / Zugang haben	s. *céder*
accueillir	empfangen	s. *cueillir*

acheter   kaufen

ind. présent:	*j'achète, tu achètes, il achète, nous achetons, vous achetez, ils achètent*
imparfait:	*j'achetais, tu achetais, il achetait, nous achetions, vous achetiez, ils achetaient*
passé simple:	*j'achetai, tu achetas, il acheta, nous achetâmes, vous achetâtes, ils achetèrent*
passé composé:	*j'ai acheté*
futur simple:	*j'achèterai, tu achèteras, il achètera, nous achèterons, vous achèterez, ils achèteront*
conditionnel:	*j'achèterais, tu achèterais, il achèterait, nous achèterions, vous achèteriez, ils achèteraient*
subjonctif présent:	*que j'achète, que tu achètes, qu'il achète, que nous achetions, que vous achetiez, qu'ils achètent*
subjonctif imparfait:	*qu'il achetât, qu'ils achetassent*
impératif:	*achète, achetons, achetez*

acquérir   erwerben

ind. présent:	*j'acquiers, tu acquiers, il acquiert, nous acquérons, vous acquérez, ils acquièrent*
imparfait:	*j'acquérais, tu acquérais, il acquérait, nous acquérions, vous acquériez, ils acquéraient*
passé simple:	*j'acquis, tu acquis, il acquit, nous acquîmes, vous acquîtes, ils acquirent*
passé composé:	*j'ai acquis*

futur simple:	j'acquerrai, tu acquerras, il acquerra, nous acquerrons, vous acquerrez, ils acquerront	
conditionnel:	j'acquerrais, tu acquerrais, il acquerrait, nous acquerrions, vous acquerriez, ils acquerraient	
subjonctif présent:	que j'acquière, que tu acquières, qu'il acquière, que nous acquérions, que vous acquériez, qu'ils acquièrent	
subjonctif imparfait:	qu'il acquît, qu'ils acquissent	
impératif:	acquiers, acquérons, acquérez	
adhérer	haften / beitreten	*s. **céder***
admettre	zugeben / zulassen	*s. **mettre***
advenir	geschehen / sich ereignen	*s. **venir***

(nur 3. Person Singular und Plural)

aller	gehen / fahren	
ind. présent:	je vais, tu vas, il va, nous allons, vous allez, ils vont	
imparfait:	j'allais, tu allais, il allait, nous allions, vous alliez, ils allaient	
passé simple:	j'allai, tu allas, il alla, nous allâmes, vous allâtes, ils allèrent	
passé composé:	je suis allé(e)	
futur simple:	j'irai, tu iras, il ira, nous irons, vous irez, ils iront	
conditionnel:	j'irais, tu irais, il irait, nous irions, vous iriez, ils iraient	
subjonctif présent:	que j'aille, que tu ailles, qu'il aille, que nous allions, que vous alliez, qu'ils aillent	
subjonctif imparfait:	qu'il allât, qu'ils allassent	
impératif:	va, allons, allez	
amener	herbeiführen, herbringen	*s. **peser***
apercevoir	erblicken	*s. **recevoir***
apparaître	erscheinen	*s. **connaître***
appartenir	gehören	*s. **tenir***
appeler	rufen	
ind. présent:	j'appelle, tu appelles, il appelle, nous appelons, vous appelez, ils appellent	
imparfait:	j'appelais, tu appelais, il appelait, nous appelions, vous appeliez, ils appelaient	
passé simple:	j'appelai, tu appelas, il appela, nous appelâmes, vous appelâtes, ils appelèrent	
passé composé:	j'ai appelé	
futur simple:	j'appellerai, tu appelleras, il appellera, nous appellerons, vous appellerez, ils appelleront	

conditionnel:	j'appellerais, tu appellerais, il appellerait, nous appellerions, vous appelleriez, ils appelleraient
subjonctif présent:	que j'appelle, que tu appelles, qu'il appelle, que nous appelions, que vous appeliez, qu'ils appellent
subjonctif imparfait:	qu'il appelât, qu'ils appelassent
impératif:	appelle, appelons, appelez

apprendre lernen / lehren   s. **prendre**

assaillir angreifen

ind. présent:	j'assaille, tu assailles, il assaille, nous assaillons, vous assaillez, ils assaillent
imparfait:	j'assaillais, tu assaillais, il assaillait, nous assaillions, vous assailliez, ils assaillaient
passé simple:	j'assaillis, tu assaillis, il assaillit, nous assaillîmes, vous assaillîtes, ils assaillirent
passé composé:	j'ai assailli
futur simple:	j'assaillirai, tu assailliras, il assaillira, nous assaillirons, vous assaillirez, ils assailliront
conditionnel:	j'assaillirais, tu assaillirais, il assaillirait, nous assaillirions, vous assailliriez, ils assailliraient
subjonctif présent:	que j'assaille, que tu assailles, qu'il assaille, que nous assaillions, que vous assailliez, qu'ils assaillent
subjonctif imparfait:	qu'il assaillît, qu'ils assaillissent
impératif:	assaille, assaillons, assaillez

s'asseoir sich setzen

ind. présent:	je m'assieds, tu t'assieds, il s'assied, nous nous asseyons, vous vous asseyez, ils s'asseyent **oder:** je m'assois, tu t'assois, il s'assoit, nous nous assoyons, vous vous assoyez, ils s'assoient
imparfait:	je m'asseyais, tu t'asseyais, il s'asseyait, nous nous asseyions, vous vous asseyiez, ils s'asseyaient **oder:** je m'assoyais, tu t'assoyais, il s'assoyait, nous nous assoyions, vous vous assoyiez, ils s'assoyaient
passé simple:	je m'assis, tu t'assis, il s'assit, nous nous assîmes, vous vous assîtes, ils s'assirent
passé composé:	je me suis assis, e
futur simple:	je m'assiérai, tu t'assiéras, il s'assiéra, nous nous assiérons, vous vous assiérez, ils s'assiéront **oder:** je m'assoirai, tu t'assoiras, il s'assoira, nous nous assoirons, vous vous assoirez, ils s'assoiront
conditionnel:	je m'assiérais, tu t'assiérais, il s'assiérait, nous nous assiérions, vous vous assiériez, ils s'assiéraient **oder:** je m'assoirais, tu t'assoirais, il s'assoirait, nous nous assoirions, vous vous assoiriez, ils s'assoiraient

subjonctif présent:	que je m'asseye, que tu t'asseyes, qu'il s'asseye, que nous nous asseyions, que vous vous asseyiez, qu'ils s'asseyent
	oder: que je m'assoie, que tu t'assoies, qu'il s'assoie, que nous nous assoyions, que vous vous assoyiez, qu'ils s'assoient
subjonctif imparfait:	qu'il s'assît, que ils s'assissent
impératif:	assieds-toi, asseyons-nous, asseyez-vous

Anmerkung: Die Formen auf *ie / e* sind wesentlich geläufiger als die Formen auf *oi / oy.* Die Imperativformen auf *oi / oy (assois-toi / assoyez-vous)* werden kaum verwendet. Beachte die Schreibung *-eoi-* im Infinitiv.

assiéger belagern

ind. présent:	j'assiège, tu assièges, il assiège, nous assiégeons, vous assiégez, ils assiègent
imparfait:	j'assiégeais, tu assiégeais, il assiégeait, nous assiégions, vous assiégiez, ils assiégeaient
passé simple:	j'assiégeai, tu assiégeas, il assiégea, nous assiégeâmes, vous assiégeâtes, ils assiégèrent
passé composé:	j'ai assiégé
futur simple:	j'assiégerai, tu assiégeras, il assiégera, nous assiégerons, vous assiégerez, ils assiégeront
conditionnel:	j'assiégerais, tu assiégerais, il assiégerait, nous assiégerions, vous assiégeriez, ils assiégeraient
subjonctif présent:	que j'assiège, que tu assièges, qu'il assiège, que nous assiégions, que vous assiégiez, qu'ils assiègent
subjonctif imparfait:	qu'il assiégeât, qu'ils assiégeassent
impératif:	assiège, assiégeons, assiégez

atteindre	erreichen	s. **peindre**
balayer	fegen, kehren	s. **payer**
battre	schlagen	

ind. présent:	je bats, tu bats, il bat, nous battons, vous battez, ils battent
imparfait:	je battais, tu battais, il battait, nous battions, vous battiez, ils battaient
passé simple:	je battis, tu battis, il battit, nous battîmes, vous battîtes, ils battirent
passé composé:	j'ai battu
futur simple:	je battrai, tu battras, il battra, nous battrons, vous battrez, ils battront
conditionnel:	je battrais, tu battrais, il battrait, nous battrions, vous battriez, ils battraient

subjonctif présent:	que je batte, que tu battes, qu'il batte, que nous battions, que vous battiez, qu'ils battent
subjonctif imparfait:	qu'il battît, qu'ils battissent
impératif:	bats, battons, battez

boire   trinken

ind. présent:	je bois, tu bois, il boit, nous buvons, vous buvez, ils boivent
imparfait:	je buvais, tu buvais, il buvait, nous buvions, vous buviez, ils buvaient
passé simple:	je bus, tu bus, il but, nous bûmes, vous bûtes, ils burent
passé composé:	j'ai bu
futur simple:	je boirai, tu boiras, il boira, nous boirons, vous boirez, ils boiront
conditionnel:	je boirais, tu boirais, il boirait, nous boirions, bous boiriez, ils boiraient
subjonctif présent:	que je boive, que tu boives, qu'il boive, que nous buvions, que vous buviez, qu'ils boivent
subjonctif imparfait:	qu'il bût, qu'ils bussent
impératif:	bois, buvons, buvez

bouger   sich bewegen   s. *manger*

bouillir   sieden / kochen

ind. présent:	je bous, tu bous, il bout, nous bouillons, vous bouillez, ils bouillent
imparfait:	je bouillais, tu bouillais, il bouillait, nous bouillions, vous bouilliez, ils bouillaient
passé simple:	je bouillis, tu bouillis, il bouillit, nous bouillîmes, vous bouillîtes, ils bouillirent
passé composé:	j'ai bouilli
futur simple:	je bouillirai, tu bouilliras, il bouillira, nous bouillirons, vous bouillirez, ils bouilliront
conditionnel:	je bouillirais, tu bouillirais, il bouillirait, nous bouillirions, vous bouilliriez, ils bouilliraient
subjonctif présent:	que je bouille, que tu bouilles, qu'il bouille, que nous bouillions, que vous bouilliez, qu'ils bouillent
subjonctif imparfait:	qu'il bouillît, qu'ils bouillissent
impératif:	bous, bouillons, bouillez

broyer   zerstoßen, zerquetschen

ind. présent:	je broie, tu broies, il broie, nous broyons, vous broyez, ils broient
imparfait:	je broyais, tu broyais, il broyait, nous broyions, vous broyiez, ils broyaient
passé simple:	je broyai, tu broyas, il broya, nous broyâmes, vous broyâtes, ils broyèrent

passé composé:	*j'ai broyé*
futur simple:	*je broierai, tu broieras, il broiera, nous broierons, vous broierez, ils broieront*
conditionnel:	*je broierais, tu broierais, il broierait, nous broierions, vous broieriez, ils broieraient*
subjonctif présent:	*que je broie, que tu broies, qu'il broie, que nous broyions, que vous broyiez, qu'ils broient*
subjonctif imparfait:	*qu'il broyât, qu'ils broyassent*
impératif:	*broie, broyons, broyez*

céder   überlassen / nachgeben

ind. présent:	*je cède, tu cèdes, il cède, nous cédons, vous cédez, ils cèdent*
imparfait:	*je cédais, tu cédais, il cédait, nous cédions, vous cédiez, ils cédaient*
passé simple:	*je cédai, tu cédas, il céda, nous cédâmes, vous cédâtes, ils cédèrent*
passé composé:	*j'ai cédé*
futur simple:	*je céderai, tu céderas, il cédera, nous céderons, vous céderez, ils céderont* (Die 1990 vom *Conseil supérieur de la langue française* vorgeschlagene Orthographie ‚*je cèderai*' usw. sollte toleriert werden.)
conditionnel:	*je céderais, tu céderais, il céderait, nous céderions, vous céderiez, ils céderaient* (auch: *je cèderais* usw.)
subjonctif présent:	*que je cède, que tu cèdes, qu'il cède, que nous cédions, que vous cédiez, qu'ils cèdent*
subjonctif imparfait:	*qu'il cédât, qu'ils cédassent*
impératif:	*cède, cédons, cédez*

changer	ändern / wechseln	*s.* **manger**
combattre	kämpfen / bekämpfen	*s.* **battre**
comparaître	erscheinen	*s.* **connaître**
comprendre	verstehen	*s.* **prendre**
compromettre	gefährden	*s.* **mettre**
concéder	einwilligen / zugestehen	*s.* **céder**
concevoir	erfassen	*s.* **recevoir**

conclure   folgern / schließen

ind. présent:	*je conclus, tu conclus, il conclut, nous concluons, vous concluez, ils concluent*
imparfait:	*je concluais, tu concluais, il concluait, nous concluions, vous concluiez, ils concluaient*

passé simple:	*je conclus, tu conclus, il conclut, nous conclûmes, vous conclûtes, ils conclurent*
passé composé:	*j'ai conclu*
futur simple:	*je conclurai, tu concluras, il conclura, nous conclurons, vous conclurez, ils concluront*
conditionnel:	*je conclurais, tu conclurais, il conclurait, nous conclurions, vous concluriez, ils concluraient*
subjonctif présent:	*que je conclue, que tu conclues, qu'il conclue, que nous concluions, que vous concluiez, qu'ils concluent*
subjonctif imparfait:	*qu'il conclût, qu'ils conclussent*
impératif:	*conclus, concluons, concluez*

conduire   führen / fahren

ind. présent:	*je conduis, tu conduis, il conduit, nous conduisons, vous conduisez, ils conduisent*
imparfait:	*je conduisais, tu conduisais, il conduisait, nous conduisions, vous conduisiez, ils conduisaient*
passé simple:	*je conduisis, tu conduisis, il conduisit, nous conduisîmes, vous conduisîtes, ils conduisirent*
passé composé:	*j'ai conduit*
futur simple:	*je conduirai, tu conduiras, il conduira, nous conduirons, vous conduirez, ils conduiront*
conditionnel:	*je conduirais, tu conduirais, il conduirait, nous conduirions, vous conduiriez, ils conduiraient*
subjonctif présent:	*que je conduise, que tu conduises, qu'il conduise, que nous conduisions, que vous conduisiez, qu'ils conduisent*
subjonctif imparfait:	*qu'il conduisît, qu'ils conduisissent*
impératif:	*conduis, conduisons, conduisez*

congédier   entlassen / kündigen

ind. présent:	*je congédie, tu congédies, il congédie, nous congédions, vous congédiez, ils congédient*
imparfait:	*je congédiais, tu congédiais, il congédiait, nous congédiions, vous congédiiez, ils congédiaient*
passé simple:	*je congédiai, tu congédias, il congédia, nous congédiâmes, vous congédiâtes, ils congédièrent*
passé composé:	*j'ai congédié*
futur simple:	*je congédierai, tu congédieras, il congédiera, nous congédierons, vous congédierez, ils congédieront*
conditionnel:	*je congédierais, tu congédierais, il congédierait, nous congédierions, vous congédieriez, ils congédieraient*

subjonctif présent:	*que je congédie, que tu congédies, qu'il congédie, que nous congédiions, que vous congédiiez, qu'ils congédient*
subjonctif imparfait:	*qu'il congédiât, qu'ils congédiassent*
impératif:	*congédie, congédions, congédiez*

connaître   kennen

ind. présent:	*je connais, tu connais, il connaît, nous connaissons, vous connaissez, ils connaissent*
imparfait:	*je connaissais, tu connaissais, il connaissait, nous connaissions, vous connaissiez, ils connaissaient*
passé simple:	*je connus, tu connus, il connut, nous connûmes, vous connûtes, ils connurent*
passé composé:	*j'ai connu*
futur simple:	*je connaîtrai, tu connaîtras, il connaîtra, nous connaîtrons, vous connaîtrez, ils connaîtront*
conditionnel:	*je connaîtrais, tu connaîtrais, il connaîtrait, nous connaîtrions, vous connaîtriez, ils connaîtraient*
subjonctif présent:	*que je connaisse, que tu connaisses, qu'il connaisse, que nous connaissions, que vous connaissiez, qu'ils connaissent*
subjonctif imparfait:	*qu'il connût, qu'ils connussent*
impératif:	*connais, connaissons, connaissez*

conquérir	erobern	*s. **acquérir***
construire	bauen	*s. **conduire***
contenir	enthalten	*s. **tenir***
contraindre	zwingen / nötigen	*s. **craindre***
contredire	widersprechen	*s. **dire*** außer 2. Pers. Plural Ind. Präsens: ***vous contredisez***
contrefaire	nachahmen / fälschen	*s. **faire***
convaincre	überzeugen	*s. **vaincre***
convenir	passen / zusagen / vereinbaren	*s. **venir***
	(in der Regel mit dem Hilfsverb ***avoir***)	

coudre   nähen

ind. présent:	*je couds, tu couds, il coud, nous cousons, vous cousez, ils cousent*
imparfait:	*je cousais, tu cousais, il cousait, nous cousions, vous cousiez, ils cousaient*
passé simple:	*je cousis, tu cousis, il cousit, nous cousîmes, vous cousîtes, ils cousirent*

passé composé:	j'ai cousu
futur simple:	je coudrai, tu coudras, il coudra, nous coudrons, vous coudrez, ils coudront
conditionnel:	je coudrais, tu coudrais, il coudrait, nous coudrions, vous coudriez, ils coudraient
subjonctif présent:	que je couse, que tu couses, qu'il couse, que nous cousions, que vous cousiez, qu'ils cousent
subjonctif imparfait:	qu'il cousît, qu'ils cousissent
impératif:	couds, cousons, cousez

courir   laufen

ind. présent:	je cours, tu cours, il court, nous courons, vous courez, ils courent
imparfait:	je courais, tu courais, il courait, nous courions, vous couriez, ils couraient
passé simple:	je courus, tu courus, il courut, nous courûmes, vous courûtes, ils coururent
passé composé:	j'ai couru
futur simple:	je courrai, tu courras, il courra, nous courrons, vous courrez, ils courront
conditionnel:	je courrais, tu courrais, il courrait, nous courrions, vous courriez, ils courraient
subjonctif présent:	que je coure, que tu coures, qu'il coure, que nous courions, que vous couriez, qu'ils courent
subjonctif imparfait:	qu'il courût, qu'ils courussent
impératif:	cours, courons, courez

couvrir   bedecken   s. *souffrir*

craindre   fürchten

ind. présent:	je crains, tu crains, il craint, nous craignons, vous craignez, ils craignent
imparfait:	je craignais, tu craignais, il craignait, nous craignions, vous craigniez, ils craignaient
passé simple:	je craignis, tu craignis, il craignit, nous craignîmes, vous craignîtes, ils craignirent
passé composé:	j'ai craint
futur simple:	je craindrai, tu craindras, il craindra, nous craindrons, vous craindrez, ils craindront
conditionnel:	je craindrais, tu craindrais, il craindrait, nous craindrions, vous craindriez, ils craindraient
subjonctif présent:	que je craigne, que tu craignes, qu'il craigne, que nous craignions, que vous craigniez, qu'ils craignent
subjonctif imparfait:	qu'il craignît, qu'ils craignissent

impératif:	*crains, craignons, craignez*

croire glauben

ind. présent:	*je crois, tu crois, il croit, nous croyons, vous croyez, ils croient*
imparfait:	*je croyais, tu croyais, il croyait, nous croyions, vous croyiez, ils croyaient*
passé simple:	*je crus, tu crus, il crut, nous crûmes, vous crûtes, ils crurent*
passé composé:	*j'ai cru*
futur simple:	*je croirai, tu croiras, il croira, nous croirons, vous croirez, ils croiront*
conditionnel:	*je croirais, tu croirais, il croirait, nous croirions, vous croiriez, ils croiraient*
subjonctif présent:	*que je croie, que tu croies, qu'il croie, que nous croyions, que vous croyiez, qu'ils croient*
subjonctif imparfait:	*qu'il crût, qu'ils crussent*
impératif:	*crois, croyons, croyez*

croître wachsen

ind. présent:	*je croîs, tu croîs, il croît, nous croissons, vous croissez, ils croissent*
imparfait:	*je croissais, tu croissais, il croissait, nous croissions, vous croissiez, ils croissaient*
passé simple:	*je crûs, tu crûs, il crût, nous crûmes, vous crûtes, ils crûrent*
passé composé:	*j'ai crû Aber: accru / décru → Le capital s'est accru*
futur simple:	*je croîtrai, tu croîtras, il croîtra, nous croîtrons, vous croîtrez, ils croîtront*
conditionnel:	*je croîtrais, tu croîtrais, il croîtrait, nous croîtrions, vous croîtriez, ils croîtraient*
subjonctif présent:	*que je croisse, que tu croisses, qu'il croisse, que nous croissions, que vous croissiez, qu'ils croissent*
subjonctif imparfait:	*qu'il crût, qu'ils crûssent*
impératif:	*croîs, croissons, croissez*

cueillir pflücken

ind. présent:	*je cueille, tu cueilles, il cueille, nous cueillons, vous cueillez, ils cueillent*
imparfait:	*je cueillais, tu cueillais, il cueillait, nous cueillions, vous cueilliez, ils cueillaient*
passé simple:	*je cueillis, tu cueillis, il cueillit, nous cueillîmes, vous cueillîtes, ils cueillirent*
passé composé:	*j'ai cueilli*
futur simple:	*je cueillerai, tu cueilleras, il cueillera, nous cueillerons, vous cueillerez, ils cueilleront*

conditionnel:	*je cueillerais, tu cueillerais, il cueillerait, nous cueillerions, vous cueilleriez, ils cueilleraient*	
subjonctif présent:	*que je cueille, que tu cueilles, qu'il cueille, que nous cueillions, que vous cueilliez, qu'ils cueillent*	
subjonctif imparfait:	*qu'il cueillît, qu'ils cueillissent*	
impératif:	*cueille, cueillons, cueillez*	
cuire	kochen / backen	s. **conduire**
débattre	diskutieren / besprechen	s. **battre**
découvrir	entdecken	s. **souffrir**
décréter	beschließen / verfügen	s. **céder**
décrire	beschreiben	s. **écrire**
déduire	ableiten	s. **conduire**
défaire	ab- / los- / aufmachen	s. **faire**
dégeler	auftauen	s. **modeler**
dégénérer	ausarten	s. **céder**
déléguer	abordnen / beauftragen	s. **céder**
déplaire	missfallen	s. **plaire**
déployer	ausbreiten / entfalten	s. **broyer**
dérégler	in Unordnung bringen	s. **céder**
désaltérer	den Durst löschen / zu trinken geben	s. **céder**
dessécher	(aus)trocknen	s. **céder**
détenir	festhalten / im Besitz haben / gefangen halten	s. **tenir**
détruire	zerstören	s. **conduire**
devenir	werden	s. **venir**
devoir	müssen / sollen / schulden / verdanken	
ind. présent:	*je dois, tu dois, il doit, nous devons, vous devez, ils doivent*	
imparfait:	*je devais, tu devais, il devait, nous devions, vous deviez, ils devaient*	
passé simple:	*je dus, tu dus, ils dut, nous dûmes, vous dûtes, ils durent*	
passé composé:	*j'ai dû* (**aber**: weibliche Form des Partizips Perfekt = **due**)	
futur simple:	*je devrai, tu devras, il devra, nous devrons, vous devrez, ils devront*	
conditionnel:	*je devrais, tu devrais, il devrait, nous devrions, vous devriez, ils devraient*	

subjonctif présent:	que je doive, que tu doives, qu'il doive, que nous devions, que vous deviez, qu'ils doivent	
subjonctif imparfait:	qu'il dût, qu'ils dussent	
impératif:	dois, devons, devez	
différer	aufschieben / sich unterscheiden	*s. **céder***
dire	sagen	
ind. présent:	je dis, tu dis, il dit, nous disons, vous **dites**, ils disent	
imparfait:	je disais, tu disais, il disait, nous disions, vous disiez, ils disaient	
passé simple:	je dis, tu dis, il dit, nous dîmes, vous dîtes, ils dirent	
passé composé:	j'ai dit	
futur simple:	je dirai, tu diras, il dira, nous dirons, vous direz, ils diront	
conditionnel:	je dirais, tu dirais, il dirait, nous dirions, vous diriez, ils diraient	
subjonctif présent:	que je dise, que tu dises, qu'il dise, que nous disions, que vous disiez, qu'ils disent	
subjonctif imparfait:	qu'il dît, qu'ils dissent	
impératif:	dis, disons, **dites**	
discourir	langatmig sprechen / schwatzen	*s. **courir***
disparaître	verschwinden	*s. **connaître***
disséquer	sezieren	*s. **céder***
dissoudre	auflösen	
ind. présent:	je dissous, tu dissous, il dissout, nous dissolvons, vous dissolvez, ils dissolvent	
imparfait:	je dissolvais, tu dissolvais, il dissolvait, nous dissolvions, vous dissolviez, ils dissolvaient	
passé simple: (selten)	je dissolus, tu dissolus, il dissolut, nous dissolûmes, vous dissolûtes, ils dissolurent	
passé composé:	j'ai **dissous**, (fem. **dissoute**)	
futur simple:	je dissoudrai, tu dissoudras, il dissoudra, nous dissoudrons, vous dissoudrez, ils dissoudront	
conditionnel:	je dissoudrais, tu dissoudrais, il dissoudrait, nous dissoudrions, vous dissoudriez, ils dissoudraient	
subjonctif présent:	que je dissolve, que tu dissolves, qu'il dissolve, que nous dissolvions, que vous dissolviez, qu'ils dissolvent	
subjonctif imparfait:	nicht vorhanden	
impératif:	dissous, dissolvons, dissolvez	
distraire	ablenken, unterhalten	*s. **traire***

échanger	(aus)tauschen	s. *manger*

écrire schreiben

ind. présent:	j'écris, tu écris, il écrit, nous écrivons, vous écrivez, ils écrivent
imparfait:	j'écrivais, tu écrivais, il écrivait, nous écrivions, vous écriviez, ils écrivaient
passé simple:	j'écrivis, tu écrivis, il écrivit, nous écrivîmes, vous écrivîtes, ils écrivirent
passé composé:	j'ai écrit
futur simple:	j'écrirai, tu écriras, il écrira, nous écrirons, vous écrirez, ils écriront
conditionnel:	j'écrirais, tu écrirais, il écrirait, nous écririons, vous écririez, ils écriraient
subjonctif présent:	que j'écrive, que tu écrives, qu'il écrive, que nous écrivions, que vous écriviez, qu'ils écrivent
subjonctif imparfait:	qu'il écrivît, qu'ils écrivissent
impératif:	écris, écrivons, écrivez

élire	(jdn.) wählen	s. *lire*
émettre	ausstrahlen / senden / äußern	s. *mettre*
émouvoir	erregen, ergreifen	s. *mouvoir* das Partizip Perfekt jedoch ohne *accent circonflexe:* **ému**
enfreindre (une loi)	übertreten	s. *peindre*
s'enfuir	fliehen, davonlaufen	s. *fuir*
entreprendre	unternehmen	s. *prendre*
entretenir	unterhalten	s. *tenir*
envoyer	schicken	s. *broyer*

Aber:

futur simple:	j'enverrai, tu enverras, il enverra, nous enverrons, vous enverrez, ils enverront
conditionnel:	j'enverrais, tu enverrais, il enverrait, nous enverrions, vous enverriez, ils enverraient

épeler	buchstabieren	s. *appeler*
s'éprendre	sich verlieben	s. *prendre*
équivaloir	gleichkommen	s. *valoir*
espérer	hoffen	s. *céder*
essayer	versuchen	s. *payer*
éteindre	(aus)löschen	s. *peindre*

étreindre	umarmen	s. *peindre*
exaspérer	aufregen, wütend machen	s. *céder*
exécrer	verabscheuen	s. *céder*
extraire	ziehen / herausziehen	s. *traire*

faire   machen / tun

ind. présent:	je fais, tu fais, il fait, nous faisons [fəzõ], vous **faites**, ils font
imparfait:	je faisais [fəzɛ], tu faisais, il faisait, nous faisions, vous faisiez, ils faisaient
passé simple:	je fis, tu fis, il fit, nous fîmes, vous fîtes, ils firent
passé composé:	j'ai fait
futur simple:	je ferai, tu feras, il fera, nous ferons, vous ferez, ils feront
conditionnel:	je ferais, tu ferais, il ferait, nous ferions, vous feriez, ils feraient
subjonctif présent:	que je fasse, que tu fasses, qu'il fasse, que nous fassions, que vous fassiez, qu'ils fassent
subjonctif imparfait:	qu'il fît, qu'ils fissent
impératif:	fais, faisons, faites

falloir   müssen, nötig sein

ind. présent:	il faut
imparfait:	il fallait
passé simple:	il fallut
passé composé:	il a fallu
futur simple:	il faudra
conditionnel:	il faudrait
subjonctif présent:	qu'il faille
subjonctif imparfait:	qu'il fallût

feindre	vorgeben / vortäuschen	s. *peindre*

fuir   fliehen

ind. présent:	je fuis, tu fuis, il fuit, nous fuyons, vous fuyez, ils fuient
imparfait:	je fuyais, tu fuyais, il fuyait, nous fuyions, vous fuyiez, ils fuyaient
passé simple:	je fuis, tu fuis, il fuit, nous fuîmes, vous fuîtes, ils fuirent
passé composé:	j'ai fui
futur simple:	je fuirai, tu fuiras, il fuira, nous fuirons, vous fuirez, ils fuiront
conditionnel:	je fuirais, tu fuirais, il fuirait, nous fuirions, vous fuiriez, ils fuiraient
subjonctif présent:	que je fuie, que tu fuies, qu'il fuie, que nous fuyions, que vous fuyiez, qu'ils fuient

subjonctif imparfait:	*qu'il fuît, qu'ils fuissent*	
impératif:	*fuis, fuyons, fuyez*	
geindre	jammern / stöhnen	s. **peindre**
haïr	hassen	
ind. présent:	*je hais* [ʒəˈɛ]*, tu hais, il hait, nous haïssons, vous haïssez, ils haïssent*	
imparfait:	*je haïssais, tu haïssais, il haïssait, nous haïssions, vous haïssiez, ils haïssaient*	
passé simple:	*je haïs* [ʒəˈai]*, tu haïs, il haït, nous haïmes, vous haïtes, ils haïrent*	
passé composé:	*j'ai haï*	
futur simple:	*je haïrai, tu haïras, il haïra, nous haïrons, vous haïrez, ils haïront*	
conditionnel:	*je haïrais, tu haïrais, il haïrait, nous haïrions, vous haïriez, ils haïraient*	
subjonctif présent:	*que je haïsse, que tu haïsses, qu'il haïsse, que nous haïssions, que vous haïssiez, qu'ils haïssent*	
subjonctif imparfait:	*qu'il haït, qu'ils haïssent*	
impératif:	*hais, haïssons, haïssez*	
haleter	keuchen	s. **acheter**
harceler	plagen, bedrängen	s. **modeler**
inclure	einschließen	s. **conclure**
	das Partizip Perfekt lautet abweichend **inclus, e**	
inscrire	einschreiben	s. **écrire**
instruire	unterrichten / ausbilden	s. **conduire**
intégrer	einverleiben / einbeziehen	s. **céder**
interdire	untersagen	s. **dire** von **dire** abweichend: die 2. Pers. Pl. Ind. Präs. + Imperativ: *vous inter**disez**; inter**disez***
interpréter	auslegen/ interpretieren / dolmetschen	s. **céder**
intervenir	eingreifen	s. **venir**
introduire	einführen	s. **conduire**
jeter	werfen	
ind. présent:	*je jette, tu jettes, il jette, nous jetons, vous jetez, ils jettent*	
imparfait:	*je jetais, tu jetais, il jetait, nous jetions, vous jetiez, ils jetaient*	

passé simple:	*je jetai, tu jetas, il jeta, nous jetâmes, vous jetâtes, ils jetèrent*
passé composé:	*j'ai jeté*
futur simple:	*je jetterai, tu jetteras, il jettera, nous jetterons, vous jetterez, ils jetteront*
conditionnel:	*je jetterais, tu jetterais, il jetterait, nous jetterions, vous jetteriez, ils jetteraient*
subjonctif présent:	*que je jette, que tu jettes, qu'il jette, que nous jetions, que vous jetiez, qu'ils jettent*
subjonctif imparfait:	*qu'il jetât, qu'ils jetassent*
impératif:	*jette, jetons, jetez*

joindre aneinander fügen / verbinden

ind. présent:	*je joins, tu joins, il joint, nous joignons, vous joignez, ils joignent*
imparfait:	*je joignais, tu joignais, il joignait, nous joignions, vous joigniez, ils joignaient*
passé simple:	*je joignis, tu joignis, il joignit, nous joignîmes, vous joignîtes, ils joignirent*
passé composé:	*j'ai joint*
futur simple:	*je joindrai, tu joindras, il joindra, nous joindrons, vous joindrez, ils joindront*
conditionnel:	*je joindrais, tu joindrais, il joindrait, nous joindrions, vous joindriez, ils joindraient*
subjonctif présent:	*que je joigne, que tu joignes, qu'il joigne, que nous joignions, que vous joigniez, qu'ils joignent*
subjonctif imparfait:	*qu'il joignît, qu'ils joignissent*
impératif:	*joins, joignons, joignez*

(se) lever (auf)heben / aufstehen   *s.* **peser**

libérer befreien   *s.* **céder**

lire lesen

ind. présent:	*je lis, tu lis, il lit, nous lisons, vous lisez, ils lisent*
imparfait:	*je lisais, tu lisais, il lisait, nous lisions, vous lisiez, ils lisaient*
passé simple:	*je lus, tu lus, il lut, nous lûmes, vous lûtes, ils lurent*
passé composé:	*j'ai lu*
futur simple:	*je lirai, tu liras, il lira, nous lirons, vous lirez, ils liront*
conditionnel:	*je lirais, tu lirais, il lirait, nous lirions, vous liriez, ils liraient*
subjonctif présent:	*que je lise, que tu lises, qu'il lise, que nous lisions, que vous lisiez, qu'ils lisent*
subjonctif imparfait:	*qu'il lût, qu'ils lussent*
impératif:	*lis, lisons, lisez*

luire	leuchten	s. *conduire* **aber:** *passé simple: je* **luis**, *ils* **luirent** *passé composé:* *j'ai* **lui** *[ohne t]*
maintenir	aufrechterhalten	s. *tenir*
manger	essen	

Vor den Vokalen *a*
und *o* bleibt das *e*
erhalten.

*nous mang**e**ons, je mang**e**ais, je mang**e**ai, mang**e**ant*

maudire   verfluchen / verwünschen

ind. présent:	*je maudis, tu maudis, il maudit, nous maudi**ss**ons, vous maudi**ss**ez, ils maudi**ss**ent*
imparfait:	*je maudissais, tu maudissais, il maudissait, nous maudissions, vous maudissiez, ils maudissaient*
passé simple:	*je maudis, tu maudis, il maudit, nous maudîmes, vous maudîtes, ils maudirent*
passé composé:	*j'ai maudit*
futur simple:	*je maudirai, tu maudiras, il maudira, nous maudirons, vous maudirez, ils maudiront*
conditionnel:	*je maudirais, tu maudirais, il maudirait, nous maudirions, vous maudiriez, ils maudiraient*
subjonctif présent:	*que je maudisse, que tu maudisses, qu'il maudisse, que nous maudissions, que vous maudissiez, qu'ils maudissent*
subjonctif imparfait:	*qu'il maudît, qu'ils maudissent*
impératif:	*maudis, maudissons, maudissez*

méconnaître	verkennen	s. *connaître*
médire	verleumden	s. *dire* von *dire* abweichend: die 2. Pers. Pl. Ind. Präs. + Imperativ: *vous médi**sez**; médi**sez***
mener	führen	s. *peser*
se méprendre	sich täuschen	s. *prendre*
mettre	setzen / stellen / legen	

ind. présent:	*je mets, tu mets, il met, nous mettons, vous mettez, ils mettent*
imparfait:	*je mettais, tu mettais, il mettait, nous mettions, vous mettiez, ils mettaient*
passé simple:	*je mis, tu mis, il mit, nous mîmes, vous mîtes, ils mirent*
passé composé:	*j'ai mis*

futur simple:	*je mettrai, tu mettras, il mettra, nous mettrons, vous mettrez, ils mettront*
conditionnel:	*je mettrais, tu mettrais, il mettrait, nous mettrions, vous mettriez, ils mettraient*
subjonctif présent:	*que je mette, que tu mettes, qu'il mette, que nous mettions, que vous mettiez, qu'ils mettent*
subjonctif imparfait:	*qu'il mît, qu'ils missent*
impératif:	*mets, mettons, mettez*

modeler formen / gestalten

ind. présent:	*je modèle, tu modèles, il modèle, nous modelons, vous modelez, ils modèlent*
imparfait:	*je modelais, tu modelais, ils modelait, nous modelions, vous modeliez, ils modelaient*
passé simple:	*je modelai, tu modelas, il modela, nous modelâmes, vous modelâtes, ils modelèrent*
passé composé:	*j'ai modelé*
futur simple:	*je modèlerai, tu modèleras, il modèlera, nous modèlerons, vous modèlerez, ils modèleront*
conditionnel:	*je modèlerais, tu modèlerais, il modèlerait, nous modèlerions, vous modèleriez, ils modèleraient*
subjonctif présent:	*que je modèle, que tu modèles, qu'il modèle, que nous modelions, que vous modeliez, qu'ils modèlent*
subjonctif imparfait:	*qu'il modelât, qu'ils modelassent*
impératif:	*modèle, modelons, modelez*

modérer mäßigen   *s. **céder***

morceler stückeln / zerstückeln   *s. **appeler***

moudre mahlen

ind. présent:	*je mouds, tu mouds, il moud, nous moulons, vous moulez, ils moulent*
imparfait:	*je moulais, tu moulais, il moulait, nous moulions, vous mouliez, ils moulaient*
passé simple:	*je moulus, tu moulus, il moulut, nous moulûmes, vous moulûtes, ils moulurent*
passé composé:	*j'ai moulu*
futur simple:	*je moudrai, tu moudras, il moudra, nous moudrons, vous moudrez, ils moudront*
conditionnel:	*je moudrais, tu moudrais, il moudrait, nous moudrions, vous moudriez, ils moudraient*
subjonctif présent:	*que je moule, que tu moules, qu'il moule, que nous moulions, que vous mouliez, qu'ils moulent*

subjonctif imparfait:	qu'il moulût, qu'ils moulussent
impératif:	· mouds, moulons, moulez

mourir   sterben

ind. présent:	je meurs, tu meurs, il meurt, nous mourons, vous mourez, ils meurent
imparfait:	je mourais, tu mourais, il mourait, nous mourions, vous mouriez, ils mouraient
passé simple:	je mourus, tu mourus, il mourut, nous mourûmes, vous mourûtes, ils moururent
passé composé:	je suis mort,e
futur simple:	je mourrai, tu mourras, il mourra, nous mourrons, vous mourrez, ils mourront
conditionnel:	je mourrais, tu mourrais, il mourrait, nous mourrions, vous mourriez, ils mourraient
subjonctif présent:	que je meure, que tu meures, qu'il meure, que nous mourions, que vous mouriez, qu'ils meurent
subjonctif imparfait:	qu'il mourût, qu'ils mourussent
impératif:	meurs, mourons, mourez

mouvoir   bewegen

ind. présent:	je meus [mø], tu meus, il meut, nous mouvons, vous mouvez, ils meuvent [mœv]
imparfait:	je mouvais, tu mouvais, il mouvait, nous mouvions, vous mouviez, ils mouvaient
passé simple:	je mus, tu mus, il mut, mous mûmes, vous mûtes, ils murent
passé composé:	j'ai mû
futur simple:	je mouvrai, tu mouvras, il mouvra, nous mouvrons, vous mouvrez, ils mouvront
conditionnel:	je mouvrais, tu mouvrais, il mouvrait, nous mouvrions, vous mouvriez, ils mouvraient
subjonctif présent:	que je meuve, que tu meuves, qu'il meuve, que nous mouvions, que vous mouviez, qu'ils meuvent
subjonctif imparfait:	qu'il mût, qu'ils mussent
impératif:	meus, mouvons, mouvez

naître   geboren werden

ind. présent:	je nais, tu nais, il naît, nous naissons, vous naissez, ils naissent
imparfait:	je naissais, tu naissais, il naissait, nous naissions, vous naissiez, ils naissaient
passé simple:	je naquis, tu naquis, il naquit, nous naquîmes, vous naquîtes, ils naquirent

passé composé:	*je suis né,e*	
futur simple:	*je naîtrai, tu naîtras, il naîtra, nous naîtrons, vous naîtrez, ils naîtront*	
conditionnel:	*je naîtrais, tu naîtrais, il naîtrait, nous naîtrions, vous naîtriez, ils naîtraient*	
subjonctif présent:	*que je naisse, que tu naisses, qu'il naisse, que nous naissions, que vous naissiez, qu'ils naissent*	
subjonctif imparfait:	*qu'il naquît, qu'ils naquissent*	
impératif:	*nais, naissons, naissez*	

nuire	schaden	s. **conduire** (aber: *j'ai **nui***)
obséder	heimsuchen, verfolgen (im übertragenen Sinn)	s. **céder**
obtenir	erlangen	s. **tenir**
offrir	anbieten	s. **souffrir**
omettre	auslassen	s. **mettre**
opérer	ausführen / verfahren / operieren	s. **céder**
ouvrir	öffnen	s. **souffrir**
pallier	lindern	s. **congédier**
paraître	(er)scheinen	s. **connaître**
parcourir	durchlaufen	s. **courir**
parfaire	vervollkommnen	s. **faire**

(*parfaire* ist nur im *ind. prés.*, als Infinitivform und als *participe passé* gebräuchlich)

parvenir	gelangen / gelingen	s. **venir**

payer	zahlen / bezahlen	
ind. présent:	*je paie, tu paies, il paie, nous payons, vous payez, ils paient* (**auch:** *je paye, tu payes, il paye, ils payent*)	
imparfait:	*je payais, tu payais, il payait, nous payions, vous payiez, ils payaient*	
passé simple:	*je payai, tu payas, il paya, nous payâmes, vous payâtes, ils payèrent*	
passé composé:	*j'ai payé*	
futur simple:	*je paierai, tu paieras, il paiera, nous paierons, vous paierez, ils paieront* (**auch:** *je payerai, tu payeras, il payera, ils payeront*)	

conditionnel:	*je paierais, tu paierais, il paierait, nous paierions, vous paieriez, ils paieraient*
	(**auch:** *je payerais, tu payerais, il payerait, ils payeraient*)
subjonctif présent:	*que je paie, que tu paies, qu'il paie, que nous payions, que vous payiez, qu'ils paient*
	(**auch:** *que je paye, que tu payes, qu'il paye, qu'ils payent*)
subjonctif imparfait:	*qu'il payât, qu'ils payassent*
impératif:	*paye* oder *paie, payons, payez*

peindre	malen
ind. présent:	*je peins, tu peins, il peint, nous peignons, vous peignez, ils peignent*
imparfait:	*je peignais, tu peignais, il peignait, nous peignions, vous peigniez, ils peignaient*
passé simple:	*je peignis, tu peignis, il peignis, nous peignîmes, vous peignîtes, ils peignirent*
passé composé:	*j'ai peint*
futur simple:	*je peindrai, tu peindras, il peindra, nous peindrons, vous peindrez, ils peindront*
conditionnel:	*je peindrais, tu peindrais, il peindrait, nous peindrions, vous peindriez, ils peindraient*
subjonctif présent:	*que je peigne, que tu peignes, qu'il peigne, que nous peignions, que vous peigniez, qu'ils peignent*
subjonctif imparfait:	*qu'il peignît, qu'ils peignissent*
impératif:	*peins, peignons, peignez*

pénétrer	eindringen / durchschauen	s. **céder**
percevoir	wahrnehmen	s. **recevoir**
permettre	erlauben	s. **mettre**

peser	wiegen / erwägen
ind. présent:	*je pèse, tu pèses, il pèse, nous pesons, vous pesez, ils pèsent*
imparfait:	*je pesais, tu pesais, il pesait, nous pesions, vous pesiez, ils pesaient*
passé simple:	*je pesai, tu pesas, il pesa, nous pesâmes, vous pesâtes, ils pesèrent*
passé composé:	*j'ai pesé*
futur simple:	*je pèserai, tu pèseras, il pèsera, nous pèserons, vous pèserez, ils pèseront*
conditionnel:	*je pèserais, tu pèserais, il pèserait, nous pèserions, vous pèseriez, ils pèseraient*
subjonctif présent:	*que je pèse, que tu pèses, qu'il pèse, que nous pesions, que vous pesiez, qu'ils pèsent*

subjonctif imparfait:	qu'il pesât, qu'ils pesassent
impératif:	pèse, pesons, pesez

plaindre beklagen   s. **craindre**

plaire gefallen

ind. présent:	je plais, tu plais, il plaît, nous plaisons, vous plaisez, ils plaisent
imparfait:	je plaisais, tu plaisais, il plaisait, nous plaisions, vous plaisiez, ils plaisaient
passé simple:	je plus, tu plus, il plut, nous plûmes, vous plûtes, ils plurent
passé composé:	j'ai plu
futur simple:	je plairai, tu plairas, il plaira, nous plairons, vous plairez, ils plairont
conditionnel:	je plairais, tu plairais, il plairait, nous plairions, vous plairiez, ils plairaient
subjonctif présent:	que je plaise, que tu plaises, qu'il plaise, que nous plaisions, que vous plaisiez, qu'ils plaisent
subjonctif imparfait:	qu'il plût, qu'ils plussent
impératif:	plais, plaisons, plaisez

pleuvoir regnen

ind. présent:	il pleut
imparfait:	il pleuvait
passé simple:	il plut
passé composé:	il a plu
futur simple:	il pleuvra
conditionnel:	il pleuvrait
subjonctif présent:	qu'il pleuve
subjonctif imparfait:	qu'il plût
impératif:	nicht vorhanden

poursuivre verfolgen   s. **suivre**

pourvoir versehen mit *(de)* / sorgen für *(à)*

pourvoir wird wie **voir** konjugiert, abgesehen von folgenden Formen:

passé simple:	je pourvus, tu pourvus, il pourvut, nous pourvûmes, vous pourvûtes, ils pourvurent
futur simple:	je pourvoirai, tu pourvoiras, il pourvoira, nous pourvoirons, vous pourvoirez, ils pourvoiront
conditionnel:	je pourvoirais, tu pourvoirais, il pourvoirait, nous pourvoirions, vous pourvoiriez, ils pourvoiraient

pouvoir	können	
ind. présent:	*je peux, tu peux, il peut, nous pouvons, vous pouvez, ils peuvent* [pœv]	
imparfait:	*je pouvais, tu pouvais, il pouvait, nous pouvions, vous pouviez, ils pouvaient*	
passé simple:	*je pus, tu pus, il put, nous pûmes, vous pûtes, ils purent*	
passé composé:	*j'ai pu*	
futur simple:	*je pourrai, tu pourras, il pourra, nous pourrons, vous pourrez, ils pourront*	
conditionnel:	*je pourrais, tu pourrais, il pourrait, nous pourrions, vous pourriez, ils pourraient*	
subjonctif présent:	*que je puisse, que tu puisses, qu'il puisse, que nous puissions, que vous puissiez, qu'ils puissent*	
subjonctif imparfait:	*qu'il pût, qu'ils pussent*	
impératif;	nicht vorhanden	
précéder	voran- / vorausgehen	*s. **céder***
prédire	vorhersagen	*s. **dire:***
		von *dire* abweichend: 2. Pers. Pl. Ind. Präs + Imperativ: *vous prédisez; prédisez*
préférer	vorziehen	*s. **céder***
prendre	nehmen	
ind. présent:	*je prends, tu prends, il prend, nous prenons, vous prenez, ils prennent*	
imparfait:	*je prenais, tu prenais, il prenait, nous prenions, vous preniez, ils prenaient*	
passé simple:	*je pris, tu pris, il prit, nous prîmes, vous prîtes, ils prirent*	
passé composé:	*j'ai pris*	
futur simple:	*je prendrai, tu prendras, il prendra, nous prendrons, vous prendrez, ils prendront*	
conditionnel:	*je prendrais, tu prendrais, il prendrait, nous prendrions, vous prendriez, ils prendraient*	
subjonctif présent:	*que je prenne, que tu prennes, qu'il prenne, que nous prenions, que vous preniez, qu'ils prennent*	
subjonctif imparfait:	*qu'il prît, qu'ils prissent*	
impératif:	*prends, prenons, prenez*	
prescrire	vorschreiben	*s. **écrire***

prévaloir   vorherrschen / überlegen sein   *s. **valoir***

(Der *subj. présent* unterscheidet sich jedoch von dem *subj. présent* des Verbs *valoir*: *que je prévale, que tu prévales, qu'il prévale, que nous prévalions, que vous prévaliez, qu'ils prévalent.)*

prévenir   benachrichtigen   *s. **venir***

prévoir   vorhersehen   *s. **voir***
Aber:

futur simple: je prévoirai, tu prévoiras, il prévoira, nous prévoirons,
                         vous prévoirez, ils prévoiront

conditionnel: je prévoirais, tu prévoirais, il prévoirait, nous prévoirions,
                         vous prévoiriez, ils prévoiraient

produire   herstellen   *s. **conduire***

proférer   vorbringen / aussprechen   *s. **céder***

projeter   schleudern / entwerfen / planen   *s. **jeter***

se promener   spazieren gehen   *s. **peser***

promettre   versprechen   *s. **mettre***

proscrire   ächten   *s. **écrire***

provenir   herrühren / stammen   *s. **venir***

racheter   zurückkaufen   *s. **acheter***

ramener   zurück- / mitbringen   *s. **peser***

(se) rappeler   (sich) erinnern   *s. **appeler***

recevoir   empfangen / erhalten

ind. présent: je reçois, tu reçois, il reçoit, nous recevons, vous recevez,
                         ils reçoivent

imparfait: je recevais, tu recevais, il recevait, nous recevions, vous receviez,
                         ils recevaient

passé simple: je reçus, tu reçus, il reçut, nous reçûmes, vous reçûtes,
                         ils reçurent

passé composé: j'ai reçu

futur simple: je recevrai, tu recevras, il recevra, nous recevrons, vous recevrez,
                         ils recevront

conditionnel: je recevrais, tu recevrais, il recevrait, nous recevrions,
                         vous recevriez, ils recevraient

subjonctif présent: que je reçoive, que tu reçoives, qu'il reçoive, que nous recevions,
                         que vous receviez, qu'ils reçoivent

subjonctif imparfait: qu'il reçût, qu'ils reçussent

impératif: reçois, recevons, recevez

reconnaître	(an)erkennen	*s.* **connaître**
reconstruire	wieder aufbauen	*s.* **conduire**
recouvrir	bedecken / zudecken	*s.* **souffrir**
recueillir	sammeln	*s.* **cueillir**
récupérer	wiedererlangen / sich erholen	*s.* **céder**
redire	nochmals sagen	*s.* **dire**
réduire	vermindern / einschränken	*s.* **conduire**
refaire	noch einmal machen / ausbessern	*s.* **faire**
refléter	widerspiegeln	*s.* **céder**
rejeter	zurückwerfen / verwerfen / zurückweisen	*s.* **jeter**
rejoindre	einholen / treffen	*s.* **joindre**
relever	anheben / hervorheben	*s.* **peser**
reluire	glänzen	*s.* **conduire**

Aber:

passé simple:	*je* **reluis** *. . . ils* **reluirent**
participe passé:	**relui** (ohne *t*)

remettre	wieder hinstellen / aushändigen	*s.* **mettre**
rémunérer	belohnen	*s.* **céder**
renaître	wiedergeboren werden	*s.* **naître**

Das Verb *renaître* kennt kein *participe passé*; es existieren also keine zusammengesetzten Zeiten.

renouveler	erneuern	*s.* **appeler**
renvoyer	zurückschicken	*s.* **envoyer**
reparaître	wieder erscheinen	*s.* **connaître**
répéter	wiederholen	*s.* **céder**
reproduire	wieder erzeugen / nachahmen	*s.* **conduire**
requérir	verlangen / erfordern	*s.* **acquérir**
résoudre	(ein Problem) lösen / (etwas) beschließen	*s.* **dissoudre**

Das *participe passé* ist **résolu,e**. In der Bedeutung „auflösen" lautet das *participe passé*: **résous** (ohne weibliche Form).

restreindre	beschränken	*s.* **peindre**
retenir	zurückhalten / behalten	*s.* **tenir**

révéler	offenbaren / enthüllen	*s. **céder***
revenir	zurückkommen, wiederkommen	*s. **venir***
revoir	wieder sehen	*s. **voir***
rire	lachen	

ind. présent:	*je ris, tu ris, il rit, nous rions, vous riez, ils rient*
imparfait:	*je riais, tu riais, il riait, nous riions, vous riiez, ils riaient*
passé simple:	*je ris, tu ris, il rit, nous rîmes, vous rîtes, ils rirent*
passé composé:	*j'ai ri*
futur simple:	*je rirai, tu riras, il rira, nous rirons, vous rirez, ils riront*
conditionnel:	*je rirais, tu rirais, il rirait, nous ririons, vous ririez, ils riraient*
subjonctif présent:	*que je rie, que tu ries, qu'il rie, que nous riions, que vous riiez, qu'ils rient*
subjonctif imparfait:	*qu'il rît, qu'ils rissent*
impératif:	*ris, rions, riez*

satisfaire	zufriedenstellen	*s. **faire***
savoir	wissen / können	

ind. présent:	*je sais, tu sais, il sait, nous savons, vous savez, ils savent*
imparfait:	*je savais, tu savais, il savait, nous savions, vous saviez, ils savaient*
passé simple:	*je sus, tu sus, il sut, nous sûmes, vous sûtes, ils surent*
passé composé:	*j'ai su*
futur simple:	*je saurai, tu sauras, il saura, nous saurons, vous saurez, ils sauront*
conditionnel:	*je saurais, tu saurais, il saurait, nous saurions, vous sauriez, ils sauraient*
subjonctif présent:	*que je **sache**, que tu saches, qu'il sache, que nous sachions, que vous sachiez, qu'ils sachent*
subjonctif imparfait:	*qu'il sût, qu'ils sussent*
impératif:	*sais, sachons, sachez*
participe présent:	**sachant**

sécher	trocknen	*s. **céder***
secourir	zu Hilfe kommen / helfen	*s. **courir***
séduire	verführen	*s. **conduire***
semer	säen	*s. **peser***

souffrir	leiden	

ind. présent: je souffre, tu souffres, il souffre, nous souffrons, vous souffrez, ils souffrent

imparfait: je souffrais, tu souffrais, il souffrait, nous souffrions, vous souffriez, ils souffraient

passé simple: je souffris, tu souffris, il souffrit, nous souffrîmes, vous souffrîtes, ils souffrirent

passé composé: j'ai souffert

futur simple: je souffrirai, tu souffriras, il souffrira, nous souffrirons, vous souffrirez, ils souffriront

conditionnel: je souffrirais, tu souffrirais, il souffrirait, nous souffririons, vous souffririez, ils souffriraient

subjonctif présent: que je souffre, que tu souffres, qu'il souffre, que nous souffrions, que vous souffriez, qu'ils souffrent

subjonctif imparfait: qu'il souffrît, qu'ils souffrissent

impératif: souffre, souffrons, souffrez

soulever	emporheben / erregen	s. ***peser***
soumettre	unterwerfen	s. ***mettre***
sourire	lächeln	s. ***rire***
souscrire	unterschreiben	s. ***écrire***
soustraire	abziehen	s. ***traire***
soutenir	unterstützen	s. ***tenir***
se souvenir	sich erinnern	s. ***venir***
suffire	genügen	

ind. présent: je suffis, tu suffis, il suffit, nous suffisons, vous suffisez, ils suffisent

imparfait: je suffisais, tu suffisais, il suffisait, nous suffisions, vous suffisiez, ils suffisaient

passé simple: je suffis, tu suffis, il suffit, nous suffîmes, vous suffîtes, ils suffirent

passé composé: j'ai suffi

futur simple: je suffirai, tu suffiras, il suffira, nous suffirons, vous suffirez, ils suffiront

conditionnel: je suffirais, tu suffirais, il suffirait, nous suffirions, vous suffiriez, ils suffiraient

subjonctif présent: que je suffise, que tu suffises, qu'il suffise, que nous suffisions, que vous suffisiez, qu'ils suffisent

subjonctif imparfait: qu'il suffît, qu'ils suffissent

impératif: suffis, suffisons, suffisez

suivre   folgen

ind. présent: je suis, tu suis, il suit, nous suivons, vous suivez, ils suivent

imparfait: je suivais, tu suivais, il suivait, nous suivions, vous suiviez, ils suivaient

passé simple: je suivis, tu suivis, il suivit, nous suivîmes, vous suivîtes, ils suivirent

passé composé: j'ai suivi

futur simple: je suivrai, tu suivras, il suivra, nous suivrons, vous suivrez, ils suivront

conditionnel: je suivrais, tu suivrais, il suivrait, nous suivrions, vous suivriez, ils suivraient

subjonctif présent: que je suive, que tu suives, qu'il suive, que nous suivions, que vous suiviez, qu'ils suivent

subjonctif imparfait: qu'il suivît, qu'ils suivissent

impératif: suis, suivons, suivez

surprendre   überraschen   *s. **prendre***

survenir   (unvermutet) eintreten   *s. **venir***

survivre   überleben   *s. **vivre***

(se) taire   schweigen / verschweigen   *s. **plaire***

Die 3. Person Sing. Ind. Präs. wird ohne *accent circonflexe* geschrieben: *il se **tait***.

teindre   färben   *s. **peindre***

tenir   halten

ind. présent: je tiens, tu tiens, il tient, nous tenons, vous tenez, ils tiennent

imparfait: je tenais, tu tenais, il tenait, nous tenions, vous teniez, ils tenaient

passé simple: je tins, tu tins, il tint, nous tînmes, vous tîntes, ils tinrent

passé composé: j'ai tenu

futur simple: je tiendrai, tu tiendras, il tiendra, nous tiendrons, vous tiendrez, ils tiendront

conditionnel: je tiendrais, tu tiendrais, il tiendrait, nous tiendrions, vous tiendriez, ils tiendraient

subjonctif présent: que je tienne, que tu tiennes, qu'il tienne, que nous tenions, que vous teniez, qu'ils tiennent

subjonctif imparfait: qu'il tînt, qu'ils tinssent

impératif: tiens, tenons, tenez

tolérer   dulden / zulassen   *s. **céder***

traduire   übersetzen   *s. **conduire***

traire   melken

ind. présent: je trais, tu trais, il trait, nous trayons, vous trayez, ils traient

imparfait:	je trayais, tu trayais, il trayait, nous trayions, vous trayiez, ils trayaient
passé simple:	nicht vorhanden
passé composé:	j'ai trait
futur simple:	je trairai, tu trairas, il traira, nous trairons, vous trairez, ils trairont
conditionnel:	je trairais, tu trairais, il trairait, nous trairions, vous trairiez, ils trairaient
subjonctif présent:	que je traie, que tu traies, qu'il traie, que nous trayions, que vous trayiez, qu'ils traient
subjonctif imparfait:	nicht vorhanden
impératif:	trais, trayons, trayez

transcrire	umschreiben	*s.* **écrire**
transférer	überführen / übertragen	*s.* **céder**
transmettre	übertragen / übermitteln	*s.* **mettre**
transparaître	durchscheinen	*s.* **connaître**
tressaillir	schaudern / erzittern	*s.* **assaillir**

vaincre	(be)siegen
ind. présent:	je vaincs, tu vaincs, il **vainc**, nous vainquons, vous vainquez, ils vainquent
imparfait:	je vainquais, tu vainquais, il vainquait, nous vainquions, vous vainquiez, ils vainquaient
passé simple:	je vainquis, tu vainquis, il vainquit, nous vainquîmes, vous vainquîtes, ils vainquirent
passé composé:	j'ai vaincu
futur simple:	je vaincrai, tu vaincras, il vaincra, nous vaincrons, vous vaincrez, ils vaincront
conditionnel:	je vaincrais, tu vaincrais, il vaincrait, nous vaincrions, vous vaincriez, ils vaincraient
subjonctif présent:	que je vainque, que tu vainques, qu'il vainque, que nous vainquions, que vous vainquiez, qu'ils vainquent
subjonctif imparfait:	qu'il vainquît, qu'ils vainquissent
impératif:	vaincs, vainquons, vainquez

valoir	wert sein / gelten
ind. présent:	je vaux, tu vaux, il vaut, nous valons, vous valez, ils valent
imparfait:	je valais, tu valais, il valait, nous valions, vous valiez, ils valaient
passé simple:	je valus, tu valus, il valut, nous valûmes, vous valûtes, ils valurent
passé composé:	j'ai valu

futur simple:	je vaudrai, tu vaudras, il vaudra, nous vaudrons, vous vaudrez, ils vaudront
conditionnel:	je vaudrais, tu vaudrais, il vaudrait, nous vaudrions, vous vaudriez, ils vaudraient
subjonctif présent:	que je vaille, que tu vailles, qu'il vaille, que nous valions, que vous valiez, qu'ils vaillent
subjonctif imparfait:	qu'il valût, qu'ils valussent
impératif:	vaux, valons, valez

venir   kommen

ind. présent:	je viens, tu viens, il vient, nous venons, vous venez, ils viennent
imparfait:	je venais, tu venais, il venait, nous venions, vous veniez, ils venaient
passé simple:	je vins, tu vins, il vint, nous vînmes, vous vîntes, ils vinrent
passé composé:	je suis venu,e
futur simple:	je viendrai, tu viendras, il viendra, nous viendrons, vous viendrez, ils viendront
conditionnel:	je viendrais, tu viendrais, il viendrait, nous viendrions, vous viendriez, ils viendraient
subjonctif présent:	que je vienne, que tu viennes, qu'il vienne, que nous venions, que vous veniez, qu'ils viennent
subjonctif imparfait:	qu'il vînt, qu'ils vinssent
impératif:	viens, venons, venez

vêtir   (be)kleiden

ind. présent:	je vêts, tu vêts, il vêt, nous vêtons, vous vêtez, ils vêtent
imparfait:	je vêtais, tu vêtais, il vêtait, nous vêtions, vous vêtiez, ils vêtaient
passé simple:	je vêtis, tu vêtis, il vêtit, nous vêtîmes, vous vêtîtes, ils vêtirent
passé composé:	j'ai vêtu
futur simple:	je vêtirai, tu vêtiras, il vêtira, nous vêtirons, vous vêtirez, ils vêtiront
conditionnel:	je vêtirais, tu vêtirais, il vêtirait, nous vêtirions, vous vêtiriez, ils vêtiraient
subjonctif présent:	que je vête, que tu vêtes, qu'il vête, que nous vêtions, que vous vêtiez, qu'ils vêtent
subjonctif imparfait:	qu'il vêtît, qu'ils vêtissent
impératif:	vêts, vêtons, vêtez

vivre   leben

ind. présent:	je vis, tu vis, il vit, nous vivons, vous vivez, ils vivent
imparfait:	je vivais, tu vivais, il vivait, nous vivions, vous viviez, ils vivaient

passé simple:	je vécus, tu vécus, il vécut, nous vécûmes, vous vécûtes, ils vécurent
passé composé:	j'ai vécu
futur simple:	je vivrai, tu vivras, il vivra, nous vivrons, vous vivrez, ils vivront
conditionnel:	je vivrais, tu vivrais, il vivrait, nous vivrions, vous vivriez, ils vivraient
subjonctif présent:	que je vive, que tu vives, qu'il vive, que nous vivions, que vous viviez, qu'ils vivent
subjonctif imparfait:	qu'il vécût, qu'ils vécussent
impératif:	vis, vivons, vivez

voir   sehen

ind. présent:	je vois, tu vois, il voit, nous voyons, vous voyez, ils voient
imparfait:	je voyais, tu voyais, il voyait, nous voyions, vous voyiez, ils voyaient
passé simple:	je vis, tu vis, il vit, nous vîmes, vous vîtes, ils viront
passé composé:	j'ai vu
futur simple:	je verrai, tu verras, il verra, nous verrons, vous verrez, ils verront
conditionnel:	je verrais, tu verrais, il verrait, nous verrions, vous verriez, ils verraient
subjonctif présent:	que je voie, que tu voies, qu'il voie, que nous voyions, que vous voyiez, qu'ils voient
subjonctif imparfait:	qu'il vît, qu'ils vissent
impératif:	vois, voyons, voyez

vouloir   wollen

ind. présent:	je veux, tu veux, il veut, nous voulons, vous voulez, ils veulent
imparfait:	je voulais, tu voulais, il voulait, nous voulions, vous vouliez, ils voulaient
passé simple:	je voulus, tu voulus, il voulut, nous voulûmes, vous voulûtes, ils voulurent
passé composé:	j'ai voulu
futur simple:	je voudrai, tu voudras, il voudra, nous voudrons, vous voudrez, ils voudront
conditionnel:	je voudrais, tu voudrais, il voudrait, nous voudrions, vous voudriez, ils voudraient
subjonctif présent:	que je veuille, que tu veuilles, qu'il veuille, que nous voulions, que vous vouliez, qu'ils veuillent
subjonctif imparfait:	qu'il voulût, qu'ils voulussent
impératif:	veux, voulons, voulez (oder Höflichkeitsform: *veuillez*)

405 | Die unvollständigen Verben *(les verbes défectifs)*

Die unvollständigen Verben bilden nicht alle Zeitformen oder nicht alle Perso-
nen einer Zeitform. Sie gehören, abgesehen von *faillir* und bestimmten Wen-
dungen, dem gehobenen geschriebenen Französisch an. Sie werden vor allem
in festen Wendungen benutzt.

choir (veraltet)	fallen
présent:	*je chois, tu chois, il choit, ils choient*
passé simple:	*je chus, tu chus, il chut, ils chusent*
passé composé:	*il a chu* (seltener: *ils est chu*)
futur simple:	*je choirai, tu choiras, il choira, ils choiront*
conditionnel:	*je choirais, tu choirais, ils choirait, ils choiraient*
Wendungen:	*laisser choir qn. = laisser tomber qn.*
déchoir	(ab)sinken / (ver)fallen / stürzen
présent:	*je déchois, tu déchois, il déchoit, nous déchoyons, vous déchoyez, ils déchoient*
passé simple:	*je déchus* usw.
participe passé:	*déchu,e*
futur simple:	*je déchoirai* usw.
conditionnel:	*je déchoirais* usw.
subjonctif présent:	*que je déchoie* usw.
subjonctif imparfait:	*qu'il déchût*
Wendungen:	*un ange déchu* = ein gefallener Engel
	*Son autorité **a** déchu de jour en jour.* = Sein Ansehen ist von Tag zu Tag gesunken.
	*Elle **est** déchue de ses droits.* = Sie ist ihrer Rechte enthoben.
	un roi déchu = ein gestürzter König
échoir	ablaufen / fällig werden / zufallen
indicatif présent:	*il échoit, ils échoient*
imparfait:	*il échoyait* (selten)
passé simple:	*il échut*
participe présent:	***échéant***
participe passé:	*échu, e*
futur simple:	*il échoira, ils échoiront*
conditionnel:	*il échoirait, ils échoiraient*
subjonctif présent:	*qu'il échoie*
subjonctif imparfait:	*qu'il échût*

Wendungen:	*Le rôle qui m'échoit...* = Die Rolle, die mir zufällt...
	Le délai est échu. = Die Frist ist abgelaufen.
	le cas échéant = gegebenenfalls
	échoir en héritage = als Erbe zufallen
	intérêts à échoir = Zinsen, die fällig werden

clore	(ab- /zu-) schließen
ind. présent:	*je clos, tu clos, il clôt, ils closent*
futur simple:	*je cloirai* usw.
conditionnel:	*je cloirais* usw.
subjonctif présent:	*que je close* usw. (selten)
passé composé:	*j'ai clos*
impératif:	*clos*
Wendungen:	*à huis clos* = hinter verschlossenen Türen
	clore le bec à qn. = jemandem den Mund stopfen
	La séance est close. = Die Sitzung ist beendet.
	clore un marché = ein Geschäft abschließen

éclore	aufblühen / ausschlüpfen
ind. présent:	*il éclôt* (auch: *éclot*), *ils éclosent*
futur simple:	*il éclora, ils écloront*
conditionnel:	*il éclorait, ils écloraient*
subjonctif présent:	*qu'il éclose, qu'ils éclosent*
passé composé:	*il est éclos, ils sont éclos* (selten: *il a éclos, ils ont éclos*)
Wendungen:	*Les petits sont éclos.* = Die Jungen sind ausgeschlüpft.
	Les fleurs sont écloses. = Die Blumen blühen.
	Ces fleurs ont éclos pendant la nuit. = Diese Blumen sind heute Nacht aufgeblüht (= Handlung).

faillir	beinahe etwas tun / gegen etwas verstoßen / einer Sache nicht nachkommen
passé simple:	*je faillis, tu faillis, il faillit, nous faillîmes, vous faillîtes, ils faillirent*
futur simple:	*je faillirai* usw.
conditionnel:	*je faillirais* usw.
passé composé:	*j'ai failli*
Wendungen:	*faillir à ses engagements* = seinen Verpflichtungen nicht nachkommen
	faillir à sa parole = sein Wort nicht halten

Il a failli acheter une nouvelle voiture. = Er hat beinahe ein neues Auto gekauft.

frire (im Fett) braten

ind. présent: *je fris, tu fris, il frit* (kein Plural)

futur simple: *je frirai* usw. (selten)

frire im transitiven Sinne wird in der Regel durch **faire frire** ersetzt, d.h. es erscheint meist nur im Infinitiv und als *participe passé.*

Wendungen: *faire frire du poisson* = Fisch braten

des pommes frites

gésir begraben liegen / liegen / herumliegen

ind. présent: *il gît, ils gisent*

imparfait: *il gisait, ils gisaient*

participe présent: *gisant*

Das Verb *gésir* wird im Infinitiv nicht verwendet. Seine Bedeutung „liegen" bezieht sich in der Regel auf Personen, die krank oder gestorben sind.

Wendungen: *Il gît sur son lit sans bouger.* = Er liegt auf seinem Bett, ohne sich zu bewegen.

Ci-gît Albert Duplan = Hier ruht A. Duplan (Inschrift auf Grabsteinen).

C'est là que gît la difficulté. = Darin liegt die Schwierigkeit.

Ses habits gisaient en désordre sur le plancher. = Seine Kleider lagen unordentlich auf dem Fußboden herum.

ouïr hören

participe passé: *ouï*

Das Verb *ouïr* wird praktisch nur noch im Infinitiv und als Partizip Perfekt verwendet und wurde für die anderen Formen von *entendre* ersetzt.

Wendungen: *Je le sais par ouï-dire.* = Ich weiß es vom Hörensagen.

J'ai ouï dire que... = Ich habe gehört, dass...

Ce ne sont que des ouï-dire. = Das sind nur Gerüchte.

paître weiden / (Gras) fressen

ind. présent: *il paît, ils paissent*

imparfait: *il paissait, ils paissaient*

futur simple: *il paîtra, ils paîtront*

conditionnel: *il paîtrait, ils paîtraient*

subjonctif présent: *qu'il paisse, qu'ils paissent*

Es gibt kein Partizip Perfekt und somit keine zusammengesetzten Zeiten.

Wendungen:	*mener paître la vache* = die Kuh auf die Weide führen
	Le bétail paît l'herbe du champ. = Das Vieh frisst das Gras des Feldes.
	envoyer paître qn (fam.) = jdn. zum Teufel jagen

poindre	aufbrechen / zum Vorschein kommen
ind. présent:	*il point*
imparfait:	*il poignait*
passé simple:	*il poignit*
futur simple:	*il poindra*

Von *poindre* ist das Verbaladjektiv ***poignant,e*** (= ergreifend / packend) abgeleitet.

Wendungen:	*Le jour point.* = Der Tag bricht an.
	une sitiuation poignante = eine packende / ergreifende Situation

quérir	suchen (wird nur im Infinitiv benutzt)
Wendungen:	*aller / venir quérir qn* = jdn. abholen
	envoyer quérir qn = jdn. abholen lassen

(seoir)	passen / stehen (vor allem in Bezug auf Kleidungsstücke) / sich gehören / sich geziemen
ind. présent:	*il sied, ils siéent* (selten)
imparfait:	*il seyait, ils seyaient*
futur simple:	*il siéra, ils siéront*
conditionnel:	*il siérait, ils siéraient*
subjonctif présent:	*qu'il siée, qu'ils siéent*
participe présent:	*seyant* (*séant* in der Juristensprache)
Wendungen:	*Cette coiffure ne vous sied pas très bien.* = Diese Frisur steht ihnen nicht sehr gut.
	Il ne sied pas à un enfant de contredire ses parents. = Es gehört sich nicht für ein Kind, seinen Eltern zu widersprechen.
	Ces boutons ne siéent pas à ce costume. = Diese Knöpfe passen nicht zu dem Anzug.

Übersicht über die grammatische Terminologie: deutsch – französisch

Abkürzung	*l'abréviation (f)*	Aktivsatz	*la phrase active*
absolute Frageform	*l'interrogation (f) complexe*	Akzent	*l'accent (m)*
			– l'accent aigu (é)
Abstraktum	*le nom abstrait*		*– l'accent grave (è)*
Adjektiv	*l'adjectif [qualificatif] (m)*		*– l'accent cir- conflexe (ê)*
– attributives Adjektiv	*– l'adjectif épithète*	Alphabet	*l'alphabet (m)*
		Anführungszeichen	*les guillemets (m)*
– prädikatives Adjektiv	*– l'adjectif attribut*	Ankündigungsverb	*verbe présentatif*
		Apostroph / Auslas- sungszeichen	*l'apostrophe (f)*
– Prädikatsnomen	*l'attribut du sujet (La maison est confortable.)*	Apposition / Beifü- gung	*l'apposition (f) (M. Durand, princi- pal de notre col- lège,...)*
– prädikative Ergänzung des direkten Objekts	*– attribut du com- plément d'objet direct (Nous le trou- vons ridicule.)*	Art und Weise	*la manière*
		Artikel	*l'article (m)*
		– bestimmter Artikel	*– l'article défini*
Adverb	*l'adverbe (m)*	– unbestimmter Artikel	*– l'article indéfini*
– Adverb der Art und Weise	*– adverbe de ma- nière (Il est peut- être malade.)*	– Teilungsartikel	*– l'article partitif*
		Aspekt	*l'aspect (m) du verbe*
– Ortsadverb	*– adverbe de lieu*	Aufforderungssatz	*la proposition impé- rative / injonctive (Aidez–moi.)*
– Zeitadverb	*– adverbe de temps*		
– abgeleitetes Adverb	*– l'adverbe en -ment*		
– ursprüngliches Adverb	*– l'adverbe simple*	Attribut	*l'adjectif (m) épi- thète (la belle mai- son)*
adverbialer Ausdruck	*la locution adver- biale (Elle me plaît à tous égards.)*		
		Ausdruck	*l'expression (f)*
adverbiale Bestim- mung	*le complément circonstanciel*	ausdrücken	*exprimer*
		auslassen	*omettre*
Adverbialsatz	*la (proposition) circonstancielle*	Auslassung	*l'omission (f)*
		Ausnahme	*l'exception (f)*
Agens / Agenser- gänzung (im Pas- siv)	*le complément d'agent*	Ausruf	*l'interjection (f)*
		Ausrufesatz	*la phrase / la propo- sition exclamative*
Aktionsart	*le mode d'action*	Ausrufezeichen	*le point d'exclamation*
Aktiv	*l'actif (m) / la voix active*	Aussage	*l'énoncé (m)*

Aussagesatz	*la phrase assertive / déclarative / énonciative*		*l'adjectif démonstratif (Ce voyage me convient parfaitement.)*
Aussprache	*la prononciation*		
		Doppelpunkt	*les deux-points*
bedeuten	*signifier / vouloir dire*		
		Eigenname	*le nom propre*
Bedeutung	*le sens / la signification*	Einräumung	*la concession*
		einräumend	*concessif, ve*
Bedingungssatz	*la proposition conditionnelle / la circonstancielle de condition*	Einschränkung	*la restriction*
		Elision	*l'élision (f)*
		elidieren	*faire l'élision*
		Ellipse (Auslassung)	*l'ellipse (f) du verbe*
Befehlsform / Imperativ	*l'impératif (m)*	Endkonsonant	*la consonne finale*
		Endung	*la terminaison / la désinence*
Begleiter	*le déterminant*		
Begleitumstände	*les circonstances (f)*	Endvokal	*la voyelle finale*
Beifügung	*l'apposition (f)*	Ergänzung	*le complément*
Beiordnung / Koordination	*la coordination / la parataxe*	– Verbergänzung	*le complément du verbe*
bejahend	*affirmatif, ve*	Ergänzungsfrage	*l'interrogation partielle (Où vas-tu?)*
Bejahung	*l'affirmation (f)*		
beliebig	*arbitraire*		
Besonderheit	*la particularité*		
bestimmt	*défini, e*	**fakultativ**	*facultatif, ve*
Betonung	*l'accent (m) tonique*	Familienname	*le nom de famille*
sich beziehen auf	*se rapporter à*	Femininum	*le (genre) féminin*
Bezugswort	*l'antécédent (m)*	feminin / weiblich	*féminin*
Bildung (z.B. des Adverbs)	*la formation (de l'adverbe)*	Finalsatz	*la proposition finale / la circonstancielle de but*
Bindewort / Konjunktion	*la conjonction*		
		finite Formen	*les formes conjuguées (ils vont / ils sont allés)*
Bindestrich	*le trait d'union*		
Bindung	*la liaison*		
Bruchzahl	*le nombre fractionnaire*	Form	*la forme*
		Formenlehre	*la morphologie*
		Frage	*l'interrogation (f)*
		– direkte Frage	*– l'interrogation directe*
Cedille	*la cédille (la leçon)*		
		– indirekte Frage	*– l'interrogation indirecte*
Demonstrativ pronomen	*le pronom démonstratif (Celui-ci me convient parfaitement.)*	– Entscheidungsfrage / Gesamtfrage (ohne Fragewort)	*– l'interrogation globale / totale (As-tu fait tes devoirs?)*

– Ergänzungsfrage / Teilfrage (mit Fragewort)	– *l'interrogation partielle (Pourquoi as-tu fait cela?)*	Grammatik	*la grammaire*
		grammatisch	*grammatical, e*
		Großbuchstabe	*la majuscule*
– Frage mit *est–ce que*	– *l'interrogation (f) avec est-ce que*	Großschreibung	*l'emploi (m) des majuscules*
- segmentierte Frage	– *l'interrogation segmentée*	Grundbedeutung	*le sens premier / primitif*
Fragesatz	*la phrase / proposition interrogative*	Grundzahl	*le nombre cardinal / le numéral cardinal*
absolute Fragestellung	*l'interrogation (f) complexe (Quand ton père viendra-t-il?)*		
Fragewort	*le mot interrogatif*	**Halbvokal**	*la semi-voyelle* [j / w̃ / ɥ]
Fragezeichen	*le point d'interrogation*	Handlung	*l'action (f)*
Futur	*le futur*	Hauptsatz	*la (proposition) principale*
– Futur I	– *le futur simple*	Hervorhebung	*la mise en relief*
– Futur II	– *le futur antérieur*	Hilfsverb	*l'auxiliaire (m) / le verbe auxiliaire*
		hinweisend	*démonstratif, ve*
Gattungsname	*le nom commun*	homophon	*homophone*
Gebrauch	*l'emploi (m)*	Homophonie (phonetisch iden-	*l'homophonie (f)*
gebrauchen / ver- wenden	*employer*	tische Formen, die sich orthogra-	
Gedankenpunkte / Auslassungs- punkte	*les points de sus- pension*	phisch und se- mantisch unter- scheiden)	
Gedankenstrich	*le tiret*	homonym	*homonyme*
Genus / Geschlecht	*le genre (masculin / féminin)*	Homonymie (Be- deutungsvielfalt	*l'homonymie (f)*
– natürliches Geschlecht	– *le genre naturel (le boucher / la bouchère)*	lautlich überein- stimmender sprachlicher Zei- chen)	
– grammatisches Geschlecht	– *le genre gramma- tical (la voiture)*	**Imperativ / Befehlsform**	*l'impératif (m)*
Gérondif	*le gérondif*		
Gesamtfrage (ohne Fragewort)	*l'interrogation (f) globale / totale (As-tu fait tes de- voirs?)*	Imperfekt	*l'imparfait (m)*
		imperfektiv	*imperfectif, ve*
		indefinit (unbe- stimmt)	*indéfini, e*
Geschlecht / Genus	*le genre (masculin / féminin)*	indefinites Prono- men	*le pronom indéfini (Tous sont con- tents.)*
Gesprächspartner	*l'interlocuteur (m)*		
gleichzeitig	*simultané, e*		
Gleichzeitigkeit	*la simultanéité*		

	l'adjectif indéfini	Kollektivzahl	le nombre collectif
	(**Tous les partici-**	Kollokation (Wahr-	la collocation
	pants sont contents.)	scheinlichkeit des	
Indikativ	l'indicatif (m)	gemeinsamen	
infinite Formen	les formes non	Vorkommens lexi-	
	conjuguées (aller;	kalischer Einhei-	
	(en) allant; être allé)	ten)	
Infinitiv / Grundform	l'infinitif (m)	Komma	la virgule
– historischer Infini-	– l'infinitif historique	Komparativ	le comparatif
tiv	/ de narration (Et		(d'égalité / de su-
	flatteurs **d'applau-**		périorité /
	dir...)		d'infériorité /
Interjektion	l'interjection (f)		d'inégalité) (Il est
Interrogativ-	les adverbes		**aussi** riche que moi./
adverbien	interrogatifs		Il est **plus** riche que
	(où / **comment**?)		moi. / Il est **moins**
Interrogativprono-	pronom interrogatif		riche que moi. / Il est
men	(**Qui** a fait cela?)		**plus** riche que **je ne**
	l'adjectif interrogatif		**pensais**.)
	(**Quel** journal?)	Kompositum	le nom composé / le
Intonation	l'intonation (f)		substantif compo-
Intonationsfrage	l'interrogation mar-		sé
	quée par la	Konditional I	le conditionnel
	(seule) intonation	Konditional II	le conditionnel
intransitiv	intransitif, ve		passé
Inversion	l'inversion (f) du	– futurisches	– le futur (antérieur)
	sujet	Konditional	du passé
Inversionsfrage	l'interrogation (f)	Konditionalsatz	la proposition
	avec inversion du		conditionnelle / la
	sujet (Quand **vien-**		circonstancielle de
	dra-t-il?)		condition
iterativ (wiederholt)	itératif, ve	Kongruenz	l'accord (m)
		Konjugation	la conjugaison
		Konjugationsklas-	les conjugaisons
Kasus / Fall	le cas	sen	
Kausalsatz	la proposition cir-	konjugieren	conjuguer
	constancielle cau-	Konjunktion	la conjonction
	sale / la circons-	– beiordnende	– la conjonction de
	tancielle de cause	Konjunktion	coordination
die eckigen Klam-	les crochets (m)		(et / ou / pourtant)
mern		– unterordnende	– la conjonction de
die runden Klam-	les parenthèses (f)	Konjunktion	subordination
mern			(bien que / du mo-
Kleinbuchstabe	la minuscule		ment que)
Kleinschreibung	l'emploi (m) des	Konjunktiv / Mög-	le subjonctif
	minuscules	lichkeitsform	

Konsekutivsatz	*la proposition consécutive / la circonstancielle de conséquence*	Modusangleichung	*l'attraction (f) modale*
Konsonant	*la consonne*	Morphem	*le morphème*
Kontext	*le contexte*	mündlich	*oral, e*
Konzession / Einräumung	*la concession*		
Konzessivsatz	*la proposition concessive / la circonstancielle de concession*	**nachstellen**	*postposer*
		Nachstellung	*la postposition*
		nachzeitig / Nachzeitigkeit	*postérieur, e / la postériorité*
Koordination / Nebenordnung	*la coordination / la parataxe*	Nasallaut	*la nasale*
		nebengeordnet	*coordonné, e*
Kopula	*la copule (=mot qui relie le sujet au prédicat·* Elle lui **est restée** *fidèle.)*	Nebenordnung	*la coordination / la parataxe*
		Nebensatz	*la (proposition) subordonnée*
Kurzwort	*mot tronqué (le bac / le vélo)*	Negation / Verneinung	*la négation*
		neutral	*neutre*
		Nomen	*le nom*
		nominal	*nominal, e*
Lautbild	*le code phonique / l'image (f) acoustique*	Nominalgruppe (=Satzglied, dessen Hauptelement ein Substantiv ist)	*le groupe nominal*
Lautkette	*la chaîne parlée*	Norm	*la norme*
Lautschrift	*la transcription phonétique*	Numerus	*le nombre*
		– Einzahl / Singular	*– le singulier*
		– Mehrzahl / Plural	*– le pluriel*
Maskulinum	*le (genre) masculin*		
– maskulin / männlich	*masculin, e*	**Objekt**	*le complément d'objet*
Mengenadverb	*l'adverbe (m) de quantité*	– (in)direktes Objekt	*– le complément d'objet (in)direct*
Metapher	*la métaphore*	Objektpronomen	*le pronom (personnel) objet*
modal	*modal*		
Modaladverb	*l'adverbe (m) de modalité (peut-être / heureusement)*	Objektsatz	*la proposition objet / la complétive*
		obligatorisch	*obligatoire*
Modalität	*la modalité*	Ordnungszahl	*le nombre / numéral ordinal*
Modalverb	*le verbe de modalité*		
– modales Hilfsverb	*– l'auxiliaire (m) modal (devoir / pouvoir / vouloir)*	Orthographie / Rechtschreibung	*l'orthographe (f)*
		– die orthographischen Zeichen	*– les signes orthographiques*
Modus	*le mode*		

Paraphrase /   *la paraphrase*
  Umschreibung
partitives ***de***   *le **de** partitif*
Partizip   *le participe*
– Partizip Präsens   *– le participe pré-*
     sent

– Partizip Perfekt   *– le participe passé*
Partizipialsatz   *la proposition parti-*
     cipiale
Passiv   *le passif / la voix*
     passive

– Vorgangspassiv   *– le passif-action (La*
     lettre fut écrite par la
     secrétaire.)

– Zustandspassiv   *– le passif-état (La*
     lettre est enfin rédi-
     gée.)

Passivsatz   *la phrase passive*
Perfekt   *le passé composé*
– historisches Per-   *– le passé simple*
  fekt
perfektiv   *perfectif*
Person   *la personne*
Personalform   *la forme conjuguée*
Personalpronomen   *le pronom person-*
     nel

– verbundenes   *– le pronom per-*
  Personalprono-   *sonnel conjoint /*
  men   *atone*
– unverbundenes   *– le pronom per-*
  Personalprono-   *sonnel disjoint /*
  men   *tonique*
Personenname   *le nom de personne*
Phonem   *le phonème*
Plural / Mehrzahl   *le pluriel*
Plusquamperfekt /   *le plus-que-parfait*
  Vorvergangenheit
Positiv / Grundstufe   *le positif*
Possessivpronomen   *le pronom possessif*
     *(C'est le **mien**.)*
     l'adjectif possessif
     *(**mon** livre)*
Prädikat   *le prédicat*
  (= Satzaussage)
prädikative   *l'attribut (m) du*
  Ergänzung   *sujet / du com-*

     plément d'objet
     (La maison est
     ***vieille**. / Je le trouve*
     ***intelligent**.)*
prädikatives   *l'adjectif (m) attribut*
  Adjektiv   *(Il est **vieux**.)*
Prädikatsnomen /   *l'attribut (m)*
  prädikative Ergän-   *(La maison **est belle.***
  zung / Prädikati-   */ La question **reste***
  vum   ***ouverte**.)*
Präfix (Vorsilbe)   *le préfixe*
Präposition   *la préposition*
präpositionale Er-   *le complément*
  gänzung   *prépositionnel (Il*
     *joue **avec les en-***
     ***fants**.)*
Präsens   *le présent*
– historisches   *– le présent*
  Präsens   *historique*
Pronomen   *le pronom*
pronominal   *pronominal, e*
Pronominaladverb   *l'adverbe*
     pronominal
Punkt   *le point*

Querstrich   *la barre oblique*
que-Satz   *la proposition intro-*
     *duite par **que***

Rechtschreibung /   *l'orthographe (f)*
  Orthographie
Rede   *le discours*
– (in)direkte Rede   *– le discours / style*
     (in)direct
– erlebte Rede   *– le discours / style*
     indirect libre
Redewendung   *la locution /*
     la tournure
Redundanz   *la redondance*
reflexives Verb   *le verbe pronominal*
Reflexivpronomen   *le pronom réfléchi*
Reihenfolge der   *l'ordre (m) des mots*
  Satzglieder /
  Wortstellung

Relativpronomen	*le pronom relatif*	Singular	*le singulier*
Relativsatz	*la (proposition) relative*	Sprache	*la langue / le langage*
reziproke Verben	*les verbes réciproques*	– familiäre Sprache	*– la langue familière / le langage familier*
Rhema	*le rhème*		
sich richten nach	*s'accorder avec*	– gehobene Sprache	*– la langue soutenue*
Sammelname	*le nom collectif*	– geschriebene	*– la langue écrite*
Sammelzahl	*le nombre collectif*	– gesprochene Sprache	*– la langue parlée*
Satz	*la phrase / la proposition*	Sprachgebrauch	*l'usage (m) (de la langue)*
– elliptischer Satz	*– la phrase elliptique*	Sprechakt	*l'acte (m) de parole*
Satzart	*le type de phrase*	Sprechen	*la parole*
Satzaussage / Prädikat	*le prédicat*	Sprecher	*le locuteur*
		Sprechpause	*la pause*
Satzarten / Satzformen	*les types de phrases*	Sprechsituation	*la situation d'énonciation (f)*
Satzelemente (Bestandteile des Satzes)	*les constituants (m) de la phrase*	Sprechzeitpunkt	*le moment de l'énonciation*
Satzgefüge	*la phrase complexe*	Stamm	*le radical*
Satzglieder	*les constituants (m) de la phrase*	– Singularstamm	*– la base du singulier*
Satzlehre / Syntax	*la syntaxe*	– Pluralstamm	*– la base du pluriel*
Satzmelodie	*l'intonation (f) de la phrase*	stammbetont	*à radical tonique*
		Steigerung	*la comparaison*
Satzsegmentierung	*la segmentation de la phrase*	Steigerungsstufen	*les degrés / les grades*
Satzteil	*la partie de la phrase*	Stellung (im Satz)	*la place*
		Sternchen (im Buch)	*l'astérisque (m)*
Satzzeichen	*les signes de ponctuation*	stimmhaft	*sonore*
		stimmlos	*sourd*
Schreibung	*la graphie*	stimmloses *h*	*(le) h muet*
Schriftbild	*le code graphique*	Strichpunkt / Semikolon	*le point-virgule*
schriftlich	*écrit / par écrit*		
segmentiert	*segmenté*	Subjekt	*le sujet*
segmentierter Satz	*la phrase segmentée*	– grammatisches Subjekt	*– le sujet grammatical / apparent*
Semikolon / Strichpunkt	*le point-virgule*	– Sinnsubjekt	*– le sujet réel / logique*
Silbe	*la syllabe*	Subjektpronomen	*le pronom sujet*
Silbentrennung	*la division des mots en syllabes / la division syllabique*	Subordination / Unterordnung	*la subordination l'hypotaxe (f)*
		Substantiv	*le substantif / le nom*

– abgeleitetes Substantiv	*– le nom dérivé*	(un)bestimmt	*(in)défini, e*
		(un)gebräuchlich	*(in)usité,e*
– zusammengesetztes Substantiv	*– le nom composé*	(un)persönlich	*(im)personnel, le*
		(un)regelmäßig	*(ir)régulier /*
Suffix (Nachsilbe)	*le suffixe*		*(ir)régulière*
Superlativ	*le superlatif*	untergeordneter	*la (proposition)*
synonym	*synonym*	Satz / Nebensatz	*subordonnée*
Synonymie	*la synonymie*	Unterordnung /	*la subordination /*
Syntagma /	*le syntagme*	Hypotaxe	*l'hypotaxe (f)*
Wortgruppe /		(un)veränderlich	*(in)variable*
Wortverbindung		unvollständige Verben	*les verbes défectifs*

Teilfrage (mit Fragewort)	*l'interrogation (f) partielle*	**Valenz / Wertigkeit**	*la valence*
Teilungsartikel	*l'article partitif*	(= die Ergänzungsmöglichkeiten eines Verbs)	
Tempora	*les temps du verbe*		
Temporalsatz	*la (proposition) circonstancielle de temps*	Veränderlichkeit (des Partizips)	*l'accord (m) (du participe)*
		Verb	*le verbe*
Thema	*le thème*	– unregelmäßiges Verb	*– le verbe irrégulier*
transitiv	*transitif*		
– transitive / intransitive Vorben	*– verbes transitifs directs* (mit direktem Objekt verbunden: *Il aime sa femme.*)	– unvollständiges Verb	*– le verbe défectif*
		– Verben der Wahrnehmung	*– les verbes de perception*
	– verbes transitifs indirects (mit indirektem Objekt verbunden: *Il parle à sa femme.*)	Verbaladjektiv	*l'adjectif (m) verbal*
		Verbalgruppe	*le groupe verbal*
		Verbergänzung	*le complément du verbe*
Trema	*le tréma (haïr)*	Vergleich	*la comparaison*
Trennstrich / Trennungsstrich	*le tiret*	verneinend	*négatif, ve*
		Verneinung	*la négation*
		Vervielfältigungszahl	*les mots multiplicatifs*
		Vokal	*la voyelle*
Übereinstimmen mit	*s'accorder avec*	voranstehen / vorausgehen	*précéder (un mot)*
Übereinstimmung / Veränderlichkeit (des Partizips)	*l'accord (m) (du participe)*	voranstellen	*antéposer*
		Voranstellung	*l'antéposition (f)*
		Vorsilbe	*le préfixe*
Umschreibung / Paraphrase	*la paraphrase*	vorzeitig	*antérieur, e*
		Vorzeitigkeit	*l'antériorité*
Umschreibungsfrage	*l'interrogation (f) avec **est-ce que***	**weiblich**	*féminin, e*
		Wertigkeit / Valenz	*la valence*

Wortarten	*les classes de mots*
Wortbildung	*la formation des mots*
Wortgruppe	*le groupe de mots / le syntagme*
Wortstellung	*l'ordre (m) des mots*
Wort(ver)kürzung	*la troncation (la moto / le bac)*
Zahladverb	*l'adverbe numéral*
zählbar	*comptable / dénombrable*
Zahlwort	*le numéral*
Zeichensetzung	*la ponctuation*
Zeiten / Tempora	*les temps du verbe*
– einfache Zeiten	*– les temps simples*
– zusammenge-setzte Zeiten	*– les temps composés*
– die Zeiten der Vergangenheit	*– les temps du passé*
Zeitenfolge	*la concordance des temps*
Zukunft	*le futur*
– nahe Zukunft	*– le futur proche*
zusammengesetzt	*composé*
Zusammensetzung	*la composition (la mise en service / le wagon-lit)*
zusätzliches / expletives *ne*	*le **ne** explétif*

Wort- und Sachregister

Die Zahlenangaben verweisen auf die Paragraphenzählung am Seitenrand. Die Abkürzung ‚A' bedeutet Anmerkung. Die Übersicht über die unregelmäßigen bzw. unvollständigen Verben (§ 404 u. § 405) ist in das Wort- und Sachregister nicht aufgenommen, da diese bereits die Funktion eines Verbregisters erfüllt. Zu den Abkürzungen vgl. Abkürzungsverzeichnis.

Abkürzungen und Zeichen

Adj.	Adjektiv		Pl.	Plural
Adv.	Adverb		präd.	prädikativ
Art.	Artikel		Präp. / präp.	Präposition / präpositional
Bedeut.	Bedeutung		Präs.	Präsens
Besond.	Besonderheit(en)		Pron.	Pronomen
best.	bestimmt		reflex.	reflexiv
dir.	direkt		Relativpr.	Relativpronomen
dt.	deutsch		*qc*	*quelque chose*
Erg.	Ergänzung		*qn*	*quelqu'un*
fam.	*familier*		sing.	singular
fem.	feminin		Subj.	Subjekt
Frages.	Fragesatz		*subj.*	*subjonctif*
Frz. / frz.	das Französische / französisch		Subst.	Substantiv
Gebr.	Gebrauch		umgangsspr.	umgangssprachlich
gespr. Spr.	gesprochene Sprache		unbest.	unbestimmt
gram.	grammatisch		unpers.	unpersönlich
Hilfsv.	Hilfsverb		unverb.	unverbunden
Ind.	Indikativ		Veränderl.	Veränderlichkeit
ind.	indirekt		Verb.	Verbindung
Inf.	Infinitiv		verb.	verbunden
Imp.	Imperfekt		Wdh.	Wiederholung
Imper.	Imperativ		zeitl.	zeitlich
Inv.	Inversion		zusammeng.	zusammengesetzt
jur.	juristisch			
Kond.	Konditional		( )	In runden Klammern stehen fakultative sprachliche Ergänzungen, zusätzliche metasprachliche Erklärungen oder sonstige Präzisierungen / Erläuterungen.
konj.	konjugiert			
lit.	literarisch			
mask.	maskulin			
Obj.	Objekt		/	Mit dem Querstrich werden alternative sprachliche Elemente / Formulierungen deutlich gemacht.
orthogr.	orthographisch			
part.	partitiv			
Part.	Partizip		*	Mit Sternchen (*astérisque*) wird signalisiert, dass nachfolgende Äußerung ungrammatisch / sprachlich unkorrekt ist.
Perf.	Perfekt			
Pers.	Person			
pers.	persönlich			
Personalpr.	Personalpronomen			

Hinweise zur Installation der CD-ROM und Systemvoraussetzungen

CD einlegen und SETUP.EXE starten
Windows 9x/NT/2000/XP
Internet Explorer 5.0 oder höher
Pentium III 128 MB, mind. 50 MB freier Speicherplatz, Soundkarte